Mirko Kaupat

Lettland

W0249947

003le Foto: mk

Reise Know-How im Internet

Aktuelle Reisetipps und Neuigkeiten
Ergänzungen nach Redaktionsschluss
Büchershop und Sonderangebote

www.reise-know-how.de
info@reise-know-how.de

Wir freuen uns über Anregung und Kritik.

002le Foto: mk

Vorwort

Besonders schön ist es sicher nicht, immer nur im Konzert mit anderen zu spielen und nie der Solist zu sein. „Estland, Lettland und Litauen" heißt es meistens oder einfach: die baltischen Länder. Nie, so scheint es, wird Lettland als selbstständiger Staat mit eigener Sprache, Kultur und auch Geschichte herausgestellt, immer nur zusammengefasst mit dem nördlichen und südlichen Nachbarland, mit denen die Letten die Einverleibung in die UdSSR und die Unterdrückung ihrer eigenen Identität seit 1940 sowie den Freiheitskampf und endlich die Souveränität seit 1991 gemeinsam haben. Immerhin ist es schon ein Fortschritt, dass inzwischen immer mehr Menschen den drei Ländern Aufmerksamkeit schenken. Zu Sowjetzeiten war das Baltikum vielen im Westen gar kein Begriff, „da drüben" war alles irgendwie Teil des diffusen Gebildes „Russland".

Nun, da im Rahmen der Europäischen Union und des Schengener Vertrages fast alle Grenzen gefallen sind, ist es an der Zeit, das Land an der Ostsee ganz eigenständig zu entdecken. Genug Sehenswürdigkeiten und Attraktionen für einen Urlaub von mehreren Wochen Länge sind vorhanden. Ob bei einer Tour mit dem eigenen Auto, mit dem Wohnmobil, per Mietwagen, Fahrrad oder Bus, per Kajak auf einem der wunderschönen Flüsse oder zu Pferde: Es gilt, die erstaunlich vielen Facetten des doch so kleinen Landes zu erkunden. Dieses Landes der langen, oft einsamen und wilden Traumstrände, der alten Schlösser, Burgen und Ruinen, der deutschen, schwedischen, polnischen, russischen, sowjetischen und altlettischen Spuren, der Wälder und Seen, der Störche und wilden Tiere, der herausragenden Metropole Riga und der mittelalterlich anmutenden Provinzstädte.

Dieses Reisehandbuch soll all jenen dienen, die Lettland individuell erfahren und ein wenig mehr sehen wollen als die absoluten Höhepunkte, die man auf der Durchreise mitnehmen kann. Auch wer nicht das gesamte Land erkunden möchte, sondern nur für eine oder zwei Regionen Zeit hat, wird hier die detaillierten Informationen finden, die er braucht, um auf seiner Route keine versteckten kleinen Schätze zu verpassen. Es lohnt sich, denn das „singende Land", wie die Letten es wegen ihrer Musikalität selbst gern nennen, bietet genug Stoff für einen wahrhaft denkwürdigen Urlaub mit bleibenden Eindrücken.

Mirko Kaupat

Inhalt

Praktische Reisetipps A–Z

(unter Mitarbeit von E. H. M. Gilissen)

Landschaft und Natur

Menschen und Gesellschaft

Riga und Umgebung

Vidzeme – der Norden

Kurzeme – der Westen

Zemgale – der Süden

Latgale – der Osten

Anhang

Karten

Exkurse

Lettland – Reisen in ein Land im Aufbruch

Lettland fällt nicht mehr in die Kategorie des „wilden Ostens", in den sich eine Reise nur für Abenteuerlustige und Risikofreudige anbietet. Vielmehr ist die Infrastruktur für Touristen überraschend gut und wird immer besser: Selbst in mittelgroßen Ortschaften bieten **Informationsbüros** mit bestens geschultem Personal eine richtig gute Auswahl an Prospekten und Karten – fast immer auf Englisch und sehr häufig auch auf Deutsch. An unzähligen kleinen und großen Sehenswürdigkeiten wurden große dreieckige, im ganzen Land einheitlich gestaltete Tafeln platziert, die in lettischer, russischer, englischer und deutscher Sprache nähere Auskünfte geben. Die Wege zu den Attraktionen, wie abgelegen sie auch sein mögen, sind stets vorbildlich ausgeschildert. Immer mehr Hotels, Gasthäuser, Holzhütten und Campingplätze stehen den Besuchern zur Verfügung und die **Qualität der Straßen steigt** dank der mächtigen Baumaßnahmen von Monat zu Monat.

Vieles davon wurde durch die beträchtlichen EU-Fonds für die Entwicklung der neuen Mitgliedsländer möglich gemacht. Lettland hat es verstanden, sich diese Geldtöpfe zu sichern und etwas daraus zu machen. Gelegentlich scheint es, als habe sogar der eine oder andere überschüssige Euro zur Verfügung gestanden, wenn man sich manche Hochglanz-Broschüre anschaut, die auch in einfacherer Form ihre Schuldigkeit getan hätte. Insgesamt haben die Unterstützung durch Brüssel und die eigene Tatkraft das Land sehr weit nach vorn geführt.

Auch abgesehen vom Tourismus brachte Lettland in den letzten Jahren einen großen Entwicklungsschub hinter sich. Mit dem Beitritt zu NATO und Europäischer Union konnte der Staat einen Großteil seiner Abhängigkeit und auch Furcht vor dem großen, misstrauischen Nachbarn Russland abstreifen und sich ganz auf den eigenen Weg konzentrieren. Lettland macht seit der Jahrtausendwende Schlagzeilen mit einem **zweistelligen Wirtschaftswachstum** und einer, gemessen an der Größe des Landes, verblüffenden Anziehungskraft für ausländische Investoren. Kleine Staaten finden sich oft besser in neuen Realitäten zurecht und so ist es nur folgerichtig, dass Lettland nach Slowenien der zweite neue EU-Mitgliedsstaat in Mittelosteuropa werden könnte, der den **Euro als Währung** einführt. Derzeit

Atlasverweise in den Überschriften

In den Ortsbeschreibungen wird in den Überschriften mit einem **Pfeil** ⇗ auf den Kartenatlas am Ende des Buches verwiesen, damit sich der Ort auf der Karte schnell finden lässt, z.B. ⇗ **XII/A2.** Dabei verweist die römische Zahl auf die Seite im Atlas, Buchstaben und arabische Ziffern geben das Planquadrat an.

bremst jedoch die auf Grund des Wirtschaftsbooms hohe Inflation noch den Beitritt zu Euroland.

Selbstverständlich ist auch in Lettland nicht alles eitel Sonnenschein. Wer zur Wende 1991 schon zu alt war, um neu zu starten oder keine Ausbildung besaß, wurde zum Opfer der Transformation, die naturgemäß besonders dynamische, aktive und jüngere Menschen bevorteilte. Es gibt sie heute noch, die **Verlierer der Entwicklung,** die Rentner mit minimalem Einkommen, die unqualifizierten Arbeitslosen, die sich von Job zu Job durchschlagen, Menschen, die im neuen System noch immer nicht angekommen sind. Dennoch wird man sich äußerst schwer tun, in Lettland viele Menschen zu finden, die den kommunistischen Zeiten der Planwirtschaft nachtrauern, als die Leute teilweise unter abenteuerlichen Bedingungen lebten, aber der Staat für jeden irgendwie sorgte und offiziell keine Erwerbslosigkeit existierte. Denn es gibt einen gravierenden Unterschied zur ehemaligen DDR oder zu Polen und Tschechien, wo einige den verflossenen Sozialismus romantisieren: Lettland wurde nicht nur von Moskau aus dominiert, sondern war zwangsweise ein Teil der Sowjetunion, ausradiert von der Landkarte souveräner Staaten. Daher werden selbst jene Letten, die nicht von der schönen neuen Kon-

001le Foto: mk

sumwelt profitieren, immer von ganzem Herzen die Befreiung ihres Landes vor fast zwei Jahrzehnten unterstützen.

Eine große Einwohnergruppe sieht das freilich etwas anders, denn immer noch gut ein Drittel der in Lettland lebenden Menschen sind **Russen** oder eingebürgerte Letten, die Russisch sprechen. Ihre Familien wurden von den sowjetischen Machthabern nach dem Zweiten Weltkrieg in großer Zahl in den baltischen Ländern angesiedelt. Der Umgang mit dieser russischen Minderheit, die in einigen Städten und Landesteilen sogar die Mehrheit bildet, stellt nach wie vor ein ungelöstes Problem dar. Soziale Verwerfungen wie Arbeitslosigkeit und Armut sind in dieser Gruppe stärker ausgeprägt. Durch Lettlands Bevölkerung geht ein Riss, denn Integration findet nur sehr schleppend statt und die Russen haben es schwer, sich mit ihrem neuen Staat zu identifizieren. Doch auch hier sind einige Fortschritte erzielt worden, denn jeder junge Russe lernt in der Schule auch Lettisch. So steckt eine **Chance in diesem Problem,** denn jene Russischstämmigen, die zu Letten werden, können etwa beim Handel mit dem großen Nachbarn Russland gut gebraucht werden.

Für Besucher aus dem Westen bedeutet die sowjetische Vergangenheit, dass sie mit Letten über 35 oder 40 Jahren auf Russisch kommunizieren können – bis 1991 war diese Sprache schließlich Pflicht. Bei den Jüngeren wird das schon schwieriger, dafür rückt Englisch nach. Es ist als internationale Sprache noch nicht perfekt verbreitet, aber einige Wörter auf Englisch oder Deutsch beherrschen doch schon sehr viele. In Touristeninfos und Hotels staunt man oft sogar regelrecht über die **Englischkenntnisse** der Angestellten. Und auch, wenn es mal mit der Kommunikation hapern sollte: Ausländer haben in ganz Lettland das Gefühl, gern gesehen zu sein.

Zeichen setzen: die Nationalflagge

0271e Foto: mk

Praktische Reisetipps A–Z

029le Foto: mk

028le Foto: mk

Töpferladen mit typisch lettischer Keramik

„Asphalt zu Ende" sagt das Straßenschild – in Lettland keine Seltenheit

In 28 Stunden mit der Autofähre von Rostock nach Ventspils

Anreise

Eine beträchtliche Anzahl spannender und sehenswerter Orte ist im dünn besiedelten Lettland schwer mit öffentlichen Verkehrsmitteln zu erreichen. Viele Besucher entscheiden sich daher für die Anreise mit dem **eigenen Auto** oder - besonders beliebt bei Deutschen, Holländern und Italienern - mit dem **Wohnmobil.**

Doch es gibt Alternativen: **Reisebusse** verkehren täglich aus Westeuropa von und nach Lettland, ebenso wie **Flugzeuge.** Für Rundreisen durch das Land kann ein **Auto gemietet** werden. Attraktiv und immer beliebter ist die Reise nach Lettland per **Fähre von Rostock** nach Ventspils - ob mit oder ohne eigenes Auto oder Fahrrad. Bahnverbindungen aus dem Ausland nach Lettland sind erstaunlich schlecht und kommen sicher nur für Welten- oder Europabummler in Frage. In Lettland selbst sind aber die meisten Städte gut mit dem Bus und seltener per Bahn zu erreichen - neben den großen Linien gibt es auch viele private „Minibusse", die wichtige Strecken bedienen.

Anreise mit dem eigenen Fahrzeug

Wer nach Litauen, Lettland oder Estland fährt, kennt die **Via Baltica,** die Hauptverkehrsader durch diese Länder. Sie beginnt in Polen. Doch wer eine schöne, schnelle Autobahn erwartet, liegt völlig falsch. An der Via Baltica wird derzeit gebaut und es wird noch einige Jahre bis zu ihrer Fertigstellung dauern. Bis dahin ist sie oft nicht mehr als eine Fernstraße, mal glatt und breit, mal mit Löchern und Spurrinnen, mal zweispurig ausgebaut, mal schmal und mit endlosem Lastwagenverkehr. Für die Anreise sollte also **viel Zeit eingeplant** werden, um nicht in Stress zu geraten.

Mindestens eine **Übernachtung in Polen** (beispielsweise in Masuren) bietet sich an. Aus Deutschland, Österreich und der Schweiz sollte man zuerst Warschau ansteuern und dann in Richtung Suwałki gen Nordosten fahren. Eine Alternative für Reisende aus dem deutschen Norden: Anfahrt über Stettin, dann an der polnischen Ostseeküste entlang nach Danzig, von dort quer durch Ermland (Allenstein/Olsztyn) und Masuren, ebenfalls nach Suwałki. Dies ist eine reizvolle Strecke, aber auch langwierig.

Kurz hinter Suwałki geht es dann nach **Litauen.** Es folgt ein sehr gut ausgebauter Abschnitt bis Kaunas. Von dort aus gibt es drei Möglichkeiten, je nachdem, welches Ziel in Lettland angepeilt wird: Auf der ziemlich guten **Autobahn nach Klaipėda** und von dort an der Ostseeküste entlang nordwärts in Richtung Ventspils geht es für alle, die Westlettland erreichen wollen. Von Kaunas nach Nordosten führt eine nicht so gute Straße direkt ins **südostlettische Daugavpils,** die Hochburg der russischen Minderheit. Und geradewegs nördlich verläuft besagte Via Baltica weiter ins lettische Zentrum und nach **Riga.**

Campingplätze, Motels und Hotels gibt es auf den Strecken sowohl in Polen als auch in Litauen immer wieder (in Litauen etwas weniger).

Dokumente

Offiziell wird ein **EU-Führerschein** verlangt, man kommt aber auch mit dem alten deutschen „Lappen" noch zurecht. Besser ist es natürlich, auch einen internationalen Führerschein zu besitzen. Die **Grüne Versicherungskarte** ist ebenfalls keine Pflicht, sondern wird offiziell nur empfohlen. Ein **Auslandsschutzbrief** ist bei Reisen mit dem eigenen Fahrzeug grundsätzlich anzuraten.

Flug

Nonstop-Verbindungen aus dem deutschsprachigen Raum mit Linienfluggesellschaften nach Riga bestehen mit Air Baltic von Berlin, Hamburg, Hannover, Düsseldorf, Frankfurt, München, Zürich und Wien, mit Austrian Airlines von Wien und mit Lufthansa von Frankfurt. Die Flugzeit z.B. von Frankfurt nach Riga beträgt etwa zwei Stunden.

Daneben gibt es eine ganze Reihe von **Umsteigeverbindungen** nach Riga, die zwar billiger sein können als die Nonstop-Flüge, bei denen man aber auch eine längere Flugdauer einkalkulieren muss. Sie sind mit den oben genannten Fluggesellschaften von anderen Flughäfen im deutschsprachigen Raum möglich, aber auch z.B. mit KLM über Amsterdam, mit LOT über Warschau und mit Czech Airlines über Prag.

Flugpreise

Ein Economy-Ticket von Deutschland, Österreich oder der Schweiz hin und zurück nach Riga bekommt man je nach Jahreszeit und Aufenthaltsdauer **ab knapp über 100 Euro** (einschl. aller Steuern, Gebühren und Entgelte). Am teuersten ist es in der Hauptsaison, in der die Preise für Flüge in den Ferienzeiten im Juli und August besonders hoch sind und über 300 Euro betragen können.

Kinder unter zwei Jahren fliegen ohne Sitzplatzanspruch für 10 % des Erwachsenenpreises, ansonsten werden für ältere Kinder die regulären Preise je nach Airline um 25–50 % ermäßigt. Ab dem zwölften Lebensjahr gilt der Erwachsenentarif.

Buchung

Für die Tickets der Linienfluggesellschaften kann man bei folgenden zuverlässigen **Reisebüros** meistens günstigere Preise als bei vielen anderen finden:

- **Jet-Travel,** Buchholzstr. 35, 53127 Bonn, Tel. 0228-284315, Fax 284086, info@jet-travel.de, www.jet-travel.de. Sonderangebote auf der Website unter „Schnäppchenflüge".
- **Globetrotter Travel Service,** Löwenstr. 61, 8023 Zürich, Tel. 044-2286666, www.globetrotter.ch. Weitere Filialen siehe Website.

Billigfluglinien

Preiswerter geht es mit etwas Glück nur, wenn man bei einer Billigairline **sehr früh online bucht.** Es werden keine Tickets ausgestellt, sondern man bekommt eine Buchungsnummer per E-Mail. Zur Bezahlung wird in der Regel eine Kreditkarte verlangt.

Im Flugzeug gibt es oft **keine festen Sitzplätze,** man wird meist schubweise zum Boarden aufgerufen. **Verpflegung** wird extra berechnet. Für die Region interessant sind:

- **Easy Jet,** www.easyjet.com. Von Berlin nach Riga.
- **Germanwings,** www.germanwings.com. Von Köln/Bonn nach Riga (von Berlin-Schönefeld, Dresden, Leipzig/Halle, München, Wien und Zürich als Umsteigeverbindung über Köln/Bonn, wo man das Gepäck abholen und neu einchecken muss).
- **Ryanair,** www.ryanair.com. Von Weeze am Niederrhein und Hahn im Hunsrück nach Riga.

Last-Minute

Wer sich erst im letzten Augenblick für eine Reise nach Lettland entscheidet, kann Ausschau nach Last-Minute-Flügen halten, die von einigen Airlines mit deutlicher Ermäßigung **ab etwa 14 Tage vor Abflug** angeboten werden,

Kleines „Flug-Know-how"

Check-in

Nicht vergessen: Ohne einen **gültigen Reisepass oder Personalausweis** (Letzteres nur für EU-Staatsbürger) kommt man nicht an Bord. Bei innereuropäischen Flügen muss man mindestens **eine Stunde vor Abflug** am Schalter der Airline eingecheckt haben. Viele Airlines neigen zum Überbuchen, d.h. sie buchen mehr Passagiere ein, als Sitze im Flugzeug vorhanden sind, und wer zuletzt kommt, hat dann möglicherweise das Nachsehen.

Das Gepäck

In der Economy-Class darf man in der Regel nur **Gepäck bis zu 20 kg pro Person** einchecken (Ausnahme z.B. Ryanair mit nur 15 kg) und zusätzlich ein Handgepäck von 7 kg in die Kabine mitnehmen, welches eine Größe von 55 x 40 x 23 cm nicht überschreiten darf. In der Business Class sind es meist 30 kg pro Person und zwei Handgepäckstücke, die insgesamt nicht mehr als 12 kg wiegen dürfen. Man sollte sich beim Kauf des Tickets über die Bestimmungen der Airline informieren. Seit 2006 dürfen Fluggäste **Flüssigkeiten** oder vergleichbare Gegenstände in ähnlicher Konsistenz (z.B. Getränke, Gels, Sprays, Shampoos, Cremes, Zahnpasta, Suppen) nur noch in einer Höchstmenge von jeweils 0,1 Liter als Handgepäck mit ins Flugzeug nehmen. Die Flüssigkeiten müssen in einem durchsichtigen, wiederverschließbaren Plastikbeutel transportiert werden, der maximal einen Liter Fassungsvermögen hat. Da sich diese Regelungen jedoch schnell ändern, sollte man sich beim Reisebüro oder bei der Fluggesellschaft nach den derzeit gültigen erkundigen.

Aus Sicherheitsgründen dürfen **Taschenmesser, Nagelfeilen, Nagelscheren,** sonstige Scheren und Ähnliches nicht im Handgepäck untergebracht werden. Diese Gegenstände sollte man unbedingt im aufzugebenden Gepäck verstauen, sonst werden sie bei der Sicherheitskontrolle einfach weggeworfen. Darüber hinaus gilt, dass Feuerwerke, leicht entzündliche Gase (in Sprühdosen, Campinggas), entflammbare Stoffe (in Benzinfeuerzeugen, Feuerzeugfüllung) etc. nichts im Passagiergepäck zu suchen haben.

wenn noch Plätze zu füllen sind. Last-Minute-Flüge lassen sich nur bei Spezialisten buchen:

- **L'Tur,** www.ltur.com, (D)-Tel. 01805-212121 (0,12 Euro/Min.), (A)-Tel. 08206 00800 (0,12 Euro/ Min.), (CH)-Tel. 08488 08088 (0,12 SFr/ Min.); 140 Niederlassungen europaweit.
- **Lastminute.com,** www.de.lastminute.com, (D)-Tel. 01805-777257 (0,12 Euro/Min.).
- **5 vor Flug,** www.5vorflug.de, (D)-Tel. 01805-105105 (0,12 Euro/Min.).
- **Restplatzbörse,** www.restplatzboerse.at, (A)-Tel. 01-580850.

Anreise mit der Fähre

Besonders aus Norddeutschland kommend ist eine komfortable Schiffsreise eine sehr gute Alternative zur langen Anreise per Auto über Polen und Litauen, wenn auch sicher etwas teurer. Denkbar ist auch, eine Strecke per Schiff zurückzulegen und die andere auf dem Landweg. Einen besseren Start für den Lettland-Urlaub kann man sich jedenfalls schwer vorstellen: Nach der Ausfahrt vom Deck der Fähre ist man direkt im Herzen der sympathischen Hafenstadt Ventspils bzw. Liepāja.

Die Passage mit Scandlines von **Rostock nach Ventspils** wird fünfmal wöchentlich befahren. Die Überfahrt dauert 28 Stunden. Der Preis für einen PKW oder Minibus bis 6 m Länge liegt zwischen 85 und 95 Euro, für ein Wohnmobil zwischen 105 und 195 Euro, Motorrad 50 bis 55 Euro, Fahrrad nur 5 bis 10 Euro. Ein Erwachsener zahlt zusätzlich ab 50 bis 60 Euro für einen Pullmannsitz und 55 bis 375 Euro für ein Bett in einer Kabine. Fahrkarten für Kinder bis 15 Jahre kosten die Hälfte, für Kinder bis 5 Jahre zahlt man nur die Hafengebühr.

Seit Dezember 2008 verbindet die Fährgesellschaft AVE Line dreimal wöchentlich **Travemünde mit Liepāja.** Damit ist Liepāja erstmals seit langer Zeit wieder per Fähre direkt mit Deutschland verbunden. Die günstigste Überfahrt kostet hin und zurück 85 Euro pro Person (Pullmansitz) bis 350 Euro (Einzelkabine), PKW hin und zurück 170 Euro.

- Infos und Tickets bei **Scandlines** (www.scandlines.de, Tel. 01805-116688), **AVE Line** (www.aveline.lv, Tel. +371 29444999) oder bei dem kompetenten Fähr-Spezialisten **Richtig Schiffen** (www.richtig-schiffen.de, Tel. 01805-546463).

Anreise mit dem Bus

Die beiden größten internationalen Reisebus-Betreiber mit sehr vielen Verbindungen von und nach Riga sind Ecolines und Eurolines. Die Fahrtdauer von Berlin beträgt ca. 20 Stunden, von Köln etwa 33 Stunden, von Zürich und Wien ebenfalls über 30 Stunden. Eurolines fährt aus vielen deutschen Städten häufig nach Riga und Valmiera, zum Beispiel von Köln viermal in der Woche ab 127 Euro für die Hin- und Rückfahrt. Doch besonders aus Süd- und Westdeutschland, Österreich und der Schweiz ist die Strecke einfach sehr weit und trotz moderner Busse oft mühsam.

- **Eurolines,** Buchungen über Deutsche Touring GmbH, Tel. 01805-250254 oder 069-

7903-50, www.deutsche-touring.com, Infos außerdem unter www.eurolines.com.
- **Ecolines Deutschland,** Busticketverkauf, Europa-Linie 24 GmbH, Baseler Str. 35–37, 60329 Frankfurt, Tel. 069-24249140, Fax 24249142, www.ecolines.de.

Anreise mit dem Zug

Die Zugfahrt nach Lettland ist **fast ausgeschlossen,** weil es keine Fernverbindung von Polen durch Litauen nach Lettland gibt. Zu Sowjetzeiten war die engere Verknüpfung der drei baltischen Länder untereinander offenbar nicht erwünscht. Die offizielle Verbindung von Berlin nach Riga dauert über 30 Stunden und führt durch **Weißrussland.** Wer sich über diese Route auf den Weg machen will, muss rechtzeitig ein **Transitvisum** für Weißrussland beantragen.

Es gibt jedoch eine Verbindung über **Warschau** (Nachtzug von Berlin) nach **Vilnius** (umsteigen in Šestokai), von da kann man mit dem Bus weiterfahren. Wer auch Litauen oder Warschau bereisen will, könnte das überlegen. Per Nachtzug oder auch dreimal täglich per Eurocity geht es von Berlin nach Warschau (Fahrzeit knapp sechs Stunden, Kosten ca. 40 Euro ohne und 30 Euro mit BahnCard pro Person und Richtung). Anschließend fährt man per Bus nach Litauen und Lettland. Eurolines und Ecolines fahren auch von Warschau die wichtigsten Ziele in den baltischen Ländern an.

Die Abendstunden an den zahlreichen Seen liefern Bilderbuchstimmung – leider werden auch Mücken angelockt

Ausrüstung und Kleidung

Die Wahl der passenden Kleidung richtet sich selbstredend nach der Jahreszeit. Insgesamt ist die für Mitteleuropa passende Kleiderwahl aber auch in Lettland angemessen. Der Sommer kann heiß werden. Dennoch sollte man immer gegen kühle Abende und Nächte sowie gelegentlichen Regen gewappnet sein, die ein **frischer Wind von der Ostsee** her noch verschärfen kann. Andererseits sorgt die Meeresnähe für ein mildes Klima (siehe auch „Klima" im Kapitel „Land und Natur").

Sehr wichtig sind **Sonnenschutzmittel** und eine **Kopfbedeckung** im Sommer für Strandaufenthalte und Wanderungen sowie **festes und bequemes Schuhwerk,** denn in Lettland gibt es viel zu „erlaufen".

Die kulturellen Sitten und Gepflogenheiten, was Bekleidung angeht, unterscheiden sich nicht von denen in der Schweiz, in Österreich oder in Deutschland. Einzig in **orthodoxen Kirchen** gelten strengere Regeln als in katholischen oder evangelischen Gotteshäusern. Hier sollte man sich „bedeckt" zeigen, also nicht in kurzen Hosen und am besten auch nicht in T-Shirts eintreten.

Mücken- und Zeckenschutz

Fast die Hälfte der Oberfläche Lettlands ist von Wäldern bedeckt und der Reichtum an **Seen, Flüssen und kleineren Gewässern** ist bemerkenswert. Dies bringt leider auch eine Vielzahl von Mücken und Zecken mit sich. Eine entsprechende Ausrüstung sollte man besonders während der Sommermonate im Gepäck haben. Anti-Mückensprays und -kerzen sind allerdings auch vor Ort in sämtlichen Apotheken und in den meisten Supermärkten zu erwerben. Empfehlenswert ist es, sich nach Spaziergängen im Wald oder in hohem Gras sowie nach dem Zelten auf Zecken zu untersuchen. Ein gutes Werkzeug zur Entfernung von Zecken ist eine spezielle Zange aus der Apotheke, sodass man nicht den giftigen Inhalt des Schädlings beim Herausreißen in den Körper drückt. Eine Pinzette sollte man mindestens dabei haben. (Zu Zecken siehe auch Stichwort „Gesundheit".)

Fotomaterial

In Zeiten von Digitalkameras werden immer weniger klassische Fotofilme gekauft und entwickelt. Dennoch müssen sich Besitzer traditioneller Apparate keine Sorgen machen: In allen Städten kann man noch Filme erwerben und sich noch im Urlaub Abzüge machen sowie Digitalfotos professionell ausdrucken lassen. Auch Speicherkarten und Batterien sind vielerorts erhältlich.

Karten

Stadtpläne der wichtigsten Orte sind in diesem Buch zu finden. Abgesehen davon verfügen die zahlreichen Touristeninformationen meist über sehr gute, detaillierte Pläne, von der

030le Foto: mk

Metropole Riga bis hin zu den für Besucher interessanten Kleinstädten. Die Karten sind oft kostenlos, in Einzelfällen muss man kleine Beträge wie 0,50 Ls dafür berappen.

Sehr empfehlenswert ist die Karte **„Lettland"** aus dem world mapping projekt des Reise Know-How Verlages im Maßstab 1:325.000. Sie besteht aus reiß- und wasserfestem Papier und zeigt GPS-Koordinaten und Höhenschichten. Außerdem sind die wichtigsten Sehenswürdigkeiten markiert, ein Register verzeichnet alle Orte. Die Karte von Riga und Umgebung in der vorderen Umschlagklappe zeigt einen Ausschnitt aus dieser Karte. In der gleichen Reihe ist die Karte **„Baltikum"** im Maßstab 1:600.000 erschienen, die auch Litauen und Estland mit abdeckt. Der Kartenatlas im Anhang des Buches enthält Ausschnitte aus dieser Karte.

An die Sand- und Schotterpisten gewöhnt man sich recht schnell

Autofahren

Für Autofahrer ist Lettland ganz eigenartig. Einerseits gab es in den letzten Jahren gewaltige Modernisierungsmaßnahmen und viele Landstraßen sind völlig neu asphaltiert worden. Dazu ist der Verkehr in dem bevölkerungsarmen Land natürlich ziemlich gering, was ein **entspanntes Fahren** ermöglicht. Abenteuerlich wird es aber auf den **unbefestigten Pisten:** Die gibt es nämlich immer noch sehr zahlreich und meistens bestehen sie aus Sand oder Schotter. Entgegenkommende oder überholende Autos (die Letten fahren auf diesen Pfaden in halsbrecherischem Tempo) hüllen das eigene Fahrzeug sekundenlang in eine **riesige Staubwolke.** Besonders Fußgänger oder Radfahrer sind arm dran. Wenn der Sand von Spezialfahrzeugen festgeklopft wurde, ist er oft voller Rillen, die Autofahrer kräftig durchschütteln.

Manchmal sind diese Wege jedoch sehr schön oder bieten eine willkommene Abkürzung, manchmal – wie bei Kolka im äußersten Nordwesten – gibt es gar keine Alternativen. Doch wer die Pisten vermeiden kann, sollte es auch tun.

Abgesehen von den „Sand-Rennen" fahren die meisten Letten sehr ordentlich und vorschriftsmäßig. Kaum, dass jemals ein Fahrer die Höchstgeschwindigkeit überschreitet und das, obwohl Polizeikontrollen und Blitzer eine Seltenheit sind.

An **Ampeln** wird bereits gehalten, wenn das Licht von grün auf gelb

031le Foto: mk

springt und erst weitergefahren, wenn es wieder grün leuchtet, nicht schon bei gelb. Das muss auch so sein, denn die meisten Ampeln sind so geschaltet, dass sie schon auf grün umspringen, wenn der Querverkehr rot erhält. Eine kurze gemeinsame Rotphase zur Sicherheit gibt es oft nicht.

Tankstellen

Tankstellen, auch für Autogas, existieren zahlreich (sie sind in vielen Autokarten verzeichnet). An den meisten ist auch Kartenzahlung möglich. Viele sind rund um die Uhr geöffnet. Selbst in kleineren Orten findet sich fast immer ein Automechaniker, der neben Lettisch auch Russisch spricht.

Panne und Unfall

Im Falle einer Panne leistet der Straßenhilfsdienst des lettischen Automobilklubs **Auto-Moto Society of Latvia** (LAMB) Hilfe (Tel. 800 0000). Man kann sich auch direkt an seinen Automobilklub wenden, hier die drei größten für Deutschland, Österreich und die Schweiz:

- **ADAC,** (D)-Tel. 089-222222, unter (D)-Tel. 089-767676 gibt es Adressen von deutschsprachigen Ärzten in der Nähe des Urlaubsortes (Liste auch vorab anforderbar).
- **ÖAMTC,** (A)-Tel. 01-2512000 oder (A)-Tel. 01-2512020 für medizinische Notfälle.
- **TCS,** (CH)-Tel. 022-4172220.

Auch die Hersteller des jeweiligen Autos bieten oft Notfallnummern und

Service für ganz Europa an. Hier sollte man sich den entsprechenden Kontakt ebenfalls rechtzeitig heraussuchen und bereithalten. Wer dennoch ratlos am Straßenrand steht, kann durchaus ein anderes Auto anhalten und sich zum nächsten Ort fahren lassen, um dort Hilfe zu organisieren – viele Fahrer sind sehr freundlich und hilfsbereit. Im Zweifelsfall bleibt der Notruf 112. Handy-Empfang steht fast im ganzen Land zur Verfügung.

Bei einem Unfall, der keine schnelle, unbürokratische Einigung mit dem Gegenüber zulässt, sollte sofort die **Polizei** gerufen werden (bei Mietwagen sowieso immer). Traditionell werden oft noch die Nummern 02 für die Polizei und 03 für den Notarzt angegeben, doch von Mobiltelefonen aus – und inzwischen auch aus allen Festnetzen – gilt sowohl für die Polizei als auch für den Notarzt die einheitliche **Notrufnummer 112.** Am anderen Ende der Leitung wird man neben lettisch- und russischsprachigen Gesprächspartnern auch jemanden finden, der Englisch versteht. Wichtig ist, dass man immer ungefähr weiß, wo man gerade fährt und so den Unfallort im Notfall schnell beschreiben kann.

Wer schon in **Polen** eine Panne hat, erreicht die Straßenwacht des polnischen Automobilclubs PZM unter Tel. 022-5328433. In **Litauen** wendet man sich an den Straßenhilfsdienst des Automobilklubs von Litauen (LAS), Tel. 88000 0000 oder 1888 im Mobilnetz.

Verkehrsregeln

Die Polizei bemüht sich in Lettland um ein freundliches Image. Es gibt wenige Radarfallen und Blitzer. Die **Geschwindigkeitsbegrenzungen** von 90 km/h außerhalb und 50 km/h innerhalb geschlossener Ortschaften (wenn nicht anders gekennzeichnet) sowie von 110 km/h auf den wenigen Autobahnen werden aber von fast allen Verkehrsteilnehmern eingehalten. In Lettland wird das ganze Jahr auch **tagsüber mit Abblendlicht** gefahren. Vom 1. Dezember bis 28. Februar sind offiziell **Winterreifen** vorgeschrieben.

Mit **Alkohol** im Blut sollte sich niemand am Steuer erwischen lassen. Die Grenze liegt bei 0,5 Promille und die Strafen für eine Überschreitung können schnell empfindlich hoch werden: 100 Ls und mehr – deutlich höher als für andere Vergehen wie Falschparken, Geschwindigkeitsüberschreitungen und sogar Fahren über rote Ampeln. Schon bei über 1,0 Promille droht eine mehrtägige Haftstrafe. Gleiches gilt, wenn man Drogen auch nur mit sich führt – und das nicht nur im Auto.

Sicherheit

Die Polizei beschreibt Lettland als insgesamt sicheres Pflaster für Autofahrer, doch auf den vielen einsamen Straßen passieren auch zahlreiche Unfälle, sodass der Staat in der Pro-Kopf-Unfallstatistik in Europa recht weit vorn liegt. Neben dem Abschließen des Fahrzeugs sollte man auch darauf achten, **Wertsachen und Papiere** nicht zurückzulassen oder zumindest alles im Auto, was die Aufmerksamkeit von Dieben erregen könnte, zu verstecken.

Für die Nacht sollte man sich ordentliche, gut beleuchtete Parkplätze suchen. In den größeren Städten existieren auch zahlreiche rund um die Uhr **bewachte Parkplätze,** die an den kleinen Buden zu erkennen sind, in denen die Parkwächter sitzen. Die Preise sollten bei seriösen Anbietern von außen gut ersichtlich sein und man sollte den Preis von Anfang an klären. Insgesamt gibt es aber keinen Grund zur Ängstlichkeit. Die Letten selbst sind keine Sicherheitsfanatiker und lassen ihre Autos nicht selten sogar für kürzere Zeit offen stehen. Sollte doch ein Diebstahl vorkommen, ist ein Anruf bei der **Polizei** unabdingbar. Die Polizei heißt in Lettland *Policija* und ist meistens in weißen Fahrzeugen mit dunkelgrünen Streifen unterwegs, die Uniformen der Beamten sind ebenfalls dunkelgrün. Die Adressen und Telefonnummern der örtlichen Diensstellen sind in den Ortsbeschreibungen angegeben.

Autovermietung

Die großen, international operierenden Autovermieter sind in Riga, viele auch in Liepāja und Ventspils vertreten. Dort und in den anderen größeren Städten des Landes finden sich zusätzlich kleinere, regionale Anbieter. Die meisten offerieren Abholung und Rückgabe des Autos sowohl am **Flughafen** als auch in der Innenstadt. Pro Tag muss man für ein günstiges Modell meist 25 Ls oder mehr bezahlen, weniger bei längerer Mietzeit.

- **AGG,** www.agg-auto.lv
- **Car4rent,** www.car4rent.lv
- **Europcar,** www.europcar.de
- **Autorent,** www.rentalcar.lv
- **Avis,** www.avis.de

Behinderte

Immer mehr Einrichtungen wie Museen, Campingplätze, Hotels, Einkaufszentren, öffentliche Gebäude und sogar einige Schlösser und Burgen sind **behindertengerecht gebaut.** Leider gibt es aber immer noch, besonders in der Provinz, **unüberwindbare Hindernisse** für Rollstuhlfahrer. Viele Sehenswürdigkeiten in Lettland liegen in freier Natur, an Flussufern, in Höhlen, an Wanderwegen oder Naturpfaden und auf Türmen. Die lettische Tourismusorganisation mit ihren Büros in vielen Orten ist aber auch auf diesem Gebiet äußerst hilfreich, sodass die Reise nach Lettland für Behinderte ebenfalls zu einem Erlebnis werden kann.

Die Situation in den einzelnen Städten wird in den Ortsbeschreibungen skizziert.

Camping

Lettland ist ohne Frage ein **großes Camping-Land:** Vom kleinen privaten Zeltplatz (oft in schönster Natur direkt an Meer, See oder Fluss) bis hin zu großen Anlagen mit Restaurant, Sauna und Hotel oder Ferienbungalows ist die ganze Palette anzutreffen. Selbst in wenig touristischen Gebieten findet sich zumindest ein Zeltplatz oder Stellplatz für den Caravan. Es entstehen ständig neue, oft malerisch schön gelegene Campingplätze – nicht selten mit kleinen (2–4 Personen) oder mittelgroßen (6 Personen) Holzhütten oder Gästezimmern. Bloße Zeltplätze sind häufig sehr einsam und romantisch an Fluss- oder Seeufern gelegen. Der Besitzer kommt abends oder morgens vorbei und kassiert eine kleine Gebühr.

Die **Campingkarte** der lettischen Tourismusbehörde ist sehr hilfreich, doch sie erfasst längst nicht alle Plätze, zumal ständig neue aus dem Boden sprießen. Sie ist in den örtlichen Touristeninformationen erhältlich. Und wenn trotz allem die Suche einmal vergeblich war, so kann man auch bei **Privatleuten** mit einem etwas größeren Grundstück einfach klingeln und freundlich anfragen. Die meisten Letten sind sehr gastfreundlich. Man sollte ein klein wenig Geld anbieten, zum Beispiel für einen Gang zur Dusche oder Toilette. Mit etwas Glück findet sich der Reisende gar am Abendbrottisch wieder und lernt das Land aus erster Hand kennen.

032le Foto: mk

Die Suche nach einer Campingmöglichkeit sollte auf jeden Fall **vor Einbruch der Dämmerung** beginnen – allein schon, um die oft versteckten **Hinweisschilder** zu erspähen und auch, um im Zweifelsfall bei Privatleuten nicht in der Dunkelheit vor der Tür zu stehen.

Eine Übersicht sehr vieler lettischer Campingplätze, nach Regionen geordnet, findet sich auf der Webseite **www.camping.lv.**

Wildes Campen, also außerhalb zum Übernachten vorgesehener Plätze, ist zwar kein schlimmes Vergehen, wird aber nicht praktiziert.

Die **Preise** für einzelne Campingplätze sind in den Ortsbeschreibungen angegeben. Manchmal wird gesondert abgerechnet, zum Beispiel 2 Ls pro Person, 2 Ls pro Auto und 1 Ls pro Zelt, sodass eine Zeltübernachtung für zwei Reisende und Auto auf 7 Ls kommt. Meist kostet es eher weniger, besonders auf den einfachen Plätzen, die es sogar teilweise noch ganz **ohne sanitäre Versorgung** gibt (mit Trockentoiletten, wie Plumpsklos etwas beschönigend genannt werden). Auf Campingplätzen, die auch für Wohnmobile vorgesehen sind, gibt es natürlich fast immer mindestens Wasser und meistens auch Strom. Für ein Wohnmobil mit Elektro-Anschluss werden oft um 5 Ls oder etwas mehr verlangt, die Preise schwanken allerdings. Hinzu kommen die Gebühren für jede einzelne Person.

Lettische Campingplätze liegen oft schön in der Natur und bieten Bootsverleih und Holzhütten als Unterkunft

Nicht immer, aber immer häufiger werden auf den größeren Campingplätzen auch Snacks und Getränke verkauft oder sogar Essen in einer Bar oder gar einem Restaurant serviert. Küche und Waschmaschine sind an einigen Orten vorhanden, aber nicht überall garantiert. Viele offizielle Campingplätze vermieten auch Zelte.

Holzhütten gibt es ab ungefähr 10 Ls (sehr einfach, aber oft schön) bis zu 30 Ls (mit Bad) für zwei Personen, oft werden auch nur größere Häuschen angeboten, die dann entsprechend mehr kosten.

Es lohnt sich, an einem Platz Halt zu machen, der an einem See oder Fluss liegt. Dort kann man meist sehr schön am Ufer sitzen, baden oder auch Boot fahren.

Einkaufen und Souvenirs

Selbst in kleineren Orten betreibt meist mindestens ein kleiner Supermarkt seine Geschäfte, in größeren Städten gibt es mehrere. Die häufigsten Namen sind „Maxima", „Elvi" und „Rimi". Oft sind sie **abends bis 22 Uhr** geöffnet, manchmal eine Stunde kürzer oder länger. Danach bieten sich die vielen **24-Stunden-Tankstellen** an. Wer einen Sechserpack Bier oder eine Flasche Wein mit auf den Campingplatz oder ins Ferienhaus nehmen will, muss aber aufpassen: Ab 22 Uhr wird

Lettische Volkskunst: geschnitzte Stühle

Der Bernstein von der Ostseeküste ist legendär, lettische Trachten und Keramik sind bekannt. Weniger beachtet, aber mit ungeheurer Tradition in Lettland ist die Kunst des Schnitzens von Stühlen. Besonders in der Region des Nationalparks Gauja schufen die Tischler schon vor langer Zeit Sitzgelegenheiten, die noch immer im ganzen Land und sogar darüber hinaus einen großen Namen haben. In Estland beispielsweise sind sie als „lettische Stühle" in den Sprachgebrauch übergegangen. Der Klassiker unter ihnen besteht aus **Birkenholz,** mit hohen Lehnen, die Rücken und Nacken entlasten. Manche Stühle stehen auch auf Rollen und sind damit fahrbar wie ein moderner Bürostuhl.

Bereits im 19. Jh. wurden jährlich Tausende von Stühlen produziert und zusammen mit anderen Holzmöbeln exportiert. Sehr wichtig war in der Gauja-Region auch der Bau von Booten, Flößen und Stegen, die sehr stabil sein mussten. Sie garantierten einen erfolgreichen Handel und damit einen relativen Wohlstand der lokalen Bevölkerung.

Während es für die meisten Besucher aus dem Ausland schwierig sein dürfte, einen oder mehrere Stühle im Gepäck mit nach Hause zu nehmen, so lohnt dennoch der **Besuch einer Tischlerwerkstatt** oder zumindest eines Ladens mit kleinen Kunstwerken und **Souvenirs aus Holz,** ob im Gauja-Gebiet oder im Rest des Landes. Ein attraktives Mitbringsel aus dem extrem waldreichen und in der Holzfertigung sehr erfahrenen Lettland findet sich ganz gewiss.

in ganz Lettland bis morgens **kein Alkohol verkauft.**

Samstags kann überall bis zum frühen Nachmittag oder sogar bis zum Abend eingekauft werden, sonntags nur vereinzelt. Die größeren Supermärkte lassen jedoch auch am Wochenende von morgens bis abends ihre Kassen klingeln.

Das Angebot in den **Supermärkten** ist sehr breit und vollkommen mit dem in Deutschland, der Schweiz oder Österreich vergleichbar. Auch Nicht-Lebensmittel wie Schreibwaren, Kosmetik, einfache Kleidung oder Fahrräder sind meist vorhanden. Für die Selbstversorgung – und als Alternative zum Essen im Restaurant – empfehlen sich die Salate und Speisen von den Theken vieler Läden. Außerdem verfügt eine Vielzahl der Supermärkte über einen Imbiss oder ein Bistro im Eingangsbereich.

Traditionelle **Märkte** spielen in Lettland eine große Rolle. Dabei sind viele von ihnen gar nicht touristisch ausgerichtet, sondern spiegeln eher den Alltag der Menschen wider. Sie sind daher nicht immer sehr malerisch, sondern sehen auf den ersten Blick vielleicht sogar uninteressant oder ramschig aus. Es lohnt oft trotzdem, sich ein näheres Bild zu machen, um etwa traditionelle Handwerks- und Handarbeitskunst zu finden wie Keramik, Tücher, Handschuhe, Mützen oder Holzarbeiten. Märkte, die einen eigenen Platz besitzen, öffnen oft täglich ihre Pforten, während andere nur etwa dreimal oder gar einmal pro Woche Handel betreiben.

033le Foto: mk

Typische Souvenirs

Spezialitäten

Stolz sind die Letten auf ihre leckeren **Honigsorten.** Wer sich keine Sorgen um zu schweres Gepäck machen muss, sollte also einige Gläser Honig *(medus)* nach Hause mitbringen. Gleiches gilt für das Nationalgetränk **Bier** *(alus).* Während Honig am besten auf klassischen Märkten erstanden wird, kann man eine Auswahl der vielen Biermarken im Supermarkt kaufen.

Eine Spirituose aus Riga, an der niemand vorbei kommt, ist der *Rīgas Melnaiz balzams,* ein dickflüssiger, herber, schwarzer **Kräuterlikör** mit großer Tradition. Er wird meist in schönen Steingut-Flaschen verschiedener Größe angeboten und ist ein ideales Geschenk. Ein ebenso schönes Mitbringsel ist die **Schokolade** der Marke „Laima", die schon immer in Riga produziert wurde. Die Verpackungen sind oft mit sehr schönen Motiven aus Riga und Lettland verziert.

Souvenirs

Mitbringsel aus Lettland sind eine ganz besondere Freude, denn sie sind in Westeuropa kaum bekannt, stehen aber dennoch für Lettland und sind außerdem sehr schön.

Am beliebtesten ist wahrscheinlich der **Bernstein,** das „baltische Gold".

Ihm kann niemand aus dem Wege gehen, ganz egal, in welchem lettischen Ort und in welcher Region. Am schönsten ist natürlich selbst gesammelter Bernstein.

Einen Augenschmaus stellen auch die vielen **Töpferwaren** dar. Sie werden in Werkstätten des ganzen Landes geschaffen, der Schwerpunkt liegt aber im östlichen Latgale, wo besonders die schwarze Keramik das Herz von Freunden schönen Geschirrs höher schlagen lässt. Jeder Souvenirladen, Boutiquen und sogar viele Supermärkte bieten schmuckvoll geformte und verzierte Krüge, Becher, Teller, Kerzenständer, Vasen und Figuren aus Ton an. Am meisten Spaß macht der Kauf freilich beim Künstler selbst in seiner Werkstatt, wo neugierige Besucher nicht selten dem Töpfer auf die Finger schauen oder sogar selbst Hand anlegen können.

Ein weiterer Klassiker aus Lettland sind **traditionelle Kleidung** wie Trachten und Kostüme mit ihren fröhlichen Mustern (oft in den Landesfarben rot-weiß) sowie andere Handwerker-Produkte wie z.B. geschnitzte Stühle (siehe Exkurs). Nicht nur die alte Hansestadt Riga hat eine lange und ereignisreiche Handwerker-Geschichte.

Ein- und Ausreisebestimmungen

Seit Ende 2007 gehört Lettland - wie Polen, Litauen und Estland - zum Schengen-Raum. Bei der Reise aus Deutschland und Österreich gibt es also überhaupt **keine Grenzkontrollen** mehr, auch nicht im Flugverkehr. Ein **Reisepass oder Personalausweis,** der nach Ausreise noch mindestens drei Monate gültig ist, genügt - auch für Schweizer - als Reisedokument bei einem Aufenthalt bis zu 90 Tagen. Kinder unter 16 Jahren benötigen einen Kinderausweis oder eine Eintragung im Reisepass eines Elternteils.

Spezielle Versicherungen, etwa für das eigene Auto, sind nicht erforderlich, sondern können freiwillig abgeschlossen werden.

In Deutschland, Österreich oder der Schweiz lebende **Bürger von Nicht-EU-Staaten** müssen grundsätzlich ein Visum bei der **Botschaft der Republik Lettland** beantragen. Reisende über Land benötigen überdies auch entsprechende Visa für die Durchreiseländer Polen und Litauen.

Die genannten Einreisebestimmungen sind Stand Dezember 2008. Man sollte sich vor der Reise sicherheitshalber bei den Auswärtigen Ämtern erkundigen, ob sie noch gelten. Hier erfährt man auch die Adressen der Botschaften:

- **Deutschland:** www.auswaertiges-amt.de, Tel. 030-5000-0, Fax 5000-3402.
- **Österreich:** www.bmeia.gv.at, Tel. 05-01150-4411, Fax 05-01159-0 (05 muss immer vorgewählt werden).

- **Schweiz:** www.dfae.admin.ch, Tel. 031-3238484.

Mitnahme von Tieren

Für die EU-Länder Lettland, Polen und Litauen gilt, dass man eine **Tollwutschutzimpfung** und einen EU-Heimtierausweis (Pet Passport) für Hund oder Katze haben muss. Dieser gilt in allen EU-Staaten und im Nicht-EU-Land Schweiz und kostet 10 Euro. Darüber hinaus muss das Tier mit einem **Microchip** oder übergangsweise bis zum Juli 2011 mit einer lesbaren Tätowierung gekennzeichnet sein.

Zoll

Zollabfertigungen haben sich in den Jahren seit dem lettischen EU-Beitritt im Mai 2004 und besonders seit der Aufhebung der Grenzkontrollen im Rahmen des Schengener Abkommens radikal vereinfacht. Wie in allen EU- und EFTA-Mitgliedstaaten gelten jedoch weiterhin nationale **Ein-, Aus- oder Durchfuhrbeschränkungen,** z.B. für Tiere, Pflanzen, Waffen, starke Medikamente, Drogen und auch für Cannabis-Besitz und -Handel.

Ein Sonderfall ist die Ausfuhr von „künstlerisch wertvollen oder bedeutsamen" Objekten aus der Zeit vor 1947. Für diese braucht man eine spezielle Genehmigung von der Staatlichen Inspektion zum **Schutz von Kulturdenkmälern** (Riga, Pils iela 20, Tel. (6)7224519, www.mantojums.lv). Die Geschäfte oder Händler, bei denen solche Objekte gekauft werden können, helfen meist bei der Beantragung der Genehmigung.

Freimengen in EU-Ländern

- **Alkohol:** 90 l Wein (davon max. 60 l Schaumwein), 110 l Bier, 10 l Spirituosen über 22 Vol.-% und 20 l unter 22 Vol.-%.
- **Tabakwaren:** 800 Zigaretten, 400 Zigarillos, 200 Zigarren, 1 kg Tabak; bei Ausreise aus Lettland und Litauen bis 31.12.2009 nur 200 Zigaretten. Für Grenzarbeiter, Personen die bis zu 15 km von der Grenze wohnen oder sich regelmäßig in diesen drei Ländern auf Dienstreise befinden, gelten erheblich geringere Freimengen.
- **Anderes:** 10 kg Kaffee, 20 l Kraftstoff im Benzinkanister.

Freimengen für Nicht-EU-Bürger

- **Alkohol:** 1 l Spirituosen über 22 Vol.-%, 2 l Spirituosen unter 22 Vol.-%, 2 l Schaumweine oder Likörweine oder anteilige Zusammenstellung dieser Waren plus 2 l nichtschäumende Weine.
- **Tabakwaren:** 200 Zigaretten, 100 Zigarillos, 50 Zigarren, 250 g Tabak oder anteilige Zusammenstellung dieser Waren.
- **Parfüm:** 50 g, Eau de Toilette: 0,25 l.
- **Andere Waren:** bis zu einem Warenwert von insgesamt 175 Euro, ausgenommen davon sind Goldlegierungen und -plattierungen (unbearbeitet oder Halbfabrikat).

Freimengen bei der Rückkehr in die Schweiz

- **Alkohol:** 2 l bis 15 Vol.-%; 1 l über 15 Vol.-%.
- **Tabakwaren:** 200 Zigaretten, 50 Zigarren oder 250 g Schnitttabak plus 200 Stück Zigarettenpapier.
- **Nahrungsmittel:** 3,5 kg Fleisch, 1 l/kg Butter/Rahm, 5 l/kg Milch/Milchprodukte (ohne Käse/Quark), 20 kg Gemüse (pro Sorte), 20 kg Früchte (pro Sorte), 20 kg Getreide (pro Sorte), 2,5 kg Kartoffelerzeugnisse, 4 l/kg Öle/Fette, 3 l Apfel-, Birnen- und Traubensaft.
- **Anderes:** neu angeschaffte Waren für den Privatgebrauch bis zu einem Gesamtwert von 300 SFr.

Weitere Informationen

- **Deutschland:** www.zoll.de oder beim Zoll-Infocenter, Tel. 069-46997600.
- **Österreich:** www.bmf.gv.at oder beim Zollamt Villach, Tel. 04242-33233
- **Schweiz:** www.ezv.admin.ch oder bei der Zollkreisdirektion Basel, Tel. 061-2871111.

Weiterreise nach Russland

Die Schattenseite der gefallenen Schlagbäume zu anderen EU-Ländern ist die Tatsache, dass die Kontrollen an der EU-Außengrenze (also nach Russland und Weißrussland) nun noch gründlicher und ermüdender sind als zuvor. Hier muss selbst ein mit gültigem **Visum** (muss schon vor der Reise beantragt werden!) ausgerüsteter Individualreisender einige Stunden Verzögerung einplanen - ganz zu schweigen von den Lastwagen, die oft einen Rückstau von 20, 30 oder mehr Kilometern ins Land hinein bilden. Autofahrer müssen sich dann die ganze Strecke an ihnen vorbeiquälen. An diesen Grenzen gelten sehr strenge Zollbestimmungen.

Elektrizität

Steckdosen und andere elektrische Vorrichtungen - inklusive Voltzahl und anderer technischer Details - sind inzwischen in der gesamten EU einheitlich geregelt. **Adapter** und sonstige Ausrüstung sind für Lettland daher im Normalfall **nicht notwendig.**

Essen und Trinken

Man tritt den Letten nicht zu nah mit der Feststellung, dass sie wenige Gourmet-Speisen zu bieten haben: Die Küche ist geprägt von **deftigen und einfachen Gerichten.** Ein typisches Gericht ist die *karbonade,* ein großes, meist paniertes **Schweineschnitzel,** serviert mit Krautsalat oder Gemüse und Pommes Frites oder Bratkartoffeln, seltener auch mit Salzkartoffeln oder Reis. Typisch als Geschmacksverfeinerung zu fast jedem Gericht ist **Kümmel.** Überhaupt dominiert das **Schweinefleisch** die Speisekarten der Letten, oft in Form von Schaschlik und Rippchen, auch häufig auf deutsche Weise als Würstchen oder Eisbein. Rindfleisch ist erstaunlich selten anzutreffen, Geflügel schon etwas häufiger.

Nur **Fischgerichte** haben in dem Land der vielen Gewässer noch einen ähnlich hohen Stellenwert wie Schweinefleisch. In den Küstenorten und Fischerdörfern werden viele Fischrestaurants betrieben. Am beliebtesten sind geräucherte Sorten wie Aal, Dorsch, Hering, Forelle und Lachs. Auch Freunde von Krabben und anderen Meeresfrüchten kommen auf ihre Kosten. Zum Fisch wird häufig eine interessante Beilage gereicht: eingemachte oder in Essig eingelegte Tomaten, Zwiebeln, Möhren und anderes **pikant schmeckendes Gemüse.**

So fleischorientiert die meisten Speisen auch sein mögen, so sehr überzeugt die immer wieder sehr reiche Auswahl an **Salaten,** die auch für Ve-

VEGETARISCH

Speisen und Getränke

Fleisch – *gaļa*
paniertes Schweineschnitzel – *karbonade*
Frikadelle – *frikadeles*
Wurst – *desa*
russische Teigtaschen – *pelmeni*
russische Kartoffelpuffer, meist mit Fleischfüllung – *čebureki*
Kartoffeln – *kartupelis*
Pfannkuchen, mit Fleischfüllung oder süß – *pankūkas*
Hühnchen – *vistu*
Fisch – *zivis*
Aal –*zutis*
Forelle – *forele*
Hering – *silie*
Lachs – *lasis*
Suppe – *zupa*
Salat – *salāti*
Eier – *olas*
Käse – *siers*
Brot – *maize*
Schwarzbrot – *rupjmaize*
Süßspeise aus Weizengrütze – *manna*
Kuchen – *mīkla*
Bier – *alus*
Wein – *vīns*
Wasser – *ūdens*
Kaffee – *kafija*
Tee – *tēja*
Milch – *piens*
Kwas – *kvass* (Erfrischungsgetränk auf Brotbasis)

getarier zum wichtigen Rettungsanker wird. Aus deutschen Landen kommt die Tradition eines sehr schmackhaften, wenn auch nicht gerade leichten Kartoffelsalates. Beliebt sind außerdem Kraut-, Tomaten-, Gurken-, und Bohnensalate.

Nicht fehlen dürfen im von Wäldern übersäten Lettland natürlich **Pilzgerichte,** die sich nach der jeweiligen Jahreszeit richten. Eine Pilzsuppe wird oft als Vorspeise serviert, ob zu Pelmeni oder zum Schweineschnitzel. Letzteres kann aber auch Pilze als Beilage haben. Besonders lecker – und nicht so teuer wie in Westeuropa – sind Pfifferlinge, die hier in Hülle und Fülle wachsen und gesammelt werden. Weitere Spezialitäten sind graue Erbsen mit Speck, Kartoffeln mit Quark und Heringen und Sauerampfer-Suppe.

Käse – auch aus dem Supermarkt – ist meist entweder erstaunlich würzig oder süß. Interessant sind kleine Käseriegel, die die nicht mehr als 0,30 oder 0,50 Ls kosten und in den verrücktesten Geschmacksrichtungen zu haben sind, etwa Preiselbeere, Kokos, Apfel oder Rose.

In der Küche ist die **deutsche Tradition** anzutreffen, die Jahrhunderte lang im größten Gebiet des heutigen Lettland dominant war, auch wenn das schon lange Zeit her ist. Der russische Einfluss macht sich bei weit verbreiteten Imbiss-Speisen wie den Teigtaschen **Pelmeni** oder den fettigen **Tscheburaki** aus der Pfanne bemerkbar.

Ein ganz besonderes Grundnahrungsmittel ist das lettische **Brot** *(maize):* Es wird meist aus Roggenmehl gebacken und ist mit einer gehörigen Portion Malz versetzt. Oft wird noch Kümmel hinzugefügt, manchmal auch Nüsse oder Trockenobst. Die Brote sind sehr dunkel, fast schwarz, und äußerst würzig. Wer zuviel auf einmal isst, kann Magenprobleme bekommen, aber dieses einfache Brot ist für

034le Foto: mk

viele eine echte Entdeckung. Dazu schmeckt besonders gut der berühmte lettische **Kümmelkäse,** der speziell zum Johannistag im Juni den Rang einer Pflichtspeise besitzt. Zu jeder warmen Speise wird übrigens Brot serviert.

Zum **Frühstück** gibt es zum Kaffee meist kleine, dünne **Pfannkuchen** *(pankūkas)* mit süßer Quark- oder Marmeladenfüllung. Eine beliebte **Süßspeise** ist auch Brotsuppe mit Schlagsahne und das ebenfalls aus Schwarzbrot zubereitete *rupjmaizes kārtojums.*

Bunt und süß: Torten in allen Variationen

In den Cafés *(kafejnīcas)* gibt es oft eine große Auswahl an kleinen **Törtchen und Kuchen.** Sie sind meistens ziemlich bunt und süß und werden als Nachspeise, aber am liebsten nachmittags zum Kaffee gegessen.

Getränke

Die Letten mögen morgens und auch nachmittags eher **Kaffee** als **Tee,** doch die russische Tradition des Teetrinkens (oft aus Gläsern) ist auch hier anzutreffen. Der gemahlene Kaffee wurde in früheren Zeiten häufig einfach in Becher oder Gläser geschüttet und dann mit kochendem Wasser übergossen. Heute setzen sich moderne Kaffeemaschinen durch. Dementsprechend werden auch immer häufiger Latte Macchiato und andere „trendige" Variationen angeboten. Andererseits ist Vorsicht geboten, denn ein Cappuccino kann genauso gut aus einem Beutelchen stammen. Morgens trinken die Letten gern ein Glas Milch, Dickmilch oder auch Kefir *(kefirs).*

Der deutsche Einfluss macht sich auch beim **Bier** bemerkbar. Im Gegensatz zu allen Nachbarländern finden sich in Lettland zahlreiche, oft auch **regionale Brauereien,** die Bier auf allerhöchstem Niveau produzieren. Nur das weit entfernte Tschechien kann in Mittelosteuropa auf eine ähnliche Braukunst verweisen. Ein „kühles Blondes", ob gezapft oder aus der Flasche, gehört also zu einem anständigen Essen dazu. Weintrinker haben es da schon schwerer. Für Besucher, die mit dem Auto nach Lettland reisen und noch etwas Platz im Kofferraum haben, ist Bier aus Lettland ein ideales Mitbringsel. Es werden auch Liter- oder sogar Anderthalbliter-Flaschen aus Kunststoff verkauft. Besonders lecker sind *Tērvetes, Gaisu, Līvu* und *Lāčplēsis.*

Auch **Birkensaft** gilt als Nationalgetränk. Eine weitere nahrhafte Flüssigkeit ist der **Kwas,** hergestellt auf Roggen-Sauerteigbasis. Durch den Zucker im Fermentationsprozess kommt die notwendige Süße hinzu. Kwas stammt aus Russland und hat nicht mehr Kalorien als Cola oder andere Limonaden, schmeckt aber erfrischender. Er ist im Supermarkt und in Restaurants fast überall erhältlich. Manchmal stehen an der Straße wie in Russland kleine Wagen mit einem Kwas-Tank, aus dem Verkäufer das Getränk in Becher abzapfen.

Gastronomie

Restaurants und Gaststätten

Lokale mit dem auch für Ausländer wiedererkennbaren Namen **restorāns** gehören einer für lettische Verhältnisse höheren Preiskategorie an, müssen aber nicht teuer sein. Im Gegensatz zur *kafejnīca* wird das Essen hier am Tisch serviert und nicht selbst an der Theke zusammengestellt.

In den zahlreichen **kafejnīcas** bedient man sich zwar selbst, doch das Geschirr wird fast immer von Mitarbeitern abgeräumt. Es ist nicht üblich, dass man seinen Tisch selbst aufräumen und die Teller irgendwo abstellen muss. In einer *kafejnīca* kann man bereits für 10 Ls, manchmal sogar noch günstiger, zu zweit satt werden, mit einem großen Tellergericht und Getränken. In Restaurants reicht die Spanne von vergleichbaren Preisen bis hin zu westlichem Niveau. Wenn ein Lokal sehr schick, fast schon ein wenig zu nobel eingerichtet ist, aber relativ wenige Gäste hat, kann es sich um ein ausschließlich an wohlhabende Touristen gerichtetes Restaurant handeln. In Riga existieren einige Häuser dieser Art. Eine gute Methode ist es, vor Eintritt einen Blick auf die Karte zu werfen und Ausschau zu halten, ob auch Einheimische zu den Besuchern gehören.

Einfache, manchmal sehr gemütliche und urige Kneipen, in denen oft auch rustikale Speisen auf der Karte stehen, heißen **krogs.**

Bier – das lettische Nationalgetränk

Kein anderes Land im mittleren Osteuropa außer Tschechien besitzt eine Biertradition, die auch nur annähernd an die lettische heranreichen würde. Dies ist sicherlich auch auf den Jahrhunderte währenden deutschen Einfluss zurückzuführen. Besonders die deutschstämmigen Geistlichen, die seit dem 13. Jh. einwanderten, brachten der lettischen Bevölkerung nicht nur das Christentum, sondern auch das Bierbrauen und -trinken nahe. Letzteres dürfte im Vergleich zum Christentum auf weniger Widerstand gestoßen sein, denn das Bier entwickelte sich schnell zum Nationalgetränk – was es bis heute geblieben ist. Eine Veröffentlichung spricht von **18 registrierten Brauereien** im Lande, doch mehrere Dutzend Sorten sind im Verkauf, die meisten davon nur im regionalen Vertrieb.

Natürlich ist es fast eine Selbstverständlichkeit, dass die Mehrheit der Biere dem **Reinheitsgebot** entspricht und weder pasteurisiert ist noch aus anderen Zutaten als Wasser, Malz und Hopfen besteht. Man kann nun trefflich über die verschiedenen Geschmacksrichtungen der jeweiligen Marken fachsimpeln. Tatsache dürfte sein, dass die lettischen Biere ein wenig **malziger schmecken** als etwa die deutschen oder tschechischen. Vielleicht liegt dieser Eindruck aber auch nur an dem viel Malz enthaltenden, dunklen lettischen Brot, das man so hervorragend zum „kühlen Blonden" essen kann, ohne zu fettigen und salzigen Chips greifen zu müssen.

Was anderen Völkern ihr Wein, ist den Letten ihr Bier – daher gibt es statt Honigwein auch **Honigbier** *(Medalus)*. Traditionell gab man beim Brauen auch gelegentlich Wacholderbeeren oder Wermut in die Mischung, um den Geschmack zu verfeinern und zu bereichern – ein sehr früher Vorläufer der heute so beliebten „flavoured beers".

Während inzwischen in den meisten Ländern Europas immer mehr Bier konsumiert wird, ist es doch interessant, dass im Grunde alle Nachbarstaaten Lettlands keine ausgesprochenen „Bierländer" sind: Sowohl Litauen und Estland als auch Russland und Weißrussland haben weitaus weniger eigene, hochwertige Biersorten vorzuweisen. Auch in diesem Bereich behauptet das kleine Lettland seine Eigenständigkeit: Zwischen 15 und 20 Millionen Liter des Getränks flossen in letzter Zeit pro Jahr durch lettische Kehlen. Nicht alle Hersteller jedoch sind immer noch lettische Firmen. So geriet die älteste Brauerei des Landes im Stadtzentrum von Cēsis – wo auch ein **Biermuseum** eingerichtet wurde – schon vor Jahren in finnischen Besitz.

035le Foto: mk

Trinkgeld

Da man in den typisch lettischen *kafejnīcas* sein Essen selbst zusammenstellt und nach Bezahlung an der Kasse an den Tisch mitnimmt, ergibt sich oft gar keine Gelegenheit für Trinkgelder. Wird man bedient, so gibt man durchaus bis zu 10 % des Rechnungsbetrages zusätzlich dem Kellner oder der Kellnerin. Es lohnt sich allerdings ein kurzer Blick auf die Speisekarte oder spätestens auf die Rechnung: Manche Lokale schlagen automatisch Trinkgeld auf. In diesem Fall muss natürlich kein weiterer Cent gezahlt werden.

Speisekarten

Die Lokale in den größeren Städten, bei den wichtigsten Touristenzielen und an den großen nationalen und internationalen Straßen verfügen meist über eine **englischsprachige** Speisekarte. Manchmal, besonders im Osten des Landes, gibt es auch nur eine russische und lettische Sprachversion. Besonders in den bereits erwähnten einfachen Lokalen und in der Provinz steht oft nur eine lettische Karte zur Verfügung. Es kann aber auch spannend sein, sich ins Abenteuer zu stürzen und einfach auf gut Glück zu bestellen. Die Liste einiger wichtiger Begriffe hilft, damit man nicht völlig im Dunkeln tappt.

Essenszeiten

Restaurants und Cafés sind gewöhnlich **durchgehend geöffnet** und bieten ohne Unterbrechung warme Speisen an. Eine Mittagspause wie etwa in Deutschland ist kaum anzutreffen. Die Essenszeiten und -gewohnheiten der Letten sind vergleichbar mit denen in Mitteleuropa: Warmes Essen wird zu Mittag oder am frühen Nachmittag und eine warme oder auch einfache Speise am Abend gegessen. In den Restaurants freilich ist es eher üblich, abends „schön essen" zu gehen und mittags einen Snack zu nehmen. Aufgrund der durchgehenden Öffnungszeiten verschwimmen aber diese Unterscheidungen. In den meisten Lokalen erhält man auch in der Woche bis 21 oder 22 Uhr und später noch warme Speisen, am Wochenende oft noch länger.

Feste und Feiertage

Im überwiegend protestantischen Lettland sind die Feiertage großteils staatlich oder aber sie haben Volksfestcharakter. Höhepunkt ist – ganz im skandinavischen Stil – die Mittsommernacht vom 23. auf den 24. Juni, hier **Johannisfest** genannt. Ein sympathischer Brauch ist es, an diesem längsten Tag des Jahres Kränze aus Eichenzweigen zu binden und auf dem Kopf zu tragen. Doch damit nicht genug: Auch die Kühlerhauben oder die Außenspiegel von Autos werden mit der Zierde versehen. In der Nacht – richtig dunkel wird es im lettischen Hochsommer eigentlich gar nicht – gehen die Feiern aber erst los: Riesige Lagerfeuer werden im ganzen Land entzündet, Konzerte und andere

Events unter freiem Himmel ziehen Letten aller Altersgruppen an und lassen die Mittsommernacht fast zu einem spirituellen Erlebnis werden – auf jeden Fall ist sie die wichtigste Nacht des Jahres, sogar bedeutender als Silvester.

Staatliche Feiertage

- 1. Januar – **Neujahr**
- **Ostern** (Ostersonntag und -montag frei)
- 8. März – **Internationaler Frauentag** (wird in ehemals kommunistischen Ländern traditionell wichtiger genommen als im Westen, Frauen bringt man an diesem Tag ein kleines Geschenk oder Blumen mit)
- 23. Juni – **Mittsommernacht** mit dem Johannisfest (Līgo), Entzünden der Feuer und Feiern
- 24. Juni – **Johannistag,** als Tag nach der großen Feier ebenfalls ein freier Tag
- 11. November – **Lāčplēsis-Tag** zu Ehren des sagenhaften Nationalhelden
- 18. November – **Nationalfeiertag,** Tag der Ausrufung der ersten Lettischen Republik
- 24.–26. Dezember – **Weihnachten**
- 31. Dezember – **Silvester**

Geld

Die lettische Währung heißt **Lats** (abgekürzt Ls oder LVL, Plural: Lati). 1 Lats = 100 Santims. Es gibt Münzen zu 1, 2, 5, 10, 20 und 50 Santims, 1 Lats und 2 Lati. Scheine werden mit den Werten 5, 10, 20, 50 und 100 Ls herausgegeben. Ein 500-Ls-Schein existiert auch, er gerät einem aber extrem selten in die Hände. Am häufigsten sind die beiden kleinen Scheine im Umlauf, die mit einer lettischen Eiche verzierte 5-Ls-Banknote sowie der 10-Ls-Schein, den der Fluss Daugava schmückt.

Seit Januar 2005 ist der Lats fest an den Euro gekoppelt. Da ein Lats ungefähr 1,50 Euro wert ist, laufen Reisende leicht Gefahr, die Preise zu unterschätzen, denn sie wirken so klein! Allerdings ist das ein schwindendes Problem, denn die **Einführung des Euro** steht in nicht allzu ferner Zukunft bevor, 2011 gilt derzeit als realistisches Datum.

Eine Vielzahl an Banken und **Geldautomaten** – sogar in Kleinstädten, oft in eigens aufgestellten kleinen Häuschen – machen das Reisen ohne viel Bargeld leicht. Eine einfache **Maestro-(EC-)Karte** genügt. Je nach Hausbank wird dafür pro Abhebung eine Gebühr von ca. 1,30–4 Euro bzw. 4–6 SFr berechnet.

Wer Euro tauschen möchte, findet überall **Wechselstuben,** die prinzipiell mehrsprachig ausgeschildert sind und im Eingangsbereich oder neben dem Verkaufsfenster eine Tabelle mit den aktuellen Kursen präsentieren. Wechselstuben in Grenznähe sowie in Riga, Daugavpils und einigen anderen wichtigen Städten sind rund um die Uhr geöffnet, ansonsten aber auch meist bis weit in den Abend hinein, nicht selten auch sonntags. Banken öffnen meistens montags bis freitags bis etwa 19 Uhr und an Samstagen bis zum frühen Nachmittag.

Kreditkarten (Visa, Mastercard, teilweise auch AmEx) werden an immer mehr Verkaufsstellen und in vielen Hotels angenommen, man sollte sich aber nicht komplett darauf verlassen, denn kleinere Geschäfte, Restaurants und auch Hotels akzeptieren keine Karten. Für Barabhebungen per Kreditkarte kann das Kreditkartenkonto je nach ausstellender Bank mit einer Gebühr von bis zu 5,5 % belastet werden, aber für das bargeldlose Zahlen werden nur ca. 1–2 % für den Auslandseinsatz berechnet. Also am besten viel bargeldlos zahlen und stets größere Summen mit der Maestro-(EC-)Karte abheben. Zum Verlust von Geldkarten siehe „Notfälle".

Wechselkurse:
- 1 Euro = 0,69 Ls, 1 Ls = 1,44 Euro
- 1 SFr = 0,43 Ls, 1 Ls = 2,30 SFr

Reisekosten

Generell lässt sich sagen, dass Lettland zwar nicht zu den günstigsten Zielen des „neuen Europa" gehört, dass ein Aufenthalt aber dennoch preiswerter ist als in Westeuropa. Wer zu zweit mit dem eigenen Auto unterwegs ist, jede Nacht eine bescheidene Unterkunft sucht oder gar zeltet und sich in einfachen Lokalen vom Typ *kafejnīca* ernährt, kann durchaus mit 20 Ls (ca. 30 Euro) pro Tag und Person inklusive Eintrittskarten auskommen – zuzüglich Benzin, das in Lettland ein wenig günstiger ist als in Deutschland, Österreich oder der Schweiz. Gleiches gilt für Wohnmobilreisende, die sich weitgehend selbst versorgen. Eine ganze Familie, die ihre Vorräte im Supermarkt aufstockt, kann auf diese Weise sehr günstig leben, denn sie zahlt neben dem Kraftstoff für den Wagen nur die Gebühr von vielleicht 15 Ls auf dem Campingplatz.

Wer mit dem Mietwagen unterwegs ist und sich ein Hotelzimmer der gepflegten Mittelklasse inklusive Restaurant gönnt, liegt bei seinen Ausgaben natürlich schnell deutlich höher. Ins Geld gehen auch Aktivitäten wie eine Kajakfahrt auf der Gauja mit Abholung am Ziel. Eine Tagestour allein kann hier 40 oder 50 Ls für zwei Personen kosten. Noch kostspieliger sind Abenteuer wie Fallschirmspringen oder Ballonfahrten. Ansonsten fällt es aber nicht schwer, das Budget klein zu halten und dafür lieber etwas mehr Zeit in Lettland zu verbringen.

Gesundheit

Gesundheitsvorsorge

Spezielle **Impfungen** sind für Lettland nicht vorgeschrieben. Wer schon lange keine Tetanus-Impfung mehr vorgenommen hat, sollte seine Lettland-Reise zum Anlass nehmen, dies nachzuholen. Lettland stellt aber keine erhöhte Gefährdung dar.

Zu erwägen ist jedoch eine Impfung gegen die von **Zecken** übertragene Krankheit **FSME,** insbesondere, wenn man sich viel im Freien aufhält. Während der wärmeren Jahreszeit läuft die Zeckensaison. Die baltischen Staaten melden seit Jahren europaweit die höchsten Fallzahlen der mit Hirnentzündung einhergehenden Erkrankung. In Lettland sind auch die Grünanlagen in den Stadtgebieten betroffen. Aktuelle Informationen können unter www.auswaertiges-amt.de oder www.travelmed.de eingeholt werden.

Das Auswärtige Amt empfiehlt weiterhin bei Langzeitaufenthalt über vier Wochen oder besonderer Exposition eine Impfung gegen Hepatitis A und B sowie Tollwut.

Wie bereits unter „Ausrüstung und Kleidung" beschrieben, gehört besonders im Sommer ein **Mückenschutz** ins Gepäck, denn die Insekten können gerade abends in der Zeit der Dämmerung und in der Nähe von Gewässern äußerst lästig werden. Als Alternative zu Anti-Mücken-Sprays bieten sich etwa auf Campingplätzen Duftlampen und Mückenkerzen an. Trotz allem wird man oft um Mückenstiche nicht herumkommen. Daher sollte eine entsprechende Salbe in der Reiseapotheke sein, ebenso wie eine spezielle kleine Zange zur Entfernung von Zecken.

Wichtig ist auch eine **Sonnencreme** mit hohem Lichtschutzfaktor, denn gerade am Meer oder an einem der vielen Seen unterschätzt man bei der frischen Brise schnell die Intensität der Sonnenstrahlen. Desinfektionsmittel und Pflaster sollte man natürlich auch nie vergessen.

Medizinische Versorgung

Das medizinische Niveau in Lettland kann sich in den meisten Fällen mit dem in Westeuropa messen. Ärzte und medizinische Zentren nehmen Patienten mit Auslandskrankenversicherung problemlos auf, ein Patient ohne entsprechende Versicherung zahlt die Arztrechnung aus eigener Tasche. (Hinweise zur Krankenversicherung finden sich unter „Versicherungen".) Wer kein Russisch oder Lettisch spricht, sollte, wenn es die Krankheit und die Zeit zulassen, einen englisch- oder deutschsprachigen Arzt aufsuchen oder jemanden zum Übersetzen finden. Adressen von Ärzten, Krankenhäusern und Apotheken sind in den Ortsbeschreibungen aufgeführt.

Wer seine Kopfschmerztabletten oder andere Mittel vermisst, muss sich keine Sorgen machen: Medikamente sind in den oft sehr gut sortierten lettischen **Apotheken** problemlos erhältlich. Ein Apotheker kann in weniger ernsten Fällen oft schon effektiv beraten und Medikamente oder einen passenden Arzt empfehlen. Natürlich helfen auch die zahlreichen Touristeninformationen, in denen sich fast immer englischsprachiges Personal findet.

Hygiene

Lettland ist ein außergewöhnlich **sauberes, ordentliches und gepflegtes Land.** Ausnahmen bestätigen die Regel, doch vom Supermarktregal über die öffentliche Toilette bis hin zum Hotelzimmer müssen sich Gäste wie Einheimische kaum Sorgen um die Hygiene machen. Schwierig kann sich manchmal, wie in vielen Ländern, die Suche nach einer **Toilette** gestalten. Im Zweifelsfall kann man im Café oder im Restaurant eine Kleinigkeit bestellen. Aber vorher sollte man nach Toiletten fragen, denn nicht überall gibt es welche. Manchmal ist der Toilettenschlüssel an der Theke gegen ein kleines Entgelt erhältlich – selbst Gäste müssen gelegentlich eine geringe Gebühr entrichten.

Das **Leitungswasser** hat in der Regel eine sehr gute Qualität, denn Seen und Flüsse des Landes sind genau wie das Grundwasser meist recht sauber. Gerade auf Campingplätzen kann man fast immer das Wasser aus dem Hahn ohne Bedenken trinken. Sollte dies einmal nicht anzuraten sein, wird ausdrücklich davor gewarnt.

„Trockentoilette" – auf einfachen Campingplätzen noch häufig vorzufinden

Informationen

Fremdenverkehrsamt

Ein eigenes lettisches Fremdenverkehrsamt gibt es in den deutschsprachigen Ländern noch nicht. Die drei baltischen Staaten betreiben jedoch gemeinsam ein Tourismus- und Informationsbüro in Berlin. Hier bekommt man umfangreiches Informationsmaterial und aktuelle Auskünfte zu Anreise, Veranstaltungen, Unterkünften und Restaurants:

- **Baltikum Tourismus Zentrale,** Katharinenstr. 19–20, 10711 Berlin, Tel. 030-89009091, Fax 89009092, www.baltikuminfo.de, geöffnet für Besucher nur mittwochs 14–17 Uhr.

Die Internetseite der lettischen Tourismusbehörde **www.latviatourism.lv** bietet eine sehr breite und ausführliche Übersicht für das Reisen in Lettland mit ständig aktualisierten Informationen, beispielsweise zu Veranstaltungen. Sie hat eine ausgezeichnete deutsche Version. Die Zentrale befindet sich in Riga:

- **Lettisches Touristeninformationsbüro,** Smilšu iela 4, Riga, LV-1050, Tel. 00371-7224664.

Touristeninformationen vor Ort

Das Netz von Touristeninformationsbüros in Lettland ist sehr eng geknüpft. Selbst in kleinen Orten mit auf den ersten Blick wenigen Attraktionen prangt oft das charakteristische grüne „i" an einem der Häuser. Die meisten Büros sind erstaunlich gut mit Material ausgestattet (häufig auch in deutscher Sprache, fast immer auf Englisch). Die

037le Foto: mk

Mitarbeiter sind stets sehr hilfsbereit und sprechen zumindest Englisch fließend. Sie helfen auch bei der Vermittlung von Hotel- oder Gästezimmern, bei der Organisation von Ausflügen aller Art und bei anderen praktischen Fragen. Manchmal sind sogar außerhalb der Öffnungszeiten draußen Ständer mit verschiedenen Prospekten zur Selbstbedienung zu finden.

Zu jeder der vier großen lettischen Regionen bekommt man hier **Landkarten** mit allen auch noch so kleinen Sehenswürdigkeiten und einer Kurzbeschreibung. Ebenfalls für jede Region werden Prospekte mit Listen der **Unterkunftsmöglichkeiten** herausgegeben. Eine Übersicht der **Campingplätze** Lettlands ist auch vorhanden und kann unterwegs von großem Vorteil sein, auch wenn man immer Ausschau nach weiteren Campingplätzen halten sollte, die nicht auf der offiziellen Karte verzeichnet sind.

Internet

Im Folgenden einige interessante **Internet-Adressen** (weitere finden sich in den entsprechenden Kapiteln des Buches).

Touristische Informationen:

- www.latviatourism.lv, Seite der lettischen Tourismusbehörde.
- www.baltikuminfo.de, Fremdenverkehrsamt für Estland, Lettland und Litauen in Deutschland.

- www.auswaertigesamt.de, beim Auswärtigen Amt kann man sich über Einreisebestimmungen informieren.

Baudenkmäler:
- www.pilis.lv, Seite der lettischen Vereinigung der im Lande so zahlreichen Burgen und Schlösser, gute deutsche Version.

Kultur:
- www.culture.lv, Seite des lettischen Kultusministeriums mit sehr vielfältigen Informationen über lettische Kultur im Allgemeinen und aktuelle Veranstaltungen.

Natur:
- www.lob.lv/en, Vereinigung der lettischen Ornithologen, mit vielen Hinweisen für Vogelenthusiasten.
- www.lvm.lv/deu, Seite der Gesellschaft „Lettische Wälder", gute deutsche Version.

Internetcafés

Es ist in mittleren und größeren Städten überhaupt kein Problem, Zugang zum Web zu finden, ob in einem modernen Online-Café oder in einem kleinen Keller mit wenigen Computern. Auch kabelloser Internetzugang mit Hilfe eines **Hot Spots** über W-Lan wird häufig angeboten. Oft führen Hinweisschilder an den Straßen zum nächsten Internetcafé. In Provinzstädten kann sich die Suche gelegentlich schwieriger gestalten. Dort ist oft nur die kleine **Stadtbibliothek** mit Internetzugang ausgestattet. Auch hier gilt: die Touristen-Info aufsuchen, um zu erfahren, wo ein Anschluss zu finden ist. In dringenden Fällen und nach einer freundlichen Bitte räumen die Mitarbeiter auch schon mal ihren eigenen Dienst-Computer für einige Minuten.

Die **Preise** in Internetcafés sind nicht allzu hoch: Für 1 Ls ist oft bereits eine Stunde Surfen möglich.

Die Touristeninformation von Kuldīga im alten Rathaus

Kinder

Lettland ist ein **kinderfreundliches Land,** die Menschen nehmen den Alltag auf skandinavische Weise eher locker. Kinder werden ins Restaurant, zu Besichtigungen und auf Feiern gern mitgenommen und nicht als Ballast betrachtet. Man sieht darüber hinweg, wenn sie etwas zu laut sind oder im Freilichtmuseum zwischen den Exponaten herumtoben. So lange nichts kaputt gehen kann, ist alles in Ordnung. Restaurants bieten oft spezielle Speisen für Kinder an und in Hotels sind Familien- oder Doppelzimmer mit Beistellbetten für die Kleinen meistens Standard.

Lettland ist aber auch deswegen besonders **attraktiv für Kinder,** weil die Sehenswürdigkeiten vielfach einen aktiven und abenteuerlichen Charakter haben: Ob beim Naturpfad mit Bären, Wölfen, Bisons und anderen wilden Tieren, ob im Freilichtmuseum, beim Klettern auf den Kirchturm oder dem Tag am Strand oder See – es herrschen ideale Bedingungen für die Kleinen. Die spannenden Naturpfade bieten außerdem sehr oft große (Abenteuer-)Spielplätze oder „Märchenwege".

Nachtleben

In den größeren Städten gibt es ein erstaunlich breites Angebot an **Clubs und Bars,** sodass keine Langeweile aufkommt. In mittelgroßen und kleinen Städten sowie selbst in Dörfern bietet meist eine Art **kleine Spielhalle** ihre Dienste an. Neben Automaten und dem obligatorischen Fernseher gibt es oft Dartscheiben und Billardtische. Der Grund für die Häufigkeit dieser Clubs ist die Tatsache, dass Alkohol nach 22 Uhr ausschließlich in Lokalen wie diesen verkauft werden darf. Hier können Durstige also immer Glück haben, die im Nachtladen oder an der Tankstelle kein Bier mehr bekommen.

Auf Campingplätzen und in Ferienanlagen müssen die Gäste damit rechnen, dass am späten Abend die Türen geschlossen werden. Zu dem Charakter vieler dieser Plätze gehört es, dass weniger auf die Organisation von Partys gesetzt wird als auf die Nähe zur Natur. Da bleibt nur eine **private Feier am Strand oder am Lagerfeuer,** was oft auch die viel schönere Variante darstellt. Die Letten haben eine große Tradition des **Feierns unter freiem Himmel,** so geht es etwa in der Mittsommernacht im ganzen Land hoch her und kaum jemand scheint zu Hause zu bleiben.

Notfälle

In der Regel erreicht man bei den angegebenen Notrufnummern einen englischsprachigen Ansprechpartner. Im Zweifelsfall und wenn Zeit dafür bleibt, lohnt es sich natürlich, einen Letten hinzuzuziehen, der den Anruf tätigen kann.

Notrufnummern

- Standard-Notruf: 112
- Feuerwehr: 01
- Polizei: 02
- Krankenwagen: 03
- Fundbüro: (6)7086628
- bei Verkehrsunfall: (6)7377000
- Medizinischer und Giftnotruf (6)7042473
- Gasunfall: 04

Autopanne / -unfall

siehe „Autofahren“

Verlust von Geldkarten

Bei Verlust oder Diebstahl der Kredit- oder Maestro-(EC-)Karte sollte man diese umgehend sperren lassen. Für deutsche Maestro- und Kreditkarten gibt es die einheitliche **Sperrnummer 0049-116116,** im Ausland zusätzlich 0049-30-40504050. Für österreichische und schweizerische Karten gelten:

- **Maestro-Karte,** (A)-Tel. 0043-1-2048800; (CH)-Tel. 0041-44-2712230, UBS: 0041-848- 888601, Credit Suisse: 0041-800-800488.
- **MasterCard,** internationale Tel. 001-636 7227111.
- **VISA,** Tel. 0043-1-71111770; (CH)-Tel. 0041-58-9588383.
- **American Express,** (A)-Tel. 0049-69-97971000; (CH)-Tel. 0041-44-6596333.
- **Diners Club,** (A)-Tel. 0043-1-501350; (CH)-Tel. 0041-58-7508080.

Geldnot

Wer dringend eine größere Summe ins Ausland **überweisen lassen** muss, kann sich auch nach Lettland (Litauen und Polen) über **Western Union** Geld schicken lassen. Für den Transfer muss man die Person, die das Geld schicken soll, vorab benachrichtigen. Diese muss dann bei einer Western-Union-Vertretung (in Deutschland u.a. bei der Postbank) ein entsprechendes Formular ausfüllen und den Code der Transaktion telefonisch oder anderweitig übermitteln. Mit dem Code und dem Reisepass geht man zu einer beliebigen Vertretung von Western Union in Lettland (siehe Telefonbuch oder unter www.westernunion.com), wo das Geld nach Ausfüllen eines Formulars binnen Minuten ausgezahlt wird. Je nach Höhe der Summe wird eine Gebühr ab 10,50 Euro erhoben.

Ausweisverlust / dringender Notfall

Wird der Reisepass oder Personalausweis im Ausland gestohlen, muss man dies bei der örtlichen Polizei melden. Darüber hinaus sollte man sich an die nächste **diplomatische Vertretung** seines Landes wenden, damit man einen Ersatzausweis zur Rückkehr ausgestellt bekommt (ohne kommt man nicht an Bord eines Flugzeuges!). Auch in dringenden Notfällen, z.B. medizinischer oder rechtlicher Art, Vermisstensuche, Hilfe bei Todesfällen o.Ä. sind die Botschaften bemüht, vermittelnd zu helfen.

- **Botschaft der Bundesrepublik Deutschland,** Raiņa bulvāris 13, Riga, Tel. 7085100, in dringenden Fällen auch Tel. 29466456.
- **Botschaft der Bundesrepublik Deutschland,** Z. Sierakausko g. 24/8, Vilnius, Litauen, Tel. 05-2106400, in dringenden Fällen auch Tel. 865055510.
- **Botschaft der Bundesrepublik Deutschland,** ul. Jazdów 12, Warschau, Polen, Tel. 022-5841700, in dringenden Fällen auch Tel. 605682347.
- **Botschaft der Republik Österreich,** Elizabetes iela 15-4°, Riga, Tel. 67216125 oder im Notfall unter Tel. 61000844.
- **Botschaft der Republik Österreich,** Gaono 6, Vilnius, Litauen, Tel. 05-2660580.
- **Botschaft der Republik Österreich,** ul. Gagarina 34, Warschau, Polen, Tel. 022-84100-81/-82/-83.
- **Botschaft der Schweiz,** Elizabetes iela 2, Riga, Tel. 673383-51/-52/-53.
- **Generalkonsulat der Schweiz,** Gostauto gatve 12 A, Vilnius, Litauen, Tel. 05-2683855.
- **Botschaft der Schweiz,** Aleje Ujazdowskie 27, Warschau, Polen, Tel. 022-62804-81/-82.

Öffnungszeiten

Eine starre Ladenschluss-Regelung ist nicht in Kraft. Selbst in kleineren Orten findet sich in der Regel ein Laden, der bis 21 Uhr geöffnet ist. Größere **Supermärkte** schließen oft erst um 22 Uhr, gelegentlich noch später. Kleinere Geschäfte wie Apotheken, Bäckereien, Kleidungs- oder Schuhläden öffnen ihre Pforten durchschnittlich von 9 bis 19 Uhr, doch es gibt viele Abweichungen von dieser Regel. Samstags kann überall bis zum frühen Nachmittag oder sogar bis zum Abend eingekauft werden, sonntags nur vereinzelt. Die größeren Supermärkte lassen jedoch auch am Wochenende von morgens bis abends ihre Kassen klingeln.

Orientierung

Die **Straßenbeschilderung** ist fast durchweg sehr gut, das Informationsmaterial des Tourismusverbandes sehr detailliert und zuverlässig. Auch noch die kleinste Sehenswürdigkeit wie etwa ein großer Findling auf einer Wiese ist mit einem der **braunen Wegweiser** ausgeschildert (oft sogar auch auf Englisch), die jeder Tourist sehr schnell zu schätzen lernt. Wer sich trotzdem verirrt hat, trifft fast überall auf entgegenkommende und hilfsbereite Menschen.

Post

Postämter haben in vielen Städten recht **großzügige Öffnungszeiten** – in Riga sogar teilweise rund um die Uhr. Meist findet man eine *Pasts,* die werktags nicht vor 19 Uhr und samstags nicht vor dem Nachmittag ihre Pforten schließt. Das **Porto** für Briefe nach Deutschland, Österreich oder in die Schweiz beträgt 0,45 Ls, für Postkarten 0,36 Ls.

- **www.pasts.lv,** mit Informationen über Tarife, alle Postämter, für Briefmarkensammler und einem elektronischen Post-Shop.

Radfahren

Begeisterte Radler sollten darauf vorbereitet sein, dass trotz gewaltiger Modernisierungen in den letzten Jahren viele Landstraßen immer noch nicht asphaltiert sind. Die Fahrt auf den **Sandpisten** ist aber nur etwas für Hartgesottene, denn der wellige Straßenbelag und die gewaltigen Staubwolken bei jedem passierenden Auto treiben manchem buchstäblich Tränen in die Augen.

Doch mit der richtigen **Straßenkarte** kann das Radeln auf asphaltierten Wegen äußerst reizvoll sein. (Die Lettland-Karte aus dem Reise Know-How Verlag im Maßstab 1:325.000 stellt geschotterte Straßen dar.) **Leichte Hügellandschaften** überfordern niemanden im ansonsten flachen Lettland. Gutes Flickzeug und eine Luftpumpe sind trotzdem Pflicht. In größeren Städten gibt es zwar **Fahrradwerkstätten,** doch in der Provinz ist die Suche nach professioneller Hilfe häufig schwierig. In Zweifelsfall ist es einen Versuch wert, zu einer Autowerkstatt zu gehen, die fast überall zu finden ist. Dort kann es zumindest provisorische Hilfe geben.

Eine schöne Adresse für Radler in Lettland ist die voller Informationen steckende Internetseite des von baltischen Fahrradvereinen gegründeten Projekts BaltiCCycle. Die Hauptseite **www.bicycle.lt** ist auch in deutscher Sprache verfügbar. Von Reiseberichten, Tourenvorschlägen und Serviceadressen bis hin zu Kartenmaterial ist alles vorhanden.

Die **Ausleihe** von Fahrrädern ist an sehr vielen Orten möglich. Oft ist es die Touristeninformation selbst, die Drahtesel gegen Gebühr zur Verfügung stellt. Auch größere Campingplätze bieten in der Regel Räder an, darüber hinaus auch viele Zweiradgeschäfte in großen wie kleinen Ortschaften. Die Preise variieren ziemlich stark. Für 2 Ls pro Stunde und 10 Ls am Tag kann man aber vielerorts bereits ein Fahrrad bekommen. Eine interessante Adresse ist www.bikerent.lv. Die Firma vermietet Fahrräder in Riga mit Lieferung an eine beliebige Adresse in der Hauptstadt und im ganzen Land (gegen Aufpreis für die Lieferung).

Routenvorschläge für Radtouren

Von Riga nach Jūrmala und durch den Nationalpark Ķemeri

Von der Hauptstadt ist eine Fahrradroute ins benachbarte Jūrmala ausgeschildert. Die Beschilderung beginnt bereits im Zentrum von Riga. Die Strecke verläuft größtenteils sehr angenehm entlang der Bahnlinie. Zur Sicherheit sollte man dennoch eine Karte von Riga und Umgebung dabei haben, die auch Jūrmala abdeckt. Die Radler können statt der großen Autobrücke über die Lielupe, hinüber in den Kurort, die Eisenbahnbrücke benutzen und erreichen auf diese Weise ganz in Ruhe die Meeresküste.

Um in Jūrmala von einem Ortsteil zum nächsten zu gelangen, ist das Fahrrad bestens geeignet. Der am westlichen Ende Jūrmalas beginnende Nationalpark Ķemeri bietet drei hervorragende, ebenfalls ausgeschilderte Fahrradrouten verschiedener Schwierigkeitsgrade durch beinahe unberührte Natur.

Von Ventspils nach Kolka

Die etwa 80 Kilometer lange Strecke von Ventspils nach Kolka ist anspruchsvoll, denn die Straße ist noch nicht durchgehend asphaltiert. Allerdings ist sie auch nicht allzu stark befahren. Als Radfahrer kämpft man mit dem schotterigen Straßenbelag und den von den Autos verursachten Staubwolken. Belohnt wird man durch zahlreiche Abzweige zu nahe gelegenen Traumstränden an der wilden **kurländischen Ostseeküste.** Ab Kolka, wenn man an der Rigaer Bucht weiterfahren will, ist die Trasse dann auch wieder asphaltiert.

Von Cēsis nach Valmiera

Diese 32 Kilometer lange Route mitten durch den **Gauja-Nationalpark** ist der lettische Fahrrad-Klassiker. Sie ist sehr gut ausgeschildert, verläuft aber teilweise auf einer relativ stark befahrenen Straße.

Von Bauska nach Mežotne und Pilsrundāle

Die **Schlösser** von Mežotne und Pilsrundāle sind von Bauska aus in einer guten Stunde per Fahrrad zu erreichen. Besonders die Strecke nach Mežotne ist äußerst idyllisch und ruhig.

Reiseveranstalter

- **Baltikum-Tours H&Z GmbH,** Tile-Brueg-ge-Weg 30, 13509 Berlin, Tel. 030-48098430, www.baltikum-tours.de. Solides Angebot für alle drei baltischen Länder.
- **Baltika Tours,** Lange Str. 20, 26169 Friesoythe, Tel. 04491-939072, www.baltika-tours.de. Spezialisierung auf Studien- und Naturreisen, auch einige Angebote für Lettland.
- **Go East Reisen,** Bahrenfelder Chaussee 53, 22761 Hamburg, Tel. 040-8969090, www.go-east.de. Hauptsächlich Reisen nach Riga, mit Ausflügen in die Umgebung, etwa in den Gauja-Nationalpark.
- **Mare Baltikum Reisen,** Eichenstr. 27, 20259 Hamburg, Tel. 040-494111, www.mare-baltikum-reisen.de. Spezialisiert auf den gesamten Ostseeraum, sehr breites Angebot für Lettland.

In Lettland

- **Lettland.erleben,** Silja Thimsen, Alejas iela 47-4, 3401 Liepāja, Tel. 00371-3427114, www.lettland-erleben.com. Auf deutschsprachige Kunden ausgerichtet.

Reisezeit

Lettland ist zu jeder Jahreszeit eine Reise wert. Natürlich steht der **Sommer** im Vordergrund in einem Land, das Hunderte von Kilometern an Strand und malerische Seen vorzuweisen hat. Am schönsten ist Lettland auf Rundreisen, evtl. mit Übernachtungen auf Campingplätzen kennenzulernen. Die lettischen Sommer haben den unschätzbaren Vorteil, dass sie meist nicht zu heiß sind und extrem kurze Nächte haben. **Im Juni und Juli wird es praktisch gar nicht dunkel** und selbst im August geht die Sonne erst um 22 Uhr unter.

Die **Wassertemperaturen** in der Rigaer Bucht und in der offenen Ostsee erweisen sich außer für Asketen nur von Ende Juni bis September als angenehm. Im Juni liegen die Temperaturen noch durchschnittlich bei eisigen 14–17 °C, im Juli und August reichen sie dagegen im Schnitt schon fast an 20 °C heran und können an manchen Tagen sogar darüber liegen. Im September geht es dann schnell wieder zurück auf Juni-Niveau. Die Seen wärmen sich natürlich schneller auf und behalten länger eine angenehme Badetemperatur.

Der **Herbst** kann ebenfalls sehr attraktiv für Rundreisen sein, weil die zahlreichen Alleen und Wälder dann rot-golden leuchten. Der **Winter** dauert vergleichsweise lange. Wenn auch keine Schneegarantie besteht, so ist das Land doch meist von einer weißen Decke überzogen. Die Dunkelheit beginnt besonders früh und die Dämmerung kommt spät.

Wer die wärmeren Jahreszeiten vorzieht, sollte wissen, dass der **Frühling** erst so richtig im **Mai** beginnt, dann aber mit bestechender Schönheit. Noch im Juni und sogar im Juli blüht der Raps auf den vielen endlos scheinenden Feldern.

Zum Klima siehe auch Kapitel „Land und Natur: Klima“.

Saison

Die Hochsaison beschränkt sich in Lettland auf die Monate **Juli und August.** Dann haben die einheimischen

Kinder Schulferien und die Letten fahren in Urlaub. In diesen beiden Monaten ist das Baden und wegen der milden Nächte auch das Campen am angenehmsten. Strände und Städte sind allerdings selbst in diesen Spitzenzeiten **selten überfüllt,** von einigen Ausnahmen wie Jūrmala abgesehen. Daher sollte die Sorge auch nicht zu groß sein, dass man für die Sommermonate keine Übernachtungsplätze mehr findet. Wer flexibel ist und beispielsweise ein Privat-Apartment oder eine komfortable Holzhütte auf dem Campingplatz als Ersatz für ein Hotelzimmer akzeptiert, wird praktisch immer fündig.

Schwierig kann es paradoxerweise eher in touristisch noch weniger erschlossenen Ortschaften mit der Übernachtungssuche werden. In Kuldīga zum Beispiel gibt es inzwischen ziemlich viele Besucher aus dem In- und Ausland, aber nur wenige kleine Hotels. Auch hier bieten sich allerdings wie fast überall Campingplätze als Ausweichmöglichkeit an.

Hotels, besonders in touristisch interessanten Orten, erhöhen während der Saison oftmals ihre **Preise** und senken sie außerhalb dieser Zeiten. Ein Zimmer kann durchaus bis zu einem Drittel teurer werden. Dies gilt auch und besonders für **Riga.** Daher ist es durchaus eine Überlegung wert, die Hauptstadt nicht in der Spitzenzeit, sondern im Frühling, Herbst oder gar im Winter zu besuchen, denn schön, lebhaft und sehenswert ist Riga immer.

Sicherheit

Lettland ist den Statistiken zufolge ein **verhältnismäßig sicherer Staat.** Dieser Eindruck drängt sich auch bei genauer Beobachtung auf. Die Letten selbst scheinen sich wenig Sorgen um eventuelle Diebstähle zu machen: Ob unbewachte Restaurantstühle, die über Nacht draußen stehen bleiben, das gelegentlich nicht abgeschlossene Auto, die spärlich eingezäunten Häuser oder viele Menschen, die Campern spontan ihren privaten Garten zum Zelten anbieten: Alles deutet auf **geringe Kriminalität** und hohe Sicherheit hin. Dennoch sollte jeder die **üblichen Vorkehrungen** treffen und Wertgegenstände immer bei sich tragen oder im Hotelsafe aufbewahren, niemals jedoch im Auto zurücklassen.

Wer doch einmal Opfer krimineller Handlungen wird, wende sich an die örtliche Polizei oder wähle die **landesweite Notfallnummer 112.** Lokale Anlaufstellen für Notfälle sind in den Ortsbeschreibungen angegeben, generelle Notrufnummern finden sich unter „Notfälle".

Über etwaige Änderungen der allgemeinen Sicherheitslage kann man sich auf der Webseite des Auswärtigen Amtes erkundigen: www.auswaertiges-amt.de.

Sport und Erholung

(Radfahren: siehe dort)

Was sportliche Aktivitäten und Erholungsmöglichkeiten angeht, bietet sich in Lettland vor allem die vielfach noch unberührte Natur an. Sowohl Letten als auch immer mehr Ausländer nutzen die fantastischen Voraussetzungen dieses kleinen Landes. Eine Reihe von **Flüssen in traumhafter Landschaft** reizen zum Kanu- oder Kajakfahren. Besonders beliebte Flüsse sind die Gauja und die Salaca in der Region Vidzeme. Lettland ist außerdem ein Land der **großen und kleinen Seen.** Viele Camping- und Zeltplätze liegen am Wasser und man kann morgens gleich zum Aufstehen einen Sprung ins kühle Nass wagen. Hinzu kommt das Offensichtliche: Die Hunderte von Kilometern der **Meeresküste** mit ihren vielfältigen Wassersportmöglichkeiten von Windsurfing bis zu Wasserski oder einfach Schwimmen.

Das kommerzielle Angebot in Sachen **Ausrüstung** für Segeln oder Surfen, die Ausleihe von Paddelbooten und Rücktransport und anderes ist am größten an der Rigaer Bucht, nahe der Via Baltica in Richtung Estland und im Gebiet des Nationalparks Gauja. Doch auch auf den Campingplätzen des ganzen Landes und in den Touristenzentren ist es selten schwierig, Equipment für sportliche Aktivitäten zu erhalten. Die Preise sind dabei nicht immer so niedrig, wie man es vielleicht erwarten könnte. Eine Tagestour mit einem Kajak für zwei Personen ab Sigulda inklusive Rücktransport am Nachmittag oder Abend kann durchaus 30 oder 40 Ls kosten. Es lohnt sich, bei den lokalen Touristeninformationen nach Sportmöglichkeiten zu fragen. Die Büros sind immer sehr gut vernetzt und werden oft günstigere Offerten machen als Hotels, wobei letztere auch eine bequeme Lösung darstellen können.

Die Touristeninfo ist auch immer der richtige Ansprechpartner für ausgefallenere Wünsche wie Fahrten mit dem Heißluftballon, Drachenfliegen oder Kitesurfen. Viele Informationen zu einzelnen Sportarten und Aktivitäten, auch in deutscher Sprache, sind auf **www.latviatourism.lv** zu finden.

Angeln

An den vielen Seen und Flüssen gibt es unzählige Angelmöglichkeiten. Eine Genehmigung ist meist relativ einfach zu erhalten. Hier hilft die jeweilige Touristeninformation vor Ort, bei der man Angelscheine erhält, bzw. bei einem privaten See oder Teich der Besitzer oder Verwalter (beispielsweise der Betreiber des Campingplatzes, an dem der See liegt). Angelscheine sind auch in Fachgeschäften oft erhältlich.

Ballonfahrten

- **Ceļotāju klubs Altius,** Mūkusalas iela 41, Riga, Tel. 7611614, www.altius.lv. Der Veranstalter Altius aus Riga bietet Ausflüge mit Heißluftballons in ganz Lettland an. Pro Person muss man mit Kosten von 100 Ls für eine Stunde rechnen.

Bungee Jumping

Im ganzen Land gibt es mehrere Offerten. Die bekannteste ist die des offi-

038le Foto: mk

ziellen Bungee-Jumping-Vereins aus Riga, der in Sigulda Sprünge von der Gauja-Brücke aus 43 Metern Höhe organisiert.

- **Latvijas gumijlēcēju klubs,** Kalnciema iela 96, Sigulda, Tel. 9212731, www.lgk.lv, Mai bis Oktober Sa und So, jeweils ab 18.30 Uhr. Ein Sprung kostet 15 Ls.

Fallschirmspringen

Angeboten werden Sprünge mit einem sich automatisch öffnenden Schirm aus 700 Metern Höhe (15 Ls) und im Tandem mit einem Lehrer aus 2400 Metern (50 Ls). Los geht es auf den Flughäfen Riga, Jelgava und Cēsis.

- **Rīgas aeroklubs** (für Riga), Lienes iela 1-17, Riga, Tel. 7278111, April bis September.
- **Vidzemes aeroklubs** (für Cēsis), Landkreis Cēsis, Gemeinde Priekuļi, Haus „Viesturi", Tel. 9330655, Mai bis September.
- **Kurzemes aeroklubs,** Jelgava (keine genaue Adresse), Tel. 9482939, www.aeroklubs.times.lv, Mai bis September (nur mit Voranmeldung, auch Gleitschirmflüge und Gleitschirmkurse).

Floßfahrten

Eine lettische Spezialität sind Gruppenfahrten auf großen Flößen. Die Gesellschaft Jēkabs beispielsweise veranstaltet Floßfahrten auf der **Daugava** in Gruppen ab 15 Personen. Das Angebot reicht von Tagestouren bis hin zu weiten Ausflügen von insgesamt

Auch im Sommer hat man riesige Strandabschnitte oft für sich allein

neun Tagen auf dem Floß (Strecke von Krāslava nach Jēkabpils). Die Preise reichen entsprechend von 200 Ls bis zu stolzen 1500 Ls, jeweils für eine Gruppe von 15 oder 20 Fahrgästen.

- **Jēkabs,** Bebru iela 108, Jēkabpils, Tel. 29558438, www.daugavasplosts.lv.

Golf

- **Ozo Golf Club,** Milgrāvja iela 16, Riga, Tel. 67394399, www.ozogolf.lv. Der erste 18-Loch-Golfplatz in Lettland, modern eingerichtet und schön in die Natur eingebettet. Nur etwa 10 km vom Rigaer Stadtzentrum entfernt, täglich 8–21 Uhr.

Kanu, Kajak und Rafting

Kanutouren und River Rafting im Gauja-Nationalpark:

- **Makara tūrisma birojs,** Peldu iela 2, Tel. 29244948, www.makars.lv. Am Campingplatz in Sigulda direkt an der Gauja. Organisation von Ausflügen auf der Gauja, Kanu- und Bootsverleih mit Abholung vom Ziel (z.B. Abholung von Cēsis 38 Ls pro Boot). River-Rafting für 10–60 Personen.
- **Canoe camping,** Gaujas iela 36, Līgatne, Tel. 29244948, www.makars.lv.
- In der Nähe von Valmiera organisiert der **Campingplatz Baiļi** Rafting-Trips, außerdem Bootsverleih für Fahrten auf der Gauja. Auch der **Kempings laivu baze Zagarkalns** in Cēsis verleiht Boote (siehe Valmiera und Cēsis im Kapitel „Vidzeme").

Im Folgenden einige beliebte Strecken für **Kanu- und Kajaktouren:**

Auf der Gauja von Sigulda nach Cēsis:

Die Gauja ist der mit Abstand **beliebteste Fluss für Kanu- und Kajakfahrten.** In Sigulda kann man Boote leihen und sich am Abend in Cēsis wieder abholen lassen. Wer längere Touren machen will, startet weiter flussaufwärts, etwa in Valmiera.

Auf der Venta in Kurzeme:

Die Venta ist ein sehr angenehmer Fluss zum Paddeln. Ein guter Startpunkt ist beispielsweise die schöne Stadt Kuldīga. Über den breiten Wasserfall Ventas rumba kann man leider nicht sausen, man muss das Boot daran vorbeitragen. Die Strecke führt zum See Naba und für alle, die noch nicht genug haben, auch noch weiter. (siehe Kapitel „Vidzeme: Kuldīga").

Auf der Salaca:

Die Salaca ist ein sehr ruhiger und malerischer Fluss, der in die Rigaer Bucht mündet. Ein guter Startpunkt ist der Ort Mazsalaca in Nord-Vidzeme, wo man Boote oder Kajaks leihen kann.

Auf der Rūja:

Wie die Salaca ist die Rūja ein sehr romantischer, idyllischer Fluss in der nordlettischen Provinz Vidzeme. Man kann eine Tour an der estnischen Grenze beginnen und dann durch den Ort Rūjiena bis zum großen Burtnieks-See (siehe Kapitel „Vidzeme") fahren. Wer richtig lange paddeln möchte, kann den See überqueren und dann auf der oben beschriebenen Salaca in Richtung Rigaer Bucht weiterfahren. Statt an der Grenze lässt sich eine Fahrt auch in Rūjiena selbst beginnen. Einen Bootsverleih gibt es im nahen Ort Naukšeni (siehe Kapitel „Vidzeme: Von Valka nach Mazsalaca").

Klettern

- An mehreren Orten im ganzen Land, beispielsweise an Kletterwänden in der **Universität von Riga,** Lomonosova iela 2, Tel. 29415164, mit zehn Kletterstrecken, immer ab dem 1. Juni, Mo 19–21 Uhr, Mi, Fr 18.30–20.30 Uhr. Weitere Adressen unter www.climbing.apollo.lv.

Kur und Wellness

Die vor kurzem noch eher spärlichen Angebote für Wellness und Kuraufenthalte nehmen immer mehr zu. Große Hotels in ganz Lettland und neu entstehende Wellness- und Kurzentren offerieren eine immer breitere Palette an Behandlungen. Eine große Tradition haben Kuren im Badeort **Jūrmala** bei Riga.

Im Folgenden zwei besonders interessante Adressen. Weitere sind zu finden auf der Seite von www.latviatourism.lv unter dem Stichwort „Gesundheitstourismus und Spa". Die Preise sind sehr verschieden und können je nach Behandlung weit in die Höhe schnellen, aber mit einem Minimum von 20 oder 30 Ls pro Tag plus den Preis für die Unterkunft sollte man rechnen.

- **Hotel Jūrmala,** Spa und Gesundheitszentrum, Jomas iela 47/49, Jūrmala, Tel. 67784400, www.hoteljūrmala.com, Buchung: booking@hoteljūrmala.com. Größtes Kurhotel im lettischen Wellness-Mekka und wahrscheinlich auch in ganz Lettland. Mit Massagen und Hydromassagen aller Art, Physiotherapie, Gymnastik, Schlamm- und Salzbehandlungen, Lichttherapie und ärztlicher Betreuung. Gesamtpakete inklusive Unterkunft im Hotel.
- **Mārcienas muiža,** Lejas Patmalnicki, p/n, Marciena, Tel. 64807300, www.marciena.com, Buchung: hotel@marciena.com oder im Hotel Gutenbergs in Riga. Buchung mindestens drei Wochen vor gewünschter Ankunft. Sehr reizvolle Alternative zum üblichen Kurbetrieb. Ein malerischer Landgutshof mit See wurde in ein Spa-Zentrum umgewandelt. Massagen, Behandlungen, Bäder, ärztliche Betreuung und für die Unterhaltung Billard, Golfplatz, Fahrradverleih, Kerzenlicht-Dinner, außerdem gesunde Lebensmittel vom Land. Etwa 150 km östlich von Riga, entlang der reizvollen Strecke an der Daugava.

Paragliding

Die lettische Gleitschirmflieger-Föderation „Adrenalīns" bietet Gleitschirmflüge mit Hilfsmotor an. Ein vorher abgeschlossener Kurs ist meist erforderlich. Ein Problem in Lettland sind die immer noch häufigen Strom- und Telefonmasten.

- **Adrenalīns,** Jukuma Vācieša iela 3-86, Riga, Tel. 9183888, www.adrenalins.lv oder www.paraplan.lv.

Reiten

- **Zirgu sēta „Klajumi",** Gemeinde Kaplava, Tel. 29472638, www.klajumi.lv (gute Seite, auch auf Deutsch). Pferdehof in Latgale, östlich von Daugavpils, nahe der schönen Daugava-Bögen.

Sauna

Lettland hat eine große Sauna-Tradition. Hier vermischen sich die Einflüsse des russischen Dampfbades Banja und der skandinavischen Sauna. Die lettische Sauna heißt *pirts* und ist im Grunde in jedem Ort, an vielen Campingplätzen, in zahlreichen Hotels und Gasthäusern sowie bei Privatleuten anzutreffen. Meistens ist der *pirts* ein frei stehendes **Holzhäuschen** mit einem kleinen Vorraum und einem mit

Holz beheizten Schwitzraum, wo man sich ganz wie in Finnland auch schon mal mit Zweigen (meistens Birke) gegenseitig schlägt, um den Kreislauf in Schwung zu bringen. Der *pirts* ist in Lettland meist nicht allzu teuer. Die Preise variieren stark, aber für 5 Ls und weniger pro Person kann man oft schon das volle Programm genießen.

Schiffstouren

Klassische Ausflugsschiffe verkehren in Lettland eher nicht, auf der Daugava würden sie beim Wasserkraftwerk HES mit seinem Staudamm auch schnell in einer Sackgasse landen. Eine Ausnahme bildet die Hauptstadt: In **Riga** werden täglich kürzere Schiffstouren auf der Daugava angeboten (Einstieg am Fuß der beiden zentrumsnahen Brücken).

Tauchen

- **Tauchklub Jūras Vējš,** Matrozu iela 7, Riga (Daugava-Insel Ķīpsala), www.divers.lv. Kurse für Tauchen, Scuba-Diving, Tauchtouren.

Wandern

Wanderer kommen in Lettland voll auf ihre Kosten. In sämtlichen **Nationalparks** sind sehr viele schöne und oft nach Schwierigkeitsstufen geordnete Wanderwege **bestens ausgeschildert,** beispielsweise in den Nationalparks Gauja, Ķemeri, Slītere oder Naturparks wie Pape in Kurland (an der Grenze zu Litauen). Doch nicht nur die Parks bieten beste Bedingungen, um auf Schusters Rappen das Land zu erkunden. Auch in den Städten gibt es immer wieder Wandermöglichkeiten. Hinweisschilder machen die Orientierung meist sehr leicht.

Wassersport

Eine gute Übersicht vieler Wassersportmöglichkeiten in Lettland vom Wasserski bis zum River Rafting findet sich (auch auf Deutsch) auf der Seite www.latviatourism.lv unter dem Schlagwort „Wassertourismus“. Siehe auch oben unter „Kanu und Rafting“.

- **Lettischer Wasserski-Verband,** Terbatas iela 4, Riga, Tel. 7095620.
- **Udens slēpošana,** Tel. 28366699, www.udenssleposana.lv (nur auf Russisch und Lettisch). Wasserski und Bootsfahrten auf dem See Ozolnieku ezers in Ozolnieki, 5 km von Jelgava und etwa 30 km von Riga entfernt. Eigene Trasse für Wasserski, unabhängig von der Anzahl der Personen, 150 Ls. Fahrten in Gruppen mit anderen deutlich günstiger.

Sprache

Lettisch ist neben Litauisch der einzige Vertreter der **baltischen Sprachfamilie.** Das Lettische ist weder mit den slawischen noch mit den germanischen Sprachen verwandt, hat aber durch die lange Dominanz fremder Mächte in Lettland Elemente aus dem Deutschen, dem Schwedischen und den slawischen Sprachen übernommen. Der Klang ist eher skandinavisch. Ein Ausländer versteht außer einigen vertraut klingenden Fremdwörtern wie *Aptieka* für „Apotheke“, *Roze* für „Rose“ oder *Hale* für „Halle“ praktisch nichts. Straßenschilder zu einer Kirche, einem Hügel oder einem Märchenpark können kaum intuitiv entschlüsselt werden, man muss die lettischen Wörter kennen. Darum wird in diesem Buch immer in erster Linie die Originalbezeichnung angegeben.

Ein gutes Drittel der Landesbewohner gehören der **russischen Minderheit** an und verwenden Russisch als Umgangssprache. Besonders stark vertreten sind die Russen im östlichen Landesteil, wo selbst in Supermärkten und Bäckereien nur Russisch gesprochen wird. Die erste Amtssprache ist aber auch hier Lettisch. Die wenigsten Russen bzw. russischsprachigen Letten leben in Vidzeme, der „lettischsten Region". Doch selbst dort sind sie regelmäßig anzutreffen. Die nicht immer leichte Beziehung zwischen der russischen und der lettischen Bevölkerung führte dazu, dass die Russen oft in ihren eigenen Vierteln leben und wenig Austausch gepflegt wird. Trotzdem gilt seit der Wende 1991: Jeder muss in der Schule Lettisch sprechen. Daher beherrscht die junge Generation der russischen Letten auch Lettisch.

Auch die Letten sprechen fast alle Russisch – allerdings nur diejenigen, die über 35 bis 40 Jahre alt sind: Zu Sowjetzeiten war Russisch die offizielle Staatssprache. Mit der mittleren und älteren Generation der Letten sowie der gesamten russischen Minderheit kann man sich also auf Russisch verständigen. Aus Höflichkeit sollte man Letten aber **nie direkt auf Russisch ansprechen,** sondern erst nachfragen. Das gleiche gilt für die englische Sprache. Bei der jungen Generation ist es mit Russisch oft schwieriger, aber dafür verstehen viele schon mehr oder weniger **Englisch.** Gerade in touristischen Gebieten überraschen auch einige Ältere bereits mit Englischkenntnissen. **Deutsch** ist dagegen wenig verbreitet.

Sprachkurse

Die wenigsten Ausländer werden Lettisch lernen wollen. Wer es dennoch tun möchte, dem werden in den großen Städten von den Sprachschulen auch Lettischlektionen für Ausländer angeboten. Eine interessante Möglichkeit ist das **Erlernen der russischen Sprache in Lettland.** An Russischlehrern mangelt es nicht.

Sprachführer

Sehr nützlich ist der praktische und kompakte Sprachführer der Kauderwelsch-Reihe aus dem Reise Know-How Verlag **Lettisch – Wort für Wort,** der ein umfangreiches Wörterverzeichnis enthält, Grundlagen der Grammatik auf einfache Weise erläutert und vielfältige praktische Konver-

039le Foto: mk

„Schokoladenhügel" – das Lettische wirkt äußerst fremd, es gibt aber etliche Wörter, die aus dem Deutschen und anderen Sprachen entlehnt sind

Ein paar Worte Lettisch

Letten wissen es als kleines und stolzes Volk sehr zu schätzen, wenn Ausländer ein wenig ihrer Sprache erlernt haben – und wenn es nur einige Begriffe sind:

Guten Tag - *labdien*
Guten Morgen - *labrīt*
Guten Abend - *labvakar*
Hallo - *sveiks/sveika* (m./w.)
Danke - *paldies*
Bitte - *lūdzu*
Entschuldigung - *atvainojiet*
ja - *jā*
nein - *nē*
Auf Wiedersehen - *uz redzēšanos*

sationsbeispiele zu allen Bereichen des touristischen Alltags anbietet. Als begleitendes Tonmaterial ist der **AusspracheTrainer** auf Audio-CD erhältlich. Außerdem erscheint das Buch als Kauderwelsch digital auf CD-ROM.

Telefonieren

Durch die EU-Mitgliedschaft sind auch die Telefongespräche von und nach Lettland deutlich günstiger geworden. Sogar mit einem deutschen, österreichischen oder schweizerischen **Mobiltelefon** wird das Konto nicht mehr so drastisch belastet. Einige Anbieter berechnen nur noch eine Startgebühr pro Gespräch und dann denselben Minutenpreis wie innerhalb des eigenen Landes. Auch das Versenden von SMS und MMS ist deutlich günstiger geworden. Genaue Tarifauskunft geben die jeweiligen Mobilfunkanbieter. Die meisten Mobilfunkgesellschaften haben Roamingverträge mit den lettischen Gesellschaften LMT, SIA Bite und Tele2 (GSM 900/1800 MHz und 3G). Auch in den Durchreiseländern Litauen und Polen ist der Empfang kein Problem.

Aus dem Ausland wählt man 00371 für Lettland und dann die Rufnummer. Städteworwahlen existieren nicht. Leider gibt es eine Komplikation: Verwirrung, selbst für die Einheimischen, stiftet die **Ziffer 6,** die am Anfang vieler Telefonnummern auftaucht. Wenn man vom Ausland oder von Lettland aus mit einem ausländischen Handy anruft, wählt man immer die 00371 und kann die 6 ignorieren. Nur aus dem lettischen Festnetz oder von einem lettischen Mobiltelefon muss man die 6 beachten. Teilweise werden die Telefonnummern mit der 6 in Klammern angegeben, teilweise mit der 6 einfach als erster Ziffer und teilweise wird die 6 ganz ignoriert. Im Zweifelsfall also immer die Nummer ohne die 6 am Anfang anwählen. Von einem lettischen Telefon aus dagegen sollte man immer an die 6 denken – es sei denn, man ruft eine Handynummer an.

In **Telefonzellen** wird fast immer eine Telefonkarte (2, 3 oder 5 Ls) benötigt, die in Läden, Kiosken und Postämtern mit dem Aufkleber „Telekarte" erhältlich. Seltener ist auch der Einwurf von Münzen möglich.

Vorwahlnummern

- **Deutschland:** 0049
- **Schweiz:** 0041
- **Österreich:** 0043
- **Lettland:** 00371

Buchtipp

- Volker Heinrich, **Handy global – mit dem Handy ins Ausland,** viele nützliche und geldsparende Tipps zum mobilen Telefonieren, erschienen in der Praxis-Reihe des Reise Know-How Verlages.

Unterkunft

(Camping: siehe dort)

Immer mehr Hotels mit ansprechendem Standard entstehen im ganzen Land. Die größeren Städte hatten zu Sowjetzeiten alle ein zentrales Hotel. Bis heute atmen einige dieser Häuser noch Kommunismus-Flair. Doch immer mehr von ihnen verwandeln sich in moderne und angenehme Unterkünfte.

Interessant – und eine hervorragende Gelegenheit, die Menschen besser kennenzulernen – sind private Unterkünfte, die man entweder bei den jeweiligen Touristeninfos, auf Hinweisschildern oder einfach zufällig am Straßenrand findet. Einige Vermieter haben eine schöne Hütte in ihren Garten gestellt, andere haben Zimmer im Nebengebäude, im eigenen Wohnhaus oder erlauben einfach das Zelten in ihrem Garten. Mit etwas Glück gibt es die Möglichkeit (oder eine Einladung) zum Abendessen, zu einem Saunabesuch oder einfach zu einem lettischen Bier mit den Gastgebern. Da treten die Sprachprobleme schnell in den Hintergrund.

Bei **Hotels** und allen sonstigen Unterkünften ist die gesamte Bandbreite an Standard und Ausstattung anzutreffen – vom noblen 5-Sterne-Hotel in Riga bis hin zu einfachsten Gästezimmern mit winzigen Betten auf einem Campingplatz. Stark vertreten ist aber das mittlere Segment mit meist nur innen modernisierten Häusern und durchaus ansprechenden, oft recht geräumigen Zimmern, immer häufiger auch in touristisch interessanten kleineren Städten. Für ein sehr akzeptables Doppelzimmer dieser Kategorie zahlt man oft nur 25 oder 30 Ls. Wer es noch bescheidener möchte, etwa mit Toilette auf dem Flur, kann sogar mit 15 oder 20 Ls auskommen. Für 40–50 Ls sind oft schon sehr gute Doppelzimmer in Hotels zu haben.

In **Privatunterkünften** schwanken die Preise stark, doch sollte man auch mit der Faustformel 20 Ls plus x pro Zimmer oder pro Holzhütte rechnen. Sehr attraktiv und romantisch ist die Übernachtung in einem der zahlreichen **Paläste, Schlösschen** und **Herrenhäuser** *(muiža),* wo die Preise gelegentlich erstaunlich niedrig liegen. Eine Übernachtung im Schloss – ohne Luxus, aber dafür in fürstlichen Gemäuern – kann weniger kosten als in einem Stadthotel.

In den meisten Städten, selbst in der Provinz, sind auch **Jugendherbergen** beziehungsweise entsprechend günstige **Hostels** zu finden. Riga bildet eine Ausnahme, denn hier sind auch die Hostels meist sehr hübsch eingerichtet und gut ausgestattet. Sie kosten in der Regel von 20 Ls aufwärts pro Zimmer.

In einer überwiegenden Mehrzahl aller Hotels – und auch Hostels – gehört **Kartenzahlung** inzwischen ebenso zum Standard wie ein kabelloser **Internetanschluss** (W-Lan). Am häufigsten wird VISA, oft auch MasterCard akzeptiert. Mit der einfachen Maestro-(EC-)Karte kann es dagegen Probleme geben. Mit ihr kann man aber beim nächsten Bankautomaten (der nie weit entfernt ist) zur Not schnell Geld abheben.

Wer sicher gehen will, sollte sich besonders in der Hauptsaison ein Zimmer **reservieren.** Am besten eignet sich dafür die Buchung per E-Mail. Natürlich kann man auch anrufen. **Englisch** ist in fast allen Hotels Standardsprache.

In den **Ferienmonaten** Juli und August können in besonders touristischen Gebieten die Hotelpreise bis zu einem Drittel steigen. Entsprechend Geld sparen lässt sich also außerhalb des Sommers. Wer nicht reserviert hat, sondern spontan ein Quartier sucht, sollte in Lettland keine Probleme bekommen. Es existieren in jeder Region viele Unterkünfte (die ostlettische Region Latgale bildet eine Ausnahme, hier ist das Angebot dünner), und auch wer nicht zeltet und keinen Wohnwagen dabei hat, findet oft auf den Campingplätzen noch ein Dach über dem Kopf.

Wer längere Zeit an einem Ort bleiben will, findet eine reiche Auswahl an schönen **Holzhäusern und Ferienwohnungen.** Ab einer Woche Aufenthalt sollte man einen deutlichen Rabatt aushandeln.

- **www.hotel.lv,** Website der lettischen Hoteliers-Vereinigung mit sehr vielen Adressen, unterteilt nach Kategorien, vom Fünf-Sterne-Hotel bis zum Hostel.
- **www.celotajs.lv,** Ferien auf dem Bauernhof und auf dem Lande, mit Vorschlägen für Ausflüge und Touren, Seite auf Deutsch.

040le Foto: mk

Hotel Majori im Badeort Jūrmala

Verkehrsmittel

Bus und Bahn

Das Fahren mit der Bahn gehört in Lettland nicht überall zum Alltag. Einige wichtige Strecken werden aber bedient und können eine gute Reisemöglichkeit darstellen. In Einzelfällen – wie bei der einzigen Schmalspurbahn von Alūksne nach Gulbene – ist die

Zugfahrt sogar ein echtes Erlebnis. Auf der Webseite der Lettischen Bahnen www.ldz.lv (englische Sprachversion) gibt es einen **elektronischen Fahrplan.**

Busse sind das wichtigste öffentliche Verkehrsmittel. Sogar auf den nicht asphaltierten Sandpisten verkehrt meist ein Bus und verbindet selbst kleinste Dörfer (oft erfährt man den Namen nur durch das Schild an der Bushaltestelle) mit dem Rest der Welt. Fast jeder Ort in Lettland kann per Bus von fast jedem anderen Ort erreicht werden, wenn auch gelegentlich ein wenig kompliziert. Die Qualität der Überlandbusse ist natürlich noch nicht immer auf Spitzen-Niveau, Durchschütteln gehört dazu.

Die **Fahrpreise** für Bus und Bahn sind für westeuropäische Verhältnisse niedrig. So kostet ein Ticket innerhalb einer Stadt im öffentlichen Nahverkehr selten mehr als 1 Ls, eine Busfahrkarte für die immerhin über einstündige Fahrt von Riga nach Sigulda nur 1,50 Ls und die Fahrt mit der Vorortbahn von Riga in den Kurort Jūrmala knapp 1 Ls.

Tickets erhält man üblicherweise am jeweiligen Bus- oder Zugbahnhof. Für den Nahverkehr besorgt man sich die Fahrkarten bei den Postämtern oder an den kleinen Straßenkiosken. Immer häufiger sind im Stadtverkehr die Fahrscheine aber auch beim Fahrer erhältlich.

Die Webseite des **Busbahnhofs von Riga** (auch auf Deutsch) mit Fahrplänen für alle Busverbindungen innerhalb Lettlands sowie internationale Strecken lautet www.autoosta.lv.

Inlandsflüge

Inlandsflüge sind wegen der kurzen Entfernungen innerhalb Lettlands kaum angebracht, es fehlen auch günstige Angebote. Eine Ausnahme bilden die Strecken von **Riga** ins südwestlettische **Liepāja** und ins nordwestliche **Ventspils,** die von der einheimischen Fluglinie Air Baltic bedient werden.

Taxis

Taxis sollten nur genommen werden, wenn der Fahrpreis von außen ersichtlich ist. Standardtarife betragen 1,50 Ls Grundgebühr und dann 0,50 Ls pro Kilometer. Ein Taxometer sollte während der Fahrt für den Fahrgast sichtbar laufen. Wer ein Taxi heranwinken will, muss auf das **grüne Licht** achten. Es signalisiert ein freies Fahrzeug.

Versicherungen

Für alle abgeschlossenen Versicherungen sollte man die **Notfallnummern** notieren und mit der **Policenummer** gut aufheben! Bei Eintreten eines Notfalles sollte die Versicherungsgesellschaft sofort telefonisch verständigt werden!

Auslandskrankenversicherung

Die gesetzlichen Krankenkassen von Deutschland und Österreich garantieren eine Behandlung im akuten Krankheitsfall auch in Lettland (Litauen und Polen), wenn die Versorgung nicht bis nach der Rückkehr warten kann. Als Anspruchsnachweis benötigt man die **Europäische Krankenversicherungskarte,** die man von seiner Krankenkasse erhält.

Im Krankheitsfall besteht ein Anspruch auf ambulante oder stationäre Behandlung bei jedem zugelassenen Arzt und in staatlichen Krankenhäusern. Da jedoch die Leistungen nach den gesetzlichen Vorschriften im Ausland abgerechnet werden, kann man auch gebeten werden, zunächst die **Kosten der Behandlung** selbst zu tragen. Obwohl bestimmte Beträge von der Krankenkasse hinterher erstattet werden, kann ein Teil der finanziellen Belastung beim Patienten bleiben und zu Kosten in kaum vorhersagbarem Umfang führen. Deshalb wird der Abschluss einer **privaten Auslandskrankenversicherung** dringend empfohlen.

Bei Abschluss der Versicherung – die es mit bis zu einem Jahr Gültigkeit gibt – sollte auf einige Punkte geachtet werden. Zunächst sollte ein **Vollschutz ohne Summenbeschränkung** bestehen. Im Falle einer schweren Krankheit oder eines Unfalls sollte auch der **Rücktransport** übernommen werden, denn der Krankenrücktransport wird von den gesetzlichen Krankenkassen nicht übernommen. Wichtig ist auch, dass im Krankheitsfall der Versicherungsschutz **über die vorher festgelegte Zeit hinaus** automatisch verlängert wird, wenn die Rückreise nicht möglich ist.

Schweizer sollten bei ihrer Krankenversicherung nachfragen, ob die Auslandsdeckung auch für Lettland (Litauen und Polen) inbegriffen ist. Sofern man keine Auslandsdeckung hat, kann man sich kostenlos bei Soliswiss (Gutenbergstr. 6, 3011 Bern, Tel. 031-3810 494, www.soliswiss.ch) über mögliche Krankenversicherer informieren.

Zur Erstattung der Kosten benötigt man ausführliche **Quittungen** (mit Datum, Namen, Bericht über Art und Umfang der Behandlung, Kosten der Behandlung und Medikamente).

Andere Versicherungen

Ist man mit einem Fahrzeug unterwegs, ist der **Europaschutzbrief** eines Automobilklubs eine Überlegung wert, womit zumindest einige Serviceleistungen in Lettland, Litauen und Polen im Falle einer Panne günstiger werden.

Ob es sich lohnt, weitere Versicherungen abzuschließen wie eine Reiserücktrittsversicherung, Reisegepäckversicherung, Reisehaftpflichtversicherung oder Reiseunfallversicherung, ist individuell abzuklären. Gerade diese Versicherungen enthalten viele Ausschlussklauseln, sodass sie nicht immer Sinn haben.

Die **Reiserücktrittsversicherung** für 35–80 Euro lohnt sich nur für teure Reisen und für den Fall, dass man vor der Abreise einen schweren Unfall hat, schwer erkrankt, schwanger wird, gekündigt wird oder nach Arbeitslosigkeit einen neuen Arbeitsplatz bekommt, die Wohnung abgebrannt ist u.Ä. Es gelten hingegen nicht: Terroranschlag, Streik, Naturkatastrophe etc.

Die **Reisegepäckversicherung** lohnt sich seltener, da z.B. bei Flugreisen verlorenes Gepäck oft nur nach Kilopreis und auch sonst nur der Zeitwert nach Vorlage der Rechnung ersetzt wird. Wurde eine Wertsache nicht im Safe aufbewahrt, gibt es bei Diebstahl keinen Ersatz. Kameraausrüstung und Laptop dürfen beim Flug nicht als Gepäck aufgegeben worden sein. Gepäck im unbeaufsichtigt abgestellten Fahrzeug ist ebenfalls nicht versichert. Die Liste der Ausschlussgründe ist endlos. Überdies deckt häufig die Hausratversicherung schon Einbruch, Raub und Beschädigung von Eigentum auch im Ausland ab. Für den Fall, dass etwas passiert ist, muss der Versicherung als Schadensnachweis ein Polizeiprotokoll vorgelegt werden.

Eine **Privathaftpflichtversicherung** hat man in der Regel schon. Bei einer **Unfallversicherung** sollte man prüfen, ob diese im Falle plötzlicher Arbeitsunfähigkeit aufgrund eines Unfalls im Urlaub zahlt. Auch durch manche (Gold-)**Kreditkarten** oder eine **Automobilklubmitgliedschaft** ist man für bestimmte Fälle schon versichert. Die Versicherung über die Kreditkarte gilt jedoch meist nur für den Karteninhaber.

Zeitungen und Zeitschriften

Zu lettischen Fernseh- und Radiosendern sowie lettischen Zeitungen siehe das Kapitel „Menschen und Gesellschaft: Medien".

Die deutschsprachige „Baltische Zeitung", die ihren Sitz in Riga hatte, stellte einstweilen ihren Betrieb ein. **Deutsche Zeitungen und Zeitschriften** sind nicht allzu verbreitet. Nur in Riga bestehen keine Probleme, deutschsprachige Titel zu erhalten. Im Rest des Landes sind diese nur in einigen größeren Hotels mit vielen ausländischen Gästen zu finden. Russischsprachige Blätter können dagegen fast überall erworben werden.

Auch **englischsprachige Zeitungen** sind außerhalb Rigas und größerer Hotels nicht leicht zu finden. Eine Ausnahme bildet die „Baltic Times", die wöchentlich über Politik, Wirtschaft, Kultur und Gesellschaft von Litauen, Lettland und Estland berichtet und an sehr vielen Kiosken erhältlich ist.

Die deutschsprachige „Baltische Rundschau" wartet zurzeit auf eine Wiederbelebung.

Zeitverschiebung

In Lettland gilt die Osteuropäische Zeit. Die Uhr wird gegenüber der Mitteleuropäischen Zeit um **eine Stunde vorgestellt.** Das gilt auch während der Sommerzeit, die ebenfalls am letzten März-Wochenende beginnt und am letzten Sonntag im Oktober endet. Die Zeitumstellung erfolgt für alle Autofahrer oder Buspassagiere bereits bei der Einreise von Polen nach Litauen.

042le lFoto: mk

Landschaft und Natur

049le Foto: mk

046le Foto: mk

Etwa 500 Kilometer Küstenlinie besitzt Lettland – fast ausschließlich Strand

Weißstörche gehören zum Landschaftsbild

Kiefern wachsen gut auf den sandigen küstennahen Böden

Geografie

Lettland liegt weit nördlich - so weit, dass es im Hochsommer „weiße Nächte" bietet, für die eigentlich eher Skandinavien berühmt ist. Die Nordspitze des Landes liegt nur 400 Kilometer von Helsinki entfernt. Der Staat belegt mit 64.600 m² in der Flächen-Weltrangliste Platz 121 und was die Einwohnerzahl angeht mit **2,32 Mio. Menschen** gar nur Rang 138. Lettland platziert sich damit hinter Litauen, aber vor Estland.

Trotz der kleinen Fläche erstaunt die Gesamtlänge der lettischen Grenze: Immerhin knapp 1862 Kilometer. Die längste gemeinsame Grenze besteht mit Litauen, dann folgen Estland, Russland und Weißrussland. Einen beträchtlichen Teil der Außengrenze, nämlich mit 494 Kilometern über ein Viertel, bildet die **Ostsee** inklusive der **Rigaer Bucht.** Die Landmasse zieht sich sehr in die Breite: Die größte Nord-Süd-Ausdehnung beträgt gerade einmal 210 Kilometer, doch von Ost nach West kann man 435 Kilometer auf gerader Linie zurücklegen.

Die Landschaft ist mit ihrer Lage nordwestlich der osteuropäischen Tiefebene eher **flach:** Mit nur 312 Metern ist der Gaizina Kalns bereits der höchste Berg des Landes. Dennoch scheinen *kalns* (Hügel) allgegenwärtig zu sein, denn die Landschaft hat in Folge eiszeitlicher Verschiebungen eine **Vielzahl an Hügeln** und eindrucksvollen Steinen und Findlingen zu bieten.

Riga fungiert nicht nur als lettischer Regierungssitz und inoffizielle Hauptstadt des gesamten Baltikums, es ist auch die einzige Metropole im Lande. Mit gut 750.000 Einwohnern lebt dort fast jeder dritte Lette. Kein Wunder daher, dass die nächstgrößere Stadt Daugavpils nur 115.000 Menschen beheimatet. Die weiteren größeren Städte Liepāja, Jelgava, Jūrmala und Ventspils kommen allesamt nicht über die 100.000-Marke hinaus. Am dünnsten besiedelt ist das Land im russisch geprägten Osten (Latgale) und an der Nordwestspitze, wo einst das sowjetische Sperrgebiet lag.

Größter der unglaublichen **12.400 Flüsse** ist die **Daugava,** die sich aus Weißrussland kommend über Daugavpils und Riga in die Rigaer Bucht wälzt. Sie besitzt eine stolze Länge von 1005 Kilometern, davon allerdings nur 342 Kilometer in Lettland. Wer einmal Lettland bereist hat, dem wird auch die malerische **Gauja** mit ihrem einzigartigen Nationalpark in besonderer Erinnerung bleiben. Sie hat einen höchst seltsamen Verlauf, denn sie entspringt mitten in Vidzeme, fließt östlich und dann nördlich, überquert ganz kurz die estnische Grenze und kehrt in einem Bogen nach Vidzeme zurück, wo sie dann ebenfalls in die Rigaer Bucht mündet.

Der größte **See** Lettlands heißt Lubans und misst 81 km². Am tiefsten ist der Dridzis-See mit 65 Metern. Dies sind nur zwei der insgesamt 2256 Seen mit einer Größe von mehr als einem Hektar.

Längster Fluss des Landes: die aus Weißrussland kommende Daugava

043le Foto: mk

Klima

Offiziell bezeichnet man das lettische Klima als **gemäßigt-kontinental,** wobei die relativ weite Ausdehnung des Landes nach Osten erkennbare Unterschiede mit sich bringt. Während der Westteil und die Region nahe der Rigaer Bucht deutlich geprägt sind von den mäßigenden Ausläufern des Golfstroms, wird es im weiten Osten wesentlich „kontinentaler": Hier erlebt man heißere Sommer und deutlich strengere Winter mit viel Schnee und Eis.

Die **Durchschnittstemperaturen** des Landes werden für Juli mit 17,5 °C und für Januar mit -4,9 °C angegeben und liegen damit nicht weit unter denen für Norddeutschland. Die Zahlen können jedoch leicht täuschen, denn die Nachttemperaturen drücken den Mittelwert. Im Hochsommer kann es also im ganzen Land richtig heiß werden, nur in Küstennähe bleibt es immer eine Spur frischer. Zur Winterzeit dagegen rutscht das Quecksilber tagsüber durchschnittlich **kaum unter den Gefrierpunkt** – abgesehen vom bereits erwähnten Osten.

Durch den maritimen Einfluss fällt im Sommer auch mehr **Niederschlag** als in küstenfernen, kontinentalen Ländern, die Sommer sind aber selten ganz verregnet. In dieser Zeit treten immer wieder **Gewitter** auf, die schon so manchen Camper kalt erwischt haben. Dadurch, dass die Sonne im

041le Foto: mk

Hochsommer nur für wenige Stunden untergeht (bis Ende Juli werden die Nächte nie ganz dunkel), kühlt es nachts auch weniger ab.

Die **Wassertemperatur** der Ostsee steigt im Laufe des Sommers meist schnell auf 20 °C oder mehr. In der geschützten Rigaer Bucht steigen die Werte noch schneller und höher. Im Juni ist das Wasser aber noch empfindlich kühl, oft nicht über 16 oder 17 °C. Die zahlreichen Seen wärmen sich rascher auf.

An der See kann das Wetter schnell umschlagen

Flora und Fauna

Beeindruckende 44 % des lettischen Territoriums bestehen aus **Wäldern.** Ungefähr ein Viertel davon sind in Westeuropa kaum noch vorzufindende Feuchtwälder. Dazu passt auch die Tatsache, dass **Moore** fast 10 % der Landesfläche bilden. Die relativ hohen Niederschlagsmengen garantieren eine **artenreiche und vielfältige Vegetation** mit saftigen und frischen Farben. Die unterschiedlichen Arten von Wäldern (trocken und feucht, Nadel-, Laub- und Mischwälder) sowie die Moore und Felder bieten auch ideale Bedingungen für eine schier grenzenlos scheinende Tierwelt. Lettland rühmt sich der bemerkenswerten Zahl von 27.700 Tier- und Pflanzenarten.

Das Land war zu Sowjetzeiten „Arbeiter- und Bauernstaat“, doch vor allem Letzteres. Noch heute werden fast 40 % der Landesfläche **landwirtschaftlich genutzt,** doch der Wert nimmt langsam, aber sicher ab. Hinzu kommt, dass viele der noch bestehenden Agrarflächen wenig intensiv genutzt werden, was der Bodenqualität zugute kommt. Nach offiziellen Angaben hat sich seit 1990 der Verbrauch von Mineraldüngern auf ein Zwölftel und von Pestiziden auf ein Zehntel verringert. Die Schwermetallbelastung, so die staatlichen Zahlen, überschreite in keinem Fall die vorgeschriebenen Grenzwerte.

Tierwelt

Wölfe

Besonders hervorgehoben werden von den Letten die seltenen Tierarten, die im Land vorkommen. So hat der Wolf beinahe eine mythische Bedeutung. Viele Legenden ranken sich um dieses geheimnisvolle Tier. Einige bringen den Wolf mit etwas Göttlichem in Verbindung, andere Geschichten wiederum rufen Ängste vor dem „bösen Werwolf“ hervor. In der Realität jedoch gibt es kaum Gelegenheiten für die Menschen, diesem Urahnen unserer Haushunde zu begegnen. Die schätzungsweise **1000 Wölfe in den lettischen Wäldern** verhalten sich sehr scheu. Am Līgatne-Naturpfad sind einige Tiere zu sehen, dabei handelt es sich aber um Kreuzungen aus Wolf und Hund.

Luchse

Ein ebenso seltenes und menschenscheues Tier mit „Wohnsitz“ in Lettland ist der Luchs, diese eindrucksvolle, bis zu 30 Kilogramm schwere und bis zu 70 Zentimeter hohe Wildkatze mit langen Beinen und charakteristischen Haaren an den Ohrspitzen. Die Schüchternheit des Luchses sollte aber nicht über seine Gefährlichkeit hinwegtäuschen: Neben Hasen oder Bibern reißen Luchse auch gelegentlich große Wildtiere wie Rehe. Nur wenige europäische Länder können sich einer Luchs-Population rühmen. Zuletzt wurden in Lettland rund **700 Exemplare** gezählt. Die Tiere vermehren sich gut und daher werden sogar 100 Luchse jedes Jahr bei der Jagd getötet.

Elche

Der Elch ist ein Wildtier, an das sich die Luchse ganz sicher nicht herantrauen. Elche sind in Lettland etwas leichter anzutreffen als die Wildkatzen oder Wölfe. Scheu sind die aus Skandinavien bekannten gewaltigen Tiere mit bis zu 400 Kilogramm Gewicht aber trotzdem. Mit seinen langen Beinen kann der Elch sehr schnell sehr weite Entfernungen zurücklegen – auch in hohem Schnee oder in Sumpfgebieten. Doch er erweist sich auch als exzellenter Schwimmer in Flüssen, Seen und gelegentlich sogar im Meer. Schätzungen zufolge leben bis zu **10.000 Elche** in Lettland.

Rotwild

Ein wenig kleiner als der Elch, aber genau so imposant sind der **rote Hirsch** mit seinem riesigen Geweih und die **kleineren Hirsch- und Reharten,** deren Gewicht von 40 bis 240 Kilogramm variieren kann. Von ihnen leben im Lande Zehntausende.

Wildschweine

Wildschweine waren über Jahrhunderte weit verbreitet auf dem heute lettischen Territorium. Doch unkontrollierte Jagd und möglicherweise auch Krankheiten oder andere natürliche Entwicklungen rotteten die Population im 19. Jh. aus. Vor hundert Jahren wurden daher Wildschweine aus Polen eingeführt. Inzwischen werden gut **20.000 Tiere** auf lettischem Gebiet angenommen.

Otter und Biber

Zwei häufige Wassertiere in Lettland mit seinen zahllosen **Seen und Flüssen** sind Otter und Biber. Der schlanke, bis zu 80 Zentimeter lange und nur 5 bis 10 Kilogramm schwere Otter lebt im Wasser und hat hervorragende körperliche Voraussetzungen zum Schwimmen und Tauchen. Durch die Austrocknung einiger Landstriche, massive Wasserverschmutzung in der Sowjetzeit und die Abholzung von Wäldern nahm die Population der Otter deutlich ab, sodass sie in den 1970er Jahren gar auf die rote Liste der bedrohten Arten gelangten. Inzwischen konnte der Trend umgekehrt und die Zahl der Tiere auf über 6000 erhöht werden.

Der Biber ist weit weniger scheu und kommt näher an menschliche Siedlungen heran. Außer in Flüssen und Seen kann er sogar in Abwasserkanälen leben. Biberfell und auch Biberfleisch waren einst sehr beliebt. Auch der Biber verschwand im 19. Jh. gänzlich aus Lettland. 1927 wurde ein Biberpaar aus Norwegen eingeführt. Heute leben wieder mindestens 80.000 Tiere im Land.

Störche

Für die meisten Touristen sind die Störche die mit Abstand größte „tierische“ Attraktion, zum einen, weil sie in Westeuropa so selten vorkommen, und zum anderen, weil sie in Lettland wirklich allgegenwärtig sind. Wölfe, Luchse und Elche sind faszinierend, doch die meisten Besucher werden sie gar nicht in freier Wildbahn zu Gesicht bekommen. **Weißstörche** dagegen hocken ungefähr von April bis September auf Tausenden und Abertausenden von Dächern, Pfählen und Säulen. Bis zum Sommer brüten sie ihre Eier aus und danach kann man die Vögel bei der Aufzucht ihrer Jungen beobachten, bis diese dann flügge werden. Die weißen Vögel mit den stelzenhaften Beinen gehören einfach dazu – sei es mit ihren weit aufgespannten Schwingen in der Luft oder stolzierend auf dem frisch gemähten Feld, aus dem sie sich Frösche und andere Nahrung herauspicken.

Weißstörche sind es gewohnt, mit den Menschen zusammen zu leben und bauen sich ihr **Nest oft sehr nah an Häusern** oder sogar direkt darauf.

044le Foto: mk

045le Foto: mk

Einem Aberglauben zufolge bringen Störche nicht nur Kinder, sondern schützen auch das Haus, auf dem sie ihr Nest errichten. Andere Hausbesitzer machen sich Sorgen um die Stabilität ihres Daches, denn ein Storchennest kann mit der Zeit erstaunlich schwer werden. Ganz an sich heran lassen sie einen Menschen aber nie kommen, so vorsichtig er sich auch anschleichen mag. Fotografen müssen sich also auf den Zoom ihres Fotoapparates verlassen.

Wie nah kommt man heran?
Störche sind scheu

Vogelbeobachtung im Naturpark Pape

Während in Lettland schätzungsweise 10.000 Weißstörche nisten, ist der **Schwarzstorch** eine echte Rarität. Immerhin 1000 Paare soll es geben, doch sie sind viel schwerer auszumachen, denn der schwarze Vogel mit dem weißlichen Bauch – etwas kleiner als ein Weißstorch – baut seine Nester an abgeschiedenen Orten. Er sucht sich ruhige Wälder, vorzugsweise nahe an Flüssen oder Seen. Der Schwarzstorch braucht große Bäume mit dickem Geäst, denn sein Nest hat einen Durchmesser von einem Meter oder mehr. Schwarzstörche sollten auf keinen Fall gestört werden, denn sie sind gerade nach dem Schlüpfen ihrer Jungen extrem sensibel, was Einflüsse von außen angeht. Ungefähr jeder zehnte Schwarzstorch weltweit lebt in Lettland.

Weitere Vogelarten

Viele Menschen reisen gezielt nach Lettland, um seltene Vögel zu beobachten. Vogelliebhaber finden im ganzen Land eine gute Infrastruktur wie Holzstege oder Aussichtstürme für ihr Hobby vor. Eine besonders große dieser Vogelarten ist der **Schreiadler,** der das Sommerhalbjahr in Lettland verbringt. Etwa zwölf Prozent der weltweiten Population finden sich in diesem kleinen Staat ein.

Zehntausendfach kommt der in anderen Teilen Europas seltene, kleine **Wachtelkönig** vor. Er nistet in hohem, feuchtem Gras und in Getreidefeldern. Sein typischer schnarrender Ruf ist in ganz Lettland oft zu vernehmen.

Die Letten bezeichnen die weiße **Bachstelze,** die das Sommerhalbjahr im Land verbringt, als **Nationalvogel.** Die Bachstelze nistet oft in der Nähe menschlicher Siedlungen.

Amphibien und Reptilien

Wegen der ungewöhnlich zahlreichen Gewässer leben in Lettland auch sehr viele Amphibien wie Frösche und Kröten, darunter die seltene **Feuerkröte.** Giftige Tiere gibt es kaum, die **Kreuzotter** bildet eine prominente Ausnahme. Doch sie meidet Menschen, ihr Gift reserviert sie zur Tötung kleinerer Beutetiere. So ist eine Gefährdung zwar nicht vollkommen ausgeschlossen, aber das Risiko ist verschwindend gering. Im extrem unwahrscheinlichen Fall eines **Schlangenbisses** sollte man sofort einen Arzt aufsuchen.

Weitere Reptilien wie die **Ringelnatter** und verschiedene Arten von **Eidechsen** sind ungefährlich.

Insekten

Lettland besitzt im Verhältnis zu seiner Fläche sehr viele Wälder, in denen natürlich auch viele **Käfer** und andere Insekten ein Zuhause finden. **Ameisenhügel** gehören zum normalen Bild. Unangenehmer sind da schon die zahlreichen **Zecken** (zur Impfung gegen FSME siehe Kapitel „Reisetipps A–Z: Gesundheit"). Man sollte sich in regelmäßigen Abständen auf eventuelle Zeckenbisse untersuchen und eine Zeckenzange dabei haben. Weniger gefährlich, aber auch sehr lästig, sind die besonders in Wassernähe sehr verbreiteten **Stechmücken.** Vornehmlich abends während der Dämmerung werden sie aggressiv und behelligen Touristen wie Einheimische.

Der **Zweipunkt-Marienkäfer** hat in Lettland den Beinamen „Nationales Insekt". Er schützt Pflanzen vor Schädlingen. Der lettische Name dieses Käfers geht zurück auf die mythische Göttin Mara, die wiederum symbolisch für die Kraft der Erde steht.

Pflanzenwelt

Der unumstrittene König der Pflanzenwelt Lettlands ist die **Eiche.** Es ist kein Zufall, dass ein Eichenzweig sogar im lettischen Wappen auftaucht. Beim Johannisfest (Sonnenwendfest) in der kürzesten Nacht des Jahres, der wichtigsten folkloristischen Feier, schmücken sich die Menschen mit Eichenzweigen. Volkstümlich symbolisiert die Eiche Männlichkeit, während die ebenfalls wichtige und in Lettland sehr häufig wachsende **Linde** für das Feminine steht.

Die kaum über zehn Meter Höhe hinauswachsende **Eibe** wird immer seltener, nicht zuletzt, weil viele Bäume gefällt wurden, um das schöne rötliche Holz zu verarbeiten. In Lettland finden sich noch relativ viele dieser kleinen, ganzjährig grünen Bäume.

In Strandnähe, an der Hunderte von Kilometern langen Küstenlinie, wachsen auf dem sandigen Boden am besten anspruchslose Nadelbäume wie **Kiefern und Fichten.**

Das Land besitzt sehr viele Feuchtgebiete, wo sich beispielsweise alle möglichen Arten von **Farnen** äußerst wohl fühlen.

Manchen mag es überraschen, dass verschiedene **Orchideenarten** mitten im Baltikum wachsen und gedeihen – jedenfalls sind es Vertreter der Orchideen-Familie wie der in Europa seltene **Gelbe Frauenschuh.** Die äußerst sensiblen Pflanzen haben es schwer, sich zu vermehren, wo die Natur nicht gänzlich unberührt geblieben ist. Glücklicherweise gibt es in Lettland noch einige dieser wilden, beinahe unzugänglichen Orte. Zur **Nationalblume** wurde dennoch nicht die Orchidee, sondern die **Wucherblume** (Wiesen-Margerite) bestimmt, die gern in Sträußen verwendet wird.

Was sind schon die Seerosen von *Monet* gegen die lettische **Wassernuss?** Vielleicht ist Letztere nicht ganz so schön (man sieht die Blüten kaum), dafür stellt sie aber eine echte Rarität dar: In drei ostlettischen Seen wurde die eigenartige Pflanze gesichtet, obwohl sie eigentlich in Europa deutlich weiter südlich verbreitet ist. Die bräunlichen, fast pilzähnlichen Blätter schwimmen auf der Wasseroberfläche, während die Wurzeln des Gewächses im Boden des Sees stecken. Im Herbst wachsen einige Zentimeter lange Nüsse, die irgendwann abfallen und auf dem Grund des Gewässers auf die beste Gelegenheit und das passende Klima warten, um im nächsten Jahr erneut zu wachsen. So garantiert die Wassernuss, die eine Lebensdauer von nur einem Jahr hat, ihr langfristiges Bestehen.

Umwelt- und Naturschutz

Es ist eine sehr erfreuliche Überraschung, dass trotz der rasanten wirtschaftlichen und touristischen Entwicklung Lettlands der Fortschritt bisher fast überall mit der Natur Hand in Hand geht. Vielleicht liegt es daran, dass die Verantwortlichen erkannt haben: In der einzigartigen Natur liegt der größte Reiz des Landes. Große Vergnügungs- und Unterhaltungskomplexe, gewaltige Hotelanlagen, Rennstrecken für Sportwagen oder ähnliche moderne bauliche Sünden wird man mit großer Wahrscheinlichkeit lange vergeblich suchen. Sehr konsequent halten sich die Letten an die **Gesetze des Naturschutzes.** Sie

0471e Foto: mk

ziehen in die Landschaft passende Campingplätze mit Holzhütten sowie kleine Hotels den mächtigen Bettenburgen vor, die sie ohne weiteres an einige ihrer wunderschönen Strände platzieren könnten, um mit Charterflügen Pauschaltouristen anzulocken.

Der ungemeine Vorteil dieser **planerischen Besonnenheit** besteht neben dem Umweltschutz auch darin, dass Reisende in Lettland tatsächlich Ruhe und Erholung finden und **keinen Massentourismus.** Die Entwicklung kann sich natürlich zum Schlechteren wandeln, wenn der Lockruf des Geldes lauter wird, doch im Augenblick ist dies gottlob nicht zu erkennen.

Für den Ausbau der **Via Baltica,** der großen Autostraße durch Litauen, Lettland und Estland, wurde manch großer Baum geopfert, der im Weg stand. Im Rest des Landes ist aber trotz zahlreicher Modernisierungsarbeiten einstweilen kein Raubbau an der Natur zu Gunsten einer besseren Infrastruktur zu beobachten.

Zu **Sowjetzeiten** verpesteten nicht nur die gewaltigen, oft veralteten Industrieanlagen die Luft. Schädlich für die Böden und damit für Nahrung und Trinkwasser war besonders die massenhafte und **rücksichtslose Agrarwirtschaft.** Kleinere Bauernhöfe traten in den Hintergrund und es dominierten riesige Kolchosen. Doch seit der Wende stehen diese meist leer, während individuelle Landwirte wieder mehr Anteil am Gesamtaufkommen haben. Hinzu kommt, dass die Zahl der Bauern insgesamt langsam

0481e Foto: mk

sinkt. Dies hat eine Reihe von ihnen hart getroffen, ist aber der Umwelt zu Gute gekommen: Die Nutzflächen können sich nun länger erholen und es wird weniger Gift gespritzt. Darüber hinaus nimmt die Zahl der **Öko-Bauernhöfe** deutlich zu. Dies alles ist eine durchaus wichtige Entwicklung im nach wie vor von der Landwirtschaft geprägten Lettland.

Schutzgebiete

Fast zehn Prozent des Landesgebietes stehen unter besonderem Naturschutz. Die Zahlen geben ein beeindruckendes Bild: ein Biosphären-Reservat, **drei Nationalparks,** vier Staatsreservate, sechs Landschaftsschutzgebiete, 22 Naturparks, 211 Naturreservate. Vielerorts stehen **Wanderpfade** durch besonders sensible Gebiete zwar zur Verfügung, dürfen aber nur mit einem professionellen Führer betreten werden. Insgesamt geben sich die Letten größte Mühe, einen Zugang zu unberührter Natur zu ermöglichen, aber dabei so wenig wie möglich in die Umwelt einzugreifen. So wurden unter schwierigsten Bedingungen kilometerlange **Holzstege durch Moore** und Feuchtgebiete gebaut, mit Brücken, Treppen und allem, was für eine schonende Begehung notwendig ist.

Besonders der Osten Lettlands ist sehr reich an Gewässern

050le Foto: mk

Menschen und Gesellschaft

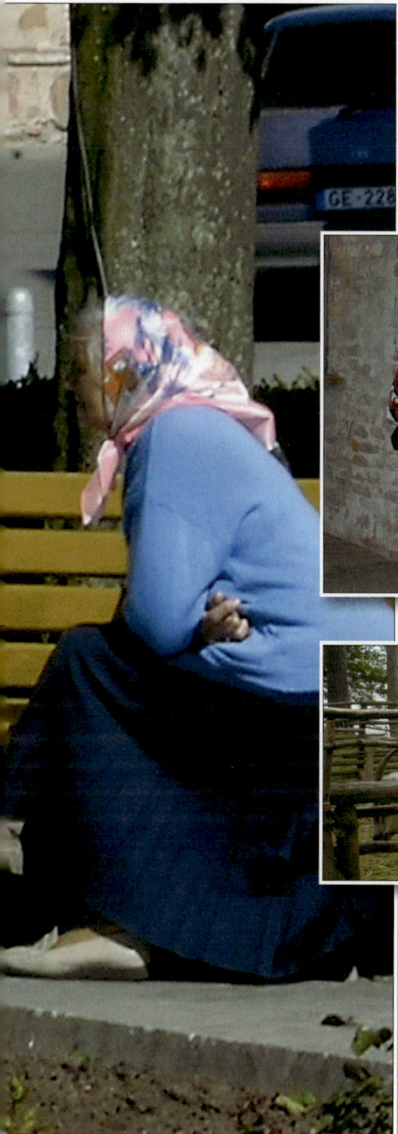

060le Foto: mk

055le Foto: mk

Gut zwei Millionen Einwohner zählt der Staat, der seit 2004 der EU angehört

Mittelalterliche Trachtenfigur im Schloss Bauska

Die Bedeutung der Landwirtschaft nimmt immer mehr ab

Geschichte

Die drei baltischen Staaten werden sehr häufig in einem Atemzug genannt. Dies ist wegen ihrer Lage nachvollziehbar, doch kann ihre Geschichte nicht gemeinsam betrachtet und zusammengefasst werden, auch wenn sich die Wege und Schicksale von Litauen, Lettland und Estland im Laufe der Jahrhunderte immer wieder überschnitten haben.

Frühe Besiedlung

Nach dem aktuellen Erkenntnisstand ist das Gebiet des heutigen Baltikums **seit dem 9. Jh. v. Chr. bewohnt.** Es siedelten sich dort baltische und ostseefinnische Stämme an. Doch die Zusammensetzung der Volksstämme ist erst ungefähr seit dem Jahr 1200 nachgewiesen. Es waren **Kuren, Semgallen, Lettgallen, Selen und Liven.** Bis auf die Liven, deren Sprache mit dem Finnischen verwandt und heute praktisch ausgestorben ist, gehörten ihre Sprachen zur baltischen Sprachfamilie. Die Namen dieser Völker – außer den Selen – spiegeln sich noch heute in der politischen Aufteilung Lettlands wider, auch wenn die heutigen Regionen sich nicht vollständig mit ihren historischen Vorbildern decken. (Neben der Region Riga besteht Lettland aus Zemgale (Semgallen), Latgale (Lettgallen), Kurzeme (Kurland) und Vidzeme (Livland)).

Lettischsprachige Siedlungen waren auch im Norden des litauischen Stammesgebietes verbreitet. Quellen zeigen eine schrittweise Verschmelzung

Die Geschichte Lettlands im Überblick

- **ca. 10.000 v. Chr.:** Die Gletscher ziehen sich zurück und machen das Gebiet des heutigen Lettland erstmals bewohnbar.
- **2000 v. Chr.:** Kurländer, Liven, Semgallen, Lettgallen und einige weitere Stämme beginnen sich anzusiedeln – außer den Liven allesamt baltische Völker. Sie leben meist in kleinen Gemeinschaften und praktizieren einen „heidnischen" Glauben.
- **9. Jh.:** Wikinger fallen ein und beherrschen für kurze Zeit das Land.
- **1201:** Mit Unterstützung des Papstes fallen deutsche Kreuzritter vom Schwertbrüderorden (später vereint mit dem Deutschen Orden) im Gebiet des heutigen Lettland ein. Ihr Anführer, Bischof *Albert von Buxhoevden,* gründet die Stadt Riga. Bereits zehn Jahre zuvor hatte eine massive Anstrengung zur Missionierung der Völker eingesetzt.
- **1230:** Das lettische Territorium ist nun vollkommen unter Kontrolle des Schwertbrüderordens. Es wird der Ordensstaat Livland ins Leben gerufen. Kaufleute und Geistliche, zumeist aus deutschen Ländern, wandern ein.
- **1282:** Meilenstein für Riga: Die Stadt wird Mitglied der mächtigen Hanse.
- **1558–83:** Der Livländische Krieg beendet die „deutsche" Alleinherrschaft: Ein Großteil des Landes gehört nun zum Königreich Polen-Litauen und wird katholisch. Die Region Kurland behält eine gewisse Selbstständigkeit.
- **1600–29:** Schweden erobert von Polen einen wichtigen Teil Lettlands: Livland und Riga. Rückkehr zum Protestantismus. Es beginnt eine Zeit wirtschaftlicher Blüte und relativer Freiheit in diesen Regionen. Noch heute gibt es das geflügelte Wort

von den „guten schwedischen Zeiten". Die Baltendeutschen verlieren einige Privilegien.

●**1710:** Die „schwedischen" Gebiete fallen im Großen Nordischen Krieg an das russische Zarenreich. Die immer noch polnisch kontrollierten Regionen folgen Ende des 18. Jh.

●**1812:** *Napoleon* marschiert auf Riga zu. Zur Verteidigung werden die Vorstädte niedergebrannt.

●**1918:** Erstmals in der Geschichte erklärt sich Lettland zu einem selbstständigen Staat. Zwei Jahre später erkennt sogar Russland dies an. Die Vormachtstellung der adeligen Deutschbalten endet unwiederbringlich. Ende des 19. Jh. hatte der lettische Nationalgedanke begonnen, sich herauszubilden.

●**1939:** Im „Hitler-Stalin-Pakt" kurz vor Ausbruch des 2. Weltkriegs teilen sich die beiden Diktatoren Mittel- und Osteuropa auf. Lettland wird darin der Sowjetunion zugeschrieben.

●**1940:** Am 17. Juni marschieren sowjetische Truppen nach vorherigen massiven Drohungen in Lettland ein und besetzen den souveränen Staat. Er wird der Sowjetunion angeschlossen. Der Protest der USA und der „freien Welt" ändert daran nichts. Innerhalb eines Jahres werden 15.000 Menschen nach Sibirien deportiert.

●**1941:** *Hitler* ignoriert seinen geheimen Pakt mit *Stalin* und okkupiert Lettland im Juli. Die Truppen des Deutschen Reiches werden von vielen als Erlöser vom Sowjet-Terror freudig empfangen. Doch die Begeisterung lässt schnell nach, als Zehntausende Juden und Dissidenten von den Nazis ermordet werden. Viele Letten kämpfen zwangsweise, einige auch freiwillig in der Wehrmacht.

●**1944:** Die Rote Armee erobert erneut weite Teile des Landes. Es setzt eine Massenflucht in den Westen ein, viele ziehen ins Deutsche Reich. Insgesamt zwei Drittel der Intellektuellen verlassen das Land.

●**1945:** Mit der deutschen Kapitulation annektiert die UdSSR wieder Lettland. Der Geheimdienst NKWD geht mit äußerster Brutalität gegen sogenannte „Feinde der Sowjetunion" vor – über 40.000 Menschen werden nach Sibirien verbannt. Von 1940–49 verliert Lettland gut ein Drittel seiner Bevölkerung durch Krieg, Deportationen und Mord.

●**1985:** *Michail Gorbatschow* wird Staatschef der Sowjetunion. Perestrojka und Glasnost erwecken in Lettland den Nationalgedanken, auch wenn Gorbatschow nie für eine Unabhängigkeit dieser Länder war.

●**1991:** Die „Singende Revolution" trägt Früchte: Lettland kündigt 1990 seine Loslösung von der UdSSR an und ruft schließlich am 21. August 1991 die Unabhängigkeit aus. Sie wird weitgehend ohne Blutvergießen vollzogen, auch wenn die Sowjets in letzter Sekunde noch einmal Truppen in die baltischen Länder schicken, um die Abspaltung zu verhindern.

●**1994:** Der letzte russische Soldat verlässt die nun freie und demokratische Republik Lettland. Doch während der Sowjetzeit wurden Hunderttausende Russen angesiedelt, die bis heute eine riesige Minderheit von gut einem Drittel der Bevölkerung bilden.

●**2004:** Am 29. März erfolgt der Beitritt zur NATO, lange von Russland mit aller Härte bekämpft. Nur wenige Wochen später das zweite historische Datum: die Mitgliedschaft in der Europäischen Union ab dem 1. Mai.

●**2007:** Mit dem Beitritt zum Schengener Abkommen am 21. Dezember öffnet Lettland die Grenzen zu fast allen Ländern der Europäischen Union.

dieser Stämme. Im Altertum beschäftigten sich die Menschen großteils mit **Landwirtschaft und Jagd.** Kuren und Semgallen waren aber auch **Seefahrer** und hatten den zwielichtigen Ruf, gefährliche Räuber und Piraten zu sein.

Handelsrouten

Bereits im ersten Jahrtausend n. Chr. wurde das bis dahin eher ruhige lettische Gebiet zu einem wichtigen Kreuzungspunkt verschiedener Handelswege, die Route vom nördlichen Russland nach Byzanz führte geradewegs hindurch. Doch die Bewohner hatten auch ihr eigenes Exportgut: **Bernstein** war damals noch wertvoller als heute und stand europaweit hoch im Kurs.

Ordensritter und Kirche

150.000 Menschen lebten den Forschungen zufolge um das Jahr 1200 auf dem Gebiet des heutigen Lettland, 20.000 davon Liven, der Rest Balten. Die einzelnen Völker waren unter sich meist noch einmal aufgeteilt in verschiedene Stämme mit lokalen Herrschern, die sich im 13. Jh. Schlachten mit **deutschen Kreuzrittern** lieferten oder aber mit diesen gemeinsam gegen estnische Stämme kämpften. Letztlich waren es aber die Kreuzritter, allen voran der sogenannte **Schwertbrüderorden,** der sich immer stärker gegen die Stammesfürsten durchsetzen und die Gebiete unter seine Kontrolle bringen konnte.

Die Kaufleute hatten ein Interesse an einer sicheren Seepassage ins Baltikum und auch an ruhigen Verhältnissen an Land. Daher unterstützten sie die Kreuzritter dabei, die lettischen Gebiete zu erobern. Die **katholische Kirche** half ebenfalls, sie wollte die „Heiden" zum Christentum führen. Doch auch die Beziehung von Kreuzrittern und Kirche war nicht frei von Rivalität und Zwist, denn beide Parteien wollten letzten Endes die alleinige Macht. Auf Initiative von Schwertbrüdern und Kirche wanderten **Geistliche aus deutschen Regionen** wie Sachsen, Holstein und Westfalen, aber auch aus Frankreich und Dänemark ein. Sie gehörten entweder zu den Schwertbrüdern oder waren Augustiner, Zisterzienser, Dominikaner oder Franziskaner. Auch Kaufleute und andere **Bürger deutschsprachiger Herkunft** bevölkerten nun die Gebiete. Die übrigen Einwohner wurden von den Immigranten christianisiert. Die bäuerliche Bevölkerung auf dem Land erwies sich allerdings als recht stur und „heidnische" Traditionen hielten sich dort noch über Jahrhunderte. Bis zum heutigen Tag existieren in Lettland viele Legenden und Erzählungen voller Aberglauben.

Das lettische Territorium wurde im 13. Jh. in **vier Diözesen** aufgeteilt. Der jeweilige Bischof war dabei der geistliche und weltliche Herrscher. Ihm unterstand der Adel, bestehend aus Vögten und Burgherren, die davon lebten, was die Bauern ihnen an „Zinsen" brachten. Doch nicht jeder Vogt war reich: Während einige über große Güter herrschten und durchaus Reichtum besaßen, konnten andere fast schon zum armen Landadel gezählt werden.

Deutscher Orden

Zusätzlich zu diesen adeligen Landverwaltern gab es einen **Ritteradel,** der aus den Ordensmitgliedern bestand. Bereits 1237 wurde der Schwertbrüderorden in den im Baltikum und in Polen damals mächtigen Deutschen Orden eingegliedert. Das Gebiet des heutigen Lettland blieb militärisch gesehen bis zum 15. Jh. fest in der Hand des Deutschen Ordens. Nach der **Schlacht von Tannenberg,** in der 1410 ein polnisch-litauisches Heer den Deutschen Orden geschlagen hatte, begann die Dominanz des Ordens jedoch langsam zu bröckeln.

Hanse

Durch die deutsch geprägte Herrschaft und die günstige Lage auf wichtigen Handelswegen entwickelte sich eine ganze Reihe von lettischen Städten im Laufe der Jahrhunderte zu bedeutenden Handelszentren. Neben dem auch schon im Mittelalter dominierenden **Riga** gehörten Valmiera, Limbaži, Cēsis, Ventspils und Kuldīga der mächtigen Hanse an und unterhielten somit **lukrative kaufmännische Kontakte** in die gesamte Ostseeregion und darüber hinaus bis hin zur Nordsee sowie in die russischen Gebiete. In Richtung Osten wurden importierte Waren wie Salz, Heringe, Tücher und Metalle verkauft. Aus dem russischen Gebiet stammende Produkte wie Felle, Wachs, Tran, Talg, Hanf, Holz oder Butter nahmen von Livland aus ihren Weg gen Westen.

Die kleinen Städte avancierten zu **Handelszentren** und prosperierten. Für den Eigenbedarf wurden Alkoholika, Südfrüchte und andere Genussmittel aus dem Westen eingeführt und die oben genannten Orte wurden durch Mauern oder andere Schutzanlagen zu richtigen Städten. Jelgava kam später noch hinzu. Der neuen Blüte beim Handel folgte der Aufbau von Gerichten, Verwaltung, Schulen und Kirchen.

Verarmung der lettischen Bevölkerung

Im 16. Jh. hätte es den meisten Stadtbewohnern kaum besser gehen können. Doch über die Hälfte von ihnen – je nach Quellenlage bis zu 65 %

051le Foto: mk

Ab dem 13. Jahrhundert ließen sich Deutsche im heutigen Lettland nieder und bildeten über lange Zeit die herrschende Schicht

– waren Zugereiste aus dem Heiligen Römischen Reich Deutscher Nation. Die übrige Bevölkerung nannte man „Undeutsche“, vor allem die eigentlichen Einheimischen, also die Letten. Der überwiegende Teil der Letten lebte in **Abhängigkeit** und ohne jeden Wohlstand als **Bauern** auf dem Land. Waren sie im 13. und 14. Jh. trotz der Abgabepflicht an die Gutsherren noch relativ frei gewesen, so verschlechterte sich ihre Lage danach immer weiter. Landbesitz konnte nicht mehr vererbt werden, freier Waffenbesitz zur Selbstverteidigung wurde verboten. Stattdessen konnte der Landherr nun die Bauern zum Waffendienst zwingen.

Polnisch-Litauische Herrschaft

Die Schwächung der Deutschritter wurde durch den Einfluss der **Reformation** noch verstärkt. Diese Schwäche wollte der **russische Zar Iwan IV.** nicht ungenutzt lassen und so begann er 1558 einen **Krieg gegen Livland** (das in weiten Teilen dem Territorium des heutigen Lettland entsprach), der ein Vierteljahrhundert andauerte und in den auch Dänemark, Schweden und Polen-Litauen hineingezogen wurden.

Zunächst wurde der Deutsche Orden von den Russen geschlagen und Livland unter den anderen Mächten aufgeteilt. Der größte Teil gelangte unter die Herrschaft von Polen-Litauen, auch die stolze Stadt Riga unterwarf sich 1582 als letzte gezwungenermaßen dieser Macht. Das einigermaßen selbstständige und prosperierende Livland des Mittelalters war Geschichte und auch die relative politische Stabilität war dahin.

Das westliche **Kurland** war das einzige Gebiet, dem zunächst vom polnisch-litauischen König eine gewisse Souveränität zugestanden wurde. Kurland entwickelte sich gut und wurde zu einer kleinen Seehandelsmacht, sogar mit **Kolonien in Gambia und Tobago** („Klein Kurland“, siehe Exkurs). Doch mit dem **Nordischen Krieg** zwischen Russland, Schweden und Polen-Litauen (1654–1667) gingen nicht nur diese beiden Kolonien in Übersee wieder verloren, sondern nach und nach schwand die wirtschaftliche Kraft.

Im Gegensatz zu Kurland geriet Livland 1561 unter polnisch-litauische Herrschaft, erhielt aber keine Eigenständigkeit. Zunächst wurden zwar Glaubensfreiheit und die Beibehaltung des deutsch geprägten Justizsystems garantiert, doch nach und nach gingen diese Privilegien verloren. Die Ritterschaft wurde in die litauisch-polnische eingegliedert, **Polnisch wurde die offizielle Sprache** und ganz Livland ein Teil des polnischen Königreichs, aufgeteilt in Wojwodschaften, regionale Verwaltungsbezirke, wie es sie heute noch in Polen gibt.

Der immer mächtigere polnische König machte viele evangelisch-lutherische Kirchen zu katholischen Gotteshäusern, neue Bistümer wurden eingerichtet, evangelische Gottesdienste in der Landessprache verboten und Zolleinnahmen der katholischen Kirche gutgeschrieben. Protestanten wurden bestenfalls geduldet. Doch die Bürger

Kurlands Kolonien – wie Lettland einst Land in Übersee besaß

Schon zu Zeiten, als die Kreuzritter noch nicht einmal an die Eroberung der heute lettischen Gebiete dachten, waren die Kurländer bereits als **Seefahrer** und auch als **Piraten** auf den internationalen Gewässern bekannt und vor allem berüchtigt – hauptsächlich auf der Ostsee, aber durchaus auch darüber hinaus. Insofern ist es gar nicht allzu erstaunlich, dass Kurland sich Jahrhunderte später wieder auf die Seefahrt besann und sogar zwei Kolonien in Übersee erhielt. Einen besonderen Dreh hat die Geschichte dennoch, denn wann besaß ein Land jemals Kolonien, das selbst noch nicht einmal souverän war?

Im 16. Jh. geriet Kurland unter polnisch-litauische Herrschaft, konnte sich aber eine gewisse Autonomie und Selbstständigkeit bewahren. Die Machthaber des nun so genannten **Herzogtums Kurland** schworen dem polnischen König ihre Treue, mussten gewisse Auflagen erfüllen und Abgaben tätigen, konnten aber im Alltag weitgehend unabhängig schalten und walten. Daher blieb die deutsche und deutschstämmige Klasse auch weiterhin an den Hebeln der Macht, und die vorherrschende Religion war nach wie vor der Protestantismus.

Herzog Jakob war es, der Mitte des 17. Jh. seine Position als Herrscher gegenüber dem starken Adel ausbauen wollte. Seine Chance sah er dabei vor allem in der Außenpolitik. So unternahm er tatsächlich Anstrengungen, Kurland zu einem Spieler im internationalen Konzert zu machen. Er traf sich mit den Staatsoberhäuptern von Schweden, England, Russland und anderen europäischen Ländern, um Partnerschaften und Kooperationen auszuhandeln. Er entsandte Emissäre, um mit den Seemächten den Kauf, die Pacht oder gar den gemeinsamen Betrieb von Kolonien auszuhandeln. Gleichzeitig baute er die zuvor kaum vorhandene Seeflotte seines Herzogtums kräftig aus. Die Polen ließen ihn einstweilen gewähren – war er doch ganz offensichtlich noch keine Bedrohung für ihren Machtanspruch.

Das Problem war nur, dass die Verhandlungen mit Portugal und anderen Seefahrernationen nicht fruchten wollten. Anscheinend sahen diese Länder nicht den Nutzen einer Zusammenarbeit. So schickte Herzog Jakob Schiffe nach Übersee, die in alter Kolonialisten-Tradition einfach Länder „eroberten" und besetzten. Im Jahre 1651 war dies ein Landstrich auf dem Gebiet des heutigen **Gambia in Westafrika** und zwei Jahre später auch die **Insel Tobago** in der Karibik (heute Teil des Staates Trinidad und Tobago).

Doch die „Weltherrschaft" Jakobs währte extrem kurz: Bereits 1660 wurde der Herzog von den Schweden gefangengenommen, sodass er seine Kolonialbestrebungen nicht mehr verfolgen konnte. Gambia ging an Holland, dann noch einmal ganz kurz an Kurland und schließlich geriet es an die Engländer. Tobago sicherten sich nach einigem Hin und Her letzten Endes die Franzosen. Ein weiteres halbes Jahrhundert versuchten die Nachfolger Jakobs, die Kolonialmacht Kurlands zumindest in kleinem Rahmen aufrecht zu erhalten, doch die Bemühungen sollten nie mehr von Erfolg gekrönt sein. Am Ende war es wohl doch ein ganzes Stück zu kühn gewesen, als abhängiges Herzogtum ohne staatliche Unterstützung fremde Länder besetzen zu wollen.

lieferten sich mit den Machthabern einen **Kirchenkampf.**

Schwedische Herrschaft

Als Schweden nach dem Krieg gegen Polen 1629 einen Teil des livländischen Gebietes zugesprochen bekam, waren die Menschen in der Region nur zu gern bereit, wieder den **Protestantismus** als Staatsreligion zu akzeptieren. Die livländischen Stände lieferten sich dagegen zahlreiche Auseinandersetzungen mit dem schwedischen Königreich. Sie wurden dabei von den Bürgern und Rittern unterstützt, die sich mehr Selbstständigkeit erkämpfen wollten.

Die Vertreter der evangelischen Kirche standen naturgemäß eher auf der Seite der Schweden. Diese setzten sich insofern durch, als mit der Zeit der überwiegende Teil des livländischen Bodens an Schweden überschrieben wurde. Der lokale Adel verlor Grundbesitz und Güter und wurde ärmer und abhängig von der schwedischen Krone. Die **Bauern** aber wurden zu **freien Untertanen des Königs** und erhielten das Recht auf lebenslange Bewirtschaftung und sogar Vererbung ihres Bodens. Der gesellschaftliche Stand der Landwirte war damit deutlich aufgewertet.

Die Kirchenvertreter sahen sich ebenfalls im Aufwind und kämpften für die Einführung einer **lettischen Schriftsprache.** Im Alltag wurde Lettisch nach wie vor gesprochen, doch es existierte praktisch nur mündlich.

1635 ging ein weiterer Teil Livlands an Schweden. Nur **Lettgallen** im Osten blieb längere Zeit unter polnischer Kontrolle – bis 1795, als das Gebiet mit der dritten polnischen Teilung an Russland fiel. Bis heute sind in der Region, die in Polen „Inflanty" genannt wurde, viele polnische Spuren zu finden, inklusive einer polnischen Minderheit mit polnischen Kirchen und polnischer Kultur.

Zarenreich

Das nicht-polnische Livland fiel nach dem Großen Nordischen Krieg bereits 1721 an das Zarenreich. Den Russen fehlten aber zunächst die Mittel und Möglichkeiten, sich in der Region stark zu engagieren. Darüber freute sich der einheimische Adel, der seine Güter nun zurückerhielt, zusammen mit den sie bewirtschaftenden Bauern. Diese wiederum waren die Verlierer der Entwicklung, weil sie wieder unter die Herrschaft und Abhängigkeit der Gutsbesitzer fielen. Mit dem frischen Wind der Aufklärung entwickelte sich aber im 18. Jh. das Bewusstsein vieler Bürger für Menschenrechte und gegen die Leibeigenschaft, wovon immer mehr Bauern profitieren konnten und ein wenig mehr Freiheit erhielten.

1819 fand in Livland die sogenannte **Bauernbefreiung** statt. Doch es folgten noch zahlreiche Bauernunruhen und kleinere Aufstände, bis die Landwirte Mitte des 19. Jh. endlich wieder Grund und Boden erwerben, besitzen und vererben durften. Auf diese Weise wurden die Ideale der Aufklärung und der Französischen Revolution auch im russisch beherrschten Lettland verwirklicht.

Die Deutschbalten

Die Deutschsprachigen, einst in der Mehrheit in vielen Städten, wurden im Laufe des 19. Jh. und dann bis 1918 „von der Oberschicht zur Minderheit", wie es Historiker formuliert haben. Sie wurden nun Deutschbalten oder Balten genannt und bezeichneten sich bald auch selbst auf diese Weise. Zu Zeiten der lettischen Selbstständigkeit vom Ende des Ersten Weltkriegs bis 1940 wurden sie als Deutsche – oft auch offiziell mit deutschem Pass – akzeptiert und toleriert, hatten aber ihren besonderen Einfluss auf das Geschehen im Lande verloren. Im Zweiten Weltkrieg wanderten sie ins Deutsche Reich aus oder wurden als Soldaten in die Wehrmacht eingezogen. Bis heute gibt es Vereinigungen, Zeitungen und Treffen der Baltendeutschen, in denen die Erinnerung an die Heimat hochgehalten wird. Viele dieser Menschen besuchen heute Lettland auf den Spuren ihrer eigenen Geschichte oder der Jugend ihrer Eltern und Großeltern. Einige kehrten auch zurück und wohnen heute in Lettland. Der bekannte baltendeutsche Schriftsteller Werner Bergengruen verewigte mit seinen Erzählungen „Von Baltischer Reiselust" und anderen Büchern die Geschichte dieser Volksgruppe.

Die **lettischen Hansestädte** litten unter der russischen Herrschaft, denn die zaristische Hauptstadt St. Petersburg konzentrierte einen Großteil des Handels mit Europa auf sich. Städte wie Ventspils, Liepāja und sogar Riga konnten da nur schwer mithalten. Gegen Ende des 18. Jh. wurde Livland auf Grund von Bemühungen *Katharinas II.* stärker ins Macht- und Herrschaftssystem des Russischen Reiches einbezogen. Die alten Stadtrechte wurden aufgehoben, die bürgerlichen Stadtverwaltungen der **russischen Zentralherrschaft** untergeordnet. Das Bürgertum hanseatischer Prägung verschwand, die einst so mächtigen Zünfte bestanden nur noch auf dem Papier. Die nun freien Bauern nutzten die Niederreißung der Stadtmauern und bevölkerten die Städte.

Dies wiederum förderte die **Industrialisierung** und machte aus den vornehmen Ortschaften in kurzer Zeit Städte mit Fabriken, Werkshallen und Werften. Der **Eisenbahnbau** beschleunigte diesen Prozess und brachte noch mehr Landbevölkerung in die Städte, die nun wieder nach langer Zeit richtig „lettisch" wurden: 1862 sprach ein gutes Viertel der Bewohner von Riga **Lettisch.** 1913 war es zwar weiterhin eine Minderheit, aber immerhin von 40 %.

Lettisches Nationalbewusstsein

Mit dem Zuzug der Menschen vom Land kam auch der lettische Nationalgedanke viel stärker auf die Tagesordnung. Bisher fühlten sich die Menschen eher als Liv- oder Kurländer oder waren Lokalpatrioten in ihrem Bezirk, ihrer Diözese oder ihrer Region. Die Ironie der Geschichte will es übrigens, dass die **Idee eines lettischen Volkes** oder von Lettland als Nation auf „Ausländer" zurückgeht: Gelehrte deutsche und schwedische Geistliche wie *Johann Georg Hartmann* oder auch *Johann Gottfried Herder* verbreiteten bereits im 18. Jh.

das Konzept eines lettischen Volkes. Jene Gelehrte gründeten Forschungs- und Bildungseinrichtungen für lettische Sprache, Geschichte und Kultur und gaben Zeitungen und Bücher heraus. Fast 100 Jahre sollten jedoch vergehen, bis Mitte des 19. Jh. die ersten Werke lettischer Schriftsteller in Druck gingen.

Nichtsdestoweniger war dies keine Nationalbewegung mit dem Ziel eines souveränen lettischen Staates. Es ging eher um **kulturelle und gesellschaftliche Eigenständigkeit** innerhalb des russischen Machtbereichs. Doch mit dem Ersten Weltkrieg und der Oktoberrevolution in Russland änderte sich die Situation schlagartig: Die russischen Kommunisten, die das Zarenreich geschlagen und abgelöst hatten, fanden wenig Zuspruch in den baltischen Ländern. Plötzlich war die Chance gekommen, einen **eigenen Staat** zu gründen.

Nationalbewegung

Die erste echte Nationalbewegung begann mit Protesten gegen die Einberufung vieler Männer als Soldaten im russischen Krieg gegen Japan (1903–06). In Kurland und in der Region Riga begannen **Unruhen,** die sich schnell auf das gesamte Baltikum ausbreiteten. Ziel der Aufstände waren weniger die russischen Machthaber als vielmehr die deutschen Geistlichen und Gutsbesitzer. Bis zu 200 Güter wurden verwüstet. Die Besitzer wehrten sich ihrerseits mit Gewaltakten. Auch der Zar schickte Truppen und schlug die Rebellion nieder. Hunderte starben, Tausende gelangten in die **sibirische Verbannung.**

Einmarsch deutscher Truppen

Im **Ersten Weltkrieg** stand die Bevölkerung relativ zuverlässig an der Seite Russlands und gegen das Deutsche Reich. Mit dem Vormarsch der deutschen Truppen im Ersten Weltkrieg gerieten auch litauische Gebiete und Kurland unter **deutsche Herrschaft.** Doch der deutsche Einfluss währte nur kurz, denn noch vor Kriegsende war nicht nur Deutschland zurückgeschlagen worden, sondern auch das Zarenreich verschwunden. Die **Bolschewiki,** die kommunistischen Revolutionäre aus Russland, riefen Ende 1917 ein „freies Lettland in einem freien Russland" aus.

Aber die **deutsche Heeresleitung** gab noch nicht auf: Sie befahl einen letzten Vormarsch ins Baltikum. Man trotzte den Russen die Gebiete ab und proklamierte einen **Baltischen Staat,** der jedoch nur wenige Monate hielt. *Kārlis Ulmanis* wurde erster Premierminister eines lettischen Staates, der aus Livland, Kurland und dem östlichen Latgale zusammengestellt wurde. Während russische Truppen in Estland einmarschierten und die dortigen Bewohner mit aller Macht und internationaler Unterstützung ihre gerade gewonnene Freiheit verteidigten, blieb das junge Lettland zunächst verschont. Doch eine Division deutscher Truppen unter Führung von **Graf Rüdiger von der Goltz,** der trotz des Kriegsendes noch ein letztes Mal die Offensive suchte, marschierte durch

Riga und weiter gen Norden. Unterstützt wurde Goltz von einer deutschbaltischen Landeswehr in Nordlettland. Eine **estnisch-lettische Armee** schlug die Truppen schließlich am 23. Juni 1917 - wenige Tage, bevor Deutschland den Vertrag von Versailles unterzeichnete - bei Cēsis (Wenden). Dieses Datum wird als **„Siegestag"** bis heute feierlich begangen.

Erste lettische Unabhängigkeit

Versuche von russischen und lettischen Revolutionsanhängern (Bolschewiki), eine lettische Sowjetrepublik aus der Taufe zu heben, wurden 1919 von deutschen und lettischen Truppen zurückgeschlagen. Weitere Vorstöße russischer Militärs wehrten Letten und Esten gemeinsam ab. Erst im **Sommer 1920** erkannte Russland in einem Friedensvertrag die lettische Unabhängigkeit an. Der 11. August, der Tag der Vereinbarung, wurde zum lettischen **Nationalfeiertag.** Zum ersten Mal in der Geschichte existierte ein **lettischer Staat.** Zwischen 1920 und 1922 wurden die baltischen Länder auch von vielen anderen Staaten in bilateralen Verträgen offiziell anerkannt, 1921 erfolgte die Aufnahme in den Völkerbund.

Lettland erhielt eine republikanische Staatsordnung, die derjenigen der Weimarer Republik durchaus ähnelte. Es kristallisierten sich aber im Laufe der Jahre keine großen, führenden Parteien heraus und es fehlte an Stabilität. Noch 1931 hatten ganze 27 Parteien ihre Abgeordneten im lettischen Parlament *(Saeima),* innerhalb von 14 Jahren gab es 18 Regierungen. So kam es, dass bereits 1934 die zarte Pflanze der Demokratie wieder zertrampelt wurde: Die Nationalisten gewannen immer stärker die Oberhand, Parteien wurden verboten, die Pressefreiheit eingeschränkt und Dissidenten verhaftet.

Dabei hatte sich der junge Staat nicht nur politisch, sondern auch wirtschaftlich vielversprechend angelassen. Wichtig waren die Landwirtschaft, Industrie und Schwerindustrie. Die lettische Währung Lats etablierte sich als stabiles Geld, das mit Goldreserven abgesichert war. Niedrige Inflation und geringe Auslandsschulden hielten die lettische Wirtschaft bis deutlich in die 1930er Jahre hinein auf einem hohen Niveau.

Wie auch in Litauen und Estland wurden in Lettland große Bemühungen unternommen, die **kulturelle Identität der Menschen** zu fördern und so etwas wie ein lettisches Nationalbewusstsein zu etablieren. Es wurden Universitäten und andere Bildungseinrichtungen gegründet oder ausgebaut und mit dem Auftrag versehen, lettisches Kulturgut zu verbreiten. In jener Zwischenkriegszeit entstanden viele der heute als nationale Klassiker und als Identitätsstifter geltenden Werke. Dennoch war jeder vierte Bewohner ein Nicht-Lette (hauptsächlich Deutschbalten, Juden, Polen, Russen). Während die Minderheitenrechte Anfang der 1920er Jahre sehr großzügig waren, wurden sie im Laufe des Jahrzehnts immer weiter beschnitten.

Mit dem Auftrieb der **nationalistischen Bewegung** in den Dreißigern kam es zu einem Kulturkampf. Zunächst setzten sich die Minderheiten durch, doch ab 1934 waren die „Ausländer" immer größeren Schikanen ausgesetzt.

Lettland schloss mit der Sowjetunion einen Nichtangriffspakt und einen Vertrag für beiderseitige Handelsbeziehungen. Am engsten war die Kooperation mit den beiden anderen baltischen Staaten („Baltische Entente", 1934).

Hitler-Stalin-Pakt

Mit dem Hitler-Stalin-Pakt 1939 und seiner geheimen Zusatzklausel war das Schicksal Lettlands fast schon von Anfang an besiegelt. *Hitler* überließ den kleinen Staat dem Gutdünken der Sowjets, sollte es eine „territorial-politische Umgestaltung" geben. Schon im ersten Kriegsmonat mussten die Letten ihre Unterstützung für die UdSSR bekunden und im Oktober 1939 **sowjetische Militärstützpunkte** dulden. Ansonsten blieben die baltischen Länder neutral. Die deutsche Bevölkerung konnte **„heim ins Reich"** umsiedeln. 64.000 Deutsche verließen Lettland, in den Jahren 1940 und 1941 wanderten nochmals 18.000 Menschen nach Deutschland aus.

Sowjetrepublik

Für Lettland ist der **Juni 1940** bis heute im kollektiven Gedächtnis als das schicksalhafte Datum, an dem die kurze **Souveränität wieder beendet** war: Truppen aus der UdSSR besetzten das Land und erklärten es zu einer der Sowjetrepubliken. Pseudo-Regierungen wurden im Baltikum eingesetzt, die um den offiziellen Beitritt zur Sowjetunion „baten", die Wirtschaft wurde verstaatlicht und das politische System zu einem Satelliten von Moskau. Tausende Vertreter der alten Führung verschwanden und starben, 1941 folgten massenhafte **Deportationen nach Sibirien.**

Deutsche Besatzung

Kein Wunder, dass angesichts dieses Terrors die deutschen Besatzer, die im Rahmen des Überfalls auf die Sowjetunion ins Baltikum vordrangen, von den Letten teilweise mit offenen Armen und mit Blumen als „Befreier" empfangen wurden. Doch die Hoffnung wurde schnell zerstört, denn auf Hitlers Befehl wurde der „Generalbezirk Lettland" mit eiserner Hand regiert. Die „rassisch geeignete Bevölkerung" sollte germanisiert, der Rest der Menschen deportiert oder umgebracht werden. Schätzungsweise **275.000 Juden starben** zwischen 1941 und 1944 bei den Grausamkeiten – teilweise mit Hilfe der lettischen Bevölkerung. Andere Letten haben aber auch Verfolgte bei sich versteckt und gerettet. Zahlreiche weitere Menschen kamen in den **Konzentrationslagern** um oder wurden zur Zwangsarbeit ins Deutsche Reich geschickt. Der Zorn auf die sowjetischen Besatzer hatte eine Reihe von Letten zu Kollaborateuren der Deutschen gemacht. 1942 und 1943 wurden estnische und lettische SS-Legionen gebildet. Aller-

052le Foto: mk

dings waren auch viele der Mitglieder nicht freiwillig dabei.

Anschluss an die Sowjetunion

Im Sommer 1944 durchbrachen die Sowjets die Verteidigungslinien, nur Kurland blieb bis Kriegsende unter deutscher Kontrolle. **120.000 Letten flohen** aus Furcht vor einer neuerlichen Sowjet-Dominanz nach Deutschland, Schweden, in die USA und nach Kanada. In Nordamerika gibt es noch heute viele baltische Nachnamen, viele ältere Menschen, die ausgewandert waren, und ihre Nachkommen besuchen seit der Wende 1991 ihre alte Heimat.

Die Sowjets besetzten erneut das Baltikum und setzten „Volksregierungen" ein. Es kam wieder zum Anschluss an die Sowjetunion. Eine gewaltige **Industrialisierung** kam in Gang und es wurden massenhaft russische, weißrussische und ukrainische Arbeiter angesiedelt. Im Laufe der Jahre kamen auf diese Weise rund **400.000 russischsprachige Menschen** in das kleine Land. Noch heute, trotz vielfältiger Bemühungen, ist die russische bzw. russischsprachige Minderheit ein großes und schwieriges Thema in Lettland.

Sowjetische Hinterlassenschaft: Radarstation in Irbene

Russifizierung

Landwirtschaft und Industrie wurden in relativ kurzer Zeit **verstaatlicht.** Zunächst hatte die Kommunistische Partei recht wenige Mitglieder, doch ab den 1950er Jahren gab es eine Beitrittswelle von Menschen, die sich von einem Parteibuch Vorteile für Karriere und Privatleben erhofften. Zu *Stalins* Zeiten wurde **alles Lettische in Kultur und Gesellschaft bekämpft** und unterdrückt, auch die Kirche. Das „Tauwetter" unter *Nikita Chruschtschow* ging dagegen auch an Lettland nicht vollkommen vorbei. Die Menschenrechte wurden ein wenig gestärkt, die nach Sibirien Verbannten kehrten größtenteils zurück, Reisen ins sozialistische Ausland wurde möglich, die Wirtschaft etwas freier und der Lebensstandard eine Spur höher.

Der lettische Ministerpräsident *Eduards Berklavs* war zwar streng kommunistisch, integrierte aber lettisch-nationale Elemente in seine Politik und wurde damit der Moskauer Linie untreu. Das war den Sowjets zu viel, sie entfernten Berklavs zusammen mit seinen Anhängern 1959 von der Regierung. Berklavs lebte noch bis 2004 und engagierte sich zunächst als Dissident und im freien Lettland ab 1990 im Parlament und in anderen Funktionen für seine Heimat.

Nach Berklavs' Sturz 1959 regierte in Lettland über lange Jahre die **moskautreueste Staatsführung** der drei baltischen Länder.

Chruschtschows Nachfolger *Breschnew* etablierte wieder eine härtere Politik. Landwirtschaftliche **Produktionsgenossenschaften** (Sowchosen, Kolchosen) dominierten die Dörfer, Industrieanlagen die Städte, die Umwelt wurde ausgebeutet. Auch gesellschaftlich war die Lage extrem schwierig: Lettische Kultur und Sprache wurden unterdrückt, **Russisch** setzte sich auch im Alltag immer mehr durch. In den eigenen vier Wänden blieben die Letten freilich stets bei ihrer Muttersprache. Es wurden gleichzeitig immer mehr russischsprachige Menschen angesiedelt. 1935 waren es 12 % der Bevölkerung, 1959 schon 31 % und 1989 unglaubliche 42 %. Die Zahl der Letten lag mit 52 % kaum noch höher.

Perestrojka und Glasnost

Erst mit **Michail Gorbatschows Machtübernahme** 1985 begannen Perestrojka und Glasnost in Lettland für Veränderungen zu sorgen. Wirtschaftliche Nöte brachten die Menschen auch im Baltikum auf die Straße. Großdemonstrationen, unter anderem in Riga, am Jahrestag des Hitler-Stalin-Paktes, ließen 1987 die Welt aufhorchen. Der Druck wuchs und Estland machte 1988 den ersten Schritt mit einer **Souveränitats-Erklärung** der estnischen Sowjetrepublik – zunächst noch im Rahmen der UdSSR. Lettland und Litauen folgten Mitte 1989 mit ähnlichen Deklarationen. Ein weiterer Meilenstein war Gorbatschows Eingeständnis des geheimen Zusatzprotokolls im Hitler-Stalin-Pakt. Die Legende vom freiwilligen Beitritt der baltischen Länder in die Sowjetunion war zerstört.

Unabhängigkeit

Was folgte, war ein **Domino-Effekt,** die Ereignisse überschlugen sich: Die Verträge, auf deren Grundlage die baltischen Länder 1940 und 1944 der UdSSR beigetreten waren, wurden für ungültig erklärt, Parteien und andere Organisationen wieder zugelassen, eine **freie Presse** entstand und der Einfluss Moskaus und der Kommunisten insgesamt schwand zusehends. Wieder einmal war es der Jahrestag des Hitler-Stalin-Paktes, der am 23. August 1989 die Entwicklung unwiderruflich festschrieb. Eine einmalige, **600 Kilometer lange Menschenkette** von Vilnius in Litauen durch Lettland bis in die estnische Hauptstadt Tallinn sollte die vollkommene Befreiung der drei Länder erzwingen. Die gesamte Zeit der Umwälzungen, weg von der Zugehörigkeit zur Sowjetunion und hin zur ersehnten nationalen Unabhängigkeit, ist unter dem Schlagwort **Singende Revolution** in die Geschichte des Baltikums eingegangen – ausgehend von Lettland, das sich selbst gern als „singendes Land" bezeichnet.

Im Mai 1990 stimmte das lettische Parlament für die Souveränität und die teilweise **Wiedereinführung der Verfassung von 1922.** Doch Papier ist geduldig und noch waren sowjetische Soldaten im Land stationiert. Der Putschversuch im August 1991 in der Sowjetunion gegen *Boris Jelzin* brachte noch einmal alle Errungenschaften in Gefahr.

Lettische Unabhängigkeitserklärung 1991

Nach Abwenden dieser Bedrohung stand der Freiheitsbewegung aber nichts mehr im Wege: Lettland deklarierte endgültig die Unabhängigkeit als Republik. Im August und September 1991 erhielten die Letten Brief und Siegel für ihre Souveränität in Form von diplomatischer Anerkennung durch die wichtigsten westlichen Staaten. Am 6. September tat die Sowjetunion das gleiche. Am 17. und 18. September wurden die drei kleinen baltischen Staaten **UNO-Mitglieder.**

Doch die vollkommene Befreiung erfuhren die Letten erst 1994, als der letzte russische Soldat das Land verließ. Es blieb nur noch die gewaltige **russische Minderheit** – weit über ein Drittel der Landesbewohner –, die sich gar nicht oder nur teilweise über die historischen Umwälzungen freute und die mit einem „lettischen Lett-

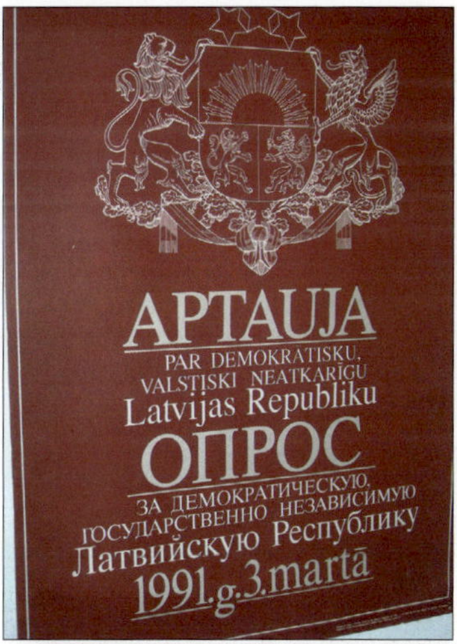

053le Foto: mk

land" wenig anfangen konnte. Bis heute gibt es Spannungen mit Russland, denn Moskau betrachtet die russische Minderheit in Estland, Lettland und Litauen als die ihre und will daher immer wieder Einfluss ausüben.

Bei den Verhandlungen zum lettischen **NATO-Beitritt,** den Russland lange nicht akzeptierte, spielte das wieder eine Rolle. Lettland sah im Rahmen der EU-Beitrittsverhandlungen von lange gehegten Gebietsansprüchen an Russland ab, was die Lage entspannte - zusätzlich zu Russlands Einsicht, dass der Weg Lettlands in das westliche Bündnissystem nicht aufzuhalten war. Die Rolle der Minderheiten bei den Schwierigkeiten mit Russland wird auch daran deutlich, dass Litauen seit 1991 mit seiner viel kleineren russischen Minderheit weit weniger Auseinandersetzungen mit Moskau durchmachte.

EU- und Schengen-Beitritt

Ein Störfeuer auf diplomatischer Ebene gab es auch zwischen Lettland und Litauen über die Eigentumsrechte an einem Ölvorkommen in der Ostsee. Der Konflikt wurde jedoch 1999 beigelegt. Der lange ersehnte Beitritt zur **Europäischen Union** wurde im Mai 2004 feierlich verwirklicht.

Ein weiterer historischer Schritt für Lettland war kurz vor Weihnachten 2007 der Beitritt zum Schengen-Raum mit dem **Wegfall jeglicher Grenzkontrollen** zu den meisten Ländern der europäischen Union. Aus Deutschland und Österreich kann man nun auf dem Landweg nach Lettland gelangen, ohne ein einziges Mal einen Ausweis vorzeigen zu müssen.

Lettland bemüht sich auch ansonsten um eine fortschrittliche Haltung innerhalb Europas. So ratifizierte man mit großer Mehrheit im Parlament die später gescheiterte **EU-Verfassung** Mitte 2005, obwohl Frankreich und die Niederlande in Volksabstimmungen schon „nein" gesagt hatten. Auch 2008 präsentierte sich der Staat sehr europafreundlich, als der EU-Reformvertrag als Ersatz für die europäische Verfassung ohne Probleme verabschiedet wurde.

054le Foto: mk

An der Grenze zu Estland und Litauen wird nicht mehr kontrolliert

Staat und Verwaltung

Lettland ist eine **parlamentarische Demokratie** mit dem Präsidenten als Staatsoberhaupt. Die Regierung besteht aus dem Premierminister und seinem Kabinett, das vom Parlament gewählt und überwacht wird. Das aus nur einer Kammer bestehende Parlament *(Saeima)* wiederum wird in freien und geheimen Wahlen alle vier Jahre von den Bürgern bestimmt. Eine unabhängige Justiz ergänzt die klassische Gewaltenteilung.

Allerdings ist das Justizsystem insofern von der Politik abhängig, als alle Richter von den Abgeordneten gewählt werden. Wichtigstes Merkmal des politischen Systems in Lettland ist die hohe Machtfülle der Saeima. Neben der Gesetzgebung und der Bestimmung der Richter wählen die Parlamentarier nämlich auch den Staatspräsidenten. Einmal ernannt, agiert der Präsident frei, hat aber keine weit reichenden Vollmachten wie etwa der französische oder der US-Präsident. Immerhin vergibt er aber nach Parlamentswahlen den Auftrag zur Regierungsbildung, er besitzt das Recht zu Gesetzesinitiativen, zur Zurückweisung von Gesetzentwürfen an die Saeima zur erneuten Beratung, zur Einberufung außerordentlicher Kabinettssitzungen und zur Auflösung des Parlaments. Letzteres darf jedoch nur in Verbindung mit einem Volksentscheid geschehen. Der Präsident setzt dabei seine Karriere aufs Spiel: Wenn das Volk beim Referendum gegen den Vorschlag des Präsidenten zur Parlamentsauflösung stimmt, ist der Präsident automatisch dem Amt enthoben.

Präsidentin Vaira Vike-Freiberga, im Amt von 1999 bis 2007, erfreute sich großer Beliebtheit und war auch über die Landesgrenzen hinaus als effektive Vertreterin Lettlands in Europa bekannt. Seit Sommer 2007 ist **Valdis Zatlers** im höchsten Amt des Landes.

Die **Verfassung** von 1922, als Lettland erstmals in der Geschichte ein freier und souveräner Staat war, wurde 1991 wieder eingeführt – mit einigen Änderungen. So wurde etwa das Mindestalter für Wahlberechtigte von 21 auf 18 Jahre gesenkt.

Lettland ist in **26 Land- und 7 Stadtbezirke** aufgeteilt. Allerdings ist der Staat relativ zentralistisch organisiert – mit wenig Autonomie der einzelnen Regionen und Bezirke.

Nationalsymbole

Flagge

Eine **rot-weiß-rote Flagge** ist natürlich kein Alleinstellungsmerkmal. Erst auf den zweiten Blick wird klar, dass die Fahne etwas Einzigartiges besitzt: ihre spezielle Farbe. Das dunkle, leicht bräunliche Rot ist sogar als **Latvian Red** international ein Begriff. Die beiden roten Querstreifen oben und unten symbolisieren das für die Freiheit des Vaterlandes vergossene Blut und sind jeweils doppelt so breit wie der weiße Mittelstreifen, der für Reinheit und Gerechtigkeit steht.

Die Erwähnung eines „rot-weiß-roten Banners" geht bis ins 13. Jh. zu-

rück, die Flagge in ihrer heutigen Form wurde 1917 vom lettischen Künstler *Ansis Cerulis* entworfen, als die erstmalige Unabhängigkeit des Landes schon greifbar schien. Vier Jahre später wurde der Entwurf per Parlamentsbeschluss zum offiziellen Staatssymbol erhoben.

Staatswappen

Ein Jahr nach der Flagge wurde auch das Staatswappen von Lettland entworfen, nämlich nach der Ausrufung der souveränen lettischen Republik im Herbst 1918. Wichtig für Lettland war zu dieser Zeit, aus den vier historisch so verschiedenen Regionen eine staatliche Einheit zu bilden, mit der sich die Bürger identifizieren konnten. Daher symbolisiert ein **roter Löwe** die in der Geschichte lange Zeit deutsch geprägten Regionen Kurzeme (Kurland) und Zemgale (Semgallen). Für Vidzeme (Livland) und Latgale (Lettgallen) steht ein **silberner Greif.** Interessant ist, dass beide Tierfiguren bereits im 16. Jh. auftauchen – der Löwe im Wappen des Herzogtums Kurland und der Greif aus der Zeit, als Livland und Lettgallen unter polnisch-litauischer Herrschaft standen.

Die **Sonne** auf blauem Grund steht im Wappen für die Eigenständigkeit Lettlands. Sie war das Zeichen der lettischen Schützen, die während des Ersten Weltkriegs in der russischen Armee kämpften. Die Zahl der Sonnenstrahlen entsprach einst der Zahl der Landkreise. Die 21 Strahlen stimmen aber nicht mehr mit den heute 26 Landkreisen überein.

Drei goldene Sterne symbolisieren die drei großen historischen Regionen Kurland, Livland und Lettgallen. Semgallen ist in diesem Fall bei Kurland inbegriffen.

Im großen Staatswappen tauchen Löwe und Greif ein zweites Mal auf. Sie halten das Wappen. Grüne Eichenzweige – auch die standfeste Eiche ist für die Letten ein Symbol ihres Landes – und ein geschwungenes Band in den Nationalfarben Rot-Weiß-Rot sind dazu drapiert.

Nationalhymne

Die lettische Nationalhymne „Dievs, sveti Latviju" hat so gar nichts von den blutigen, in Schlachten schwelgenden Texten vieler anderer Länder, sondern sendet eine patriotische, religiöse und geradezu fröhliche Botschaft aus:

Gott, segne Lettland,
Unser teures Vaterland,
Segne Lettland,
Ach, segne es doch!
Wo Lettlands Töchter blühn,
Wo Lettlands Söhne singen,
Lass uns dort im Glücke tanzen,
In unserem Lettland!
(Übersetzung nicht autorisiert)

Kārlis Baumanis komponierte die Musik und verfasste den Text um 1870, als noch kaum jemand das Wort „Lettland" in den Mund zu nehmen wagte. Noch war das Land fest in der Hand des russischen Zarenreiches, doch eine nationale Bewegung gewann langsam immer mehr Anhänger. 1873 wurde das Lied erstmals gesungen. Es entwickelte sich zur Erkennungsmelodie aller, die **Freiheit und Eigenständigkeit** für ein vereintes Lettland forderten. 1918 dann erhielt es den Status der Nationalhymne.

In der UdSSR hatte Lettland neben der berühmten Sowjet-Hymne auch eine **eigene Hymne** mit kommunistischem Propaganda-Text („Lass das sowjetische Lettland ewig leben / Lass es hell scheinen in der sowjetischen Krone!"). Nach dem Ende der Sowjetzeit wurde die alte Hymne direkt wieder installiert.

Lats

Ein weiteres nationales Symbol ist die **Währung Lats** (bestehend aus 100 Santim), die 1922, ebenfalls mit der ersten lettischen Unabhängigkeit, eingeführt wurde. Trotz alledem werden die Letten sehr bald auf den Lats verzichten müssen, denn die Einführung des **Euro** steht vor der Tür (ein genauer Termin liegt noch nicht fest, zwischen 2010 und 2012 ist der wahrscheinlichste Zeitraum).

Medien

Fernsehen und Radio

Lettland hat eine unabhängige Medienlandschaft mit einem öffentlich-rechtlichen Rundfunk und Fernsehen. Eine obligatorische Gebühr für alle Fernseh- und Radionutzer, wie etwa in Deutschland, gibt es bisher nicht. 60 % der Kosten werden aus dem Staatshaushalt finanziert, der Rest durch Einnahmen erwirtschaftet. Die jeweils amtierende Regierung beeinflusst wie in den meisten Ländern mit öffentlich-rechtlichen Medien durch Nominierungen des Rundfunkrates die programmatische Ausrichtung. Hauptfernsehsender ist **LTV1;** der zweite Kanal, der auf Lettisch und Russisch ausstrahlt, heißt **LTV7.**

TV3 ist der Name des größten **Privatsenders** mit einem an Unterhaltung orientierten Programm aus der Viasat-Unternehmensgruppe, die im Baltikum, in Skandinavien und anderen Ländern Fernsehkanäle betreibt.

Das staatliche **Radioprogramm** bietet vier große Sender, davon einer vollständig in russischer Sprache. Zahlreiche Privatradios, auch regionale, kämpfen um die Gunst der Zuhörer, doch der öffentlich-rechtliche Rundfunk dominiert landesweit.

Zeitungen

Es existiert eine Vielzahl von Zeitungen, einige davon im Besitz internationaler Verlagsgruppen. Hohe Auflagen sind wegen der geringen Bevölkerungszahl und wegen der Teilung in lettisch- und russischsprachige Gruppen nicht erreichbar. Größte Tageszeitung ist „Diena" mit einer täglichen verkauften Auflage von 60.000 bis 70.000 Stück. Das klingt wenig, wäre aber, gemessen an der Einwohnerzahl, beispielsweise in Deutschland eine Millionenauflage. Die Mehrheit der Anteile hält der schwedische Medienkonzern Bonnier AB. „Dienas Bizness" ist die größte Wirtschaftszeitung, ebenfalls aus dem Hause Bonnier. Größtes russischsprachiges Blatt ist das täglich erscheinende „Tschas" („Zeit"). Mit „Bisnies & Baltija" hat die russische Minderheit auch einen Wirtschaftstitel.

„The Baltic Times" bietet wöchentliche Nachrichten und Berichte aus dem gesamten Baltikum in englischer Sprache. Die deutschsprachige „Baltische Rundschau", die ab 1994 über ein Jahrzehnt auf dem Markt war, erscheint zurzeit nicht.

Wirtschaft

Lettland hat im Laufe der Jahrhunderte eine komplette Transformation durchgemacht. Bis ins Mittelalter hinein war die Landwirtschaft der alles dominierende Wirtschaftszweig. Das änderte sich teilweise mit dem Beitritt lettischer Städte zur Hanse und dem Handel mit West- und Osteuropa. Doch insgesamt blieb das bäuerliche Leben immer im Vordergrund – auch weil außer dem Bernstein die **Bodenschätze fehlen.** Im 20. Jh. kam die Industrie (vor allem Schwerindustrie) hinzu. Doch mit dem Ende der Sowjetunion fiel der Anteil der **Landwirtschaft** am gesamten Wirtschaftsaufkommen geradezu dramatisch und macht jetzt nur noch 4,4 % aus – mit sinkender Tendenz, denn das jährliche Wachstum ist hier schwächer als in anderen Branchen.

Ein Viertel des Bruttoinlandsproduktes wird von der **Industrie** erwirtschaftet, aber sensationelle 70 % sind es in der **Dienstleistungsbranche,** die Jahr für Jahr zweistellige Zuwachsraten erzielt. Damit hat sich Lettland seit 1991 vorbildlich als Land aufgestellt, das sich von der „alten Wirtschaft" verabschiedet und auf zukunftsträchtige Branchen wie den **Tourismus** setzt.

Das **wirtschaftliche Wachstum** lag über viele Jahre hinweg sehr hoch zwischen 5 und 10 %, die Inflation fiel von fast 1000 % im Jahre 1992 und 25 % drei Jahre später auf nur 1,2 % im Jahre 2002. Die Neuverschuldung des Staates fiel gering aus (1997 präsentierte die Regierung einen ausgeglichenen Haushalt, danach stiegen die Schulden wieder, aber insgesamt bis heute sehr moderat) und Zehntausende neuer Arbeitsplätze wurden jährlich geschaffen. Auch die **Privatisierung** verlief vorbildlich: Bis auf einige strategisch wichtige Wirtschaftszweige wie den Energiesektor verkaufte der Staat seine Unternehmen an Privatinvestoren. Schon im Jahr 2000 waren über zwei Drittel der Gesamtwirtschaft in privaten Händen.

Eine schnelle Euro-Einführung galt als ausgemachte Sache. Das Bild vom wirtschaftlichen Musterknaben Lettland litt dann aber seit etwa 2005, als mit einem Wachstum von 10,2 % auch die **Inflation** begann, durch die Decke zu gehen und zweistellige Sphären erreichte. Doch 2006 kletterte die Konjunktur auf 11,9 % bei einer Teuerungsrate von nur 6,2 %. Im Jahre 2007 gab es erneut ein zweistelliges Wachstum, aber auch wieder eine Inflation von über 10 % – gegen Ende des Jahres sogar 14 %. Die Regierung reagierte lange Zeit nicht und verabschiedete erst 2007 ein Maßnahmenpaket zur **Eindämmung der Teuerung.**

Die **Arbeitslosenquote** fiel in den letzten Jahren wieder deutlich auf unter 6 %, was nicht zuletzt auf die Abwanderung vieler Menschen nach Großbritannien, Irland und in andere EU-Länder zurückzuführen ist, die ihre Arbeitsmärkte für Letten geöffnet haben. Deutschland und Österreich nehmen noch eine Übergangsphase in Anspruch, müssen aber auch bald alle Arbeitnehmer aus den neuen EU-Mitgliedsstaaten zulassen.

Wichtigster **Exportpartner** Lettlands ist Großbritannien (über 20 % Anteil an den Ausfuhren), Deutschland folgt auf dem zweiten Rang mit etwa 10 % am lettischen Export vor den USA, Schweden, Frankreich, Litauen, Estland und Dänemark. Russland dagegen kommt gerade einmal auf etwa 4 %.

Beim **Import** liegt Deutschland mit zuletzt rund 16 % ganz vorn, knapp dahinter folgen Russland – besonders wichtig und einflussreich wegen der Energielieferungen –, Litauen, Finnland, Schweden, Estland, Italien und Polen.

Der **EU-Beitritt** im Mai 2004, ein politischer Meilenstein für Lettland, fiel also in eine Zeit des starken wirtschaftlichen Wachstums. Ökonomen gehen davon aus, dass ein guter Teil des Booms auch auf die Mitgliedschaft in der Europäischen Union und die dem Beitritt vorangegangenen Hilfen zurückzuführen ist.

Die lettische **Währung Lats** verhält sich trotz der hohen Inflation stabil. Die lettische Nationalbank bemüht sich, den Wechselkurs zum Euro möglichst unverändert zu belassen, denn Währungsstabilität ist eine wichtige Grundbedingung zur **Euro-Einführung,** ebenso wie niedrige Defizite im Staatshaushalt. Doch wegen der gewaltigen Preissteigerungen gehen Experten zurzeit nicht davon aus, dass die europäische Gemeinschaftswährung vor 2011 zum offiziellen Zahlungsmittel in Lettland werden kann.

0566le Foto: mk

Tourismus

Der Fremdenverkehr verzeichnet als Teil des boomenden Dienstleistungs-Sektors Jahr für Jahr **hohe Zuwachsraten.** Auch die Letten selbst geben immer mehr Geld für den Urlaub im eigenen Land aus. Die **touristische Infrastruktur** verbessert sich: Monatlich entstehen neue, meist kleinere Hotels, Gasthäuser, Restaurants und Campingplätze. Immer mehr der zahlreichen Sandpisten werden asphaltiert und somit für Auto- und Radfahrer deutlich sympathischer. Daher sollte man in Lettland immer mit Karten unterwegs sein, die so aktuell wie möglich sind.

Während der Tourismus vor 15 Jahren praktisch keine Rolle spielte, macht er nun schon deutlich über **zwei Prozent des Bruttoinlandsproduktes** aus. Und dieser Anteil steigt rasant: in den Jahren 2004 und 2005 nach offiziellen Zahlen um 24 %. Im Jahr 2006 kamen über **vier Millionen Touristen** nach Lettland. Die Milliarden-Beihilfen der EU fließen nicht nur in den Ausbau der Infrastruktur (was dem Tourismus natürlich nützt), sondern in den Fremdenverkehr selbst: Broschüren, Landkarten, der Ausbau von Museen, Touristen-Informationen selbst in kleinen Orten sowie Tausende von Hinweisschildern und Informationstafeln bei Sehenswürdigkeiten aller Art.

Schloss Pilsrundāle – eine der größten Touristenattraktionen des Landes

Bevölkerung

Obwohl Lettland auch für seine Bewohner seit der Wiedergewinnung der Freiheit und Unabhängigkeit langsam immer attraktiver wird, ist der langjährige **Trend zur Abwanderung** noch nicht aufgehalten. Nach wie vor weisen die offiziellen Statistiken einen Rückgang der Bevölkerungszahl aus. Mit **2,3 Millionen Menschen,** die heute in Lettland leben, hat das Land weniger Einwohner als vor 20 Jahren. Sogar vor einem Jahrhundert war das Land dichter bevölkert – und das, obwohl nach dem Zweiten Weltkrieg Hunderttausende Russen, Weißrussen und Ukrainer angesiedelt wurden. Im 20. Jh. emigrierten zunächst die meisten Baltendeutschen und dann angesichts der Einverleibung in die Sowjetunion auch viele Letten nach Westeuropa oder Übersee. Außerdem starben viele Menschen in den Weltkriegen und später durch Verbannung und Deportation.

Die **„moderne Emigration"** erfolgt, besonders seit der Öffnung vieler EU-Arbeitsmärkte, in die westlichen Länder der **Europäischen Union.** Zum demografischen Abwärtstrend kam noch erschwerend hinzu, dass die Geburtenraten über die Jahre stetig abnahmen. Gleichzeitig ist die **Lebenserwartung** in Lettland noch recht niedrig. Männer werden durchschnittlich nur 66 Jahre alt, Frauen immerhin 77 Jahre. Diese Zahlen werden aber in der nächsten Zeit angesichts der immer stabileren Verhältnisse sicher deutlich steigen. Es gibt gleichzeitig Grund zu der Annahme, dass Lettland in baldiger Zukunft eine Trendwende und damit seit langer Zeit erstmals ein Bevölkerungswachstum herbeiführen kann.

Russischsprachige Minderheit

Die Russischsprachigen bilden immer noch ein Drittel der Bevölkerung. Diese Gruppe gliedert sich auf in 28,6 % Russen, 3,8 % Weißrussen und 2,6 % Ukrainer. Die **Integration** gestaltete sich lange Zeit **äußerst schwierig,** weil die lettische Regierung zunächst mit einem harten Kurs versuchte, alle Russen zur möglichst schnellen Eingliederung zu zwingen. Ohne den Nachweis von guten Lettisch-Sprachkenntnissen wollte man keine **lettische Staatsbürgerschaft** ausstellen.

Doch gerade ältere Russen waren nicht willens oder in der Lage, sich umzustellen – schließlich waren viele von ihnen in jungen Jahren nach Lettland gekommen oder sogar dort geboren worden, und Zeit ihres Lebens war Russisch die Amtssprache des Landes gewesen. Bestanden sie nicht die strengen Prüfungen, besaßen sie plötzlich gar keine Staatsbürgerschaft mehr, denn auf dem Papier waren sie ja nie Russen gewesen, sondern Bürger der lettischen Sowjetrepublik. Im Laufe der 1990er Jahre erkannte die lettische Regierung dann, dass auf diesem Weg keine Integration erkämpft werden konnte, und lockerte die Bestimmungen merklich. Der **lettische Sprach- und Geschichtstest** ist inzwischen so einfach, dass 95 % der Prüflinge ihn sofort bestehen.

Die Liven – das kleinste Volk der Welt

Der Name **Livland** spielt in der Geschichte Lettlands eine überragende Rolle. Nachdem die deutschen Ritter des Schwertbrüderordens im 13. Jh. das Gebiet des heutigen Lettland erobert hatten, standen die Namen Livland und Kurland für einen Großteil des heutigen lettischen Staatsgebietes. Livland deckte zusätzlich noch gute Teile des **heutigen Estland** ab. Auch im 21. Jh. wird **Vidzeme** als eine der vier lettischen Regionen immer noch mit „Livland" übersetzt. Doch das im frühen Mittelalter von den Liven bevölkerte Gebiet an der **Rigaer Bucht** machte nur etwa zehn Prozent dessen aus, was später als „Livland" in die Geschichte eingehen sollte.

Es wird geschätzt, dass es **nie mehr als 20.000 Liven** gegeben hat. Sie bildeten ein winziges **finno-ugrisches Völkchen,** das den mächtigen einmarschierenden Kreuzrittern wenig entgegenzusetzen hatte. Dennoch haftet ihnen bis heute im kollektiven lettischen Gedächtnis der Ruf an, als erste „dem deutschen Feind nachgegeben" zu haben. So wird es jedenfalls im nationalen Mythos vom lettischen Helden Lāčplēsis, dem Bärentöter, dargestellt. Dabei waren nach dem Einmarsch der Schwertbrüder kaum noch Liven übrig geblieben. Wohl nur wenige Tausend retteten sich über die nächsten Jahrhunderte mit ihren ständigen Umwälzungen und Kriegen.

Nur 800 Liven wurden zum Ende des Zweiten Weltkrieges gezählt. Doch anstatt sich in ihren Heimatdörfern an der Ostseeküste neu zu sammeln, Kultur und Traditionen wieder zu pflegen, wurden sie von den Sowjets ganz bewusst überall im Land verstreut angesiedelt.

Mit dem Ende der kommunistischen Herrschaft kam endlich die Zeit, in der Minderheiten wieder ungehindert agieren

057le Foto: mk

konnten. Doch von den Liven scheint kaum jemand übrig zu sein, um von diesem Recht zu profitieren. In der ganzen Welt gibt es vermutlich nur noch **acht livländische Muttersprachler,** 40 Menschen beherrschen das Livländische immerhin als Fremdsprache und weitere 190 bezeichnen sich als Liven, obwohl sie sich in der Sprache gar nicht unterhalten können. Hinzu kommt, dass die meisten Liven der älteren Generation angehören. Vor dem endgültigen Aussterben bewahren derzeit wohl nur Wissenschaftler das Livländische – es gibt ganze Abhandlungen und Grammatiken dieser mit dem Estnischen und dem Finnischen, nicht aber mit dem Lettischen verwandten Sprache.

Als kleinstes Volk der Welt, dem man gewissermaßen beim **Aussterben** zusehen kann, haben die Liven in letzter Zeit einiges an Aufmerksamkeit erfahren. **Fernsehfilme** in Skandinavien und den baltischen Ländern verarbeiteten die für dieses Volk dramatische Entwicklung. Durch das gestiegene Interesse besteht nun Hoffnung auf eine **Wiederbelebung** des Livenvolkes – einige Letten haben bereits Ahnenforschung betrieben und ihre **livländischen Wurzeln** entdeckt. Es ist nicht ausgeschlossen, dass einige von ihnen die neu erfahrene Familientradition hochhalten und Sprache sowie Gebräuche ihrer Vorfahren kennenlernen wollen. Ob sie sich nun als Volk wiederbeleben werden oder nicht: Einen europaweit bekannten Namen besitzen die Liven auf jeden Fall immer noch. Und ein zentraler Punkt in Rigas historischer Altstadt wurde erst kürzlich in „Livenplatz" umbenannt. Vielleicht ein gutes Omen?

Alte Holzhäuser im Stil der Liven

Die Zahl der **staatenlosen Russen** in Lettland sank auf zuletzt 19 %, während junge Letten russischer Herkunft nun verpflichtet sind, in der Schule die Landessprache zu erlernen. Auf diese Weise baut sich zumindest die Sprachbarriere langsam, aber sicher von selbst ab. In Lettland geborene Kinder erhalten automatisch die lettische Staatsbürgerschaft, wenn ihre staatenlosen (russischen) Eltern dies beantragen. Bisher machte aber nur gut ein Fünftel der Berechtigten davon Gebrauch – ein Zeichen für die Zähigkeit der Entwicklung.

Ein **Zusammenleben** von Letten und Russen findet derzeit aber nur gelegentlich statt, während die beiden Bevölkerungsgruppen meist aneinander vorbei existieren, ohne größeren Austausch zu pflegen – auch wenn es **wenige sogenannte Ghettos** gibt, in denen nur Russen unter sich leben. Eine Eingliederung wird in jedem Fall noch längere Zeit in Anspruch nehmen.

Mit dem schwindenden Einfluss Russlands auf den EU-Mitgliedsstaat Lettland wächst aber auch die Erkenntnis der russischen Letten, dass sie mit Moskau keinen „großen Bruder" mehr an ihrer Seite haben, sondern dass sie sich in Lettland eingliedern müssen. Dieses Bewusstsein war 1990 noch nicht vorhanden, als der russische Bevölkerungsteil in einem Referendum über die Unabhängigkeit Lettlands fast geschlossen mit „nein" votierte.

Weitere Minderheiten

Eine weitere Minderheit in Lettland wird von den **Polen** gebildet, die 2,4 %

der Bevölkerung stellen. Die meisten von ihnen konzentrieren sich auf die beiden größten Städte Riga und Daugavpils mit der jeweiligen Umgebung. Die Polen pflegen ihre Tradition, beispielsweise in religiöser Hinsicht, können aber oft kein Polnisch mehr, sondern sprechen vor allem Russisch. Gleiches gilt für die 0,4 % **Juden** in Lettland, während die 1,4 % starke **litauische Minderheit** eher Lettisch spricht. Die Litauer siedeln hauptsächlich an der lettisch-litauischen Grenze.

Interessant sind noch die Angaben, wie viele Menschen in den jeweiligen Volksgruppen die **lettische Staatsbürgerschaft** besitzen. Bei den Russen ist es inzwischen mehr als die Hälfte, ebenso wie bei den Litauern. Die Polen kommen gar auf drei Viertel, während nur ein Drittel der in Lettland lebenden Weißrussen und bloß ein Viertel der Ukrainer einen lettischen Pass in der Tasche hat.

Religionen

Die Religion der in Lettland lebenden Menschen richtet sich ziemlich genau nach der Volkszugehörigkeit. So sind die Letten selbst fast alle Mitglieder der **evangelischen Kirche,** die Russen, Ukrainer und Weißrussen versammeln sich in der **russisch-orthodoxen Glaubensgemeinschaft** und Polen sowie Litauer sind **Katholiken.** Wenn auch katholische und orthodoxe Kirchen im gesamten Land zu finden sind, konzentrieren sie sich doch in der östlichen Region Latgale. Menschen, die sich zu keiner der Konfessionen bekennen, gibt es kaum. Die Anzahl der praktizierenden Gläubigen ist schwer zu benennen, aber bei genauer Beobachtung entsteht der Eindruck, dass die meisten Letten ihrer Religion einige Bedeutung zumessen und der Anteil der Kirchgänger recht hoch ist.

Alltagsleben, Sitten und Bräuche

Obwohl ein Drittel der Letten in der Hauptstadt Riga lebt - eine im Vergleich zu anderen Ländern ungewöhnlich hohe Konzentration - ist Lettland doch sehr geprägt vom **Leben auf dem Land.** Mit Ausnahme der meisten Gebiete im östlichen Latgale und der Küstenlinie an der Rigaer Bucht sind sogar größere Dörfer eher selten. Die **Bauernhöfe** stehen sehr häufig für sich allein, schön gleichmäßig über die Landschaft verteilt. Daher besitzen die Gehöfte auch meist eigene Namen. Bis zum heutigen Tag sind am Rande der Landstraßen hübsche Schilder aus Holz zu sehen, oft geschmückt mit Blumen, mit dem Eigennamen des Hauses, zu dem sie führen. 100.000 solcher und ähnlicher Höfe

Orthodoxe Kirche in Limbaži

058le Foto: mk

Eishockey – Volkssport Nummer eins

Ein solch kleiner Staat wie Lettland kann in der Welt des Sports natürlich nicht überall ganz oben mit dabei sein. So wie Litauen beim Basketball, so hat sich Lettland aber beim Eishockey rund um den Globus das Image einer Nation verschafft, mit der zumindest gerechnet werden muss. In der Weltrangliste des internationalen Verbandes IIHF wird das lettische Nationalteam seit langem unter den Top Ten geführt. Bei den Weltmeisterschaften der letzten Zeit schnitten die Letten auch vielfach sehr achtbar ab, wenn auch nicht herausragend: Meistens landeten sie um Platz zehn herum, im Jahr 2004 reichte es sogar zum siebten Rang.

Trotz des bisher ausgebliebenen ganz großen Erfolges dominiert in Lettland diese in anderen Ländern längst nicht so populäre Sportart. Natürlich gibt es auch wie überall in Europa eine große Fußball-Begeisterung, doch es gilt als völlig normal, wenn ein Kind regelmäßig in einer Eishockey-Mannschaft mitspielt. Jede auch nur etwas größere Stadt besitzt selbstverständlich eine Eishalle *(Ledus hale),* wo man auch außerhalb eines Klubs seine Künste ausprobieren und trainieren kann.

Wann genau dies alles begann, ist ziemlich gut festzumachen. Es mag schon in früheren Zeiten auf den zahlreichen Seen Lettlands Hockey-Partien im Winter gegeben haben, doch offiziell startete man 1920 mit einem Eishockey-Verband. Die ersten Olympischen Spiele unter Beteiligung einer lettischen Mannschaft waren die von 1936 in Berlin. Mit Lettlands Zugehörigkeit zur Sowjetunion ging auch die Eishockey-Szene des Landes durch schwere Zeiten. Der Verein Dynamo Riga stieg zweimal ab, kam aber 1974 in die Oberliga, die höchste Spielklasse der Sowjetunion, zurück und blieb dort bis zur Unabhängigkeit Lettlands 1991. Drei Jahre zuvor gelang Riga sogar der Einzug ins Playoff-Finale nach einem sensationellen Sieg gegen Dynamo Moskau.

1994 kletterte das lettische Nationalteam erstmals bei einer B-Weltmeisterschaft wieder in den Ring. Die Puckjäger stiegen schnell in die A-Klasse auf und spielen dort seither jedes Jahr ohne Pause. Auch wenn der bereits erwähnte siebte Platz bisher die Höchstleistung darstellte, so gelangen doch einige Achtungserfolge, die in der Heimat voller Stolz und Begeisterung aufgenommen wurden, darunter je zwei Siege gegen die mächtigen USA und das nicht weniger starke russische Team. Im Jahre 2006 übernahm Lettland erstmals die Rolle des Gastgebers für eine Weltmeisterschaft.

Nach dem Enthusiasmus zu schließen, der diesem Sport im ganzen Land entgegengebracht wird, dürften die besten Zeiten dem lettischen Eishockey auf jeden Fall noch bevorstehen.

061le Foto: mk

Im Eishockey-begeisterten Lettland besitzen viele Städte eine große Eissporthalle

soll es noch geben. Wobei die Landidylle nicht darüber hinwegtäuschen darf, dass die große Mehrheit der Menschen inzwischen einem Bürojob nachgeht oder zumindest als Angestellte von Unternehmen ihre Brötchen verdient. Auch vom einsamen Hof ist es meist nicht allzu weit in die nächste Stadt.

Ob Stadt oder Land: Was den Alltag des durchschnittlichen Letten angeht, unterscheidet er sich nicht radikal von dem eines Mitteleuropäers. Die meisten Haushalte besitzen Kabel- oder Satellitenfernsehen, Mobiltelefone, einen Internetanschluss und mindestens ein Auto.

Mentalität

Die Menschen in Lettland sind Jahrhunderte lang von verschiedenen Völkern geprägt worden: Deutschen, Polen, Schweden, Russen. Zuletzt hatte natürlich Russland in Form der Sowjetunion den größten Einfluss. Dies bleibt nicht ohne Spuren in Kultur, Sprache und Gewohnheiten. Dennoch wird jeder überrascht sein, der eine russische Mentalität erwartet: Die Letten bemühen sich vielmehr um eine leichtere, offenere, **skandinavische Lebenseinstellung.** Öffentliche Plätze und auch Häuser und Vorgärten werden auffallend gut gepflegt, man spürt die protestantische Arbeitsmoral.

In einem Punkt muss aber keine Unterscheidung getroffen werden: **Gastfreundlich** sind fast alle Letten. Man kommt schnell mit den Menschen ins Gespräch, die von sich erzählen, aber auch sehr interessiert sind, mehr von ihren Gästen zu erfahren. Nicht selten passieren Situationen wie diese: Man will einen kleinen Aussichtsturm besteigen, der aber schon geschlossen ist. Die Besitzerin bemerkt dies, schließt auf und versorgt einen später noch mit einem Schluck Likör, den sie gerade mit Freunden trinkt.

Geschlechterverhältmis

Man gewinnt den Eindruck, dass Frauen in der Gesellschaft und auch in ihrer jeweiligen Familie eine sehr starke Position innehaben. Wie fast überall gibt es noch immer Ungleichbehandlung, etwa in Form schlechter bezahlter Arbeitsplätze, doch starke Frauen scheinen nicht „gefürchtet" zu sein. Bester Beweis dafür ist die Amtszeit der überaus beliebten Präsidentin *Vaira Vike-Freiberga* von 1999 bis 2007. Diese Charakteristika gelten natürlich nicht in gleichem Maße für alle Bewohner des Landes. So ist die Rolle der Frau unter den Russisch-Orthodoxen sicherlich wesentlich traditioneller einzuordnen als bei der evangelischen Mehrheit.

Traditionen und Bräuche

Lettland verfügt über einen großen Reichtum an Bräuchen und alten Traditionen, die sich durchaus regional unterscheiden. Sie stehen aber überall sehr stark im **Einklang mit der Natur.** Der wichtigste Brauch ist ohne Zweifel die Feier des **Johannisfestes** in der Mittsommernacht, mit den Lagerfeuern, den Blumenkränzen und dem legendären Kümmelkäse. Wert legen die Letten auch auf die Feststellung,

0591e Foto: mk

dass sie ein „singendes Volk“ seien. Und tatsächlich: Auf der Straße, im eigenen Haus oder beim Baden im See – man hört die Letten viel **singen.** (Siehe hierzu auch den Exkurs „Dainas – Volkslieder, die den Letten aus der Seele sprechen“.)

Architektur

Das Leben der meisten Letten spielte sich über die Jahrhunderte in kleinen Holzhäusern ab. Nur in größeren Städten wurden, oft nach verheerenden Bränden, Steingebäude errichtet. Sogar Kirchen waren lange Zeit hölzern. Bis zum heutigen Tag ist das Land geprägt von **Holzbauten,** auch wenn diese natürlich nicht mehr die Mehrheit bilden.

Da das heutige Lettland bis zum 20. Jh. immer unter dem Einfluss fremder Mächte stand, konnte sich auch keine typisch lettische Architektur herausbilden. So entwickelten sich Riga und andere Handelsorte ganz nach dem **Vorbild der deutschen Hansestädte.** Das prächtigste, am weitesten ausgedehnte Ensemble von Gebäu-

Dikļu Pils – eines der zahlreichen Herrenhäuser, die zum Hotel umgebaut wurden

den im Jugendstil deutscher Prägung entstand in der Rigaer Neustadt.

In den Zeiten der sowjetischen Dominanz wurden wie überall hinter dem Eisernen Vorhang die hässlichen **Plattenbausiedlungen** aus dem Boden gestampft, während einige **Prachtbauten im sozialistischen Stil** entstanden wie der Palast der Akademie der Wissenschaften in der Hauptstadt.

Literatur

Auch im Bereich der Literatur gilt der Hinweis, dass Lettland bis vor hundert Jahren gar nicht existierte. Daher können die Letten auch nicht auf eine jahrhundertealte Tradition zurückblicken. Erst im 19. Jh. begannen Schriftsteller, unter eigenem Namen mit **auf Lettisch geschriebenen Werken** hervorzutreten. Den Grundstein für diese Bewegung setzten interessanterweise einige deutschsprachige Gelehrte wie etwa der Geistliche *Ernst Glück,* der als Erster die Bibel ins Lettische übersetzte (siehe Exkurs zu Ernst Glück im Kapitel „Vidzeme"). Daraufhin lebte die lettische Literatur auf – besonders in Form **patriotischer Texte und Lieder.**

Die Entwicklung nahm in der Zwischenkriegszeit des 20. Jh. an Fahrt auf. Doch die meisten Werke, auf die sich die Letten heute noch beziehen, wenn sie von ihrer nationalen Literatur sprechen, entstanden im 19. Jh. Ein ganz wichtiger Name dabei ist der des Dichters **Jānis Rainis** (1865–1929). Er trug mit seinen Gedichten und Theaterstücken maßgeblich zum Erwachen der lettischen Volksseele und zum **Widerstand gegen die Fremdherrschaft** bei. Rainis begann als Puschkin-Übersetzer. In den letzten Jahres seines Lebens engagierte er sich politisch in der ersten freien lettischen Republik, die er mit seinem Werk über lange Zeit hinweg versucht hatte, herbeizuschreiben.

Weitere Vertreter dieser Blütezeit der lettischen Literatur waren der Schriftsteller und Dramatiker **Rūdolfs Blaumanis** (1863–1908), der Romantiker und ebenfalls glühende Patriot **Andrējs Pumpurs** (1841–1902) sowie der Gründer der ersten großen lettischen Zeitung, **Krišjānis Valdemārs** (1825–91). Die Bedeutung dieser Männer lebt auch im heutigen Lettland fort. Dies kann man schon als Besucher des Landes an einem ganz profanen Beispiel erkennen: Unzählige Straßen, sogar in kleinen Städtchen und Dörfern, tragen die Namen eben jener Literaten aus der Anfangszeit der lettischen Schriftsprache.

Ganz korrekt wäre es jedoch nicht, nur das 19. und 20. Jh. zu erwähnen, denn natürlich haben sich auch alte **Sagen und Heldengeschichten** tief in das gemeinschaftliche Gedächtnis der Letten gegraben, auch wenn es ursprünglich keine lettischen Sagen waren, sondern Erzählungen und Legenden der einst auf diesem Gebiet lebenden Völker. Die wichtigste und berühmteste dieser Sagen, die in Lettland jedes Kind kennt, ist die heldenhafte **Geschichte vom Bärentöter Lāčplēsis** (siehe Exkurs).

Lāčplēsis – der sagenhafte Held der lettischen Geschichte

Eine Legende zur nationalen Identitätsfindung

Die identitätsstiftende Geschichte schlechthin, die lettischste aller Sagen, der Bezugspunkt eines Volkes – alle diese Bewertungen können über die Heldengeschichte von Lāčplēsis gemacht werden. Der Mythos des Bärentöters spielt zu der **Zeit des Einmarsches deutscher Ordensritter** in das bis dahin „heidnische" Lettland vor 800 Jahren. Doch verfasst wurde die Geschichte erst im 19. Jh. vom Schriftsteller **Andrejs Pumpurs** (Erstveröffentlichung 1888), als ein nationales lettisches Bewusstsein erstmals begann, klare Konturen anzunehmen.

Der Zweck des „Lāčplēsis" war es also, den Letten nachträglich eine uralte Identität zu geben, die es aber nach allen Erkenntnissen so gar nicht gegeben hatte – auch wenn Pumpurs auf alte Volkserzählungen zurückgriff und nicht die ganze Geschichte erfand. Vielmehr empfanden sich die Menschen auf dem Gebiet des heutigen Lettland um das Jahr 1200 Jahren kaum als Letten, sondern eher als Zugehörige ihres jeweiligen Volkes oder sogar nur ihrer unmittelbaren Gemeinschaft. Allerdings: Der Einmarsch und die Machtübernahme durch die deutschsprachigen Schwertbrüder traf sie alle fast gleichzeitig und brachte ihnen eine gemeinsame und einschneidende, nicht gerade positive Erfahrung. So erstaunt es nicht, dass der nationale Held Lāčplēsis eben jenen tapferen, wenn auch **aussichtslosen Kampf gegen die einfallenden Kreuzritter** führt. Ende des 19. Jh., als der Epos entstand, erreichte der Frust über die Privilegien und die **Machtposition der Baltendeutschen** in Lettland seinen Höhepunkt. Genau der richtige Zeitpunkt also, um die Größe einer eigenen, stolzen Geschichte heraufzubeschwören. Eine sehr wichtige Rolle spielen ganz wie bei den germanischen oder skandinavischen Sagen auch hier die **vorchristlichen Gottheiten.**

Die Geschichte von Lāčplēsis ...

Der junge Lāčplēsis ist ein Mensch, der aber in Form seiner buschigen Ohren auch Elemente eines Bären aufweist. Da ist es nur passend, dass er sich seine Berühmtheit durch den heroischen Kampf mit einem gewaltigen Bären erwirbt, den er mit bloßen Händen tötet.

Es tauchen viele Namen auf, die man bei einer Reise durch Lettland heute noch trifft: Der Bärentöter macht sich auf zur Schule der Weisheit in Burtnieku (heute der Name eines der größten Seen) und bittet unterwegs im Schloss von Aizkraukle um ein Quartier für die Nacht. In dieser heruntergekommenen und dunklen Burg hat es ihm die verführerische, aber böse Fürstentochter Spidala angetan. Heimlich folgt er ihr zu einer schrecklichen Teufelsanbetung, bei der sogar Luzifer höchstpersönlich mit feuerschnaubenden Drachen Einzug hält. Dann sieht Lāčplēsis in der Mitte des teuflischen Kreises Kangars stehen, der von seinem Volk fast als Heiliger verehrt wird. Kangars entpuppt sich als Verräter und verspricht dem Teufel, sein Volk zu verraten und den einfallenden Kreuzrittern auszuliefern.

Auf seiner Flucht vor der bösen Spidala trifft Lāčplēsis seine große Liebe Laimdota, die natürlich so schön wie klug ist. Doch Lāčplēsis muss sein Volk retten und daher Laimdota erst einmal verlassen. Dafür trifft er Koknesis, der fortan sein Gefährte und engster Freund wird. Schließlich landen die beiden in Burtnieku, wo sie die Weisheit ihrer Vorväter studieren.

Unterdessen tun sich der Verräter Kangars, die dunkle Spidala und der böse deutsche Priester Dietrich zusammen. Letzterer wurde vom Volk der Liven auf hoher See gerettet (ein Seitenhieb auf die Liven, die sich angeblich als erste den Deutschen ergaben). Die drei engagieren einen sagenhaften estnischen Riesen und machen ihn zu ihrem Verbündeten. Doch Lāčplēsis besiegt den Riesen, überzeugt ihn, nun an seiner Seite zu kämpfen und gewinnt bei der Gelegenheit noch die Zustimmung von Laimdotas Vater, um ihre Hand anhalten zu dürfen.

Lāčplēsis vollbringt weitere Heldentaten, doch die Verschwörer holen zum großen Schlag aus: Sie entführen den besten Freund Koknesis auf ein Schiff gen Deutschland und lassen Lāčplēsis glauben, Koknesis und Laimdota hätten schon lange eine Affäre. Der Bärentöter ist verzweifelt. Da wird auch Laimdota nach Deutschland entführt. Dort rettet Koknesis sie vor einem lüsternen deutschen Grafen und beide fliehen.

Lāčplēsis segelt derweil bis ans Ende der Welt und liefert sich noch so manche unglaubliche Schlacht mit bösen Kreaturen aller Art. Schließlich trifft er auf wundersame Weise Laimdota und seinen Gefährten Koknesis wieder. Das Mirakel ist so groß, dass die böse Spidala von ihrem Pakt mit dem Teufel befreit und nun die Frau des Koknesis werden kann. Eine Doppelhochzeit wird zur Mittsommernacht zelebriert, aber die einfallenden Kreuzritter rufen Lāčplēsis zu seinem letzten Gefecht. Er vereint die lettischen Völker zum Kampf und treibt die Okkupanten bis an die Mauern von Riga zurück. Doch der Verräter Kangars zieht den Teufel zu Rate und erfährt, dass die Bärenohren Lāčplēsis' einziger Schwachpunkt sind (so wie beim Helden Siegfried in der Nibelungensaga die Stelle zwischen den Schultern). Ein schwarzer Ritter – ist es Kangars? – kommt daraufhin zu Lāčplēsis und fordert ihn zu einem Duell auf. Der Ritter kennt die Schwachstelle und schneidet mit seinem Schwert in die Ohren des Helden, der daraufhin wütend mit seinem Gegner ficht. Am Ende stürzen beide während ihres Kampfes über eine hohe Klippe und fallen in die tiefen Fluten der Daugava.

... und ihre Eroberung des Alltags

Viele Begriffe aus dem Lāčplēsis sind bis heute sprichwörtlich. Wenn beispielsweise von einem Verräter aus der Sowjetzeit die Rede ist, wird der Name **Kangars** verwendet. Und die höchste lettische Auszeichnung überhaupt (wie das Bundesverdienstkreuz in Deutschland oder der Ritterschlag in Großbritannien) ist heute wie schon vor dem Zweiten Weltkrieg der **Orden des Lāčplēsis.** Sogar eine der bekanntesten Biersorten – Bier ist das Nationalgetränk der Letten – trägt den Namen des Bärentöters.

Dainas – Volkslieder, die den Letten aus der Seele sprechen

Was den Spaniern ihr Flamenco, das sind den Letten ihre Dainas: traditionelle Volkslieder, in denen die Emotionen der Menschen dieses Landes stecken – überliefert durch die Jahrhunderte. Wahrscheinlich passt noch am besten der Vergleich mit dem portugiesischen Fado.

Wenn von der „goldenen Epoche" der Dainas die Rede ist, dann geht es meist um das 18. Jh. und früher. Eine verwandte Art von Liedern gab es auch in Litauen, sie trugen den sehr ähnlichen Namen „Dainos". Interessanterweise ist die litauische Version dieser Kunstform aber heute kaum noch existent, beinahe ausgestorben, während die Dainas des nördlichen Nachbarn weiterhin sehr populär sind und von großen Gefühlen der Menschen begleitet werden.

Sogar *Goethe* soll sich einst von den lettischen Volksliedern inspiriert haben lassen. Wobei viele Letten den Begriff „Volkslied" gar nicht so gern hören, denn die in den Dainas vorkommenden Versmaße Trochäus und Daktylus unterscheiden sie deutlich von fast allen anderen europäischen Liedern. Sie sind auch ausgesprochen kurz – oftmals nicht länger als ein Vers.

Insgesamt gut 60.000 von ihnen wurden bis zum heutigen Tag gesammelt und veröffentlicht, Abwandlungen und Variationen einzelner Lieder nicht inbegriffen. Die Texte handeln oft von den Jahreszeiten des bäuerlichen Lebens, von den verschiedenen Perioden des Jahres und den Feiertagen. Sie verraten auf diese Weise auch ihren ländlichen Ursprung. Neben diesen Inhalten sind besonders die Höhepunkte eines jeden Lebens Themen der Lieder, also Geburt, Hochzeit und Tod. Zu diesen Anlässen ist das Singen der Dainas besonders wichtig. Die Lieder, die für Neugeborene vorgetragen werden, sind meist sehr emotional und ernst und werden Laima gewidmet, der Schicksalsgöttin. Die Dainas zu Liebe und Hochzeit hingegen enthalten Humor, Augenzwinkern und durchaus auch eine Portion Frivolität. Dennoch besitzen sie gleichzeitig eine tiefere, geistliche Bedeutung, die sich aber so manchem Außenstehenden entziehen mag. So soll sich der Bischof *Paul Einhorn* im 17. Jh. bitter beklagt haben, die Tag und Nacht gesungenen Lieder seien von solcher Natur, dass „sogar der Teufel nichts unangemesseneres hätte vorbringen können".

Natürlich gibt es keine Aufnahmen von Dainas aus dem 19. Jh. oder aus noch älteren Zeiten, deswegen ist es schwer zu sagen, ob sich der Klang der Lieder im Laufe der Epochen verändert hat. Die Übertragung von Generation zu Generation brachte sicher gewisse Veränderungen, aber grundsätzlich eine Erhaltung der Tradition mit sich. Auch wenn diese Tradition zurückreicht bis ins Mittelalter, besitzen die Dainas doch teilweise einen religiösen, ganz gewiss aber spirituellen Charakter. Die besungenen Gottheiten stammen aus der vorchristlichen Zeit. Sie haben die Jahrhunderte wechselnder Glaubensbekenntnisse unversehrt überstanden, und das, obwohl die erste Sammlung von Dainas erst an der Wende zum 20. Jh. erschien, damals zusammengestellt von einem gewissen *Krišjānis Barons*. Dieser Schriftsteller gilt auch in unserer Zeit noch als „Vater der Dainas" und deswegen auch als einer der Stifter lettischer Identität. Der beste Beweis dafür ist, dass sein Konterfei die 100-Lats-Banknote ziert. Es ist der einzige Mensch überhaupt, der auf dem lettischen Geld porträtiert wird.

Musik

Lieder sind ein besonders wichtiger Bestandteil der Kultur in einem Land, das sich selbst als ein singendes Volk bezeichnet. Das klassische lettische **Volkslied „Daina"** existiert bereits seit Jahrhunderten, einige Melodien sollen tausend Jahre alt sein. In den meist vierzeiligen Versen wird von Leben, Leiden und Liebe erzählt - nicht als hohe Kunstform, sondern auf volkstümliche Weise. „Diese Lieder bilden die Grundlage der lettischen Identität", sagte einmal die ehemalige lettische Staatspräsidentin *Vaira Vike-Freiberga.*

Aus der Zeit um das Jahr 1600 stammen die ersten schriftlichen Quellen der „Daina". Der deutsche Schriftsteller **Johann Gottfried Herder,** der jahrelang in Riga lebte und als Lehrer tätig war, beschäftigte sich intensiv mit den Volksliedern. Zwei deutsche Pfarrer waren es ebenfalls, die Anfang des 19. Jh. erstmals ein Buch mit einer Sammlung dieser Lieder veröffentlichten. Erst in der zweiten Jahrhunderthälfte und dann im 20. Jh. griffen auch lettische Gelehrte die Tradition auf und stellten ihrerseits umfangreiche Sammlungen an. Bis heute sind viele der Lieder stark verbreitet und werden von den **zahlreichen Folkloregruppen** im ganzen Land erlernt und gesungen - besonders zu herausragenden Anlässen wie dem Johannisfest zur Sonnenwende.

Eine bekannte musikalische Institution heutiger Zeit ist das Orchester **„Kremerata Baltica"** des berühmten deutschbaltischen Geigers, Dirigenten und Komponisten *Gidon Kremer.* Die Gruppe hat ihren Sitz in Riga und spielt neben klassischer vor allem moderne Musik ein - oft komponiert von Kremer selbst, mit Anklängen an die lettische Tradition.

In einem ganz anderen Bereich der Musik feierte Lettland im Jahre 2002 einen großen Triumph: Die Sängerin **Marie N** gewann mit „I wanna" den Grand Prix d'Eurovision de la Chanson und holte den **Eurovision Song Contest,** wie er heute genannt wird, im Folgejahr nach Riga. Lettland nahm übrigens seitdem - anders als manche großen Länder - in jedem Jahr an der Endrunde des Wettbewerbs teil.

004 le Foto: mk

Riga und Umgebung

023le Foto: mk

015le Foto: mk

Blick auf die Hauptstadt vom Turm der Petrikirche

Detail am Schwarzhäupterhaus

Die Neustadt ist von faszinierenden Jugendstilgebäuden geprägt

Die Hauptstadt

Riga nennt sich selbst gern **Hauptstadt des Baltikums** und tatsächlich kann ihr keine andere Metropole in Litauen, Lettland oder Estland diesen Titel ernsthaft streitig machen. Dies ist keine neue Erkenntnis: In der langen Geschichte der drei kleinen Ostseeländer spielte Riga schon immer die erste Geige.

Noch einen „Hauptstadt"-Titel nimmt die Stadt an der Daugava (deutsch „Düna") für sich in Anspruch: **Hauptstadt des Jugendstils.** Die Ironie der Geschichte wollte es, dass ausgerechnet im lettischen Riga das größte einheitliche Ensemble überhaupt in diesem Stil zu finden ist. Das teils mittelalterliche, teils neuzeitliche, teils moderne Vecrīga, die von der UNESCO als **Welterbe** ausgezeichnete Altstadt mit ihren Kirchen, Gassen, Höfen, Passagen, Restaurants, Museen und architektonischen Perlen ist bei all ihrem Reiz daher nur *ein* großer Höhepunkt eines jeden Riga-Besuches. Der zweite sind eben jene Straßen rund um die Alberta iela, nur wenige Schritte von der Altstadt entfernt, in denen die ungemein prächtigen und imposanten Jugendstil-Gebäude mit ihren reich geschmückten, oft frisch herausgeputzten Fassaden um die Aufmerksamkeit der Spaziergänger buhlen. Eine moderne Kneipen- und Restaurantszene erweitert noch die Attraktivität dieses Viertels.

Faszinierend auch, dass die Jugendstil-Bauten weit über dieses Neustadt genannte Gebiet hinausreichen. Auf der Fahrt aus dem Zentrum stadtauswärts in Richtung Nordosten erstrecken sich die Wohnhäuser mit den schön geschmückten Fassaden teilweise noch kilometerweit. Riga ist also keine dieser „Schmuckkästchen-Städte", die letztlich nur im engsten Zentrum schön, darüber hinaus aber eher unattraktiv sind.

Als wäre die einmalige Ansammlung von Gebäuden und Straßen aus Epochen vom Mittelalter bis zum 20. Jh. noch nicht genug, haben auch noch die Sowjets eine bleibende Marke hinterlassen – zum Leidwesen der Letten. Doch den Besuchern hilft es, die Stadt zu verstehen, die doch erst einige Jahre (seit 1991) wieder frei ist und nicht mehr bloß Provinzhauptstadt in einem riesigen Sowjetreich.

Besonders schön ist **Riga von oben.** Man muss noch nicht einmal auf festen Boden unter den Füßen verzichten, um das Stadtpanorama aus luftiger Höhe zu genießen: Per Fahrstuhl geht es auf den Turm der Petrikirche in der Altstadt, auf den Fernsehturm der Daugava-Insel, in die Skyline-Bar des Hotels Latvija und auf den Turm des sozialistischen Bollwerks der Akademie der Wissenschaften.

Einige Zahlen: Der Großraum Riga bedeckt 307 km² Fläche, doch nur knapp 22 % davon sind besiedelt. 19 % des Stadtgebietes bestehen aus **Wäldern und Parks,** mehr als alle Industriegebiete zusammengenommen. Fast 16 % sind **Wasserflächen.** Die Statistik spiegelt sich im täglichen Leben wider: Riga ist bis ins engste Zentrum hinein eine sehr **grüne Stadt.** Selbst mitten in der Altstadt finden sich einige kleine Oasen der Natur wie der blumenübersäte Līvu laukums (Livenplatz).

In Riga leben laut der letzten Zählung über **720.000 Menschen,** fast ein Drittel der gesamten lettischen Bevölkerung. Gut die Hälfte davon sind in Lettland lebende Russen, Weißrussen und Ukrainer, teilweise mit lettischer Staatsbürgerschaft – das lange Erbe der sowjetischen Jahre. Daher hört man äußerst häufig Russisch auf den Straßen. Letten waren in ihrer eigenen Hauptstadt jahrzehntelang in der Minderheit. Nun ist zumindest das Gleichgewicht erreicht und in wenigen Jahren wird wohl eine Mehrheit Lettisch als Muttersprache haben.

Diese **kulturelle Vielfalt,** die den Bewohnern das Zusammenleben nicht immer erleichtert, ist aber auch eine Bereicherung und macht es für Besucher noch spannender, die Stadt zu entdecken. Die weltoffene Atmosphäre kommt nicht von ungefähr, denn schon seit Jahrhunderten wandelt Riga unter der Herrschaft verschiedener Länder nicht nur auf dem schmalen Grat zwischen Ost und West, sondern war und ist als Hafen- und Handelsstadt in ständigem Kontakt zum Rest der Welt.

Stadtgeschichte

Die offizielle 800-Jahr-Feier hat Riga hinter sich: **1201** wurde es vom Bremer Bischof *Albert Buxhövden* gegründet. Fünfeinhalb Hektar groß war die befestigte Siedlung an der Mündung des Flusses, der damals Düna hieß und heute auf Lettisch Daugava genannt wird. Im 12. oder sogar schon im 11. Jh. war an dem Ort bereits eine erste Siedlung errichtet worden.

Bischof Albert teilte 1207 die gesamte Region Livland zwischen der Kirche und dem Schwertbrüderorden auf. Ein Drittel des Gebietes aber, Riga und Umgebung, behielt er wohlweislich als eigenes Herrschaftsgebiet. Noch im selben Jahr begann er mit dem Bau von Stadtmauern zu Verteidigungszwecken. Es ging Schlag auf Schlag weiter: Bereits drei Jahre später kamen die Stadtwälle zu ihrem Einsatz, als die **Kuren Riga belagerten** – sie konnten die Festung nicht einnehmen. Wiederum nur ein Jahr später begann der Bau der Kathedrale. Bischof Albert genehmigte offiziell das Prägen von Münzen. 1215 kam es zum ersten großen Feuer, das beträchtlichen Schaden an den gerade entstandenen Gebäuden anrichtete. Bis 1226 erhielt Riga ein eigenes Wappen und einen Stadtrat.

Langsam begann der Ort, sich als Wirtschaftsfaktor zu etablieren. Ein Handelsabkommen mit dem Prinzen von Smolensk wurde unterzeichnet. 1282 kam schließlich der große Schritt, mit dem Riga endgültig zu einer Handelsmacht aufstieg: Der Beitritt zur **Hanse.** 1293 verwüstete ein **gewaltiges Feuer** fast die halbe Stadt. Der Bau von Holzgebäuden wurde eingeschränkt – Riga war dafür schon zu groß geworden.

Die „brüderliche Aufteilung" Livlands hielt kein ganzes Jahrhundert: Zwischen 1297 und 1330 kam es zum **Krieg** zwischen dem Livländischen Orden der Schwertbrüder und der Stadt Riga. Letztere war am Ende zu einer wichtigen Konzession gezwungen: Außerhalb der Stadtmauern musste Riga für den Orden eine große Burg erbauen.

Wirtschaftlich stand das 14. Jh. ganz unter dem Zeichen eines gewaltigen Aufschwungs: Immer mehr **Gilden und Berufsgenossenschaften** bildeten sich, von den Goldschmieden bis zu den Bierbrauern. Die Vereinigungen strebten nach Macht und Exklusivität: So setzte man etwa 1412 beim Stadtrat durch, dass „Nicht-Deutsche" kein Bier mehr brauen und verkaufen durften. Bauern war es nicht mehr erlaubt, ihre Produkte auch außerhalb der Stadtmauern zu veräußern.

1481 bis 1494 gipfelte der schwelende Konflikt zwischen dem Orden und der Stadt Riga erneut in einem bewaffneten Kampf. Diesmal kam Riga nicht so glimpflich davon: Es musste sich dem mächtigen Ordensgroßmeister **Wolter von Plettenberg** unterwerfen. Allerdings handelten die Stadtväter eine gewisse Souveränität aus.

1521, der Machtverfall des Livländischen Ordens war schon im Gange, begann die **Reformation** sich auch in Riga durchzusetzen. Nur drei Jahre später kam es zu gewalttätigen Auseinandersetzungen zwischen Katholiken und Anhängern der Reformation.

005le Foto: mk

006le Foto: mk

Beim sprichwörtlich gewordenen „Ikonen-Pogrom“ wurden zahlreiche Kirchen in der ganzen Stadt beschädigt. Die Reformationsbewegung war nicht aufzuhalten: 1535 gewährte der Ordensgroßmeister den Bürgern von Riga Glaubensfreiheit, eine Entscheidung von tiefer geschichtlicher Ironie, waren die Ordensritter doch einst nach Livland gezogen, um die Bevölkerung katholisch zu missionieren.

Im 29 Jahre währenden **Polnisch-Schwedischen Krieg,** der genau 1600 begann, stand Riga mitten im Schlachtgeschehen. 1621 war es mit der, wenn auch begrenzten, Unabhängigkeit endgültig vorbei: Die Stadt ergab sich dem schwedischen König *Gustav II. Adolph*. Der Protestantismus gewann endgültig die Oberhand. Wenige Jahre später – und gut zwei Jahrhunderte vor der industriellen Revolution – wurde die **erste Fabrik** der Stadt eröffnet: ein Werk für Holzverarbeitung des Unternehmers *Rutger Niderhof*.

Mitte des 17. Jh. belagerte Zar *Alexej* die Stadt im Zuge des **Russisch-Schwedischen Krieges.** Doch das schwedisch kontrollierte Riga wehrte sich erfolgreich gegen die Einnahme. 1698 erschien in Riga die von *Ernst Glück* ins Lettische übersetzte Bibel, das erste Buch überhaupt auf Lettisch. Dafür ist Glück heute noch im ganzen Lande berühmt, denn das Ereignis wird als **Geburtsstunde der lettischen Schriftsprache** und als Meilenstein zur Bildung einer lettischen Identität angesehen.

Die Altstadt wurde fast komplett restauriert und von der UNESCO als Welterbe ausgezeichnet

Doch bis zur Unabhängigkeit mussten noch lange Jahrhunderte der Fremdherrschaft überstanden werden. Die relativ liberale Zeit der schwedischen Besatzung endete bereits 1710, als der nächste Zar, **Peter I.** *(der Große),* Riga neun Monate lang belagerte. Die folgende Hungersnot und eine Pest-Epidemie rafften gut die Hälfte der Stadtbevölkerung dahin. Riga lag am Boden und wurde dem **Russischen Zarenreich** einverleibt. Es war nun offiziell ein Bezirk (Gouvernat) unter der Kontrolle St. Petersburgs. Der Kaisergarten, ein Park zu Ehren des Zaren, wurde eingerichtet (heute Wochenendziel vieler Rigaer, doch während des Zweiten Weltkriegs war hier das Konzentrationslager „Riga-Kaiserwald“).

Weitere wichtige Institutionen entstanden in der russischen Zeit des 18. Jh.: Das Museum von Riga, das erste Theatergebäude, das erste Krankenhaus. 1816 kam die Rigaer Börse hinzu. Doch Börsenturbulenzen waren nichts gegen die Angst, die vier Jahre zuvor herrschte, als **Napoleon** das inzwischen zur Großstadt gewordene Riga auf seinem Vormarsch nach Russland ins Visier nahm. Er hielt auf Riga zu, doch am Ende konnte er die Bastion nicht einnehmen.

Das 19. Jh. stand ganz im Zeichen **infrastruktureller Errungenschaften:** 1830 legte das erste große Dampfschiff im Hafen an – die „Oscar“ aus Lübeck. 1852 wurde ein öffentliches

Verkehrssystem mit Pferdekutschen eingerichtet. 1861 weihte man feierlich den Bahnhof und eine Zugverbindung nach Dünaburg (Daugavpils) ein. Viele weitere Strecken folgten schnell und erschlossen so das ganze Land. Damit nicht genug: Bereits 1882 wurden den ersten 54 Abonnenten die Telefonleitungen freigeschaltet. Ganz am Ende des Jahrhunderts, kurz vor der 700-Jahr-Feier, wurden der erste Wasserturm, das erste Elektrizitätswerk und das erste Kino eröffnet. Hinzu kam ein gewaltiger Zuwachs an Fabriken und Industrieanlagen.

Was wie eine mustergültige Entwicklung klingt, war für die Letten eine schwierige Zeit: **Nationale Bewegungen wurden unterdrückt,** teilweise auch gewaltsam. Die Spannungen entluden sich 1905 in einem Arbeiteraufstand, ja einer richtigen **Revolution,** die in blutigen Konfrontationen mit Polizei und Militär endete.

Die Kampfhandlungen des **Ersten Weltkriegs** erreichten Riga im Jahre 1915. Wieder einmal wurde die Stadt belagert, diesmal von den reichsdeutschen Truppen. Über 200.000 Fabrikarbeiter aus Riga wurden mit ihren Familien ins russische Stammland umgesiedelt. 1917 nahmen die Deutschen die Stadt ein und sogar Kaiser *Wilhelm II.* reiste zu einem Besuch an.

Am 18. November 1918 erklärte sich Lettland erstmals in seiner Geschichte für **unabhängig.** Das Deutsche Reich hatte den Krieg verloren und sich zurückziehen müssen. Bis 1940 war Riga nun die Hauptstadt eines souveränen Lettlands.

Ab 1940 musste die Stadt das selbe Schicksal erdulden wie der Rest des Landes: **Besatzung durch die Sowjets** mit Verfolgungen und Deportationen vieler Menschen, dann die **Okkupation durch die deutschen Truppen** bis zum Ende des Krieges. Geschätzte 44.000 jüdische Bewohner Rigas wurden in ein Ghetto gesperrt, umgebracht oder abtransportiert. Riga war zu dieser Zeit Sitz des „Reichskommissariats Ostland". Bei den Kämpfen gegen die Rote Armee 1944 wurde vor allem die Altstadt schwer beschädigt.

Schließlich gewannen die Sowjets. Die erneute Einverleibung Lettlands in die Sowjetunion war die Folge. Riga war nun die Kapitale der **Lettischen Sozialistischen Sowjetrepublik** und das Parlament im Stadtzentrum wurde zum „Obersten Sowjet" dieser Teilrepublik. Es dauerte bis 1990, als das Parlament – noch nicht in freien und fairen Wahlen bestimmt – die **Unabhängigkeit von der UdSSR** deklarierte. Die Parteiführung in Moskau wollte Lettland nicht so einfach aufgeben und ließ das Parlamentsgebäude vom Militär umstellen. Die Situation drohte zu eskalieren. Doch im Vergleich zur litauischen Hauptstadt Vilnius kam es zu weniger **gewalttätigen Auseinandersetzungen.** Bei einer Konfrontation zwischen Letten und sowjetischen Militäreinheiten starben aber 1991 zwei lettische Kameramänner auf dem Basteihügel, gleich vor den Toren der Altstadt.

Noch im selben Jahr erkannten die Sowjetunion und später Russland die Republik Lettland als freien Staat und

Riga als dessen **Hauptstadt** an. Ab diesem Zeitpunkt entwickelte sich Riga rasant als **Wirtschafts- und Tourismuszentrum.** Gewaltige Wiederaufbaumaßnahmen und Renovierungsarbeiten wurden unternommen. Den historischen Beitritt zur Europäischen Union im Mai 2004, der die Freiheit und Unabhängigkeit Lettlands zementierte, feierten Zehntausende in den Straßen der Metropole.

Ankunft und Weiterreise

Ankunft am Flughafen

Der Flughafen von Riga (Starptautiska lidosta Riga, Tel. (6)7207009, www.riga-airport.com) liegt im **Vorort Lidosta,** 13 Kilometer südwestlich des Zentrums. Der Weg in die Stadt ist gut ausgeschildert. Die **Buslinie 22** verkehrt von der Haltestelle direkt am Ausgang der Ankunftshalle einmal pro halbe Stunde in Richtung Zentrum (Fahrzeit ca. 30 Minuten, 0,40 Ls). Auch **Taxis** stehen dort fast jederzeit zur Verfügung (mindestens 10 Ls).

Der Flughafen ist zwar nicht der kleinste der baltischen Hauptstädte, wirkt aber doch sehr übersichtlich. In 10 Minuten hat man die gesamten Hallen durchlaufen. Ein großer Parkplatz unter freiem Himmel direkt vor dem Gebäude steht Kurzzeitparkern zur Verfügung (1 Ls/30 Min.). Langzeitparkplätze sind ebenfalls vorhanden und schnell zu erreichen.

Auf Straßenebene liegt das Ankunfts- und in der ersten Etage das Abflugterminal mit den Verkaufsschaltern und Check-in-Punkten der einzelnen Fluggesellschaften. Zahlreiche **Geschäfte** und eine **Touristeninformation** sind hier zu finden. Auf der Galerie in der zweiten Etage lockt ein **Restaurant** der Lido-Kette mit Selbstbedienung und lettischen Gerichten – etwas teurer als in Riga selbst, aber mit akzeptablen Preisen, einem großen Saal in ansprechender Holzatmosphäre und einem schönen Blick durch Panoramascheiben auf das Flugfeld und die Landebahnen. Im zweiten Stock steht gläubigen Reisenden eine kleine Kapelle zur Verfügung.

Mit dem Auto in die Stadt

Kommt man von Polen und Litauen über die Via Baltica (E67/A7) nach Riga, kreuzt man etwa zehn Kilometer vor dem Zentrum die Schnellstraße, die einen Bogen um Riga macht und weiter in Richtung Estland führt. In die Hauptstadt hinein führt eine alte, noch nicht restaurierte Holperpiste. Nach der Daugava-Überquerung ist man direkt im Stadtzentrum. Von einem beliebigen Ziel in Lettland aus ist Riga nicht zu verfehlen: Aus jeder Himmelsrichtung führen sternförmig große Straßen in die Metropole.

In Riga selbst ist das Autofahren zwar nicht besonders abenteuerlich oder schwierig, es lohnt sich aber kaum, zumal die Altstadt, soweit sie für Autos überhaupt geöffnet ist, nur

1 Art Nouveau
2 Brüderfriedhof,
Bestsellers (Rest.)
3 Habibi
4 Kabuki
5 Steiku Haoss
6 Slavu Restorāns
7 Reval Hotel Latvija und Skyline-Panoramabar
8 Russisch-orthodoxe Kathedrale
9 Ministerrat der Republik Lettland
10 Blumenmarkt
11 Deutsche Botschaft
12 Freiheitsdenkmal
13 Rigaer Schloss
14 Dom und Stadtmuseum
15 Schwarzhäupterhaus,
Touristeninformation,
Okkupationsmuseum
16 Nationaloper
17 Lettische Universität
18 Hotel Bergs,
Buchladen Jāņa sēta
19 Passage Berga Bazars
20 Viktorija
21 Hauptpost
22 Busbahnhof
23 Markthallen
24 Akademie der Wissenschaften
25 Pastarellia
Andrejsala
Andrejosta
Elizabetes iela
Eksporta iela
Kronvalda bulvāris
Miķela iela
Citadeles iels
100 m
Daugava
S. 124
Muitas iela
Vanšu tilts
11. novembra krastmala
K. Valdemāra iela
Balasta dambis
Ranka dambis
Ķlīversala
Akmens tilts
Trijādības iela
Staraja Rusas
Valguma iela
Uzvaras parks
Slokas iela
Uzvaras bulvāris
Mūkusalas iela
25

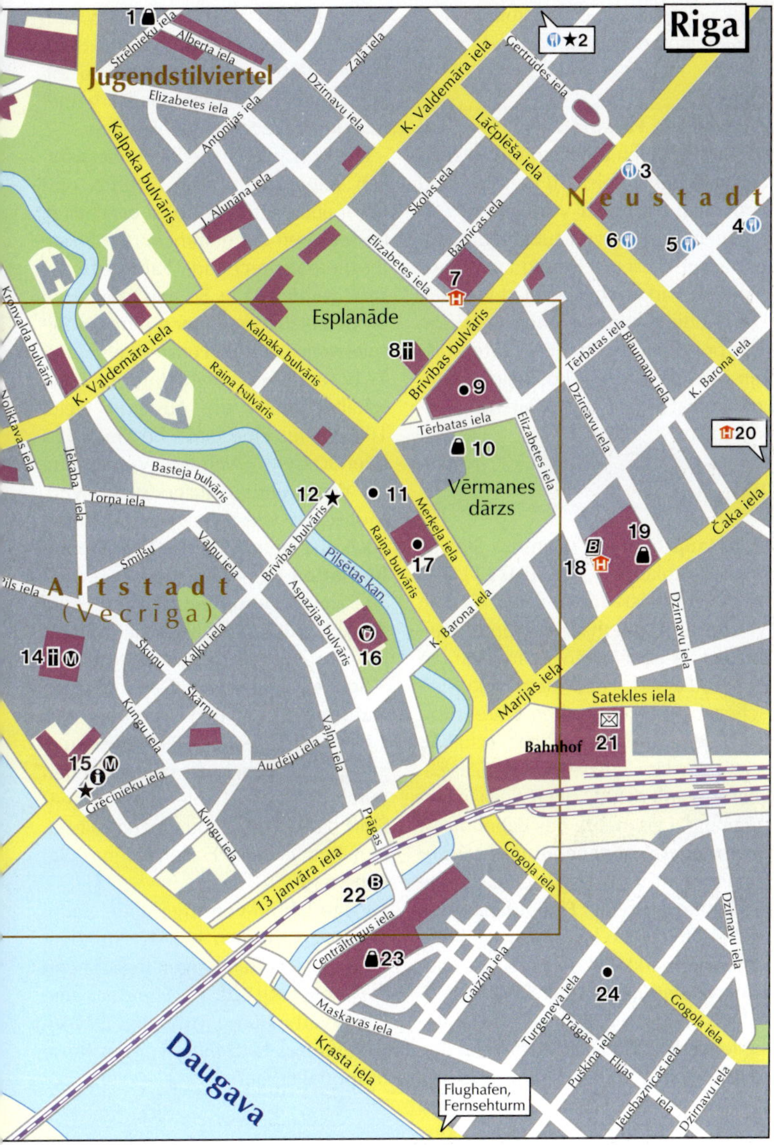
Riga
Jugendstilviertel
Neustadt
Altstadt (Vecrīga)
Esplanāde
Vērmanes dārzs
Daugava
Bahnhof
Strelnieku iela
Alberta iela
Elizabetes iela
Antonijas iela
Zaļā iela
Dzirnavu iela
K. Valdemāra iela
Ģertrūdes iela
Lāčplēša iela
Kalpaka bulvāris
J. Alunāna iela
Skolas iela
Baznīcas iela
Brīvības bulvāris
Raiņa bulvāris
Kronvalda bulvāris
Noliktavas iela
Tērbatas iela
Blaumaņa iela
K. Barona iela
Dzirnavu iela
Basteja bulvāris
Torņa iela
Jēkaba iela
Merķeļa iela
Čaka iela
Smilšu
Vaļņu iela
Pilsētas kan.
Pils iela
Aspazijas bulvāris
Kalķu iela
Šķūņu
Šķārņu
Kungu iela
Marijas iela
Satekles iela
Audēju iela
Grēcinieku iela
Prāgas
13 janvāra iela
Gogoļa iela
Centrāltirgus iela
Gaiziņa iela
Turgeņeva iela
Prāgas iela
Maskavas iela
Krasta iela
Puškina iela
Elijas
Jeusbaznīcas iela
Flughafen, Fernsehturm
1 2 3 4 5 6 7 8 9 10 11 12 14 15 16 17 18 19 20 21 22 23 24

gegen eine hohe Gebühr (mindestens 5 Ls) befahren werden darf.

Parken

Bewachte Parkplätze sind sowohl an vielen Stellen rund um die Altstadt als auch bei Hotels, am Bahnhof und anderswo zahlreich vorhanden. Die Parkgebühr sollte von außen gut sichtbar ausgewiesen sein und im Voraus mit dem Parkwächter geklärt werden. Die Gebühr kann je nach Lage um 1 Ls pro Stunde betragen. Hotels bieten ihren Gästen oft kostenlose oder zumindest vergünstigte Parkmöglichkeiten an.

Bahnhof

Der **Hauptbahnhof** (Centrala Stacija, Stacijas laukums 1, Tel. (6)7231181, www.ldz.lv) ist vorwiegend für die Weiterreise innerhalb Lettlands interessant. Er ist mit seiner sandsteinfarbenen Fassade und dem quadratischen, schlanken, hohen Uhrenturm und der Aufschrift „Riga" schlicht, aber trotzdem auffällig. Einige Glaselemente wurden 2003 beim Ausbau hinzugefügt. Das Innere des Bahnhofs ist sehr **modern, angenehm und sauber** eingerichtet und besitzt eine direkte Verbindung zu einer **Einkaufspassage** mit einem täglich bis 24 Uhr geöffneten Supermarkt – ebenfalls ein Teil der Modernisierungsarbeiten 2003.

Im Bahnhof selbst scheinen der Fahrkartenverkauf und das Warten auf den Zug gar nicht im Vordergrund zu stehen, denn auch hier wimmelt es von **Kiosken, Drogerien, Imbissen, Restaurants** and allerlei anderen Geschäften, die zum Geldausgeben einladen. Selbst wer keine Zugreise plant, kann durchaus einmal im Vorbeigehen durch die Station schlendern.

Die Verkaufsschalter sind übersichtlich angeordnet. Auf Lettisch und meist auch auf Englisch ist ersichtlich, bei welchen der nummerierten Schalter die entsprechende **Fahrkarte** gekauft werden kann. So sind Fahrkarten für den Nahverkehr nach Jūrmala beispielsweise an den Fenstern Nummer 7–12 erhältlich. Beim Informationsschalter kostet die Auskunft Geld: 10 Cent für eine einfache Frage, 20 oder 30 Cent, wenn eine Verbindung für den Kunden ausgedruckt wird. Möglicherweise ist man als Ausländer auch erst einmal bei der **Touristeninformation** (vom Eingang aus rechts) im Bahnhof besser aufgehoben – diese gibt grundsätzliche Auskunft und kann im Zweifelsfall weiterleiten.

Schließfächer und Gepäckaufbewahrung sind von 4 Uhr morgens bis 1 Uhr nachts geöffnet. Der **Hinterausgang** des Bahnhofs (zu erreichen durch den Tunnel unter den Gleisen) führt direkt zum Zentralmarkt mit seinen fünf großen Hallen (siehe „Sehenswertes").

Züge fahren von Riga unter anderem nach Moskau (ca. 17 Stunden, zwei Direktverbindungen täglich) und St. Petersburg (ca. 12 Stunden, eine Direktverbindung). Achtung: Das Visum für Russland muss vor der Reise besorgt werden!

Wichtige Bahnstrecken

Die wichtigsten innerlettischen Bahnstrecken führen von Riga aus nordöstlich über Sigulda, Cēsis und Valmiera nach Valka an der estnischen Grenze, ostwärts über Sigulda nach Gulbene (von dort verkehrt die Schmalspurbahn nach Alūksne), in südöstlicher Richtung über Koknese nach Daugavpils, in die südwestliche Küstenstadt Liepāja und westwärts nach Ventspils, wo die Fähren aus Deutschland anlegen. Viele kleinere Orte in Lettland können nur per Bus erreicht werden. Parallel zu einigen Bahnstrecken verkehren ebenfalls Busse, doch für einige Fahrten kann sich die Eisenbahn durchaus lohnen. So kostet die dreieinhalbstündige Fahrt von Riga nach Daugavpils nur knapp 4 Ls pro Person, ebenso wie die knapp dreistündige Reise von Ventspils in die Hauptstadt (aber es existieren oft nur wenige Verbindungen täglich, das Angebot bei Bussen ist größer).

Busbahnhof

Der Busbahnhof (Autoosta, Prāgas iela 1, Tel. (6)9000009, www.autoosta.lv) liegt schräg hinter dem Bahnhof in Sichtweite der Altstadt nur wenige Schritte vom Zentralmarkt entfernt in einer außen schmucklosen, aber innen sehr gepflegten Halle. Es ist nichts von dem Muff, der Zugluft und dem Dreck zu spüren, die in vielen anderen Busbahnhöfen vorherrschen. Ganz im Gegenteil: Es duftet sogar nach lettischer Seife und Kosmetika, die in einem kleinen Laden verkauft werden. Kioske, Imbisse und Automaten ergänzen das Angebot.

Natürlich gibt es auch ausreichend einfache Sitzplätze für Wartende. Für alle, die länger oder sogar über Nacht warten müssen, stehen in der 1. Etage **Ruhesessel, Duschen** und sogar einfache, aber ordentliche **Zimmer** zur Übernachtung zur Verfügung (Einzelzimmer 15 Ls, Doppelzimmer 20 Ls). Wer also abends per Bus ankommt und morgens früh weiter muss, braucht mit seinem Gepäck nicht ins Zentrum zu fahren.

Vom Eingang aus rechts an der Wand hängt ein übersichtlicher Abfahrtsplan für alle Busse. Verkaufsbüros für Tickets stehen ebenso zur Verfügung wie eine **Gepäckaufbewahrung** (0,40 Ls für die erste Stunde bis 10 kg Gepäck, 0,20 Ls/jede weitere Stunde). Über den Hinterausgang gelangt man direkt auf die klar nummerierten Bussteige.

Stadtverkehr

Busse und Bahnen

Eine U-Bahn wie in anderen Landeshauptstädten der ehemaligen Sowjetunion existiert in Riga nicht. Doch die Entfernungen zu fast allen Sehenswürdigkeiten sind, wenn nicht zu Fuß, dann per Bus, Trolleybus (mit elektrischer Oberleitung) oder Straßenbahn leicht zurückzulegen. Von 05.30 Uhr bis 23.30 Uhr verkehren die meisten der insgesamt 83 Linien, einige stellen aber schon gegen 22 Uhr den Betrieb ein. Nachts sind die wichtigsten Linien einmal pro Stunde unterwegs.

Eine Erleichterung für die Passagiere ist der **Ticketverkauf im Verkehrsmittel** selbst, sodass kein Kiosk gesucht werden muss. Die Kuriosität dabei: Meist arbeitet in den Bussen und Bahnen ganz wie zu Sowjetzeiten noch eine **Schaffnerin** *(konduktore),* die Fahrkarten verkauft und kontrolliert. Wenn keine Schaffnerin im Fahrzeug ist, sind die Tickets beim Fahrer erhältlich. Eine Einzelfahrt kostet 0,40 Ls.

Das System wird allerdings langsam umgestellt. In Straßenbahnen wurden bereits **Automaten zum Abstempeln** der Fahrkarten eingerichtet, die weiterhin beim Fahrer (für 0,50 Ls), aber auch in vielen Kiosken erhältlich sein werden. Die *konduktore* wird also nach und nach ausgemustert – der Stadtverkehr rechnet auf seiner Website ganz ehrlich vor, dass die Investition in die Stempelautomaten sich bereits nach einem Jahr durch Einsparungen bei den Löhnen rechnet. Ein Teil der Schaffnerinnen soll allerdings in Arbeit bleiben.

Wer **umsteigt,** muss jedes Mal ein **weiteres Ticket** kaufen. Fahrkarten gelten nur für ein Verkehrsmittel und eine Strecke. Immer aktuelle Informationen – auch auf Englisch – über den ständig von Neuerungen und Änderungen betroffenen Stadtverkehr findet man unter www.rigassatiksme.lv. Leider ist die Orientierung manchmal schwierig, weil an den Haltestellen kaum Übersichtspläne aushängen. Auch hier hilft die angegebene Internetadresse oder der Gang zur Touristeninformation.

Minibusse

Eine weitere Möglichkeit, von A nach B zu kommen, sind die zahlreichen Minibus-(Maršrutka)-Routen, die vom Zentrum aus der Stadt hinausführen. Die Minibusse können nicht nur an Haltestellen bestiegen, sondern an einer beliebigen Stelle auf der Route **per Handzeichen angehalten** werden. Das gleiche gilt fürs Aussteigen: Es kann überall auf der Strecke erfolgen, man muss dem Fahrer nur vorher bescheid sagen. Ob man also nur einen oder zehn Kilometer im Minibus sitzen bleibt: Er kann eine schnelle Alternative zu den großen Bussen und Straßenbahnen sein. Doch man muss die Routen kennen. Für Ortsunkundige empfehlen sich die kleinen Busse daher nur in bestimmten Fällen (etwa bei der Fahrt nach Jūrmala) oder in Begleitung eines Einheimischen. Eine interessante Erfahrung ist diese Art Taxi mit fester Fahrstrecke aber in jedem Fall. Der **Minibus-Bahnhof** liegt gegenüber dem Hauptbahnhof an der Satekles iela.

Taxis

Folgende drei Taxigesellschaften sind rund um die Uhr zu erreichen (aus dem Rigaer Festnetz kostenlos):

- **Taxi.lv,** Tel. 80009922
- **Riga Taxi,** Tel. 80001010
- **RTS,** 80000006

Das Schwarzhäupterhaus mit dem Waagenhaus (links) aus der Blütezeit der Hanse

Sehenswertes

Prinzipiell lässt sich das Besichtigungsprogramm in drei Bereiche unterteilen: Altstadt, Neustadt mit Jugendstilgebäuden und einige Ziele außerhalb des Zentrums. Die ersten beiden Gebiete liegen direkt im Stadtzentrum und sind daher nicht nur zu Fuß zu erreichen, sondern auch am besten bei einem Spaziergang zu entdecken. Für die Anfahrt zu den weiter außerhalb gelegenen Zielen wie den Kaiserpark mit Zoo, das Freilichtmuseum und den Fernsehturm kommen Stadtbusse, Straßenbahnen und das eigene Auto in Frage.

Altstadt

Die in ihren Ursprüngen mittelalterliche Altstadt **Vecrīga** ist kein komplett erhaltenes architektonisches Ensemble. Zu viele Brände und Zerstörungen machten dem alten Riga in den vergangenen Jahrhunderten den Garaus. Es dominieren neben zeitgenössischen Gebäuden vor allem Häuser aus dem 19. Jh., viele geprägt vom Jugendstil - diese sind dafür aber umso prächtiger. Während der eigentliche Stadtkern bereits wieder in alter Pracht erstrahlt, wird in mancher Altstadtgasse und an mancher Fassade noch immer gewerkelt und restauriert.

Jeder Aufenthalt in Riga wird den Besucher unweigerlich immer wieder in das weitläufige Vecrīga führen. So verwinkelt diese auch sein mag: Die **Kaļķu iela** (Kalkstraße) ist immer ein guter Orientierungspunkt.

Schwarzhäupterhaus

Die Kaļķu iela durchschneidet den Stadtkern vom Rātslaukums (Rathausplatz), wenige Meter vom Fluss Daugava entfernt, bis zum berühmten Freiheitsdenkmal. Der **Rathausplatz,** ein ungleichmäßiges Viereck, ist nicht besonders groß. Auch zählt er noch nicht allzu viele Jahre, denn er wurde während des Zweiten Weltkriegs komplett zerstört. Doch er beherbergt - dem Rathaus gegenüber - eines der bekanntesten Rigaer Gebäude: das erst seit einem Jahrzehnt wieder intakte Schwarzhäupterhaus (Melngalvju nams).

Die Bezeichnung geht auf die **Bruderschaft der Schwarzhäupter** (offiziell: „Compagnie der Schwarzen Häupter") zurück, eine mittelalterliche

0071e Foto: mk

Riga

Fortsetzung nächste Seite

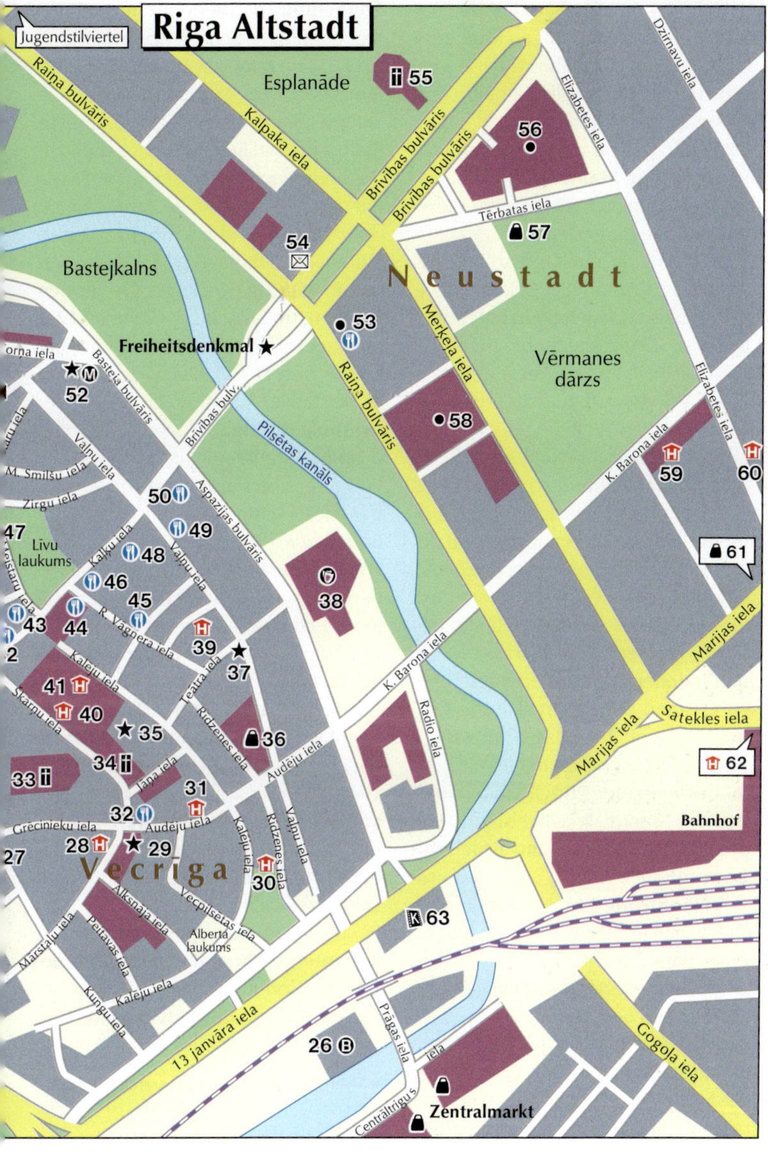
Riga Altstadt
Jugendstilviertel
Esplanāde
55
Raiņa bulvāris
Kalpaka iela
Brīvības bulvāris
Brīvības bulvāris
56
Elizabetes iela
Dzirnavu iela
Tērbatas iela
57
54
Bastejkalns
Neustadt
53
Merķeļa iela
Freiheitsdenkmal
Vērmanes dārzs
Raiņa bulvāris
Bastejа bulvāris
52
Brīvības bulv.
58
Elizabetes iela
K. Barona iela
59
60
Pilsētas kanāls
Valņu iela
M. Smilšu iela
Zirgu iela
50
Aspazijas bulvāris
49
47
Līvu laukums
Kaļķu iela
48
Vaļņu iela
61
46
45
38
43
44
R. Vagnera iela
39
37
Marijas iela
Teātra iela
K. Barona iela
41
Kaleju iela
40
Skārņu iela
35
Ridzenes iela
36
Satekles iela
Radio iela
Marijas iela
62
34
33
Jāņa iela
Audēju iela
31
32
Grēcinieku iela
Audēju iela
Kaleju iela
Ridzenes iela
Vaļņu iela
Bahnhof
28
29
27
Vecrīga
30
Alksnāja iela
Vecpilsētas iela
63
Peitavas iela
Alberta laukums
Mārstaļu iela
Kaleju iela
Kungu iela
13 janvāra iela
Prāgas iela
Gogoļa iela
26
Centrāltirgus iela
Zentralmarkt

Vereinigung unverheirateter, wohlhabender deutschstämmiger Kaufleute im alten Riga. Nach ihrer Heirat verließen die Mitglieder die Gemeinschaft und traten den mächtigen Gilden bei. Der Schutzpatron der Schwarzhäupter, der **heilige Mauritius,** wird in historischen Abbildungen stets mit dunkler Hautfarbe dargestellt.

Das Gebäude entstand spätestens 1334, die Zahl prangt in goldenen Lettern auf einem blauen Band unter dem Dachfirst. Daneben steht „RENOV. ANNO 1999", erst zu dieser Zeit kam es zum **Wiederaufbau** des Gebäudes, das im Zweiten Weltkrieg dem Erdboden gleich gemacht worden war.

Die Schwarzhäupter zogen 1447 als Mieter ein, 1713 wurden sie Eigentümer der Immobilie. Anfang des 18. Jh. musste das im Nordischen Krieg zerstörte Bauwerk weitgehend restauriert werden, in der zweiten Hälfte des 19. Jh. wurden sowohl Fassade als auch Inneneinrichtung erneuert. Diesen Zustand bemühten sich die Restaurateure von 1995 bis 1999 wieder herzustellen. Im Keller, der als einziger Teil des Gebäudes noch viele mittelalterliche Merkmale aufweist, sind **historische Fundstücke und Bruchstücke** ausgestellt.

Die **Frontseite** ist mit schlichten roten Backsteinen gemauert, doch dafür ist sie umso reicher geschmückt mit auf Sockeln stehenden Heiligenfiguren, Wappen und allerlei verschnörkelten Verzierungen. Unter dem Dach der nach oben hin immer schmaler werdenden Giebelfassade prangt zentral eine mit Gold geschmückte, große **Sonnenuhr,** deren deutsche Monatsnamen in alter Schreibweise („Märtz, Aprill, May, Juny, Julyā") nur mit scharfem Auge zu erkennen sind. Den Haupteingang säumen große, farbige Reliefs des heiligen Mauritius und, auf der anderen Seite, der Jungfrau Maria mit dem Christuskind im Arm.

Im 18., 19. und nach dem Wiederaufbau im 20. Jh. war das Schwarzhäupterhaus ein wichtiger Ort für den Empfang hochkarätiger Gäste und herausragende Kulturveranstaltungen. Heute besitzt das Gebäude eine repräsentative Funktion als eines der **Symbole für Riga.**

Einige Innenräume und eine Vielzahl von Utensilien und Fundstücken aus der Geschichte des Hauses sind zu besichtigen. Beliebt sind die schmuckvollen Säle auch bei frisch gebackenen Hochzeitspaaren als Fotokulisse. Zum Rathausplatz hin ist ein kleines Café und Esslokal im Gebäude untergebracht.

Links grenzt direkt an das Schwarzhäupterhaus das **Waagenhaus,** beide bilden zusammen ein Gebäude. Das Waagenhaus ist genau so hoch, aber schmaler, etwas weniger verziert und im Gegensatz zum Schwarzhäupterhaus mit einem spitz zulaufenden Dach versehen. Seit dem 19. Jh. trägt es auch den Namen Schwabe-Haus. Im Untergeschoss hat die **Touristeninformation** ihren Sitz – ein weiterer Grund, den Stadtrundgang am Rathausplatz zu beginnen.

- **Melngalvju nams** (Schwarzhäupterhaus), Rātslaukums 7, tägl. außer Mo 10–17 Uhr, Eintritt 2 Ls, Tel. (6)7044311.

Rolandstatue

Zwischen Rathaus und Schwarzhäupterhaus, mitten auf dem mit Kopfsteinpflaster bedeckten Platz, steht auf einem hohen Sockel die imposante Rolandstatue. Der „Roland" ist ein Ritter mit einem einfachen Schwert, der mit seiner Erhabenheit den Stolz der Stadtbevölkerung auf ihre Rechte, Freiheit und Errungenschaften symbolisiert. Rolandstatuen stehen in zahlreichen Städten mit mittelalterlichen Wurzeln, die bekannteste von ihnen wahrscheinlich in Bremen. Da passt es nur zu gut, dass der Bremer Schlüssel auch im Rigaer Stadtwappen auftaucht und die Schwarzhäuptervereinigung bis zum heutigen Tag in Bremen (und nur in Bremen) existiert. Diese Kopie der Rolandstatue aus dem 19. Jh. wurde im Jahre 2000 aufgestellt. Das beschädigte Original ist in der St. Petrikirche zu sehen.

Okkupationsmuseum

Das hässliche, dunkle, kastenförmige und flache Gebäude am Rande des Rathausplatzes drückt die durch die anderen Gebäude erhabene Stimmung gewaltig. Doch das manchmal böswillig „Sarg" genannte Okkupationsmuseum (Latvijas Okupācijas muzejs) ist für die Letten von ganz besonderer Bedeutung: Hier wird die **leidensvolle Geschichte** des kleinen, stolzen Volkes beschrieben, seit es nach dem Ersten Weltkrieg erstmals Souveränität und Freiheit erlangte.

Mit dem Hitler-Stalin-Pakt beginnt die Museums-Ausstellung. Anhand von

Fortsetzung Legende Riga Altstadt

- ★ **21** Rolandstatue
- Ⓜ **22** Okkupationsmuseum
- ★ **23** Schwarzhäupterhaus und
- ℹ Touristeninformation
- **24** Varzob
- **25** Habibi
- Ⓑ **26** Busbahnhof
- Ⓜ **27** Mentzendorff-Haus
- **28** Hotel Radi un Draugi
- ★ **29** Haus Reutern
- **30** Argonaut Hostel
- **31** ALA Hotel
- **32** Steiku Haoss
- **33** St. Petrikirche
- **34** St. Johanniskirche
- ★ **35** Johannishof
- **36** Einkaufszentrum Galeria Centrs
- ★ **37** „Atlanten"-Gebäude
- **38** Nationaloper
- **39** Boutique Hotel Viesturs
- **40** Konventhof, Hotel Ekes Konvents
- **41** Hotel Konventa Seta
- **42** Pelmeni XL
- **43** Steiku Haoss
- **44** Arbat
- **45** Austrumu Robeža
- **46** Skonto Zivju Restorāns
- ★ **47** Kleine und Große Gilde
- **48** Nostalgija
- **49** Pelmenu Centrs
- **50** Restaurant Otto Schwarz
- ★ **51** Reste der Stadtmauer
- ★ **52** Pulverturm mit
- Ⓜ Kriegsmuseum
- • **53** Deutsche Botschaft,
- Melnā Kaķa Alus Ordenis
- ✉ **54** Post
- **55** Russisch-orthodoxe Kathedrale
- • **56** Ministerrat der Republik Lettland
- **57** Blumenmarkt
- • **58** Lettische Universität
- **59** Europa Royale Riga
- **60** Hotel Bergs
- **61** Passage Berga Bazars
- **62** Central Hostel, Hostel Knights Court
- **63** Forum Cinemas

Riga

historischen Fotos, Zeitungsausschnitten, Kopien von Dokumenten und Informationstafeln wird der tragische Fortgang der Geschichte dokumentiert: Der sowjetische Überfall und die Besatzung ab 1940, der Einmarsch der deutschen Wehrmachtstruppen 1941, die zunächst als Befreier gefeiert und mit Blumen begrüßt, doch sehr schnell ebenfalls als gewaltsame Okkupanten erkannt wurden; die Vernichtung der Juden und die Zwangsrekrutierung von Letten für das deutsche Militär; die deutsche Niederlage und die erneute Machtergreifung der Sowjets mit den Massendeportationen nach Sibirien und dem grausamen Terror des Geheimdienstes; die lange Zeit des sowjetischen, unterdrückten Lettlands und schließlich der Freiheitskampf und die endgültige Wiedergewinnung der lange ersehnten Eigenständigkeit.

All dies wird hier sehr konkret und bildhaft dargestellt: Die Nachbildung einer Schlafbaracke im sowjetischen Lager zusammen mit dem niedergeschriebenen Erlebnisbericht eines Häftlings über den ständigen Gestank und die Not der Insassen lässt das Schicksal der Opfer beklemmend nah kommen. Der gar nicht allzu große Saal im ersten Stock des Gebäudes ist gut durchdacht eingerichtet. Durch die Fächerform der einzelnen, offenen Räume wird der Platz ideal ausgenutzt und die Besucher haben nur wenige Schritte zurückzulegen, können in Sekundenschnelle zu einem vorherigen Abschnitt zurückkehren oder zu einem späteren Bereich springen.

Bei allem Leid, aller Gewalt und aller Tragik, die in diesem düster anmutenden Gebäude sehr nahe gehen kann, ist die Ausstellung **frei von falschem Opfer-Pathos** oder kitschigem Nationalismus. Es wird mitfühlend, aber sachlich von den Ereignissen berichtet. Der Besuch des Okkupationsmuseums kostet nur eine freiwillige Spende und ist für Ausländer in Lettland ein wichtiges und beeindruckendes Erlebnis.

Im Untergeschoss werden Bücher und anderes Material verkauft. Außerdem kann das Modell des Museums studiert werden, das in wenigen Jahren am selben Ort erweitert werden soll.

Zu Sowjetzeiten gab es in diesem Gebäude übrigens ebenfalls eine feste Ausstellung. Damals hieß das Haus „Museum der Revolution". Erzählt wurde dabei von der gleichen Zeitspanne wie jetzt – freilich mit völlig entgegengesetzten Schlussfolgerungen: Die Sowjetbesatzung wurde als große Errungenschaft für alle Letten dargestellt. So wurde der geneigte Besucher darüber informiert, dass die Menschen 1940 „mit überwältigender Mehrheit" per Volksabstimmung dem Beitritt zur UdSSR zugestimmt hätten.

- **Latvijas Okupācijas muzejs,** Strēlnieku laukums 1, Tel. (6)7212715, täglich 11–17 Uhr, Eintritt frei, Audioguide-Kopfhöhrer 1 Ls.

Rathaus und Einkaufspassage

Natürlich steht am Rathausplatz auch das Rathaus, ein massiver, cremefarbener Bau mit roten Backsteinen am rechten und linken Rand – wiedererrichtet nach dem Zweiten Weltkrieg und originalgetreu seinem Vorgänger aus dem 18. Jh. nachempfunden. Einen leicht kuriosen Eindruck macht der etwas zu klein wirkende, putzige Turm auf der Mitte des Daches.

Die Jaunavu iela (Jungfernstraße), die hinter dem Rathaus verläuft, ist zu einer **modernen Einkaufs- und Ladenpassage** umgestaltet worden. Dort wird neben vielen Gelegenheiten zum Konsum auch ein 3500 Jahre alter Eichenstamm gezeigt, der bei den Bauarbeiten frei gelegt wurde.

Mentzendorff-Haus

Hinter dem Schwarzhäupterhaus, an der Kreuzung von Grēcinieku iela und Kungu iela, sticht das Haus Mentzendorff (Mencendorfa nams) hervor, das nach seiner langjährigen und letzten Besitzerfamilie benannt ist. Das schöne Gebäude mit dem steilen, roten Dach und der weißen Fassade entstand im 17. Jh., wurde im 18. Jh. grundlegend umgebaut und in den 80er Jahren des 20. Jh. restauriert. In einem kleinen **Museum** im Inneren des Hauses sind einige Elemente des Original-Gebäudes sowie sehr schöne **Wand- und Deckenmalereien** zu besichtigen. Es ist ein offizieller Zweig des Rigaer Museums für Stadtgeschichte und Schifffahrt.

• **Mencendorfa nams,** Grēcinieku iela 18, Tel. (6)7212951, www.mencendorfanams.com, Mi–So 10–17 Uhr, Eintritt 1 Ls, fremdsprachige Führung 7 Ls, Fotografieren 5 Ls.

008le Foto: mk

Der rekonstruierte barocke Turm der St. Petrikirche – ein Fahrstuhl fährt zur Aussichtsplattform hinauf

St. Petrikirche mit Aussichtsturm

Nur einen Steinwurf vom Rathausplatz entfernt liegt die St. Petrikirche. Zwar läuft ihr der Dom offiziell gesehen den Rang ab, doch bei der Anzahl der Besichtigungen liegt Petri eindeutig vorn – was nicht zuletzt an der zentralen Lage und am Fahrstuhl liegt, der in den barocken Turm hinaufführt und einen **fantastischen Blick** über die Dächer der Altstadt und weit darüber hinaus ermöglicht. Einige Dutzend Stufen müssen auf dem Weg zum Lift allerdings zu Fuß erklommen werden. Eine sympathische ältere Dame (so lange sie nicht in Pension geht) informiert bei der Fahrt nach oben wahlweise auf Lettisch, Russisch oder Englisch über das Alter und die Höhe der

Kirche (123,24 m). Es kann bis zu zehn Minuten dauern, bis der Fahrstuhl wiederkommt, doch nicht nur Fotografen werden angesichts der hervorragenden und einzigartigen Motive eher noch mehr Zeit auf der **72 Meter hohen Aussichtsplattform** verbringen wollen.

St. Petri ist eines der **ältesten Sakralgebäude im gesamten Baltikum.** Die erste Erwähnung in den historischen Quellen datiert von 1209. Der Bau war ursprünglich als die Hauptkirche von Riga geplant. Im Kampf gegen den Schwertbrüderorden wurde das Gotteshaus sogar kurzerhand als Katapult zweckentfremdet, um das Wittensteiner Schloss besser bombardieren zu können. Trotz des niedrigeren Ranges im Vergleich zum Rigaer Dom prägte die Petrikirche wie keine andere das tägliche Leben in der mittelalterlichen Stadt: Eine spezielle Glocke läutete den Menschen Anfang und Ende ihrer täglichen Arbeit. Die erste städtische Uhr Rigas wurde 1352 an eben jener Kirche angebracht. Auch war der Turm schon immer ein wichtiger Aussichtspunkt: In Friedenszeiten wachte ein Späher von oben über Recht und Ordnung, während in Kriegszeiten die Feindbewegungen erkannt und gemeldet werden konnten.

Freilich wurde die Kirche im Laufe der Jahrhunderte immer wieder umgebaut und erhielt die Prägung neuer Kunstepochen. Anfang des 15. Jh. baute der Rostocker Architekt *Johann Rumeschottel* einen neuen Altar. 1491 wurde ein Holzturm auf das Gebäude gesetzt, der ganze 136 Meter Höhe aufweisen konnte – seinerzeit die **höchste hölzerne Turmkonstruktion** der Welt. 1690, nach der ersten verheerenden Zerstörung, wurde der Kirchturm in der heute zu besichtigenden Form im Barockstil errichtet. Wiederum wurde eine Holzkonstruktion gewählt, die sich mit 121 Metern Höhe immerhin als europäischer Rekordhalter rühmen konnte. Vom Original ist aber auch hier nichts übrig, denn es brannte gleich dreimal aus – zuletzt während des Krieges 1941, ausgerechnet am Namenstag des heiligen Petrus. Erst in den 1970er Jahren kam es zum Wiederaufbau, diesmal wohlweislich mit Stahl statt Holz. Das Aussehen gleicht jedoch recht genau dem von vor 300 Jahren. Besonders charakteristisch ist die spitz zulaufende Form des Turmes, der gleich zweimal von offenen, luft- und blickdurchlässigen Galerien unterbrochen ist. Dies war im 17. Jh. eine echte Rarität. In den Siebzigern wurde von den Sowjets der in Kirchen eher seltene Fahrstuhl zur Aussichtsplattform eingerichtet.

Von der Originalkirche sind Teile der Außenwände an den Seitenschiffen erhalten. Die **barocke Westfassade** mit Bibeldarstellungen und Gleichnissen stammt von dem aus Straßburg nach Riga bestellten Architekten *Rupert Bindeschuh,* der auch für den innovativen Turm am Ende des 17. Jh. verantwortlich war.

Durch die Zerstörung im Zweiten Weltkrieg ist vom Innenleben der Kirche kaum etwas übrig geblieben. Doch das leere Gebäude strahlt im-

009le Foto: mk

mer noch eine besondere Atmosphäre der Macht und Erhabenheit aus. Temporäre **Kunstausstellungen** gastieren in St. Petri. Gelegentlich werden **Konzerte** in dem beeindruckenden Bau gespielt (dienstags um 18 Uhr präsentieren sich junge Musiker mit ihren Lehrern), doch für Musikdarbietungen ist sonst eher der Rigaer Dom berühmt.

Mit dem so oft zerstörten Kirchturm ist eine den Rigaern wohl bekannte **Anekdote** verbunden: Mitte des 18. Jh. eröffnete der Baumeister den nach einem Blitz zerstörten und wieder aufgebauten Turm, indem er persönlich ganz auf die Spitze zum goldenen Wetterhahn kletterte. Er goss sich ein Kristallglas Wein ein, trank es aus und warf das Glas über die Schulter. Der Turm solle so viele Jahre halten, rief er aus, in wie viele Einzelteile das Glas zersplittere. Doch wie durch ein Wunder blieb das Glas heil und nur der Stiel brach ab. Statt zwei Jahren stand der Turm aber immerhin gut zwei Jahrhunderte, bis zum Zweiten Weltkrieg. Das historische Glas war bis 1941 im Museum für die Geschichte Rigas ausgestellt, fiel dann aber wie ein Großteil der Kirche den Bomben zum Opfer.

Portal von St. Petri

Und noch eine Wendung erfuhr diese Geschichte: 1970 setzte sich der Baumeister *Petras Saulitis* ganz wie sein einstiger Vorgänger auf das Dach zum Wetterhahn und warf erneut das ausgetrunkene Glas über seine Schulter. Diesmal zersprang es in unzählige Einzelteile, was die Menschen als sehr gutes Omen auffassten.

- **Sv. Pētera baznīca,** Skārņu iela 19, www.peterbaznica.lv, tägl. außer Mo 10–19 Uhr, Oktober bis April 10–17 Uhr, Eintritt zum Turm 2 Ls. Die Besichtigung der Kirche kostet 0,50 Ls extra.

Dom

Auf der anderen Seite der Kaļķu iela, nur zwei Minuten Fußweg von der Petrikirche entfernt, beherrscht der mächtige Dom von Riga das Bild. Der erzbischöfliche Sitz trägt den Namen **St. Marien** und hat einen deutlich größeren Grundriss als die Petrikirche, der die beachtliche Fläche von 87 x 47 Metern einnimmt. Eine weitere erstaunliche Zahl: Das Dach des Haupt-Kirchenschiffs besitzt so viel Oberfläche wie zwei Fußballfelder.

Zu dem Komplex gehört auch das gleichzeitig mit der Kirche erbaute **Kloster St. Marien,** das mit seiner großartigen Akustik vor allem für die regelmäßigen **Orgelkonzerte** bekannt ist. Es treten hier aber auch Gruppen auf – von Barockensembles bis hin zu philharmonischen Orchestern –, was das Gebäude zu einem der wichtigsten Konzertorte Rigas macht.

Im Jahre 1211, also fast zeitgleich mit der Errichtung der Petrikirche, wurde auch der Bau des Doms begonnen. Der von vielen als Stadtgründer bezeichnete Erzbischof *Albert* hatte den Bau der Kathedrale in Auftrag gegeben. Er starb vor ihrer Fertigstellung, die über 17 Jahre nach Beginn der Arbeiten erfolgte. Heute steht ein **Denkmal Alberts** im sehenswerten Kreuzgang des Doms mit seinem quadratischen Innenhof.

Wie so häufig treffen auch beim Dom durch die verschiedenen Bauphasen unterschiedliche Kunstepochen aufeinander: späte Romanik, Frühgotik, Barock (die Haube des 140 Meter hohen Turms sowie der Ostgiebel) und sogar Jugendstil (die 1906 umgebaute Vorhalle mit dem Aufgang zur Orgel). Der Architekt *Christoph Haberlandt* baute Ende des 18. Jh. das Obergeschoss des Klosters zur Stadtbibliothek aus. Gemäß der damaligen

010le Foto: mk

Blick aus dem Kreuzgang auf den Dom

Mode wählte er dafür den klassizistischen Stil. Erst bei Renovierungsarbeiten um die Wende vom 19. zum 20. Jh. entstanden die heute zu sehenden Glasfenster und auch der Hauptaltar.

Stolz verweisen die Rigaer darauf, dass es sich beim Dom um den größten und **wichtigsten Sakralbau Lettlands,** ja gar des Baltikums handelt. Noch ein Superlativ: Die **Orgel** war mit 124 Registern und 6718 Pfeifen zu ihrer Entstehungszeit 1884 die größte und modernste der Welt. Die legendäre Ludwigsburger Manufaktur Walcker & Co. zeichnete für den Bau und die Installierung des gewaltigen Instruments verantwortlich. Bis heute ist es eine der voluminösesten Kirchenorgeln ganz Europas mit einem außerordentlichen Klang. Neben den wöchentlichen, offiziellen Orgelkonzerten kann man zu vielen anderen Zeiten immer wieder das Glück haben, dass gerade ein Organist in seine Probe vertieft ist und die Besucher daran teilhaben lässt. Orgelfans sollten also im Vorbeigehen immer mal horchen, ob die Orgel spielt – und dann erst die Eintrittskarte lösen.

Besonders beeindruckend im Inneren sind die hohen, schlanken Fenster mit den bunten und reichen **Glasmalereien.** Ungewöhnlich für ein Gotteshaus dieses Ausmaßes ist der **Fußboden aus Holzdielen** anstelle von Stein, sonst eher in kleinen Dorfkirchen anzutreffen. Der hohe Dom mit den gotischen Bögen ist ohne Zweifel ein gewaltiges Gebäude. Doch wer Prunk und Pracht erwartet, wird möglicherweise enttäuscht sein. Getreu der evangelisch-lutherischen Lehre macht St. Marien trotz seiner Wucht einen fast bescheidenen, asketischen Eindruck.

Während der Sowjetzeit, als Religion aller Art unterdrückt wurde, gehörte das Gebäude zum Historischen Museum und wurde auch bereits als Konzertsaal genutzt. Nach der Unabhängigkeit 1991 wurde St. Marien wieder der evangelischen Gemeinde übertragen.

Am Rande sei bemerkt, dass die Katholiken und Russisch-Orthodoxen in Riga sich gegen die Bezeichnung „Rigaer Dom" oder „Kathedrale von Riga" für den evangelischen-lutherischen Dom verwahren, denn auch sie besitzen selbstverständlich ihre Kathedralen in der lettischen Hauptstadt. Dennoch hat sich im Sprachgebrauch des überwiegend protestantischen Lettland (auch wenn in Riga selbst der Orthodoxen-Anteil sehr hoch ist) durchgesetzt: Wenn von *dem* Dom oder *der* Kathedrale die Rede ist, dann ist die evangelisch-lutherische mitten in der Altstadt gemeint.

- **Rīgas Doms,** Doma laukums 1, www.doms.lv, tägl. 9–18 Uhr, Mi und Fr bis 17 Uhr, Oktober bis April 10–18 Uhr, Fr bis 17 Uhr, Eintritt 2 Ls; Konzerte Mai bis September Mi und Fr 19 Uhr, Oktober bis April Fr 19 Uhr, Eintritt 4–10 Ls.

Herder-Denkmal

Auf der Westseite des Doms, auf dem nach ihm benannten Platz (Herdera laukums), steht ein Denkmal des deutschen Dichters **Johann Gottfried Herder,** der neben seinen Tätigkeiten als Schriftsteller und Philosoph auch protestantischer Pastor war und von 1764 bis 1769 an der Domschule Naturwissenschaften, Mathematik, Französisch und Stilkunde unterrichtete. Als er nach Riga kam, war Herder gerade einmal 20 Jahre alt. Man kann sagen, dass er seine literarische Laufbahn hier begann.

Herder, ein enger Freund *Goethes* und wichtiger Vertreter der Weimarer Klassik, war einer der ersten Sammler traditioneller lettischer Volkslieder – zu einer Zeit, als der Begriff „Lettland" oder ein lettisches Nationalgefühl noch gar nicht existierten. 1807, vier Jahre nach Herders Tod, erschienen elf dieser Liedtexte in Tübingen in gedruckter Form.

Das Denkmal auf dem Rigaer Herder-Platz ist eine neu geschaffene Kopie des zerstörten Originals aus dem 19. Jh. Lettland besitzt auch einige Nationaldichter, doch wahrscheinlich ist Herder der über die Landesgrenzen hinaus berühmteste Schriftsteller, der zumindest eine Zeit seines Lebens in Riga verbracht hat.

Museum für Stadtgeschichte und Schifffahrt

Direkt am Dom – baulich mit ihm verbunden – steht das Rigaer Museum für Stadtgeschichte und Schifffahrt. Das Gebäude, dessen eine Seite zum Herder-Platz hinausschaut, zählt zum **Dom-Komplex** und ist allein deswegen einen Besuch wert. Höhepunkt der Innenräume in diesem **ältesten Museum des Baltikums** ist der Säulensaal mit viel hellem Marmor, Kronleuchtern, wertvoller Deckendekoration aus Stuck und einer großen Wandmalerei an der Stirnseite des Raumes, der häufig für klassische Konzerte im kleinen Rahmen genutzt wird. Der lang gezogene Saal mit einer Empore rundherum gehört zur Ausstellungsfläche.

Über 200 Jahre ist es her, als 1773 das Museum mit Exponaten aus der Privatsammlung des Arztes *Nikolaus von Himsel* eröffnet wurde. Heutzutage ist es von sehr verschiedenen Ausstellungsstücken geprägt: Landkarten, Büchern, Dokumenten, Briefen, Werkzeugen, Schmuck, Münzen, Waffen, Kunstwerken und vielem mehr aus vergangenen Zeiten vom Mittelalter bis ins 20. Jh. Insgesamt gibt es hier über eine halbe Million Exponate.

Der Besucher gewinnt einen guten Eindruck von den zahlreichen Wendungen der Rigaer Geschichte: Deutsche, Schweden, Polen, Russen und natürlich Letten regierten im Laufe der Jahrhunderte die Stadt. Dass Riga zu allen Zeiten seiner Historie stark von deutscher Sprache und Kultur geprägt worden ist, vermitteln viele **deutschsprachige Dokumente** wie etwa versiegelte Erlasse des Rigaer Stadtrats. Auch auf den interessanten, großformatigen **historischen Fotos** vom 18. und frühen 19. Jh. wird die deutsche Dominanz deutlich: Die Straßen- und Ortsbezeichnungen sind in deutscher Sprache angegeben. So hieß das Gebäude, das heute als Nationaloper bekannt ist, damals noch „Deutsches Theater". Zu bewundern ist auch Kurioses wie der zu seiner Zeit kleinste Fotoapparat der Welt: die in der Zwischenkriegszeit in Riga hergestellte „Minox".

Der Museumsname „Stadtgeschichte und Schifffahrt" mag zunächst eigenartig anmuten, doch die Seefahrt war für die große Hafen- und Handelsstadt außerordentlich wichtig. Im entsprechenden Bereich der Ausstellung sind weniger Navigationsgeräte und detaillierte Beschreibungen der Handelsgeschichte zu bewundern als vielmehr metergroße **Modelle beeindruckender Schiffe,** die einst von Riga aus in See stachen, darunter das erste Rigaer Schiff aus dem 13. Jh.

Die Beschriftungen der Exponate sind vielfach nur lettisch. Allerdings liegen in jedem Saal Hefte in deutscher und englischer Sprache aus, die man beim Rundgang durch den Raum einsehen kann.

• **Rīgas vēstures un kuģniecības muzejs,** www.rigamuz.lv, Palasta iela 4, tägl. 10–17 Uhr, Mi bis 19 Uhr, Oktober bis April 11–17 Uhr, Mo, Di geschlossen, Eintritt 2,50 Ls, Anmeldungen und Führungen Tel. (6)7356676.

Wer fotografieren will, muss zusätzlich zum Eintritt stolze 5 Ls berappen. Es wird verlangt, Jacken und Taschen an der Garderobe gegenüber der Kasse abzugeben. Trotz der reichen Geschichte des Gebäudes herrscht im Inneren (besonders am Eingang) eine eher sozialistische Atmosphäre. Dazu gehört, dass man bereits 20 Minuten vor Schließung von ungeduldigen Mitarbeiterinnen, die sich auf den Feierabend freuen, an das Ende der Öffnungszeit erinnert wird. Man sollte also mindestens anderthalb Stunden vor Schließung den Rundgang beginnen.

Drei Brüder

Vom Domplatz die Jēkaba iela nehmend, vorbei an der schönen roten und hellgrünen, mit Figuren geschmückten Fassade der **Rigaer Börse** (Rīgas birža) und dann gleich in die erste Straße links hinein, führt die Mazā Pils iela nach einigen Schritten zu drei auf der linken Straßenseite aneinander geschmiegten Häusern, welche unter der Bezeichnung „Drei Brüder" (Tris brali) berühmt geworden sind – angelehnt an ein ähnliches Ensemble in Tallinn mit dem Namen „Drei Schwestern". Dabei haben die Gebäude außer der Tatsache, dass sie aneinander gewachsen zu sein scheinen, äußerlich kaum Gemeinsamkeiten: Sie sehen völlig verschieden aus und stammen aus verschiedenen Jahrhunderten.

Das Gebäude mit der **Nummer 17,** errichtet um die Wende vom 15. zum 16. Jh., ist das älteste noch erhaltene Wohnhaus der Stadt. Es hat **gotische und Renaissance-Elemente** an der Fassade und bestand zunächst nur aus einem Raum mit Schornsteinküche und einem Lager auf dem Dachboden. Später wurde das Haus nach vorn und hinten ausgebaut. Unter anderem war eine Bäckerei darin untergebracht.

Das Gebäude mit der **Nummer 19** entstand in seiner jetzigen Form 1646. Die Fassade enthält Elemente des **holländischen Manierismus.** Mitte des 18. Jh. wurde das Steinportal hinzugefügt.

Das Haus mit der **Nummer 21** wurde Ende des 17. Jh. gebaut – also im selben Jahrhundert wie die Nummer 19, aber doch in einem völlig anderen Stil, nämlich vor allem im **Barock.** Die drei Gebäude, so verschieden sie sein mögen, geben einen sehr guten Ein-

druck von Rigas Altstadt, wie sie noch vor 150 oder 200 Jahren ausgesehen hat.

Das mittlere Haus beheimatet seit 1995 das **Lettische Architekturmuseum** und bietet eine gute Gelegenheit, im Rahmen des Museumsbesuchs die Innenräume des historischen Baus genauer unter die Lupe zu nehmen. Es werden wechselnde, thematische Ausstellungen gezeigt.

Eine besondere Herausforderung für Hobby-Fotografen ohne Weitwinkel-Objektiv ist es, die drei Häuser auf ein Foto zu bekommen. Gut, dass direkt gegenüber dem Ensemble die Klostera iela abgeht, aus der heraus man es versuchen kann.

Häuserensemble Drei Brüder

● **Latvijas Arhitektūras muzejs,** Mazā Pils iela 19, Tel. (6)7220779, www.archmuseum.lv, tägl. 10–18 Uhr, Sa, So geschlossen.

Parlament

Die Klostera iela führt nach wenigen Metern direkt auf die **Saeima** zu, das lettische Parlament. 100 Abgeordnete werden alle vier Jahre in diese Volksvertretung gewählt. Das kastenförmige Gebäude wurde im 19. Jh. von dem Deutschbalten *Robert Pflug* zusammen mit dem ersten akademisch ausgebildeten lettischen Architekten *Janis Baumanis* im Stil des **Eklektizismus** entworfen und errichtet. Die

Saeima vereint also viele Kunststile in sich: Neorenaissance-Elemente sind außen und in der Eingangshalle zu finden, wo der Landtag der Region Vidzeme sich einst traf. Im Speisesaal dagegen herrscht die Neogotik vor. Andere Säle sind im Stil des Franzosenkönigs *Ludwigs XVI.* gehalten. Damals galten die Innenräume als einige der schönsten und prächtigsten von ganz Riga.

In der Zwischenkriegszeit hatte zunächst die verfassungsgebende Versammlung und später das Parlament der ersten freien lettischen Republik hier ihren Sitz, bis Präsident *Kārlis Ulmanis* 1934 die Macht an sich riss und die Parlamentsarbeit unterbrach. Zu Zeiten der UdSSR residierte der oberste Sowjet der lettischen Republik in dem Gebäude, unterbrochen von der deutschen Besatzungs-Periode, als die SS die Räumlichkeiten als Hauptquartier für die Region in Beschlag nahm und viele Kunstwerke zerstörte oder nach Deutschland bringen ließ. Seit Anfang der 1990er Jahre ist das lettische Parlament wieder in der Saeima untergebracht. Einige, aber nur wenige Teile der prächtigen Original-Inneneinrichtung sind erhalten, alle Räume wurden aber grundlegend restauriert.

- **Saeima,** Jēkaba iela 11, Tel. (6)7087129, www.saeima.lv. Eine Besichtigung ist bei Voranmeldung und nur in Gruppen möglich.

St. Jakobikirche

Gegenüber der Saeima liegt in der Klostera iela die **katholische Kathedrale** von Riga, die gotische St. Jakobikirche (Sv. Jēkaba baznīca, Jēkaba iela 9), die bereits 1225 entstand. In ihrer wechselvollen Geschichte wurde das Gotteshaus zwischendurch von der Reformationsbewegung mitgerissen und „lutherisiert". Der polnische König *Stefan Batory* erwirkte 1582 die Übertragung des Gebäudes an die Jesuiten. Als wenige Jahre später ein Blitz in der Kirche einschlug, sahen einige Lutheraner dies als Rache Gottes. Im 17. Jh. übernahmen die Protestanten unter schwedischer Herrschaft wieder die Macht – und auch St. Jakobi. Später, als Riga zum zaristischen Russland gehörte, war die Kirche nicht in Betrieb und viele wertvolle Gegenstände wie die Glocken wurden entwendet. 1923 wurde das Gotteshaus dann wieder der katholischen Gemeinde übertragen. 1993 war sogar Papst *Johannes Paul II.* zu Besuch, worauf eine Tafel im Inneren hinweist.

Die Backsteinfassade wie der Innenraum der Kirche wirken zwar mächtig, aber doch auch auf protestantische Art schlicht und bescheiden. Der schmale und hohe, grünliche Turm ist von weitem auszumachen und garantiert St. Jakobi eine wichtige Rolle im Bild der Rigaer Innenstadt.

Rigaer Schloss

Das Rigaer Schloss (Rīgas pils, Pils laukums) ist ein massiver Gebäudekomplex am Rande der Altstadt und fast direkt an der Daugava gelegen. Ganz große Pracht oder Reichtum strahlt er auf den ersten Blick allerdings nicht aus. Das Schloss ist nicht die spektakulärste Station eines Riga-Besuchs und doch für die Stadt von enormer Wichtigkeit – nicht nur, weil der **lettische Präsident** heute in einem Flügel des Bauwerks residiert, so wie einst die lettischen Staatsoberhäupter während der Unabhängigkeit nach dem Ersten Weltkrieg.

1330 wurde die Burg vom Schwertbrüderorden am Rande des damaligen Riga errichtet, nachdem die Kreuzritter den Ort erobert hatten. Nur 23 Jahre dauerte es, bis sie fertiggestellt war. Die Lage am Fluss war natürlich kein Zufall: Von hier aus konnte der Hafen eingesehen und sich auf unerwartete Gäste vorbereitet werden – denn die kamen hauptsächlich auf dem Seewege. Zunächst hatte die Burg einen quadratischen Grundriss mit einem Turm an jeder der vier Ecken. Bei Auseinandersetzungen des Ordens mit der Stadtbevölkerung kam es 1484 zur kompletten Zerstörung der Burg, die aber bis 1515 vollständig wieder aufgebaut wurde. Als im 16. Jh. die Macht des Ordens schwand und nacheinander Polen, Schweden und Russen über Lettland herrschten, fungierte die Burg stets als Machtzentrale. Als Sitz des russischen zaristischen Generalgouverneurs wurde sie gleich mehrmals umgebaut, erneuert und erweitert. In den dreißiger Jahren des 20. Jh. folgte eine weitere große Rekonstruktion.

Eine Chance, das Schloss von innen in Augenschein zu nehmen, bieten die drei dort untergebrachten Museen. Das sehenswerte **Museum der lettischen Geschichte** nimmt den Besucher mit auf eine faszinierende Reise durch die Jahrtausende bis in die Gegenwart. Das **Museum für Ausländische Kunst** zeigt Malerei, Skulpturen und Grafikarbeiten aus aller Welt und aus allen Kunstepochen bis zum 20. Jh. Es ist die größte Sammlung ihrer Art in Lettland. Schließlich residiert auch das **Museum für Literatur, Theater und Musik** (Raiņa Literaturas un Makslas Vestures Muzejs) im Schloss. Alle drei Museen, ganz besonders aber die ersten beiden sollten wegen ihrer Ausstellungen und vor allem wegen ihrer schönen Innenräume auf jeden Fall besucht werden – auch wenn das Schloss bei vielen Stadtführungen nicht im Mittelpunkt steht. Zu einer Pause lädt der grüne **Schlossplatz** (Pils laukums) vor dem Gebäude ein.

- **Museum der lettischen Geschichte** (Latvijas Nacionālajā vēstures muzejs), Pils laukums 3, Tel. (6)7223004, www.history-museum.lv, tägl. 11–17 Uhr, Mo, Di geschlossen, Eintritt frei.
- **Museum für Ausländische Kunst** (Ārzemju Mākslas muzejs, Tel. (6)7226467, www.amm.lv, tägl. 11–17 Uhr, Mo geschlossen, Eintritt frei.

Zeughaus

Vom Schlossplatz führt die Torņa iela, an der Lettischen Nationalbank (Latvijas banka) vorbei zu einem sehr interessanten Abschnitt der Straße. Zunächst liegt auf der rechten Seite das im russischen Klassizismus erbaute Zeughaus (Arsenals) mit einem Ausstellungssaal des **Lettischen Nationalen Kunstmuseums.**

- **Arsenals,** Torņa iela 1, Tel. (6)7213695, tägl. 11–17 Uhr, Mo geschl., Mai bis September Do 11–19 Uhr.

Jakobsbaracke und Schwedentor

Ab dem Zeughaus läuft man zur Linken an einem langen, niedrigen Reihenhaus vorbei – einer **ehemaligen Kaserne,** in der heute schicke **Boutiquen, Juweliergeschäfte und Cafés** residieren. Das Besondere: Es existiert keine Straßenebene. In den Keller führen einige Stufen hinab und ins Erdgeschoss gelangt man über kleine Treppen nach oben. Das Gebäude mit dem Namen Jakobsbaracke (Jēkaba kazarmas) zieht sich über mehrere Hundert Meter hin.

Auf der anderen Straßenseite ist beim Eingang in die Aldaru iela zunächst das Schwedentor (Zviedru vārti) zu bewundern, das 1698 in ein altes Haus hineingeschlagen wurde, das Teil der Stadtbefestigung war. Diese hatte nach dem Bau eines neuen Verteidigungssystems für Riga ihre Bedeutung verloren.

Parallel zur Torņa iela verläuft ein Graben. In ihm stehen die Überreste eben jener einst so gewaltigen Rigaer **Stadtmauer.** Besonders reizvoll ist ein Abendspaziergang in der Straße, die am Pulverturm endet: Hier das luxuriöse Flair der Geschäfte und Lokale in den ehemaligen Baracken mit schönen Laternen und Schmuck, dort die hell beleuchteten Ruinen des mittelalterlichen Verteidigungswalls.

Pulverturm und Kriegsmuseum

Im Pulverturm (Pulvertornis), wo die Mauer endet, ist das Kriegsmuseum untergebracht. Der Turm ist einer der wenigen **Überreste der früheren Stadtmauer.** Er wurde im 17. Jh. an der Stelle eines Sandturms aus dem 14. Jh. errichtet, der kurz zuvor zerstört worden war. Im Rahmen eines Museumsbesuchs ist es daher auch attraktiv, das Innere des Bauwerks zu besichtigen (das Museum ist allerdings hauptsächlich in einem Anbau untergebracht, der dem Pulverturm in der Zwischenkriegszeit hinzugefügt wurde).

Der Schwerpunkt der Ausstellung liegt auf dem **20. Jh.** – was angesichts der lettischen Geschichte nicht erstaunt. Gezeigt wird die Gründung des unabhängigen Staates, die Zerstörungen durch die Weltkriege, die schwierige und leidvolle Zeit der sowjetischen und deutschen Okkupation sowie der Weg zur Freiheit Ende der 1980er und Anfang der 1990er Jahre. Die Inhalte ähneln sehr denen des beeindruckenden Okkupationsmuseums am Rathausplatz und mögen wie eine Wiederholung der dort behandelten Themen wirken. Im Kriegsmuseum liegt das Gewicht aber auf den **militärischen Aspekten.** So werden Waffen, Uniformen, Medaillen, Fotos, Soldatenausrüstung und historische Dokumente gezeigt – wobei menschliche Schicksale nicht ausgeklammert werden, wie etwa die Erfahrungen jener Letten, die zwangsweise in die Wehrmacht oder später in die Rote Armee eingezogen wurden.

1915 entstand erstmals so etwas wie ein lettisches Militär, als im Rahmen der zaristischen Armee ein lettisches Bataillon gegründet wurde. Bereits ein Jahr später öffnete ein Museum zu ihren Ehren seine Pforten – der Vorgänger des heutigen Kriegsmuseums. Zu Sowjetzeiten sahen die Ausstellungsräume freilich anders aus. Damals war dort Propagandamaterial zur lettischen Sowjetrepublik untergebracht. Im Jahre 1990, bereits ein Jahr vor der offiziellen Wiedererlangung der Unabhängigkeit, wurde das Kriegsmuseum wieder eröffnet. Eine Abteilung ist der mittelalterlichen und neueren Geschichte gewidmet.

• **Kriegsmuseum** (Kara muzejs), Smilšu iela 20, Tel. (6)7228147, www.karamuzejs.lv, tägl. außer Mo und Di 10–18 Uhr, Oktober bis April 10–17 Uhr.

Livenplatz

Vom Pulverturm aus ist über die schöne Meistaru iela in wenigen Minuten der malerische, kleine **Līvu laukums** erreicht. Den Namen trägt der Platz seit dem Jahr 2000 zu Ehren der Liven (vorher war es der Gildenplatz), die in Riga und Umgebung schon siedelten, lange bevor die Kreuzritter hier eindrangen.

Wohin der Blick auch wandert, von diesem Platz aus gibt es viel herausragende Architektur zu bewundern. Auch der berühmte Rigaer **Jugendstil,** der besonders häufig außerhalb der Altstadt vorkommt, ist vorhanden. Während die schöne Häuserzeile auf der Westseite des Platzes aus dem 17. Jh. stammt, wurde das **Katzenhaus** (Meistaru iela 10) 1909 nach einem Entwurf des Architekten *Friedrich Scheffel* im Jugendstil errichtet. Der Beiname des Hauses erklärt sich beim Blick auf die Spitze der beiden Türmchen: Jeweils eine Katze macht einen Buckel und richtet ihren Schwanz in Habacht-Haltung auf. Die Legende besagt, dass ein reicher Kaufmann einst nicht in die mächtige Gilde aufgenommen worden war und daher auf dem Dach seines Hauses, direkt gegenüber der Großen Gilde, die Katzen mit dem entblößten Hinterteil zur Gilde hin aufstellen ließ. Als die Gilde nachgab und ihn endlich aufnahm, soll er die Tiere „richtig herum" platziert haben.

An der Ecke Amato iela und Skunu iela steht ein weiteres Jugendstilhaus von 1902 mit reich geschmückter Fassade und, zur Abwechslung, einer Hundefigur auf dem Dach.

Große und Kleine Gilde

Die wichtigsten Gebäude am Līvu laukums sind die Große und Kleine Gilde, die zu beiden Seiten der Amatu iela stehen – dort, wo sie in den Platz mündet. Die Kleine Gilde (Maza Gilde, auch unter dem Namen **Johannisgilde** bekannt) ist ein neogotisches Haus aus dem 19. Jh. Das erste Gildengebäude an diesem Platz stand hier bereits im 14. Jh. und war die **Berufsgenossenschaft der Handwerker,** die noch bis zum Zweiten Weltkrieg existierte. Doch erst vor kurzem, zur 800-Jahr-Feier der lettischen Hauptstadt, wurden die Innenräume des Bauwerks grundlegend erneuert. Seitdem dienen sie hauptsächlich als faszinierender Ort für **Konzerte.**

Auch die Große Gilde (Lielā Gilde, auch **Mariengilde** genannt) direkt gegenüber wurde im 14. Jh. errichtet. In ihr versammelten sich wohlhabende

Kaufleute, aber auch einige hoch angesehene Handwerker wie etwa **Goldschmiede.** Eine Mitgliedschaft in der Gilde war eine besondere Auszeichnung für jeden Stadtbewohner. Kein Wunder, dass der Besitzer des Katzenhauses laut oben erwähnter Legende unbedingt dazu gehören wollte. Ganz so, wie es *Thomas Mann* in den „Buddenbrooks" über Lübeck zu erzählen weiß, war es auch in der Hansestadt Riga: Die reichen Kaufleute versammelten sich nicht nur in einflussreichen Gilden, sondern bestimmten auch direkt als Ratsherren über das Schicksal und die Politik der damals mächtigen Handelsstadt.

Das gesamte Gebäude wurde wie die Kleine Gilde im 19. Jh. in ein **neogotisches Ensemble** umgestaltet. Aus dem Mittelalter sind nur die sogenannte Münsterstube und die Brautkammer erhalten und in den Neubau integriert worden. Heute residiert in dem prachtvollen Gebäude das **Lettische Nationale Symphonieorchester.** Ein Konzertbesuch garantiert natürlich ein ganz besonderes Riga-Erlebnis.

- **Kleine Gilde** (Maza Gilde), Amatu iela 5, interaktive Tour durch das Haus: www.gilde.lv/maza.
- **Große Gilde** (Lielā Gilde), Amatue iela 6, Tel. (6)7213643, www.music.lv/orchestra, Konzertkarten 2–20 Ls.

Eckes Konvent mit Hof

Vom Līvu laukums aus auf der Kaļķu iela nach rechts gehend und dann links in die Skārņu iela abbiegend, kommt man zu einem sehr attraktiven Element der Rigaer Altstadt: Dem ehemaligen **Witwenasyl der Meister der Kleinen Gilde,** auch Eckes Konvent (Ekes konventa nams) genannt. Es entstand bereits im 15. Jh., 130 Jahre später wurde es umgebaut und im 18. Jh. mit zwei Portalen versehen. Benannt ist das Haus nach dem reichen Rigaer Bürgermeister *Nikolaus Ecke.* Die Fassade mit ihrem Spätrenaissance-Relief von 1618 im Stil des Manierismus, genau in der Mitte, ist besonders erwähnenswert. „Der werfe den ersten Stein, der ohne Sünde ist", sagt die Inschrift zur Darstellung der von Christus geretteten Sünderin. Bürgermeister Ecke wählte dieses Motiv mit Bedacht, wurde er doch selbst gleich zweimal wegen Betrugs aus der Stadt geworfen, bevor er zurückkehren durfte.

Der Höhepunkt des Konvents ist aber der **Konventhof** (Konventa sēta), dessen Eingang neben dem Haus liegt. Er entstand einst als Ansammlung von Armenhäusern, Heilstätten und Herbergen, die Ende des 13. Jh. an der Stelle der alten Schwertbrüderburg gebaut worden waren. Im 19. Jh. wurden viele der Häuser umgebaut oder gar neu errichtet. Der in den 1990er Jahren restaurierte Hof mit seinen kleinen Gässchen und den immer noch aktuellen deutschen Namen („Graue Schwestern") bildet ein faszinierendes, kleines Labyrinth, in dem neben einem großen Hotel auch einige **Boutiquen und Läden** sowie Restaurants untergebracht sind.

St. Johanniskirche

Direkt neben dem Konventhof liegt das dritte wichtige evangelische Gotteshaus der Altstadt, die St. Johanniskirche (Sv. Jāņa baznīca). Das um die Wende vom 15. zum 16. Jh. entstandene spätgotische Bauwerk mit dem auffälligen Stufengiebel und dem sehr kleinen neogotischen Turm aus dem 19. Jh. lohnt einen genaueren Blick von außen. Das Innere ist schön, hat aber keine besonderen Attraktionen zu bieten. Wer Ruhe in einer Kirche sucht, wird sie hier eher finden als im Dom oder in St. Petri.

Johannishof

Sehr sehenswert ist auch das niedrige, massive **Johannistor** (Jāņa varti) aus roten Ziegelsteinen, das in den Johannishof (Jāņa sēta) führt. Der Johannishof wurde wie der benachbarte Konventhof auf den Ruinen der mittelalterlichen Schwertbrüderburg errichtet. Noch heute sind hier Reste des **Schutzwalles aus dem 13. Jh.** zu besichtigen.

Haus Reutern

Auf der anderen Seite der Skārņu iela liegt die St. Petrikirche (s.o.), womit sich der Kreis des Stadtrundgangs geschlossen hat. Einen kleinen Abstecher wert ist noch das Haus Reutern (Reuterna nams, Marstalu iela 2) an der Mündung der Skārņu iela in die Grēcinieku iela. Es wurde im 17. Jh. von eben jenem *Rupert Bindeschuh* errichtet, der auch an der Renovierung der St. Petrikirche maßgeblich beteiligt war. Auf Bestellung des reichen Ratsherren *Johann Reutern* baute Bindeschuh dieses barocke Schmuckstück.

„Atlanten"-Gebäude

Vom Johannishof durch die nahe gelegene Teātra iela nach Norden in Richtung Neustadt gehend, gelangt man zum Haus Teātra iela 9, das durch seine Fassade mit Barock- und Renaissance-Elementen besticht. Berühmt ist es aber vor allem wegen der **Atlantengruppe** auf dem Ecktürmchen. Die starken Männerfiguren tragen einen gewaltigen, dunklen Erdball. Besonders schön ist das Ensemble nachts, wenn die Kugel von innen beleuchtet wird.

Neustadt

Auf der anderen Seite des Grünstreifens mit dem Pilsētas kanāls, hinter dem Freiheitsdenkmal, beginnt die Neustadt. Mit ihrem Jugendstilviertel steht sie, gemeinsam mit der Altstadt (Vecrīga), auf der Liste des **UNESCO-Weltkulturerbes.**

Freiheitsdenkmal

Die Kaļķu iela führt aus der Altstadt hinaus. Man geht geradewegs auf einen breiten, freien Platz zu, der für die Letten eine ganz besondere Bedeutung hat, den **Freiheitsboulevard** (Brīvības bulvāris). Als erstes fällt die hübsche **Standuhr** mit der großen „Laima"-Werbung auf – ein äußerst be-

Das Atlanten-Haus (links) in der Altstadt

012le Foto: mk

liebter Treffpunkt für Verabredungen und Rendezvous in Riga. Es scheint, dass es in der Nähe der Uhr niemals menschenleer ist. Besonders abends zieht die von innen beleuchtete Säule mit der Retro-Ästhetik die Blicke der Passanten an. **Laima** ist eine lettische Schokoladenmarke mit einer sehr langen Tradition. In der litauischen und lettischen Mythologie ist Laima die Schicksalsgöttin und Göttin des Glücks. Das Unternehmen wurde im 19. Jh. von einem gewissen *Theodor Riegert* gegründet und war zu seiner Zeit der größte Süßigkeitenhersteller des Baltikums. Seit der Unabhängigkeit Lettlands 1990 wuchs das Unternehmen sehr erfolgreich, konnte aber die Übernahme durch einen internationalen Riesen bisher vermeiden. Laima gilt im ganzen Land als Synonym für Schokolade.

Das Schönste am Freiheitsboulevard ist seine Lebendigkeit: Ältere Damen füttern Tauben, junge Mütter und Väter gehen zum Spielplatz im Park, Jugendliche treffen sich, Inlineskater können sich austoben und Passanten spazieren in die Altstadt.

Doch die größte Attraktion des Boulevards ist unumstritten: Inmitten der Fläche ragt das Freiheitsdenkmal (Brīvības piemineklis) in den Himmel, das nicht zufällig an die New Yorker **Statue of Liberty** erinnert, wenn es auch nicht ganz so hoch ist: Eine Frauenfigur reckt die Arme hoch. Sie hält drei Sterne – Symbole für die drei großen historischen Regionen Lettlands (Kurland, Livland und Lettgallen). Die grünliche Figur ruht auf einer schlanken, grauen Steinsäule, an deren unterem Ende überlebensgroße, in Stein gemeißelte Freiheitskämpfer für die lettische Unabhängigkeit stehen. Am Fuß der Figuren prangt in großen Lettern die Widmung „Tevzemei un Brivibai" („dem Vaterland und der Freiheit"). Zu beiden Seiten des massiven, braunen Sockels stehen zwei **Soldaten** Spalier. Immer wieder wechseln sie in genauestens einstudierten Ritualen ihre Position, marschieren gemeinsam nach rechts und links und nehmen dann wieder ihre Plätze ein.

Ständig bringen Privatleute frische **Blumen** zum Denkmal, um so an den langen, brutalen und mühsamen Freiheitskampf der Letten im 20. Jh. zu erinnern. Der Bildhauer *Kārlis Zale* entwarf die Statue in den 1930er Jahren – als Lettland zwei Jahrzehnte lang unabhängig war. Die Sowjets degradierten das Denkmal zur Insel in einem Kreisverkehr. Mit dem Erwachen der lettischen Nationalbewegung zu Zeiten von Glasnost und Perestroika wurde es aber wieder zum Bezugspunkt aller patriotischen Letten und entwickelte aufs Neue eine große symbolische Bedeutung. Nach der Wiedergewinnung der Unabhängigkeit wurde eine große verkehrsfreie Zone rund um das Freiheitsdenkmal eingerichtet.

Gleich nebenan findet sich der Mitte des 19. Jh. künstlich aufgeschüttete **Basteihügel** (Bastejkalns). Auch der kleine Hügel hat eine besondere Bedeutung für den Freiheitskampf, denn hier starben 1991 zwei Kameramänner, als sie die Auseinandersetzung zwischen Letten und sowjetischen militärischen Spezialeinheiten filmen wollten. Denkmalsteine auf dem Hügel ehren heute ihr Andenken.

Schlosskanal und Grünstreifen

Der Grünstreifen rechts und links des Freiheitsdenkmals, der auf der einen Seite bis zum Hauptbahnhof und in der anderen Richtung bis zum Kronvalda parks reicht, ist nicht nur wegen des Schlosskanals (Pilsētas kanāls), der sich durch die Anlagen schlängelt, einen ausgiebigen **Spaziergang** wert. Die schönen Pfade führen auch zu einigen weiteren Sehenswürdigkeiten.

Lettische Nationaloper

Nach Südosten in Richtung Bahnhof gehend, trifft man zunächst auf die prachtvolle, klassizistische Nationaloper, die nach dem Abriss des Stadtwalls im 19. Jh. als **Deutsches Theater** angebaut wurde. Seit 1919 residiert hier die Oper. Man kann jederzeit den Eingangsbereich besichtigen. Das wahre Erlebnis ist aber der Besuch einer der Vorstellungen im mit Plastiken und Verzierungen aller Art versehenen Saal. Hier treten Musiker von nationalem und internationalem Rang auf.

- **Latvijas Nacionālā Opera,** Aspazijas bulvāris 3, Tel. (6)7073777, www.opera.lv, Eintrittskarten 1,50–130 Ls.

Universität

Gegenüber der Nationaloper auf der anderen Kanalseite liegt das Hauptgebäude der Lettischen Universität (Latvijas Universitate), ein eklektizistischer Komplex mit Ursprung im 19. Jh.

Blumenmarkt

Kavaliere und Charmeure kommen in Riga weder am Valentinstag, noch am in Lettland viel beachteten Frauentag (8. März) noch in einer anderen Situation in Verlegenheit, denn zahlreiche Blumenverkäuferinnen stehen an der Tērbatas iela, direkt am schönen **Wöhrmannschen Garten** (Vērmanes dārzs), rund um die Uhr und bei jedem Wetter draußen. Hinter dem Freiheitsdenkmal geht man zunächst gut 100 Meter geradeaus und dann an der großen Kreuzung schräg rechts. Mindestens 50 Meter lang ist die Reihe der konkurrierenden Blumenstände mit einem Meer aus bunten Pflanzen. Die Preise mögen etwas höher sein als bei einem gewöhnlichen Blumenstand an weniger prominenter Stelle, doch die freundlichen Verkäuferinnen, die fast alle Russinnen oder russischsprachige Lettinnen sind, und die angenehme Atmosphäre laden zum Kauf ein.

Russisch-orthodoxe Kathedrale

Vom Blumenmarkt ist es nicht weit zur dritten Kathedrale von Riga: Die russisch-orthodoxe **Christi-Geburts-Kirche** liegt auf der nordwestlichen Seite des Brīvības bulvāris (Nr. 23). Das mächtige Gotteshaus mit den charakteristischen Zwiebeltürmen, einst auch **Alexander-Newskij-Kathedrale** genannt, dominiert seine Umgebung. Es wurde noch im 19. Jh., also zur Zarenzeit, im neobyzantinischen Stil erbaut und war die größte orthodoxe Kirche des Baltikums. Im Ersten Weltkrieg wandelten die deutschen Besatzungstruppen das Gebäude kurzerhand in eine evangelische Kirche um. In der Zwischenkriegszeit wurde die Kirche wieder russisch-orthodox, doch mit der Eingliederung in die Sowjetunion war es schon wieder vorbei mit der freien Religionsausübung. Anfang der 1960er Jahre wurde der spirituelle Ort zu einem **Planetarium** umfunktioniert. Bis heute nennen viele Bewohner das Gebäude umgangssprachlich „Planetarijs". 1991 schließlich konnte die Kathedrale ihre ursprüngliche Rolle wieder übernehmen.

Der wie immer bei orthodoxen Kirchen rundliche Innenraum ohne Sitzbänke ist von enormer Größe und Höhe und mit großen Kronleuchtern bestückt. Ein besonderes Erlebnis ist es, einem Gottesdienst beizuwohnen. Dabei sind aber Rücksicht, Unauffälligkeit und Respekt oberstes Gebot. Wer sich leise hineinschleicht, während eine Messe in Gange ist, und von hinten das Geschehen beobachtet, stört die Gläubigen nicht und erhält einen eindrucksvollen Einblick in die von den evangelischen und katholischen stark abweichenden Zeremonien der orthodoxen Christen: Der intensive Geruch, der monotone, aber einnehmende Gesang, die Ergebenheit der Gläubigen, die sich immer und immer wieder vor Gott verbeugen, schaffen eine ganz besondere Atmosphäre.

Sehenswert sind auch die 24 großen, goldenen Ikonen, die im Altarraum die Ikonostase bilden. Über den Altar selbst wölbt sich ein mächtiger Bogen mit der russischen Aufschrift: „Christus ist auferstanden." In Riga, wo gut die Hälfte der Einwohner dem russisch-orthodoxen Glauben angehört, ist die Kathedrale eine genau so wichtige Kirche wie der evangelisch-lutherische Dom in der Altstadt.

Regierungsviertel

Hinter der orthodoxen Kathedrale erstreckt sich der schöne Park **Esplanāde.** Hier und im gegenüber liegenden Wöhrmannschen Garten tummeln sich Spaziergänger, sobald auch nur einige Sonnenstrahlen auf Riga scheinen. Direkt gegenüber der Christi-Geburts-Kirche liegt der gewaltige, wenn auch nicht allzu schmuckvolle Komplex des **Ministerrates der Republik Lettland** sowie des **Justizministeriums.**

Reval Hotel Latvija

Wenige Meter weiter liegt an der nächsten Kreuzung, wo der Brīvības bulvāris in die Brīvības iela übergeht, das Reval Hotel Latvija mit der **Skyline-Panoramabar** in der 26. Etage. Das in den 1960er und 70er Jahren aus dem Boden gestampfte Gebäude war einer der ersten Wolkenkratzer Lettlands und galt als Pioniertat.

Das Maskenhaus – eines der berühmten Jugendstilgebäude in der Rigaer Neustadt

016le Foto: mk

Jugendstilviertel

Am Reval Hotel Latvija zweigt die **Elizabetes iela** links vom Brīvības bulvāris ab und führt geradewegs zu dem einzigartigen Jugendstilensemble Rigas. Die prächtigsten Gebäude stehen innerhalb des kleinen, unregelmäßigen Vierecks, das von den Straßen Elizabetes iela, Antonijas iela, Alberta iela und Strēlnieku iela gebildet wird. Kurz vorher, an der Elizabetes iela 10b, sticht das **Maskenhaus** hervor. Es wurde von zwei deutschen Architekten aus Leipzig entworfen und bleibt durch die beiden großen Steinmasken über dem Eingangsportal in Erinnerung.

Die **Alberta iela** kann getrost als Hauptstraße des Jugendstils bezeichnet werden. In ihr reiht sich ein fantastisch verziertes und beeindruckendes Haus ans nächste. Die 14 Gebäude der Straße entstanden in der erstaunlich kurzen Zeitspanne von 1901 bis 1908.

Der legendäre Architekt *Michail Eisenstein,* Vater des sowjetischen Regisseurs *Sergej Eisenstein,* schuf das Haus mit der **Nummer 2a.** Es verbindet den Jugendstil mit Neoklassizismus und ägyptischen Elementen, denn **zwei mächtige Sphinxe** bewachen den Eingang. Die schöne Fassade erhebt sich höher als das Haus selbst: Hinter den Fenstern im oberen Stockwerk ist einfach nur Luft. An der Hausfront fallen außerdem noch die zwei „Sieges-Skulpturen" auf. Eine von ih-

Riga als europäische Hauptstadt des Jugendstils

Es ist erstaunlich: Jeder kennt ihn, er ist auch heute noch in vielen europäischen Städten sehr präsent, und doch ist der Jugendstil eine Kunstrichtung, die im Gegensatz zu den großen Stilen anderer Epochen wie Renaissance oder Barock nur eine sehr kurze Lebensdauer hatte: Kurz vor und direkt nach der Wende vom 19. zum 20. Jahrhundert entstanden Kunstwerke aller Art im Jugendstil. Danach war es damit sehr schnell wieder vorbei und andere Einflüsse bemächtigten sich der Kunstszene. Dass der Stil bis heute allgegenwärtig ist, liegt an seiner großen Verbreitung: Der Jugendstil fand nicht nur in Architektur und Malerei Anwendung, sondern auch Möbel, Schmuckstücke, Geschirr und viele andere Gegenstände des täglichen Bedarfs wurden nach Art des Jugendstils gestaltet.

Um das Jahr 1880 bildete sich zunächst in London und dann sehr schnell auch in den deutschsprachigen Gebieten eine Gruppe von Künstlern heraus, die mit dem Historismus der vorangegangenen Jahrzehnte nichts mehr zu tun haben wollte. Klassizismus, Neobarock – alle existierenden Moden schienen ihnen nur lauwarme Aufgüsse vergangener Epochen zu sein. Sie entwickelten einen eigenen Stil, dem natürlich auch eine tiefer gehende Philosophie zu Grunde lag. Man wollte sich von den starren Formen der Vergangenheit verabschieden. So gehen die Elemente etwa in einer Jugendstil-Fassade ineinander über: Die Figuren und Gesichter, die reichen Ornamente, die oft hohen Ziergiebel – nichts ist so richtig voneinander getrennt. Man wehrte sich ganz bewusst gegen starre Formen: Der Grundriss eines Gebäudes musste keineswegs rechteckig sein. Warum nicht eine Rundung hier und da oder gleich eine völlig asymmetrische Form wie bei der berühmten Kirche Sagrada Familia von *Antoni Gaudí* in Barcelona? Bunt und durchaus verspielt durften, ja sollten die Kunstwerke sein. Schließlich war es auch wichtig, dass keine hohe Kunst für die Elfenbeintempel dieser Welt geschaffen wurde, sondern Bauwerke und Gegenstände für die Menschen, für den Alltag – um darin zu wohnen, daraus zu essen oder seine Blumen hineinzustellen.

Der Name „Jugendstil", zurückgehend auf die Münchner illustrierte Kulturzeitschrift „Die Jugend", war hauptsächlich im deutschsprachigen Raum und eben in Lettland gebräuchlich (und ist es bis heute). Die Österreicher nannten ihn „Secession", die Franzosen „Art Nouveau", die Engländer „Modern Style" und die Spanier „Modernismo". Neben dem bereits erwähnten

013le Foto: mk

Spanier Gaudí ragen die Namen des Belgiers *Henry van de Velde* und des Wiener Malers *Gustav Klimt* aus dieser Zeit besonders hervor. Weltberühmt sind auch die kunstvoll-verspielten Eingänge der Metro in Paris. Österreich-Ungarn wurde wie kein anderes Herrschaftsgebiet von dieser Kunstrichtung geprägt, wovon zahlreiche Fassaden in Budapest, Prag und Wien noch heute zeugen. In Riga waren aus Deutschland „importierte" Künstler wegweisend für die Errichtung der meisten Jugendstil-Bauten.

Es wird wohl ein Geheimnis bleiben, warum dem Jugendstil nur eine so kurze Blütezeit beschieden war. Wahrscheinlich war es einfach so, dass diese Richtung keine künstlerische Fortentwicklung fand und gewissermaßen in einer Sackgasse steckte. Moderne Strömungen wie der Expressionismus bildeten schnell die neue Avantgarde und ließen den Jugendstil auf einem Nebengleis zurück. Dort entwickelte dieser sich allerdings ganz prächtig. Es gibt sogar in neuester Zeit wieder Künstler, die wichtige Elemente des Jugendstils aufgreifen. Einer von ihnen war der 1999 verstorbene Österreicher *Friedensreich Hundertwasser.* Seine Kunstwerke, etwa der komplett umgestaltete Bahnhof von Uelzen oder das Hundertwasserhaus in Wien, machen den Jugendstil wieder lebendig oder rufen ihn zumindest in Erinnerung.

In ganz Europa gehören die Jugendstilgebäude bis heute zu den größten Attraktionen der jeweiligen Städte. Das Ensemble von Riga – auf der UNESCO-Welterbeliste stehend – ist als größtes seiner Art aber ein ganz besonderes.

014le Foto: mk

018le Foto: mk

nen streckt einen Lorbeerkranz, die andere eine Siegesfackel in die Luft. Das Gebäude wurde wie viele andere in der Umgebung in den 1990er Jahren grundlegend restauriert. Das Haus mit der **Nummer 4** stammt ebenfalls von Eisenstein, der fast eigenhändig die wichtigsten Gebäude des gesamten Viertels projektierte. Die reich geschmückte Fassade besticht durch ihre drei oberen Fenster, die wie riesige Schlüssellöcher aussehen.

Eisenstein zeichnete auch für die Häuser mit den Nummern 6 und 8 verantwortlich. Das Rätsel, warum die am raffiniertesten verzierten Gebäude auf der Straßenseite mit den geraden Hausnummern stehen und warum nur auf jener Seite ein schöner Grünstreifen zu finden ist, klärt sich bei genauerer Beobachtung: Es ist die Sonnenseite der Alberta iela. Die andere Seite liegt häufiger und länger im Schatten. Interessant zu beobachten ist der Eklektizismus der Jugendstilgebäude, die Elemente verschiedener Kunstepochen in sich vereinigen. Auch regionale Akzente wie die volkstümlichen lettischen Verzierungen an der Alberta iela 8 sind vorhanden.

Herausragend in dem beschriebenen Viereck ist auch das **Schwedenhaus** in der Strēlnieku iela 4a.

Die Auswahl an Obst und Gemüse scheint schier unendlich

Weitere Sehenswürdigkeiten im Zentrum

Zentralmarkt

Hinter dem Hauptbahnhof (Centrālā stacija) und direkt gegenüber dem Busbahnhof (Autoosta) dominieren fünf große, weiße Hallen das Stadtbild, vier davon parallel zueinander stehend und eine quer. Es handelt sich um ehemalige **Hangars für Zeppeline,** die einst in Riga gebaut wurden. Heute sind es **riesige Markthallen,** die Touristen faszinieren und für viele Einheimische zum Alltag gehören: Der Zentralmarkt ist der größte Lebensmittelmarkt Lettlands und war in der Zwischenkriegszeit, als er entstand, sogar lange Jahre der größte und modernste Markt in ganz Europa.

Die Hallen sind miteinander verbunden, sodass die Käufer niemals das hoch gewölbte Dach über dem Kopf verlassen müssen. Jede der Hallen hat Verkaufsstände mit einem bestimmten Warenangebot. So gibt es in einem Hangar **Fleisch,** in einem **Milchprodukte,** in einem **Fisch** und in einem weiteren eine gemischte Warenwelt mit verschiedenen Lebensmitteln. Hinzu kommen Süßigkeiten, Imbisse mit frisch gebratenen *Tscheburaki* oder *Pelmeni,* Apotheken, kleine Kioske mit Dutzenden Zigaretten- und Zigarrenmarken, Kosmetikstände sowie allerlei weitere Angebote. Das **Obst** strahlt auf den unendlich scheinenden Theken in allen nur denkbaren Farben, die Frische der Fische wird dadurch demonstriert, dass sie noch beim Verkauf zappeln, und die meist russisch sprechenden Marktfrauen und -männer (natürlich müssen sie auch Lettisch können, auch wenn die Mehrheit der Kunden ebenfalls russisch zu sein scheint) lassen auf freundliche Weise niemanden unbehelligt, der auch nur ansatzweise Interesse an den Produkten zu zeigen scheint. Dies alles schafft eine einzigartige Atmosphäre.

Während niemand die Faszination der Hallen bestreiten wird, gehen die Meinungen der Rigaer über die Einkäufe hier auseinander. Die einen schwören auf die Qualität und die schier unerschöpfliche Auswahl, andere beklagen die ihrer Ansicht nach überzogenen Preise. Auf jeden Fall findet jeder, der durch die unzähligen Gänge schlendert (und ständig von eiligen Käufern angerempelt wird, wenn er sich nicht ihrem Tempo anpasst), hier ein echtes Stück Rigaer Lebens und erhält nebenbei noch einen guten Eindruck davon, was bei den Menschen zu Hause auf den Tisch kommt.

Schöne Mitbringsel von den Markthallen sind **Honig direkt vom Imker** aus dem ganzen Land, der an mehreren Ständen feilgeboten wird, der scharfe Kräuterlikör **Rīgas balzams** oder Mittel zur **Körperpflege** aus eigener Produktion – schließlich wird Lettland von vielen als das Land der edlen Seifen geschätzt. Ein **Imbissstand** steht in der Halle mit Fleischwaren und heißt Bistro Krasts.

Unter freiem Himmel, im Bereich vor den riesigen Hallen, hat sich ein Markt etabliert, der etwas chaotischer und bescheidener aussieht als das In-

017le Foto: mk

019le Foto: mk

nenleben der Hangars. Hier wird neben Lebensmitteln vor allem **günstige Kleidung** verkauft, meist Billigmarken oder Kopien bekannter Labels.

• **Centrāltirgus,** Negu iela 7, Zugang über die Pragas iela, www.centraltirgus.lv, täglich 7–18 Uhr, So und Mo 7–17 Uhr.

Akademie der Wissenschaften

Was den Warschauern ihr Kulturpalast und den Moskauern die Lomanossow-Universität, das ist den Rigaern die nur einen Steinwurf vom Zentralmarkt entfernte Lettische Akademie der Wissenschaften: ein protziger, sandsteinfarbener Palast auf quadratischem Grundriss, der die Macht der stalinistischen, sowjetischen Epoche verkörpert. Daher verwundert auch nicht der Bauzeitraum von 1953 bis 1956: Zehn Jahre später wäre das „Geschenk der anderen Sowjetrepubliken an das lettische Volk", wie es in der Propagandasprache hieß, nicht mehr in dieser Form entstanden. Die Fassade weist neben kommunistischen Symbolen wie Hammer und Sichel auch lettische folkloristische Elemente auf. Ein großes Stalin-Porträt war auch vorgesehen, wurde aber zur Erleichterung vieler Letten nie realisiert.

Der Palast ist 108 Meter hoch. Damit war er der **erste Wolkenkratzer**

In den Markthallen wurden einst Zeppeline gebaut

Lettlands und blieb für lange Zeit das höchste Gebäude der Stadt. Er wird stufenweise nach oben hin schmaler und endet in einer kleinen Spitze. Im Volksmund wurde er unter anderem „Stalins Geburtstagstorte" genannt.

Im Zentrum von Riga erinnert auf den ersten Blick nicht mehr allzu viel an die stalinistische Vergangenheit der Stadt. Daher lohnt sich umso mehr eine genauere Besichtigung der Akademie, auch wenn sie bei den meisten Touristen nicht ganz oben auf der Liste steht. Im Sommerhalbjahr kann man mit einem Fahrstuhl auf den **Aussichtsbalkon im 17. Stock** fahren und aus 65 Metern Höhe einen interessanten Blick auf die Altstadt genießen. Wer im Winterhalbjahr das Gebäude betritt, wird meist direkt von einem Angestellten abgefangen, der den Besuchern „inoffiziell" und mit einigen Brocken Englisch oder auf Russisch ebenfalls die Fahrt mit dem Lift anbietet.

- **Latvijas Zinātņu akadēmija,** Akadēmijas laukums 1, Tel. (6)7225361, www.lza.lv, Fahrt auf die Aussichtsplattform 2 Ls.

Sehenswertes außerhalb des Zentrums

Fernsehturm und Daugava-Insel

Der Fernsehturm steht auf der **Insel Zaķusala** („Haseninsel") inmitten der Daugava und ist per Auto, Stadtbus und Straßenbahn (Nummern 19, 24, 40, Haltestelle Zaķusala auf der Daugava-Brücke) oder sogar zu Fuß (2 km vom Zentrum) zu erreichen. Er ist praktisch nicht zu verfehlen: In einem Umkreis von mehreren Hundert Metern stört kein einziges Gebäude die Sicht.

Von der am weitesten südlich gelegenen und längsten Daugava-Brücke (Salu tilts, die Verlängerung der zentralen Hauptstraße Lacpleša iela) führt eine schlechte, kleine Straße aus Betonplatten direkt am Fluss entlang zum Turm. **368 Meter** reckt er sich in die Höhe – genug, um den Fernsehturm am Berliner Alexanderplatz knapp zu übertrumpfen, wie eine Tafel im Eingangsbereich klar macht. Kein anderes Land in Europa kann mit diesen Ausmaßen mithalten. Mit seinen „Beinen", die schräg aufeinander zulaufen, sieht er aus wie eine sowjetische Weltraumrakete kurz vor dem Start.

Die wichtigste Funktion des leicht skurrilen Bauwerks ist die Ausstrahlung der Frequenzen für alle lettischen Radio- und Fernsehsender. Wenn der Turm ausfallen oder zusammenbrechen würde, hätte halb Lettland keinen Empfang mehr – ganz abgesehen von den Mobilfunknetzen, verschiedenen Navigations- und Kommunikationssystemen von Militär, Flugsicherheit, der Stadt Riga und vielen anderen wichtigen Institutionen. Doch so leicht wird der Turm nicht umfallen, denn er sitzt ganze 30 Meter tief in der Erde. Das soll ihn resistent machen gegen Erdbeben bis zur Stufe 8 auf der Richterskala. Da aber jeder noch so stabile Wolkenkratzer irgendwann zu wackeln beginnt, wurden in luftiger Höhe von 200 Metern schwere Pendel aufgehängt, welche die Schwingungen ausgleichen sollen. Damit trotzt der Tornis auch Winden in Orkanstärke.

Bereits in den 1970er Jahren begannen die Planungen für den Turm, doch erst 1986 konnte er in Betrieb genommen werden. Seine erste Sternstunde erlebte er beim Freiheitskampf 1991, als die Letten auf die Haseninsel eilten, wissend, dass sie von strategischer Bedeutung war. Denn hier steht außer dem Turm auch die Zentrale des staatlichen lettischen Fernsehens. Wer die Kontrolle über das Fernsehen gewann, entschied, was die Menschen in ganz Lettland zu sehen und hören bekamen. Nur wer auch den Fernsehturm in der Hand hatte, konnte die Ausstrahlung wirklich garantieren. Nicht zufällig kam es in der litauischen Hauptstadt Vilnius in eben jenem Jahr zu blutigen Auseinandersetzungen mit der sowjetischen Militärgewalt um den dortigen Fernsehturm.

Die Zeiten sind friedlicher geworden und eine freundliche und bereitwillig Auskunft gebende Angestellte fährt mit den Besuchern zusammen in Sekundenschnelle auf fast 97 Meter Höhe. Nur die Mitarbeiter fahren noch weiter hinauf. Der **Panoramablick** über ganz Riga in Verbindung mit dem Erleben dieses eigenartigen Turms ist großartig. Im Gegensatz zu den anderen Aussichtspunkten (St. Petrikirche, Akademie der Wissenschaften, Reval Hotel Latvija) steht man nicht mitten in Riga, sondern schaut aus einiger Entfernung auf das Zentrum und die anderen Stadtteile. Bei klarem Himmel reicht die Sicht bis nach Sigulda mit dem berühmten Schloss Turaida – ein Fernglas sollte also im Gepäck sein. Da stört es auch nicht, dass die Fenster ein wenig beschlagen oder schmierig sind – das Bedienen von Touristen gehört selbst im Sommer nicht zur Hauptbeschäftigung des Personals.

Die **Fahrt auf die Insel** lohnt sich auch ohne den Besuch des Fernsehturms. Direkt am Daugava-Ufer stehend, tut sich dem Betrachter das malerische Panorama des alten Riga mit dem glitzernden Fluss im Vordergrund auf – ein garantiertes Postkartenmotiv bei klarem Wetter. Besonders reizvoll ist es, am Anfang oder am Ende des Riga-Besuchs herzukommen, um entweder einen ersten Überblick oder einen schönen Rückblick auf die Stadt zu erhalten.

● **Televīzijas tornis,** www.tvtornis.lv, Besichtigung der Aussichtsebene: 15. Mai bis 30. September täglich 10–20 Uhr, 1. Oktober bis 14. Mai täglich außer So 10–17 Uhr, Eintrit 2 Ls.

Motormuseum

Eine kleine Perle unter den Rigaer Museen ist das wenige Kilometer außerhalb im Nordosten gelegene Motormuseum (ca. 20 Minuten mit Stadtbus Nr. 5 vom Hauptbahnhof oder 10 Minuten per Auto), das ganz angemessen neben einem großen, modernen Autohaus in einer Sporthalle liegt, in der mehrere Sportklubs und Fitness-Studios in Betrieb sind.

Gegründet wurde die Ausstellung 1989 noch zu Sowjetzeiten. Auf zwei Etagen wird hier eine beachtliche Anzahl an **faszinierenden Autos** präsentiert – von den ersten Anfängen der

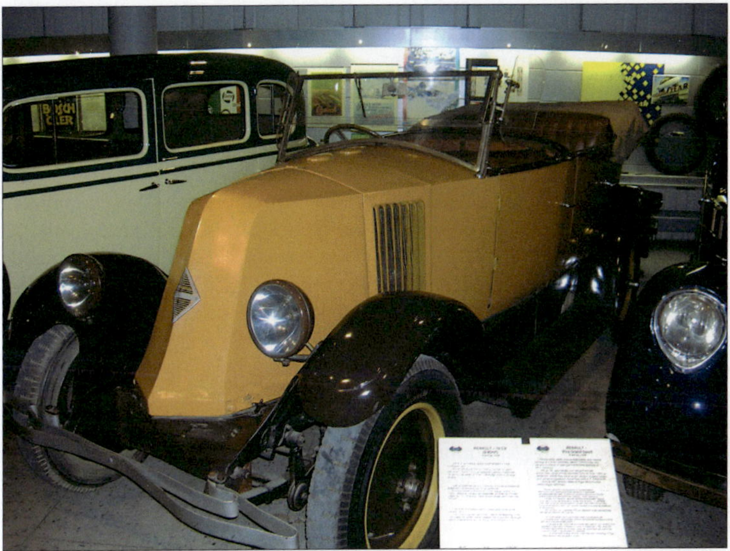

019le Foto: mk

Motorisierung bis hin zu Flitzern und Nobelkarossen vom Ende des 20. Jh. Insgesamt 100 Exponate zählt die Schau, darunter einige Motorräder und Fahrräder. Selbst Menschen, die sich nicht als Auto-Narren bezeichnen würden, kommen hier aus dem Staunen nicht heraus. Bei der Gelegenheit lernen sie noch eine ganze Menge über die Geschichte des Automobils. Die deutschen Klassiker von Horch aus Zwickau und Opel bis hin zum BMW der 1980er sind ebenso dabei wie die amerikanischen Legenden Buick, Chrysler und Chevrolet.

Fasziniert nicht nur Liebhaber: das Motormuseum

Besonders spannend ist der **Schwerpunkt Sowjetunion:** Wie kamen die kommunistischen Bonzen in Moskau in den 1930er Jahren zu ihren ersten Luxusautos aus dem Westen? Was fuhr *Stalin* am liebsten (in einem der Wagen sitzt eine lebensgroße Stalin-Puppe auf dem Rücksitz), welchen „imperialistischen" Autos konnte Außenminister *Molotow* nicht widerstehen? Wann bauten die Sowjets erstmals ihre eigenen Oberklassewagen? Und warum saß Staats- und Parteichef *Breschnew* selbst am Steuer seines Rolls Royce, als er 1980 in Moskau einen Auffahrunfall verursachte? (Man sieht Breschnew mit aufgerissenem Mund tatsächlich vorn im verbeulten Auto sitzen.)

Neben normalen Straßenfahrzeugen sind auch die ersten **Rennwagen** zu sehen. Dazu kommt der Bericht des deutschen Rennfahrers *Bernd Rosenmeyer,* der 1937 auf einer deutschen Autobahn den Geschwindigkeitsrekord brach, aber „leider bei seinem Rekordversuch ums Leben kam". Sein Fahrzeug ist ebenfalls zu sehen.

Im Museum erzählt man sich, dass die weiblichen Besucher nach einer halben Stunde alles gesehen haben, während die Männer mindestens die dreifache Zeit brauchen. Doch man sieht auch viele Frauen gebannt vor den edlen Gefährten stehen – ebenso wie Kinder, auf die das Motormuseum eine besondere Faszination ausübt.

● **Motormuzejs,** S. Eizensteina iela 6, Tel. (6)7097171, www.motormuzejs.lv, täglich 10–18 Uhr, Eintritt 1,50 Ls.

Freilichtmuseum

In der gleichen Richtung wie das Motormuseum, aber noch einige Kilometer weiter stadtauswärts an der Ausfallstraße Brīvības gatve Richtung Nordosten liegt das große Ethnografische Freilichtmuseum (ca. 30 Min. mit Stadtbus Nr. 1 vom Hauptbahnhof oder ca. 15 Min. per Auto), das bereits seit 1924 existiert und bis zum heutigen Tag ständig um neue Gebäude und Elemente bereichert wird. Hier kann man in einem mindestens zweistündigen Spaziergang die vier großen lettischen Regionen und ihre Geschichte kennenlernen. Viele planen aber auch gleich einen halben Tag für die Erkundung dieses **„Miniatur-Lettlands"** ein, das auf sympathische Weise (noch) keine glatt polierte, kommerzorientierte Touristenattraktion ist, sondern erstaunlich bescheiden, fast unauffällig daherkommt.

In die Landschaft gebaut sind **kleine Siedlungen** mit Wohnhäusern, Ställen, Brunnen, Kirchen, Windmühlen und Speichern – meist aus dem 19. Jh. – genau so, wie sie damals in Kurland, Livland, Lettgallen und Semgallen üblich waren (auch wenn es recht schwer ist, die regionalen Unterschiede in Bauweise und Arrangement der Siedlungen auszumachen). Im Sommerhalbjahr sind die Häuser mit ihren authentisch eingerichteten Innenräumen allesamt zur Besichtigung geöffnet.

Neben Wohnhäusern finden sich vor allem Arbeitsgebäude von **Bauern und Handwerkern.** Darin demonstrieren den alten Zeiten entsprechend gekleidete und ausgerüstete **Schmiede, Imker, Töpfer, Müller** und 14 andere Berufsgruppen den Besuchern ihre Kunst. Die Werkzeuge der Bauern und Handwerker sind ebenso zu begutachten wie Haushaltsgeräte. Der Blick ins großzügig mit mehreren Räumen eingerichtete **Badehaus,** die klassische lettische Sauna *(pirts),* lässt erahnen, dass selbst im ländlichen Lettland das Leben neben harter Arbeit auch zu jenen Zeiten Annehmlichkeiten zu bieten hatte.

Der Eindruck, den man hier vom traditionellen Leben gewinnt, wird durch Auftritte von **Volkstanz- oder Gesangsgruppen** ergänzt. Sonntags wird die **Usma-Kirche** zum lebendigen

Haus, wenn darin Gottesdienste abgehalten werden.

Unglaubliche 100.000 Ausstellungsstücke sind nach Angaben der Betreiber im Museum zu bewundern. Wer alles anschauen will, sollte also ausreichend Zeit mitbringen. Angenehm ist auch der Spaziergang am **Ufer des Juglas-Sees,** das zum Gelände gehört. Der romantische Steg, die alten Häuser, die Enten und Schwäne und die sanften Hügel würden den Betrachter in eine andere Zeit versetzen – wäre da nicht der Blick auf die Hochhäuser am gegenüberliegenden Ufer und das leise, aber hörbare Dröhnen der Motoren auf der nahen Brīvības gatve.

Wer in der passenden Atmosphäre noch ein wenig die gewonnenen Eindrücke sacken lassen will oder vom vielen Laufen hungrig geworden ist, kann im traditionellen und urigen „krogs" Halt machen. Das **Gasthaus** nahe dem Museumseingang bietet Getränke und einfache Speisen aller Art. An kühleren Tagen lockt eine heiße *Soljanka* oder eine Kohlsuppe direkt aus dem großen Kessel, dazu eine Scheibe dunklen, malzigen Brotes, und schon ist die verlorene Energie wieder hergestellt. Natürlich gehört auch ein kleiner Laden mit **Souvenirs,** schönen kunsthandwerklichen Artikeln wie Töpferwaren sowie Büchern, Heften, Postkarten und anderem zum Museum.

Man sollte rechtzeitig eintreffen, denn auch im Sommer schließt das Gelände, das von ungefähr 100.000 Menschen jährlich besucht wird, bereits um 17 Uhr seine Tore. Ein Besuch des Museums empfiehlt sich auch für Autoreisende, die gar nicht nach Riga hinein wollen, sondern deren Weg nur die Hauptstadt kreuzt. Man kann im Vorbeifahren einen kleinen Abstecher machen, ohne allzu sehr in den dichten Stadtverkehr gezogen zu werden.

- **Brīvdabas muzejs,** Brīvības gatve 440, Tel. (6)7994106, interaktive Tour auf www.muzejs.lv, tägl. 10–17 Uhr, Eintritt 1 Ls, Parkplatz vor dem Eingang 0,50 Ls. Ein Prospekt für 0,20 Ls, auch auf Deutsch, informiert über die Route und darüber, welches Gebäude welche Rolle spielt.

Kaiserwald

Wer per Auto das Motormuseum oder das Freilichtmuseum besucht hat, kann auf dem Rückweg einen kleinen Abstecher zum Kaiserwald machen und nicht auf der Brīvības iela direkt in die Stadt zurückkehren. Man fährt einige Hundert Meter weiter stadtauswärts und biegt dann links ab, um am **Ufer des Sees Ķīšezers** entlang in einem recht großen Bogen wieder das Zentrum anzusteuern.

Zunächst taucht auf der anderen Seite des Sees eine große Werft am Horizont auf. Wenige Minuten später ist die Werft bereits erreicht – ein wichtiges, wenn auch nicht eben schönes Industriegelände der größten Hafenstadt des Baltikums. Weiter Kurs aufs Zentrum nehmend, kommt man an dem mit 400 Hektar Fläche riesigen Kaiserwald vorbei, einer **weitläufigen Grünanlage,** etwa fünf Kilometer vom Herzen der Metropole entfernt. Der Weg zum Haupteingang führt am Ende der Straße nach links und dann auf der Meža prospekts entlang, während das Zentrum nach rechts ausgeschildert ist.

Vom Eingang aus führt ein breiter, langer **Fußgänger-Boulevard** mit schicken Laternen zu beiden Seiten und zahlreichen Sitzbänken tief in den **Mežaparks** hinein. Zwei Seitenwege führen an das Ufer des Ķīšezers-Sees. Mehrere große **Kinderspielplätze** und der Rigaer Zoo (s.u.) sorgen dafür, dass die Grünanlage zum Ausflugsort Nummer eins für Familien, Pärchen, Senioren und eigentlich alle anderen Bewohner der Großstadt geworden ist. Im Sommer lockt außerdem ein beachtliches **Amphitheater** (Mežaparka Lielā estrāde), das 1955 im sozialistischen Stil gebaut wurde und Platz bietet für bis zu 25.000 Zuschauer. Die Bühne ist ausgelegt für monumentale Chöre von mehreren Tausend Sängern sowie Ensembles mit Hunderten von Tänzern. Der Weg zu dieser Freiluftbühne führt vom Boulevard aus einen knappen Kilometer bis zur ersten großen Kreuzung, dann weiter geradeaus einen halben Kilometer auf einer Waldallee und schließlich noch ein kleines Stückchen nach links.

Der Mežaparks hat eine noble Geschichte, denn niemand anderes als **Zar Peter I.** („der Große") erließ die Anweisung, einen Park für die „Rigaer Gesellschaft" zu errichten. Peter inszenierte sich als Mann des Volkes, denn die Grünanlage war nach seinen Worten „besonders für die weniger Wohlhabenden und für diejenigen, die keine eigenen Sommerhäuser besitzen" vorgesehen. Das war Anfang des 18. Jh. Schon vorher trug der Wald aber den Beinamen „königlich", weil der Schwedenkönig *Gustav Adolf* hier 1621 vor dem Angriff auf Riga sein Lager aufgeschlagen hatte. Im 20. Jh. – noch unter russischer Herrschaft und dann auch während der lettischen Unabhängigkeit bis 1940, wurde die Gegend rund um den Mežaparks zu einem **schicken Wohnviertel** mit einer Reihe von Villen und exklusiven Wohnhäusern.

Wer sich in den Nebenstraßen nahe dem Haupteingang umschaut, wird auch heute noch eine gediegene Atmosphäre der gehobenen Klasse mit einer Reihe schöner Gebäude vorfinden. Die Sowjets schufen neben der Freiluftbühne eine über den Park verteilte Ausstellung, in der die angeblichen „Errungenschaften der Volkswirtschaft der lettischen Sowjetrepublik" zelebriert wurden. Auch ein Restaurant und ein Hotel liegen im Park.

● **Mežaparks,** Meža prospekts, www.scmezaparks.lv, Tel. (6)7557988, Stadtbusse Nr. 9, 48, Haltestelle „Saules Dārzs", Straßenbahnen Nr. 8, 11, Haltestelle „Mežaparks".

Zoo

Der Nationale Zoologische Garten von Riga am Eingang zum Mežaparks ist eine weitere Attraktion für Kinder und Familien. Nach Angaben der Betreiber sind hier **443 verschiedene Tierarten** zu bewundern, davon 98 Säugetier-, 91 Vogel-, 110 Amphibien- und Reptilien- sowie 78 Fischarten und 66 wirbellose Spezies. Rund 140 von ihnen bekommen jedes Jahr Nachwuchs, gewissermaßen vor den Augen der Zuschauer. Zu den prominentesten Bewohnern des 1912 eröffneten Tiergartens gehören der sibirische Tiger, der Grauwolf, Wildschweine, Rotfüchse, Braunbären, Lamas, Luchse, Dachse und Vielfraße. Außerdem steht den Besuchern ein Giraffenhaus offen. Ein Elefantenhaus ist gerade in Vorbereitung.

Für Kinder gibt es **Tiere zum Anfassen** - nicht nur Schafe oder Ziegen, sondern auch das eine oder andere Reptil kann in die Hand genommen werden. Der Zoo preist sich selbst dafür, dass viele der wilden Tiere unter Bedingungen gehalten werden, die ihrer Natur nah sind. Eine Herde von Kiangs - eine tibetanische Pferdeart - bevölkert zusammen mit ungarischen Kühen einen Bereich von 30 Hektar inklusive Hügeln, Waldstücken und einem natürlichen Teich.

Im Zoo kann man ohne weiteres eine bis zwei Stunden oder sogar mehr Zeit verbringen. Sympathisch: Man darf sein eigenes **Picknick** mitbringen und es an einem der Rastplätze ausbreiten und verzehren.

- **Rīgas Nacionālais zooloģiskais dārzs,** Meža prospekts 1, Tel. (6)7518409, www.rigazoo.lv, tägl. 10–18 Uhr, Oktober bis April tägl. 10–16 Uhr, Eintritt 3,80 Ls, Anfahrt wie zum Kaiserwald, s.o.

Brüderfriedhof

Zwischen dem Kaiserwald und Rigas Zentrum liegt der Brüderfriedhof, der für die Letten eine **große nationale Bedeutung** hat. Es ist mehr als ein Militärfriedhof, denn neben Tausenden Gefallenen der beiden Weltkriege sind hier auch diejenigen Letten bestattet worden, die beim **nationalen Freiheitskampf** nach dem Ersten Weltkrieg ihr Leben gelassen haben. In der Phase der ersten lettischen Unabhängigkeit entstand das Projekt für diesen Ort, geleitet von der lettischen Bildhauer-Legende *Kārlis Zale,* dem selben Mann, der auch die Freiheitsstatue entworfen hat. Das große Eingangsportal, das ständige Feuer auf der Ehrenterrasse, mehrere Skulpturen, die beeindruckende Statue der „Mutter Lettland" und die Alleen unterstreichen den hohen symbolischen Rang des Friedhofs.

Die Sowjets bestatteten nach dem Zweiten Weltkrieg hier Soldaten der Roten Armee und wichtige politische Persönlichkeiten. Nach der Wiedererlangung der Freiheit wurden deren Gebeine von den Letten aber umgebettet, denn sie passten ihrer Ansicht nach nicht zu dem Geist des Ortes.

- **Braļu kapi,** Gaujas iela, Straßenbahn Nr. 11, Haltestelle „Braļu kapi", dieselbe Linie fährt weiter zum Kaiserwald.

Andrejsala

Das **Hafengebiet** Andrejsala an der Daugava, nur zwei Kilometer von der Altstadt entfernt und z.B. vom Turm der Petrikirche auszumachen, entwickelt sich in den letzten Jahren immer mehr zum **Treffpunkt für Künstler und Kreative** aus der jungen Rigaer Szene. Das Viertel ist gut zu Fuß am Fluss entlang oder über die Elizbetes iela zu erreichen. Die Tramlinien 5 und

9 fahren dorthin, Haltestelle Vašingtona laukums (Süden) oder Pētersalas iela (Norden). In Andrejsala verkehren keine Busse und Bahnen, ein Parkplatz ist an der Einfahrt auf die Halbinsel.

Noch im 19. Jh. war Andrejs eine Insel. Um sie als Hafen zu nutzen, wurde sie durch einen schmalen Streifen mit dem Ufer verbunden. Nicht wenige Handelsschiffe machten seitdem in Andrejsala Halt. Nach einer gewissen Blütezeit verfiel jedoch die Hafen-Infrastruktur zusehends – der Rigaer Hafen liegt heute an anderer Stelle – und ließ verfallene Bauten und brach liegende Grundstücke zurück.

In den letzten Jahren nutzten Künstler dieses verlassene Gebiet und siedelten ihre **Ateliers, Studios und Wohnungen** hier an. Als diese Bewegung an Bedeutung zunahm, entdeckten wiederum Menschen mit etwas mehr Geld, dass Andrejsala „angesagt" war. Die Folge waren kulturelle Veranstaltungen für ein immer breiteres Publikum und nun auch die Erschließung des Viertels als Wohngegend: Es werden schmucke Apartmenthäuser gebaut, **Kulturzentren und Museen** eröffnet sowie **Feste** veranstaltet.

Noch ist Andrejsala aber nicht völlig modernisiert, es kommt gerade erst richtig groß raus. Auch ein Projekt für moderne Hafenanlagen liegt bereits vor. Das wichtigste sind aber immer noch die Künstler, die sich ähnlich wie im Berliner Bezirk Kreuzberg ihre Nischen bewahren und dem Viertel ihren Charakter geben. Wer Sauberkeit, Ordnung und gut angezogene Menschen bevorzugt, wird in Andrejsala keine Freude haben, wer es aber alternativ mag, sollte zu einem ausführlichen Spaziergang vorbeikommen, auch abends. Die Wandlung des Viertels ist noch ganz frisch, daher ist hier viel Spannendes zu beobachten.

- **www.andrejsala.lv,** mit vielen Informationen rund um das Viertel.

Museum für Energieerzeugung

Einen Besuch wert sind auch die Museen von Andrejsala. Das Museum für Energieerzeugung deckt ein breites Spektrum mit vielen historischen Ausstellungsstücken ab – von **alten Messapparaturen** und riesigen Bedienungseinrichtungen und Schaltzentren von Kraftwerken bis hin zu längst verschwundenen Generationen von **Haushaltsgeräten:** betagten Bügeleisen, Waschmaschinen, Kühlschränken und vielem mehr. Zu sehen ist außerdem umfassendes Film- und Fotomaterial. Der Bezug zu Andrejsala: Hier stand einst ein großes Wärmekraftwerk (TEC), dessen Reste heute noch stehen und in das ebenfalls neues Leben einkehren soll: ein Museum für moderne Kunst. Das alte Kraftwerk

Der Blumenmarkt an der Tērbatas iela
ist rund um die Uhr geöffnet

soll in den Neubau integriert werden, der aber noch einige Jahre in Anspruch nehmen wird.

- **Enerģētikas muzejs,** Andrejostas iela 8, geöffnet Mo–Fr 8–17 Uhr, Tel. 67728982, ina.lastovecka@latvenergo.lv.

Museum der Naiven Kunst

Interessant ist auch das noch ganz junge Lettische Museum der Naiven Kunst mit festen Exponaten aus **Malerei und Bildhauerei** sowie wechselnden Ausstellungen. Das Museum wurde 2008 geschlossen, soll aber ab Frühling 2009 wieder Besuchern zur Verfügung stehen.

- **Latvijas Naivās mākslas muzejs,** Kontakt zu Museumschef *Dzintars Zilgavis,* Tel. 29474401.

Praktische Tipps

Informationen

Touristeninformation

- **Lettische Touristeninformation,** Smilšu iela 4, Tel. (6)7224664, www.rigatourism.lv, tägl. 9–18 Uhr; Filiale: Schwabe-Haus (Švābes nams) am Rathausplatz, Rātslaukums 6, tägl. 10–19 Uhr, Tel. (6)7037900

Im Internet

- **www.rigathisweek.lv,** unentbehrliches Online-Magazin mit sehr vielen aktuellen und allgemeinen Informationen.

Stadtführungen und Ausflüge

Buchungen von Ausflugsfahrten bei den offiziellen Touristeninformationen, außerdem u.a.:

- **Ltd. Amber Way,** zwei Stunden lange Tour durch Riga mit deutschem Audioguide über

Riga

021le Foto: mk

Kopfhörer (10–12 Ls). Weitere Angebote wie geführter Altstadtspaziergang oder Bus- und Spaziertouren mit lettischem Essen. Jeden Samstag Fahrt zum Schloss Pilsrundāle bei Bauska. Infos: www.sightseeing.lv. Start ist jeweils am Opernhaus, Tickets gibt es beim Fahrer.

Für Behinderte

Kaufhäuser, Hotels sowie öffentliche Einrichtungen wie Bahnhöfe und Ämter sind inzwischen sehr häufig behindertengerecht eingerichtet. Es gibt aber immer noch beispielsweise Museen mit vielen für Rollstuhlfahrer unüberwindlichen Stufen. Gleiches gilt für viele öffentliche Verkehrsmittel. Sogar einige Hotels sind noch nicht auf Behinderte eingestellt. Zu Sowjetzeiten hatten es Rollstuhlfahrer wegen mangelnder Einrichtungen besonders schwer, sich selbständig fortzubewegen. Noch heute sieht man sie seltener im Straßenbild als etwa in einer westeuropäischen Großstadt. Die Bedingungen haben sich aber bereits massiv verbessert.

Konkrete Informationen gibt es bei den Touristeninformationen und bei den jeweiligen Einrichtungen.

Interessante Adressen

- **Goethe-Institut Riga,** Torņa iela 1 (Altstadt, Eingang von Klostera iela), Tel. (6)7508200, www.goethe.de/riga, unter anderem mit Lesesaal und Ausleihe deutscher Bücher und Zeitungen.
- **Deutsch-Baltische Industrie- und Handelskammer,** Vīlandes iela 1, Tel. (6)7320718, www.ahk-balt.org, mit Informationen für Messebesucher und regelmäßigen Stellenangeboten und/oder Praktikumsplätzen.
- **Lettische Freundschaftsgesellschaft mit Deutschland** (Latvijas un arzemju draudzibas biedrbu savieniba), Vecpilsētas iela 3, 2. Korp., Tel. (6)7227256.
- **Deutsch-Baltische Gemeinschaft zu Riga,** Aglonas iela 56, Tel. (6)7134691.
- **Deutsche Evangelische Kirche in Riga,** Gottesdienst in deutscher Sprache jeden ersten Sonntag im Monat in der Jesuskirche (Jezus baznīcas iela, hinter dem Zentralmarkt), Auslandspfarramt der EKD, Pastor *Dr. Martin Grahl,* K. Valdemāra iela 7–9, Tel. (6)7211251, www.kirche.lv.

Post und Telekommunikation

Post

- **Postzentrum Sakta,** Brīvības bulvāris 32, tägl. 7–22 Uhr, Sa und So 8–20 Uhr.
- **Weitere Postämter im Zentrum:** Brīvības bulvāris 19 (7–23 Uhr, Sa und So 8–22 Uhr); Stacijas laukums 1 (im Bahnhof), 24 Std. geöffnet; Aspazijas bulvāris, 24 Std. geöffnet.

Telefonieren

Telefonnummern für Riga haben in der Regel acht Ziffern und beginnen mit einer 6. In Telefonzellen wird fast immer eine Telefonkarte (2, 3 oder 5 Ls) mit dem Aufkleber „Telekarte" benötigt, die überall in Läden, Kiosken und Postämtern erhältlich ist. Seltener ist auch der Einwurf von Münzen möglich.

Notruf- und Hilfsnummern:

- Standard-Notruf: 112
- Feuerwehr: 01
- Polizei: 02
- Krankenwagen: 03
- bei Verkehrsunfall: (6)7377000
- Medizinischer und Giftnotruf (6)7042473
- Gasunfall: 04

Internetcafés

Sehr viele der Hotels und Hostels bieten einen kostenlosen Internetzugang mit dem eigenen Laptop (W-Lan) und auch eine Gratis-Computerbenutzung an. Darüber hinaus gibt es in der gesamten Stadt viele Internetcafés (ab 1,50 Ls/Stunde), darunter einige mit Öffnungszeiten rund um die Uhr, z.B.:

- **Dualnet Café,** Peldu iela 17, mit Bar und Drinks.
- **Planeta,** Kaļķu iela 10.

Geld

Wie im ganzen Lande sind auch und besonders in Riga zahlreiche **Bankautomaten** vorhanden. Normale Maestro-(EC-)Karten werden ebenso akzeptiert wie Visa- und andere Kreditkarten. Restaurants und Hotels nehmen ebenfalls mit einigen Ausnahmen Kreditkarten an. Es ist nicht notwendig, Geld mitzubringen und umzutauschen. Wer es dennoch tun will, kann dies in Banken oder in einer der im Zentrum sehr häufigen **Wechselstuben** erledigen. Auf Tafeln werden die jeweils aktuellen Tageskurse der akzeptierten Währungen angezeigt. Euro und Schweizer Franken sind fast überall dabei.

Notfälle und nützliche Adressen

Botschaften

- **Botschaft der Bundesrepublik Deutschland,** Raiņa bulvāris 13, Tel. 7085100, in dringenden Fällen auch Tel. 29466456.
- **Botschaft der Republik Österreich,** Elizabetes iela 15-4°, Tel. 67216125 oder im Notfall unter Tel. 61000844.
- **Botschaft der Schweiz,** Elizabetes iela 2, Tel. 673383-51/-52/-53.

Apotheken

- **Kamelijas Aptieka,** Brīvības iela 38, Tel. (6)7293514, 24 Stunden geöffnet.
- **Vecpilsētas Aptieka,** Audēju iela 20, Tel. (6)7213340, 24 Stunden geöffnet.

Englischsprachige Ärzte

- **Dr. Livija Caune,** Elizabetes iela 2a, „World Trade Centre", 1. Etage, Tel. (6)7321980, Mobiltel. 29139115.
- **Dr E. Tirans,** Bruninieku iela 67, Tel. (6)7315594, Allgemeinmediziner.
- **Dr. Dina Sviridova,** Vienibas gatve 45, Tel. (6)722 9942, Kinderärztin im Kinderkrankenhaus.

Englischsprachiger Zahnarzt

- **Smaidisim,** Audēju iela 6, Tel. (6)7228024.

Krankenhäuser

- **Krankenhaus für Traumatologie and Orthopädie,** Duntes iela 12/22, Tel. (6)7399300.
- **Gailezers Krankenhaus,** Hipokrata iela 2, Tel. (6)7042446, (6)7042424.
- **Stradins Krankenhaus,** Pilsonu iela 13, Tel. (6)7069600.
- **Linezers Hospital,** Linezera iela 6, Tel. (6)7040210 (Aufnahme), Tel. (6)7040355 (Information).
- **ARS Clinic,** Skolas iela 5, Tel. (6)7201006 (Rezeption), (6)7201009 (24 Std. Bereitschaft auf Englisch), (6)7201005 (Notfälle zu Hause).

Waschsalon

- **Nivala,** Akas iela 4, Tel. (6)7281346, 24 Stunden Selbstbedienung, 6 kg Wäsche 2,20 Ls.

Kopieren und Drucken

- **Copy Pro,** Raiņa bulvāris 17, Tel. (6)7211560, 24 Stunden geöffnet.

Unterkunft

Das Angebot an Hotels, Hostels und Appartements in Riga ist sehr groß und breit gefächert - und es wächst immer mehr. Durch die Konkurrenz steigt auch die Qualität: Kaum eine Unterkunft, selbst in den unteren Preisklassen, ist unangenehm, unsauber oder auf andere Weise völlig inakzeptabel. In vielen Fällen empfiehlt sich eine rechtzeitige Buchung per Internet, die oft sogar Preisnachlässe mit sich bringt. Bei den günstigeren Hostels ist Kartenzahlung nicht überall möglich. Die in Lettland hohe Inflation macht auch vor den Hotelpreisen nicht halt, und so ist das Niveau insgesamt schon recht hoch, aber noch akzeptabel, wenn man die Attraktivität Rigas und die Qualität der Unterkünfte berücksichtigt.

Weitere Übernachtungsmöglichkeiten findet man unter www.rigatourism.lv und bei www.rigathisweek.lv.

Preiskategorien für Riga

€€€€ über 150 Euro pro Doppelzimmer
€€€ 100 bis 150 Euro pro Doppelzimmer
€€ 60 bis 100 Euro pro Doppelzimmer
€ unter 60 Euro pro Doppelzimmer

Obere Preiskategorie

- **Europa Royale Riga** €€€€, K. Barona iela 12, Tel. (6)7079444, www.europaroyale.com. Luxushotel in einem restaurierten, edlen Gebäude aus dem 19. Jh. mit Blick auf den Wöhrmannschen Garten. Die Royal Suite kostet 1000 Euro, Doppelzimmer gibt es dagegen schon für gut 200 Euro. Alle Zimmer stilecht mit hohen, stuckverzierten Decken und echtem Parkettboden.
- **Hotel Bergs** €€€, Elizabetas iela 83/85, Tel. (6)7770900, www.hotelbergs.lv. In der schönen, modernen Boutiquen-Passage „Berga Bazars" sehr elegant und sympathisch gelegen mit geräumigen Zimmern und Suiten. Preise inkl. Fitnesscenter und Sauna. Verglaster Saal auf dem Dach für Konferenzen oder Empfänge.
- **Konventa Seta** €€€, Kalēju iela 9/11, Tel. (6)7087501, www.konventa.lv. Der Konventhof ist einer der sympathischsten Orte der Altstadt. Ins Hotel integriert sind neun mittelalterliche Gebäude mit Ursprung im 13. Jh.
- **Gutenbergs Hotel** €€€, Doma laukums 1, Tel. (6)7814090, www.gutenbergs.lv. Im Stil des 19. Jh. direkt am Domplatz. Jedes Stockwerk ist individuell eingerichtet. Gemütliche Atmosphäre „wie zu guten alten Zeiten" mit nur 38 Zimmern.

Mittlere Preiskategorie

- **Boutique Hotel Viesturs** €€, Mucenieku iela 5, Tel. (6)7356060, www.hotelviesturs.lv. Weniger luxuriös als das Hotel Bergs, aber sehr schön situiert in einem restaurierten Altstadtgebäude aus dem 17. Jh. Nur 13 nicht allzu große Zimmer. Diese sind aber bis ins Detail schmuckvoll eingerichtet, bis hin zu den Badezimmern im Landhausstil. Höhepunkt: Die Suite mit eigener Panorama-Dachterrasse sowie Sauna und Whirlpool im Badezimmer (135 Euro).
- **Ekes Konvents** €€, Skārņu iela 22, Tel. (6)7358393, www.ekeskonvents.lv. Im Jahre 1435 wurde das erste Gasthaus in Riga im selben Haus eröffnet. Nur elf Zimmer in einem kleinen, klosterähnlichen Gebäude. Atmosphäre des alten Riga.
- **Viktorija** €€, Čaka iela 55, Tel. 67014111, www.hotel-viktorija.lv. Hübsches Haus im schönen Jugendstil-Gebäude einer bekannten Einkaufsstraße. Suite 108 Euro.
- **Radi un Draugi** €€, Marstalu iela 1/3, Tel. (6)7820200, www.draugi.lv. „Verwandte und Freunde" heißt das von einem britisch-lettischen Paar in der Altstadt geführte Hotel. 77 gemütliche Zimmer.
- **ALA Hotel** €€, Audēju iela 11, Tel. (6)7223957. Für alle, die mehr als nur ein Zimmer zum Schlafen suchen und beispielsweise selbst Frühstück machen oder gelegentlich kochen wollen. Nennt sich Hotel, bietet aber Appartements in der Altstadt.

Untere Preiskategorie

- **Dodo Hotel** €, Jersikas iela 1, Tel. (6)7240220, www.dodohotel.com. Gute Lösung für Riga-Besucher mit weniger Geld, die ein schlichtes, gutes Hotel einem jugendlich geprägten Hostel vorziehen. Zimmer und Betten erstaunlich gemütlich. Fester Preis für ein DZ bei Internetbuchung: 39 Euro, sonst 49 Euro. W-Lan-Internetzugang und Pfannkuchen zum Frühstück inbegriffen. Knapp zwei Kilometer zur Altstadt.
- **Singalong** €, Andrejostas iela 4, www.singalong.lv. Unkonventionelles Hostel, das eine alte Schiffswerkstatt in ein progressives, avantgardistisches Kunstwerk verwandelt hat. Wenige Autominuten (ca. 2 km) vom Zentrum Richtung Norden an der Daugava im ehemaligen Industriehafen Andrejsala. Kunstvoll gestaltete Zimmer.
- **Central Hostel** €, Birznieka Upīša iela 20e, Tel. 22322663, www.central-hostel.com. Fünf Minuten Fußweg zum Bahnhof, zehn Minuten zur Altstadt, zehn Minuten zum Jugendstilviertel. In unscheinbarem Gebäude, aber mit ruhiger, sympathischer Atmosphäre. Kein Party-Hostel. Küche zum Selberkochen,

0221e Foto: mk

Hostel in der Altstadt

breite Holzbetten, Online-Computerbenutzung und W-Lan. Freier Parkplatz vor dem Haus (oft problematisch bei Hostels in der Altstadt). Rezeption 24 Stunden besetzt, Bezahlung nur in bar.

- **Doma Hostel** €, Skunu iela 16, Tel. (6)7213101, www.domahostel.com. Günstige Unterkunft mitten in der Altstadt. Computer mit Internet, W-Lan gratis, Küche und gemütlicher Aufenthaltsraum. Kreditkarten akzeptiert.
- **Argonaut Hostel** €, Kalēju iela 50, www.argonauthostel.com. Sehr beliebtes Hostel in einer mittelalterlich geprägten Altstadtstraße. Viele Zimmer, viele Betten und ideal für Partyfreunde. In diesem Haus tut sich immer etwas.
- **Knights Court** €, Bruņinieku iela 75b, Tel. (6)7846400, www.knightscourt.lv. Im Zentrum, aber leicht abseits und ruhig gelegen. Das stilvolle Knights Court firmiert als Hostel und bietet entsprechende Zimmer, hat aber einen leicht höheren Standard als andere Hostels. Gratis-Internet.

Campingplätze

- **Riga City Camping,** Kipsalas iela 8, Tel. (6)7065000, www.bt1.lv/camping. Schön gelegen auf einer Insel in der Daugava. Geöffnet nur im Sommerhalbjahr. Plätze für Zelte und Wohnmobile sowie günstige Betten im „Campinglager".
- **ABC Kempings,** Šampētera iela 139a, Tel. 7892728, www.janisnaglis.lv/abc. Hotel und Camping in einem. Komplette Ausstattung, Abholung vom Flughafen, Autoverleih, Sauna, Grill, Konferenzräume. Am Stadtrand von Riga, fünf bis zehn Minuten zum Flughafen.

Essen und Trinken

Besonders interessant sind neben den lettischen Restaurants und Bistros die Lokale der in Riga so zahlreich vertretenen Russen und anderer Völker der ehemaligen Sowjetunion wie etwa der Usbeken. Die russische Teigtaschen-Spezialität **Pelmeni** zum Beispiel ist als Imbiss wesentlich beliebter und verbreiteter als jede lettische Speise. Ein weiterer sympathischer und angenehmer Aspekt der Rigaer Gastronomie ist die Tatsache, dass es fast an jeder Straßenecke günstiges, meist lettisches und russisches Essen in den Lokalen mit der Aufschrift **„kafejnīca"** gibt. Diese sind anders, als der Name suggeriert, keine klassischen Cafés, sondern oft sehr schön eingerichtete Kombinationen aus Café und Imbiss mit Selbstbedienung und Sitzplätzen. Viele Einheimische nutzen dieses schnelle, gemütliche und günstige Angebot, um zu Hause nicht kochen zu müssen.

Bei den **Restaurants** der unteren Preiskategorie kann man schon zu zweit mit 10 Ls auskommen, in der mittleren Kategorie kostet es dann zwischen 10 und 20 Ls, in der oberen Kategorie mehr als 20 Ls.

Weitere Adressen findet man unter www.rigathisweek.lv.

Obere Preiskategorie

- **Arbat,** Vagnera iela 3, tägl. 12–24 Uhr, Tel. (6)7214057, www.arbat.lv (auf Russisch). Für alle, die russische Küche auf einem höheren Niveau in schickem Ambiente kennenlernen wollen. Natürlich gibt es auch einfache Gerichte wie Pelmeni.
- **Otto Schwarz,** Kaļķu iela 28, Frühstück täglich 7–10.30 Uhr, dann 12–23 Uhr, Tel. (6)7087623, www.derome.lv. Panorama-Restaurant auf der oberen Etage des Hotel de Rome am Übergang von der Altstadt zum Freiheitsboulevard. Natürliche und regionale Zutaten. Das Frühstücksbüffet steht Gästen von außen offen.
- **Skonto Zivju Restorāns,** Vagnera iela 4, täglich 12–24 Uhr, Tel. (6)7210087, www.zivjurestorans.lv. Eine der ersten Adressen für Fisch-Gourmets in Riga. Vier in verschiedenen Stilen eingerichtete Esssäle. Die Gäste können ihre Speisen teilweise selbst aus dem Aquarium aussuchen.
- **Nostalgija,** Kaļķu iela 22, tägl. 10–2 Uhr, Tel. (6)7222338. Zu Sowjetzeiten gab es nur eine Hand voll schöner Restaurants. Dieses ist mit der barocken Einrichtung, den hohen Decken und den edlen Leuchtern so eingerichtet wie eines von ihnen. Interessant auch die kreisrunde Theke in der Mitte.

Mittlere Preiskategorie

- **Steiku Haoss,** Meistaru iela 25, weitere Lokale: Audēju iela 2, Terbatas iela 41/43, Mo–Fr 10–1 Uhr, Sa, So 12–1 Uhr, Tel. (6)7222419, www.steikuhaoss.lv. In Wildwest-Manier eingerichtete Restaurants. Der Name bedeutet nicht „Steak-Haus", sondern „Steak-Chaos". 17 verschiedene Steaks werden vor den Augen der Gäste gebraten. Country-Livemusik und Tanz. Preise nicht niedrig, aber bezahlbar.
- **Alus Sēta,** Tirgoņu iela 6, tägl. 11–1 Uhr, Tel. (6)7222431, www.lido.lv. Restaurant in gemütlicher Kneipenatmosphäre mit Selbstbedienung an der Theke und rustikaler Holzeinrichtung. Typisch lettische Speisen, die man wählt, ohne die komplizierten Namen verstehen zu müssen. Dazu das von der Restaurantgruppe Lido selbst gebraute Bier. Mitten in der Altstadt, auch Letten kommen häufig. Bezahlung nur in bar.
- **City Laiki Krogs,** Brīvības iela 41, Mo–Mi 10–23 Uhr, Do, Fr 10–2 Uhr, Sa 12–2 Uhr, So 12–23 Uhr, Tel. (6)7240592. Auch hier wird traditionelles lettisches Essen mit dem obligatorischen einheimischen Bier offeriert. Dazu eine ländliche, urige Atmosphäre. Abends lettische Live-Musik.
- **Dzirnavas,** Dzirnavu iela 76, täglich 8–24 Uhr, Tel. (6)7286204, www.lido.lv. In der „Mühle" herrscht eine rustikale, lockere Atmosphäre: Von Wasser angetriebene Räder drehen sich munter, während die Gäste auf dicken Holztischen ihre Speisen und Getränke abladen. Besonders leckere, frische Salate. Kinderfreundlich mit Spielecke.
- **Lido Atputas Centrs,** Krasta iela 76, tägl. 12–24 Uhr, Tel. (6)7504420, www.ac.lido.lv. Weiteres Lokal der Lido-Gruppe: Staburags, Čaka iela 55, tägl. 12–1 Uhr. Etwas außerhalb des Zentrums, zu erreichen mit Straßenbahnen Nr. 7 und 9. Großer Komplex mit Express-Restaurant, Bistro und Bierkeller. Lettisches Essen, eigenes Bier, jeden Abend Live-Musik, reiche Dekoration und Folklore zu nationalen Feiertagen.
- **Melnā Kaķa Alus Ordenis,** Raiņa bulvāris 15, Mo–Do 12–24 Uhr, Fr 12–3 Uhr, Sa 15–3 Uhr, So 15–24 Uhr, Tel. (6)7814190, www.alusordenis.lv. Der „Bierorden der Schwarzen Katze" ist ein mittelalterlich eingerichteter Keller mit entsprechend gekleideten Kellnern. Deftiges lettisches Essen und Bier in tönernen Krügen.
- **Habibi,** Peldu iela 24, tägl. 14 Uhr bis zum letzten Gast, Tel. (6)7228551, außerdem: Ģertrūdes iela, tägl. 12 Uhr bis zum letzten Gast. Plüschig eingerichtet mit dicken Teppichen und weichen Sesseln. Neben traditioneller arabischer Küche stehen hier riesige Wasserpfeifen im Vordergrund. Do, Fr, Sa Bauchtanz.
- **Kamala,** Jauniela 14, tägl 12–23 Uhr, Tel. (6)7211332, www.kamala.lv. Eines der noch relativ wenigen vegetarischen Lokale der Stadt, mit entsprechender Philosophie. Der Schwerpunkt liegt auf Ayurveda-Rezepten wie Tofu-Schaschlik.
- **Austrumu Robeža,** Vagnera iela 8, tägl. 11–23 Uhr, Tel. (6)7814202, www.austrumu

robeza.lv. „Ostgrenze" heißt dieses Erlebnisrestaurant in der Altstadt. In dem Kellersaal wird mit Augenzwinkern auf die Sowjetära geblickt: Die Kellnerinnen in düsteren Uniformen, Stalin-Porträts an der Wand und sogar die Toiletten sind mit Hammer und Sichel geschmückt. Dazu gibt es Konzerte, Kabarett und natürlich eine entsprechende Küche – alles, was zu Sowjetzeiten als besonders galt.

- **Bestsellers,** Dzirnavu iela 33, tägl. 7–23.30 Uhr, Tel. (6)7331717, www.alberthotel.lv. Modern, im Dekor einer Bibliothek eingerichtetes Restaurant im Hotel Albert mit 130 Sitzplätzen. Internationale Küche von griechisch und italienisch bis chinesisch. Ohne Spezialisierung, daher ideal für Unentschlossene und natürlich für Bücherfreunde.
- **Kabuki,** Terbatas iela 46 (Eingang von Martas iela), täglich 12–22 Uhr, Tel. (6)7842728, www.sushi.lv. Weiteres Lokal in K. Barona iela 14 (Eingang von Elizabetes iela), mit Laufband für Sushi-Gerichte. Eines der zahlreichen japanischen Lokale, nicht reduziert auf Sushi, sondern mit einer breiteren Palette. Modern eingerichtet.
- **Alpenrose,** Jauniela 16, tägl. 11–23 Uhr, Tel. (6)7220402. Schweizerisches Restaurant in einem winzig erscheinenden, mit Kühen bemalten Altstadthaus im Schatten des Doms. Gerichte wie Raclette und Fondue sowie Getränke wie schweizerischer Wein in kuscheliger Atmosphäre.

Untere Preiskategorie

- **Pelmeni XL,** Kaļķu iela 7, tägl. 9–4 Uhr, Tel. (6)7222728. Das perfekte Essen für Zwischendurch, auf die Schnelle und für den kleinen Geldbeutel – dabei angenehm, freundlich und gemütlich in einem Haus, dessen Stil an Hundertwasser erinnert. Ideal gelegen mitten in der Altstadt. Verschiedene Sorten der russischen Teigtaschen Pelmeni, auch ohne Fleisch, dazu immer eine heiße Suppe und frischer Salat. Selbstbedienung an der Theke. Pelmeni XL ist auch ein Refugium für Nachteulen zum Aufwärmen und Stärken: Es hat bis 4 Uhr morgens geöffnet.
- **Pelmenu Centrs,** Vaļņu iela 16, Mo–Fr 8–21 Uhr, Sa, So 10–21 Uhr, Tel. (6)7104441. Der gleiche Stil und das gleiche Essen wie in Pelmeni XL, nur mit noch größerem Saal, ebenfalls in der Altstadt. Ein weiteres Lokal dieser Art ist im Hauptbahnhof zu finden.
- **Picnix,** Aldaru iela 11, tägl. 8–20 Uhr, Tel. (6)7225607. Wer sich mit Pelmeni nicht anfreunden kann und hausgemachte Sandwiches, belegte Brötchen und Panini vorzieht, kommt hier auf seine Kosten.
- **Varzob,** Peldu iela 21, tägl. 12 Uhr bis zum letzten Kunden, Tel. (6)7224180. Sehr unscheinbar von außen, besonders im Vergleich zum fast gegenüber liegenden Habibi. Doch in diesem kleinen Lokal mit gerade einmal vier Tischen gibt es usbekische Küche vom Feinsten. Vorwiegend wird Lamm serviert wie beim berühmten „Plov" oder beim „Lagman" (Suppe mit Lammfleisch). Der Geheimtipp des Chefs ist „Manti". Dazu gibt es frisch gezapftes Bier und verschiedene Weine. Kuriosität am Rande: Der Name „Varzob" stammt gar nicht aus Usbekistan, sondern von einem Berg im benachbarten Kasachstan.
- **Pastarellia,** Mārupes iela 3, ein Stückchen außerhalb des Zentrums nahe der alten Markthalle Āgenskalns, tägl. 10–22 Uhr, Tel. (6)7420372, www.vairaksaules.lv. Restaurant und Laden in einem. Man kann die verschiedenen hausgemachten Nudelsorten entweder vor Ort im Lokal gemütlich essen oder die Zutaten im Laden kaufen und selbst kochen. Große Auswahl an Weinen.
- **Slavu Restorāns,** Blaumaņa iela 9, tägl. 12–23 Uhr, Tel. (6)7283974. Weitere Filiale in Elizabetes iela 67. Einfache, typische und schmackhafte russische Küche von Pelmeni über Vareniki, Soljanka und Borschtsch bis hin zu Süßigkeiten und Getränken wie Kwas oder Meerrettich-Wodka.

Cafés

- **Double Coffee,** u.a. Raiņa bulvāris 25, Vaļņu iela 11, Terbatas iela 5, teilweise rund um die Uhr geöffnet, www.doublecoffee.lv. Café-Kette, deren Filialen an jeder Ecke zu stehen scheinen. Modern mit viel Metall und Spiegeln eingerichtet. Neben Dutzenden Kaffee-Kreationen, Kuchen und Torten werden auch warme Speisen und alkoholische Getränke serviert. Spezielles Frühstücksangebot. Mittlere Preisklasse, 10 % Trinkgeld werden automatisch auf den Preis geschlagen. W-Lan-Internetzugang.

• **Emihla Gustava Shokolahde,** Marijas iela 13/VI (in der Passage Berga Bazars), tägl. 10–22 Uhr, Tel. (6)7283959, www.emihlsgustavs.com. Weitere Cafés am Reval Hotel Latvija und Aspazijas bulvāris 24. Der Name Emihls Gustavs steht in Riga für exklusive Trinkschokolade (immer serviert zusammen mit einem Gläschen Wasser), ausgewählte Pralinen und erlesene Torten. Die mit belgischen Zutaten selbst gemachten Leckereien, bei deren Herstellung man teilweise zuschauen kann, präsentieren sich hervorragend im Wiener Kaffeehaus-Ambiente. Die Pralinen sind auch ein schönes Souvenir zum Mitnehmen.

Am Abend

Bars, Pubs und Clubs

Die Kategorien überschneiden sich stark. So sind eine ganze Reihe der oben genannten Restaurants auch genau so gut als Pubs zu bezeichnen, in denen man einfach nur ein Bier trinken geht. Andererseits haben fast alle Clubs, Kneipen und sogar Discos in Riga etwas zum Essen im Angebot.

• **Balzambars,** Tornu iela 4/1b, Sa–Mi 10.30–24 Uhr, Do, Fr 10.30–2 Uhr, Tel. (6)7214494, www.balzambars.lv. Benannt nach dem berühmten Rigaer Kräuterbalsam, der hier, auch als Cocktail, ausgeschenkt wird – neben weiteren lokalen und nationalen Getränken. Für Hungrige gibt es Snacks und internationale Küche. Schön gelegen in der schicken ehemaligen Kaserne gegenüber den Resten der Stadtmauer und dem Schwedischen Tor.

• **Dickens Pub,** Grēcinieku iela 9/1, So–Do 11–1 Uhr, Fr, Sa 11–2 Uhr, Tel. (6)7213087. Sympathische und gemütliche Kneipe mit englischem Ale, irischem Bier, Fish&Chips und anderen britischen „Köstlichkeiten". In der Peterbaznīcas iela gibt es auch ein Dickens Restaurant der etwas höheren Preisklasse.

• **Red Fred,** Dzirnavu iela 62, weiteres Lokal in der Audēju iela 14, So–Do 11–24 Uhr, Fr, Sa 11–2 Uhr, Tel. (6)7365113, www.sushi.lv. 20 Sorten Bier und deftige Grillgerichte in diesem im Stil eines „Feuerwehrhauses" gehaltenen Restaurants mit lockerer Stimmung. Live-Musik und Sportübertragungen.

• **Lidojosa Varde,** Elizabetes iela 31a, So–Do 10–1 Uhr, Fr, Sa 10–3 Uhr, Tel. (6)7321184, www.flying-frog.lv. Der „Fliegende Frosch" liegt sehr zentral im Jugendstilviertel. Touristen treffen hier auf Einheimische und auf in Riga lebende Ausländer. Im Winter brennt drinnen ein gemütliches Feuer, in der warmen Saison ist die Terrasse gut gefüllt. Neben Getränken werden auch Salate, Omelettes, Pasta-Gerichte und frisch zubereitete Hamburger serviert, deren Zutaten man bei der Bestellung selbst bestimmt. Verhältnismäßig teuer, aber nicht luxuriös.

• **Kiploku Krogs,** Jēkaba iela 3/5 (Eingang von Maza Pils iela), tägl. 12–24 Uhr, Tel. (6)7211451, www.kiplokukrogs.lv. Der „Knoblauch-Pub" macht seinem Namen alle Ehre, denn alle leckeren Gerichte, die hier zu haben sind, enthalten mehr oder weniger Knoblauch – sogar die Desserts! Hier wird sich niemand über Knoblauch-Geruch beschweren. Dafür wird der Bierdurst größer.

• **Skyline Bar** (Reval Hotel Latvija), Elizabetes iela 55, So–Do 15–2 Uhr, Fr, Sa 15–3 Uhr, Tel. (6)7772222, www.revalhotels.com. Im wahrsten Sinne des Wortes ein gehobenes Ambiente herrscht in dieser Lounge auf dem Dach des Wolkenkratzer-Hotels am Beginn des Rigaer Jugendstilviertels. Hier im 26. Stock gibt es auch Speisen, aber wer sich für „trendy" hält, macht es sich hauptsächlich wegen der Aussicht über Riga und wegen der reichen Auswahl an Cocktails in den Plüsch-Sofas gemütlich. Am Wochenende Live-DJs.

• **Casablanca,** Smilšu iela 1/3, Tel. 26006308, www.casablanca.lv. Club, Disco und Restaurant in einem – direkt am Domplatz. Tanzfläche und Bühne für regelmäßige Konzerte im Keller, oben wird gegessen und getrunken. Viele Einheimische.

Homosexuelle

Die weltoffene Großstadt im protestantischen Lettland steht Schwulen und Lesben insgesamt tolerant gegenüber. Riga hat eine Reihe von Schwulenclubs zu bieten. Trotzdem ist es noch nicht üblich, dass zwei Männer oder zwei Frauen Händchen haltend oder küssend in der Öffentlichkeit zu sehen sind. Wer es doch tut, hat nichts zu befürchten, wird aber unweigerlich große Aufmerksamkeit auf sich ziehen.

- Der **Club Purvs** (Matisa iela 60/62, tägl. 22–6 Uhr, Eintritt 2–4 Ls, www.purvs.lv) ist von außen nicht beschildert und hat daher einen gewissen „Insider-Reiz". Schicke, lockere und humorvolle Atmosphäre mit Tanz und Musik.

Kultur

Kino

- **Forum Cinemas,** 13. Janvara iela 8, www.forumcinemas.lv. Großer Kinokomplex direkt neben dem Hauptbahnhof. Nicht-lettische Filme laufen im Original mit lettischen Untertiteln.
- **Kinogalerija,** Jauniela 24, Tel. (6)7229030, www.kinogalerija.lv. Sympathisches Kino mitten im Stadtkern, meist sehr gutes Filmangebot. Auch Hollywood, aber etwas anspruchsvoller.

Museen

Neben den zahlreichen unter „Sehenswertes" genannten verfügt Riga noch über eine Vielzahl weiterer Museen. In der Eigenwerbung nennt es sich sogar „Stadt der Museen" und zählt mehr als 50 Häuser auf. Auf der Internetseite www.rigathisweek.lv/museums ist eine gute Übersicht auf Englisch zu finden, auch über aktuelle Ausstellungen. Weitere Auskünfte gibt die Touristeninformation.

Theater, Oper und Konzerte

Neben ständig in Riga spielenden Einrichtungen wie dem Nationalen Symphonieorchester kommen in die lettische Hauptstadt auch häufig internationale Gäste von höchstem Rang, sei es in der klassischen Musikszene oder in der Rock-, Pop- und Jazzwelt. Man sollte also vor einem Riga-Besuch immer die aktuellen Programme studieren und möglichst Karten schon von zu Hause aus bestellen. Das aktuelle Programm für Konzerte, Oper und Theater findet sich unter www.rigathisweek.lv.

- **Lettisches Nationales Symphonieorchester,** in der Großen Gilde, Amatue iela 6, Tel. (6)7213643, www.music.lv/orchestra, Eintrittskarten 2–20 Ls.
- **Lettische Nationaloper** (Latvijas Nacionālā Opera), Aspazijas bulvāris 3, Tel. (6)7073777, www.opera.lv, Eintrittskarten 1,50–130 Ls.
- **Konzerte im Rigaer Dom** (Rīgas Doms), Doma laukums 1, www.doms.lv, Mai bis September Mi und Fr 19 Uhr, Oktober bis April Fr 19 Uhr, Eintritt 4–10 Ls. Oft hochkarätige Gastauftritte.
- **Russisches Tschechow-Theater** (Rīgas Krievu teatris), Kaļķu iela 16, Tel. (6)7225395, www.trd.lv.

Einkaufen

Bücher

- **Globuss,** Vaļņu iela 26, Mo–Fr 9–19 Uhr, Sa 10–19 Uhr, So geschl., Tel. (6)7226957. Großer Altstadt-Buchladen auf zwei Etagen (im Keller kleines Café und Toiletten) mit einer Auswahl an deutsch- und englischsprachigen Romanen und Sachbüchern, auch aus und über Lettland und Riga. Im selben Gebäude ist ein Emihla-Gustava-Café mit der berühmten Schokolade.
- **Jāņa sēta,** Elizabetes iela 83/85, Mo–Fr 10–19 Uhr, Sa 10–17 Uhr, So geschlossen, Tel. (6)7240894, www.mapshop.lv. Buchladen im Stadtzentrum mit großer Anzahl an Reisebüchern und Landkarten in verschiedenen Sprachen.

Souvenirs

Das wichtigste Mitbringsel aus Riga ist der scharf schmeckende Kräuterschnaps **Rīgas balzams,** der in braunen Steingutflaschen in verschiedenen Größen verkauft wird. Er ist in sehr vielen Geschäften erhältlich und nicht zu übersehen. Am günstigsten kauft man ihn ganz profan im Supermarkt. Unbedingt ins

Hinweis: Die **Ausfuhr von antiken Kunstwerken** aus Lettland ist verboten. Eine Exportgenehmigung kann man aber erhalten. In der Regel helfen die Läden, in welchen die Waren verkauft werden, bei der Erledigung dieser Formalität. Dies betrifft nur Antik-Waren von historischem Wert.

Gepäck gehört auch **Laima-Schokolade** oder Pralinen dieser Traditionsmarke – in vielen Geschäften auch erhältlich mit Riga-Abbildungen auf der Verpackung. Lohnend ist auch der Gang in einen der vielen Läden, in denen edle, **handgemachte Seifen** feilgeboten werden.

- **Laima,** Smilšu iela 16, Mo–Fr 9–19 Uhr, Sa 9–16 Uhr, So geschlossen. Haupthaus der lettischen Schokoladenmarke. Weitere Filialen in vielen Kaufhäusern.
- **Art Nouveau Riga,** Strēlnieku iela 9 und Laipu iela 8, tägl. 9–19 Uhr, Tel. (6)7350094, www.artnouveauriga.lv. Sehr schöner Laden für Souvenirs, Geschenke und Kunstwerke im für Riga so berühmten Jugendstil, von Schmuck und Keramik über Bücher bis hin zu Postkarten.
- **Laipa,** Laipu iela 2/4, Mo–Fr 10–18 Uhr, Sa 10–16 Uhr, So geschl., Tel. (6)7229962. Traditionelle lettische Produkte aus Leinen, Wolle, Leder, Holz, Keramik, Silber und natürlich Bernstein.
- **Mara,** Kalēju iela 9/11, tägl. 9–19 Uhr, Tel. (6)7087541. Juwelierwaren aus baltischem Bernstein und andere traditionelle Souvenirs sind in dieser Boutique im schönen Altstadt-Hotel Konventa Seta zu erwerben.

Einkaufszentren und Passagen

- **Origo,** Stacijas laukums 2, tägl. 10–22 Uhr, **Supermarkt Rimi** tägl. 7–24 Uhr, Tel. (6)7073030, www.origo.lv. In diesem neuen, baulich mit dem Hauptbahnhof vereinten Zentrum sind die typischen Rigaer Souvenirs zu erwerben: Seife bei „Stendera Ziepju Fabrika", Laima-Schokolade direkt daneben im firmeneigenen Laden und Rīgas Balzams bei Rimi im Supermarkt.
- **Galeria Centrs,** Audēju iela 16, täglich 10–22 Uhr. Übersichtliches, helles und modernes Einkaufszentrum mit Glasdach in der Altstadt, zahlreiche Boutiquen, Geschäfte und Restaurants.
- **Berga Bazars,** Marijas iela 13, zwischen Dzirnavu iela und Elizabetes iela, tägl. 10–22 Uhr, www.bergabazars.lv. Sehr schöne und exklusive Einkaufspassage unter freiem Himmel mit Galerien, Cafés, Restaurants, Boutiquen und Geschäften sowie dem Hotel Bergs. Sehr viele Souvenirs und Geschenke sowie das Haupthaus des legendären Schokoladencafés Emihla Gustava Shokolahde mit handgemachten Pralinen.
- **Stockmann,** 13. Janvara iela 8, www.stockmann.lv, täglich 9–22 Uhr. Großes Kaufhaus in Sichtweite vom Hauptbahnhof, gegründet 2003, mit Kleidung, Schuhen, Geschirr, Parfüm und vielen anderen Produkten.

Märkte

- **Zentralmarkt,** Centrāltirgus, Di–Sa 7–18 Uhr, So und Mo 7–17 Uhr, Negu iela 7, Zugang über Pragas iela, www.centraltirgus.lv. Größter Lebensmittelmarkt Lettlands in fünf großen Hallen (siehe „Sehenswertes").
- **Blumenmarkt,** Tērbatas iela, entlang dem Wöhrmannschen Garten (Vērmanes dārzs). Blumen, so weit das Auge reicht, rund um die Uhr (siehe „Sehenswertes").

Lebensmittel

- **Rimi** (im Origo-Einkaufszentrum am Bahnhof, s.o.), groß, bis Mitternacht geöffnet.
- **Visbija 24h Lebensmittel** (Brīvības iela 68)
- **Bioteka** (Skunu iela 12/14, tägl. 10–19 Uhr, Sa 11–16 Uhr, So geschlossen). Großer Bioladen mit gesunden, fair gehandelten Lebensmitteln aller Art, aber auch Kosmetika und Haushaltsmitteln.

Typische Ostsee-Bäderarchitektur in Jūrmala

Jūrmala

↗ VII/C3

Westlich von Riga, direkt an der schönen Küste der Rigaer Bucht, liegt Jūrmala, der berühmte **Badeort,** in den nicht nur die Erholung suchenden Bewohner der Hauptstadt gern flüchten. Tausende von Letten aus dem ganzen Land und auch immer mehr Ausländer nutzen die Nachbarschaft zu Riga für einen kombinierten Urlaub.

Zwei Dinge sollte man allerdings von Anfang an wissen. Zum einen: Jūrmala gibt es eigentlich gar nicht. Dies klingt eigenartig, aber tatsächlich ist es so, dass der Begriff nur eine Reihe von nebeneinander am Meer liegenden Orten zusammenfasst. Wer also mit Bus oder Bahn anreist, steigt nicht in „Jūrmala" aus, sondern beispielsweise in **Majori,** dem zentralen und größten Ort auf der Strecke.

Während Jūrmala in bunten Prospekten oft als der Badeort der Reichen und Schönen bezeichnet wird, handelt es sich in Wirklichkeit um eine sehr interessante Mischung. Sicher, es gibt sie, die teuren Villen und prächtigen **Wohnhäuser mit Jugendstil-Elementen,** großer Gartenanlage und Videoüberwachung rund um die Uhr. Besonders in Majori lohnt sich ein Gang durch die Wohnstraßen. Doch wer einen noblen Vorort von Riga erwartet, könnte enttäuscht werden: Ganz normale Häuser und ordentliche, aber einfache Wohnblöcke sind hier ebenso zu finden wie ein nicht allzu schönes Hochhaus-Hotel, ein heruntergekommenes ehemaliges Kur-

024le Foto: mk

haus und die eine oder andere Großbaustelle. Dies ist aber nicht als Abschreckung zu verstehen: Die Dörfer von Jūrmala besitzen ihren Charme, eine gute Infrastruktur für Touristen – ob zum Einkaufen, Erholen oder Sport treiben – und natürlich einen mit gut 30 Kilometern sehr langen, schönen **Sandstrand,** an dem man von Ort zu Ort spazieren kann.

Geschichte

Die langen Jahrhunderte der Deutschen Ordensherrschaft im heutigen Lettland vergingen, ohne dass die Küstenlinie neben dem damals schon wichtigen Riga eine besondere Bedeutung besessen hätte. Die Gegend gehörte nicht zur von Bischöfen regierten Stadt Riga, sondern zum **livländischen Ordensstaat.** Nur langsam entstanden kleine Fischerdörfer. Erst Mitte des 17. Jh. begann eine neue Entwicklung, als das Dorf Sloka ins Blickfeld des kurländischen Herzogs *Jakob* geriet. Vom 16. bis zum späten 18. Jh. gehörte die Region nämlich zum **Herzogtum Kurland.** In Sloka entstand die erste Kirche und mehr Menschen siedelten sich an, obwohl die Zahl für heutige Verhältnisse mit einigen Hundert immer noch sehr klein blieb.

Es dauerte aber bis zur Einverleibung Lettlands ins russische Zarenreich, dass die so malerisch an der Rigaer Bucht gelegenen Dörfer endlich als potenzielle **Badeorte** ins Visier genommen wurden.

Wurde der Lebensunterhalt der Bewohner bis dahin fast allein vom Fischfang und der Fischräucherei bestritten, so krempelte sich die Gesellschaft im Laufe des 19. Jh. komplett um und der **Tourismus** trat immer mehr in den Vordergrund. Zunächst lag der Schwerpunkt aber auf dem **Kur- und Heilungsaspekt:** Die im Krieg gegen *Napoleons* Truppen verwundeten russischen Soldaten erholten sich bei den Fischern zu Hause. Auch die Zarin *Katharina die Große* soll ein Bad in Jūrmala genommen haben.

Schon 1844 begann ein Dampfschiff den regelmäßigen Passagierverkehr von und nach Jūrmala, weitere **Verbindungen nach Riga** und auch Jelgava folgten bald. Noch vor Beginn des 20. Jh. entstand ein großer Teil der heute noch existierenden Infrastruktur: Kur- und Badehäuser sowie Unterkünfte für Gäste wurden gebaut – die meisten davon aus Holz. Ein guter Teil dieser **Holzarchitektur** ist noch heute in den Dörfern präsent – etwa an der Promenade von Bulduri. Meerwasser wurde gesammelt und in Wannen erwärmt. Ein Bad darin sollte die verschiedensten Leiden mindern und Krankheiten heilen.

Auch der Strand selbst blieb natürlich nicht ungenutzt. Allerdings durften Männer und Frauen nur getrennt zu verschiedenen Zeiten ans Wasser. Später wurde die Separation aufgehoben. Es mussten aber die von alten Fotos bekannten, kuriosen Ganzkörper-Badeanzüge getragen werden.

Erst 1920 wurde der Name Jūrmala erstmals öffentlich aus Anlass der Vergabe von Stadtrechten verwendet, allerdings noch unter der Bezeichnung „Rīgas Jūrmala". 1959 entfiel der Beiname „Riga". Zu Jūrmala gehören seitdem auch Sloka und Ķemeri.

Sehenswertes

Jūrmala hat fast den **Charakter einer Insel,** denn während das Gebiet im Norden von der Meeresküste begrenzt wird, so endet es auf der gegenuberliegenden Seite am **Ufer der Lielupe.** Der Fluss verläuft, abgesehen von einigen Schlenkern, parallel zum Strand. Sowohl die Eisenbahn als auch alle Busse und Autos müssen also von Riga kommend zunächst die recht breite Lielupe überqueren, um nach Jūrmala zu gelangen.

Vor dem Fluss werden alle Autofahrer bei einer **Mautstation** aufgehalten, denn die Einfahrt kostet Geld, weswegen es ratsam sein kann, für einen kleinen Ausflug nach Jūrmala lieber Bus oder Bahn zu nehmen (siehe „Praktische Tipps"). Hinter dem Fluss beginnt der Ortsteil Lielupe, dessen Bahnstation mit Baujahr 1913 einer der ältesten **aus Holz gebauten Bahnhöfe** Lettlands ist.

Majori

Wer mit öffentlichen Verkehrsmitteln anreist, sollte in Majori aussteigen. Bahnhof und Bushaltestelle liegen mit Blick zum Fluss, der hier einen großen Bogen schlägt und damit das Stück zwischen Fluss und Meer sehr eng macht. Am Horizont wird eine Reihe von Industrieanlagen mit Kränen und Fabriken sichtbar.

Es lohnt sich ein kurzer Spaziergang kreuz und quer durch die Wohnstraßen von Majori. Hier stehen einige **schöne Villen** und Häuser der gehobenen Klasse, meist hinter hohen Zäunen und schön gepflegten Gärten ein wenig im Hintergrund. Das Viertel ist schnell durchschritten und der **Strand** erreicht. Geht man am Strand entlang nach links, geraten einige Gebäude in den Blick, die ihre beste Zeit schon sehr lange hinter sich haben. Es waren einst stolze **Kurhäuser** und Unterkünfte für gut betuchte Gäste. Heute sind sie bereits **verfallen** und stehen leer. Die einst repräsentative Terrasse direkt am Strand zerbröckelt langsam, die Treppe hinunter ans Wasser ist nur noch mit Vorsicht zu betreten. Es ist allerdings sicher nur eine Frage der Zeit, bis mit Hilfe von EU-Mitteln hier neue, schicke Gebäude entstehen.

Nach diesem kleinen Abstecher empfiehlt sich ein Gang in die Gegenrichtung, also nach Osten, immer am Wasser entlang. Recht bald sind Gebäude in deutlich besserem Zustand auszumachen und es dauert keine halbe Stunde, bis das große Baltic Beach Hotel auftaucht, das mit der zum Strand hin abgestuften Außenwand wie ein Ozeanriese aussieht, der gerade in See stechen will. Dahinter liegt der 100 Jahre alte **Seepavillon,** mit dem großen **Schildkröten-Denkmal** im Vordergrund. Nicht nur Kinder lieben das Klettern auf und das Posieren mit der Schildkröte, deren Metall von den vielen Berührungen der Passanten

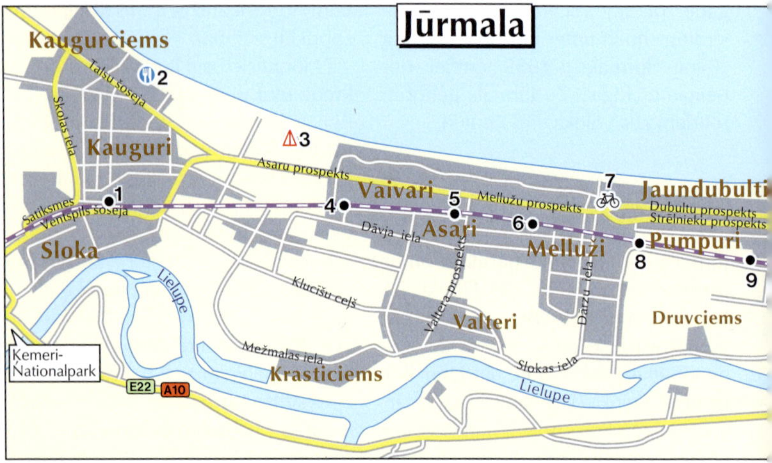

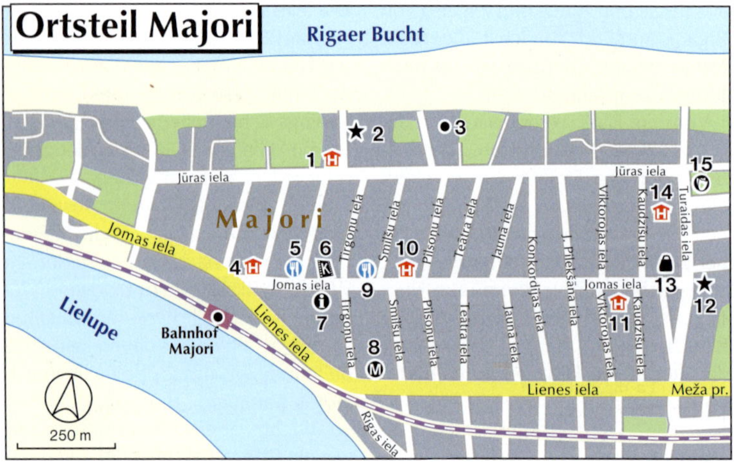

schon glänzende Stellen aufweist. Das Tier steht für ein langes Leben und wer es anfasst, sichert sich genau das, wenn er dem Aberglauben folgt. Der frisch renovierte, weiße Seepavillon, dessen Spitzdach mit Wetterhahn fast wie ein Kirchturm aussieht, beherbergte im Jahre 1929 sogar schon den damaligen Schwedenkönig *Gustav V.*

Direkt am nächsten, bald darauf folgenden Ausgang vom Strand steht noch ein prächtiges weißes Haus,

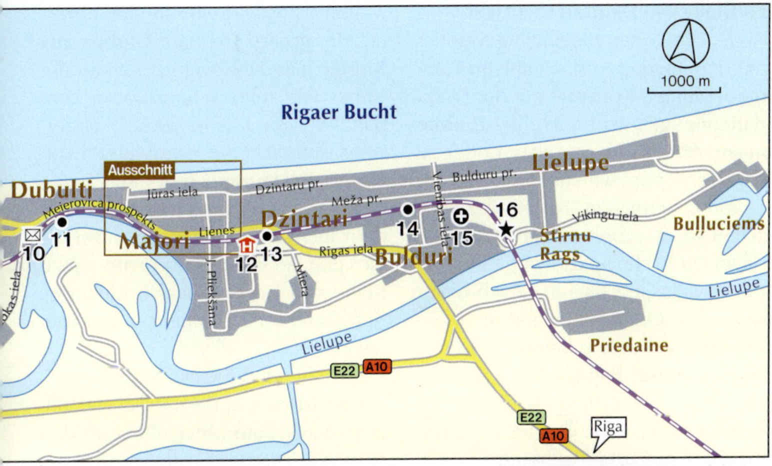

Jūrmala

1 Bahnhof Sloka
2 Restaurant Kūriņs
3 Camping Nemo
4 Bahnhof Vaivari
5 Bahnhof Asari
6 Bahnhof Melluži
7 Fahrradverleih
8 Bahnhof Pumpuri
9 Bahnhof Jaundubulti
10 Post
11 Bahnhof Dubulti
12 Hotel Dzintars
13 Bahnhof Dzintari
14 Bahnhof Bulduri
15 Krankenhaus
16 Historischer Holzbahnhof Lielupe

Ortsteil Majori

1 Baltic Beach Hotel
2 Seepavillon und Schildkröten-Denkmal
3 Kurzentrum
4 Hotel Majori
5 Orient Sultan
6 Kulturhaus mit Kino
7 Touristeninformation
8 Stadtmuseum Jūrmala
9 Kazbeks
10 Jūrmala Spa Hotel
11 Spa-Hotel Alve
12 Globus aus Kupfer
13 Souvenirladen Pie Meistra
14 Hotel Pegasa Pils
15 Konzerthalle Dzintari

ganz im Stil der Bäder-Architektur, ebenfalls fast ein Jahrhundert alt. Hier wurden lange Zeit die heilenden Bäder mit erwärmtem Meerwasser genommen. Die Sowjets machten aus dem Gebäude das **Kurzentrum** von Jūrmala. Heute werden immer noch Behandlungen und Kuren aller Art angeboten.

Wer nochmals einige Hundert Meter am Strand zurücklegt, gelangt zum nächsten Ausgang. Die schöne **Kon-**

zerthalle von Dzintari sticht sofort ins Auge. Hier treten regelmäßig Musiker aus dem In- und Ausland auf. Im Sommer kommen Konzerte auf der direkt daneben gelegenen **Freilichtbühne** hinzu. Abends hier zu sitzen oder zu flanieren, nur wenige Meter vom Strand entfernt, und Live-Musik zu lauschen, ist ein schönes Erlebnis.

Der klassische Spazierweg führt nun die Turaidas iela hinauf. Gleich hinter der ersten Querstraße steht rechts eines der prächtigsten Bauwerke Jūrmalas: das **Hotel Pegasa Pils** („Schloss des Pegasus"), Anfang des 20. Jh. im Jugendstil mit viel Liebe zum Detail errichtet. Eigenartig: Bis heute ist nicht bekannt, wer der Architekt war.

Als nächstes zweigt rechts die Jomas iela ab. An der Ecke findet sich ein weiteres Postkartenmotiv des Kurortes: der große, drehbare **Globus aus Kupfer.** Die Fußgängerzonen-Straße Jomas iela führt schnurstracks zum Bahnhof von Majori zurück. Unterwegs sind nicht nur eine Vielzahl von **Hotels, Restaurants und Cafés** zu finden, abends oft mit Live-Musik, sondern auch schöne Gebäude im Stil der hiesigen Architektur und eine ganze Reihe von Geschäften mit Kleidung, Kunsthandwerk, Geschenken und Souvenirs.

Zwischendurch lohnt sich ein Blick auf die **Jūras iela,** die parallel verläuft, aber näher zum Meer direkt an den Dünen. Während die Straße selbst auf den ersten Blick wenig aufregend scheint, so hat sie doch auf der einen Straßenseite **sehr schöne Villen** und

025le Foto: mk

Häuser in allen möglichen Stilrichtungen zu bieten, meistens mit weißer oder sehr heller Fassade, gelegentlich mit Türmchen, verzierten Balkons oder ausladenden Freitreppen.

Jūras iela und Jomas iela sind durch gut ein Dutzend kleiner Querstraßen miteinander verbunden, sodass man ohne Weiteres ein- oder zweimal hin und her springen kann. Die Fußgängerzone Jomas iela mündet schließlich am Bahnhof in die große Durchfahrtsstraße. Hier steht das 1925 im Stil des Historismus erbaute **Hotel Majori,** dessen gegenwärtig andauernde Restaurierung im Jahr 2009 abgeschlossen sein soll. Einst beherbergte es wertvolle Möbel und Kunstschätze, die in die Burg von Sigulda gebracht wurden, als das Hotel Majori in den 1930er Jahren wegen großer finanzieller Not unter den Hammer kam.

Gegenüber auf dem kleinen, dreieckigen Platz wurde 2006 ein Brunnen aufgestellt. Die **Skulptur des Drachentöters** steht dagegen schon wesentlich länger an dieser Stelle.

In einem großen, modernen Gebäude direkt an der Durchgangsstraße findet sich das **Stadtmuseum** von Jūrmala (Tirgoņu iela 29, Tel. 7764646, Mi–So 11–17 Uhr, Eintritt 0,50 Ls, Fr gratis). Es bietet eine gute Übersicht über die recht junge Stadtgeschichte und die Traditionen der Region. Ein Schwerpunkt liegt auf Künstlern aus der Gegend. Im Museumsshop sind Bücher, Alben, Postkarten und Handwerksprodukte erhältlich.

Holzhaus in Majori

Ortsteile westlich von Majori

Es gibt selbstverständlich noch eine ganze Hand voll weiterer sehenswerter Gebäude und Straßen, auch wenn die Mehrheit der Attraktionen sich auf dem beschriebenen, relativ übersichtlichen Raum konzentriert. Besonders im Sommer aber, wenn der Betrieb groß und die Straßen, Läden und Cafés voll sind, lohnt sich durchaus die Fahrt mit dem Bus, dem Zug oder dem Fahrrad weiter an der Küste entlang nach **Dubulti, Pumpuri, Melluži, Asari** und **Vaivari.** Dort herrscht während der Saison zwar auch immer großer Betrieb, aber hinter Vaivari läuft man gut drei Kilometer am Strand entlang, ohne auf Bebauung zu treffen. Hier ist es deutlich ruhiger, außer auf der Höhe des riesigen Campingplatzes in der Mitte dieser Strecke. Es folgt der Ort **Kauguri,** der direkt am Wasser Kaugurciems heißt. Erst hier endet das eigenartige Gebilde Jūrmala. Die Hauptstraße führt weiter entlang der Rigaer Bucht in Richtung Roja und Kolka. Das westliche Ende von Jūrmala bildet den Beginn des riesigen und faszinierenden Ķemeri-Nationalparks.

Praktische Tipps

Information

- **Touristeninformation,** Jomas iela 42, Majori, Tel. 7764276, außerdem: Lienes iela 5, Majori, Tel. 7147900, geöffnet Mo–Fr 9–19 Uhr, Sa 10–17 Uhr, So 10–15 Uhr, www.jurmala.lv. Informationen über aktuelle Veranstaltungen, kostenlose Prospekte und Karten, Hilfe bei der Buchung von Ausflügen, Suche von Unterkünften, Internetzugang.

Behinderte

Im Kurort Jūrmala sind eine ganze Reihe von Einrichtungen und Hotels auf Behinderte eingestellt. Eine befestigte Promenade am Strand entlang existiert leider nicht. Der beste Zugang zum Strand ist die Turaidas iela in Majori. Die Fußgängerzone Jomas iela ist gut gepflastert.

Notfälle und nützliche Adressen

- **24-Stunden-Apotheke:** Raiņa iela 98a, Kauguri, Tel. 7734888.
- **Krankenhaus:** Vienības prospekts 19/21, Bulduri, Tel. 7752224.
- **Polizei:** Dubultu prospekts 1, Jaundubulti, Tel. 7093970.
- **Post:** u.a. Strēlnieku prospekts 16, Dubulti, Tel. (6)7762569, Mo–Fr 7.30–19 Uhr, Sa 8–16 Uhr, So geschlossen.
- **Internetcafés:** Jomas iela 62, Majori, Tel. 7811411, geöffnet 10–20 Uhr; Nometņu iela 6, Kauguri, Tel. 7811121, geöffnet 9–22 Uhr.
- **Fahrradverleih:** Terra Inventus, Jomas iela 42, Majori, Tel. 26408217 (mobil); Picnic, Mellužu prospekts, Melluži, Tel. 7767899.

Geld

Geld kann werktags in allen **Bankfilialen** gewechselt werden. Außerdem gibt es eine Reihe von **Wechselstuben,** die auch am Wochenende geöffnet sind.

Unterkunft

- **Hotel Pegasa Pils,** Jūras iela 60, Tel. 67761149, www.pegasapils.lv. Nur wenige Schritte von der Konzerthalle und vom Strand in einem der schönen Kurhäuser an der Jūras iela gelegen. Hoher Standard, sehr gute Ausstattung, Sauna, Restaurant, Konferenzsäle. DZ ab 50 Ls in der Neben- und 90 Ls in Hauptsaison.
- **Majori Spa Hotel,** Smilšu iela 6, Tel. 7764242. Kleines Gasthaus, gut gelegen zwischen den beiden interessantesten Straßen der Stadt Jūras iela und Jomas iela. Geräumige Zimmer mit guten Holzbetten, Sauna, Hydro-Massage. DZ im Sommer ab 25–30 Ls.
- **Jūrmala Spa Hotel,** Jomas iela 47/49, Majori, Tel. (6)7784415, www.hoteljurmala.com. Modern eingerichtetes, großes Kurhotel mit sehr breitem Angebot von der Wellness-Oase über Schönheitskuren bis hin zu medizinischen Kurbehandlungen. Großzügige Zimmer, Restaurant, Bars, Konferenzräume. Sonderaktionen mit „Paketen" aus Übernachtung und Behandlungen auf der Website. Nur Übernachtung im DZ ab 70 Ls, in der Saison nie unter 100 Ls.
- **Hotel Dzintars,** Edinburgas prospekts 15, Dzintari, Tel. 7751582, www.hoteldzintars.lv. Kleines, sympathisches Hotel in für Jūrmala typischem Häuschen. Sehr nah an der Bahnstation Dzintari, 10 Minuten Fußweg von der Konzerthalle und dem Strand. Mit Café, Sauna, Minigolf. DZ im Sommer ab 20 Ls.

Camping

- **Nemo,** Atbalss iela 1, Vaivari, Tel. 7732350, www.nemo.lv. Campingplatz zwischen Vaivari und Kaugurciems mitten im Wald. Dort, wo auf einem Abschnitt von zwei Kilometern fast keine Häuser stehen und nah am Strand wurde dieser 35.000 m² große Komplex mit Bungalows aus Holz, Stellplätzen für Wohnmobile und Wiesen zum Zelten errichtet. Dazu Restaurant, Spaßbad, Strandspiele, Sauna. Nichts für Romantik-Camper, sondern eher für Action- und Entertainment-Freunde. Geöffnet Mai bis Oktober.

Essen und Trinken

Die meisten Hotels bieten lettische und internationale Küche in einem hauseigenen Restaurant an. Es kann sich aber durchaus lohnen, ein anderes Lokal zu suchen. Besonders in der Jomas iela von Majori findet sich etwas für jeden Geschmack. Wer schon zu viel Geld ausgegeben hat, findet auch in Jūrmala einige der typisch lettischen Häuser mit dem Namen **kafejnica,** in denen man oft mit Selbstbedienung sehr einfach und günstig, aber typisch lettisch essen und trinken kann.

- **Kūriņš,** Kaugurciema iela 47, Kaugurciems, Tel. 7736598. Die meisten Besucher lieben dieses rustikale Lokal in einem alten Fischerhaus mit ausgelassener Stimmung und lettischer Atmosphäre. Einheimische Speisen und Bier, Terrasse mit direktem Bick auf den Strand und oft Volksmusik live. Moderate Preise.

- **Orient Sultan,** Jomas iela 33, Majori, Tel. 7762082. Neben der im Namen des Lokals versprochenen, sehr schmackhaften Orient-Küche sind hier auch europäische Standard-Gerichte erhältlich. Das größte Plus ist die Lage direkt in der Fußgängerzone von Majori mit zahlreichen Tischen auf der Straße im Sommer. Hier kann man die Menschen aus aller Herren Länder an sich vorbei ziehen sehen.
- **Kazbeks,** Jomas iela 39, Majori, Tel. 7764271. Ganz in der Nähe des Orient Sultan und ebenfalls nicht auf lettische Küche spezialisiert. Dieses kleine, sympathische kasachische Lokal ist wärmstens zu empfehlen.

Einkaufen

- **Pie Meistra,** Jomas iela 85, Majori, in der Fußgängerzone, Tel. 7762153, 10–18 Uhr. Handarbeiten, besonders aus Wolle, und Bernsteinschmuck, schöne Geschenke und Mitbringsel.

Kultur

- **Konzerthalle Dzintari,** Turaidas iela 1, Tel. 7762092, www.dzk.lv. Die geschichtsträchtige Halle fasst bis zu 600 Zuschauer, doch im Sommer spielt sich das Leben vor allem daneben auf der Freilichtbühne ab. Hochkarätige Musiker vom Range beispielsweise des deutschbaltischen Geigers *Gidon Kremer* treten hier regelmäßig auf.
- **Kino im Kulturhaus Majori,** Jomas iela 35, Tel. 7762403. Internationale Filme mit lettischen Untertiteln in der Fußgängerzone von Majori.
- **Kulturhaus Bulduri,** Muižas iela 6, Bulduri, Tel. 7752472. Hier kann man die Handwerkskünste der Einheimischen bewundern und auch selbst beim Weben und Töpfern sein Glück versuchen (oft Voranmeldung erforderlich, die Touristen-Info hilft weiter).

Feste und Veranstaltungen

- Ein Höhepunkt des reichen Veranstaltungskalenders ist die jährliche **Mittsommernachts-Feier** am 22. und 23. Juni mit einer großen Fest-Parade in der Jomas iela von Majori und einem Konzert mit viel Pomp bei der Konzerthalle von Dzintari.

Sport und Erholung

Das Angebot ist riesig. Besucher sollten vor Ort oder auf www.jurmala.lv Einrichtungen suchen, die ihren Wünschen entsprechen. Generell kann man sagen, dass fast alle Häuser mit **Kur- und Wellness-Angeboten** auf einem guten Niveau operieren, besonders jene, die von den Tourismus-Verantwortlichen empfohlen werden. Schließlich hat Jūrmala einen sehr guten Ruf zu verlieren. Wer keine komplexe Kurbehandlung möchte, sondern einfach mal ein Schlammbad oder eine Massage ausprobieren will, findet in fast jedem Hotel ein passendes Angebot.

- **Spa-Hotel Alve,** Jomas iela 88a, Majori, Tel. 67755970, www.alve.lv. Sympathisch, weil kein gigantischer Kurkomplex, sondern eine Spa-Anlage in einem recht kleinen, architektonisch interessanten Haus direkt in der Fußgängerzone. Konzentration auf Behandlungen von innen: Entgiftung des Organismus, Entspannungs-Programme mit vielen Arten von Massagen, Wasserbehandlungen, Gespräche mit Patienten, Ernährungsberatung usw. DZ im hauseigenen Hotel im Sommer ab 70 Ls. Preisbeispiel Behandlung: einstündige Ganzkörper-Massage mit ätherischen Ölen 28 Ls.
- **AG Rīgas Jūrmala,** Jūras iela 23/25, Majori, Tel. 7761967. Sehr breites Angebot an Kurbehandlungen.
- **Spaßbad Līvu akvaparks,** Viestura iela 24, Lielupe, Tel. 7755640, www.akvaparks.lv. Großes Spaßbad, im Gegensatz zu der Anlage auf dem Campingplatz Nemo ganzjährig geöffnet. Man könnte denken, eine Stadt mit kilometerlangem Sandstrand brauche keinen Aquapark, doch er erfreut sich größter Beliebtheit, besonders bei Kindern.

Verkehrsverbindungen

- **Auto:** Aus Rigas Zentrum kommend, ist die Strecke nach Jūrmala auf der A10 ausgeschildert. Es lohnt sich aber, das Auto stehen zu lassen und Bus oder Bahn zu nehmen, denn die Einfahrt ins Stadtgebiet von Jūrmala kostet eine **Gebühr,** die an einer Mautstation zu entrichten ist. Sie ist mit 1 Ls pro Tag allerdings nicht sehr hoch.
- **Bahn:** Es gibt keine Station mit dem Namen Jūrmala, die Stadt ist eine Ansammlung einzelner Orte. Der touristisch wichtigste von ihnen ist Majori. Die Vorortbahn aus Riga, die eine gute halbe Stunde bis Jūrmala braucht, hält auch in Lielupe, Bulduri und Dzintari sowie in jedem weiteren Ort hinter Majori. Die Station von Lielupe ist einer der ältesten aus Holz gebauten Bahnhöfe Lettlands. Die Vorortbahn verkehrt in der Regel mindestens zweimal pro Stunde. Eine Fahrkarte von Riga Hauptbahnhof nach Majori kostet 0,65 Ls.
- **Bus:** Es lohnt sich kaum, einen großen Linienbus zu nehmen. Viel praktischer sind die sehr oft verkehrenden **Minibusse** (lettisch *maršrutki,* siehe „Riga, Stadtverkehr"). Sie starten tagsüber alle fünf oder zehn Minuten in Riga schräg gegenüber vom Hauptbahnhof und halten unterwegs überall, wo der Fahrgast es wünscht. Er muss es nur rechtzeitig dem Fahrer ankündigen. Man zahlt beim Einsteigen, sollte aber Kleingeld bereit halten. Wer nicht das Risiko eingehen will, falsch auszusteigen oder sich mit dem Fahrer missszuverstehen, nimmt lieber die Vorortbahn nach Jūrmala.

Ķemeri-Nationalpark

↗ VI/B2-3

Das gewaltige Areal des **Ķemeru nacionālais parks** von über 38.000 Hektar wurde erst 1997 in den Rang eines Nationalparks erhoben, obwohl die Anstrengungen in diese Richtung bereits vier Jahrzehnte zuvor ihren Anfang nahmen. Nach und nach wurden geschützte Gebiete und Reservate ausgerufen, wie etwa Vogelschutzgebiete.

Der zu über die Hälfte aus **Wäldern** und im Übrigen aus **Sümpfen und Wasserflächen** bestehende Park wird kaum von Straßen durchschnitten, sodass es recht schwer ist, ins Innere dieses „Dschungels" vorzudringen. Die Verantwortlichen in der Region sind peinlich darauf bedacht, den Tourismus so zu steuern und zu begrenzen, dass kein Besucher Schaden anrichtet oder Spuren hinterlässt und dennoch bleibende Eindrücke von der fantastischen Pflanzen- und Tierwelt mit nach Hause nehmen kann. Per Auto ist also bestenfalls ein Blick von außen in diese geheimnisvolle Welt möglich. Mit dem Fahrrad kommt man dem Kern des Parks schon wesentlich näher: Markierte Wege führen durch das Innere. Auch Wanderwege verlaufen durch die Wälder, auf langen Holzbrücken über Sümpfe und zu den berühmten **Schwefelquellen,** derentwegen die Mineral- und Heilwasser der Region so bekannt sind.

Im Herbst kommen vor allem **Vogelbeobachter** in Scharen. Auf den Karten des Parks sind die Stellen verzeichnet, wo man die beste Chance hat, seltene Vögel und andere Tiere wie **Fledermäuse und Biber** zu erspähen.

Direkt im Ort Ķemeri startet ein **Wanderweg,** der hauptsächlich auf Holzstegen durch die Sümpfe verläuft, die jedes Jahr im Frühling vom Fluss Vēršupīte überflutet werden. Drei **Fahrradrouten** – 16, 17 und 22 Kilometer lang – sind in den Farben rot, blau und orange gut ausgeschildert. Sie beginnen nicht in Ķemeri, sondern haben das Dorf Valgums als Fixpunkt. Es liegt recht nah an der Stadt Tukums, die sich ebenfalls als Ausgangspunkt für Touren in den Nationalpark eignet, auch wenn sie 15 Kilometer von seinem Rand entfernt ist. Radler, die gut in Form sind, können aber ohne Weiteres von Ķemeri oder gar von der Küste aus zu den Fahrradrouten durch den Nationalpark gelangen.

Mit einem **geländetauglichen Auto** kann man dem Innenleben des Parks von Ķemeri kommend auf der A10 Richtung Westen (Ventspils) und dann bei erster Gelegenheit links auf einer kleinen Sandpiste auf die Spur kommen. Der Weg verläuft am Rand des Parks entlang und führt nach neun Kilometern ein Stückchen in das Gebiet hinein. In dieser Gegend liegen auch die Fahrrad- und weitere attraktive Wanderrouten.

Wer es nicht auf eigene Faust versuchen oder unterwegs mehr über den Park erfahren will, kann an einer **organisierten Tour** teilnehmen (Informationen bei der Touristeninformation in Ķemeri und Jūrmala).

Ķemeri und Jaunķemeri

Die Zentrale des Parks ist im Ort Ķemeri zu finden, der auch noch zum Konglomerat von Jūrmala gehört. Ķemeri selbst liegt nicht direkt am Meer, doch der sieben Kilometer entfernte Ortsteil Jaunķemeri ist unmittelbar an der Küste. Dort findet sich eine Reihe von Kuranlagen und Hotels. Im sehr kleinen Ķemeri ist es deutlich ruhiger. Allerdings fallen auch hier einige schöne Objekte auf, darunter die hübsche russisch-orthodoxe Kirche (Katedrāles iela 1), ein Pavillon mit schönen Holzschnitzereien auf der künstlich geschaffenen „Liebesinsel" und ein weiterer Pavillon mit **Schwefelquelle** im Park am Ortsausgang. Es wird den Besuchern empfohlen, ihr Gesicht mit dem intensiv riechenden Wasser zu waschen, es soll der Haut gut tun. Diese Gebäude liegen alle auf sehr engem Raum.

Information

- **Information Ķemeri-Nationalpark,** Meža māja, Ķemeri, Tel. 67730078, www.kemeri.gov.lv. Ein kleines Stückchen außerhalb des Ortes nahe der Zufahrtsstraße Tūristu iela. Informationen über die Wander- und Radwege, Kartenmaterial und Vermittlung von geführten Touren.

Unterkunft

Die klassischen großen Hochhaus-Kurhotels von Jaunķemeri sind nicht jedermanns Geschmack, während das Angebot in Ķemeri selbst sehr klein ist. Besucher, die länger bleiben wollen, können darüber nachdenken, ob sie nicht lieber im günstigeren Städtchen Tukums unterkommen wollen oder auch auf einem der Campingplätze oder Hotels etwas weiter entfernt an der Rigaer Bucht (zu erreichen auf der P128).

- **Rehabilitationszentrum Jaunķemeri,** Kolkas iela 20, Jaunķemeri, Tel. 7733522, www.jaunkemeri.lv. Sehr breites Angebot an Kurbehandlungen, darunter Bäder und Massagen aller Art, Moorbehandlungen, Hochdruckkamer, Physiotherapie. In dem Komplex ist auch ein großes Hotel.

Entlang der Daugava nach Osten

Neben Jūrmala sowie den Städten Bauska und Jelgava mit ihren Schlössern und Burgen (beschrieben im Kapitel „Zemgale") ist von Riga aus ein Tagesausflug an der Daugava (deutscher Name: Düna) entlang denkbar. Die meisten werden diese Strecke jedoch wählen, wenn sie sowieso dem Fluss in Richtung Daugavpils folgen wollen, denn unterwegs warten eine Reihe von Sehenswürdigkeiten, Ortschaften und die reizvolle Natur des Daugava-Tals. Der weitere Verlauf des Flusses mit der fantastischen Burg von Koknese als Höhepunkt ist im Kapitel „Zemgale" beschrieben.

Gedenkstätte Salaspils ⇗XVI/A2

Salaspils ist von Riga aus sehr schnell zu erreichen, wenn man die A6 in Richtung Daugavpils nimmt (Entfernung 24 km). Autofahrer, die auf der Via Baltica in einem großen Bogen um Riga herumgeführt werden, treffen sowieso auf Salaspils, denn es liegt genau auf der Umleitungsstrecke. Das Gelände ist von der Hauptstraße in Salaspils gut zu erreichen (1,2 km). Es ist nur auf Lettisch mit „Memoriālais ansamblis" ausgeschildert. Der Weg endet auf einem großen Parkplatz, das letzte Stück muss man zu Fuß zurücklegen.

Ob auf der Durchreise oder im Rahmen eines gezielten Ausflugs: Es lohnt sich der Besuch des **ehemaligen Konzentrationslagers** von Salaspils. Vom Lager selbst ist nichts übrig geblieben. Trotzdem bleibt die ganz im Grünen gelegene Gedenkstätte allen in Erinnerung, die sie gesehen haben. Das ganze Gelände ist frei zugänglich und kostet keinen Eintritt.

Von 1941 bis 1944 nutzten die Nazis Salaspils als Etappenlager, bevor die Gefangenen weiter transportiert wurden. 39 Baracken standen einst, wo jetzt nur eine große Wiese übrig geblieben ist. Auf der Fläche stehen gewaltige, ausdrucksstarke **Steinfiguren:** Ein unbeugsamer Mann, ein Erniedrigter, eine Mutter mit Kindern. Die monumentalen Gestalten erinnern an den Denkmal-Stil der Sowjets. An der Stelle der einstigen Kinderbaracke erinnern Stofftiere und Spielzeug neben Blumen an das Schicksal und das Leid der jungen Gefangenen.

Hauptobjekt des Geländes ist ein schmales, längliches, schräg ansteigendes Bauwerk, das als Ausstellungsraum errichtet wurde. Innen entsteht auf diese Weise ein **langer, dunkler Tunnel,** der vom Eingang aus langsam und schnurgerade nach oben führt. Ein Metronom klopft den immer gleichen Takt, während man sich der zunächst endlos weit erscheinenden Wand am Ende des Tunnels nähert.

Keine ausführlichen Beschreibungen sind hier notwendig, um den Schrecken des Ortes zu dokumentieren und zu vermitteln. Die Wand trägt die Namen all jener Völker, deren Menschen hier ums Leben gekommen sind – in lettischer und russischer Sprache. Draußen vor dem Tunnel steht eine Tafel mit nichts weiter als einer Strichliste für die Opfer: tausend Tote pro Strich.

Daugava-Stausee

↗ XVI/A2-3

Die Weiterfahrt auf der A6 in Richtung Daugavpils führt an einem großen Stausee entlang. Der Fluss ist an dieser Stelle künstlich verbreitert worden, um den riesigen Fabriken Energie zu liefern. Man kann an einigen Stellen seitlich parken und den **Deich** erklimmen. Oben bietet sich ein weiter Blick auf das gestaute Wasser der Daugava.

Wasserkraftwerk Rīgas HES

Der Name Rīgas HES wird einem Ausländer nicht viel sagen, doch ist er in Lettland ein vertrauter Begriff. Er bedeutet *hidroelektrostacija,* also Wasserkraftwerk. Gleich südlich von Riga bei Salaspils wurde in den 1970er Jahren mit dem Bau dieses für lettische Verhältnisse wahrhaft gewaltigen Projekts begonnen.

Zu diesem Zweck errichteten die Sowjets damals zunächst einen riesigen **Staudamm in der Daugava,** wodurch sich das Wasser des Stroms aufstaute und einige Inseln unter sich begrub. Berühmtestes „Opfer" der Flutung war die imposante Burgruine von Koknese, die allerdings (ironischerweise) durch ihre jetzige malerische Lage am Wasser an Schönheit hinzugewonnen hat. Weniger vorteilhaft war die Erhöhung des Wasserspiegels für einige Siedlungen, die im Fluss verschwinden sollten. Ein Altgläubigen-Dorf wehrte sich erfolgreich gegen die Flutung – viele Menschen mussten jedoch umziehen und zusehen, wie ihre ehemaligen Grundstücke versanken.

Der Damm, der die gestauten Wassermassen hält, ist nicht zu verfehlen: Wer auf der Via Baltica die Hauptstadt Riga umfährt, wird automatisch über eine Straße umgeleitet, die auf dem Damm entlangführt. Das gleiche galt übrigens auch für eine Bahnlinie, doch sie wurde nie für den Passagier- oder Güterverkehr genutzt, sondern nur im Zusammenhang mit dem Bau des Kraftwerks. Dies lag vor allem daran, dass es auf der linken Daugava-Seite keinerlei andere Bahnlinien gab. Man hätte also eine komplette Trasse neu bauen müssen. Anfang dieses Jahrhunderts wurde das Teilstück von Salaspils bis zum Damm wieder abmontiert.

Rīgas HES mag ein Prestigeprojekt der Sowjets gewesen sein, doch es erfüllt auch heute noch zwei sehr große Zwecke: Mit ihrer Kapazität zur Erzeugung von 402 Megawatt Strom, sechs Generatoren, zwei Transformatoren und einigen gewaltigen Hochspannungsleitungen stellt es die größte Quelle an Elektrizität für die Millionenmetropole Riga (Umgebung mit eingerechnet) dar. Es versorgt die Hauptstadt nicht nur mit **Strom,** sondern aus dem riesigen Reservoir auch mit **Trinkwasser** für die meisten Haushalte Rigas. Desweiteren wurde eine Pumpstation für ein **Erdwärme-Kraftwerk** auf dem Gelände von Rīgas HES eingerichtet. In Zeiten globaler Erwärmung scheint dieses Projekt der 1970er Jahre mit seiner Erzeugung von erneuerbaren Energien plötzlich wieder ganz auf der Höhe der Zeit.

Auf dem Deich selbst verläuft ein kilometerlanger Fußweg, der besonders von Joggern gern genutzt wird.

Der nächste Ort auf der nördlichen Daugava-Seite heißt **Ikškile.** Auf den ersten Blick würde man ihn vielleicht einfach „rechts liegen lassen", doch Ikškile wartet mit einer kuriosen Sehenswürdigkeit auf: Wenn man durch den Ort zum Flussufer hinunterfährt und dann am Wasser entlang, wird plötzlich **mitten in der Daugava die Ruine einer Kirche** sichtbar. Vom Parkplatz aus führt eine Art Damm die Spaziergänger trockenen Fußes zu dem einstigen Gotteshaus. Nicht alle Mauern sind erhalten geblieben und mit dem neu hinzugefügten Blechdach und dem großen, modernen Kreuz macht das Ensemble einen eigenartigen, aber doch sehr interessanten Eindruck.

Lielvārde ↗ XVI/B3

Altlettische Burg

Weitere gut 20 Kilometer von Ikškile, hinter der Kleinstadt Ogre und dem kleineren Ort Ķegums, führt die A6 nach Lielvārde. Von der Durchfahrtsstraße ist eine eigenartige, hohe **Holzkonstruktion** sichtbar. Es ist die altlettische Burg von Lielvārde (Eintritt 1 Ls, geöffnet Mai bis Oktober), ein Mini-Dorf aus dicht beieinander stehenden Gebäuden, das wie eine Schutzburg erbaut wurde, mit Aussichtstürmchen zum Erspähen von Feinden.

Der in Lettland recht bekannte Künstler *Agris Liepinš* hat es zu seinem Hobby gemacht, hier das **Leben der altlettischen Völker** nachzuempfinden. Entstanden ist eine kuriose Ansammlung von Wohnhäusern, Gemeinschaftsgebäuden, Ställen und Scheunen. Man erhält einen guten Eindruck von den Lebensumständen der Menschen, die so oder so ähnlich bis zum 13. Jh. und dem Einmarsch der deutschen Ritter vom Schwertbrüderorden gelebt haben. Es ist eine gute Erinnerung daran, dass die Geschichte Lettlands nicht mit den Burgen und Städten der Ordensritter begonnen hat.

Darüber hinaus ist es auch sehr spaßig, in diesem Minidorf umherzulaufen und durch die Türen der Häuser in die **schön ausgestatteten Innenräume** mit den authentisch gekleideten Figuren zu blicken. Die Menschen lebten damals zu einem guten Teil vom Handel mit Bienenwachs, den die Länder Westeuropas vor allem für ihre Kerzen in den Kirchen brauchten.

Auf verschiedenen Leitern und Treppen lassen sich die oberen Ebenen der Festungsanlage erkunden und mit etwas Glück sieht man den Initiator, wie er gerade auf der zweiten Etage steht und sich neue Ergänzungen für sein Lebenswerk ausdenkt. Die Betreiber

Mittelalterliches Burgleben vor dem Einmarsch der Kreuzritter veranschaulicht die Anlage in Lielvārde erklären bereitwillig jedem Gast die einzelnen Objekte, was auf Russisch und Lettisch am besten funktioniert, doch auch sonst lässt sich mit Zeichensprache einiges erfahren, zumal auch ein englischsprachiges Flugblatt verteilt wird.

Ins Staunen geraten die Besucher, wenn Sie ein ganz und gar nicht altertümliches Ausstellungsstück zu Gesicht bekommen: drastische, oft sehr frivole Karikaturen. Eigentlich ist der Museumsgründer nämlich als Zeichner bekannt und berüchtigt.

Direkt neben der Anlage liegt ein **Minizoo** mit Ziegen, Kaninchen und anderen vertrauten Tieren (Eintritt 0,80 Ls).

Andreja-Pumpura-Museum und Park

In Lielvārde ist außerdem das Andreja-Pumpura-Museum zu finden. Es zeigt Ausstellungsstücke zum Leben und Werk des berühmten Schriftstellers *Andrejs Pumpurs* (Autor des Nationalepos „Lāčplēsis"), der in Lielvārde gelebt hat. Nicht verpassen sollte man einen Gang durch den Museumspark mit einigen schönen **Holzskulpturen.** Vom Park aus führt eine Treppe hinunter zum Fluss mit hervorragender Aussicht auf die Daugava.

- **Andreja Pumpura musejs,** E. Kauliņa aleja 20, täglich 10–17 Uhr, Eintritt 0,50 Ls, nur Park 0,20 Ls.

026le Foto: mk

062le Foto: mk

Vidzeme – der Norden

083le Foto: mk

Die Festung von Straupe, in ihren Grundzügen aus dem 13. Jahrhundert

Der Riesenfindling Lauču akmens an der Küste der Rigaer Bucht

Überblick

Die größte der vier lettischen Regionen wird oft mit dem aus der Geschichte bekannten Begriff **Livland** gleichgesetzt, wobei das historische Livland weitaus größer war als das heutige Vidzeme, das die **östliche Küste der Rigaer Bucht,** die gesamte **lettisch-estnische Grenze** und das Land dazwischen umfasst. Vidzeme grenzt auch mit einem kurzen Abschnitt an Russland. Je nachdem, ob Riga und Umgebung als eigene Region angesehen werden oder nicht, gehört auch die Landeshauptstadt dazu.

Durch die zentrale Lage im Baltikum war Vidzeme schon immer mitten im Geschehen. Einst galt dies vor allem für den Handelsverkehr, heute hauptsächlich für den Tourismus. Wer auf der Via Baltica nach Estland fährt, kommt an Vidzeme nicht vorbei.

Wegen ihrer relativ großen Ausdehnung hat die Region keinen einheitlichen Charakter. Die Dörfer und **Strände** an der Rigaer Bucht haben eine völlig andere Atmosphäre als die mit den berühmten **Burgen** bestückten Städte Cēsis und Sigulda. Der an Estland grenzende, seenreiche, idyllische und ein wenig **abgelegene Nordosten** um Alūksne ist kaum zu vergleichen mit dem Süden, der an der **Daugava** entlang von Riga ins östliche Latgale führt. Die Unterschiede sind auch an der Bevölkerung sichtbar: Während Cēsis und Sigulda unter Einheimischen als „lettischste" Gegenden des gesamten Landes gelten, findet sich im Südosten Vidzemes ein ganz beträchtlicher Anteil russischsprachiger Bewohner. Insgesamt verteilen sich nur gut **350.000 Menschen** auf die Fläche der Region, die immerhin 30 % von Lettland ausmacht.

In den ersten 1200 Jahren unserer Zeitrechnung lebten in der Region vor allem zwei Stämme: Die aus Westfinnland kommenden **Liven** und die baltischen **Lettgallen.** Dann folgte der Einmarsch der Christen. Nach Vidzeme kamen die germanischen Kreuzritter vom Schwertbrüderorden (eigentlich: Brüder der Ritterschaft Christi zu Livland) als erstes, als sie das Gebiet des heutigen Lettlands unter ihre Kontrolle brachten. Dies geschah zu Anfang des 13. Jh. Sie bauten die mächtigen Festungen und Burgen, die heute noch vollständig oder in Form von Ruinen in fast jedem größeren Ort zu bestaunen sind, und hielten ihre Vormachtstellung bis ins 17. Jh. hinein.

Dann begannen die großen Territorialkriege, während derer das heutige Vidzeme mal unter **schwedischer,** mal unter **polnischer** und mal unter **russischer** Kontrolle stand. Letztlich wurde die Region mit einem Teil des heutigen südlichen Estlands zusammengefasst und ins russische Zarenreich eingegliedert – eine Zeit von Wachstum und weitgehender wirtschaftlicher Stabilität.

Nach dem Ersten Weltkrieg war Vidzeme erstmals eine Region im freien und souveränen Lettland. In Cēsis spielte sich die entscheidende Schlacht lettischer Kämpfer mit den letzten Divisionen deutscher Truppen 1919 ab, als der Krieg eigentlich schon vorbei war. Die Zwischenkriegszeit war geprägt von der Zugehörigkeit zum erstmals freien Staat Lettland. Ab 1940 erlitt Vidzeme das Schicksal des gesamten Landes: Okkupation durch die Sowjets, dann durch die Deutschen und dann die jahrzehntelange Zugehörigkeit zur Sowjetunion.

Heute präsentiert sich Vidzeme als ein moderner, aufgeschlossener Landstrich, der seine **Touristenzentren** sehr gut verwaltet und von allen Regionen des Landes nach der Hauptstadt Riga die meisten Besucher verzeichnet – hauptsächlich dank der Ostseeküste, dem Nationalpark Gauja und der berühmten Burg Turaida.

Cēsis

↗ XVII/C1

Das kleine Cēsis mit seinen knapp 20.000 Einwohnern ist leicht zu unterschätzen. Für viele Letten ist es nach Riga und neben Sigulda symbolisch gesehen der wichtigste Ort im ganzen Land. Hier schlugen die Esten und Letten 1919 das vordringende deutsche Heer zurück und verteidigten so ihre gerade gewonnene Unabhängigkeit.

Auch die **lettische Fahne,** stolzes Symbol des Freiheitskampfes, stammt aus Cēsis. So will es jedenfalls die Legende, der zufolge der lettgallische König 1272 in einer Schlacht an diesem Ort verwundet wurde. Seine Untertanen legten ihn auf eine weiße Fahne, die sich von seinem Blut rasch rot verfärbte. In der Mitte blieb aber ein weißer Streifen. So wurden die Nationalfarben geboren. Verständlich daher, dass Cēsis sich selbst als „eine der lettischsten Städte in Lettland" anpreist.

Über die historische Richtigkeit dieser Behauptung kann man freilich streiten, denn bereits im Mittelalter, Jahrhunderte, bevor Lettland entstand, war dieses scheinbar so ruhige Nest, das damals den deutschen Namen **Wenden** trug, ein wichtiges Zentrum des Baltikums, zu Zeiten der Ordensherrschaft sogar wichtiger als Riga. Neben Riga wurde im heutigen Lettland nur Wenden mit dem Titel **Hansestadt** versehen und mit dem verbrieften Recht auf eine eigene Münzprägung ausgestattet.

Außer Geschichte und Symbolik hat Cēsis aber vor allem die zentrale Lage im großartigen **Gauja-Nationalpark** zu bieten, auf halber Strecke zwischen Sigulda mit seiner phänomenalen Burg Turaida und dem Ort Valmiera. So stellt Cēsis einen idealen Ausgangspunkt für Touren und Ausflüge aller Art dar.

Doch auch die Kleinstadt selbst, 80 Kilometer nordöstlich von Riga gelegen, ist einen eigenen Besuch wert, steht in ihr doch die alte Ordensburg, Respekt und Ehrfurcht heischend wie eh und je, obwohl sie nur als Skelett die vielen Jahrhunderte überdauert hat. Feste im Sommer und nahe gelegene Skipisten im Winter locken die Gäste an, die immer zahlreicher herbeiströmen. Dennoch hat Cēsis sich außerhalb der Monate Juli und August seinen leicht verträumten, sympathischen, fast niedlichen Charakter bewahrt. Überreste der alten Stadtmauer, das

System der Altstadtgassen und eine Vielzahl an kleinen **Holz- und Kaufmannshäusern** sind stumme, aber vielsagende Zeugen der mittelalterlichen Entstehungsgeschichte.

Stadtgeschichte

Die Stadt taucht in schriftlichen Quellen zum ersten Mal im Jahr **1206** auf und ist damit einer der ältesten noch heute existierenden Orte Lettlands. Das **800-jährige Bestehen** wurde 2006 groß gefeiert. Je nach Quellenlage begann der gerade frisch gegründete **Schwertbrüderorden** zwischen 1207 und 1209 mit dem Bau einer gewaltigen Burg. Cēsis erhielt seine ursprüngliche Bezeichnung **Wenden** vom gleichnamigen Volk, das ab dem 11. Jh. von Westen kommend den Ort als neue Heimat auserkoren hatte. Eine heute nicht mehr erhaltene Holzburg der Wenden stand auf dem Nussberg (Riekstu kalns) über der Gauja und diente den Ordensrittern als Vorlage für ihren nur einen Steinwurf entfernten Bau.

Die **Ordensburg** war für Jahrhunderte eine der größten Festungen in Livland, oft verglichen mit der monumentalen Burg des Deutschritterordens im heute polnischen Marienburg. Um die Burg Wenden bildete sich schnell eine Handelssiedlung. Lange war die Festung **Sitz des Großmeisters** und Wenden avancierte zur Hauptstadt des vom Orden eroberten livländischen Gebiets. Die Burg sah in ihren Mauern im Laufe der Jahrhunderte nicht weniger als 40 Großmeister.

Einer der letzten und auch bekanntesten von ihnen war **Wolter von Plettenberg** (1450–1535). Der Orden hatte seine Machtposition im heutigen Lettland und Estland gefestigt, kam aber durch interne Querelen, Streit mit den Bischöfen, Druck von außen (Russland) und die Reformation immer mehr in Bedrängnis. Plettenberg gelang es, die Interessen auszugleichen, er regierte in Wenden über eine Periode der Stabilität. Doch die Entwicklungen waren nicht aufzuhalten: Die Reformation setzte sich auch in Livland und damit in Wenden durch und 42 Jahre nach Plettenbergs Tod war die Stadt umzingelt vom Moskauer Großfürsten **Ivan IV.** („dem Schrecklichen"). Die Bewohner sahen keinen anderen Ausweg, als sich zusammen mit der Burg in die Luft zu sprengen. Das stabile Bauwerk behauptete sich zwar, wurde aber im Nordischen Krieg 1703 endgültig zerstört.

Die Stadt Wenden, die durch die zentrale Lage im Herzen der Macht und den Handel mit Russland florierte und bereits im 13. Jh. das Stadtrecht erhalten hatte, wurde wie Riga zu einer **Hansestadt** (1383), damals ein äußerst begehrter Titel. Es gründeten sich Gilden, es bildete sich ein gesellschaftliches, kulturelles und geistliches Zentrum. Doch mit dem 25 Jahre tobenden Krieg gegen Russland war die Zeit des großen Aufschwungs vorbei. Kämpfe, Brände, die polnisch-schwe-

In den Gassen des mittelalterlichen Städtchens Cēsis – rechts die Johanniskirche

0641e Foto: mk

0631e Foto: mk

dischen Kriege im 17. Jh. und die große Pest (1710–11) gaben Wenden den vorläufigen Todesstoß.

Als die gesamte Region 1721 an das russische Zarenreich überging, war es eine unbedeutende Kleinstadt geworden. 1785 ging es mit der Ernennung zur Kreisstadt langsam wieder bergauf, doch erst 1889 brachte die Eröffnung der ersten **Bahnstrecke** von Riga über Cēsis nach Valka einen Wachstumsschub, ebenso wie der Straßenbau. Cēsis begann wegen seiner einmaligen Umgebung, auch als Erholungsort für Reisende immer attraktiver zu werden.

Nahe der Stadt wurden einige brutale Schlachten des Ersten Weltkriegs geschlagen, doch der wichtigste Kampf folgte, als der Krieg offiziell schon vorbei war: Entgegen dem Versailler Friedensvertrag drangen reichsdeutsche Truppen unter Graf *Rüdiger von der Goltz* zusammen mit Deutschbalten über Riga nach Norden vor und wollten Lettland und Estland unter ihre Kontrolle bringen. Ein **estnisch-lettisches Heer** besiegte die Aggressoren im Sommer **1919** in Cēsis. Der **23. Juni** wird bis heute als „Siegestag" in ganz Lettland begangen.

Seit dieser Zeit spielt Cēsis politisch keine entscheidende Rolle mehr, behält aber bis heute seinen Status als patriotisches Symbol und Herz des beliebtesten lettischen Nationalparks.

Sehenswertes

Kreuzritterburg

Die alte Burg des Schwertritterordens ist auch als **Ruine** die Hauptattraktion von Cēsis. Dass noch recht viel zu besichtigen blieb, verdankt die am besten erhaltene Kreuzritterburg Lettlands dem Grafen *Karl von Sievers,* der die Burg 1777 kaufte und in Teilen renovieren ließ.

Sievers errichtete für sich selbst ein kleines, heute rosafarbenes **Schlösschen** am östlichen Rand der Anlage, in dem seit Kriegsende das **Städtische Museum für Geschichte und Kunst** (Cēsu vestures muzejs) untergebracht ist. Dort finden sich archäologische Fundstücke aus Cēsis und Umgebung, aber auch viele andere Exponate und Erläuterungen zur bewegten Geschichte der Stadt. 1812 ließ Sievers noch einen romantischen **Schlossgarten** anlegen, heute der beste Erholungsort für Bewohner und Besucher.

Am auffälligsten an den Überresten der Burg ist der noch recht gut erhaltene runde **Südturm** mit seinem charakteristischen Spitzdach. Der **Westturm** hingegen ist quadratisch und versetzt Besucher mit seinen 4,60 Metern dicken Mauern ins Staunen. Bei einer Besichtigung wird jedem Besucher eine **Laterne mit Kerze** überreicht, denn in der Burg ist es oft sehr finster. Anstatt die Räume und Treppen zu beleuchten, kamen die Betreiber auf die schöne Idee, die Gäste bei Kerzenlicht das Innenleben der Festung kennenlernen zu lassen. Der Gang mit der Laterne über den Schlossgraben und in die dunkle Burg ist ein besonderes Erlebnis, das man sich nicht entgehen lassen sollte.

In einem alten Nebengebäude auf dem Gelände stellt ein Goldschmied traditionellen lettischen **Schmuck** her. Gern lässt der stets gut gelaunte Meister *Daumants Kalnins* Touristen bei seiner Arbeit zuschauen und erzählt, auch auf Englisch, von seiner Tätigkeit. Er ist leidenschaftlicher Sammler von alten Fundstücken und versucht, diese originalgetreu nachzuarbeiten. Man kann die Ringe, Armreifen und Ohrringe direkt bei ihm kaufen.

Neben dem Haupteingang zum Burggelände ist in einem Kasten die **Lenin-Statue** zu sehen, die jahrzehntelang den heutigen Platz der Einheit dominierte.

Reste des **Stadtwalls** umgeben die Burg auf dem Nussberg (Riekstu kalns) mit dem kleinen See an seinem Fuße heute noch. Im alten Kutscherwohnhaus neben der Burganlage wurde 2001 die **Touristeninformation** eingerichtet.

Auf der Rückseite der Burg erstreckt sich der schöne **Park** (Pils parks), der 1812 angelegt wurde, mit weiten Grünflächen, einem großen Teich, dem Blick auf das Burgensemble und einer Freilichtbühne, auf der im Sommer sehr häufig Open-Air-Konzerte stattfinden.

- **Burg mit Schmiede und Museum,** Pils laukums 11, geöffnet täglich außer Mo und Di 10–17 Uhr, Eintritt 2 Ls in der Sommersaison (15.5.–15.9.), 1 Ls außerhalb der Saison. Führungen in Deutsch und Englisch: 15 Ls (Infos bei der Touristeninfo). Der Schlosspark ge-

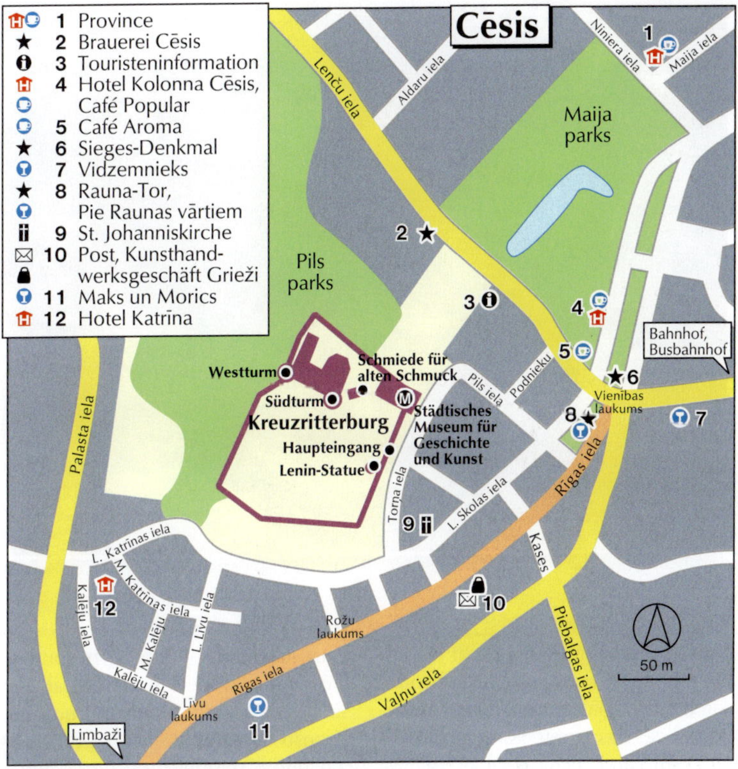

hört nicht zum Burgkomplex und ist frei zugänglich.

Altstadtgassen

Im gemütlichen Cēsis lohnt sich ein Spaziergang durch die **mittelalterlich anmutenden Gassen** der niedlichen Altstadt mit ihren roten Ziegeldächern und Steinmauern. Besonders schön lässt es sich abends beim Schein der alten Laternen, die an vielen Häusern hängen, durch die Sträßchen flanieren.

Das Gebäude des alten Rathauses von 1767 sowie die vielen kleinen **Bürgerhäuser** aus Ziegelsteinen und Holz aus dem 17. und 18. Jh. haben eine besonders urige und idyllische Ausstrahlung. Allerdings ist noch längst nicht die gesamte Altstadt wieder originalgetreu hergestellt. Hässliches Straßenpflaster ist ebenso noch zu finden wie nicht renovierte oder gar baufällige Häuser. Der Eindruck wird aber von Jahr zu Jahr besser.

065le Foto: mk

St. Johanniskirche

Am meisten ins Auge sticht die hohe und frisch renovierte St. Johanniskirche (Sv. Jāņa baznīca). Sie ist außerhalb Rigas das größte gotische Gotteshaus im Land. 1283 bis 1297 wurde sie errichtet und danach in den Wirren der Zeit (Reformation) mehrfach umgebaut. Ihre jetzige Gestalt erhielt sie durch die Renovierung nach einem verheerenden Brand 1754. Neben dem mächtigen Turm ist besonders die schmuckvolle **Sonnenuhr** an der südlichen Mauer beeindruckend, ebenso die **Grabstätten** von Bischöfen und Großmeistern, unter ihnen der berühmte *Wolter von Plettenberg,* dem zu Ehren an seinem 320. Todestag eine Bronzebüste auf seine Ruhestätte gestellt wurde. Ein weiterer Höhepunkt ist die **Orgel,** 1907 von der Firma Walcker & Co. aus dem baden-württembergischen Ludwigsburg erbaut, ebenso wie die Orgel in der Kathedrale von Riga. Lohnend ist auch die **Besteigung des Kirchturms,** von dem aus sich ein hervorragender Blick auf die gesamte Altstadt, die Burganlage und die Umgebung auftut.

Die weitläufige Anlage der Ordensburg besteht großteils aus Ruinen

Im Neuen Schloss residiert das Städtische Museum für Geschichte und Kunst

Foto: mk

Rosenplatz

Im späten 14. Jh. wurde vor der St. Johanniskirche ein **Marktplatz** (Rožu laukums) eingerichtet und damit der Stadtkern kurzerhand nach Osten verschoben. Wo am Rosenplatz im Mittelalter Pranger und Brunnen standen, steht heute eine **Pagode** im chinesischen Stil (kiniesu namiņš).

Rīgas iela

Die Hauptstraße durch die Altstadt heißt Rīgas iela und verläuft vom **Līvu laukums** (Livenplatz) mit seinem kleinen, abends beleuchteten Brunnen zum moderneren **Vienības laukums** (Platz der Einheit), der heute als großer Kreisverkehr fungiert, mit einem schmucken Gerichtsgebäude aus dem 19. Jh. An dieser kleinen Verkehrsader steht eine Hand voll denkmalgeschützter Häuser und Gebäude.

Wie in praktisch jeder lettischen Stadt wird auch in Cēsis an die Kämpfer für die Unabhängigkeit des Landes erinnert. Hier hat diese Funktion ein **Sieges-Denkmal** auf dem Platz der Einheit. Als Mahnung, dass mit der staatlichen Souveränität 1920 das Leiden noch nicht vorbei war, dient die Tatsache, dass der Obelisk für die Freiheitskämpfer 1951 in einer Nacht- und Nebelaktion gesprengt und für fast 40 Jahre durch eine Lenin-Statue ersetzt wurde – Cēsis war mit dem gesamten Baltikum Teil der Sowjetunion geworden.

Rauna-Tor

Das **Raunas varti** gibt einen Eindruck von der Massivität der alten Stadttore, die leider nicht erhalten sind. Auch das Rauna-Tor wurde nach alten Aufzeichnungen wieder aufgebaut. Auf dem nun wieder begehbaren alten Kopfsteinpflaster kann man heute feierlich durch das Tor schreiten.

Brauerei Cēsis

Neben der Touristeninformation steht das Gebäude der Brauerei Cēsis, mit fast 500 Jahren eine der ältesten Bierbrauereien im gesamten Baltikum.

- **Cēsu alus darītava,** Lenču iela 9–11, Besichtigungen möglich, mehr darüber in der Touristeninfo.

Praktische Tipps

Information

- **Touristeninformation,** Pils laukums 1, Tel. (6)4121815 oder mobil 28318318, www.tu risms.cesis.lv, geöffnet Mo–Fr 9–17 Uhr, im Sommerhalbjahr auch Sa. Gut ausgestattetes Center für Info-Material, Unterkünfte, Aktivitäten und Erholungsmöglichkeiten in Cēsis und Umgebung. Internetzugang: 1 Ls pro Stunde.

Behinderte

Die Bedingungen für Behinderte haben sich in den letzten Jahren auch in Cēsis verbessert, doch Rollstuhlfahrer treffen immer noch auf viele unüberwindliche Hindernisse. Die Altstadt ist gut zu besichtigen, ebenso wie der Schlossgarten. Die Burg allerdings hat zu viele Stufen und Schwellen.

Notfälle und nützliche Adressen

- **Apotheke:** Cēsu Vecpilsētas aptieka, Rīgas iela 7, Tel. (6)4122652.
- **Krankenhaus:** Palasta iela 15.
- **Polizei:** Pils iela 12.
- **Post:** Rīgas iela 23, Tel. (6)4122788, geöffnet Mo–Fr 7.30–18.30 Uhr, Sa 7.30–16 Uhr.
- **Internetcafé:** Capital Internet, Rīgas iela 7, Tel. (6)4107091, geöffnet Mo–Fr 9–18 Uhr, Sa 10–16 Uhr, Preis: 0,50 Ls pro Stunde.

Geld

Geld kann werktags in allen Bankfilialen gewechselt werden. Die **Lateko Bank** im Supermarkt Cēsis (Lapsu iela 23) hat auch samstags und sonntags geöffnet. Es gibt zahlreiche **Geldautomaten.** Die meisten Hotels und Restaurants in Cēsis akzeptieren Kreditkarten (VISA, MasterCard), kleinere Lokale und Läden aber nicht immer.

Unterkunft

- **Hotel Katrīna,** Mazā Katrīnas 8, Tel. 4107700, www.hotelkatrina.lv. Kleines, gemütliches Hotel mit nur 16 Betten, renoviertes Gebäude, ordentliche Zimmer, gute Altstadtlage. Doppelzimmer ab 42 Ls.
- **Hotel Kolonna Cēsis,** Vienības laukums 1, Tel. 4120122, www.hotelkolonna.com. Sehr nah an Schloss und Altstadt. 75 Schlafplätze, groß, modern, gut ausgestattet in einer Art Villa aus den 1930er Jahren, mit Café und Schönheitssalon. Für anspruchsvolle Gäste. Doppelzimmer ab 66 Ls.
- **Province,** Niniera iela 6, Tel. 4120849, www.provincecesis.viss.lv. Kleine, preisgünstige, familiäre Pension in Zweifamilienhaus mit 10 Plätzen, ordentlich, gutes Café im Haus, Doppelzimmer ab 32 Ls.
- **Buts Hotel,** Bērzaines iela 15, Tel. 4127432, mobil 29461970. Sehr einfache Unterkunft in nicht renoviertem Haus, zentrumsnah. Die Bērzaines iela geht direkt von der zentralen Hauptstraße Palasta iela ab. Unschlagbar günstig, 40 Plätze, ab 10 Ls pro Person.
- **Cepļa pirts,** Cepļa 18, Tel. 29495767 www.ceplapirts.times.lv. Schönes, massives Holzhaus mit 40 Schlafplätzen, günstig. Das Haus liegt nah am Gauja-Ufer. Von Cēsis Zentrum in Richtung Limbaži, aber noch vor Ortsende und kurz vor Überquerung der Gauja-Brücke links abbiegen.

Jugendherberge:

- **Trainingslager der Sportschule Cēsis,** Cēsu prospekts 1, Priekuļi, Tel. 4130985, 29499941. 55 anständige, saubere Schlafplätze, ab 2 Ls pro Person, 4 km außerhalb des Stadtkerns.

Camping

- **Kempings laivu baze Zagarkalns,** Murlejas iela 12, Tel. (6)266266, www.zagarkalns.lv. In Richtung Limbaži, bei der Ausfahrt aus Cēsis direkt vor der Gauja-Brücke führt ein Sandweg links zum Campingplatz am Gauja-Strand, der eine wahre Rundum-Versorgung bietet: Plätze für Zelte und Wohnmobile, Boots- und Fahrradverleih, Sauna, Grillplätze direkt am Wasser. Sogar Zelte, Schlafsäcke und Grillspieße kann man leihen.
- **Ungurs,** Tel. (6)4134402. An der Straße nach Limbaži, gut 10 km von Cēsis entfernt,

schön am Ungurs-See gelegen, fast gegenüber vom Herrenhaus Orellen (siehe „Umgebung von Cēsis). Man kann im See schwimmen und Tretboot fahren.

Essen und Trinken

Die meisten Restaurants und Bars sind Teil eines Hotels, dazu kommen noch einige eigenständige Cafés und Imbisse. Selbstverständlich ist es im Hotel meist am teuersten, wobei aber niemals Rigaer Preise erreicht werden. In Cēsis sind auch die einfachen Lokale vom Typ Kafejnīca gut vertreten.

- **Glendeloka,** A. Kronvalda 2b, Tel. 26630600. An der Ausfahrtstraße Valmieras iela aus Cēsis hinaus (in Richtungen Valmiera, Riga), einen guten Kilometer vom Zentrum entfernt. Gemütliches, modernes Lokal mit Holzeinrichtung und anständiger, preisgünstiger lettischer Küche.
- **Aroma,** Lenču iela 4, Tel. 4127575. Café mit schöner Sommerterrasse im Zentrum von Cēsis am Vienības laukums. Größte Auswahl an Kaffee- und Teesorten der Stadt, auch abgepackt zu kaufen. Eis und Kuchen schmecken hier hervorragend.
- **Café Popular,** Vienības laukums 1, Tel. 4120122, www.hotelkolonna.com. Für Liebhaber von Partystimmung: Café und Bar im Keller des Hotel Kolonna Cēsis mit regelmäßigem Unterhaltungsprogramm (Karaoke, Live-Musik) und Sommerterrasse (Pikniks). Lettische Küche und Pizza, im Sommer viele Touristen.
- **Makss un Morics,** Rīgas iela 43, Tel. 4124367, 29144339, täglich 10.30–24 Uhr. Sehr gemütlich in der Altstadt nahe dem Līvu laukums, mit reicher Auswahl an lettischen und tschechischen Biersorten – natürlich auch aus Cēsis. Auch der Geruch sticht heraus: Auf Wunsch werden Wasserpfeifen gereicht.
- **Pie Raunas vārtiem,** Rīgas iela 3, Tel. 4124039, 29192938. Bar unmittelbar neben dem historischen Stadttor.
- **Province,** Niniera iela 6, Tel. 4120849. Schickes, verglastes Panorama-Café mit Sommerterrasse im Erdgeschoss des gleichnamigen Gästehauses (siehe „Unterkunft").

Am Abend

Ein facettenreiches Nachtleben gibt es in Cēsis kaum, außer den angesprochenen Bars bieten sich bestenfalls noch sogenannte Spielklubs an:

- **Vidzemnieks,** Raunas iela 13a, www.vidzemnieks.com. Kino, Musikklub, Spielhalle.

Einkaufen

Die **Supermärkte** sind täglich geöffnet, meist bis 22 Uhr, unter anderem ein recht großer „Maxima" am Ende der Rīgas iela. Alle übrigen Geschäfte sind in der Regel werktags von 9 bis 18 Uhr (samstags bis 15 Uhr) geöffnet und sonntags geschlossen.

- **Kunsthandwerksgeschäft Grieži,** Rīgas iela 17a, Tel. 4120259, Mo–Fr 9–18 Uhr, Sa 9–17 Uhr.

Feste und Veranstaltungen

- Besonders im Sommer, wenn die Stadt aus ihrer Ruhephase erwacht, werden viele **Festivals und Konzerte** veranstaltet. Doch auch im Herbst, Winter und Frühling werden im **Kulturzentrum** oft lettische Volkstänze oder Gastkonzerte gezeigt. Raunas iela 12, in der Stadtmitte, Tel. 4122431, http://kulturcentrs.wordpress.com, mit Konzerthalle für bis zu über 500 Gäste, mehreren kleineren Sälen und Bühnen.
- Im Mai öffnet regelmäßig das **Stadtmuseum** für einen Tag und eine Nacht seine Pforten für besondere Schauen und Präsentationen.
- Am 19. Mai wird der Geburtstag des Retters der Ordensburg, Graf Sievers, auf dem **Schlossplatz** gefeiert.
- Zum **Johannisfest** wird am 23. Juni wie im ganzen Land die Sonnenwende mit Bier, Tanz und Live-Musik gefeiert, allerdings nicht so sehr in der Stadt selbst, sondern an der Strecke nach Limbaži, knappe 10 km außerhalb. Auf einer Wiese werden riesige Bühnen und Bierzelte aufgestellt. Es heißt, es sei die größte Party in ganz Lettland. Der Weg ist angesichts der Auto- und Menschenmassen, besonders am späteren Abend, nicht zu verfehlen.
- Das **Stadtfest** Mitte Juli ist in Cēsis ein echtes Ereignis mit großen Feiern, Feuerwerk

und Musik in der gesamten Altstadt und auf der Burganlage.

- Ein weiterer Höhepunkt ist der jährliche Auftritt der lettischen **Nationaloper** auf den Stufen der Ordensburg. Immer am ersten Samstag im Juli verwandelt sich die Stadt in ein Meer aus Dekorationen und Musik. Zuschauen kann man für 2 Ls (Stehplatz auf dem Hügel) bis 7 Ls (beste Sitzplätze).
- Am letzten Wochenende im Juli wird das **Bierfest** gefeiert.
- Wer sich zur **Weihnachtszeit** nach Cēsis aufmacht, kann den großen Weihnachtsbaum auf dem Einheitsplatz und zahlreiche **Adventskonzerte** in der schönen St. Johanniskirche bestaunen.

Sport und Erholung

- **Indoor-Kartbahn,** Apšu iela 4, täglich 14–22 Uhr, Tel. 29191183, 29473923. Karting und Bar mit traditionellen Pfannkuchen, Preis: 2 Ls für 5 Minuten, 5 Ls für 15 Minuten.
- **Cīrulīši,** Mūrlejas iela 12, Tel. 29275378, 28707707. Verleih von Fahrrädern, Booten, Skiern, gut sortiertes Geschäft auf dem Campingplatz Zagarkalns (s.o.).

Verkehrsverbindungen

- **Auto:** Cēsis liegt etwa 80 km nordöstlich von Riga und ist mit dem Auto über die A2 und dann die letzten 10 km links auf der P20 in gut anderthalb Stunden zu erreichen. **Bewachter Parkplatz:** Lenču iela 6, mitten im Zentrum (nahe Rauna-Tor), rund um die Uhr geöffnet, Tel. 4127025.
- **Bahn:** Züge von und nach **Riga** (Fahrzeit 2 Std.) verkehren mindestens 4-mal täglich, Preis 2,20 Ls, von und nach **Sigulda** dauert es 1 Std., 1 Ls, es ist die selbe Bahnstrecke wie nach Riga. Der Bahnhof (Stacijas laukums, Tel. 25828245) liegt zentral im Ort am Ende der Raunas iela, nur wenige Schritte von Burg und Altstadt.
- **Bus:** Der Busbahnhof (Autoosta, Stacijas laukums, Tel. 4122762) liegt direkt gegenüber dem Bahnhof und bietet weit mehr Verbindungen von und nach **Riga,** insgesamt 27 täglich. Fahrzeit zwei Stunden, Preis 2,20 Ls, 4.25–19.50 Uhr.

Von und nach **Sigulda** in einer Stunde, Preis 0,95 Ls, gleiche Strecke wie nach Riga. Die Busse halten nicht direkt in Sigulda, sondern zwei Kilometer südlich an der Vidzemes soseja.

Von Cēsis nach Līgatne

Zwischen Cēsis und Sigulda liegt der Ort Līgatne mit einem sehenswerten Naturpark in seiner Umgebung. Am schnellsten zu erreichen ist er von beiden Städten aus über die A2. Interessanter ist es jedoch, aus Cēsis kommend auf Schleichwegen nach Līgatne zu fahren. Dazu fährt man aus dem Stadtkern zunächst in Richtung der A2 (Riga, Sigulda).

Kurz vor Erreichen der großen Straße bietet die **Wasserburg von Araisi** eine Besichtigung der ungewöhnlichen Art. Während die meisten Sehenswürdigkeiten in Lettland höchstens bis ins Mittelalter zurück datieren, wurde hier eine **Siedlung des Stammes der Lettgallen** aus dem 9. Jh. rekonstruiert. Mit ihrer Lage auf einer kleinen Insel hat sie einen einzigartigen Charakter, auch wenn das kleine Ensemble gleichförmig erscheinender Holzhütten schnell besichtigt ist. Im Dorf Araisi steht eine alte, ein wenig verwitterte, aber solide **Mühle** aus Stein.

Wer nun so schnell und bequem wie möglich Līgatne erreichen will, fährt weiter bis zur A2, biegt rechts in Richtung Sigulda und Riga ab und fährt nach 13 Kilometern in **Augslīgatne** wieder rechts weitere sechs Kilometer nach Līgatne. Wer dagegen eine Strecke von gut 20 Kilometern auf einer rauen, aber akzeptablen Schotterpiste in Kauf nimmt, kann einen lohnenden Zwischenstopp einlegen.

Kurz bevor man von Cēsis aus die A2 erreicht, zweigt rechts ein Weg nach **Kārļi** ab. Dort geht es weiter über Skalupes nach Līgatne. Zwischen Kārļi und Skalupes wartet eine große Wand aus dem in der Region so häufigen **roten Sandstein** direkt am Fluss Amata auf eine Besichtigung, der **Zvārtes iezis** (Eintritt 0,60 Ls). Einige hartnäckige Pflanzen haben sich im Laufe der Jahrzehnte auf dem Felsen einen Platz erkämpft. Eine lange, schöne **Hängebrücke** aus Holz über die Amata führt zum Ziel. Über eine Reihe von Holztreppen gelangt man über einen Wanderweg auf den **hohen Felsen,** von dem aus sich ein reizvoller Blick über die liebliche Landschaft bietet. Der **Rundweg** enthält auch Holzschilder mit Märchenfiguren und Beschreibungen von Bäumen – allerdings nur auf Lettisch – sowie einige folkloristische Holzarbeiten wie eine Reihe von dicht nebeneinander an Ketten hängenden Holzbrettern mit geschnitzten Symbolen, die bei Wind gegeneinander schlagen und Töne erzeugen. Unterwegs stehen schöne Picknickplätze bereit.

Kurz vor dem Dorf Skalupes versteckt sich ein System von **unterirdischen Bunkern** aus der Sowjetzeit – einst streng geheim, heute gegen Voranmeldung sogar zu besichtigen (Tel. 6467747, Auskunft in der Touristeninformation Cēsis).

Naturpark Līgatne ↗XVI/B1

In Līgatne lohnt es sich, zum Fluss hinunterzufahren, wo eine **kleine Fähre** die nicht allzu breite Gauja überquert. Für die übersichtliche Distanz wird kein Motorschiff benötigt, vielmehr zieht die Fähre sich an einem Seil von einem Ufer zum gegenüber liegenden.

Auf der anderen Seite des Dorfes erstreckt sich der weithin bekannte und sehr sehenswerte Naturpark Līgatne. Schon für die Einfahrt, noch vor dem Parkplatz, muss das Eintrittsgeld beglichen werden. Die Zufahrtsstraße ist mit teils großen Löchern übersät, hier ist Vorsicht geboten. Mindestens zwei, eher aber drei oder vier Stunden sollte man für die Besichtigung einplanen.

Auf einem äußerst weitläufigen Gelände sind neben schönen, bergauf

067le Foto: mk

Der Zvārtes-Felsen

und bergab führenden **Wanderwegen** vor allem selten anzutreffende wilde Tiere zu bestaunen. Der Naturpfad ist 5,5 Kilometer lang. Zusätzlich können ein botanischer Pfad von gut einem Kilometer Länge, ein 0,9 Kilometer messender Märchenweg und ein kurzer Wanderweg durch „wilde Natur" von 1,3 Kilometern erlaufen werden.

Ein Besuch ist besonders für **Kinder** ein großer Spaß, so lange ihnen die Wege nicht zu lang werden. Die Kleinen und die erwachsenen Tierfreunde sollten allerdings wissen, dass es sich hier nicht um einen Zoo handelt, sondern um einen Wildpark. Es gibt also keinerlei Garantie, dass man tatsächlich alle der anwesenden Tierarten zu Gesicht bekommt.

Der **Luchs** beispielsweise tut den Besuchern nur selten den Gefallen, aus seinem Versteck herauszukommen. Relativ gute Chancen bestehen dagegen, Exemplare der Kreuzung aus Hund und **Wolf** anzutreffen: kurz hinter dem Eingang. Ebenso ist es mit den **Braunbären,** die in ihrem großen Gehege von einem Platz weit oberhalb beobachtet werden können. Außerdem sind in Līgatne **Eulen, Rothirsche, Wildschweine** und mächtige **Büffel** zu Hause.

Die Parkverwaltung versichert, dass die hier zu sehenden Exemplare allesamt große, den natürlichen Bedingungen angepasste Gehege bewohnen und nicht gewaltsam ihrem ursprünglichen Lebensraum entrissen wurden. Vielmehr seien nur verletzte oder aus anderen Gründen aufgelesene Tiere hier versammelt, die sich in ihrer natürlichen Umgebung nicht mehr zurecht gefunden hätten.

Da die Gehege groß und die Tiere nicht immer so freundlich sind, an den Zaun zu kommen, erweist sich ein **Fernglas** neben dem Fotoapparat im Rucksack als äußerst praktisch. Unterwegs steht ein 22 Meter hoher **Aussichtsturm** und ein **Café** bietet seine Dienste an. Wichtig auf den langen und oft steilen Wegen ist es, ausreichend zu trinken. Natürlich finden sich auf der Strecke immer wieder schöne Orte zum Picknicken. Es besteht auch die Möglichkeit, per Auto eine Rundfahrt zu machen.

- **Naturpark Līgatne,** Mo 9.30–17 Uhr, Di–So 9.30–18 Uhr, Eintritt 1 Ls pro Person.
- **Canoe camping,** Gaujas iela 36, Līgatne, Tel. 29244948, www.makars.lv.

Unterkunft

- **Lāču miga,** Gaujas iela 22, Tel. 4153481, www.lacumiga.lv. Schönes, großes Holzgebäude in Līgatne (gut ausgeschildert). Die „Bärentatze" bietet geschmackvolle, schicke Zimmer. Restaurant und Bar der gehobenen, aber bezahlbaren Kategorie, mit Sommerterrasse. DZ ab 40 Ls. Organisation von Ausflügen in die Umgebung, darunter Wanderungen, Fahrradtouren, Vogelbeobachtung, Skifahren im Winter.

Camping

- Auf der Zufahrtsstraße zum Naturpark führt ein Feldweg zu dem sehr einsam und malerisch an der Gauja gelegenen **Zeltplatz Katrīna.** Allerdings erweist sich der Zufahrtsweg als sehr schlecht und man muss extrem langsam und vorsichtig fahren. Vor Ort stehen weder Strom, Duschen noch überhaupt fließendes Wasser zur Verfügung. Daher ist Katrīna nur für abgehärtete, naturverliebte Camper geeignet.

0681e Foto: mk

Gutshaus Orellen

Herrenhaus Orellen und Ungurs-See

↗ XVI/B1

Wenn man auf der Straße P14 knapp über zehn Kilometer aus Cēsis in Richtung Limbaži fährt, taucht auf der linken Seite der Ungurs-See mit einem schönen Campingplatz auf. Ziemlich genau gegenüber liegt die Zufahrt zum äußerst interessanten Herrenhaus Orellen (Ungurmuiža) mit langer deutscher Geschichte und Tradition. Das Gutshaus unterscheidet sich von den meisten anderen der zahlreichen Herrenhäuser Lettlands dadurch, dass es **fast ganz aus Holz** gebaut ist.

Der *Baron von Campenhausen* kaufte Orellen Anfang des 18. Jh. und entschloss sich, ein Herrenhaus auf seinem Grund und Boden zu errichten. Der Entwurf wurde in Russland erarbeitet, wo Campenhausen gerade lebte, doch der Baustil lässt besonders auf **ostpreußischen Ursprung** schließen. 1732 war das Gebäude nach zweijähriger Bauzeit schon so weit fortgeschritten, dass Campenhausen einzog. In den kommenden Jahrzehnten wurden zahlreiche Erweiterungen vorgenommen: der Ausbau des Obergeschosses, eine Uhr für die Fassade mitsamt in Riga gegossener Glocke, zusätzliche Treppen und Wandmalereien. Im 19. Jh. kam es zu ersten Renovierungen. Während des Ersten Weltkriegs zog die Familie Campenhausen in ein Nebengebäude und die Rote Armee beschädigte das Haupthaus stark. In der Zwischenkriegszeit stand es leer und verfiel weiter. In den 1950er Jahren folgte dann ein Umbau und bis 1988 die Nutzung als Schule. Im Garten zum Teehaus wurden früher Wettläufe organisiert.

Abgesehen von einigen Konservierungsarbeiten in den 1970ern dauerte es bis 1989, dass eine wirkliche Rekonstruktion begonnen wurde. **Wandmalereien** wurden frei gelegt und der Ursprungszustand des Hauses wieder hergestellt. Bis heute wurde Orellen noch nicht perfekt restauriert, doch der Zustand ist gut genug, um die Schönheit und den Charme des Hofes zu erkennen. Im eleganten **Teehaus** von 1753 gegenüber dem Hauptgebäude werden heute vor allem Kulturreisegruppen verköstigt. Die Zufahrt zum Teehaus wurde breit genug gestaltet, um per Kutsche dorthin gelangen zu können.

Zu Pfingsten und in der ersten Augustwoche werden hier **Freiluftkonzerte** veranstaltet. Nähere Informationen zum jeweiligen Programm gibt es beim Haus Orellen selbst und auch bei der Touristeninformation von Cēsis.

Wenige Hundert Meter weiter in Richtung Limbaži steht rechts eine kleine evangelische **Kapelle** im Grünen. Hinter ihr versteckt sich ein großer, hügeliger **Friedhof** mit äußerst schönen Grabsteinen.

- **Ungurmuiža,** Tel. (6)4158223, Besichtigung 1,30 Ls. In einem Nebengebäude sind sechs **Gästezimmer** für je zwei Personen eingerichtet. Sie liegen mit 25 Ls pro Person inklusive Frühstück in der mittleren Preisklasse, bieten aber nicht nur stilvolle Zimmer mit Holzfußböden und schönen, alten Möbeln, sondern vor allem einen Aufenthalt in der berückenden Atmosphäre des Landgut-Ensembles. Die privaten Besitzer des Objekts sind auf deutschsprachige Besucher eingestellt.

Camping

- **Ungurs,** Tel. (6)4134402. Schön am Ungurs-See gelegen, fast gegenüber vom Herrenhaus Orellen. Man kann im See schwimmen und Tretboot fahren.

Straupe

↗ XVI/B1

Die Straße P14 nach Limbaži trifft kurz hinter dem Ungurs-See auf die größere A3, die rechts in Richtung Valmiera führt. Biegt man links ab in Richtung Sigulda und Riga, erreicht man bald das Dorf Straupe mit seiner gewaltigen **mittelalterlichen Festung Lielstraupe** aus dem 13. Jh.

Der Komplex, der heute den Besucher erwartet, weist allerdings alle möglichen Stilrichtungen auf, denn im Laufe von über 700 Jahren wurde er mehrfach umgebaut und erweitert. So glänzt der **Turm** der Burg mit Barockelementen, während der kuriose, aus einfachen Brettern gezimmerte **hölzerne Glockenturm** mit seiner Schlichtheit gar nicht in die Umgebung passen will. Insgesamt wird am Hauptgebäude und am Gesamtaufbau des Komplexes aber die mittelalterliche Struktur deutlich. Die Besonderheit an

Straupe ist, dass hier heute nicht wie in vielen anderen Burgen und Gutshöfen ein Hotel oder Tagungszentrum untergebracht ist, sondern schon seit langer Zeit ein **Krankenhaus** seine Dienste verrichtet.

Nationalpark Gauja

↗ XII-XIII/B-C3, XVI-XVII/B-C1

Der Nationalpark Gauja rund um den gewundenen Flusslauf der Gauja wurde 1973 eingerichtet. Es ist mit 920 km^2 der größte Nationalpark aller drei baltischen Länder. Wegen des Steilufers der Gauja, der hügeligen Landschaft und der vielen Grotten und Höhlen bekam die Region den Beinamen **Lettische Schweiz.** Zar *Alexander II.* von Russland war bei seinem Besuch 1862 von der Gegend äußerst angetan, wie damalige Reporter zu berichten wussten. Das beste Zeichen für die Einzigartigkeit des Parks ist die Tatsache, dass die Letten selbst hierher strömen: Nur der Badeort Jūrmala zieht mehr einheimische Besucher an.

Im gesamten Nationalpark weisen präzise aufgestellte Schilder den Weg für **Wanderungen,** führen zu Feuerstellen, **Zeltplätzen** und **Aussichtspunkten.** Ob zum Luft Schnappen für zwei Stunden oder für eine dreitätige Paddeltour mit ausführlicher Beobachtung seltener Wildtiere: Alle Varianten stehen Besuchern offen. Nur einige Reservate sind streng geschützt und dürfen nur mit einem offiziellen Führer erkundet werden.

Sehr beliebt sind auch **Fahrradtouren** durch die fantastische Landschaft. Allerdings sollten Velo-Freunde vorgewarnt sein, dass die Straßen- und Wegequalität nicht immer gut ist. Das wiederum ficht die zahlreichen Enthusiasten nicht an, die den Park durch **Ausritte zu Pferde** erkunden. Schließlich ist das Fahren auf der Gauja selbst mit Hilfe von **Flößen, Ruderbooten, Kajaks und Kanus** eine ganz besondere Attraktion. Die Perspektive von der Mitte des Flusses aus ist einmalig. Gleich eine Hand voll Veranstalter bietet organisierte Touren an oder holt individuelle Paddler am Nachmittag von ihrem Zielort wieder ab.

Die beliebteste Radroute verläuft von Cēsis nach Valmiera. Der populärste Gauja-Abschnitt für Wassersportler ist die Strecke von Sigulda nach Cēsis. Wander-, Rad- und Wasserwege im Nationalpark sind allesamt nach einem einheitlichen und übersichtlichen System ausgeschildert, sodass man durchaus einfach drauflos wandern oder radeln kann. Nur mit dem Boot sollte man im Voraus festlegen, wo man abgeholt werden möchte, sollte dies notwendig sein.

Eines kann in der Gauja allerdings nicht guten Gewissens empfohlen werden: schwimmen. Der Fluss hat einen sehr weichen Sandboden. Durch die recht starke Strömung werden auf dem Grund immer wieder Löcher, Höhlen und tiefe Stellen ausgewaschen, die ihrerseits gefährliche Strudel erzeugen. Die Gauja gilt als einer der **gefährlichsten Flüsse** des Landes. Dies bedeutet natürlich nicht, dass

069le Foto: mk

man um sein Leben fürchten muss, sobald man aus dem Kajak fällt. Dennoch ist **größte Vorsicht** angebracht.

- **Informationen** bei allen Touristeninformationen in den jeweiligen Städten der Region (Cēsis, Sigulda, Valmiera).
- **Bootsfahrten:** Makara tūrisma birojs, Peldu iela 2, Tel. 29244948, www.makars.lv. Am Campingplatz in Sigulda direkt an der Gauja. Organisation von Ausflügen auf der Gauja, Kanu- und Bootsverleih mit Abholung vom Ziel (z.B. Abholung von Cēsis 38 Ls pro Boot). River-Rafting für 10–60 Personen.

In der Nähe von Valmiera organisiert der Campingplatz Baiļi (siehe Valmiera) Rafting-Trips, außerdem Bootsverleih für Fahrten auf der Gauja. Auch der Campingplatz in Cēsis verleiht Boote.

Kleine „Fähre" über die Gauja in Līgatne

Sigulda

↗ XVI/B1

Sigulda ist das Ziel fast jedes Lettland-Urlaubers, denn direkt vor den Toren der Stadt thront die berühmteste Burg des Landes: **Turaida.** Lettische Besucher und Touristen aus den sozialistischen „Bruderländern" machten Sigulda (deutsch: **Segewold**) bereits zu Sowjetzeiten zu einem lebhaften, internationalen Treffpunkt. Seit der lettischen Unabhängigkeit 1991 kamen immer mehr Touristen aus dem westlichen Ausland hinzu. Die Gesamtzahl der Besucher ist seither stetig gestiegen. Einwohner zählt der 53 Kilometer von Riga entfernte, kleine Ort nur etwas über 10.000.

Nach den Zerstörungen in beiden Weltkriegen war Sigulda den Launen der sowjetischen Architekturplaner ausgeliefert, blieb allerdings von hässlichen Blöcken und Plattenbauten weitgehend verschont. Es entstanden hauptsächlich kleinere, niedrige Häuser – passend zur Umgebung oft aus Holz. Eine malerische Altstadt oder urige Gassen sind hier dennoch nicht zu finden. Es reihen sich aber wichtige Sehenswürdigkeiten aneinander: vier Schlösser und Burgen, spektakuläre **Höhlen,** ein Hügel mit legendärem Blick auf einen weiten Bogen der Gauja und eine **Seilbahn** über den Strom von Hügel zu Hügel. Der **Wintersportort** Sigulda hat außerdem eine Bob- und eine Rodelbahn zu bieten. Die Lage inmitten des wunderschönen Gauja-Nationalparks ermöglicht Wanderungen, Radtouren und Flussfahrten in der Umgebung.

Stadtgeschichte

Sigulda spiegelt die wechselvolle Geschichte Lettlands perfekt wider: Der Stamm der **Liven** lebte im gesamten Gauja-Tal. Den wenigen erhaltenen Dokumenten zufolge soll es mehrere **hölzerne Burgen und Festungen** gegeben haben, unter anderem in Turaida. Die Liven bauten die Stellungen zur Verteidigung gegen die eindringenden Kreuzritter. Mindestens sieben Burghügel gab es in Sigulda und Umgebung. Mehrere mittelalterliche Friedhöfe legen Zeugnis ab für die großen Verluste.

Um das Jahr 1200 eroberten die **Kreuzritter** die Region. Die deutschsprachigen Kreuzritter erbauten die Ziegelfestung Segewold am linken Gauja-Ufer, um die Grenze zum bischöflichen Gebiet um Riga abzusichern. Es entstand ein kleines **Händlerdorf mit Ziegelsteinkirche** rund um die Festung. Ab 1266 gab es eine christliche Kirchengemeinde. Es folgte eine Zeit relativer Ruhe, in der sich die Siedlung vergrößerte.

Während des **Livländischen Krieges** (1558–83) wurde Sigulda gleich zweimal von russischen Truppen unter dem für seine Brutalität gefürchteten Zaren *Iwan dem Schrecklichen* eingenommen. Der letzte **Ordensmeister Gotthard Kettler** wandte sich 1561 hilfesuchend an das Königreich Polen-Litauen. Das gesamte Livland fiel daraufhin an die Doppelmonarchie, Sigulda wurde Provinzhauptstadt. Doch nur kurze Zeit später, zu Anfang des 17. Jh., tobte der **Polnisch-Schwedische** Krieg für lange 29 Jahre. Auch Sigulda war betroffen. Die Burg diente nun nicht mehr als Festung, sondern wurde zum Adelssitz. Mehrere Nebengebäude wurden hinzugefügt, zuletzt 1881 ein Wohngebäude, das den Namen **Neue Burg** erhielt.

Sigulda verlor für lange Zeit seine strategische Bedeutung und es wurde ruhig um die Region, die Ende des 18. Jh. unter die Kontrolle des russischen Zarenreiches geriet. Im 19. Jh. wurden eine große Straße von Riga nach Pleskau (russisch: Pskov) und eine Eisenbahnstrecke von Riga in die estnisch-lettische Grenzstadt Valka gebaut - plötzlich war Sigulda wieder mitten im Geschehen. Die Russen erkannten die einzigartig schöne Lage der Region und machten Sigulda zu einem Erholungsgebiet für Menschen aus weiten Teilen des Zarenreiches. Wanderungen, Rodelfahrten, Schloss- und Höhlenbesichtigungen zogen bereits damals die Privilegierten an, die sich die lange Reise aus den Tiefen Russlands leisten konnten. Der Ort sah mit den Hügeln und den vielen **schmuckvollen Holzhütten** ähnlich aus wie ein Städtchen in den Schweizer Alpen.

Doch während des Ersten Weltkriegs wurden viele Häuser zerstört. In der kurzen Zwischenkriegsperiode der lettischen Unabhängigkeit stellten die Bewohner ihren Ort wieder her. Erst in dieser Zeit, 1928, erhielt Sigulda erstmalig Stadtrechte zugesprochen. Die Burg wurde konfisziert und einer Schriftsteller- und Journalistenvereinigung als Sitz zur Verfügung gestellt. Während des Zweiten Weltkrieges wurde die Stadt erneut schwer beschädigt: Der Bahnhof, die Gauja-Brücke, die Freilichtbühne und viele weitere Bauwerke fielen den Angriffen zum Opfer.

Nach dem Krieg wurde Sigulda für Verwaltung, Kultur und Wirtschaft zur **Hauptstadt der Gauja-Region.** Industrie siedelte sich an. Das auf der gegenüber liegenden Gauja-Seite liegende Krimulda und Turaida gehörten nun zur Gemeinde. Seit 1969 verkehrt die Seilbahn über den Fluss nach Krimulda.

Sehenswertes

Der eigentliche Ortskern von Sigulda liegt um die Raiņa iela herum. Ein kleiner Spaziergang durch die Gassen und Straßen eröffnet keine spektakulären Sehenswürdigkeiten. Im **Raiņa parks,** der sich an die Straße schmiegt, lädt ein Minigolfplatz zur Zerstreuung ein. Näher am Fluss ändert die Raiņa iela ihren Namen in Gaujas iela. Direkt an der Straßenecke zur Baznīcas iela liegen rechts die **evangelische Kirche** (Luteranu baznīca) und die Touristeninformation.

Seilbahn

Nach links führt ein Weg zur nahe gelegenen Seilbahn, die in einem gewaltigen Bogen über den Fluss hinüber nach Krimulda (s.u.) schwebt. Eine Fahrt lohnt sich, die großen Gondeln gleiten hoch über dem Wasser von Hügel zu Hügel.

- **Trošu ceļš,** Fahrzeiten: Mo–Do 10–19.30, Fr–So 10–18.30 Uhr alle halbe Stunde, teilweise nur einmal pro Stunde, Preis 1,50 Ls, am Wochenende 2 Ls, www.lgk.lv. Auf der Website auch Informationen zu **Bungee Jumping** in der Schlucht.

Neues Schloss und Burg Sigulda

Zurück auf der Hauptstraße buhlt nur wenige Meter hinter der Kirche das Neue Schloss (Jaunpils) von Sigulda mit dazugehörigem Park um die Gunst der Besucher. Wenige Schritte weiter thronen die Überreste der Alten Burg (Siguldas Pilsdrupas) aus dem 13. Jh. Diese **Ruinen** der Schwertbrüder-Ordensburg sind durchaus se-

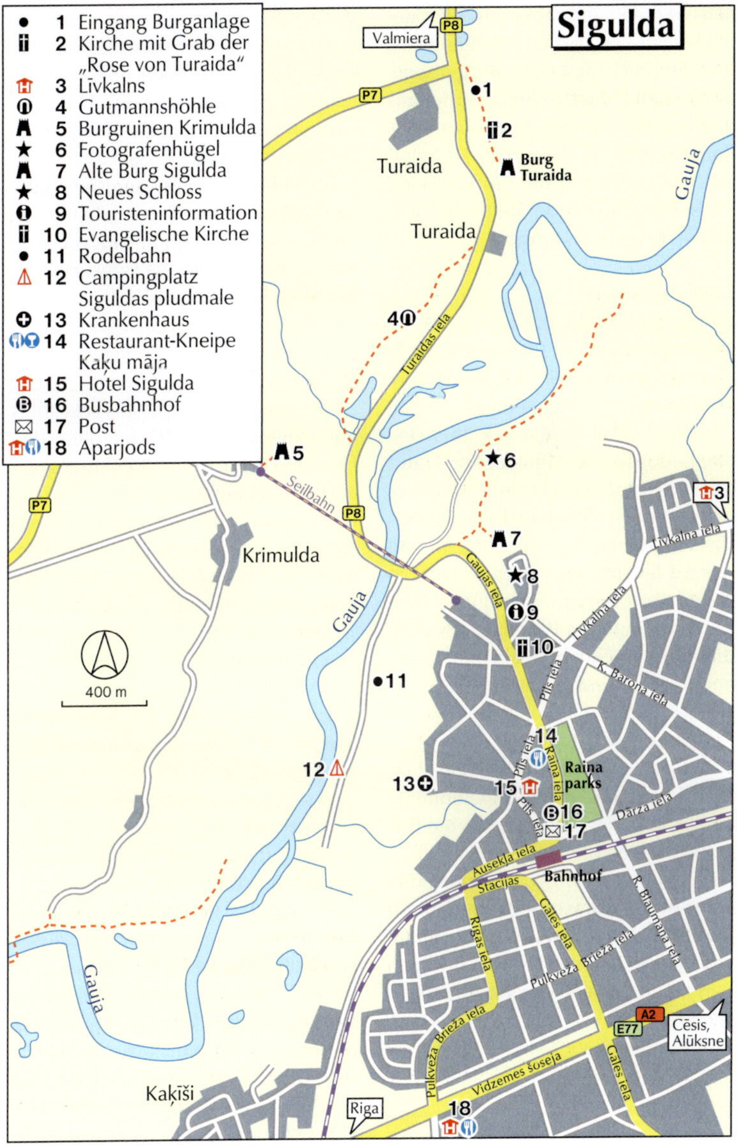

Vidzeme – der Norden

henswert. Einigermaßen erhalten geblieben ist vor allem das Eingangstor und die Brücke über den Burggraben. Im **Kleinen Palast** gegenüber, der aus dem 18. Jh. stammt, sind heute das Rathaus und ein Restaurant untergebracht. Einst lag in diesem Gebäude die Residenz der in der Region bedeutenden Kropotkin-Familie.

Fotografenhügel

Kurz vor der Gauja biegt rechts ein kleiner Abzweig der Gaujas iela ab. Er führt einige Hundert Meter weit zum Maler- oder Fotografenhügel, mit einzigartigem **Panoramablick** über den Gauja-Bogen von Sigulda. Die Natur bietet hier tatsächlich ein Postkartenmotiv mit den dicht von dunkelgrünen Bäumen bewachsenen Hügeln und der rot leuchtenden Burg Turaida in nicht allzu weiter Entfernung. Man kann das Auto am Parkplatz abstellen und muss noch ein Stückchen auf einem markierten Weg zu Fuß gehen.

Rodelbahn

Vor dem Fluss, wo von der Gaujas iela der Pfad zum Fotografenhügel rechts abzweigt, beginnt links die Peldu iela, die an der Gauja entlangführt. Hier gelangt man zur Sommerrodelbahn (Rodeļu trase) – besonders für Kinder ein großer Spaß: Mit einem Sessellift gelangen die Rodelwilligen den Hügel hinauf. Von oben geht es dann in Seifenkisten auf einer gewundenen Bahn wieder bergab. Als Alternative kann man auch oben starten (Zufahrt über die Raiņa iela im Stadtzentrum) und zu Fuß den Hügel wieder hinaufklettern.

Ein Stückchen hinter der Rodelbahn liegt direkt an der Peldu iela und an der Gauja ein Campingplatz (s.u.). Im Winter wird aus diesem Hügel ein kleines **Skigebiet.** Dann wird der Sessellift erst so richtig genutzt.

Höhlen

Die Hauptstraße Gaujas iela führt auf einer großen Brücke über den Fluss und dann in einer Rechtsbiegung an der Gauja entlang. Es geht relativ steil bergauf. Links von der Trasse verstecken sich nach einem guten Kilometer drei faszinierende Höhlen (Zugang vom Parkplatz auf der rechten Straßenseite und dann zu Fuß durch einen Tunnel). Sie sind frei zugänglich und kosten keinen Eintritt.

Die 19 Meter tiefe und bis zu zehn Meter hohe **Gutmannshöhle** ist die größte ihrer Art im höhlenreichen Lettland und sogar im gesamten Baltikum. Dort soll sich die junge Māja, die „Rose von Turaida", mit ihrem Geliebten getroffen haben und dort starb sie auch tragisch (siehe Exkurs). Eine weitere Legende verbindet sich mit dieser Höhle: Ein Wunderheiler soll hier einst gewirkt haben – und zwar noch zu Zeiten, als die deutsche Sprache in dieser Region dominierte. Daher die Bezeichnung „Gutmannshöhle" (auf Lettisch abgewandelt *Gutmana ala*). Dieser Begriff ist mit der Gegend so

Burg Turaida über der Gauja

verwurzelt, dass Versuche, einen lettischen Namen durchzusetzen, von der Bevölkerung ignoriert wurden und damit scheiterten.

Auf die nur wenige Schritte dahinter liegende Höhle **Viktora ala** folgt die **Maza ala.** Sie soll dem Mythos zufolge von Luzifer persönlich ausgeschlagen worden sein, als er sich vor der Sonne schützen wollte. Daher die Bezeichnung „Teufelshöhle".

Burg Turaida

Einige hundert Meter weiter ist bereits die **berühmteste Burg Lettlands** erreicht, die imposante mittelalterliche Burg Turaida. Leuchtend rot thront sie auf einem hohen Hügel über der Gauja und erfüllt alle geschichtsbewussten Letten mit Stolz.

Albert, der damals mächtige Erzbischof von Riga mit großem Einflussgebiet, ließ das Bauwerk 1214 dort errichten, wo einst eine hölzerne Burg der Liven gestanden hatte. Dies war gängige Praxis, auch die Burg von Cēsis steht an einem historischen Schauplatz. Wie andere Kreuzritterburgen entstand die Festung im gotischen Stil aus **roten Ziegelsteinen.** Sie wurde im Laufe der Jahrhunderte erweitert und fiel 1776 einem verheerenden Großbrand zum Opfer und verkam. Erst in den 1970er Jahren wurden Restaurierungsarbeiten aufgenommen, die sehr lange andauerten. Die Letten spotteten schon über das langsame Tempo der Wiederbelebung Turaidas, doch seit wenigen Jahren ist das Werk weitgehend vollbracht.

070le Foto: mk

Die tragische Legende der Rose von Turaida

Unterwegs zur Burg Turaida führt der Weg an einer bescheidenen **evangelischen Kirche** aus dem Jahr 1750 vorbei, einer der ältesten Holzkirchen in Lettland. Sie ist nicht nur ein Teil des Burgmuseums: Zweimal im Monat werden hier immer noch Messen abgehalten. Neben der Kirche liegt ein **mittelalterlicher Livenfriedhof.** Doch ein einzelnes, symbolisches Grab zieht die gesamte Aufmerksamkeit auf sich: das der Rose von Turaida. Hier liegen immer neue Blumen, meist von frisch vermählten Paaren gebracht. Auf dem **Grabstein** stehen die Jahreszahlen 1601–1620.

Die Rose von Turaida war ein wunderschönes Mädchen namens Māja. Sie wies viele Verehrer ab, die um ihre Hand anhielten. Doch als sie 19 Jahre alt wurde, verliebte sie sich in den jungen Gärtner Viktor aus der Umgebung von Sigulda. Die beiden wählten eine Höhle in der Nähe als ihr kleines Liebesnest. Wie groß aber war seine Verzweiflung, als Viktor seine Liebste eines Tages mit durchschnittener Kehle in der Höhle vorfand. Es stellte sich heraus, dass der junge polnische Offizier Adam Jakubowski, der in der Burg diente, die Tat begangen hatte. Er war ebenfalls unsterblich in das Mädchen verliebt gewesen und raste vor Eifersucht. Er schleppte Māja, die seine Avancen abblockte, zur besagten Höhle und wollte Gewalt anwenden. Da präsentierte Māja in ihrer Not Jakubowski ein Tuch, das ihn angeblich vor jeglicher Verletzung durch ein Schwert schützen sollte. Māja wollte die Wirkung des Tuches an sich selbst demonstrieren. Der Offizier schlug zu – und das Mädchen stürzte leblos zu Boden. Der schockierte Totschläger rannte in den Wald und erhängte sich an einem Baum.

071le Foto: mk

Über viele Jahre wurde diese Geschichte als romantische und herzzerreißende Legende betrachtet. Doch im 19. Jh. änderte ein sensationeller Zufallsfund im Keller des Schlosses von Riga diese Auffassung: Es tauchten Dokumente über einen Mordprozess in der Gutmannshöhle bei Turaida auf. Vielleicht steckt also doch eine Portion Wahrheit in dieser Legende?

Dominiert wird die nun wieder strahlende Anlage vom gewaltigen **Nordturm,** der mit 38,50 Metern in den Himmel ragt. Seine Mauern sind unglaubliche 3,70 Meter dick. Eine schmale Steintreppe führt ganz hinauf. Der Turmaufstieg ist wegen der atemberaubenden Aussicht auf die Burg, die Gauja und die grüne Umgebung ein Muss.

Schon am Eingang der Burg begrüßen Frauen in traditionellen Gewändern stilecht die Touristen. Die gesamte Burganlage mit Umgebung ist in einem „Museumsreservat" zusammengefasst. Dieses enthält auch die Kirche von Turaida und den **Grabstein der legendären „Rose von Turaida"**, die im Herzen jedes Letten einen besonderen Platz einnimmt. Die Lebensgeschichte dieses Mädchens ist so ergreifend wie kurz (siehe Exkurs).

Die zur Burg Turaida gehörenden Wirtschaftsgebäude wurden alle restauriert. Einige von ihnen sind schon gut zwei Jahrhunderte alt. Und sie stehen nicht leer: In der **Schmiede** können Besucher die Arbeiten bewundern – inklusive einer Ausstellung von Schmiedeprodukten und -werkzeugen. Auch das Verwaltungsgebäude, das Bade-, das Hunde- sowie das Fischerhaus können besichtigt werden.

Auf dem Dainu-Hügel lädt der **Park der Volkslieder** zum Spaziergang ein. Der Hügel ist eines der Symbole der lettischen Unabhängigkeit. Jahrelang kamen an den Sommerwochenenden Folkloresänger und -gruppen hierher, um die nationale Identität zu festigen und zu stärken.

Von der Spitze des **Hauptturms** eröffnet sich ein herausragender Blick auf den Fluss, der sich durch ein tiefes Tal windet, und auf das Grün der Bäume, so weit das Auge reicht. Im Inneren des Turms erläutert eine kleine **Ausstellung** die detaillierte Geschichte der Burg und ihrer Umgebung. Neben dem Turm wird im **Speicher** das Leben der Einwohner im 18. Jh. demonstriert. In der ersten Etage rekonstruierte man den Arbeitsraum eines der einflussreichen Rigaer Bischöfe aus dem 16. Jh.

Noch heute haben die Mächtigen des Landes ein besonderes Verhältnis zu Turaida. Als die beliebte Präsidentin *Vaira Vīķe-Freiberga* im Juli 2007 ihr Amt verließ, schickten Zehntausende von Letten Blumen nach Turaida oder kamen selbst her, als auf dem Gelände ein großes Abschiedsfest für das Staatsoberhaupt gefeiert wurde.

• **Turaidas pils,** Turaidas iela 10, geöffnet täglich 10–18 Uhr, im Sommer bis 21 Uhr, November bis Mai bis 17 Uhr, Eintritt 2 Ls für Erwachsene.

Krimulda

In Krimulda, das man am einfachsten mit der **Seilbahn** von Sigulda aus erreichen kann, harren ebenfalls **Burgruinen** (Krimuldas pilsdrupas) der Besichtigung. Wer mit dem Auto den Weg nach Krimulda antreten will, muss über Turaida fahren, links abbiegen und nochmals links den kleinen Berg nach Krimulda hinauffahren. Die Burg wurde Mitte des 13. Jh. von Bischof *Albert II.* erbaut. 1601 wurde sie im Krieg niedergebrannt und trotz ihrer strategisch günstigen Lage nahe der Burg Turaida bis heute nie wieder aufgebaut oder saniert. Dementsprechend wenig ist von ihr übrig geblieben. Umso schöner ist das hinter ihr liegende Panorama von Sigulda, Turaida und des Gauja-Tals.

Von Krimulda führt die kleine Straße noch fast drei Kilometer weiter durch die Wälder zu einem Parkplatz. Von dort kann man zur Gauja hinabsteigen und eine weitere **Höhle** besichtigen (Velna ala). Ganz in der Nähe führt ei-

072le Foto: mk

Mit der Seilbahn von Sigulda nach Krimulda

ne Fußgängerbrücke auf die Sigulda-Seite des Flusses. Hier ist man wieder gegenüber von Sigulda angekommen und kann den Kreis schließen.

Praktische Tipps

Information

- **Touristeninformation,** Valdemāra iela 1a, Tel. (6)7971335, www.tourism.sigulda.lv, geöffnet Juni bis September tägl. 9–19 Uhr, Oktober bis Mai 9–17 Uhr. Sehr breites Angebot an Prospekten und Informationsmaterial über Sigulda, Turaida, Nationalpark Gauja, die gesamte Region und ganz Lettland. Verkauf von Postkarten und Souvenirs. Organisation von Führungen, Ausflügen und Touren, Hilfe bei Fahrradausleihe, Autovermietung etc.

Behinderte

Sigulda mit seinen vielen Hügeln und Burgen ist für Rollstuhlfahrer ein schwieriges Terrain. Allerdings kann man bei den meisten Sehenswürdigkeiten und Aussichtspunkten mit dem Auto vorfahren. Auf dem Gelände der Burg von Turaida steht dem Besuch von Rollstuhlfahrern nichts im Wege (außer den Steigungen).

Notfälle und nützliche Adressen

- **Apotheke:** Pils iela 3, Tel. 7970910.
- **Krankenhaus:** Lakstīgalas iela 13, Tel. 7973003.
- **Polizei:** Miera iela 1, Tel. 7972002.
- **Post:** Pils iela 2, Tel. 7971740, Mo 8–18 Uhr, Di–Fr 8–17 Uhr, Sa 8–14 Uhr.

Geld

Geld kann werktags in allen Bankfilialen gewechselt werden. Es gibt zahlreiche Geldautomaten. Die meisten Hotels und Restaurants in Sigulda akzeptieren Kreditkarten (VISA, MasterCard), kleinere Lokale und Läden aber nicht immer.

Unterkunft

- **Hotel Sigulda,** Pils iela 6, Tel. (6)7972263, www.hotelsigulda.lv. Im Zentrum von Sigulda, nahe an Bahnhof und Busbahnhof in schönem Gebäude, sehr gehobenes Niveau, geräumige, schön ausgestattete Zimmer. Im Hause auch Restaurant, Sauna und Konferenzsäle. DZ ab ca. 50 Ls.
- **Hotel Santa,** Tel. 7705271, www.hotelsanta.lv. Gemütliches Hotel außerhalb von Sigulda an der Straße Riga – Cēsis, direkt hinter dem Abzweig nach Sigulda, aus Riga kommend auf der rechten Seite. Mit Restaurant, Bar, Sauna, Konferenzsaal, Organisation

von Ausflügen in den Gauja-Nationalpark, Pferdereiten, Ballonfahrten. DZ ab 35 Ls.

- **Hostel Laurenči,** Laurenču iela, Tel. 7971852, www.laurenci.lv. Außerhalb des Stadtkerns in westlicher Richtung (also Fernziel Riga). 55 anständige, saubere Schlafplätze, schon ab 2 Ls pro Person.
- **Līvkalns,** Pēteralas iela, Tel. 7970916, www.livkalns.lv. Angenehme Unterkunft der gehobenen Klasse nahe der Peterhöhle (Pētersala). Restaurant mit schönem Speisesaal und traditionellem Essen. DZ ab 30 Ls, zur Auswahl auch Deluxe-Zimmer mit Jacuzzi.

Camping

- **Siguldas pludmale,** Peldu iela 2, Tel. 9244948, www.makars.lv. Nicht allzu großer Campingplatz, unterhalb der Rodelbahn und direkt an der Gauja gelegen, nur wenige Hundert Meter zum Zentrum und zur Gauja-Brücke in Richtung der Burg Turaida. Stellplätze für Wohnmobile und Zelte, einige Zimmer im Gebäude, Picknick- und Grillplatz. Wenn man abends ankommt oder gerade kein Angestellter in Sichtweite ist, kann man das Zelt schon mal aufbauen. Organisation von Ausflügen auf der Gauja, Kanu- oder Bootsverleih (s. „Sport und Erholung").

Essen und Trinken

- **Aparjods,** Ventas iela 1a, Tel. 7974414, www.aparjods.lv, täglich 12–24 Uhr. Großes Ensemble hübscher Landhäuser mit Reetdächern. Rustikal mit Steinmauern, Holzbalken und Kamin in gehobener Atmosphäre. Akzeptable Preise (etwa 10 Ls für ein Mittagsgericht). Zur Anlage gehört auch ein schönes **Hotel** (DZ ab 40 Ls).
- **Kaķu māja,** Pils iela 8, Tel. 29150101, www.cathouse.lv, täglich 9–23 Uhr. In diesem „Katzenhaus" direkt im Zentrum kann man in lockerer Atmosphäre sowohl günstig und anständig essen als auch am Abend einfach ein Bier oder an der Bar Cocktails trinken. Am Wochenende Tanz. Mit Billardtisch und angeschlossener Bäckerei. Direkt daneben liegt eine weitere Kneipe mit Namen **Trīs Draugi.**
- **Raibais suns,** Vidzemes šoseja 14, Tel. 67971137, 11–23 Uhr, Fr/Sa 11–24 Uhr. Direkt an der A2 von Riga. Deftige Speisen und frisch gezapftes Bier.

Feste und Veranstaltungen

Die Burg von Turaida ist jedes Jahr Schauplatz wichtiger kultureller und politischer Veranstaltungen. So eröffnete der deutsch-baltische Geiger *Gidon Kremer* hier im Sommer 2008 das Festival seines Ensembles „Cremerata Baltica". Das nahe gelegene Turaida zieht einiges an Aufmerksamkeit auf sich, weswegen es in Sigulda selbst vergleichsweise ruhig zugeht.

Sport und Erholung

Die Touristeninformation gibt Auskunft über die vielfältigen Möglichkeiten für Wanderungen, Radtouren und Flussfahrten mit Start in Sigulda.

- **Bootsfahrten:** Makara tūrisma birojs, Peldu iela 2, Tel. 29244948. An dem oben erwähnten Campingplatz direkt an der Gauja. Organisation von Ausflügen auf der Gauja, Kanu- und Bootsverleih mit Abholung vom Ziel (z.B. Abholung von Cēsis 38 Ls pro Boot). River-Rafting für 10–60 Personen.
- **Reiten:** Turaidas staļļi, Turaidas iela 10, Tel. 29268457. Pferdereiten sowie Kutsch- und im Winter Schlittenfahrten nahe der Burg Turaida.

Verkehrsverbindungen

- **Bahn:** Züge von und nach Riga (Fahrzeit 1 Std.) verkehren mindestens 4-mal täglich, von und nach Cēsis dauert es ebenfalls eine Stunde. Die Züge aus Riga fahren weiter nach Cēsis. Der Bahnhof liegt nicht ganz im Zentrum, sondern am Ende der Raiņa iela, die man einen guten Kilometer entlanglaufen muss, um zum Ortskern zu gelangen.
- **Bus:** Der Busbahnhof (Autoosta, Raiņa iela 3, Tel. (6)7972106)) liegt kaum näher am Zentrum als der Bahnhof am Anfang der Raiņa iela. Es verkehren täglich etwa 20 Busse von und nach Riga (Fahrzeit ungefähr eine Stunde, Preis ca. 1 Ls). Fast ebenso viele Verbindungen gibt es nach Cēsis. Auch andere Städte in der Region Vidzeme wie Valmiera und Limbaži werden regelmäßig bedient.

Umgebung von Sigulda

Sigulda ist ein hübscher Ort, aber die Umgebung macht es erst zum absoluten Höhepunkt. Man kann durchaus für einige Tage seine Basis in Sigulda aufschlagen und Ausflüge ins mittelalterlich anmutende Cēsis, quer durch den Gauja-Nationalpark nach Valmiera oder nach Nordwesten an die nahe gelegene Rigaer Bucht unternehmen. Sogar nach Riga sind es nicht mehr als 37 Kilometer auf der Schnellstraße A2. Doch auch in der direkten Umgebung von Sigulda gibt es einiges zu entdecken.

Schloss Bīriņi ⇗ XVI/B1

Auf der P9 in Richtung Limbaži (zu erreichen vom Stadtzentrum Siguldas über die P7 in Richtung Küste) sind gleich zwei Paläste zu bestaunen, der erste von ihnen nach 18 Kilometern in der Ortschaft Bīriņi. Das Schlösschen ist außergewöhnlich schön in einem großen, grünen **Landschaftspark** und am malerischen Bogen des kleinen Flusses gelegen. Das Gebäude selbst besticht ebenfalls. Es wurde 1860 gebaut, doch ein klarer Baustil ist nicht auszumachen – Eklektizismus heißt diese Mischung verschiedener Stile. Die braunrote Fassade mit dem weißen Fensterschmuck und dem ebenfalls weißen Säulenportal ist komplett erneuert worden, ein winziger und ein etwas größerer Turm ragen in die Höhe. Der terrassenartig zum Fluss hin abfallende englische Rasen mit den streng rechteckig angelegten Spazierwegen ist ebenso reizvoll wie das Ufer inklusive Bootsanleger.

Nicht weniger attraktiv präsentiert sich das **stilvoll eingerichtete Innere** des Palastes mit den Parkettfußböden, geschwungenen Holztreppen und -säulen und schweren Vorhängen an den großen Fenstern. Die schönste Art, das Innenleben des Gebäudes unter die Lupe zu nehmen, ist eine Übernachtung im hauseigenen **Hotel.** Ein nobler Speisesaal und ein Konferenzraum fehlen ebenso wenig wie eine traditionelle lettische Sauna mit Swimmingpool zum Abkühlen. Sympathisch: Frisch vermählte erhalten im Hotel ein Sonderangebot. Die Besitzer bieten auch die Organisation von Touren und Ausflügen an. Eine kleine Kuriosität des Palastes von Bīriņi ist das steinerne Einfahrtstor. Betrachtet man es von der Seite, stellt sich heraus, dass es in sich völlig schief steht, was von vorn gar nicht zu sehen ist.

Schloss Bīriņi bietet stilvolle Übernachtungsmöglichkeiten

● **Bīriņu pils,** Region Limbaži, Tel. 6402403, www.birinupils.lv. Im schicken Gärtnerhaus sind Doppelzimmer ab 55 Ls erhältlich. Schloss Bīriņi besitzt außerdem ein feines **Restaurant** in unvergleichlicher Atmosphäre mit gehobenen, aber nicht überteuerten Preisen (geöffnet 13–22 Uhr, Winterhalbjahr 14–22 Uhr).

Schloss Igate

↗ XII/A-B3

Weitere gut 15 Kilometer auf der P9 in Richtung Limbaži folgt das Neorenaissance-Schlösschen von Igate aus dem Jahre 1880, das von Limbaži ebenfalls gut zu erreichen ist. Auch dieses Gebäude mit der gelb-weißen Fassade wurde erst kürzlich renoviert. Es ist umgeben von einem schönen Landschaftspark. Hier stehen **Gästezimmer** zur Verfügung – allerdings nicht im Palast selbst, sondern in einem Nebengebäude – und es werden Veranstaltungen sowie Ausflüge für die Gäste organisiert.

- **Igates Pils,** Tel. 4055867, www.igatespils.lv. Im Schlösschen von Igate sind die Zimmer etwas einfacher, aber durchaus sehr elegant, ab 35 Ls.

Valmiera

↗ XIII/C3

Das ziemlich genau 100 Kilometer von Riga entfernte und wie Cēsis und Sigulda im schönen **Gauja-Tal** gelegene Valmiera kann sich nicht unbedingt als die touristisch wichtigste Stadt von Vidzeme bezeichnen, doch mit knapp 30.000 Einwohnern immerhin als die größte. Die **Hauptstadt der Region Vidzeme** ist nicht nur Anfangs- und Endpunkt vieler Gauja-Touren mit Booten und Kajaks, sondern auch der berühmten Fahrradroute von und nach Cēsis. Von Valmiera führen Straßen in alle Himmelsrichtungen zu weiteren herausragenden Sehenswürdigkeiten. Daher bietet sich eine Übernachtung in Valmiera an – besonders für alle, die es etwas weniger touristisch mögen. Die Stadt selbst ist mit ihrer imposanten gotischen Simonskirche, den Resten der alten Livenburg und dem großen, zeitgenössischen Marktplatz mindestens einen ausführlichen Zwischenstopp wert.

Stadtgeschichte

Bereits vor 9000 Jahren siedelten Menschen auf dem Gebiet Valmieras. Wie überall in Vidzeme begann alles mit den in der Region ansässigen Liven-Stämmen, die sich im 12. Jh. gegen die Angriffe der Kreuzritter wehrten. Im Jahre 1224 ergab sich die damalige Siedlung dem Schwertbrüderorden, der den Ort **Wolmar** nannte und eine Burg errichtete. Es folgten Wohnhäuser und 1282 der Bau der Simonskirche. Dokumente belegen, dass der Ort bereits 1323 von einem Magistrat regiert wurde. Damit ist Valmiera eine der ältesten Städte des Landes.

Vom 14. bis 16. Jh. war Wolmar Mitglied der einflussreichen **Hanse,** was zu einer gewaltigen Bereicherung des Ortes führte. Während der Nordischen Kriege wurde es zerstört und brannte 1702 fast völlig nieder. Zu Sowjetzeiten war der **Luftwaffenstützpunkt Liepas** ganz in der Nähe situiert. Erst nach der Wende in den 1990er Jahren rückte die Kreisstadt wieder stärker in den Mittelpunkt – besonders wegen der touristisch attraktiven Lage an der Gauja und im dazugehörigen Nationalpark.

Sehenswertes

Valmiera macht im Gegensatz zu Sigulda oder Cēsis einen städtischen Eindruck – schon bei der Einfahrt über die weitläufige Umgehungsstraße mit riesigen Kreisverkehren, die Durchgangsverkehr aus dem Zentrum heraushalten. Eine alte, urige Stadtmitte sucht man hier vergebens.

Simonskirche

Die hohe Simonskirche (Bruņinieku iela 2, täglich 11–17 Uhr) dominiert das Ortsbild. Sie thront an einer scharfen Kurve der Hauptstraße. Jeder Autofahrer steuert also direkt auf das evangelische Gotteshaus mit dem Turm aus roten Ziegelsteinen zu, das bis heute weitgehend in seiner damaligen Form erhalten ist – eines der **ältesten gemauerten Bauwerke Lettlands.** Das Kirchenschiff ist weiß verputzt und trägt ein rotes Dach im Barockstil. Das romanische Eingangsportal an der Westseite stammt aus dem 13. Jh. und ist damit der älteste Teil des Gebäudes. Eine Eigenart besteht darin, dass **zwei Kanonenkugeln** aus dem Polnisch-Schwedischen Krieg in die Nordwand eingemauert sind. Das Innere der dreischiffigen Simonskirche ist bescheiden und ohne jede Art von Prunk gehalten, ganz wie es das schlichte Äußere erwarten lässt.

Ordensburg

Hinter der Kirche verstecken sich ein Hof und an dessen Rande die Ruinen der Ordensburg von Valmiera (Bruņinieku iela), die nur sehr spärlich erhalten sind. Die **Mauerreste** geben aber einen Einblick in die erstaunlichen Dimensionen der ehemaligen Festung: Bis zu vier Meter dick waren ihre massiven Wälle, als die Schwertbrüder im 13. Jh. das Bauwerk errichten ließen.

Regionalmuseum

Auf dem stillen Hinterhof direkt neben den Burgresten wurde ein modernes Gebäude aus Glas und Ziegelstein errichtet, in dem das Regionalmuseum Valmiera (Bruņinieku iela 3, Tel. (6)4223620) und ein feines italienisches Restaurant ihren Platz haben. Das Museum gibt Auskunft über die Geschichte Valmieras und der Umgebung, unter anderem an Hand einer Postkartensammlung mit Stadtmotiven aus dem 19. Jh.

Stadtpark und Markt

Einen Steinwurf weiter auf der Hauptstraße stadtauswärts liegt links der Stadtpark mit dem Mühlenteich samt Wasserfontäne in der Mitte – eine willkommene Naturoase im sonst eher grauen Stadtbild. Der Name des Teiches stammt von einer Wassermühle, die hier vom 17. Jh. bis 1937 in Betrieb war.

Erwähnenswert ist noch der große Markt, der täglich abgehalten wird – ebenfalls an der Hauptstraße und in Blickweite der Simonskirche.

Praktische Tipps

Information

- **Touristeninformation,** Rīgas iela 10, Tel. 64207177, www.valmiera.lv, mit Internetzugang.

Behinderte

Die Burgruinen, die Simonskirche und den Park von Valmiera erreicht man ohne Schwierigkeiten.

Notfälle und nützliche Adressen

- **Apotheke:** Briežu aptieka, Rīgas iela 4, Tel. 4207556.
- **Krankenhaus:** Jumaras iela 195, Tel. 64229252.
- **Polizei:** Garā iela 4.
- **Post:** Rīgas iela 34, Mo–Fr 7–18 Uhr, Sa 7–16 Uhr, Tel. 64225595.

Unterkunft

- **Hotel Naktsmājas,** Vaidavas iela 15, Tel. 64201200, www.naktsmajas.lv. Anderthalb Kilometer vom Stadtzentrum in einem neuen Gebäude. Einfache, ordentliche Räume. DZ ab 28 Ls.
- **Hotel Vidzeme,** Auseklą iela 31, Tel. 4229606, www.viesnicavidzeme.lv. Einfaches, aber neu eingerichtetes und günstiges Hotel, zwei Kilometer vom Zentrum, mit nur 14 Zimmern. Bewachter Parkplatz, Frühstück und Kabelfernsehen im Preis inbegriffen; lettische Sauna. Rezeption rund um die Uhr geöffnet. Lokal mit Essen, Trinken und Billard. DZ ohne Bad ab 16 Ls, mit Bad ab 26 Ls.
- **Hostel Dienesta viesnīca,** Beātes iela 48e, Tel. 64228712. Einfache Unterkunft in einem nicht zu großen Wohnblock, Platz im Mehrbettzimmer ab 4 Ls. Entfernung vom Zentrum 3 km.

Camping

- **Campingplatz Baiļi,** Gemeinde Kauguri, Tel. 4221861, www.baili.lv. Fünf Minuten

Fahrt von Valmiera Richtung Süden. Anfahrt vom Zentrum: über die Gauja-Brücke, geradeaus weiter und der Ausschilderung zum Campingplatz folgen. Sehr ruhig und schön gelegen mit rund um die Uhr geöffneter Rezeption. Stellplätze für Zelte und Wohnmobile, ein interessantes Gebäude mit einigen Gästezimmern sowie vier Holzhäuschen (zwei mit eigenem Dampfbad, zwei einfachere). Sehr nah an der Gauja gelegen, Bootsverleih für Fahrten auf der Gauja und der Salaca. Organisation von Rafting-Trips und von Ausflügen für Vogelbeobachter. Skihang auf dem Gelände.

Essen und Trinken

- **Rossini,** Bruņienieku iela 3, Tel. 4226622, www.rossini.lv, täglich 11–24 Uhr, Fr, Sa 11–1 Uhr. Schönes italienisches Restaurant im Hintergrund der Simonskirche direkt neben den Ruinen der Ordensburg. Gute Küche, stimmungsvolle Atmosphäre, sehr akzeptable Preise. Schöne Terrasse im Sommer. Auch Pizza zum Mitnehmen oder zum Bestellen per Telefon.
- **Jaunā saule,** Rīgas iela 10, Tel. 64233812, www.jaunasaule.lv, Mo–Do 11–24 Uhr, Fr, Sa 11–2 Uhr, So 12–24 Uhr. Helles, buntes und freundliches Lokal mit beliebten Speisen wie Pizza und Sushi sowie alkoholischen und anderen Getränken. Pizzabestellung unter Tel. 64224444.
- **Ieva,** Rīgas iela 26, Tel. 64233689, Mo–Fr 7.30–19.30 Uhr, Sa 7.30–18.30 Uhr, So 9–18.30 Uhr. Einfaches, günstiges, typisch lettisches Café mit traditionellen Speisen und Getränken. Der Schwerpunkt liegt auf Kaffee und Kuchen.

Einkaufen

Der **Markt** im Zentrum der Stadt ist nicht für Touristen konzipiert und versprüht keinen Charme oder Glamour, aber vielleicht macht ihn das gerade interessant, denn hier kann man einen Einblick ins Alltagsleben bekommen und authentische Mitbringsel erwerben. Täglich geöffnet.

Verkehrsverbindungen

- **Bahn:** Züge von und nach Riga (Fahrzeit knapp über 2 Std.) verkehren mindestens 5-mal täglich, Preis ca. 2 Ls (Fahrpläne unter www.ldz.lv). Der Bahnhof (Stacijas laukums 5, Tel. 4296203) liegt unweit des Zentrums.
- **Bus:** Der Busbahnhof (Autoosta, Stacijas iela 1, Tel. 4224728, www.autoosta.lv) liegt direkt gegenüber dem Bahnhof und bietet noch mehr Verbindungen von und nach Riga als die Bahn.

Umgebung von Valmiera

Dikļu Pils

↗ XII/B2

Nur eine knappe halbe Autostunde auf einer kleinen, asphaltierten Landstraße in reizvoller Natur entfernt liegt das Landschlösschen Dikļu Muiža, auch Dikļu Pils genannt. Die Straße geht links ab von der Trasse nach Mazsalaca (P16), sehr kurz hinter der Stadtausfahrt von Valmiera in nordwestlicher Richtung.

Das Anwesen in **Dikļi** ist einen kleinen Umweg oder einen Ausflug wert, auch und besonders für Radler. Das 1896 im **Neo-Barockstil** errichtete Gebäude liegt äußerst malerisch an einem großen Teich mit einigen traditionellen Dorfhäusern, in denen einst Angestellte des Gutsbesitzers lebten. Bereits im 15. Jh. existierte ein Gut Dikļi. Das hellgelbe Bauwerk mit dem roten Dach wurde komplett restauriert und ist zu einem echten kleinen Palast geworden, in dem heute ein exklusives **Viersternehotel** residiert. Wer sich die Übernachtung nicht leisten kann oder will, dem bleibt eine Besichtigung.

- **Dikļu Pils,** www.diklupils.lv, Besichtigung 0,80 Ls. Wer es sich in Lettland gut gehen las-

074le Foto: mk

sen will und bereit ist, Geld auszugeben, sollte es in einem der romantischen und stilvollen Schlösschen wie diesem tun. Die Atmosphäre ist unvergleichlich, die Möbel in den Räumen stammen aus dem 19. und 20. Jh. Auf moderne Technik wie Internetanschluss muss nicht verzichtet werden. Restaurant, Konferenzsaal, 4 Luxus-Suiten. DZ ab 50 Ls.

Zilaiskalns

↗ XII/B2-3

Auf der Strecke von Valmiera zum Schloss Dikļi liegt auf halbem Wege ein wenig abseits der Straße der kleine Hügel Zilaiskalns und auf ihm ein eigenartiger, schon etwas in die Jahre gekommener Turm. Er sieht aus wie eine startende Rakete und hatte wohl einmal die Funktion eines **geheimen Aussichtsturms für die Rote Armee.** Keiner in der Gegend scheint so richtig zu wissen, wozu der Turm einmal gebaut wurde oder was hier beschützt werden sollte. Auf jeden Fall liegt das geheimnisvolle Objekt schön im Wald und ist einen kleinen Spaziergang wert.

Eine Gruppe von Menschen, die „heilige" Stellen suchen, welche voll **mythischer Kraft** stecken, sehen den Zilaiskalns („blauer Berg") als ganz besonderen Ort an und führen dort Untersuchungen über **Schwingungen und Energieströme** durch (www.svetvietas.lv). Die Legenden der Bewohner der Gemeinde stimmen dem zu: Hier soll einmal eine Frau gelebt haben, die übernatürliche Kräfte besaß.

Gehöft bei Dikļi

Strenči

↗ XIII/C2

Die A3 führt von Valmiera aus in den Grenzort Valka und dann nach Estland hinein. Unterwegs, gut 20 Kilometer hinter Valmiera, liegt Strenči. Der Ort ist einen kurzen Halt wert, denn die **Gauja** präsentiert sich hier besonders malerisch mit einem schönen Spazierpfad entlang ihrem rechten Ufer und einer typisch lettischen Freiluftbühne direkt am Fluss.

Zu bewundern ist auch die **Holzskulptur eines Flößers,** ein nicht seltener Beruf in der Geschichte der Region: Mit der relativ starken Gauja-Strömung wurde das geschlagene Holz auf Flößen bis zum jeweils nächstgelegenen Bahnhof transportiert. Von dort ging es über die Schiene weiter nach Riga. Die Tradition lebt bis heute: An jedem dritten Samstag im Mai feiert Strenči das **Fest der Flößer** mit einem Wettbewerb, Musik und traditionellem Essen. An den Sommer-Samstagen zwischen 20 und 22 Uhr stimmen einheimische Musiker auf einem Boot traditionelle Musik an. Ein Flößermuseum, das einst bestand, gibt es leider nicht mehr.

Auf Voranmeldung werden **Floßfahrten** für bis zu 60 Personen angeboten (mehr unter www.valmiera.lv und bei den Touristeninformationen in Strenči und Valmiera).

Wer hinter der Ortsausfahrt von Strenči dem Hinweisschild „Gaujmala" folgt, gelangt zu einem **Waldpfad** mit 20 „von Menschen und Natur geschaffenen Objekten". Die Beschreibungen sind nur auf Lettisch, aber für einen Spaziergang lohnt sich der Pfad allemal.

Information

- **Touristeninformation,** Rīgas iela 7, Tel. 4707544, strencutic@inbox.lv.

Valka

↗ XIII/D2

Weitere knapp 30 Kilometer auf der A3 führen nach Valka, einer besonderen, weil zweigeteilten Stadt: Mitten durch den Ort verläuft die **Staatsgrenze** zwischen Lettland und **Estland.** Beide Seiten kooperieren sehr eng und 2007 sind auch die zuletzt schon lockeren Grenzkontrollen eingestellt worden. Umso kurioser und reizvoller ist es, praktisch ohne Übergang von einer lettischen in eine estnische Stadt zu gelangen, mit den Straßenschildern in einer völlig anderen Sprache und einer leicht, aber doch spürbar anderen Atmosphäre. Auf Estnisch heißt der Ort Valga.

St. Katharinenkirche

Im lettischen Teil dominiert ein großer, dreieckiger Platz den Stadtkern. Die weiße, von Bäumen umstandene evangelisch-lutherische St. Katharinenkirche (Di–Fr 14–17 Uhr, Sa 12–15 Uhr) mit ihrem roten Dach ist hier zu finden. Gegen Entrichtung einer Spende kann man den nicht allzu hohen **Turm** erklettern und eine sehr lohnende Aussicht über die Grenzstadt genießen. Das Gotteshaus, erstmals 1477 erwähnt, wurde im 18. Jh. zweimal zerstört und danach wieder aufgebaut. Anfang des 20. Jh. musste die Kirche nach einem Brand restauriert werden. Nun wurde sie zum vorerst letzten Mal erneuert und herausgeputzt, inklusive Sicherung der Dachkonstruktion, eines Turm-Neuanstrichs und einer Wiederherstellung des Wetterhahns auf der Turmspitze. Durch die vielen Umbauten verschmelzen mehrere Stile, sowohl im schlichten Inneren als auch beim Außenbild der Kirche.

Stadtpark

Gegenüber der Kirche erstreckt sich der Stadtpark mit der **Waldbühne** in Form eines kleinen Amphitheaters in dessen Mitte, wo jedes Jahr im August ein **Rockfestival** gefeiert wird. Den ganzen Sommer über, besonders an den Wochenenden, werden **Konzerte** aller Art dargeboten. Ein Denkmal im Park (eine niedrige, lange, um mehrere Ecken verlaufende Mauer mit 414 eingravierten Namen) erinnert an die im Zweiten Weltkrieg gefallenen sowjetischen Soldaten der Roten Armee.

Russisch-orthodoxe Kirche

In der Ausekļa iela dominiert die gelbliche russisch-orthodoxe Kirche das Bild. Das Sakralgebäude ist erst 2005 fertiggestellt worden und damit eine der neuesten orthodoxen Kirchen Lettlands (geöffnet tägl. 12–16 Uhr).

Deutscher Soldatenfriedhof

Am Stadtrand liegt ein deutscher Soldatenfriedhof. Ein **Denkmal** erinnert an die 1943 in Valka und Umgebung Gefallenen. „Gedenket ihrer und der Opfer aller Kriege" mahnt die steinerne Tafel auf Deutsch und Lettisch.

Information

- **Touristeninformation,** Beverīnas iela 3, Tel. 4707522, www.valka.lv.

Nützliche Adressen

- **Internetcafé:** Rīgas iela 22, Tel. 4723672.
- **Fahrradverleih:** Vivo, Ausekļa iela 4, Tel. 4781553.

Unterkunft, Essen und Trinken

- **Otrā elpa,** Zvaigžņu iela 12, Tel. 4722280. Kleines Gästehaus mit anständigen Zimmern ab 20 Ls. Außerdem einfaches, aber gemütliches Esslokal.
- **Rīts,** Rīgas iela 5, Tel. 4723467. Klassische lettische Kafejnīca: einfache, deftige und leckere Speisen sowie Kaffee und einige Süßwaren.

Einkaufen

- **Saulīte,** Em. Dārziņa iela 8, Tel. 6375211. Handarbeiten und Handwerksartikel aus der Region.

Von Valka nach Mazsalaca

Bei einem Tagesausflug von Valmiera aus bietet es sich an, nicht von Valka dieselbe Strecke zurückzufahren, sondern den Weg nach Rūjiena und Mazsalaca zu nehmen. Die Straße wird zwar nach gut 10 Kilometern und für etwa 30 Kilometer von einer akzeptablen Asphalt- zu einer Schotterpiste, allerdings nicht von der ganz schlimmen Sorte. Wer keine Angst vor einem staubigen Auto hat, sollte dieser Route durch unberührte Landschaft folgen und sich an den kleinen, aber feinen Sehenswürdigkeiten unterwegs erfreuen.

Als erstes Dorf liegt **Ergeme** auf dem Weg und bietet die bescheidenen Überreste von Burgruinen aus dem 14. Jh. Danach ist **Kārķi** zu erwähnen, ein gepflegtes, kleines Dorf mit einer neuen evangelischen Kirche (von 2002) und vielen charmanten Holzhäusern. Im Ort ist die Hauptstraße sogar asphaltiert.

Naukšēni

↗ XIII/C1

In Naukšēni, wo die Schotterpiste bereits wieder in Asphalt übergeht, überrascht ein sehr schmucker, kleiner Palast. Das von Bäumen umstandene, von einem englischen Rasen umgebene und mit schönen Blumenbeeten verzierte **Gutshaus** (Naukšēnu muižā) mit Ursprung aus dem 16. Jh. lädt zu einem Spaziergang oder auch zu längeren Aufenthalten ein: „Nach ein paar Übernachtungen vor Ort wird es Ihnen vorkommen, als wenn neben dem Fenster der Springbrunnen plätschert, als wenn das Stubenmädchen im Schlafzimmer die seidenen Decken richtet und im Stall die Baronpferde mit den Hufen scharren", heißt es poetisch in der Eigenwerbung des 1500-Seelen-Ortes. In dem idyllisch gelegenen Gutshof ist eine kleine **Touristeninformation** untergebracht (Tel. (6)4268021, Mo–Fr 9–17 Uhr).

Tierliebhaber werden sich von Naukšēni besonders angezogen fühlen, denn es liegt – wie die gesamte Strecke von Valka bis hierher – im **Biosphärenreservat Nord-Vidzeme.** Hier werden immer wieder seltene Tiere erspäht: Elche, Edelhirsche, Luchse, Marder und Birkhähne – besonders früh am Morgen, wenn alles noch ganz ruhig ist.

Auch in Naukšēni kann man sich für eine **Floßfahrt** anmelden: Bis zu 20 Personen können an dem zweieinhalbstündigen Ausflug auf der Rūja teilnehmen. Auch **Boote und Kajaks** werden hier verliehen für Touren auf dem malerischen Fluss (Atpūtas centrs nāras, Tel. 4268194, www.naras.naukseni.lv).

Rūjiena

↗ XIII/C1

Das kurz hinter Naukšēni gelegene Rūjiena ist eine ganz normale Kleinstadt in der Provinz von Vidzeme mit einer alten evangelischen Kirche und einem Denkmal von 1937. Bekannt ist der Ort wegen der **Molkerei** SC Valmieras piens, in der eine in Lettland sehr bekannte Eiscreme hergestellt wird. Einstündige Besichtigungen inklusive Kostproben von 20 Eissorten (Upes iela, Tel. 64263526, Eintritt 0,90 Ls) sind nach vorheriger Anmeldung möglich. Eine Führung wird ebenfalls in der großen **Bäckerei Liepkalni** (Rīgas iela 63, Tel. 64263517, Besichtigung 0,80 Ls) angeboten. Auch hier dürfen die Besucher probieren.

Von Rūjiena führt eine direkte Straße nach Valmiera, doch an der Trasse gibt es keinerlei Sehenswürdigkeiten. Auch für einen Ausflug zum Burtnieks-See bietet sich eher die weiter westlich gelegene Strecke Mazsalaca – Valmiera an.

Mazsalaca

↗ XII/B1

Im kleinen Ort Mazsalaca, einem der nördlichsten in Lettland, warten keine herausragenden Sehenswürdigkeiten. Nett ist das Heimatkundemuseum, in dem eine charmante **Ausstellung von Teufelsfiguren** zu sehen ist (Velniņu muzejs, Tel. 4251781).

Auf dem Weg vom Ortskern zum Park erscheint auf der linken Seite ein etwas heruntergekommener **Gutshof.** Hier kann man durch den Park spazieren und gelangt über eine etwas altersschwache und leicht rostige, aber trotzdem solide Hängebrücke auf die andere Flussseite. Dort führt ein kleiner Trampelpfad nach ungefähr 200 Metern zu einer interessanten **Höhle.** Durch die dreieckige Öffnung geht es nicht nur in einen kleinen Raum, sondern von dort noch ein wenig weiter in den Felsen hinein. Es ist ein Gang ins Unbekannte, denn nach einigen Schritten ist es stockdunkel. Eine Taschenlampe macht sich hier bezahlt oder zumindest ein Fotoapparat mit Blitz.

Echofelsen Skaņaiskalns

Der Grund, warum Mazsalaca in jedem Fall auf der Reiseroute liegen sollte, ist der nahe gelegene **Naturpark** mit schönen Wanderwegen, bildhauerischer Kunst und dem faszinierenden „Echofelsen" als Schlusspunkt. Der Felsen fällt zum Ufer des malerischen Flusses Salaca steil ab. Die dem Wasser zugeneigte Seite offenbart eine steile Wand aus **rötlich leuchtendem Sandstein.** Wer den Wanderweg bis zum Ende läuft, sieht diesen Felsen vom anderen Ufer aus. Der Zahn der Zeit hat ihm eine besondere, abgerundete Form gegeben, sodass man von der gegenüber liegenden Seite ein schönes Echo erzeugen kann. Am besten postiert man sich zentral unter der mächtigen Eiche und stößt kurze, heftige Rufe aus. Dann wird man von einem erstaunlich **starken und klaren Widerhall** belohnt. Der Platz vis-a-vis dem Echofelsen ist auch ein schöner Ort für ein Picknick; Bänke und Tische stehen bereit.

Der Wanderweg vom großen Parkplatz zum Echofelsen zieht sich ungefähr drei Kilometer in die Länge. Es ist ein sehr schöner Spazierweg mit einigen reizvollen Stationen, etwa vier großen **Holzfiguren** von Soldaten. Jeder Soldat repräsentiert mit seiner Kleidung und seinen Symbolen eine der vier lettischen Regionen: Vidzeme, Latgale, Kurzeme und Zemgale. Nebenpfade, Abstecher und Parallelwege führen zu weiteren Attraktionen: dem „Zwergenpfad" mit Holzfiguren der kleinen, lustigen Gnome, der „Liebesbrücke", der kleinen „Treppe der Träume" sowie einigen mehr oder weniger versteckten, geheimnisvollen **Felsen und Höhlen.** In die „Teufelshöhle" wagen sich angeblich nur die

075le Foto: mk

Mutigsten. Die „Teufelskanzel" ist dagegen für jeden zu besichtigen. Es handelt sich um einen Stein, der aussieht, als könne der Beelzebub einst hier gestanden und seine Reden geschwungen haben.

● **Skaņākalna park,** Eintritt 0,80 Ls. Alternativ zu der Wanderung kann man für 1,50 Ls mit dem eigenen PKW den gut befestigten Weg entlangfahren und zwischendurch auf Halteplätzen eine Pause einlegen, Zwischenstationen besichtigen und ein wenig spazieren gehen. Auf diese Weise lässt sich per Auto der Echofelsen erreichen.

Auf dem Weg zum Echofelsen an der Salaca

Burtnieks-See

↗ XII-XIII/B-C2

Zwischen Mazsalaca und dem Burtnieks-See an der Straße P16 in Richtung Valmiera siedelt im kleinen Örtchen Vecate eine **Kolonie von Weißstörchen.** Zwar sind in Lettland fast überall im Sommerhalbjahr die in Westeuropa seltenen Vögel zu beobachten, doch so viele auf einmal wie in Vecate gibt es im ganzen Land nicht noch einmal. Gleichzeitig ist es die nördlichste Storchenkolonie Europas.

Die P16 verläuft mit einigem Abstand am Seeufer entlang. Eine akzeptable Zufahrt zum Wasser existiert zunächst nicht. Erst ein Stück hinter dem Ort **Matīši,** in dem eine evangelische Kirche von 1687 steht, zweigt links eine kleine Straße nach Burtnieki ab, das am 40 km² großen Burtnieks ezers liegt, dem viertgrößten Gewässer Lettlands. Zum Baden eignet sich der Burtnieks-See weniger, denn das Ufer ist großteils mit Schilf bewachsen und nicht befestigt.

Burtnieki ↗XIII/C2

Außer dem schönen See gibt es hier ein Landgut mit Herrenhaus zu bewundern. Am Tor zu diesem Gebäude beginnt ein **Naturpfad** zum See mit einem Aussichtsturm am Ende. Etwa 45 Minuten dauert die Wanderung, die besonders Vogelbeobachter reizt, denn im Schilf am Seeufer herrschen ideale Bedingungen für alle möglichen, auch seltene **Vogelarten.** Unter Ornithologen ist dieser See weit über die Grenzen der Region und sogar im Ausland bekannt.

Burtnieki taucht in den legendären Chroniken des *Heinrich von Livland* auf. Die Gegend war in alten Zeiten ein Treffpunkt dreier in der Region wichtiger Völker: Esten, Letten und Liven. Unklar ist, ob Heinrich möglicherweise der erste Besitzer der mittelalterlichen Festung war, die früher hier stand und Anfang des 18. Jh. während der verheerenden Nordischen Kriege zerstört wurde. Nach diesem Krieg wurde das **Herrenhaus** gebaut, das heute noch steht, allerdings einen relativ heruntergekommenen und verlassenen Eindruck macht. Möglicherweise wird es aber schon bald restauriert.

Außer dem Wanderweg zum Ufer lohnt ein Spaziergang im 1860 angelegten **Park** rund um das Gebäude mit seinem gepflegten Garten und dem von Wasserpflanzen bewachsenen Teich mit Brücke zu einer kleinen Insel in dessen Mitte. Im Park wachsen 70 verschiedene Baum- und Buscharten. Einige verfallene Wirtschaftsgebäude wie Scheunen und Pferdeställe vervollständigen das Bild. Letzere sind nicht in Betrieb, doch ein Stück weiter im Dorf ist eine **Pferdezucht** aktiv, die man besichtigen oder auf der man selbst ein Pferd reiten kann (ab 1 Ls, im Winter auch Schlittenfahrten für 15 Ls pro Stunde, Tel. 29452833, http://burtnieki.com).

Kirche von Burtnieki

Kurios ist die Lage der Kirche von Burtnieki. Sie steht nämlich weder im Dorf selbst noch in seiner Nähe, sondern ganze neun Kilometer entfernt schräg gegenüber am Seeufer. Wie es zu dieser eigenartigen Platzierung kam, ist nicht überliefert. Vielleicht war der Grund, das Gotteshaus immer im Blick haben zu wollen, auch wenn es dadurch schwieriger war, dorthin zu gelangen. Die Kirche bietet ein malerisches Motiv, wenn man von Burtnieki aus über das Wasser blickt, und auch unterwegs, wenn man auf der Landstraße entlangfährt und sich der Kirche nähert, deren weiße Gestalt mit dem roten Turm sich effektvoll im See spiegelt. Daher stammen wohl auch die Legenden, nach denen die Kirche einst im See versunken sein soll. Das Gotteshaus in seiner heutigen Form stammt aus dem 17. Jh., erstmals stand hier bereits im 13. Jh. eine Steinkirche.

Wer das sehr hübsche **Schlösschen in Dikļi** noch nicht besichtigt hat (siehe oben: „Umgebung von Valmiera"), kann dies auf dem Weg nach Valmiera als Abstecher tun. Von der P16 führt eine kleine, ausgeschilderte Straße nach wenigen Kilometern nach Dikļi. Von dort wiederum kann man direkt Valmiera ansteuern.

Unterkunft

- **Erholungskomplex Rīts,** Andruvēs, Gemeinde Burtnieki, Tel. 4226527, www.hotelrits.lv. Zwei Kilometer östlich vom Burtnieks-See im Dorf Andruvēs, landschaftlich schön gelegen. Ideal für Gruppen, Übernachtungen für 29 Personen in sieben Zimmern (auf Wunsch können noch Matratzen ergänzt werden). 8 Ls pro Bett. Sauna und verschiedene Räume für Feiern.

Limbaži

↗ XII/B3

Limbaži liegt westlich von Valmiera bereits ein wenig abseits des Gauja-Nationalparks und hat daher nicht dieselbe touristische Bedeutung wie Sigulda, Cēsis oder Valmiera. Trotzdem bietet auch diese Kleinstadt einige Sehenswürdigkeiten im Ort und besonders in der Umgebung. Außerdem ist sie nur wenige Autominuten von der Via Baltica entfernt, der Fernverbindung durch Litauen, Lettland und Estland. Daher ist die Ostseeküste von Limbaži aus sehr schnell zu erreichen.

Limbaži bietet sich an als ruhiger, mit seinen Restaurants und Unterkünften günstiger Standort für eine Rundreise nach Norden und an der Rigaer Bucht entlang wieder herunter, eventuell auch als Ausweichort, falls unmittelbar an der Küste keine Unterkünfte mehr zur Verfügung stehen. Auch für Fahrradausflüge kann die Kleinstadt je nach Routenplanung gut geeignet sein.

Stadtgeschichte

Die Kreisstadt trug zu Zeiten des in Livland regierenden Schwertbrüderordens noch den deutschen Namen **Lemsal.** Auch Lemsal war ein Mitglied der Hanse. Wie üblich in Livland entstand der Ort um eine Ordensburg herum. Die **Burg** von Limbaži stammt aus dem Jahre 1223. Kurz darauf erhielt die Siedlung Stadtrechte – als eine der ersten überhaupt in Livland –, 1385 dann die begehrten **Lübecker Stadtrechte.** Es entstanden die zentrale Labrencis-Kirche, das Rathaus und eine Stadtmauer. Ende des 14. Jh. war der Ort mit immerhin gut 400 Häusern nach Riga die zweitgrößte Stadt Livlands.

Im 16. Jh. traf Limbaži jedoch das gleiche Schicksal wie die anderen livländischen Handelsstädte: ein dramatischer **wirtschaftlicher Niedergang.** Neben den politischen Gründen kam für Limbaži noch die Austrocknung des nahen Dune-Sees und des Flusses Svetupe hinzu. Die großen Schiffe konnten nun nicht mehr einlaufen und der Handel versandete buchstäblich. Das nur wenige Kilometer westlich an der Rigaer Bucht gelegene Salacgrīva, obwohl viel kleiner als Limbaži, übernahm in weiten Teilen dessen Rolle.

Doch auch ein existierender Wasserweg hätte nicht geholfen, denn Limbaži wurde in der zweiten Hälfte des 16. Jh. nacheinander von *Iwan dem Schrecklichen,* dann von den Schweden und wieder von russischen Truppen niedergebrannt. 1602 kam es während der schwedischen Besatzung

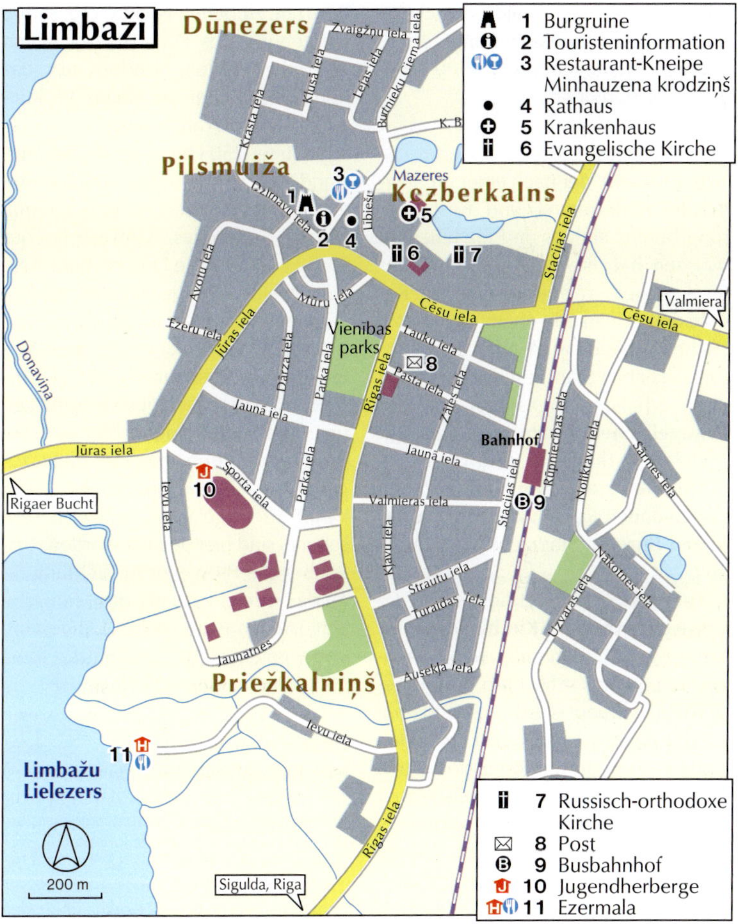

zur **völligen Zerstörung** – inklusive der Verteidigungsmauern. Ein langsamer und bescheidener Wiederaufbau fiel 1747 erneut den Flammen zum Opfer.

Das heutige Stadtzentrum stammt aus dem 18. und 19. Jh., als sich die Stadt im Zuge der industriellen Revolution wieder nach vorn entwickelte und eine gewisse Bedeutung zurück erlangte. Heute leben gut 8500 Menschen im Städtchen.

Sehenswertes

Im Ortskern, der nach einer grundlegenden Erneuerung und Restaurierung bereits einiges an Reiz hinzugewonnen hat, ist die Anordnung der Straßen gemäß mittelalterlichen Regeln deutlich zu erkennen. Viele historische Gebäude sind auf Grund der unglücklichen Stadtgeschichte jedoch nicht erhalten, abgesehen von der **evangelischen Kirche** aus dem 17. und dem **Rathaus** aus dem 18. Jh.

Am interessantesten sind die noch vorhandenen **Ruinen der mittelalterlichen Burg** im Stadtzentrum (Limbažu pilsdrupas).

Aufmerksamkeit verdient auch die **russisch-orthodoxe Kirche** des Ortes, die vor gut 100 Jahren im neobyzantinischen Stil aus schlichten, roten Ziegelsteinen erbaut wurde – ungewöhnlich für die sonst üppig geschmückten Gotteshäuser dieser Konfession. Auch die grauen Zwiebeltürme weisen weit weniger Farbenfreude auf als üblich. Das Gebäude wirkt wie eine Kombination aus evangelischer und orthodoxer Kirche.

Großer Limbaži-See

Gleich südlich von Limbaži, am Ortsrand beginnend, liegt der Große Limbaži-See (Limbažu lielezers), der sich entlang der P9 nach Sigulda in die Länge zieht und einen schönen **Naturpfad** (dabas taka) für Wanderer und Radfahrer sowie Möglichkeiten zum **Bootfahren** bietet. Nicht die gesamte Umgebung des Sees ist zugänglich gemacht worden, sondern nur das nordöstliche Ufer mit einem 3,6 Kilometer langen Wanderweg.

Der über 250 Hektar große See entstand durch Gletscher-Verschiebungen. Bemerkenswert ist, dass die maximale Tiefe des Gewässers nur 6,50 Meter und die Durchschnittstiefe 5,20 Meter beträgt. Ein Bad im See empfiehlt sich nicht, denn der Grund ist bedeckt von einer bis zu einen Meter dicken Schlammschicht. Umso schöner ist es, dass lange Holzbrücken über den Sumpf eingerichtet sind, sodass man mitten in sonst nicht zugänglicher Natur spazieren gehen kann. 90 Vogelarten, teilweise sehr seltene, sind hier gezählt worden.

Über die P9 weiter in Richtung Sigulda erreicht man das hübsche Schlösschen Igate (siehe „Umgebung von Sigulda"), das von Limbaži etwa 15 Kilometer entfernt ist.

Information

- **Touristeninformation,** Burtnieku iela 5, Tel. 4070608, www.elimbazi.lv (englische Version vorhanden, aber man muss sie auf der Seite suchen), geöffnet Juni bis 15. September Mo–Fr 9–17 Uhr, Sa 10–15 Uhr, 16. September bis Mai Mo–Fr 9–17 Uhr. Allgemeine Informationen, auch über den

Landkreis Limbaži, der den Küstenabschnitt bis Saulkrasti umfasst; Broschüren, Karten, Reservierung von Touren und Unterkünften, Verkauf von Souvenirs.

Notfälle und nützliche Adressen

- **Apotheke:** Limbažu aptieka, Burtnieku iela 1, Tel. 64070113, geöffnet 8–21 Uhr, Sa 8–18 Uhr, So 8–15 Uhr.
- **Krankenhaus:** Limbažu slimnīca, Klostera iela 3, Tel. 64070105.
- **Polizei:** Cēsu iela 28, Tel. 4001510.
- **Post:** Pasta iela 3, Tel. 64022444, geöffnet 7.30–18 Uhr, Sa 7.30–16 Uhr.
- **Internet:** Stadtbibliothek, Rīgas iela 9, Tel. 64070715, geöffnet Mo–Fr 10–18 Uhr, Sa 10–15 Uhr.

Geld

In der relativ kleinen Stadt gibt es nur einige Bankfilialen und Wechselstuben. Sie sind im Zentrum aber ebenso leicht zu finden wie Bankautomaten. Kreditkarten werden in den kleinen Cafés eher nicht angenommen, im Supermarkt und an den meisten Tankstellen dagegen schon.

Unterkunft

- **Ezermala,** Ievu iela 1, Tel. 26425645. Einfaches, aber ordentliches Gasthaus direkt am See mit 13 Doppelzimmern ab 16 Ls. Sauna, Bootsverleih, Möglichkeit zum Baden im See.
- **Jugendherberge,** Sporta iela 3, Tel. 296422599, olimpiskais.limbazi@apollo.lv. Einfache Unterkunft auf Sportgelände. Ab 3 Ls pro Bett.

Essen und Trinken

- **Ezermala,** Ievu iela 1, Tel. 26425645. Café und Restaurant im gleichnamigen Hotel. Günstiges, typisch lettisches Essen in schlichter Atmosphäre.
- **Molins,** Rīgas iela 8, Tel. 4070970. Schlichtes, aber gutes Ess- und Trinklokal im ersten Stock eines Gebäudes mit Blick auf das rege Treiben im unmittelbaren Zentrum der Stadt.
- **Minhauzena krodziņš,** Burtnieku iela 7, Tel. 4022009. Pub, benannt nach dem aus der Region stammenden Lügenbaron Münchhausen.

Einkaufen

- **Touristeninformation,** Verkauf von Postkarten und Souvenirs aus der Region.
- **Salon Tine,** Pļavu iela 4, Tel. 64022528, Kunsthandwerk und andere Geschenk- und Schmuckartikel.

Verkehrsverbindungen

- **Bus:** Ohne eigenes Auto ist man auf die Anreise mit dem Bus angewiesen. Busse verkehren aber zahlreich, sowohl aus Riga als auch aus den anderen Orten der Region wie Valmiera, Sigulda und Cēsis. Der Busbahnhof (Limbažu autoosta, Stacijas iela 7, Tel. 4021045, Fahrpläne unter www.autoosta.lv) liegt nicht weit vom Stadtkern entfernt.

  Stadtbusse verkehren nicht, doch für die kleine Innenstadt ist auch kein Transport erforderlich.
- **Bahn:** Der Bahnhof ist stillgelegt. Es gibt keine aktive Bahnstrecke von und nach Limbaži.
- **Taxiunternehmen:** Limbaži, Tel. 64021614 oder 29436700, rund um die Uhr.

Von Limbaži nach Ainaži

In nördlicher Richtung gibt es von Limbaži aus zwei Möglichkeiten weiterzufahren: entweder auf der P12 direkt nach Salacgrīva an der Küste, die letzten paar Kilometer davon allerdings auf einer noch nicht asphaltierten Straße (was sich aber von Monat zu Monat ändern kann). Kurz vor der Ortschaft Korgene lädt der **Niedraju-Pilkas-Sumpf** (Niedraju Pilkas Purvs) mit Spazierweg und Aussichtspunkt zu einem kurzen Halt ein.

Die etwas längere Route führt von Limbaži auf der P13 über Aloja und Staicele nach Ainaži. Kurz hinter Aloja, in **Ungurpils,** ist der kleine, unscheinbare Mühlensee hervorzuheben, dessen Inseln „schwimmen", also sich bewegen und ihren Standort ändern – auch wenn man das bei einmaligem Betrachten nicht wirklich bemerkt.

Etwas spektakulärer ist da schon in der Ortschaft **Mērnieki,** wenige Kilometer vor Ainaži, der **Pietrags-Felsen,** der auch „Roter Felsen" (Sarkanās klintis) genannt wird. Der Weg zu ihm ist ausgeschildert und führt zu einem Parkplatz, für den in der Saison Gebühren kassiert werden. Die Steilwand aus dem für Lettland so typischen roten Standstein am **Ufer der Salaca** ist fast 400 Meter lang und zehn Meter hoch. Besonders pittoresk leuchtet der Felsen im warmen Licht der Abendsonne.

Ainaži

↗ XII/A1

Ainaži, der **nördlichste Ort** an der lettischen Küste, von dem man zu Fuß die Grenze nach Estland überqueren kann, ist ein sehr kleiner Ort ohne herausragende Sehenswürdigkeiten, abgesehen vom nördlichsten **Leuchtturm** des Landes, der die Seegrenze zwischen Lettland und Estland markiert. Hier führt die Via Baltica aus Lettland hinaus. In südlicher Richtung verläuft die Trasse, die offiziell A1 heißt, nach Riga.

Zwischen Ainaži und Salacgrīva fährt man direkt an der Küste entlang, unterwegs tun sich immer wieder schöne Blicke auf. Bis zur ersten Ortschaft Kuiviži liegen zwischen Straße und Meer die sogenannten **Randu-Wiesen.** Die Bewohner der Gegend heben hervor, dass auf diesen Strandwiesen auf einem Abschnitt von einigen Kilometern nicht weniger als ein Drittel der gesamten lettischen Pflanzenarten wächst. Damit brachten es die Grünflächen auf die europäische Liste der wichtigsten Orte für Vogelmigration.

Salacgrīva

↗ XII/A2

Salacgrīva ist ein kleiner **Fischerort** direkt an der Via Baltica. Obwohl ohne große Sehenswürdigkeiten besitzt er den gewissen Charme eines Städtchens an der Küste mit ein paar Seemannskneipen, einem **Hafen** (dem einzigen Jachthafen an der Küste von Vidzeme) und dem Geruch des Meeres. Im Hafen von Salacgrīva mündet der schöne Fluss Salaca in die Ostsee, woher auch der Name des Ortes stammt. Die hässliche und nicht gerade angenehm duftende Fischfabrik Brīvais vilnis gehört auch dazu. In der noch eine sozialistische Sowjetatmosphäre ausstrahlenden Lobby des zur Fabrik gehörenden Verwaltungsgebäudes kann man sich ein **keramisches Wandbild** mit Abbildungen sämtlicher lettischer Leuchttürme ansehen.

Erwähnenswert sind noch die orthodoxe Kirche mit ihrem schönen Zwiebelturm sowie die Reste der alten **Ordensburg** (Pilsdrupas), von denen nur noch ein Hügel und einige Mauern übrig geblieben sind.

Salacgrīva wird von der A1 durchschnitten. Auf der Wasserseite laden einige **Cafés und Restaurants** zum Verweilen ein, teilweise mit Terrasse und Hafenblick. Auf der dem Wasser abgewandten Seite von Salacgrīva, also jenseits der Via Baltica, legen die Fischer in der Salaca ganz besondere Reusen aus: **Neunaugen** werden mit Hilfe einer wie ein großer Zaun im Fluss stehenden Konstruktion in größeren Mengen gefangen. Angelfreunde können bei Voranmeldung beim Legen der Reusen und beim Fischfang zuschauen oder sogar mitmachen. Man geht die Baznīcas iela entlang, dann die zweite Straße rechts und schließlich nochmals ein kleines Stückchen links zum Flussufer (Informationen zu den Neunaugen in der Touristeninfo).

Information

- **Touristeninformation,** Rīgas iela 10a, Tel. 4041254, saltic@latnet.lv, www.salacgriva.lv (nur auf Lettisch).

Unterkunft, Camping

- **Brīze,** Valmieras iela 7, Tel. 64071717, www.brize.lv. Spa-Hotel direkt an der Via Baltica, mit einer Reihe von Angeboten für Kurbehandlungen sowie eigenem Sauna-Haus inklusive Party-Raum. DZ ab 35 Ls.
- **Gasthaus und Campingplatz Rakari,** Svētciems, Tel. 4071122, www.raikaricamp.lv. Großer Campingplatz, etwa 5 km südlich von Salacgrīva. Ausgeschildert von der Via Baltica, 800 m von ihr entfernt, 300 m zum Meer. Camper haben sehr viel Platz und sehr gute sanitäre Einrichtungen, aber wenig Schatten oder Windschutz durch Bäume. Zusätzlich gibt es acht große Zwillings-Holzhütten mit voller Einrichtung und ein rustikales Gästehaus mit sehr gemütlichem Restaurant und Bar sowie acht Zimmern. Fußball-, Basketballplatz, Sauna. DZ ab 30 Ls, eigene Hütte ab 40 Ls.

Essen und Trinken

- Eine einfache, typische, solide und günstige Mahlzeit mit Selbstbedienung an der Theke erhält man in der Kafejnīca **Brīze,** Parnavas iela 3, Tel. 4071771 (nicht zu verwechseln mit dem oben erwähnten Hotel). Auch Kaffee, Tee, Kuchen und andere Süßigkeiten stehen zur Auswahl. Es ist immer wieder ein echt lettisches Erlebnis, in eines dieser Lokale zu gehen, anstatt nur „bessere" Restaurants aufzusuchen.
- Wer aber doch etwas Gediegeneres sucht, wird wenige Hundert Meter weiter auf der anderen Seite des Flusses fündig. Neben der Touristeninformation in der Rīgas iela liegt die **Kambīza,** die Schiffsküche. Im rustikalen, authentisch nach Seemannsart eingerichteten Steinhaus werden vor allem gute Fischgerichte, aber auch deftige Fleischspeisen angeboten. Im Halbkeller gelegen, ist das Lokal besonders gut geeignet für einen gemütlichen Abend zu zweit oder in einer größeren Gruppe.
- **Ostmala,** am Hafen, Tel. 26400631. Tagsüber Café und abends schicke Bar mit Terrasse zum Hafen hin.

Die Küste südlich von Salacgrīva ↗ XII/A2-3

Livische Opferhöhlen ↗ XII/A2

Die ersten gut 15 Kilometer hinter Salacgrīva führt die Via Baltica noch einmal mehr oder weniger nah an der Küstenlinie entlang, bevor sie mit größerem Abstand zum Wasser verläuft. Beim Ort Svētciems geht eine Straße links ab und führt vom Meer weg, fünf Kilometer weit zu einer auf den ersten

0761e Foto: mk

Blick unauffälligen Stelle (Schild „Liebešu upuralas"), die aber ein wichtiges Kultobjekt aus den Zeiten vor dem Einmarsch der Kreuzritter darstellt: alte Opferhöhlen der Liven am Flüsschen Svētupe. Mit mindestens 47 Metern waren die Höhlen einst die längsten natürlichen Gebilde ihrer Art in ganz Lettland. Im Laufe der Jahrhunderte sind eine Reihe von ihnen verschüttet worden. Die leicht zu verfehlende Stelle liegt bei einem Bauernhof, wo man das Auto parken und dann einige Schritte zu den Höhlen gehen kann.

Die Sandsteinfelsen von Veczemji

Felsen von Veczemji

Zurück an der Straße nach Riga folgt wenige Kilometer darauf nach rechts in Richtung Küste ein Abzweig zu den roten Felsen von Veczemji (Veczemju klintis), einem erstaunliche 200 Meter langen und vier Meter hohen Sandsteinaufschluss direkt am Meer. Ein recht ordentlich befahrbarer Sandweg führt in gut zwei Kilometern zu den Steinen. Obwohl der Ort sehr abgelegen scheint, wird doch pro Auto 1 Ls fürs Parken kassiert.

Der Abstecher lohnt sich, denn die Sandsteine liegen direkt am Strand - wellenförmig aufgereiht ergeben sie zusammen mit dem steinigen Strand und dem blauen Meerwasser eine schöne Kombination. Einige Höhlen wurden nicht ganz zugeschüttet und man kann direkt vom Strand aus ein paar Schritte hineingehen. Es ist einer dieser zahlreichen Orte in Lettland, die nicht nur wegen der eigentlichen Attraktion interessant sind, sondern auch wegen des schönen Spaziergangs, der sich mit ihrer Besichtigung verbinden lässt.

Besonders reizvoll ist ein Platz mit originell gestalteten Picknick-Tischen (zum Beispiel in Form eines Schlittens), Holzbänken und einigen **Grillplätzen.** Meist steht sogar etwas Brennholz zur Verfügung. Einige der Tische und Bänke haben direkten Meerblick. Wer ein wenig Holzkohle, etwas zu essen und ein bisschen Zeit mitbringt, kann hier ein sehr angenehmes Stündchen beim Grillen verbringen. Und wer gleich gar nicht mehr wegfahren will, findet sogar einen kleinen **Zeltplatz** zur Übernachtung.

Tūja

↗ XII/A3

Einige Kilometer weiter südlich auf der A1 in Richtung Riga zweigt nach rechts eine asphaltierte Straße in das Dorf Tūja ab, eine weitere schöne Möglichkeit, ans Wasser zu gelangen. Von Tūja aus führt ein befahrbarer Sandweg am Meer entlang nach Norden. Die Landschaft ist malerisch, teilweise grasen Ziegen vor dem Meerespanorama, doch es ist recht schwierig, tatsächlich an den Strand zu gelangen, der hier ziemlich steinig ist.

Gut zweieinhalb Kilometer hinter Tuja taucht ein Parkplatz auf. Eine Weiterfahrt auf dem Sandweg lohnt kaum, besser ist es, das Auto stehen zu lassen und die kleine Treppe hinunter zum **Strand** zu steigen. Auch hier stehen Holzbänke, Tische, **Grills** und ein **Zeltplatz** zur Verfügung. Es ist eine der letzten Möglichkeiten, vor dem Großraum Riga ein romantisches Fleckchen an der Küste zu finden. Näher an der Hauptstadt, im sich an der Via Baltica kilometerlang in die Länge ziehenden Städtchen Saulkrasti und dahinter, ist es weitaus weniger ruhig und entspannend.

Münchhausen-Museum und -Park

↗ XII/A3

Eine besonders charmante Station erwartet die Reisenden aber noch, bevor sie sich mit großen Schritten Riga nähern: Das Münchhausen-Museum und der dazugehörige Park. Eben jener berühmte **Baron von Münchhausen,** dessen Name wegen seiner fantastischen Lügengeschichten in der ganzen Welt ein Begriff ist, hat im heutigen Lettland seine Wurzeln (siehe Exkurs).

Kurz hinter der Kreuzung, deren Straßen links nach Limbaži und rechts nach Tūja führen, folgt das kleine Dorf **Liepupe.** Die weiße **evangelische Kirche** mit dem roten Ziegeldach ist hübsch, wäre aber vielleicht keine besondere Erwähnung wert, wäre da nicht die Tatsache, dass der Baron von Münchhausen hier 1744 seine Gemahlin *Jacobine von Dunten* aus dem Nachbardorf heiratete. Und noch eine historische Figur ist mit diesem Gotteshaus verbunden: In der Pfarrei arbeite-

Münchhausen – die Wahrheit über den Lügenbaron aus Lettland

Es gibt Geschichten, die einfach jeder kennt. Eine davon ist der Ritt des Barons von Münchhausen auf der Kanonenkugel – eine Legende nicht erst, seit *Hans Albers* zur goldenen Zeit des deutschen Nachkriegsfilms in die Haut des Adeligen schlüpfte. Auch international wurde Münchhausen zum allgemein vertrauten Begriff. Im 20. Jh. ließ man ihm sogar die zweifelhafte Ehre zuteil werden, eine Krankheit nach ihm zu benennen: Das Münchhausen-Syndrom. Es beschreibt eine Fehlfunktion des Gehirns, die einen Menschen ein Krankheitsbild vortäuschen lässt, nur um Zuwendung zu erreichen.

Der Name Münchhausen steht für meisterhaft erzählte Lügengeschichten, wobei gar nicht klar ist, ob *Karl Friedrich Hieronymus von Münchhausen* wirklich seine Zuhörer an der Nase herumgeführt hat. Vielleicht waren diejenigen, die gebannt seinen Fantasie-Abenteuern lauschten, sich auch völlig über deren Unwahrheit im Klaren und genossen schlicht den Einfallsreichtum des Barons. Möglich ist natürlich auch, dass Münchhausen seine Geschichten gar nicht in der wiedergegebenen Form erzählt hat, sondern dass andere ihm das ausgeprägte Vorstellungsvermögen später zu Unrecht zuschrieben. Der Verfasser des ersten Buches mit den Münchhausen-Geschichten blieb nämlich anonym.

Der 1720 im niedersächsischen Bodenwerder geborene Adlige war Bediensteter des Prinzen *Anton Ulrich II. von Braunschweig-Lüneburg* und kam im Gefolge seines Herrn in die verbündete russische Armee, wo er zunächst zum Leutnant und

0771e Foto: mk

dann zum Rittmeister aufstieg. Er nahm an zwei Feldzügen gegen die Türken teil – Stoff für eine ganze Reihe der ihm zugeschriebenen Lügengeschichten. Stationiert war Münchhausen über viele Jahre in Riga. Er freundete sich mit dem deutschbaltischen Adeligen *Georg Gustav von Dunten* an und besuchte ihn auf seinem Gut in Ruthern (das auf Lettisch heute interessanterweise nach der alten Besitzerfamilie Dunte heißt). Dort lernte er auch Duntens Tochter *Jacobine* kennen. Er heiratete sie 1744 in der Kirche von Liepupe (damals Pernigel), nur wenige Kilometer von Dunte entfernt, wo Münchhausen Überlieferungen zufolge mit dem Erzählen seiner wundersamen Geschichten begonnen haben soll.

Noch sechs Jahre lebte Münchhausen mit seiner Frau im heutigen Lettland, bevor er sie ins heimatliche Bodenwerder bei Hannover mitnahm. Der Baron verließ Bodenwerder als Wohnsitz bis zum Ende seines für damalige Verhältnisse recht langen Lebens im Jahre 1797 nicht mehr. 1790 starb Jacobine und 1794 wirbelte die zweite Ehe Münchhausens mit einem zwanzigjährigen Mädchen noch einmal viel Staub auf. Die Vermählung wurde kurz nach der Hochzeit in einem spektakulären Scheidungsprozess wieder aufgelöst.

Auch wenn Münchhausen die meiste Zeit in Bodenwerder verbrachte, so ist er doch unzertrennlich mit Livland – und dadurch auch mit dem heutigen Lettland – verbunden. Das Münchhausen-Museum und der Münchhausen-Wanderpfad an dem Ort, wo er seine Ehefrau kennenlernte, sind eine angemessene Hommage an den geheimnisvollen Baron.

Am Münchhausen-Wanderpfad bei Dunte

te jener *Garlieb Merkel* als Hauslehrer, der später mit seinem Buch „Die Letten“ ein deutschsprachiges Standardwerk schuf.

Acht Kilometer weiter auf der A1 in Richtung Riga weist ein Schild nach **Dunte,** der Heimat von Münchhausens Ehefrau. Knappe zwei Kilometer von der großen Straße durchfährt man ein Einfahrtstor und ist schon auf dem Münchhausen-Gelände.

Zur Linken erhebt sich das Münchhausen-Museum, untergebracht im restaurierten **Landgut Dunte,** das der Baron von 1744 bis 1750 sein eigen nannte. Anhand von teilweise lebensgroßen Figuren, Objekten und Bildern werden die verrückten Erlebnisse, aber auch die tatsächliche Existenz des Lügenbarons dargestellt. Außerdem wird im Rahmen der Schau eine **Wachsfigurensammlung** mit berühmten Persönlichkeiten der lettischen Geschichte gezeigt. Es ist nach Angaben des Hauses eines von nur zwei Münchhausen-Museen auf der Welt und wird aus EU-Mitteln mitfinanziert.

Ebenso reizvoll ist der gegenüber dem Museum gelegene **Münchhausen-Park,** durch den zwei Pfade führen: Einer ist 5,4 Kilometer lang, der kürzere misst 3,1 Kilometer. Unterwegs werden über die Strecke verteilt mit Hilfe von **Holzschnitzereien** die Abenteuer des Barons vor Augen geführt: Der Ritt auf der Kanonenkugel, die versunkene Stadt, die fliegenden Fische, das Gefressenwerden durch ein Krokodil und manche andere unglaubliche Geschichte. An einer Stelle werden die Besucher ganz im Geiste des verschmitzten Barons auf die Schippe genommen - mehr sei hier nicht verraten!

Das i-Tüpfelchen jedoch ist der schöne **Sandstrand,** den man nach der Hälfte des Spaziergangs erreicht, wenn man den langen Weg wählt. Hier lässt sich das Meer in seiner ganzen Pracht erleben. Wer nicht nur im Sand sitzen, sondern sich zur Abkühlung in die Fluten stürzen möchte, sollte Badesachen einpacken.

Kinder haben nicht nur auf dem Münchhausen-Wanderweg ihre Freude, sondern können sich außerdem auf dem **Spielplatz** vor dem Eingang austoben. Zu dem Komplex mit Park und Museum gehört auch ein gemütliches **Restaurant** mit gehobenem Standard, aber Preisen der mittleren Kategorie.

- **Minhauzena muzejs,** Tel. 64065633, www.minhauzens.lv (Website mit vielen weiteren Informationen), Mo–Do 10–17 Uhr, Fr–So. 10–19 Uhr, Wintersaison nur Mi–So 10–17 Uhr, Eintritt Museum: 2,50 Ls, Münchhausen-Pfad: 2,50 Ls (zusätzlich).
- **Atpūtas komplekss Minhauzena Unda,** Ainažu iela 74, Tel. 7955198, www.minhauzenaunda.lv. Schön ausgestattetes Hotel mit DZ ab 30 Ls. Restaurant, Sauna, Swimmingpool, Billard, Zeltplatz.

Lauču akmens

↗ XII/A3

Kaum mehr als einen Kilometer weiter geht von der Via Baltica ein Weg in Richtung Küste ab, der zum **Großen Stein von Lauči** (Lauču akmens) führt, einem 70 Tonnen schweren und zwei

078le Foto: mk

Meter hohen Findling, der „König der Steine“ genannt wird. Er wurde vor über 150 Jahren aus dem Meer herangespült. Heute ruht er sicher am Strand.

Camping

- Der schöne Campingplatz **Lauču akmens,** Tel. 4065423, www.laucakmens.lv (auch auf Deutsch) mit Stellplätzen für Wohnmobile, Holzhütten und einigen Zimmern liegt direkt oberhalb des Strandes mit dem Findling und ist mit ihm per Holztreppe verbunden. Gutes selbstgemachtes Frühstück für 4,50 Ls pro Person.

Saulkrasti

↗ XVI/A1

Saulkrasti ist eine Ansammlung ehemals kleiner Dörfer, die sich schier endlos und wenig reizvoll entlang der Via Baltica erstreckt. Der große Vorteil besteht allerdings darin, dass die Stadt auch direkt an der Rigaer Bucht gelegen ist. So ist sie in der wärmeren Jahreszeit meist sehr stark von **Wochenend- und Kurzurlaubern** aus der Hauptstadt frequentiert, die kaum über 30 Kilometer zu fahren haben, um dorthin zu gelangen. Nur der nordwestlich von Riga gelegene Badeort Jūrmala ist noch etwas näher, aber auch exklusiver und teurer. Saulkrasti hingegen ist dank der regelmäßigen Invasion durch erholungssuchende Rigaer reich mit Hotels, Unterkünften und Restaurants aller Art gesegnet.

Strand bei Tūja

Alūksne

↗ XV/C1-2

Die äußerst sehenswerte Kleinstadt Alūksne liegt etwas abseits ganz im Nordosten Lettlands in der Region Nord-Vidzeme. Selbst wer eine große Tour durch Vidzeme macht (mit Gauja, Cēsis, Sigulda, Valmiera und der Ostküste der Rigaer Bucht), wird die Region um Alūksne wahrscheinlich umfahren. Mit ein wenig mehr Zeit im Gepäck sollte man dies aber nicht tun, denn es gibt einiges zu entdecken – und so weit ist die Gegend auch wieder nicht entfernt. Wer mit der Region Latgale den Osten des Landes bereist, für den bietet sich sogar eine **große Rundfahrt** an: von Daugavpils nach Norden quer durch Latgale und dann über Alūksne zurück durch Vidzeme (Cēsis, Sigulda) in Richtung Riga.

Die Stadt liegt sehr idyllisch am großen **Alūksne-See** (Alūksnes ezers). Die Umgebung geizt ebenfalls nicht mit schöner Landschaft, Gutshöfen und Kirchen. Und da ist natürlich noch die alte **Schmalspurbahn,** die in Alūksne endet.

Stadtgeschichte

Obwohl die Gegend um Alūksne nachweislich schon viele Jahrhunderte vorher besiedelt war, findet die Ortschaft im Jahre 1284 erstmals urkundliche Erwähnung – in der Chronik von Pleskau (heute russisch Pskov) unter dem Namen Alyste. Es dauerte noch bis 1342, als der Livländische Orden hier eine Burg errichtete. Daraufhin

0791e Foto: mk

nannte der Orden den Ort **Marienburg,** so wie das berühmte Marienburg mit der gewaltigen Kreuzritterburg im heute polnischen Großraum Danzig. Über Jahrhunderte hinweg trug Alūksne diesen Namen. Durch seine Lage ein wenig **abseits der großen Handels- und Reisewege** gestaltete sich auch die wirtschaftliche Entwicklung der Region eher bescheiden.

Dies änderte sich erst Anfang des 20. Jh. mit dem Bau der Schmalspurbahn von Gulbene. So kam es, dass Alūksne wuchs und im Jahre 1920 mit 2000 Einwohnern endlich die Stadtrechte erhielt. Heute leben hier schon 9000 Menschen und nach der Öffnung der Grenzen zu Estland profitiert Alūksne von der Nähe zum Nachbarland. Zu Russland sind die Grenzen zwar noch recht undurchlässig (was sich durch den Schengen-Beitritt Lettlands sogar noch verschärft hat), doch auch mit dem großen östlichen Nachbarn wird Handel getrieben.

Sehenswertes

Schloss und Schlosspark

Die erste Station einer Besichtigung ist das Neue Schloss (Jauna Pils, Pils iela 74) von Alūksne, in dem heute unter anderem die Touristeninformation und zwei Museen untergebracht sind. Eines davon ist das **Museum für Lokalerbe und Kunst** (Novadpētniecības un mākslas muzejs). Daneben ist

080le Foto: mk

noch das **Naturmuseum Vides labirints** zu besichtigen. Das Schlösschen wurde 1863 im neogotischen Stil erbaut. Innen ist von dem einstigen Glanz des Schlösschens nicht viel übrig geblieben, doch die Fassade ist sehr schön zu betrachten.

Etwas Besonderes ist aber der Schlosspark, der sich breit und lang auf der gegenüberliegenden Seite der Hauptstraße zum See hin erstreckt. Auf **schönen Wanderwegen** kann man verschiedene kleine **Architektur-Denkmäler** suchen und finden. Sie zeichnen sich dadurch aus, dass sie keinen historischen Wert besitzen, sondern ganz neu errichtet wurden: 2001 sind sie auf einem Bildhauersymposium entstanden und später dann in den Schlosspark eingefügt worden, darunter ein kleiner **Tempel** und ein offener **Pavillon** mit Seeblick. Der Park selbst hingegen blickt schon auf zwei Jahrhunderte Historie zurück. Von 1802 bis 1804 erschuf ihn der Schlossgärtner *Peter Bux* im englischen Stil. Auf einer Fläche von 40 Hektar verteilen sich 152 verschiedene Laub- und 18 Nadelbaumarten. Reizvoll ist der Blick auf den See und hinüber zum Tempelhügel auf der Halbinsel.

Stolz sind die Bewohner von Alūksne auch auf ihre fünf **Springbrunnen**

Schloss und evangelische Kirche von Alūksne

im Schlosspark. Drei von ihnen präsentieren im Sommer bei Dunkelheit farbige Lichtspiele.

• **Novadpētniecības un mākslas muzejs,** Tel. 4381321, geöffnet Di–Sa 10–17 Uhr, So 10–16 Uhr.

Insel mit Burgruinen

Über die Vācieša iela, gleich neben dem Schloss, gelangt man zur Insel im Alūksne-See. Die Straße heißt später Pilsētas iela und führt über eine Brücke direkt auf das kleine Eiland. Neben einem **Badestrand** am Ufer finden sich hier ein Sportplatz, ein Hügel und die Reste der alten **Kreuzritterburg** – schön für einen ausführlichen Spaziergang mit Blick zurück auf den Schlosspark von Alūksne.

Halbinsel mit Tempelberg

Wer sich noch weiter die Füße vertreten will, kann zurück aufs „Festland" und dann in einem größeren Bogen auf die Halbinsel **Kapsetas pussala** gehen (oder mit dem Auto fahren). Dort findet sich neben einem Parkplatz und einem großen Friedhof ein **217 Meter hoher Hügel** (Tempļa kalns) mit einem über 200 Jahre alten Tempel in Erinnerung an den Nordischen Krieg (ein runder, offener Pavillon mit fünf Säulen) auf dessen Gipfel, von dem sich ein hervorragendes Panorama sowohl der kleinen Insel als auch von Alūksne auftut.

Unterwegs zur Halbinsel, an der Hauptstraße Pils iela bei der Fahrt stadtauswärts rechts, kommt man nicht nur an zwei weiteren Hügeln mit **Aussichtspunkten** vorbei, sondern vorher noch an den beiden berühmten **Eichen** (Glika ozoli), die der deutsche Bibelübersetzer *Ernst Glück* hier im Jahre 1689 eigenhändig gepflanzt hat (siehe Exkurs).

Bibelmuseum

Im Zentrum ist noch eine weitere Einrichtung erwähnenswert: Das Bibelmuseum, das an jenen **Ernst Glück** erinnert, der von 1683 bis 1702 in Alūksne lebte, als erster überhaupt die **Heilige Schrift ins Lettische** übertrug und damit einen wichtigen Grundstein für die Entwicklung der lettischen Schriftsprache und damit der nationalen Identität legte. Glück war deutschstämmig, vertrat aber die Meinung, dass die lettischsprachige Bevölkerung sich nicht zur Feier des Gottesdienstes einer fremden Sprache bedienen, sondern die Möglichkeit haben sollte, in ihrer Muttersprache zu beten.

Die evangelische Kirche richtete gegenüber ihrem Gotteshaus im Zentrum von Alūksne ein Bibelmuseum ein – im Jahre 1991, gleich nach dem Sturz des Kommunismus. In dem nur zwei Räume umfassenden Museum werden **Bibeln** sowie **Gesangs- und Gebetbücher** aus aller Herren Länder und in allen möglichen **Sprachen** gezeigt – insgesamt 226 Ausstellungsstücke. Der ganze Stolz der Sammlung ist die erste Ausgabe der von Glück übersetzten Bibel. Dieses Exponat konnte erst 2004 hinzugefügt werden. Eine sehr freundliche Dame empfängt jeden Gast und erzählt gern auf Russisch oder Lettisch (oder zur Not auch per Zeichensprache) über die

Geschichte der Sammlung und einige besonders interessante Stücke.

Die **evangelische Kirche** ist auch einen näheren Blick wert, denn mit ihrem sich nach oben hin stufenartig verkleinernden Turm, dem Säulenportal und der recht stark geschmückten, gelblichen Fassade sticht sie gegenüber den meist eher schlichten evangelisch-lutherischen Kirchen heraus.

- **Biblis muzejs,** Pils iela 25a, Tel. (6)4323164, geöffnet Di–So 10–17 Uhr, Eintritt 1 Ls.

Schmalspurbahn

Die Sehenswürdigkeit von Alūksne mit dem größten Spaßfaktor ist die Schmalspurbahn ins etwas über 30 Kilometer entfernte **Gulbene.** Es ist die einzige Schmalspurstrecke, die in Lettland noch regelmäßigen Passagierverkehr unterhält. Als sie Anfang des 20. Jh. gebaut wurde und Alūksne zu einem Entwicklungsschub verhalf, war die Trasse allerdings deutlich länger. Damals verlief sie noch von Stukmani in den lettisch-estnischen Grenzort Valga/Valka, ein gutes Stück nordwestlich von Alūksne.

Wenn man der Bahn irgendwo auf freier Strecke „auflauert" oder auch im Bahnhof von Alūksne auf sie wartet, hört man sie schon von weitem tuten. Nicht schneller als 40 Stundenkilometer fährt die mit Blümchen bemalte, schon etwas alt aussehende Lokomotive mit ihren drei kleinen, **grünen Retro-Waggons** für Fahrgäste. Der Schaffner steht bei dem Tempo gern mal in der offenen Tür und genießt den Fahrtwind, Touristen und Einheimische stecken ihre Köpfe aus den Fenstern. In fast anderthalb Stunden ist die Strecke nach Gulbene bewältigt, doch auf zehn Bahnhöfen kann man unterwegs ebenfalls zusteigen und beim Schaffner eine Fahrkarte kaufen.

- **Abfahrtszeiten:** Alūksne 7.50 Uhr, 12 Uhr, 15.20 Uhr, 19.50 Uhr, Preise gestaffelt nach Entfernung, volle Strecke 1,52 Ls, www.banitis.lv.

Praktische Tipps

Information

- **Touristeninformation,** Dārza iela 8, Tel. (6)4322804, www.aluksne.lv. Mitten in der Stadt im Gebäude des Schlosses – mit Infomaterial über die Stadt und die Region.

Notfälle und nützliche Adressen

- **Apotheke:** Alūksnes lielā aptieka, Tirgotāju iela 13, Tel. (6)4381337.
- **Krankenhaus:** Pils iela 1a, Tel. (6)4307149.
- **Polizei:** Dārza iela 8a, Tel. (6)4323156.
- **Post:** O. Vācieša iela 8, Tel. (6)4322501, geöffnet 8–18 Uhr, Sa 8–16 Uhr.
- **Internet:** Net, Interneta klubs, Pils iela 60, Tel. (6)4381677.

Geld

Banken und Wechselstuben sind im Zentrum ebenso leicht zu finden wie Bankautomaten. Kreditkarten werden in den kleinen Cafés eher nicht angenommen, in den größeren Hotels und Supermärkten dagegen schon.

Unterkunft

- **Jolanta,** Merķeļa iela 16, Tel. (6)43 81011, www.mairis.lv. Kleines Hotel, zentral gelegen, mit sehr komfortablen Zimmern. DZ ab 40 Ls.
- **Motel Vējakalns,** Siguldas iela 8, Tel. (6)4322795, www.eols.lv. Sehr kleines Haus mit einer Hand voll Zimmern, die aber sehr

Glück – der deutsche Bibelübersetzer legte den Grundstein für die lettische Schriftsprache

Die Letten haben zu den Deutschbalten in der Geschichte ihres Landes ein zwiespältiges Verhältnis. Doch man sollte sich von einigen Passagen in Sagen wie Lāčplēsis nicht täuschen lassen: Deutsche auf lettischem Boden hatten einen ganz entscheidenden Anteil am nationalen Erwachen der Letten und besonders an der Entwicklung einer Schriftsprache.

Dass der Lāčplēsis, in dem die deutschen Eroberer als Feinde dargestellt werden, überhaupt auf Lettisch verfasst, gedruckt, verbreitet und von den Menschen gelesen werden konnte, lag nicht zuletzt an den aus Deutschland stammenden Gelehrten, Lehrern und Pfarrern, denen die Entwicklung des Lettischen am Herzen lag.

Eine der wichtigsten Figuren dabei ist der evangelisch-lutherische Geistliche **Johann Ernst Glück** (in Lettland *Ernsts Gliks* genannt). Glück stammte aus dem sächsischen Wettin, wo er 1654 geboren wurde. Er lernte Latein in Thüringen und studierte dann Theologie in keinem anderen Ort als ausgerechnet der Lutherstadt Wittenberg. Wie eine Reihe anderer Pfarrer zog es ihn nach **Livland,** wo er Lettisch und Estnisch lernte. Nach einigen Jahren kehrte er zunächst nach Deutschland zurück und lernte Hebräisch und Altgriechisch an der Leipziger Universität. Doch die Faszination für das Lettische verließ ihn nicht, bereits 1680 organisierte er sich eine Stelle in einer kleinen Gemeinde bei Riga, gut zwei Jahre darauf übernahm er als Pfarrer die **Gemeinde von Alūksne.**

Anders als man angesichts der kleinen Stadt heute denken könnte, deckte dieser Bezirk damals eine gewaltige Fläche ab – bis hinunter zur Daugava in der heutigen Region Latgale. Mit seiner baltendeutschen Frau *Christina Emerentia von Reuter,* die er in der Region kennengelernt hatte, bekam er sechs Kinder. Glück beendete in Alūksne seine **Bibelübersetzung ins Lettische** und nahm sich daraufhin der Übertragung der Heiligen Schrift ins Russische an.

Die zwanzig Jahre währende Zeit der Familie Glück in Alūksne – an eine Rückkehr in die Heimat dachte der Geistliche offen-

081le Foto: mk

bar nicht – endete abrupt 1702 mit dem Einmarsch der russischen Truppen. Sie nahmen die Familie als Gefangene mit nach **Moskau,** wo es ihnen aber recht gut erging: Glück leitete eine Lateinschule und unterrichtete sogar für ein Jahr den Zarensprössling. Er arbeitete weiter an der Bibel in russischer Sprache und an weiteren Übersetzungen. Leider ist sein Bibelmanuskript nicht erhalten. Er starb 1705, recht kurz nach seiner Umsiedlung ins Russische Reich.

Ein faszinierender Aspekt in der Geschichte Glücks ist die Karriere von **Martha Skawronska.** Die Tochter eines litauischen Bauern war von Anfang an die Kinderfrau und Erzieherin der sechs Kinder Glücks gewesen und geriet mit der Familie zusammen nach Moskau. Dort konvertierte sie zum orthodoxen Glauben, lernte keinen Geringeren als den Zaren **Peter den Großen** kennen und wurde zu seiner Geliebten. Schließlich heiratete der Herrscher sie und machte sie auf diese Weise zu **Katharina I. von Russland.** Dank dieser unglaublichen Entwicklung konnte Katharina alias Martha Skawronska nach Glücks Tod auch für dessen Witwe Christina sorgen, die zwei Ländereien im heutigen Estland geschenkt bekam und ihren Ehemann dort um ganze 35 Jahre überlebte.

Glücks Name und sein Erbe haben bis zum heutigen Tag in Lettland eine herausragende Bedeutung. Wahrscheinlich schuf er mit der Bibelübersetzung und mit einigen anderen Gebetbüchern die **ersten Schriftwerke in lettischer Sprache.** Im ganzen Land finden sich Spuren und Würdigungen des Gelehrten. Das **Bibelmuseum** und die gewaltigen **Glückseichen** in Alūksne stellen jedoch das eindrucksvollste Zeugnis seiner Hochachtung dar.

Das Bibelmuseum in Alūksne

annehmbar und günstig sind (ab 15 Ls). Man kann auch für 2 Ls zelten. Fahrradverleih, Organisation von Ausflügen und Touren. Ein Kilometer zum Zentrum, ein Kilometer zur Insel mit den Burgruinen und ein halber Kilometer zum Tempel gegenüber der Stadt.
- **Hostel im Ernst Glück-Gymnasium,** Glika iela 10, Tel. (6)4307116, www.aluksne.edu.lv. Unterkünfte in der nach dem deutschen Bibelübersetzer benannten Schule. Nicht immer stehen Plätze zur Verfügung.

Camping

- **Jaunsētas,** Tel. 8650600, www.jaunsetas.lv. Malerisch am großen Alūksne-See gelegener Campingplatz, wenige Minuten abseits der Stadt, mit sehr guter Badegelegenheit. Einige Holzhütten ohne Bad und Toilette (Nutzung Gemeinschaftsbad), Gasthaus mit Restaurant und Zimmern, Zelt- und Stellplätze für Wohnmobile. **Bootsverleih und Bootstouren, Fahrradverleih,** Verleih von Angelausrüstung, Basketball, Bechvolleyball, Fußball, Paintball, Sauna.

Essen und Trinken

- **Jolanta,** Merķeļa iela 16, Tel. (6)43 81011. Ordentliches, klassisch lettisches Restaurant im gleichnamigen Hotel.
- **Pajumte,** Pils iela 68, Tel. (6)4322572. Einfaches, ordentliches Lokal im Zentrum.
- **Altiņš,** Pils iela 29, Tel. (6)4322784. Restaurant der etwas gehobenen Kategorie in der Stadtmitte. Lettische Küche.

Einkaufen

- **Rota,** Tirgotāju iela 16b, Tel. (6)4381222. Souvenirs und Geschenke, schöne Kunsthandwerksartikel aus der Region im Zentrum der Stadt.

Verkehrsverbindungen

- **Auto:** Von Riga muss man für die knapp über 200 km genügend Fahrzeit einplanen. Der überwiegende Teil der Strecke verläuft aber auf der sehr geraden und gut ausgebauten A2. Für die letzten 24 Kilometer muss man rechts abbiegen und gelangt auf der

P39 direkt nach Alūksne. Wer aus der ostlettischen Region Latgale kommt, erreicht Alūksne über Balvi und dann über die P35 und die P43.

- **Bahn:** Es gibt einen Bahnhof in Alūksne (dzelzceļa stacija). Diesen steuert allerdings nur die Kleinbahn aus Gulbene an. Gulbene wiederum ist auch per normaler Bahnstrecke zu erreichen.
- **Bus:** Der Busbahnhof (Alūksnes autoosta, Pils iela 72, Tel. 4322157, www.autoosta.lv) liegt im Zentrum der Stadt. Eine ganze Reihe von Bussen verbinden Alūksne täglich mit Riga.

Gulbene

↗ XIV/B2

Gulbene ist mit fast 10.000 Einwohnern eine der größten Städte der Region. Bekanntheit erfährt der Ort dadurch, dass er am Anfang der **Schmalspurbahn** nach Alūksne liegt. Wer also einen Ausflug mit der Bahn macht und in Gulbene ein wenig Zeit hat, oder wer mit dem Auto die Stadt durchquert, kann durchaus einen Blick ins Zentrum werfen.

Schloss

Das frisch renovierte **Baltā pils** lohnt den Besuch. Seit dem 14. Jh. stand hier eine Ordensburg, doch sie wurde bereits im 16. Jh. zerstört. 1638 wurde das Schloss **Vecgulbenes muiža** erstmals erwähnt. Das Wappen des Gebäudes wird von einem Wolf geziert, weil die deutschstämmige Familie, die seitdem bis ins 20. Jh. hinein Besitzer des Schlosses war, den Nachnamen *Wolf* trug. Im 19. Jh. wurde Vecgulbenes muiža prachtvoll ausgebaut, jedoch bei mehreren Bränden, dem schwersten im Jahre 1905, fast komplett zerstört.

Gerade wurde die erste Stufe der gewaltigen **Restaurationsarbeiten** abgeschlossen und Anfang 2008 öffneten ein Hotel und ein Restaurant in dem Schlosskomplex ihre Tore. Dazu gehören auch zwei schöne **Landschaftsparks** mit einigen exotischen Pflanzen und Bäumen sowie der kleinere Palast Sarkanā pils.

- **Vecgulbenes muiža,** Besichtigung des Schlossgeländes 0,80 Ls.

Unterkunft, Essen und Trinken

- **Vecgulbenes muiža,** Brivibas iela 12, Tel. 29205169, www.baltapils.lv. Neu eröffnetes Hotel im Schlosskomplex. Kaminraum, Sauna, türkisches Bad, Solarium. DZ ab 40 Ls. Restaurant geöffnet 11–22 Uhr, Fr, Sa 11–24 Uhr, auch Snacks, Tee, Kaffee und Kuchen.

Die orthodoxe Kirche von Stāmierena

Umgebung von Gulbene

Gutshof Stāmeriena ⇗ XIV/B2

Elf Kilometer nordöstlich von Gulbene empfiehlt sich ein schöner Abstecher von der Route nach Alūksne. Von der P35 geht es links ab nach Stāmeriena auf einer Asphaltstraße zwischen zwei kleinen Seen.

In Stāmeriena ist ein großer Gutshofkomplex mit Ursprung vom ausgehenden 18. Jh. zu besichtigen, bestehend aus einem kleinen **Schloss,** einem Gärtnerhaus, einer Mühle, einem Kornspeicher und einem 28 Hektar großen **Park** zwischen Stāmerienas-See und Pogas-See. Auch der Garten des Schlösschens ist sehr schön eingerichtet und gepflegt.

082le Foto: mk

Das Bauwerk selbst mit dem hohen quadratischen und dem niedrigeren Rundturm, das Anfang des 19. Jh. im **neogotischen Tudorstil** entstand, wartet indes noch auf seine komplette Restaurierung. Es wurde später nach Art der Neorenaissance umgebaut. Bei der Revolution von 1905 brannte das Gebäude teilweise aus und wurde abermals in einem neuen Stil umgestaltet, diesmal kamen die neoklassizistische Veranda und Pergola sowie Masken im Jugendstil hinzu. Heute sind einige der Innenräume zu besichtigen.

Eine große, gelblich-weiße **orthodoxe Kirche** mit bescheidenen Zwiebeltürmchen steht in direkter Nachbarschaft am See. Ein besonders schönes Bild ergibt die Kirche samt Spiegelbild im Wasser, wenn man im Bogen ein Stückchen um den kleinen See herumfährt und dann auf das Gotteshaus blickt.

Stāmeriena ist gut mit der **Schmalspurbahn** von Gulbene nach Alūksne zu erreichen, am winzigen Bahnhof hält der Zug. Es lohnt sich daher, auszusteigen, den Gutshof zu erkunden und in den nächsten Zug wieder einzusteigen, zumal gegenüber dem Palast ein großer Gasthof mit traditioneller Küche und Übernachtungsmöglichkeiten steht.

Unterkunft

- **Vonadziņi,** Skolas iela 1, Tel. 64471151, www.vonadzini.lv. Erholungskomplex in Stāmeriena mit kleinem und großem Gästehaus, Restaurant, Sauna und Konferenzsaal. Doppelzimmer ab 36 Ls.

084le Foto: mk

Kurzeme – der Westen

106le Foto: mk

Kurzeme bietet traumhafte Ostseestrände

Schloss Jaunpils

Überblick

Die deutsche Bezeichnung der westlettischen Region Kurzeme hat fast jeder schon einmal gehört. Das **historische Kurland** deckt sich allerdings nicht vollständig mit dem heutigen lettischen Verwaltungsgebiet Kurzeme, doch man kann es ungefähr gleichsetzen. Kurzeme zeichnet sich besonders durch die sehr lange Küstenlinie aus, davon ein großes Stück an der freien **Ostsee** und ein Abschnitt an der **Rigaer Bucht.**

Besonders zum offenen Meer hin sind sie zu finden: die schier **endlosen Sandstrände** in wilder Natur, die teilweise erst jetzt touristisch entdeckt werden, weil sie zu Sowjetzeiten innerhalb geschlossener Gebieten lagen. Davon zeugt die Tatsache, dass selbst die Küstenstraße hinauf zur Landspitze von Kolkasrags immer noch zu einem guten Teil als nicht asphaltierte Schotterpiste daherkommt.

Kurzeme hat einige außerordentliche Städte zu bieten wie die **Hafenstadt Ventspils,** das wie aus einer anderen Zeit zu kommen scheinende **Kuldīga** mit seiner historischen Altstadt, **Kandava** mit seiner reichen jüdischen Geschichte, einige spannende Relikte aus der Sowjetzeit und natürlich wie überall in Lettland großartige Natur in dünn besiedelter Landschaft sowie zahlreiche Schlösser, Burgen und Gutshöfe.

Der Name Kurland und damit auch die heutige Bezeichnung Kurzeme stammt nicht von den Kreuzrittern oder den späteren Herzögen, sondern leitet sich vom baltischen **Stamm der Kuronier** ab, der die Gegend vor dem Mittelalter bewohnte. Als der deutsche Schwertbrüderorden im frühen 13. Jh. einmarschierte und die Bevölkerung christianisierte, lehnte man die Bezeichnung der Region also an den Namen der Ureinwohner an.

Der Livländische Orden kontrollierte im Folgenden für lange Zeit nicht nur das Gebiet Kurlands, sondern große Teile des Terrains der heutigen Staaten Lettland und Estland. Mit den Livländischen Kriegen im 16. Jh. kam es dann erstmals zu einer deutlichen Aufsplitterung. 1561 entstand das **Herzogtum Kurland und Semgallen,** das durch verschiedene Phasen mehr oder weniger großer Abhängigkeit ging. Insgesamt kann man das Gebilde, das bis 1795 existierte, als teilweise unabhängig bezeichnen. Die Herzöge galten zwar offiziell als eigenständig, doch de facto war Kurland und Semgallen ein Vasallenstaat des Polnisch-Litauischen Königreichs, bis kurz vor der Wende zum 19. Jh. das **russische Zarenreich** das Gebiet übernahm. Vom halbselbstständigen Herzogtum sank die Bedeutung der Region nun zu einem reinen Verwaltungsbezirk Russlands ab, dem sogenannten **Gouvernement Kurland.**

Bis dahin, auch unter polnisch-litauischer Herrschaft, waren die Landbesitzer fast ausschließlich **aus deutschen**

Strand nördlich von Liepāja

Gebieten stammende Adelige oder ihre Nachkommen gewesen. Dies änderte sich nun, sodass auch einige Letten Grund und Boden, auf dem sie lebten, erwerben durften, auch wenn nur eine Minderheit dieses Recht wirklich ausnutzen konnte.

Die überlieferten Bevölkerungszahlen aus dem 19. Jh. geben Auskunft über die Proportionen und die Machtstrukturen der Gesellschaft: Im Jahre 1870 lebten gut 620.000 Menschen im zum Zarenreich gehörenden Kurland, wovon fast **80 % Letten** waren und **8,75 % Deutsche.** Weitere 8 % wurden von der jüdischen Gemeinde gebildet. Wenn man annimmt, dass die Verhältnisse über die vorhergehenden Jahrhunderte ähnlich waren, ist es schon erstaunlich: Die relativ kleine Minderheit der Deutschstämmigen dominierte über all die Jahre das Leben der übergroßen Mehrheit der Letten. Zum Ende des 19. Jh. hin wuchs die Einwohnerzahl stetig an. Hauptstadt war das semgallische Jelgava, gefolgt von Liepāja (64.000 Einwohner). Das heute wichtige Ventspils (deutsch: Windau) lag damals mit nur 7100 Bewohnern noch hinter Kuldīga.

Bis zum Ersten Weltkrieg währte die Zugehörigkeit zu Russland, danach gehörte Kurland mit Semgallen zum neu ausgerufenen Staat Lettland, sodass die Mehrheit der Bevölkerung sich erstmals selbst regierte. Die Regionen hießen nun offiziell Kurzeme und Zemgale. Im Süden ging allerdings ein Stückchen Land an **Litauen** verloren: Der Kurort Palanga an der

085le Foto: mk

Ostsee, einst Teil von Kurland, ist heute Teil des Nachbarlandes.

Wie im Rest des jungen Lettland behielt die deutsche Minderheit zunächst viele ihrer Privilegien, hatte aber im Laufe der Jahre immer härter darum zu kämpfen, bis in den 1930er Jahren die nationalistischen Regierungen den Deutschen das Leben schwer machten. Um die Zeit des Kriegsausbruchs wanderten sie dann massenhaft ins Deutsche Reich aus.

Das folgende Schicksal teilte Kurzeme mit dem Rest des Landes: Besatzung durch Sowjettruppen, dann durch die Wehrmacht und nach dem Krieg Einverleibung in die UdSSR bis 1991. Im Rahmen des wieder unabhängigen Lettlands erhielt Kurzeme seinen Status als Region zurück – mit **Liepāja als Hauptstadt.** Allerdings wird Lettland relativ zentralistisch organisiert, sodass der Einfluss der Regionen begrenzt ist.

Die wechselvolle Geschichte mag für die Bewohner über die Jahrhunderte hinweg schwierig gewesen sein, doch für Besucher ist sie eine wahre Schatzgrube, denn unzählige Spuren dieser verschiedenen Epochen wollen heute entdeckt werden.

Liepāja

↗ VIII/A1-2

„Die Stadt, wo der Wind geboren wurde" – unter dieser Bezeichnung ist Liepāja (deutsch: **Libau**) im ganzen Land bekannt und dieses Motto ist auch der Titel des offiziellen Liedes von Liepāja. Der Beiname bezieht sich auf die Lage Liepājas an der **offenen Ostsee.** Das nördlich gelegene Ventspils ist die einzige weitere große Stadt, die ebenfalls am Meer liegt. Riga und andere Städte wurden zwar auch am Ostseewasser gebaut, aber in der ruhigeren Rigaer Bucht. Nur hier an der westlettischen Küste bläst einem der Wind so richtig durch die Haare.

Auch als **Stadt der Kunst und der Künstler** sieht sich Liepāja selbst gern. Zu Sowjetzeiten einst eine geschlossene Stadt, entwickelt und öffnet sich Liepāja immer mehr. Mit **über 85.000 Einwohnern** liegt es in Lettland auf Platz drei hinter Riga und Daugavpils.

Liepāja war schon immer eine wichtige **Hafenstadt** für Güter und Waren, während der Passagierverkehr sich eher in Ventspils ansiedelte. Noch heute gibt es nur eine Fährverbindung von Liepāja ins schwedische Karlshamn. Dafür hat sich der **Flughafen** zum internationalen Airport gemausert, sogar mit Verbindungen nach Deutschland. Die wirtschaftliche und touristische Bedeutung der Stadt wächst ständig, was allein an der professionellen Vermarktung des sowjetischen Ex-Gefängnisses im „russischen Stadtteil" Karosta deutlich wird. Deshalb und wegen der **äußerst reizvollen landschaftlichen Lage** mit dem Naturpark

Pape und anderen Reservaten in der Nähe steht Liepāja bei vielen Reisenden auf dem Besuchsprogramm.

Stadtgeschichte

Nachdem der Schwertbrüderorden ungefähr das Areal des heutigen Lettland eingenommen hatte, wurde Kurland zwischen den Ordensbrüdern und dem Bischof von Kurland aufgeteilt. In diesem Zusammenhang tauchte Liepāja 1253 erstmals in historischen Dokumenten auf. Der Ort war aus einigen kleinen Fischerdörfern am Fluss Liva entstanden. Über Jahrhunderte trug Liepāja den deutschen Namen **Libau.**

1560 zerbrach die Herrschaft des Ordens und Kurland wurde **Preußen** zugeschlagen. Erst 1625 wurde Liepāja auf Geheiß von *Friedrich,* Herzog von Kurland, mit Stadtrechten versehen. Doch dem Aufstieg des Ortes als Handelsstadt stand die flache Liva mit ihren Sandbänken im Wege. Ende des 17. Jh. wurde daher ein Kanal und daraufhin ein großer Hafen gebaut. 1795 geriet Liepāja zusammen mit ganz Kurland unter die Herrschaft des **russischen Zarenreiches.**

Auch wenn die Russen ihre neuen Gebiete an der Ostsee zunächst etwas nachlässig behandelten, behielt Liepāja doch seinen wichtigen Stellenwert als **Handels- und Hafenstadt.** Getreide, Holz, Wolle, Öl und viele andere Waren wurden von hier in den Westen exportiert. Im Laufe des 19. Jh. wurde eine **Bahnlinie** aus Russland gebaut. Seit 1906 konnten sich die Bewohner der Stadt sogar einer Verbindung in die große, weite Welt preisen: Eine Fähre verkehrte regelmäßig nach New York und ins kanadische Halifax. Angesichts solch guter Vernetzung florierte die lokale Industrie, Menschen strömten auf der Suche nach Arbeitsplätzen herbei: Zu Beginn des Ersten Weltkriegs zählte die Stadt bereits 110.000 Einwohner.

Das markanteste Merkmal Liepājas entstand um die Wende zum 20. Jh. Zar *Nikolaus II.* erkor die Stadt für den **Bau einer großen Festung** aus. Zwischen 1899 und 1909 wuchsen ein Militärhafen und eine acht Kilometer lange Befestigungsanlage aus dem Nichts. Die Festung besteht bis heute, inklusive Offizierspalast, Reitmanege, riesiger orthodoxer Kirche und einer Stadt in der Stadt darum herum. Das Kuriose daran ist, dass die Festung nie als solche genutzt worden ist. Erst die Rote Armee nutzte sie Jahrzehnte später zu militärischen Zwecken. Passenderweise ist dieses Gebiet auch heute noch das **russische Viertel** von Liepāja. Hier wird auf den Straßen kaum Lettisch gesprochen. Die Festung inklusive einem großen kommunistischen **Gefängnis,** der Hafen und die Kirche sind zu einer einzigartigen Touristenattraktion geworden.

Im Ersten Weltkrieg war die Stadt von deutschen Truppen besetzt. Während der lettischen Unabhängigkeit diente sie zeitweise sogar als **Hauptstadt Lettlands** – die Interimsregierung war per Schiff aus dem umkämpften Riga geflohen. Allerdings war Liepāja nur für ein halbes Jahr Re-

Liepāja
1
Karosta
2
Ģenerāla Baleža iela
5
Cukura iela
3
Priekšosta
Karostas kanāls
Pulvera iela
Ostsee
Pulvera iela
Cukura iela
Ziemupes iela
Ziemeļu iela
Ziemeļu
4
Oskara Kalpaka iela
Siļķu iela
Krūmu iela
Ventspils iela
Flughafen, Riga
Brīvības iela
Priekšpilsēta
Brīvosta
Bahnhof
Flotes iela
Ziemas osta
Raiņa parks
Raiņa iela
Rīgas iela
Brīvības iela
Lemnieku iela
Zirgu sala
Ausschnitt
Tirdzniecības kanāls
Jaunā ost.
Atteku sala
Kūrmājas p.
Jūras iela
K.Zāles
Adu
Jaunā iela
Ullha iela
Peldu iela
Kungu iela
Kungu iela
Ganību iela
Zirņu iela
Ezera iela
Liepāja-See
Lauku iela
Miera iela
Dzērves iela
600 m
Dienvidrietumu Rajons
Saldus iela
Klaipēdas iela
Litauen
Ganību iela
Ezerkrasts

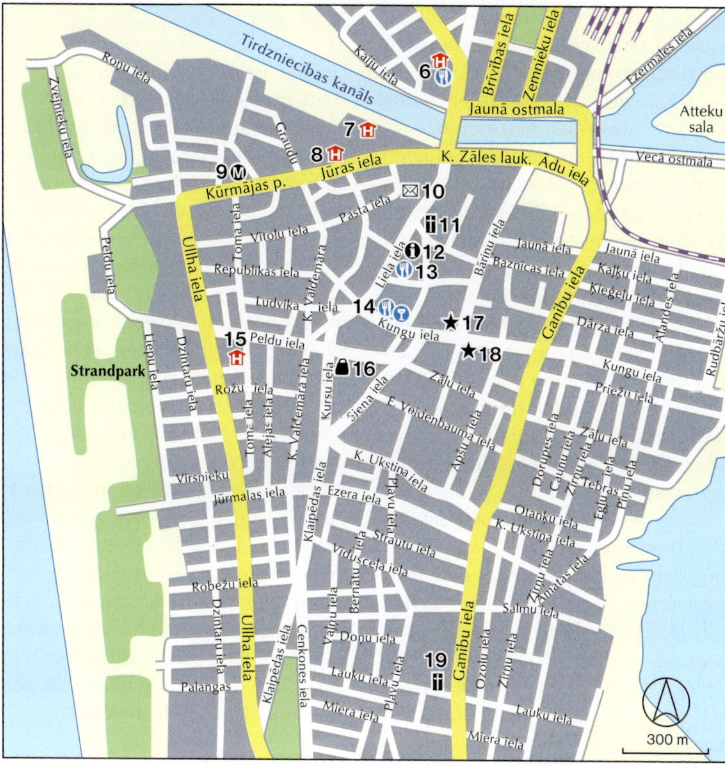

●	1	Seebrücke Karosta
⛪	2	Russisch-orthodoxe Kathedrale
★	3	Gefängnis Karosta
H	4	Hostel Brize
⚠	5	Camping Favorits

Detailkarte

H	6	Hotel Amrita mit
🍴		Restaurant Oskars
H	7	Hotel Promenade
H	8	Fontaine Hotel
M	9	Liepāja-Museum
✉	10	Post
⛪	11	Dreifaltigkeitskirche
i	12	Rosenplatz mit Touristeninformation
🍴	13	Barons Bumbiers
🍴🍸	14	Rock Café
H	15	Hotel Jugend
🔒	16	Pētertirgus
★	17	Häuschen Peters I.
★	18	Haus der Kunsthandwerker
⛪	19	St.-Meinard-Kirche

gierungssitz. Im Zweiten Weltkrieg wurden zahlreiche Gebäude bei Bombenangriffen zerstört.

Zu Sowjetzeiten bestand ein Drittel Liepājas aus einer **Marinebasis** mit 26.000 dort stationierten Soldaten. Die meisten von ihnen waren Einwanderer aus anderen Sowjetrepubliken. Wegen der militärischen Bedeutung für die Sowjets wurde Liepāja zu einer **geschlossenen Stadt.** Besucher und sogar Einwohner brauchten spezielle Genehmigungen, um in andere Städten der Sowjetunion ein- und auszureisen. 1969 wurden die Bestimmungen etwas gelockert, doch Liepāja blieb im Vergleich zu anderen lettischen Städten isoliert.

Nach der Wiedererlangung der Freiheit bemühten sich die Letten sofort, aus der Garnisons- wieder eine prosperierende Hafenstadt zu machen. Gleich 1991 wurde der zivile, kommerzielle Hafen neu eröffnet. Erst 1994 verließ der letzte russische Soldat Liepāja, einer der letzten in Lettland überhaupt.

Liepāja befreite sich schnell aus seiner isolierten Lage. 1997 wurde eine **Sonderwirtschaftszone** für die Stadt eingerichtet, die auf 20 Jahre angelegt ist. Die speziellen Steuer- und Investitionsanreize für in- und ausländische Unternehmen dauern also noch bis 2017 an.

Ausblick auf die Stadt vom Turm der Dreifaltigkeitskirche, im Hintergrund der Liepāja-See

Sehenswertes

Liepāja ist keine aufregende Großstadt, man kann dem Ort provinziellen Charakter zuschreiben, was nicht zuletzt der Tatsache geschuldet ist, dass Liepāja zu Sowjetzeiten abgeriegelt war (siehe „Geschichte"). Dementsprechend sollte man keine atemberaubenden Touristenattraktionen erwarten. Ein Spaziergang durchs Zentrum lohnt sich dennoch unbedingt. Wegen der Lage am Meer ist die Stadt mit 20 Kilometern sehr lang und dafür mit zwei bis vier Kilometern äußerst schmal. Das hilft Ortsunkundigen zumindest bei der Orientierung.

Eine Kuriosität stellen die **Musiknoten** auf den Bürgersteigen der Innenstadt dar. Sie führen Besucher zu den wichtigsten Sehenswürdigkeiten. „Besichtigen wie nach Noten" – so werben die Verantwortlichen für diese Idee. Und tatsächlich: Unterwegs trifft man die Noten häufig und weiß sich damit auf dem richtigen Weg.

Dreifaltigkeitskirche

Die Dreifaltigkeitskirche bietet sich als Ausgangspunkt an. Von außen macht sie nicht gerade den prächtigsten oder frischesten Eindruck, doch nach dem Eintritt, der nur eine freiwillige Spende kostet, stellt sich heraus, dass die Innenräume für eine evangelische Kirche reich geschmückt sind.

So war die **Orgel mit über 7000 Pfeifen** bis zum Jahr 1912 die größte der Welt. Ein Kuriosum: Als Besucher kann man hier sein **eigenes Orgelkonzert bestellen.** Rechtzeitiger Anruf, am besten mindestens einen Tag vorher, genügt und schon kann jeder für sich allein oder in einer Gruppe für 20 Ls sein ganz eigenes Klangerlebnis genießen. Die Privatvorführung dauert 30 Minuten.

Der **Altar** ist mit einer goldenen Dekoration im Stil von Barock und Rokoko sowie einem schönen Gemälde versehen. Darüber steht auf Deutsch: „Vater, in Deine Hände befehle ich meinen Geist." Dies ist nicht die einzige deutsche Spur in dem Gotteshaus. Im Juli und August werden sonntags um 16 Uhr **Gottesdienste in deutscher Sprache** abgehalten, in den anderen Monaten alle zwei Wochen. Es war die deutsche Gemeinde, die das Gebäude errichten ließ.

Am interessantesten ist der Gang auf den **Turm,** den man mit persönlichem Führer antritt – oft ein älterer Herr, der auf Russisch scherzt, Treppensteigen und Vodka seien seine beiden Hobbys. Mehrmals täglich führt er Besucher hinauf. Auf halbem Wege ist das Innenleben der **Turmuhr** zu bestaunen, die aus dem Jahr 1905 stammt und von der deutschen Firma J.F. Weule aus Bockenem gefertigt wurde. Jede Viertelstunde läutet die Uhr den Bewohnern von Liepāja die Zeit. Nach mehreren weiteren Holztreppen bietet sich den Kletterern das **Stadtpanorama** aus 35 Metern Höhe – auf den großen Liepāja-See (Liepājas ezers) und das Hafengelände. Wenn der Turmführer gute Laune hat oder man

086le Foto: mk

ihn nett bittet, steigt er noch weitere zehn Meter auf immer schmaler werdenden Treppen nach oben und öffnet mühsam die Holztüren für eine noch weitere Aussicht vom oberen Balkon.

- **Sv.Trīsvienības baznīca,** Ecke Lielā iela und Baznīcas iela, keine geregelten Öffnungszeiten, meist zwischen 10 und 18 Uhr. Turmbesteigung: 1 Ls, Bestellung Orgelkonzert unter Mobiltel. 25914456, 20 Ls.

Historische Straßenbahn

Zurück auf der Straße lohnt sich ein Blick auf die Tram. Sie wurde 1899 als erste elektrische Straßenbahn Lettlands eingeführt. Eine 12,8 Kilometer lange Linie durchquert heute in 24 Minuten die Stadt. Die Strecke führt ganz aus dem Süden durchs Zentrum und dann über die Brücke bis in die Neustadt hinein. Tickets sind im Kiosk am Bahnhof oder beim Fahrer erhältlich.

Rosenplatz

Der kleine Rožu laukums, wenige Schritte von der Kirche entfernt, ist sehr schön mit bunten Blumenbeeten gestaltet (500 Rosen) und ein beliebter Treffpunkt für Einheimische. Hier starten von Juni bis August tägliche Touren für Touristen. Von den Beeten umgebene Wappen stehen symbolisch für die Partnerstädte Liepājas, darunter das deutsche Darmstadt.

Hafen

Das auffälligste Merkmal des Hafens ist das schicke **Hotel Promenade,** das stilecht in einer völlig umgestalteten alten Lagerhalle eingerichtet wurde. Es liegt am Kanal, der die Ostsee mit dem Liepāja-See verbindet und die Innenstadt durchschneidet. Eine große, **goldene Skulptur** zieht die Aufmerksamkeit auf sich. Sie sieht aus wie eine Sanduhr, nur dass statt Sand das „baltische Gold" Bernstein im Inneren ruht.

Fußgängerzone

Der eigentliche Ortskern wird markiert durch eine Mini-Fußgängerzone. Das hervorstechende, modern mit Stahl und Glas gestaltete **Rock Café** wird von einer großen, silbernen Gitarre beworben, die auf dem Platz davor fast schon zu einem Symbol der Stadt geworden ist. Vor dem Gebäude glänzt der lettische „Walk of Fame", in dem sich bekannte einheimische Musiker ganz nach Hollywood-Art verewigt haben.

Ein kleiner Spaziergang auf der Kungu iela mit einem Blick auf interessante **Holzhäuser** sollte zum Programm gehören. Das bekannteste Gebäude ist ein nicht allzu hervorstechendes Holzhaus aus dem 17. Jh. an der Ecke Kungu iela und Bāriņu iela, in dem Zar *Peter der Große* 1697 übernachtet hat. Damals kostete seine Übernachtung übrigens 653 Gulden und 4 Groschen. Es wird heute noch verniedlichend **Häuschen Peters I.** (Pētera I namiņš) genannt.

Strandpark

Sehr schön ist der große Strandpark westlich des Zentrums zur Meeresseite hin (Jūrmalas parks, Zufahrt z.B. über die Peldu iela), auch ohne weiteres in zehn Minuten zu Fuß zu erreichen. Neben vielen schönen Gehwegen im Grünen und Zugang zum Wasser bietet der Park ein Stadion, Tennisplätze, Minigolf, Springbrunnen, das Restaurant Kapteins, das Café Meduza und gelegentlich zusätzliche Attraktionen wie **Konzerte** oder andere Vorstellungen unter freiem Himmel auf einer eigens dafür gebauten Bühne. Der Park zieht sich kilometerlang nach Süden. Der eigentliche **Strand** ist unter dem Beinamen „mit der blauen Flagge“ bekannt.

Einst war im Hafen von Liepāja ein „U-Bootfriedhof“ zu besichtigen, doch diese eigenwillige Sehenswürdigkeit beendete vor wenigen Jahren ihre Existenz, weil eine deutsche Firma, wie es die Einheimischen erzählen, kürzlich die Boote einschmolz und den Stahl weiter verarbeitete.

St.-Meinard-Kirche

Kurios ist ein modernes Gotteshaus, nämlich die St.-Meinard-Kirche (Sv. Meinarda baznīca, Ganību iela 120). Das Besondere an ihr: Sie war der Pavillon des Vatikan auf der **Expo 2000** in Hannover. Zwei Jahre später schenkte der Kirchenstaat ihn der Stadt Liepaja. Seitdem fungiert er als reguläre Kirche.

Karosta

Mit dem Zentrum hat man in Liepāja bestenfalls die Hälfte der Attraktionen gesehen. Der **russische Stadtteil** Karosta sollte unbedingt entdeckt werden. Aus Vecliepāja (Alt-Liepāja) geht es nördlich durch ein neueres, industriell geprägtes Gebiet und über einen weiteren Kanal hinweg (mit dem Auto macht man einen recht großen Bogen nach rechts, um zur nächsten Brücke zu gelangen) nach Karosta.

Das Viertel, das als eigene Stadt gedacht war und der Stolz des zaristischen Russlands sein sollte, wirkt auf den ersten Blick ziemlich **heruntergekommen.** Einige der großteils weißen Wohnblöcke sind verlassen und verrotten zusehends. Die meisten sind bewohnt und wirken mit ihren schmuddeligen Fassaden und der vor den Fenstern oder auf den kleinen Balkons aufgehängten Wäsche eher ärmlich. Die Straßen sind löchrig und statt moderner Supermärkte dominieren kleine Läden das Bild. Genau so könnte es hier auch zu Sowjetzeiten vor zwanzig oder dreißig Jahren ausgesehen haben – einmal abgesehen von den allgegenwärtigen Handys und einigen neuen Autos.

Dies alles klingt nicht besonders vielversprechend, wenn auch diese Zeitreise sehr spannend sein kann. Doch plötzlich tut sich der Blick auf und eine prächtige, monumentale orthodoxe Kirche strahlt am Ende der breiten Straße: die **Dreifaltigkeitskathedrale** (Sv.Trīsvienības katedrāle, Bāriņu iela 9), die verwirrenderweise fast den gleichen Namen trägt wie die oben beschriebene evangelische Kirche, nur dass hier der Zusatz „Kathedrale“ gesetzt wird. Bestimmt einen halben Kilometer fährt oder geht man auf sie zu und sieht ihre goldenen Zwiebeltürme glänzen – umso mehr, als die Kirche gerade restauriert wurde. Nicht nur von der Imantas iela aus, an deren

087le Foto: mk

Orthodoxe Kirche im Stadtteil Karosta

Ende sie liegt, ist sie sichtbar, sondern wie das Symbol von Karosta aus allen vier Himmelsrichtungen.

Ein Blick ins Innere ist nicht nur all jenen vorbehalten, die sich während einer Messe unauffällig (und mit angemessener Kleidung) hineinschleichen können. Offizielle Besichtigungen sind ebenfalls möglich. Auch innen ist das Gotteshaus prachtvoll mit viel Goldschmuck und zahlreichen schönen, alten Ikonen ausgestattet.

Gefängnis Karosta

Sowjetnostalgie der etwas anderen Art bietet sich im ehemaligen kommunistischen Gefängnis von Karosta, in dem aus dem dunklen, abstoßenden Ort voll schlechter Erinnerungen eine Touristen-Attraktion gemacht wurde: Mit dem nötigen Maß an Augenzwinkern wird eine „realitätsnahe" Führung durch das von außen eher unscheinbar aussehende rote Backsteingebäude angeboten. Als **sowjetische Wachen** verkleidete Männer machen die **Besucher** aus dem In- und Ausland für die Zeit der Führung zu **Gefangenen.** Man lässt sich anbrüllen, nimmt Befehle entgegen, lernt seine persönliche Zelle ebenso kennen wie den Rest des

Gefängnislebens. All dies frei nach dem Motto: Wenn es zu deprimierend wird, muss man darüber lachen. Es klingt wie ein kontroverses Konzept, doch Liepāja hat damit offenbar Erfolg: Bei den Besuchern kommt es bestens an und hat sich bereits als Tipp herumgesprochen. Wer sich als hartgesotten bezeichnet, kommt um eine **Übernachtung in der Gefängniszelle** natürlich nicht herum – auch dies wird hier angeboten!

- **Karostas cietums,** Invalidu iela 4, Tel. 26369470, www.karostascietums.lv, geöffnet Mai bis Oktober 10–18 Uhr, Eintritt 1 Ls; 8 Ls pro Nacht und Person.

Seebrücke

Eine weitere „hässliche Schönheit" in Karosta ist die kilometerlange graue Mole aus Beton. Schier endlos zieht sich die **Ziemeļu mols** ins Meer hinaus und gibt den Blick frei zurück auf den Strand und die goldenen Kuppeln der orthodoxen Kirche hinter den Bäumen. Man kann mit dem Auto an den Anfang der Mole heranfahren.

Praktische Tipps

Information

- **Touristeninformation,** Rožu laukums 5/6, Tel. (6)3480808 oder Mobiltel. 2940211, www.liepaja.lv/tourisms (Website mit Adressen weiterer Informationsbüros in der Region Liepāja), geöffnet Mo–Fr 9–19 Uhr, Sa 10–18 Uhr, So 10–15 Uhr. Reichlich Informationsmaterial; die Mitarbeitern kennen sich gut aus und können auch Ausflüge, Hotels und andere Unterkünfte vermitteln. Es werden auch Souvenirs verkauft.

Behinderte

Liepāja, inklusive Karosta, lässt sich von Rollstuhlfahrern relativ gut besichtigen, abgesehen vom Kirchturm und dem ehemaligen sowjetischen Gefängnis. Einige Hotels sind behindertengerecht eingerichtet.

Notfälle und nützliche Adressen

- **Apotheke:** u.a. Raimonda aptieka, Tirgoņu iela 24, Tel. (6)3426275.
- **Krankenhaus:** Liepājas centrala slimnīca (Zentralkrankenhaus), Slimnīcas iela 25.
- **Polizei:** Jelgavas iela 48.
- **Post:** u.a. Pasta iela 4, Tel. (6)3422399.
- **Internet:** Netlogs, Peldu iela 16, Tel. 3424717, www.netlogs.lv, sehr zentral gelegen zwischen Katoļu iela, Tirgoņu iela und Peldu iela.
- **Hotspots:** u.a. alle drei Statoil-Tankstellen in Liepāja (Esperanto iela, Cukura iela 3, Ganību iela 171).
- **Fahrradvermietung und -reperatur:** Velo-Moto, Kungu iela 6, Tel. 4322295; Velo, Kungu iela 22, Tel. 3424424.

Geld

Zahlreiche Geldautomaten, Banken und Wechselstuben (auch am Wochenende geöffnet). Die meisten Hotels und Restaurants in Liepāja akzeptieren Kreditkarten, kleinere Lokale und Läden aber nicht.

Unterkunft

- **Hotel Promenade,** Veca Ostmala 40 Tel. (6)3488288, www.promenadehotel.lv. Komfortables, geschmackvolles Hotel mit einem Hauch von Luxus, 42 Zimmern und verhältnismäßig akzeptablen Preisen, besonders schön am Hafen gelegen. Doppelzimmer in der Saison ab 75 Ls, Luxus-Suite um 200 Ls. Mit unter dem selben Dach: Restaurant Piano und Kunstgalerie Promenade.
- **Hotel Amrita,** Rīgas iela 7/9, Tel. (6)3403434, www.hotelamrita.lv. Zwischen Bahnhof und Innenstadt in einem besseren Wohnblock angesiedelt. Die 83 Zimmer sind gemütlich und sympathisch eingerichtet, der

Service ist gut (Internetanschluss und Satelliten-TV auf dem Zimmer). Standardpreise nicht niedrig (Doppelzimmer ab 64 Ls), aber es gibt immer wieder Sonderangebote, auch für Familien, auf der Website. Schöne Mini-Suite.

- **Fontaine Hotel,** Jūras iela 24, Tel. (6)3420956, www.fontaine.lv. Hotel mit Charakter in zwei Holzhäusern aus dem 18. und 19. Jh. an derselben Straße im Zentrum. Jedes Zimmer ist individuell eingerichtet mit bunten und manchmal etwas schrägen Farben, einige besitzen sogar einen Balkon. Günstig (ab 25 Ls pro Raum). Internet, TV, Bar, Frühstück.
- **Hotel Jugend,** Toma iela 46, Tel. (6)3421445, www.hoteljugend.lv. Nicht etwa eine Jugendherberge, sondern ein kleines, schickes Hotel in einem 100 Jahre alten Jugendstilgebäude erwartet die Gäste hier am großen Strandpark von Liepāja mit den vielen Freizeitmöglichkeiten und der Nähe zum Strand. Ab 40 Ls kann man ein hübsches Doppelzimmer buchen. Ein Restaurant und eine typisch lettische Sauna stehen ebenfalls bereit.
- **Brize,** Oskara Kalpaka iela 68/70, Tel. (6)3441566, www.brizehostel.lv. In der Neustadt, zwischen Innenstadt und Karosta, in einem schmucklosen, aber ordentlichen, kleinen Wohnblock gelegen, bietet das Hostel anständige Räume mit einem bis sieben Betten zu sehr günstigen Preisen (DZ ab 14 Ls, extragroßes Apartment 30 Ls). Gemeinschaftsnutzung von Küche, Bad, TV, kabelloses Internet. Sympathisch für Sparsame.

Camping

- **Favorits,** Latgales iela 3, Karosta, Tel. 26463336. Nahe der Hauptstraße Ģenerāļa Baloža iela, gute zwei Kilometer vom Wasser (von der beschriebenen Mole) entfernt. Sauna, Gästezimmer. Es wird auch Pferdereiten angeboten.

Essen und Trinken

- **Barons Bumbiers,** Lielā iela 13, Tel. 3425411, www.baronsbumbiers.lv, geöffnet 10–24 Uhr, Fr, Sa 10–1 Uhr. Breites Angebot an traditionellen lettischen Speisen nahe dem hübschen Rosenplatz (Rožu laukums) beim Einkaufszentrum Kurzeme. Einfach, aber angenehm eingerichtet. Sehr preisgünstig.
- **Oskars,** Rīgas iela 7/9, Tel. 3403434, www.hotelamrita.lv, geöffnet 11–23 Uhr. Schickes Restaurant im Hotel Amrita (siehe oben) mit lettischer und internationaler Küche und der rustikaleren, einfacheren **Grillbar Bruno.**
- **Rock Café,** Stendera iela 18/20, Tel. 63481555, www.rockcafe.lv, 8–6 Uhr (gelegentlich etwas frühere Schlusszeit). Das auffällige Glashaus mit den zwei Etagen (plus Keller), der Dachterrasse und der großen Gitarre vor dem Eingang mitten in der Fußgängerzone ist eine Mischung aus Kneipe, Café, Imbiss und Restaurant mit ordentlichem Essen und interessanten Rockmusik-Accessoires im Inneren. Fast rund um die Uhr geöffnet – nachts wird das Haus zu einem Klub.

Am Abend

- **Unterhaltungszentrum Klondaika,** Stendera iela 3, Tel. 3489450, www.klondaika.lv, tägl. 9–7 Uhr, Restaurant 12–24 Uhr. Der Name verspricht Schatzsuche und Reichtum. Mancher Gast wundert sich hier eher, wo sein Geld geblieben ist, denn Spielautomaten, ein Kasino und eine der in Lettland so beliebten Bowlingbahnen laden zum Amusement ein. Im Hause ist auch ein Tex-Mex-Restaurant. Das Unterhaltungszentrum liegt wie das Rock Café an der Stendera iela, etwa 200 m weiter nach Norden.
- **Fontaine Palace,** Dzirnavu iela 4, Tel. (6)3488510, rund um die Uhr geöffnet, Bar und Nachtklub mit viel Live-Musik. Zum gleichnamigen Hotel gehörend, liegt dort in der Nähe direkt am Hafen.

Einkaufen

Es gibt einige Supermärkte, die an jedem Wochentag geöffnet sind. Kleinere Geschäfte schließen sonntags ganztägig und an Samstagen ab Mittag oder Nachmittag.

- **Pētertirgus,** Marktplatz direkt im Stadtzentrum mit Obst, Gemüse, Fisch, Fleisch, Milchprodukten und je nach Jahreszeit auch Pilzen und Beeren – das meiste frisch und naturbelassen aus der unmittelbaren Umgebung von

Liepāja. Der Markt existiert seit fast einem Jahrhundert. Früher war hier der zentrale Platz von Liepāja, heute ist es „nur" noch der Petermarkt.

- **Haus der Kunsthandwerker** (Amatnieku nams), Kungu iela 26, Tel. 3423286, geöffnet Mo–Fr 9–17 Uhr, sonst nach Voranmeldung. Werkstatt für und Verkauf von Artikeln der traditionellen Handwerkskunst, direkt gegenüber dem Peterhäuschen. Man kann bei der Herstellung zuschauen. Im Haus wird auch die mit 123 Metern angeblich längste Bernsteinkette der Welt ausgestellt.

Kultur

- Liepāja preist sich damit, im Sommerhalbjahr viele attraktive **Konzerte** zu veranstalten, viele unter freiem Himmel. Der Ort dafür ist der große Strandpark (Jūrmalas parks) am westlichen Rand der Innenstadt mit dem Stadion und der Freilichtbühne. An Wochenenden sind hier interessante Veranstaltungen fast garantiert.
- Für Filmfans oder auch als Alternative an regnerischen Tagen bietet sich ganzjährig das **Kino** am Rosenplatz an (Kinoteātris Balle, Rožu laukums 5/6, Tel. 3480638). Es laufen neben lettischen auch zahlreiche internationale Produktionen.
- **Liepāja-Museum,** Liepājas muzejs, Kurmājas prospekts 16, Tel. 3422327, www.liepajasmuzejs.lv, Mi, Do, Sa, So 10–18 Uhr, Fr 11–19 Uhr, Eintritt frei.

Verkehrsverbindungen

- **Auto:** Liepāja ist die westlichste Stadt Lettlands und von Riga etwa 220 Kilometer entfernt (auf der relativ gut ausgebauten A9 zu erreichen). Für nicht wenige Reisende empfiehlt sich die Anfahrt aus dem litauischen Klaipėda (Memel), beispielsweise gleich zu Beginn einer Lettland-Rundfahrt. Von der litauischen Grenze sind es nach Liepāja gut 50 km auf der A11 (100 km von Klaipėda).
- **Flug:** Liepāja verfügt über einen internationalen Flughafen. Er ist 7 km vom Zentrum entfernt. Die lettische Fluglinie Air Baltic verbindet das Ostseestädtchen mit Riga (mehrere Verbindungen täglich), Kopenhagen (6x wöchentlich) und Hamburg (4x wöchentlich). Mehr unter www.airbaltic.com und www.liepaja-airport.lv. Auf der Website des Flughafens werden auch **Rundflüge** in kleinen Maschinen über Liepāja und die Organisation von **Fallschirmsprüngen** angeboten. Busse von dem kleinen Airport ins Stadtzentrum verkehren mindestens stündlich (www.aslap.lv).
- **Bahn:** Der Kurzeme-Express verkehrt einmal täglich von und nach Riga (Fahrzeit 3 Stunden), ansonsten bieten sich nur regionale Verbindungen an. Der Bahnhof (Dzelzceļa stacija, Stacijas laukums, Tel. 3416284) liegt leicht abseits des Zentrums nördlich der Altstadt im neuen Teil von Liepāja. Ohne allzu schweres Gepäck ist die Strecke in den Stadtkern zu Fuß in gut 20 Minuten über die schnurgerade Rīgas iela zu bewältigen. Eine

088le Foto: mk

Das Rock Café

sinnvolle Alternative ist die historische Straßenbahn. Tickets sind im Kiosk am Bahnhof oder auch beim Fahrer erhältlich.

• **Bus:** Der Busbahnhof (Autoosta, Stacijas laukums, Tel. 3427552) liegt direkt am Bahnhof und bietet weit mehr Verbindungen von und nach Riga, die Wartezeit ist nie besonders lang, Fahrzeit gut drei Stunden. Weitere regelmäßig und täglich bediente Strecken führen ins litauische Klaipėda und in die anderen Städte der Region Kurzeme, darunter Ventspils und Kuldīga.

Die Küste südlich von Liepāja

Es sind etwa **500 Kilometer Küstenlänge,** die das kleine Lettland aufzuweisen hat – und an den meisten Stellen zieht sich ein mehr oder weniger gut zugänglicher, **mehr oder weniger einsamer Strand** am Wasser entlang. Während im Kurort Jūrmala jeden Sommer die Badehandtücher dicht beieinander liegen, sind in weiten Abschnitten der Westküste jedoch nur das Rauschen des Meeres und das Schreien der Möwen zu hören.

Hobby-Mathematiker könnten die annähernde Quadratmeterzahl an Meeresstrand in Lettland bestimmen und ausrechnen, wieviel Strandfläche das pro Einwohner bedeutet. Dies hat wohl noch niemand getan, doch das Ergebnis würde vermutlich ergeben, dass Lettland pro Kopf die größte Strandfläche aller Staaten Europas vorweisen kann. Es gibt also reichlich Platz für Besucher an der gesamten Westküste südlich und nördlich von Liepāja. Zu erwähnen ist auch, dass die **Qualität** des Strandes an den meisten Stellen hohen Ansprüchen genügt.

Bernāti

↗ VIII/A2

Südlich von Liepāja auf der A11 liegt der Ort Bernāti, nicht direkt an der Straße, sondern einige Hundert Meter zum Meer hin. Am Wasser findet sich ein symbolträchtiges kleines Denkmal aus Granit, das den **westlichsten Punkt Lettlands** markiert. Hier hat man einen schönen Ausblick aufs Meer. Das Grenzzeichen trägt die Bezeichnung **Zaļais stars** (grüner Strahl). Der lettische Bildhauer, der diesen Stein entworfen hat, schuf auch die drei weiteren Denkmäler, die den nördlichsten, südlichsten und östlichsten Punkt des Landes ausweisen.

Pape-Naturpark

↗ VIII/A3

Ein sehr schönes Reservat mit reicher Tier- und Pflanzenwelt findet sich gleich nördlich der litauisch-lettischen Grenze auf dem schmalen Streifen zwischen der A11 und der Ostsee. Die beste Möglichkeit, sich den Pape-Naturpark aus der Nähe anzusehen, bietet sich wenige Kilometer hinter der Grenze. Auf Höhe der Ortschaft **Rucava,** gut 40 Kilometer vor Liepāja, führt eine kleine, nicht asphaltierte, aber befahrbare Straße in das kleine **Dorf Pape,** dem der fast 52.000 Hektar große Park seinen Namen verdankt. Pape liegt malerisch direkt an der Ostsee und gleichzeitig am **Pape-See** (Papes ezers).

Vogelbeobachter finden hier ein wahres Paradies vor: Insgesamt wur-

089le Foto: mk

den **271 Vogelarten** gesichtet, darunter viele äußerst seltene. Auch ein ornithologisches Zentrum wurde hier eingerichtet (Tel. (6)3400341). Wer nicht auf gefiederte Tiere spezialisiert ist, sondern den Erholungswert fast unberührter Natur genießen will, kann einen neun Kilometer langen **Wanderweg** für einen ausführlichen Spaziergang wählen. Eine anspruchsvolle, sehr schöne **Fahrradroute** (nur für sportliche Radler) führt gut 20 Kilometer um den Pape-See, ebenso eine weitere, ähnlich lange Wanderstrecke. Man kann an einer Führung teilnehmen und wilde Pferde, Wisente sowie Auerochsen beobachten. Äußerst reizvoll ist auch der **Ostseestrand,** zu dem hier Zugang besteht.

Im Pape-Naturpark

- **Papes dabas parks,** Tel. 29489775, www.pdf-pape.lv. Die Website des Naturparks ist informativ und auch auf Englisch verfügbar. Weitere Informationen erteilt das Touristen-Informationszentrum in Rucava (Tel. 3494766, Mobiltel. 29134903, rucava.tic@inbox.lv), wo auch Buchungen von Führungen und Übernachtungen getätigt werden können.

Unterkunft

- Im Dorf Pape bietet das **Gästehaus Lejnieki** eine komplette Holzhütte ab 25 Ls an (Tel. 26306030). Gegen geringes Entgelt kann man hier auch Zelte aufschlagen. Eine schönere Lage als in diesem Dorf ist kaum vorstellbar: im Naturpark, am Pape-See und am Meer.

Größter Schatz der endlosen Strände – Bernstein

Die phänomenalen Ostseestrände Lettlands wären nichts ohne ihren größten Schatz: Bernstein. Das neben Lettland auch in Polen, Litauen und Estland zu findende **baltische Gold** war einst noch wichtiger als heute. Es gab Zeiten, als es für Lettland tatsächlich noch mehr Wert darstellte als Gold. Heute ist Bernstein mit seiner Bedeutung als **Schmuck und Souvenir** zwar nicht mehr ganz so kostbar. Doch es bleibt ein sehr wichtiger Identifikations-Faktor. Wie die Letten selbst häufig betonen, taucht die Bezeichnung für Bernstein – *dzintars* – in unzähligen Eigennamen auf, sei es von Personen (als Vorname), Hotels, Musikgruppen, Parfüms oder sogar von einem beliebten Käse-Brotaufstrich. Jeder Souvenirladen bietet eine breite Auswahl an Bernstein-Produkten an und kaum eine Halskette oder kaum ein Ring aus Lettland ist ohne diesen edlen, in grauer Vorzeit aus **Baumharz** entstandenen Stoff denkbar.

Die Bearbeitung von Bernstein begann im heutigen Lettland bereits im vierten Jahrtausend vor Christus, wie eine Reihe von Ausgrabungen bewiesen. Mit dem Einmarsch der Kreuzritter vom Schwertbrüderorden wurde die Bearbeitung des Bernsteins stark eingeschränkt, denn die neuen Herren verboten bei Todesstrafe das „Stehlen", also das Sammeln des wertvollen Stoffes. Sie wollten alles für sich haben und damit Handel treiben.

090le Foto: mk

Straßenverkauf des „baltischen Goldes"

Es entstanden in der Ostseeregion Schmuckstücke faszinierender Art (wie etwa das legendäre Bernsteinzimmer), doch es dauerte bis ins 19. Jh., dass das Monopol aufgehoben wurde und jeder Lette wieder selbst Bernstein sammeln und verarbeiten durfte. Das golden schimmernde Material war ein beliebtes Accessoire an Trachten und anderer traditioneller Kleidung, etwa für Knöpfe.

Heute ist die Verarbeitung von Bernstein nach wie vor ein Brotverdienst für Tausende Letten. Touristen kaufen nicht nur die Produkte, sondern werden selbst zu **Schatzsuchern** an lettischen Stränden, wo es gar nicht so schwer ist, ein paar kleine Klumpen zu erspähen, wenn man genügend Geduld mitbringt. Faszinierend sind auch die **Einschlüsse kleiner Tiere,** jahrtausendelang im Bernstein konserviert. Es sind meistens Insekten, die solche Fundstücke zu einem ganz besonderen Souvenir machen.

Bleibt noch die Frage, **wie man Bernstein eigentlich erkennt.** Natürlich muss er transparent sein, die Sonne oder das Licht müssen hindurchscheinen. Ein weiterer Tipp lautet, Bernstein an Seide oder an der Kleidung zu reiben und zu schauen, ob eine elektrische Ladung auftritt, was bei Bernstein – der ja kein Stein ist – passiert. Oder man prüft, ob der „Stein" im Wasser schwimmt. Der ultimative Test besteht darin, das Exemplar an eine Flamme zu halten, Bernstein wird dann zähflüssig und verfärbt sich leicht. Im Zweifelsfall, bei einem richtig großen Fund, bleibt natürlich nur der Gang zum Juwelier. Ansonsten gilt: Hauptsache schön.

Die Küste nördlich von Liepāja

↗ VIII/A1, IV/A3

Auf „sicherem" Asphalt bewegt man sich nordwärts, indem man von Liepājas Zentrum aus zunächst einige Kilometer auf der A9 bis Grobina fährt und dann links in die P111 Richtung Pāvilosta und Ventspils abbiegt.

Landschaftlich reizvoller ist es jedoch, die ganze Zeit am Wasser entlang bis nach Ziemupe zu fahren. Dies bietet sich umso mehr an, wenn man den russischen Stadtteil Karosta besichtigt hat, der nördlich des Zentrums von Liepāja liegt, und von dort weiterfahren will. Der unbefestigte, aber akzeptable Weg führt sehr nah an der Küste entlang durch das Dorf **Saraiķi** (wo ein asphaltierter Weg rechts zur P111 führt) bis nach **Ziemupe.** Unterwegs tun sich immer wieder imposante und idyllische Motive mit dem Meer im Hintergrund auf, allerdings ist das Wasser meist durch Wälder verdeckt. Entlang der Strecke liegen einige romantische Camping- und Zeltplätze.

Wem die Strecke noch nicht abgelegen und einsam genug ist, der kann von Ziemupe aus auf einem noch kleineren Weg weiter nach Norden gelangen und den Campingplatz Laikas erreichen. Weiter sollte man sich per Auto aber lieber nicht wagen, sondern allenfalls zu Fuß die letzte Wegstrecke zur **Landspitze Akmensrags** absolvieren.

Die Übernachtung auf einem der Campingplätze garantiert traumhafte Abend- oder Morgenspaziergänge. Im Dorf Ziemupe werden auch Holzhütten zur Übernachtung angeboten.

Unterkunft, Camping

- **Laikas,** Tel. 63495465, www.laikas.lv. Vier schöne Holzhütten, zwei Doppelzimmer, ein Mehrbettzimmer und Zeltmöglichkeiten in einem kleinen Wald unterhalb der Hütten fast direkt am Strand; lettische Sauna. Haus für 6 Personen ab 40–50 Ls.

Pāvilosta

↗ IV/A3

Um von Ziemupe weiter nach Norden zu gelangen, muss man nun endgültig die P111 ansteuern, denn eine andere Straße existiert nicht. Man trifft auf den Asphaltweg ungefähr auf halber Strecke zwischen Liepāja und Pāvilosta, mit einigem Abstand zum Meer. In dem kleinen Ort Pāvilosta erreicht man dann wieder das Wasser.

Es lohnt sich ein kurzer Halt und ein Spaziergang durch den **Hafen.** Wo der Fluss Saka ins Meer mündet, ragt eine 950 Meter lange **Steinmole** ins Wasser hinein (am Ende der Dzintaru iela). Mit etwas Glück verkaufen Händler gerade ihre frisch gefangenen Fische oder es werden Fahrten aufs offene Meer mit einem kleinen Schiff angeboten (Tel. 3498381).

Es gibt auch einen Zugang zum **Strand.** Am Parkplatz wird eine kleine Gebühr kassiert. Neben einem Beobachtungsturm zieht der größte aus dem Wasser gespülte **Stein** von Kurzeme die Blicke auf sich. Er steht zur Hälfte unter Wasser, ist 3,50 Meter hoch und hat einen Umfang von 15 Metern.

An der Dzintaru iela, dort wo die Meža iela abzweigt, steht ein Schiff im Garten. Es ist ein gut 50 Jahre altes **Fischerboot,** das damals in der DDR gebaut wurde. An dieser Stelle ist ein Weg ausgeschildert, der über die Saka-Brücke zur Mīlestības priede führt, der großen **Liebeskiefer.** Der mächtige Stamm des Baumes gabelt sich in zwei Stämme. Die Kiefer thront majestätisch über der Saka.

Information

- **Touristeninformation,** Dzintaru iela 2, Tel. 3498229, www.pavilosta.lv. Mit Internetzugang.

Nützliche Adressen

- **Apotheke:** Dzintaru iela 31, Tel. 3498222.
- **Tankstelle, Auto- und Fahrradreparatur:** Dzintaru iela 87, Tel. 5900296

Unterkunft

- **Das Crocodill,** Kalna iela 11, Tel. 26151333, www.dascrocodill.lv. Acht sehr individuell eingerichtete, höchst angenehme Apartments für zwei Personen ab 45 Ls. Woher der deutsche Zusatz „das" zum Krokodil kommt, weiß keiner so recht zu sagen. Es klang einfach gut.
- **Motelis vēju paradīze,** Smilšu iela 14, Tel. 26446644, www.veju-paradize.lv (schöne Website, auch auf Englisch, mit Informationen über die Unterkunft, den Ort und die Region). Sehr ansprechendes Motel/Hotel aus viel Holz und Glas. DZ ab 30 Ls, mit Café/ Restaurant, Sauna, Feuerstelle und Konferenzraum.
- **Rietumu krasts** und **Telsu laukums,** Ostmalas iela 4, info@west-coast.lv, Tel. 63498581. Vier schöne Apartments mit viel Glas in traumhafter Lage und mit bester Aussicht direkt am Strand. DZ ab 25 Ls, Zeltplatz, Stellplätze für Wohnwagen und Wohnmobile, Feuerstelle, Grillausleihe sowie Verleih von kleinen **Booten, Katamaranen und Jachten.**

Essen und Trinken

- **Krodziņš āķagals,** Dzintaru iela 3, Tel. 3498212. Rustikales Lokal mit deftigem, gutem Essen.

Einkaufen

- **Ilgas darbnīca,** Dzintaru iela 71, Tel. 9606950. Souvenirs aus der Region und aus Lettland sowie schöne Seidenmalereien.

Jūrkalne

↗ IV/B2

Das etwa 20 Kilometer von Pāvilosta entfernte Fischerdorf Jūrkalne ist besonders für seine imposante **Steilküste** von bis zu 20 Metern Höhe bekannt. Man kann mit dem Auto direkt an die Stelle heranfahren (Parkplatz, 1 Ls). Es bietet sich ein sehr schöner Blick auf die Meeresküste. Natürlich kann man hier auch zum Strand hinuntergehen und dort baden. Informationen: www.jurkalne.lv.

Man kann von Jūrkalne aus an der Küste entlang weiter nördlich nach Ventspils fahren, in dessen Verwaltungsbezirk Jūrkalne bereits liegt, oder auf der P119 ins Inland nach Kuldīga.

Strand bei Jūrkalne

Alsunga

↗ IV/B3

Im Dorf Alsunga an der P119 in Richtung Kuldīga reizt ein Bollwerk zur näheren Betrachtung: Die **Ordensburg** aus dem frühen 14. Jh. Einst war es das Wirtschaftsgebäude der Kreuzritterburg von Goldingen (Kuldīga). Nach schweren Beschädigungen im Polnisch-Schwedischen Krieg des 17. Jh. blieb aber lange Zeit nur eine Ruine übrig. Heute sind noch die beiden Türme aus dem 16. und ein Anbau aus dem 15. Jh. zu sehen.

Der Ort ist weithin als Zentrum der sogenannten **Suiti-Region** (suitu zeme) bekannt, die bis zur Ostsee nach Jūrkalne reicht. Auf den ersten Blick fällt die Besonderheit auf, dass die **Mehrheit der Einwohner Katholiken** sind. In keinem anderen Gebiet Westlettlands ist dies der Fall. Der einstige lokale Machthaber *Johann Ulrich von Schwerin* heiratete eine Polin, trat zum Katholizismus über und übergab die Kirche 1734 an die katholische Gemeinde. Von ihm stammt die Tradition der speziellen **Volkstrachten** dieser Region. Die Menschen sollen sich die Mode vom Gefolge des Adeligen abgeschaut haben, als er von einer Reise aus Vilnius zurückkehrte. Es dominieren leuchtende Farben, karierte Umhängetücher, rote Röcke, gemusterte Socken und bunte Seidentücher. Sogar einen **eigenen Dialekt** sprechen die Suiti. Besonders die Mitglieder der älteren Generation beherrschen diese Mundart noch fließend. Eine Frauen-Folkloregruppe namens „Suitu zievas“

091le Foto: mk

hat sich in ganz Lettland und darüber hinaus einen Namen gemacht.

Das kleine **Museum** in der Ordensburg zeigt einige der schönen Trachten sowie andere Ausstellungsstücke zur Geschichte des Ortes und der Region. Weitere Informationen zum Ort: www.alsunga.lv.

Unterkunft

- **Kīši,** Tel. (6)3353427, mobil 29244221, www.kisi.lv. Am See Zvirgzdu ezers, etwa 8 km südöstlich von Alsunga, wurde eine sogenannte Erholungsanlage eingerichtet. Dort kann man auch campen. Mit Sauna, Sportplätzen, Feuerstellen und Bootsverleih. Angler erhalten eine Genehmigung.

Essen und Trinken

- **Spēlmaņu krogs,** Pils iela 7, Tel. 63321000. Zwei Jahrhunderte altes, rustikales lettisches Gasthaus mit Bier und einfachen Speisen.

Edole

↗ IV/B2

In einem der nächsten Dörfer an der P119 nach Kuldīga verbirgt sich ein richtiger Prachtbau, der demnächst sogar noch größer herauskommen könnte: die für den kleinen Ort Edole recht große **Burg** mit Ursprung aus dem 13. Jh., aber den meisten baulichen Charakteristika der englischen Neogotik aus der Mitte des 19. Jh. Das in zartrosa gestrichene Gebäude ist um einen kleinen, quadratischen Innenhof errichtet und verrät auf diese Weise noch seinen mittelalterlichen Ursprung.

Während das Äußere sehr gepflegt aussieht, erweisen sich die Innenräume als leer und auch noch nicht restauriert, abgesehen von den großartigen alten **Kachelöfen** (Besichtigung Di–So 10–18 Uhr, Eintritt 1 Ls, www.kuldiga.lv).

Der Rundgang lohnt sich aber vor allem wegen der **Turmbesteigung.** Aus 30 Metern Höhe fällt der Blick nicht nur auf die anderen Türmchen, die Ziegeldächer und den Innenhof des Komplexes, sondern auch auf den gepflegten Schlossgarten und die malerische Umgebung mit dem kleinen See von Edole. Über eine Million Lats hat ein privater Käufer für das Objekt bezahlt, er will eine Menge daraus machen: Die Räume sollen ausgebaut werden, ein Hotel soll entstehen. Doch bevor mit Touristen Geld verdient werden kann, sind gewaltige Investitionen nötig.

Interessant ist auch die evangelische **Kirche** von Edole aus dem 16. Jh. mit schönem Holzschmuck im Inneren.

Das Rest der Strecke verläuft praktisch durch ein Niemandsland ohne richtiges Dorf. In **Ivande** steht ein ehemaliger **Landgutshof** vom Ende des 18. Jh. Das gelbliche Gebäude könnte ein wenig frische Farbe gebrauchen, sieht aber wie so viele andere Gutshäuser in Lettland immer noch sehr gut aus und ist von einem perfekt gepflegten Garten umgeben.

Kuldīga

↗V/C3

Mit dem sehr gut erhaltenen Ensemble des alten Stadtzentrums und den vielen schönen Holzhäusern ist Kuldīga, das auf Deutsch ehemals **Goldingen** hieß, eine der **malerischsten Städte** Lettlands. Hinzu kommt das Panorama des breitesten Wasserfalls Europas, der sich nahe der mächtigen Backsteinbrücke über die an dieser Stelle erweiterte Venta zieht.

In der Umgebung der sympathischen Kleinstadt locken Naturparks. Auch für weitere Ausflüge eignet sich Kuldīga bestens als Standort. Westwärts sind es gut 40 Kilometer bis zur Ostsee mit den Felsen von Jūrkalne und nach Osten ist es nicht viel weiter bis zu den schönen Orte Sabile, Kandava und Talsi. Die 58 Kilometer nach Ventspils bewältigt man in weniger als einer Stunde. In einem Wort: Die ganze Region Kurzeme liegt in Kuldīgas Reichweite. Doch zunächst will die alte Hansestadt mit der reichen Geschichte und gerade einmal 13.500 Bewohnern entdeckt werden.

Stadtgeschichte

Bereits im 9. Jh. entstand eine Siedlung neben dem heutigen Kuldīga, dort wo das Volk der **Kuren** eine **Burg** errichtet hatte. Als die deutschen Kreuzritter vom Schwertbrüderorden im 13. Jh. Kurland einnahmen, zerstörten sie die Burg und bauten 1242 ihre eigene am Ufer der Venta. Aus dem gleichen Jahr stammt auch die erste Nennung des Ortes in historischen Quellen, unter dem von den Kreuzrittern vergebenen Namen Goldingen, der über Jahrhunderte aktuell blieb. Die **Ruinen** der Festung sind noch heute zu besichtigen.

Eine kleine Stadt entstand rund um die Burg. Die Entwicklung verlief so schnell, dass Kuldīga bereits 1368 der Liga der **Hansestädte** beitrat. Um den Übergang vom 16. zum 17. Jh. war der Ort sogar Hauptstadt Kurlands – allerdings nur für 20 Jahre. Doch auch danach erlebte Kuldīga eine Fortsetzung seines wirtschaftlichen Aufstiegs.

Erst Kriege und Plagen setzten der glanzvollen Entwicklung ein Ende: zunächst der Polnisch-Schwedische Krieg von 1653 bis 1667 und dann der Große Nordische Krieg, während dessen die schwedische Armee die Burg zerstörte. Sie wurde nie wieder aufgebaut. Eine große **Pest-Epidemie** tat ein Übriges, um Kuldīgas Bedeutung zu dezimieren. Als Ende des 18. Jh. die Grafschaft Kurland ins russische Zarenreich eingegliedert wurde, war Kuldīga nur mehr eine **Provinzhauptstadt** unter Hunderten in Russland.

Doch die Lage war für den Handel nach wie vor günstig und im Laufe des 19. Jh. entstanden nach und nach immer neue Fabriken. Die Zahl der Einwohner stieg. Kuldīga entwickelte sich zu einem Vorposten der Reformer und Revolutionäre: 1896 gründete sich hier die erste **sozialdemokratische Partei** und während der Tage der Revolution von 1905 waren es die **Studenten des Baltischen Lehrerseminars,** die als erste mit ihrem Streik begannen. Das Seminar war erst weni-

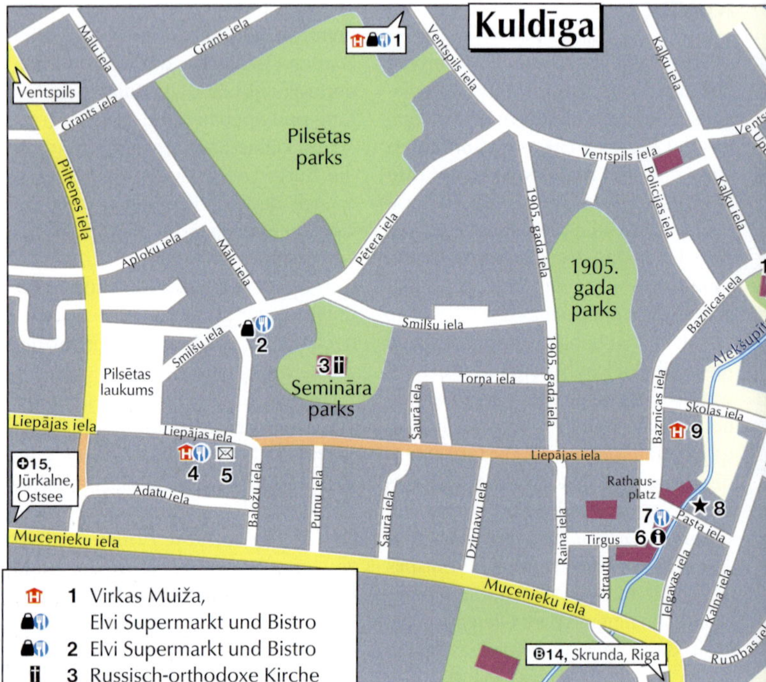

- 1 Virkas Muiža, Elvi Supermarkt und Bistro
- 2 Elvi Supermarkt und Bistro
- 3 Russisch-orthodoxe Kirche
- 4 Viesnīca Jâņa Nams
- 5 Post
- 6 Altes Rathaus, Touristeninformation
- 7 Kafejnīca Pagrabiņš
- 8 Häuser am Alexflüsschen
- 9 Hotel-Restaurant Metropole
- 10 Katharinenkirche
- 11 Wasserfall des Alexflüsschens
- 12 Museum der Region Kuldıga
- 13 Hostel und Zeltplatz Ventas Rumba
- 14 Busbahnhof
- 15 Krankenhaus

ge Jahre vorher aus Riga nach Kuldīga umgezogen.

Später erlebte Kuldīga ein ähnliches Schicksal wie die meisten anderen lettischen Städte. Die beträchtliche **jüdische Bevölkerung,** die Kuldīga im 19. Jh. stark geprägt hatte, verschwand in Folge des Nazi-Terrors gänzlich aus der Stadt. Stattdessen wurden von den Sowjets auch nach Kuldīga Menschen russischer Sprache umgesiedelt, allerdings relativ gesehen nicht so viele wie etwa nach Liepāja.

Seit der Unabhängigkeit 1991 sind in Kuldīga einige Anstrengungen un-

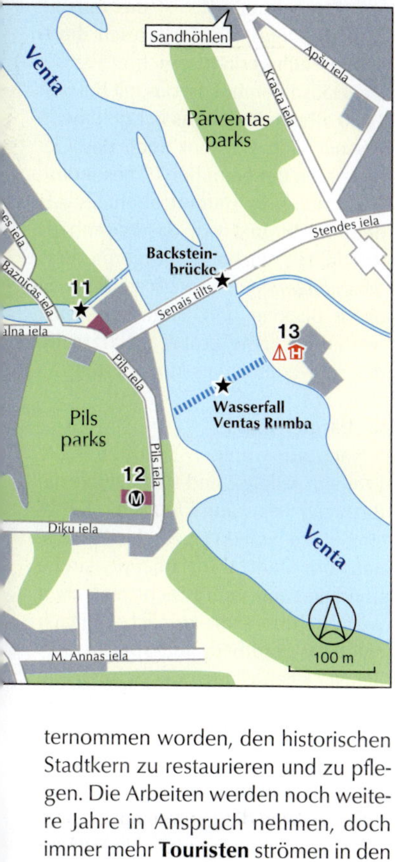

ternommen worden, den historischen Stadtkern zu restaurieren und zu pflegen. Die Arbeiten werden noch weitere Jahre in Anspruch nehmen, doch immer mehr **Touristen** strömen in den idyllischen Ort und machen den Fremdenverkehr zum inzwischen wichtigsten Wirtschaftszweig.

Sehenswertes

Rathausplatz und Fußgängerzone

Um ein Gefühl für Kuldīga zu bekommen, sollte man zunächst einmal die Fußgängerzone der sich in die Länge ziehenden **Liepājas iela** abschreiten. Auf dem Rathausplatz (Rātslaukums), wo die Straße beginnt, sind ein Parkplatz und die **Touristeninformation** zu finden. Die Liepājas iela mit ihren alten Häusern, viele von ihnen aus der Zeit vom 17. bis 19. Jh., wirkt ein wenig wie die Kulisse zu einem Film, der in den 1930er Jahren spielt: Die Straße ist ordentlich gepflastert und die Häuser verraten ihre ehemalige Schönheit, obwohl die meisten noch auf ihre Restaurierung warten. Mehrere Gebäude, einige davon aus Holz, sind bereits sehr geschmackvoll instandgesetzt und mit Blumenkübeln verziert worden.

In dieser autofreien Straße, in der sogar die Schilder und Werbetafeln der Geschäfte äußerst dezent angebracht sind, fühlt man sich wie aus einer Zeitmaschine entsprungen. Dieses Gefühl drängt sich auch im Rest der Stadt immer wieder auf. Erst bei näherem Hinsehen stellt sich heraus, dass die Läden durchaus auch moderne Elektronik, elegante Kleidung und schöne Souvenirs wie Töpfer- oder Holzwaren anbieten.

Auf dem Rathausplatz lohnt sich ein Blick auf das **Alte Rathaus** (Vecais rātsnams) aus dem 17. Jh. Im Keller war damals das erste Gefängnis der Stadt untergebracht. Heute residiert hier die Touristeninformation. Das relativ kleine, dunkle und hölzerne Gebäude mit dem roten Ziegeldach nimmt sich geradezu bescheiden aus gegen das aktuelle Rathaus, dass schräg gegenüber in relativ pompösem Stil errichtet wurde.

Häuser am Alexflüsschen

Vom Rathausplatz verläuft die kleine Straße Pasta iela bergab und gibt den Blick frei auf weitere **verwinkelte, alte Häuschen,** viele davon aus Holz. Bereits nach wenigen Metern überquert die Straße das winzige Flüsschen **Alekšupīte,** das sich malerisch durch die Altstadt schlängelt. Nach wenigen Schritten auf der Pasta iela kann man sich links zwischen den Häusern hindurchquetschen und einen Blick auf das Alexflüsschen, wie es auf Deutsch genannt wird, erhaschen. In dem schmalen Spalt zwischen den Gebäuden fließt es hindurch. Die Mauern der Wohnhäuser aus dem 17. und 18. Jh. stehen ganz im Wasser, was Kuldīga unweigerlich den Beinamen **Venedig Lettlands** einbrachte. Hier findet sich fast kein zeitgenössisches Gebäude – das **Ensemble aus dem Mittelalter** beziehungsweise aus der frühen Neuzeit ist bestens erhalten, wenn auch vielfach renovierungsbedürftig.

Häuser in der Baznīcas iela

Die wichtigste Straße in diesem Areal ist die Baznīcas iela, in der die alten, mehr oder weniger abgenutzten, aber doch solide wirkenden Fassaden einen besonders schönen Eindruck machen. In einem der Gebäude hat sich ein modernes Hotel eingerichtet, die anderen Häuser wirken dagegen sehr ruhig, als seien sie voller nostalgischer Erinnerungen.

Im Gebäude mit der Hausnummer 8 war einst die herzogliche Hofapotheke untergebracht. Es ist das einzige Haus Kuldīgas, das im typisch **deutschen Fachwerkstil** errichtet wurde. Die Hausnummer 7 ist das mit Baujahr 1670 **älteste Holzhaus** in Kurzeme.

Schließlich verdient auch das Gebäude mit der Nummer 17 besondere Erwähnung. Es stammt ebenfalls aus dem 17. Jh. und war das Wohnhaus des damals mächtigen Bürgermeisters *Stafenhagen.* Wenn möglich sollte man einen Blick in den Eingangsbereich werfen, wo eine große **Schatztruhe** des Schwedenkönigs *Karl XII.* steht.

Katharinenkirche

Nach nur wenigen Schritten – die Wege in Kuldīga sind kurz – führt die Baznīcas iela, auf Deutsch „Kirchstraße", zu dem evangelischen Gotteshaus der Stadt: Die Katharinenkirche dominiert mit ihrem recht einfachen weißen Turm samt grünlichem Dach nicht das Stadtbild, ragt aber heraus. Sie ist benannt nach der Schutzheiligen der Stadt und beherbergt eine schöne, gut **300 Jahre alte Orgel** der deutschen Fabrik Zauer mit 996 Pfeifen und einen Altar mit hübschen Schnitzereien aus Holz.

Erstmals erbaut wurde St. Katharinen schon 1252 als Holzgebäude, doch im Laufe der Jahrhunderte blieb aufgrund von Zerstörungen nichts davon übrig. Historische Bedeutung sicherte sich die Stätte aber, als Herzog *Jakob von Kurland-Semgallen* hier im 17. Jh. Prinzessin *Charlotte Luise von Brandenburg* ehelichte. Jakob war in dieser Kirche getauft worden, worauf eine schmuckvolle Tafel hinweist.

092le Foto: mk

Eine besondere Freude für deutschsprachige Besucher ist eine **Wandtafel** von 1801, auf der ausführlich von den Feierlichkeiten der Stadt und der Kirchengemeinde zum Jahrhundertwechsel erzählt wird, verbunden mit einem Blick in die Zukunft. Die Lektüre mit der Überschrift „Nachricht für künftige Zeiten, wie der Schluss des 18. und Anfang des 19. Jh. von dieser Stadt, in dieser Kirche gefeyert wurde" gibt einen faszinierenden Einblick in den damaligen Alltag und die Vorstellungen, welche die Menschen von der Zukunft hatten.

Zu Sowjetzeiten wurde die Kirche zeitweise zu einem Getreidelager degradiert. Der wellige Boden zeugt noch heute von den Transportwagen, die damals ein- und ausfuhren.

Eine weitere Attraktion hat St. Katharinen zu bieten: den Gang auf den mit 34 Metern nicht allzu hohen **Turm,** von dessen Aussichtsplattform sich ein schöner Blick auf das einmalige historische Gebäude-Ensemble von Kuldīga und die Venta bietet. Beim Aufstieg kann man das komplizierte mechanische Innenleben der **Turmuhr** in Augenschein nehmen.

- **Sv. Katrinas baznīca,** Eintritt 0,20 Ls, Turmbesteigung 0,30 Ls.

Der Wasserfall Ventas Rumba, im Hintergrund der Campingplatz

Wasserfall des Alexflüsschens

Wer hätte gedacht, dass ausgerechnet das kleine Alexflüsschen den **höchsten Wasserfall** von Lettland produziert? Zwar stürzt sich das Wasser nur gerade einmal viereinhalb Meter in die Tiefe, aber Rekord ist Rekord. Hinter der Kirche macht die Baznīcas iela einen Bogen und endet in der Stendes iela. Auf der linken Seite ist der Wasserfall nicht zu verfehlen. Er liegt sehr schön eingebettet in die grüne Umgebung und hat den Vorteil, dass man ihn von einer Brücke aus von oben bewundern kann und außerdem von der Seite. Schließlich kann man nach unten klettern von dort hinaufschauen.

093le Foto: mk

Reste der Kreuzritterburg

Direkt gegenüber liegt das Gelände der ehemaligen Kreuzritterburg. Von dem einst so mächtigen Bauwerk, um das sich Kuldīga bildete, sind nur wenige Steine und Mauern geblieben. Dafür hat die Stadt aber einen schönen **Park mit modernen Skulpturen** (Pils parks) der Bildhauerin *Livija Rezevska* eingerichtet.

Museum der Region Kuldīga

Ein schönes Haus im Burgpark beheimatet heute das Museum der Region Kuldīga. Hier wird dem Besucher erst richtig klar, wie viele **deutsche Spuren** es in der Gegend gibt. Ein beeindruckender **Kachelofen** ist allein schon die Besichtigung wert.

Die interessanteste Abteilung des Hauses ist aber eine **Spielkartenausstellung.** Es ist das Verdienst eines begeisterten Sammlers, der im Laufe der Jahre fast 200 Kartenblätter aus aller Welt zusammenstellte, die heute thematisch und auch nach Ländern geordnet bestaunt werden können. Mit etwas Glück erwischt man den Herrn der Karten selbst, *Jānis Mētra,* der bereitwillig auf Lettisch oder Russisch über alle Einzelheiten Auskunft gibt. Bei Bedarf wendet er auch die Zeichensprache an.

Kurios ist die Geschichte des Gebäudes: Auf der berühmten **Weltausstellung 1900** in Paris diente es den

Geschäft an der Liepājas iela

Russen als Beispiel für ein **zusammensetzbares Holzhaus.** Ein Geschäftsmann aus Liepāja nahm die Russen beim Wort, kaufte das Objekt, ließ es nach Kuldīga transportieren und für seine Braut als Geschenk originalgetreu wieder aufbauen.

Backsteinbrücke und Wasserfall Ventas Rumba

Die Stendes iela führt nun direkt auf die 164 Meter lange Backsteinbrücke über die Venta, die 1874 so breit gebaut wurde, dass zwei Kutschen einander auf ihr begegnen konnten – damals war es ein Zeichen von Wohlstand, dass man sich ein solches Bauwerk leisten konnte.

Doch die Brücke wäre nur halb so viel wert, würde sie nicht den Blick frei geben auf den **breitesten Wasserfall Europas,** wie er in Kuldīga gepriesen wird. Da stört es auch kaum, dass es sich eher um eine Schwelle als einen Wasserfall handelt, mit einer Höhe von durchschnittlich gut zwei Metern. Dennoch ist der Ventas Rumba ein echtes Phänomen, denn die Wasserstufe ist ohne menschliches Zutun entstanden und zieht sich in einigen Schlangenlinien über eine Breite von sagenhaften **249 Metern** hin. Dementsprechend ranken sich viele Legenden und fantastische Geschichten um diese Erscheinung. Historisch belegt scheint zu sein, dass der aus Kuldīga stammende Herzog *Jakob* auf der Höhe des Ventas Rumba Lachse fischen ließ, was der Stadt den Beinamen „wo Lachs in der Luft gefangen wird" einhandelte.

Man kann hinabsteigen und den Wasserfall von beiden Seiten aus der Nähe betrachten und fotografieren. Auf der dem Ortskern zugewandten Uferseite lässt er sich von oben bewundern, am schönsten bei einer Tasse Kaffee oder Tee auf der zu einem kleinen Selbstbedienungscafé gehörenden Plattform mit einigen Tischchen – in direkter Nachbarschaft zum Museum der Kuldīga-Region und dem Burgpark.

Russisch-orthodoxe Kirche

Sehenswert ist auch die Russisch-orthodoxe Kirche in der Smilšu iela 14, die der schöne **Semināra parks** umgibt.

Praktische Tipps

Information

- **Touristeninformation,** Baznīcas iela 5 (im Alten Rathaus), Tel. (6)3322259, Mobiltelefon 9334403, www.kuldiga.lv (Website mit Adressen weiterer Informationsbüros in der Region Kuldīga). Im selben Gebäude werden schöne **Handwerksartikel und Andenken** verkauft. Außerdem kann man **Fahrräder** ausleihen (5 Ls pro Tag).

Behinderte

Kuldīga hat als einer der ersten Orte in Lettland eine offizielle Übersicht aller behindertengerechten Einrichtungen erstellt. Dazu gehören die Supermärkte Elvi und Rimi, die Banken Latvijas krajbanka und Hansabanka, die Touristeninformation und das Postamt der Stadt. Doch auch was die Sehenswürdigkeiten angeht, ist Kuldīga ein für Rollstuhlfahrer geeigneter Ort, denn die Wege sind kurz, die hübschen Straßen mit den alten Häusern befahrbar und die Wasserfälle von den Brücken aus zu besichtigen. Einziges Problem: Im Stadtzentrum ist es leicht hügelig.

Notfälle und nützliche Adressen

- **Krankenhaus:** Kuldīgas jauna slimnīca, Aizputes iela 22.
- **Polizei:** Liepājas iela 26, Tel. 3374400.
- **Post:** Liepājas iela 34.
- **Internet:** Touristeninformation (s.o.); Interneta kafejnīca „Eltra IT", Piltenes iela 22, Tel. (6)3350033; PC Konsultants, Raiņa iela 2, Tel. (6)3350010, geöffnet 9–17.30 Uhr, Sa 10–14 Uhr.

Geld

Zwei Banken finden sich in der Fußgängerzone der Liepājas iela. Es gibt auch zahlreiche Geldautomaten, außer in der Liepājas iela auch mehrere am Pilsētas laukums. Wechselstuben existieren kaum. Einige Hotels und Restaurants in Kuldīga akzeptieren Kreditkarten, kleinere Lokale und Läden aber nicht.

Unterkunft, Camping

Gemessen an der Attraktivität dieser malerischen Kleinstadt ist das Angebot an Hotels eher gering, was sich in baldiger Zukunft sicher ändern wird. Dafür findet sich aber eine ganze Reihe interessanter Unterkünfte in der näheren und weiteren Umgebung. Im Ort selbst stehen einige Hotels zur Verfügung, die aber in Spitzenzeiten ausgebucht sein können.

- **Hotel Metropole,** Baznīcas iela 11, Tel. (6)3350588, www.hotel-metropole.lv. In idealer Lage in direkter Nachbarschaft zum Rathausplatz, dort wo die beiden historischen Straßen Liepājas iela und Baznīcas iela ihren Anfang nehmen. Nur 22 Betten, aber modern eingerichtet und gepflegte Atmosphäre. DZ ab 80 Ls.
- **Hotel Viesnīca Jāņa Nams,** Liepājas iela 36, Tel. (6)3323456, www.jananams.lv. Einige Hundert Meter vom Rathausplatz entfernt, wo die Liepājas iela keine Fußgängerzone mehr ist. Klassisches Gästehaus in einem Holzgebäude mit Kneipe und Restaurant im Erdgeschoss. 36 Betten. DZ ab 35 Ls.
- **Aleksis,** Pasta iela 5, Tel. (6)3322153. Mini-Hotel in schön verwinkeltem Holzhaus (Eingang über den Hof), wenige Schritte vom Rathausplatz entfernt, dort, wo man das Alexflüsschen zwischen den Häusern fließen sieht. Nur 12 Betten. DZ ab 35 Ls.
- **Virkas Muiža,** Virkas iela 27, Tel. (6)3322787, mobil 8657664, www.skelvi.lv. Dieses Sport- und Jugendhotel liegt direkt am Stadion nahe dem Flussufer der Venta im nördlichen Teil Kuldīgas, aber nur drei Autominuten vom Zentrum entfernt. Sogar zu Fuß ist die Strecke zu schaffen, man spart sich dabei den Ärger mit den vielen Einbahnstraßen. Wer einen einfachen, zweckmäßigen Bau erwartet, wird überrascht: Das Hotel ist in einem historischen Gutshaus, dem ehemaligen Hof der Familie *Firch,* untergebracht. Es ist einfach, aber sehr ordentlich und sauber eingerichtet. Vor allem glänzt es mit günstigen Preisen: DZ ab 20 Ls, Mehrbettzimmer ab 5 Ls pro Person.
- **Ventas Rumba,** Latgales iela 3, Tel. (6)3324168, mobil 26438250, www.ventasrumba.lv. In Traumlage am Fluss Venta, auf der dem Zentrum gegenüber liegenden Uferseite, direkt auf der Höhe des breiten Wasserfalls. Im Gebäude wenige Meter vom Wasser stehen Zwei-, Drei- und Vierbettzimmer zur Verfügung. Auch Zelte können hier aufgeschlagen werden. Im Frühling kann man springende Lachse beobachten und im Sommer das fallende Wasser zur Massage nutzen. Sauna (gratis für Gäste), Bademöglichkeit, **Bootsverleih** und am Abend Lagerfeuer, Grill. DZ ab 20 Ls. Für Camper gibt es Dusche und WC im Gebäude.

Essen und Trinken

- **Restaurant und Bar Metropole,** Baznīcas iela 11, Tel. (6)3350588, www.hotel-metropole.lv. Im geschichtsträchtigen Gebäude des Hotels Metropole, eine der wenigen gehobenen Adressen der Stadt.
- **Viesnīca Jāņa Nams,** Liepājas iela 36, Tel. (6)3323456, www.jananams.lv. Rustikales Restaurant und Kneipe im gleichnamigen Hotel mit lockerer Stimmung, lettischer Küche und lettischem Bier.
- **Kafejnīca Pagrabiņš,** Baznīcas iela 5, Tel. (6)3320034, 11–23 Uhr, Sa 11–3 Uhr, So 12–22 Uhr. Typisch lettische Mischung aus

Restaurant, Café und Kneipe mit soliden, rustikalen Speisen und Getränken in der historischen Baznīcas iela.

- **Elvi Bistro,** Smilšu iela 20 und Gravas iela 1, geöffnet 8–22 Uhr. Bistros mit frischen Salaten und einfachen warmen Gerichten in den beiden Elvi-Supermärkten von Kuldīga. Gut für einen kleinen Imbiss zwischendurch.

Einkaufen

Die schöne **Liepājas iela** mit Fußgängerzone bietet eine Vielzahl höchst interessanter **Läden und Boutiquen** mit regionaltypischen Souvenirs und Geschenken: Weidenkörbe, kunstvolle Keramik, Strickwaren, Holzarbeiten und vieles mehr. Die üblichen Öffnungszeiten: Mo–Fr 9–13 und 14–18 Uhr, Sa 9–15 Uhr.

- **Elvi,** Smilšu iela 20 und Gravas iela 1, geöffnet 8–22 Uhr. Zwei sehr gut sortierte Supermärkte, unter anderem mit frischen Salaten an der Theke und im Kühlregal.

Feste und Veranstaltungen

Da der kleine Ort keine eigenen Theater, Orchester, Kinos oder Ähnliches vorweisen kann, ist man stolz auf eine Reihe von regelmäßigen **Kulturveranstaltungen** hohen Ranges. Alle zwei Jahre wird im Frühling ein internationaler **Cellisten-Wettbewerb** abgehalten. Die Touristensaison wird mit einer Reihe von Festen eröffnet, hauptsächlich vor dem Panorama des beeindruckenden Wasserfalls Ventas Rumba.

Höhepunkt im Sommer ist das viertägige **Stadtfest Dzires Kuldīga,** das mit Konzerten, Präsentationen, Feiern, Ausstellungen, sportlichen Wettbewerben, einem großen Umzug und einem Feuerwerk das größte Fest seiner Art in Kurzeme darstellt.

Gegen Ende der Sommersaison zieht eine große **Velotour** Fahrrad-Enthusiasten aus der Umgebung an, während der vor einigen Jahren eingeführte **Halbmarathon** ebenfalls auf sportliche Emotionen setzt.

Nähere Informationen und die konkreten Termine gibt es bei der Touristeninformation und unter www.kuldiga.lv.

Verkehrsverbindungen

- **Auto:** Es ist nicht eindeutig, welcher Weg aus **Riga** der beste nach Kuldīga ist. Wer am wenigsten Zeit aufwenden will, nimmt die gut ausgebaute A9 in Richtung Liepāja und fährt auf ihr rund 120 km bis nach Saldus. Dort geht es rechts auf die P108 und weitere 50 km bis Kuldīga. Kürzer ist die Strecke über die A10 von Riga bis Tukums und dann auf kleineren Landstraßen westlich bis Kuldīga. Interessante Sehenswürdigkeiten liegen auf der Route über Tukums bis zum Abzweig nach Kandava, dann links auf der P130 über die sehenswerten Orte Kandava und Sabile zur P120 nach Kuldīga.

  Aus **Liepāja** führt die A9 in Richtung Riga bis Skrunda und dann die P116 nach Kuldīga. Die Entfernung beträgt gut 100 km.

  Von **Ventspils** verläuft die P108 auf einer Länge von 58 km direkt nach Kuldīga.

- **Bahn:** Ein Bahnhof existiert nicht in Kuldīga. Die nächste Station liegt im gut 35 km südlich gelegenen Skrunda (Skrundas dzelzceļa stacija, Tel. (6)3316203).
- **Bus:** Der Busbahnhof (Kuldīgas autoosta, Stacijas iela 2, Tel. (6)3322061, Fahrpläne unter www.autoosta.lv) liegt einige Hundert Meter südlich des Zentrums. Von dort verkehren mehrere Busse täglich nach Riga, die Fahrzeit beträgt zwei bis drei Stunden. Weitere Buslinien verkehren unter anderem nach Liepāja und Ventspils. Über aktuelle Fahrpläne verfügt die Touristeninformation.

Umgebung von Kuldīga

Sandhöhlen Riežupes alas ↗ V/C2-3

Durch die zentrale Lage Kuldīgas in der Region Kurzeme fehlt es in allen Himmelsrichtungen nicht an äußerst sehenswerten Objekten. Das nächste von ihnen liegt nur wenige Kilometer nördlich der Stadt, dort, wo es eigentlich gar keine richtigen Straßen gibt. Trotzdem ist ein Besuch fast schon obligatorisch.

Der Weg beginnt in Kuldīga am großen Parkplatz des Wasserfalls Ventas Rumba. Ein Holzschild auf der anderen Straßenseite weist den Weg zu den einzigartigen Sandhöhlen am Fluss Riežupe. Die Entfernung wird mit 4,1 Kilometern angegeben. Nach zwei Kilometern auf einer sehr einfachen Straße heißt es dann, es seien noch 2,6 Kilometer, die man dann auf einem Sandweg zurücklegen muss. Doch es lohnt sich, denn an Ort und Stelle erwartet den Besucher eine sehr unterhaltsame und spannende Führung durch das **größte Sandhöhlen-System des Baltikums.**

Vor ungefähr 150 Jahren wurde hier der **edle weiße Sand** für die Produktion der europaweit berühmten Rigaer Glaswaren abgebaut und per Schiff auf der Venta in die Hauptstadt transportiert. Ein Teil des Sandes wurde ins Ausland geliefert. Durch den **Abbau** entstanden Höhlen, die noch heute eine Länge von insgesamt zwei Kilometern aufweisen. Begehbar sind zurzeit 450 Meter.

Am Eingang wird man nach der Sprache gefragt. Die ausländischen Besucher kommen meist in eine Gruppe mit einer Führerin, die während der gesamten Tour mit mehrsprachigem Kauderwelsch, Aufforderungen zum Mitmachen bei verschiedensten Tätigkeiten und lustigen Erzählungen die Touristen auf sympathische Weise bei Laune hält. Gleichzeitig herrscht in den teils engen, niedrigen und **dunklen Tunneln,** in denen jeder eine **Kerze** in die Hand bekommt, eine geheimnisvolle Atmosphäre. Man sollte keine Angst vor engen Räumen haben und körperlich einigermaßen fit sein, um die Führung zu absolvieren.

Am Ende, schon wieder unter freiem Himmel, kann man einige Meter zum Flussufer hinabsteigen, wo eine **Quelle** entspringt, deren Wasser Wunderkräfte nachgesagt werden.

- **Riežupes Smilšu alas,** 11–17 Uhr, die etwa halbstündige Führung kostet 3 Ls.

094le Foto: mk

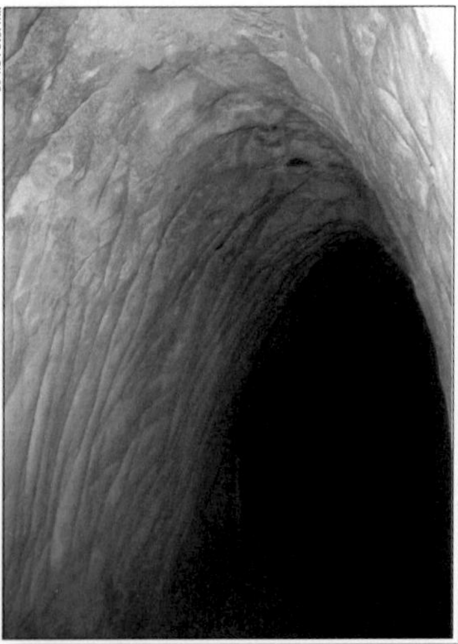

Die engen Stollen, in denen einst Sand abgebaut wurde, sind begehbar

Rund um Aizpute und Skrunda

Aizpute ↗ VIII/B1

Eine landschaftlich schöne Rundfahrt von Kuldīga in südlicher Richtung beginnt auf der Straße P112 ins 39 Kilometer entfernte Aizpute. Dieser kleine, aber geschichtsträchtige Ort wurde wie viele andere im 13. Jh. gegründet. Doch Aizpute erhielt bereits 1378 die Stadtrechte - als einer der ersten Orte in Lettland. Noch heute zeugt das **historische Zentrum** von den langen Jahrhunderten des Stadtlebens. Es lohnt sich ein kleiner Spaziergang durch die Straßen mit zahlreichen sehenswerten alten **Holzhäusern.** Auf einem Hügel kann man durch die **Ruinen der Ordensburg** aus dem 13. Jh. stolzieren. Weitere Informationen: www.aizpute.lv.

Valtaiķi ↗ IX/C1

Von Aizpute führt die P117 in Richtung Skrunda. Im Dorf Valtaiķi auf halber Strecke steht eine sehr schöne **evangelische Kirche** mit schmuckvoll gestalteten **Glasmalereien** vom Anfang des 20. Jh. in allen Fenstern. Das Gebäude, rechts von der Durchfahrtstraße, ist eine lokale Berühmtheit. Auf Touristen ist man allerdings noch nicht eingestellt. Wenn das Gotteshaus geschlossen ist, kann man aber im Dorfladen gegenüber nach dem Schlüssel fragen.

Unterkunft

- **Garīkas,** Tel. 3334150. Gleich hinter dem Dorf Valtaiķi ist nach links „Garīkas" ausgeschildert. Nach gut anderthalb Kilometern darf man die rechts abgehende Lindenallee mit der Bezeichnung „Šitaki Sēnes" nicht versäumen. Noch wenige Hundert Meter entlang Feldern voller Pilze kommt ein sehr einsam in schöner Natur liegender kleiner Landgutshof ins Blickfeld. Hier kann man zu vernünftigen Preisen (DZ ab 30 Ls) sehr schön eingerichtete Zimmer im Hauptgebäude mieten oder ein Zelt aufschlagen. Die Gastwirtin bereitet ein typisches Frühstück. Der Hausherr, der die japanischen Shitake-Pilze anbaut und zur Kostprobe anbietet, spricht kein Deutsch, hat aber oft Gäste, die in der Gegend aufgewachsen sind und nun regelmäßig aus Deutschland an den Ort ihrer Kindheit reisen. Auf dem weitläufigen Gelände gibt es außerdem Seen mit Angelmöglichkeit, romantische Sitzbänke und Picknickplätze sowie einen Aussichtsturm.
- Wenige Kilometer hinter Garīkas führt ein Weg nach rechts zu einem Landgut mit dem deutschen Namen **Berghof.** Das Haus wurde neu hergerichtet und zu einer Unterkunft der höheren bis Luxusklasse umfunktioniert. Dementsprechend sind die Preise. Sieksāte, Rudbāržu pagasts, Tel. 63331233, Mobiltel. 26518660, www.kalnamuiza.lv.

Rudbarži ↗ IX/C1

Im Dorf Rudbarži steht ein weiteres der so häufigen kleinen und größeren Herren- und Landgutshäuser. In diesem Fall ist es pastellfarben und beherbergt heute eine Schule.

Skrunda ↗ IX/C1

Die P117 erreicht als nächstes den Ort Skrunda, ein wichtiger Kreuzungspunkt in Kurzeme. Vom Hügel, auf dem 1365 eine später im Nordischen Krieg zerstörte Burg errichtet worden war, bietet sich ein hübsches **Panorama der Umgebung.** Auf dem Hügel an der Venta wurde eine Freilichtbühne eingerichtet.

In Skrunda ist der Kuldīga am nächsten gelegene Bahnhof. In einem historischen Waggon wurde ein kleines **Museum für die Sibirien-Deportierten** eingerichtet (etwa einen Kilometer von der Ortsdurchfahrt entfernt).

Interessant kann auch eine **Bootsfahrt** von Skrunda aus auf der Venta nach Kuldīga sein. Durch schöne Landschaften, mehr oder weniger entlang dem Flusslauf der Venta, führt die P116 zurück nach Kuldīga.

Sabile

↗ V/D2

Der mit Abstand schönste und attraktivste Ausflug von Kuldīga führt auf der P120 nach Osten. Eine ganze Weile lang tauchen nur sehr wenige Siedlungen auf. Ein paar Kilometer vor Sabile durchläuft der Fluss Abava einige **Stromschnellen,** die eine kurze Pause lohnen (Abavas Rumbas, Parkplatz 0,50 Ls).

Das kleine, hübsch gelegene Örtchen Sabile hat es mit den am weitesten nördlich gelegenen **Weinbergen** der Welt ins Guinness Buch der Rekorde geschafft. Von Kuldīga kommend links von der Hauptstraße mitten im Dorf erstrecken sich die Weinberge auf einem großen Hang. Zum Beweis, dass das edle Getränk, das hier gekeltert wird, auch genießbar ist, gibt es neben der Besichtigung des Weinbergs (Mi–So 10–12 und 12.30–18 Uhr, Eintritt 0,30 Ls) die Möglichkeit, einen **Weinkeller mit Verköstigung** zu besuchen. Gruppen bis zu 30 Personen können hier auch Präsentationen von Liedern und Geschichten rund um den edlen Tropfen beiwohnen (Weinprobe im Lokal Pie vina kalna, „am Weinberg").

Natürlich begeht Sabile wie jede andere Weinhochburg einmal im Jahr ein großes **Weinfest:** Ende Juli mobilisiert sich der gesamte Ort zu einer großen Feier mit vielen Gästen von nah und fern. Für diese Zeit sollte man Unterkünfte früh buchen. Zu allen Zeiten des Jahres lohnt in Sabile ein gemütlicher Spaziergang durch den Ortskern und zum Weinberg. Weitere Informationen zum Ort: www.sabile.lv.

Freilicht- und Kunstmuseum

Gegenüber von Sabile in einer Entfernung von knapp zwei Kilometern am anderen Ufer der Abava liegt **Pedvale.** Es ist das Gelände zweier ehemaliger Gutshöfe. Der Bildhauer *Oskars Feldberg* richtete hier ein sehr umfangreiches Freilicht- und Kunstmuseum ein – heute in ganz Lettland eine bekannte Adresse für moderne Kunst. In der schönen Umgebung lässt sich vielleicht sogar mancher Zweifler vom Gehalt der oft schwer zu verstehenden Werke überzeugen.

- **Pedvale,** Juni bis Oktober Eintritt 2,50 Ls, November bis Mai 1,50 Ls, Führung für Gruppen 25 Ls pro Stunde bei vorheriger Anmeldung unter Tel. 63252249. Die Internetseite www.pedvale.lv gibt einen ersten Eindruck und weitere Informationen.

Kandava

↗ V/D2

Die P120 erreicht kurz hinter Sabile das etwas größere Städtchen Kandava, dessen Zentrum einen besonders malerischen Eindruck macht. Dies liegt an der landschaftlich schönen Lage an der Abava und an den mit Kopfsteinpflaster belegten kleinen und großen Straßen, die in der hügeligen Gegend auf- und abwärts führen. Erwähnt wurde Kandava in historischen Quellen bereits im 13. Jh., doch die Stadtrechte erhielt der heute 4250 Einwohner zählende Ort erst 1917. Ein schöner Spaziergang führt an der Lielā iela entlang durch das **historische Zentrum,** vorbei an vielen sehr alten Holzhäusern.

Burghügel und Pulverturm

Es lohnt sich ein Gang auf den Burghügel (Bruņinieku pilskalns) mit einigen wenigen **Resten der alten Ordensburg.** Man erreicht ihn über die kleine Pils iela, die von der Lielā iela abgeht. Der Ausblick auf das wunderschön sich dahinschlängelnde Tal der Abava ist den kleinen Anstieg wert. Die Burg, entstanden im 13. Jh., existierte noch bis ins 18. Jh. hinein und war bewohnt.

Unten am Burghügel steht ein dicker, eckiger etwas heruntergekom-

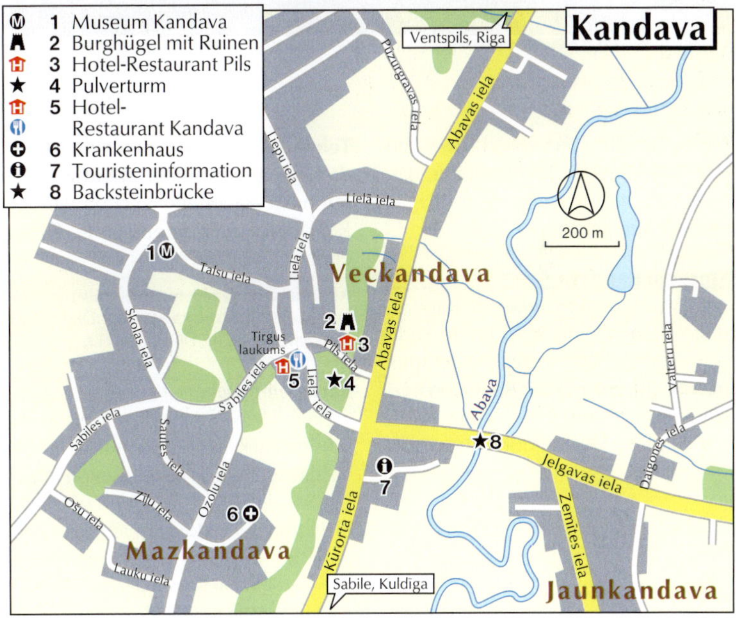

096le Foto: mk

Pulverturm und alte Gasse
im historischen Zentrum von Kandava

mener Turm (Pulvertornis), dessen Baujahr unbekannt ist. Fest steht nur, dass im 17. Jh. hier Schießpulver gelagert und trocken gehalten wurde.

Museum Kandava

Im Museum der Gemeinde Kandava gibt es eine kleine, aber interessante Sammlung zu allen möglichen Aspekten der Geschichte der Stadt und ihrer Umgebung. Von einem **alten Radio** der Marke „Abava" über historische **Telefone,** an denen man eine Kurbel drehen musste, bis hin zu **Kaffeemühlen** aus vergangenen Zeiten werden Retro-Fans hier interessante Dinge finden.

- **Kandavas novada muzejs,** Talsu iela 11, Tel. 3182064, www.kandava.lv, Di–Fr 9–16 Uhr, Sa 10–14 Uhr, Eintritt 0,50 Ls.

Backsteinbrücke

Einen kleinen Schlenker wert ist die schöne Backsteinbrücke über die Abava, die der damals in der Region mächtige Adelige *Theodor von Firks* 1873 errichten ließ. Man erreicht das Bauwerk auf der Lielā iela stadtauswärts gehend und die Durchfahrtsstraße Kurorta iela/Abavas iela überquerend.

095le Foto: mk

Information

- **Touristeninformation,** Kurorta iela 1b, Tel. (6)3181150, www.kandava.lv.

Notfälle und nützliche Adressen

- **Krankenhaus:** Ziļu iela 1, Tel. 63182044.
- **Apotheke:** Vecā aptieka Kandava, Sabiles iela 7, Tel. (6)3182415.
- **Polizei:** Tel. 63122045.
- **Taxi:** Tel. 28718171.
- **Bank:** SEB Unibank, Lielā iela 11, Tel. (6)3182129, mit Geldwechsel und Automat.

Unterkunft, Essen und Trinken

- **Hotel Pils,** Pils iela 7, Tel. (6)3124919. Direkt gegenüber dem Pulverturm wurde das kleine, schöne Hotel mit Restaurant eingerichtet. DZ ab 25 Ls.
- **Hotel Kandava,** Sabiles iela 3, Tel. 26406733, www.hotelkandava.lv. Kleines, schlichtes, aber ordentliches Hotel in der Nähe der Burgruine; Sauna, Bankettsaal, Doppelzimmer ab 25 Ls. Restaurant mit lettischer und internationaler Küche zu mäßigen Preisen, Bar.
- **Hotel Plosti,** Tel. 3123237, www.hotelplosti.lv. Große Anlage 8 km von Kandava entfernt an der Strecke nach Sabile. **Campingplatz,** über 20 komfortable Holzhäuser, jeweils für 4 Personen oder mehr eingerichtet, **Fahrrad- und Bootsverleih,** Vermietung von Angelausrüstung und **Angelmöglichkeit,** Badehaus (mit Massage, 12 Ls pro Stunde), Whirlpool, Picknick- und Grillplätze. Schöne Boots-, Wander- und Fahrradrouten in der direkten Umgebung. Ein Holzhaus für 4 Personen mit zwei Räumen, Dusche, WC, Küche und Satelliten-TV kostet 45 Ls. Einfache, günstige, typisch lettische Küche im Café-Restaurant.

Juden in Kandava – heute bleiben nur ihre Spuren

Im 19. Jh. wanderten zahlreiche Juden in viele Gebiete des heutigen Lettland ein. In Kandava war die jüdische Gemeinde besonders groß. Zu Anfang des Jahrhunderts begann die Immigration, 1881 lebten bereits 775 Juden in Kandava und machten über die Hälfte der Bevölkerung aus. 1910 waren es 1000 Einwohner jüdischen Glaubens – auf Grund des allgemeinen Wachstums der Stadt etwas weniger als die Hälfte.

Doch während des Ersten Weltkriegs machte Russland die Juden verantwortlich für Probleme in der eigenen Armee. Von höchster Stelle erging der Befehl, die Juden von Kandava nach Russland zu deportieren. Nur 44 von ihnen kehrten nach dem Krieg aus der Verbannung zurück. Im Laufe der Jahre wurden es wieder mehr, doch während der deutschen Besatzung wurden sie außerhalb von Kandava zunächst in einem Gebäude eingesperrt und einen Monat später, im August 1941, von den Nazis und ihren örtlichen Kollaborateuren im Elku-Wald erschossen.

Nach dem Krieg bildete sich bis heute nie wieder eine jüdische Gemeinde in Kandava. Jüdische Spuren sind aber immer noch vorhanden. Ein Gedenkstein und der jüdische Friedhof erinnern an den ehemals beträchtlichen Einfluss der Juden auf das Leben in der Stadt. Das lebendigste Gedenken sind aber die jüdischen Wohn- und Verwaltungsgebäude, die in Kandava vorzufinden sind, etwa auf beiden Seiten der Lielā iela und am Tirgus laukums (Marktplatz). In der ehemaligen Synagoge war später ein Kino untergebracht. Das Gebäude ist zurzeit geschlossen.

Wer sich für die Thematik der Juden in Lettland interessiert, erfährt mehr im Internet unter www.lvjewish.lv (auf Englisch und Russisch). Interessierte können das Jüdische Gemeinschaftszentrum ALEF, das die Website betreibt, direkt kontaktieren (auf Englisch) und individuelle Führungen vereinbaren.

- **Jewish Community,** Center ALEF, Skolas iela 6, Tel. 7240493, jyc@mailbox.riga.lv. Weitere Auskünfte zu Kandava erteilt die Touristeninformation.

Ventspils

↗ II/A2

Für lettische Verhältnisse liegt das 44.000 Einwohner zählende Ventspils ziemlich weit ab vom Schuss, ganz im Nordwesten des Landes, kurz bevor die Küstenstraße in eine Sandpiste übergeht. Nur von zwei Seiten kann man also anreisen: von Süden aus Richtung Liepāja und aus dem Südosten, wo Riga in 190 Kilometern Entfernung liegt. Eine weitere Möglichkeit hat man dabei aber übersehen: die Anreise per Schiff über die Ostsee. Genau hier sieht Ventspils seine Stärke, als **moderne Hafenstadt** im „wilden", von traumhafter Natur umgebenen Winkel Lettlands. Dieses Bild eines lebendigen Fleckchens Erde mit im wahrsten Sinne des Wortes frischem

Wind drängt sich bei einer Besichtigung sofort auf.

Ventspils eignet sich gut zu einem ausführlichen Spaziergang: durch die kleine Altstadt, an der langen Hafenpromenade entlang von den gewaltigen Fähren bis hin zur Burg, durch kleine Sträßchen mit alten Holzhäusern und hübschen Villen mit gepflegten Gärten bis hin zum netten Freilichtmuseum – Ventspils mit seinen Blumen, den Springbrunnen, dem vielen Grün und der weltoffenen Stimmung ist eine angenehme Stadt. Außerdem ist es ein guter Ausgangspunkt für eine ausgedehnte Tour entlang der extrem dünn besiedelten Küste bis zur Landspitze Kolkasrags.

Stadtgeschichte

Auch in Ventspils zeugt eine imposante Burg des Schwertbrüderordens von der langen Geschichte und der Bedeutung der Stadt. 1290 wurde dieses Bauwerk erstmals in offiziellen Urkunden erwähnt. Um die Burg herum entstand zunächst die Siedlung der Ordensritter (deutscher Name: **Windau**), später kamen Geistliche, Kaufleute und Handwerker dazu. Die Dokumente geben keine klare Auskunft, doch spätestens 1378 wurden Ventspils die Stadtrechte verliehen.

Als Hafenstadt war Ventspils auch schon für die Schwertbrüder ein strategisch wichtiger Ort, der im Mittelalter zur **Hanse** gehörte. Im 17. Jh. erlebte er seinen bis dahin größten ökonomischen Aufstieg: Die Stadt war der führende **Hafen der Region Kurland** und ein wichtiges Zentrum für Schiffbau und Handwerk. Dutzende von Handels- und Kriegsschiffen wurden in der hiesigen Werft gefertigt, die teilweise bis nach Gambia und Tobago fuhren. Diese beiden Länder waren für einige Zeit sogar Kolonien Kurlands.

Im Polnisch-Schwedischen Krieg brannte Ventspils fast vollständig nieder, Anfang des 18. Jh. brachte der Nordische Krieg die Pest mit sich: Ein Großteil der Einwohner starb. 1795 geriet die Stadt zusammen mit ganz Kurland unter die Herrschaft Russlands. Es folgten gut 50 eher ruhige Jahre, bis Mitte des 19. Jh. der Hafen und die Werft wiederbelebt wurden.

Kurz vor der Jahrhundertwende beschloss das Zarenreich, einen neuen, modernen Hafen in Ventspils aus dem Boden zu stampfen. Gebaut wurden außerdem Straßen und eine **Eisenbahnroute nach Moskau.** Damit nahm die Bedeutung von Ventspils als Handelsplatz rapide zu. Die Zahl der Einwohner und der Arbeitsplätze stieg. Der Ausbruch des Ersten Weltkriegs machte der Aufwärtsentwicklung aber ein Ende. Auch wenn sich die Zerstörungen in Grenzen hielten, konnte nach dem Krieg während der kurzen lettischen Unabhängigkeit bis 1940 das vorherige Niveau nicht wieder erreicht werden. Zu Sowjetzeiten nahm Ventspils wieder eine neue, wichtige Rolle ein: Die Stadt wurde in den 1960er und 1970er Jahren zum **größten Exporthafen der UdSSR** für Öl und Ölprodukte.

Seit der Wiedergewinnung der Unabhängigkeit versucht sich Ventspils

- 1 Passagierterminal
- 2 Russisch-orthodoxe Kirche
- 3 Markt
- 4 Touristeninformation
- 5 Ordensburg mit Restaurant Melnais Sivēns pils krogs
- 6 Zentralbibliothek
- 7 Rathausplatz
- 8 Restaurant Krodziņš Don Basil
- 9 Busbahnhof
- 10 Post
- 11 Hotel Dzintarjūra
- 12 Hostel Pie Saules laiviņām
- 13 Hotel Raibie logi
- 14 Aussichtsturm
- 15 Spaßbad Akvaparks
- 16 Freilichtmuseum
- 17 Piejūras kempings
- 18 Hotel Jūras Brīze
- 19 Krankenhaus
- 20 Hostel Ventspils

auf die alten Stärken zu besinnen und gleichzeitig touristisch attraktiv zu werden. Der Hafen hat nicht mehr nur eine wirtschaftliche Funktion: **Passagierfähren** verkehren regelmäßig von Ventspils nach **Rostock.** Die Altstadt, in der viele Gebäude die Wirren der Zeit überstanden haben, wurde von Grund auf renoviert und die Kreuzritterburg lädt zur Besichtigung ein.

Sehenswertes

In der Altstadt

Ein guter Ausgangspunkt ist die kleine Altstadt (Vecpilsēta) rund um die Fußgängerzone der Kuldīgas iela. Auf dem **Rathausplatz,** der leider teilweise als Parkplatz benutzt wird, steht eine hübsche Uhr im Retro-Stil mit einer runden Sitzbank um sie herum. Ein stilisiertes, großes **Tintenfass** mit zwei riesigen Federn vor dem Alten Rathaus weist auf die heutige Nutzung des Gebäudes hin: Es ist das Internationale Haus der Schriftsteller und Übersetzer. Gegenüber steht die gelblich-weiße **evangelische Kirche** im klassizistischen Stil.

Nicht direkt am Rathausplatz, aber nur einen Steinwurf hinter dem Schriftstellergebäude fällt die **Zentralbibliothek** (Galvenā bibliotēka, Akmeņu iela 2, www.biblioteka.ventspils.lv) ins Auge, die in einem stilvollen, modernen Bauwerk aus Holz und Glas residiert. Neben Büchern kann man hier Audio-CDs und Videos ausleihen sowie Internetzugang erhalten.

Der relativ große **Markt** (Tirgus) bietet eine Vielzahl von Waren aller Art, von importierter Kleidung bis hin zu lokalen und regionalen Handwerksprodukten und Lebensmitteln. Es ist kein auf Touristen zugeschnittener Markt. Umso mehr lohnt es, sich unter die Einheimischen zu mischen, die Atmosphäre des alltäglichen Ventspils aufzufangen und vielleicht das eine oder andere Stück zu erwerben. Der Markt ist täglich 8–13 Uhr geöffnet.

Schräg gegenüber, an der vom Hafen zum Markt führenden Tirgus iela, bietet auch die Touristeninformation in einem kleinen Häuschen ihren Service an. Einige Lagergebäude aus dem 17. Jh. stehen ebenso an der Tirgus iela. Das **älteste Wohnhaus der Stadt** und sogar eines der ältesten in Lettland überhaupt steht an der Kreuzung der Tirgus iela mit der Skolas iela. Es hat das Baujahr 1646.

Hafen

Wenige Schritte weiter auf der Tirgus iela ist bereits die Hafenpromenade erreicht. Rechts vorn liegt das Terminal für die **Passagierschiffe.** Meist liegt gerade eines der beeindruckenden Ungetüme vor Anker und kann von außen unter die Lupe genommen werden kann. Neben den großen Passagen nach Rostock und ins schwedische Nynäshamn legen vom Passagierterminal regelmäßig Fähren auf die gar nicht so weit entfernte, wunderschöne **estnische Insel Saareema** ab.

Ganz rechts versteckt sich mit ihrer überraschenden Lage die wichtigste **russisch-orthodoxe Kirche** der Stadt mit ihrer weißen Fassade und den für ein Gotteshaus dieser Konfession relativ bescheidenen, dunklen Zwiebeltürmchen. Der Hauptturm ist allerdings spitz und endet nur nach oben hin mit einem ganz kleinen „Zwiebelchen". Die sehr schön gepflegte Grünfläche mit vielen großen Bäumen verstärkt noch den eigenartigen Eindruck dieser Kirche mitten zwischen Passagier- und Containerterminal im Hafen.

Empfehlenswert ist ein Spaziergang an der **Hafenpromenade,** der Ostas iela. Besonders weit schweift der Blick hier allerdings nicht, denn der Hafen liegt nicht etwa direkt am offenen Meer, sondern am Fluss Venta, der einige Hundert Meter weiter mündet. Dafür gibt es aber eine Hand voll Attraktionen: das kleine **Ausflugsschiff Hercogs Jēkabs,** auf dem man den Hafen und die Stadt vom Wasser aus besichtigen kann (Reservierungen Tel. 26353344 oder bei der Touristeninfo),

097le Foto: mk

einen originell gemachten **Springbrunnen** mit dem Namen „Beobachter der Schiffe" und eine „Reisende Kuh", deren Aufkleber beweisen, dass sie schon die ganze Welt gesehen hat. Sogar die Abfalleimer werden hier zur lustigen Attraktion, weil sie passend zur Lage im Hafen in Form von Periskopen gestaltet sind.

Ordensburg

Die Ostas iela weitergehend, taucht wenige Minuten später linker Hand etwas auf, was in keiner lettischen Stadt fehlen darf, die etwas auf sich hält: die Kreuzritterburg. Sie wurde von außen völlig restauriert und glänzt mit ihrer **strahlend gelben Fassade** und dem roten Dach wie neu, aber in der Gestalt des 19. Jh. 1290 erschien sie zum ersten Mal in historischen Quellen. Sie könnte auch noch etwas älter sein, doch das Datum wurde von Ventspils akzeptiert und auch als Gründungsjahr der Stadt übernommen.

Bei den Mitte der 1990er Jahre begonnenen Erneuerungsarbeiten wurden unter anderem **Wandmalereien** aus der Zeit vom 15. bis 17. Jh. entdeckt. Das Innenleben des Bauwerks wurde massiv umgestaltet. Dies fällt beim Gang in den kleinen Innenhof auf, der mit einem hohen Glasdach

Ventspils war zu Sowjetzeiten ein wichtiger Exporthafen

versehen ist. Ansonsten gibt es innerhalb der dicken Mauern einige schöne Raritäten wie alte **Holztruhen** mit deutscher Beschriftung („Windauer Schlossergesellen"), historische **Münzen, Karten** und **Fotos** der Stadt anzuschauen. Von der Urgeschichte bis in die Neuzeit werden die Stadt und ihre Region auch mit Hilfe moderner Technik dargestellt, mit einem besonderen Akzent auf den verschiedenen Handwerksberufen. Auch die Geschichte der Burg selbst wird nachvollzogen.

Rund um die Anlage wird den Besuchern in der warmen Jahreszeit einiges an Attraktionen geboten: ein Ritterturnier im Mai, Bogenschießen für alle, mittelalterliche Utensilien, ein Kräutergarten und die Ausstellung „Hinter Gittern" in einem Nebengebäude über das ehemals dort betriebene Gefängnis. Ein schön gelegenes Schlossrestaurant wird ebenfalls betrieben.

- **Livonijas ordeņa pils,** geöffnet Mai bis Oktober 9–18 Uhr, November bis April 10–17 Uhr, Eintritt 1 Ls.

Pils iela

Noch ein Stück weiter verläuft die Ostas iela am Hafen entlang, bevor sie nach links abknickt und ein wenig vom Wasser weg führt. Man trifft dabei auf die Pils iela, an der einige sehr schöne Gebäude stehen, darunter diejenigen mit den Hausnummern 30, 31 und 40 im **schmuckvollen Art-Déco-Stil.** Die Pils iela verläuft parallel zum Hafen zurück bis in den Kern der Altstadt und hat auf der ganzen Strecke eine nähere Betrachtung verdient.

Ostgals

Zunächst sollte man aber den noch ein Stückchen weiter liegenden kleinen Stadtteil Ostgals nicht übersehen, der rechter Hand liegt, wenn man am Ende der Hafenpromenade links hochgeht. So ungewöhnlich wie die orthodoxe Kirche bei den Schiffsterminals erscheint der Wohnbezirk an der Mündung der Venta in die Ostsee. Er kam zustande, als die zaristische Regierung in St. Petersburg den Bauern von Ventspils Order gab, hier in den Dünen zu bauen, um weitere Sandverschüttungen zu verhindern. Es entstanden meist bescheidene, **kleine Holzhäuser,** die als Ensemble fast unzerstört geblieben sind und heute sowohl historischen Wert besitzen als auch schön anzuschauen sind. Das ganze Viertel steht mit seiner blumengeschmückten Holzarchitektur und den **romantisch gepflasterten Straßen** unter staatlichem Denkmalschutz. Gerade im Vergleich zu dem sich sehr modern gebenden Rest von Ventspils entsteht hier beim Gang kreuz und quer durch die recht kurzen Gassen der Eindruck, einer Zeitmaschine entsprungen zu sein.

Strandpark und Mole

Von Ostgals aus durch den Strandpark (Jūrmalas parks) geht es zum schönen **Sandstrand** „mit der blauen Flagge", wie die Einwohner ihn wegen der im Wind flatternden Fahne nen-

Einkaufsstraße im Zentrum

nen. Über die Medņu iela durch das Viertel Ostgals lässt sich per Auto und auch zu Fuß eine **Landspitze** erreichen, von der eine Mole weit ins Wasser hineinragt. Auf der Mole steht eine weitere Kuh. Anders als ihre „reisende" Kollegin an der Hafenpromenade ist diese vier Meter hohe Kunststoff-Kuh blau-weiß bemalt wie ein Matrose. Dort, wo die Mole beginnt, ankern meist Schiffe, die man auch an Bord besichtigen kann. Außerdem bietet der nicht zu übersehende **Aussichtsturm** (Skatu tornis) einen reizvollen Blick auf das Panorama des Hafens und der Stadt.

Freilichtmuseum

Noch einen großen Anziehungspunkt hat Ventspils zu bieten: das Freilichtmuseum. Es liegt ganz am Ende der Vasarnīcu iela, jener Straße, die vom Ende der Hafenpromenade hochführt. Kurz bevor rechts ein großer Campingplatz ins Blickfeld gerät, taucht ebenfalls auf der rechten Straßenseite ein unauffälliges Holzhaus auf, durch das die Ausstellung betreten wird.

Auf der nicht allzu riesigen, schön in die grüne Landschaft eingebetteten Fläche werden **alte Schiffe und Boote,** historisch rekonstruierte **Wohnhäuser,** Windmühlen, Saunas und sogar eine **Schmalspur-Eisenbahn** mit Dampflokomotive präsentiert (Mazbānītis). Die Bahn wurde 1916 in Deutschland gebaut, sie verkehrte damals mit einer Höchstgeschwindigkeit von 20 km/h zwischen den Küsten-

098le Foto: mk

orten. Von Mai bis Oktober dampft sie auch heute noch an Wochenenden durch den Strandpark und macht eine Runde von 1,4 Kilometern Länge (Fahrt 0,50 Ls). Auf den Schmalspurgleisen im Museum kann man zu zweit sein Geschick auf einer großen **Draisine** ausprobieren (0,50 Ls). Ein angenehmer Kinderspielplatz wurde ebenfalls eingerichtet.

- **Piejūras brīvdabas muzejs,** Riņķa iela 2, Tel. 3624467, www.ventspilsmuzejs.lv, Mai bis Oktober 10–18 Uhr, November bis April Mi–So 11–17 Uhr, Eintritt 0,60 Ls.

Praktische Tipps

Information

- **Touristeninformation,** Tirgus iela 7, Tel. (6)3622263 oder 3607664, www.ventspils.tourism.lv, geöffnet Mai bis September Mo–Fr 8–19 Uhr, Sa 10–17 Uhr, So 10–15 Uhr, Oktober bis April Mo–Fr 8–17 Uhr, Sa, So 10–15 Uhr. Gute Auswahl an Prospekten über Stadt und Region. Das Material kostet zum Teil Geld (meist nicht mehr als 0,50 Ls).

Stadtrundgänge in englischer Sprache werden vom 19. Juni bis 31. August jeden Mittwoch, Freitag und Samstag um 14 Uhr angeboten. Start und Verkauf von Tickets an der Touristeninfo.

Internet

- **Bibliothek,** Akmeņu iela 2, Tel. 3623231, geöffnet Mo–Fr 10–19 Uhr, Sa 10–16 Uhr.
- **Ventspils Digitalzentrum,** Akmeņu iela 3, Tel. 3607607, geöffnet Mo–Fr 11–20 Uhr, Sa 11–18 Uhr.
- **Dana R,** Kuldīgas iela 47, Tel. 3629205, geöffnet Mo–Do 9–14 Uhr, Fr, Sa 9–15 Uhr, So 9–14 Uhr.
- **Baltic Data,** Lielāis prospekts 3/5 (im Einkaufszentrum Tobago), Tel. 3621030, geöffnet täglich 9–21 Uhr.
- **Hotspots:** u.a. in den meisten modern eingerichteten Hotels der Stadt.

Behinderte

Ventspils präsentiert sich als moderne Stadt und kümmert sich mehr um Behinderte als andere Orte. So ist die Burg mit Fahrstühlen ausgestattet und auch für Rollstuhlfahrer zur Besichtigung geeignet. Schwierigkeiten dürften dagegen die vielen Straßen mit Kopfsteinpflaster bereiten, doch meist steht ein glatter Bürgersteig zur Verfügung. Die Hafenpromenade und auch die Innenstadt mit Fußgängerzone sind ebenfalls gut befahrbar.

Notfälle und nützliche Adressen

- **Apotheke:** A Aptieka, Ganību iela 2, Tel. (6)3622250, geöffnet Mo–Sa 8–21 Uhr, So 10–17 Uhr.
- **Krankenhaus:** Ventspils slimnīca, Inženieru iela 60, Tel. 63622658.
- **Polizei:** Kuldīgas iela 2, Tel. 3604709.
- **Post:** u.a. Plata iela 8, Tel. (6)3629630, geöffnet Mo–Fr 8–19 Uhr, Sa 8–16 Uhr.

Geld

Neben etlichen Bankfilialen und Geldautomaten gibt es eine ganze Reihe von Wechselstuben, die auch am Wochenende geöffnet sind. Die meisten Hotels und Restaurants akzeptieren Kreditkarten, kleinere Lokale und Läden aber nicht immer.

Unterkunft

- **Hotel Dzintarjūra,** Ganību iela 26, Tel. (6)3622719, www.dzintarjura.lv. Hotel der gehobenen Klasse, aber ohne Luxus in einem einfachen, modernen Blockhaus, sehr zentral und auch nicht weit vom Strand gelegen. Mit Restaurant, Sauna und Swimmingpool. DZ ab 50 Ls, Familienzimmer ab 60 Ls.
- **Hotel Jūras Brīze,** Vasarnīcu iela 34, Tel. (6)3622524, www.hoteljurasbrize.lv. Neues, kleines und sympathisches Haus mit teils roter Holzfassade. Ideale Lage zwischen Stadtzentrum, Hafen, dem alten Viertel Ostgals

und dem Freilichtmuseum. Dabei sehr günstig, DZ ab 32 Ls. Mit Café Jūras Brīze.

- **Hotel Raibie logi,** Lielāis prospekts 61, Tel. 29142327, www.raibielogi.lv. Etwa in der Mitte zwischen Zentrum, Hafen und Strandpark, in keine Richtung länger als 10–15 Minuten Fußweg. Angenehme Zimmer und gute Betten in einem kleinen, grünen, renovierten Häuschen aus dem frühen 20. Jh. DZ ab 30 Ls.
- **Hostel Pie Saules laiviņām,** Ganību iela 18, Tel. (6)3625101. Sehr günstiges, zentral gelegenes Budget-Hotel mit Gemeinschaftsnutzung von Bädern und Küche. DZ ab 10–15 Ls.
- **Hostel Ventspils,** Inženieru iela 101, Tel. 26565230, studentu.viesnica@ventspils.gov.lv. Weiteres einfaches, aber aktzeptables, in der Nähe des Strandparks gelegenes Hostel im Wohnblock. DZ ab 12 Ls.

Camping

- **Piejūras kempings,** Vasarnīcu iela 56, Tel. (6)3627925, www.camping.ventspils.lv. Riesiger, moderner Campingplatz direkt am Meer neben dem schönen Freilichtmuseum. Historischer Stadtteil Ostgals fast in direkter Nachbarschaft, drei Kilometer zum Stadtzentrum. Mit Freilichtbühne, Saunas, Strandvolleyball, Streetball, Picknickplätzen und Feuerstellen, Spielplatz, Touristeninformation und Sommercafé. Bungalows für 4 Personen ab 20 Ls, Wohnwagenplätze 12 Ls, Zeltplatz 2 Ls pro Person.

Essen und Trinken

- **Krodziņš Don Basil,** Annas iela 5, Tel. 26809086, geöffnet 11–23 Uhr. Gemütliches, kleines Lokal mit Holztischen, entspannter Atmosphäre und mediterraner Küche im Zentrum. Wenige Tische im Sommer auch an der Straße.
- **Melnais Sivēns pils krogs,** Jāņa iela 17, Tel. (6)3622396, www.pilskrogs.lv, geöffnet Mo–Mi 11–23 Uhr, Do–So 11–24 Uhr. Das „Schwarze Ferkel" in der Burg ist sehr rustikal eingerichtet, außen mit Terrasse und schönem Blick auf den Fluss. Leckere, deftige „Burggerichte" zu akzeptablen Preisen.
- **Splīns,** Kuldīgas iela 17, Tel. (6)3607176, geöffnet Mo–Do, So 11–22 Uhr, Fr, Sa 11–5 Uhr. Stilvoller Klub mit Restaurant, gediegene Retro-Atmosphäre, an Wochenenden mit Live-Musik.

Am Abend

- **Unterhaltungszentrum Klondaika,** Ganību iela 14, Tel. 3607567, www.klondaika.lv, geöffnet tägl. 9–7 Uhr. Billard, Darts, Spielautomaten, eine „virtuelle Bowlingbahn", Bar und Restaurant mit exotischer Küche.
- **Kino Rio,** Pils iela 28, Tel. 22480248, www.kinorio.lv. Lettische und internationale Filme (im Original mit lettischen Untertiteln) in der schönen Pils iela unweit der Ordensburg.

Sport und Erholung

- **Akvaparks,** Medņu iela 19, Tel. (6)3665853, www.ocventspils.lv, geöffnet Mai bis September 10–22 Uhr. Eine der größten Unterhaltungs-Attraktionen der Stadt im Strandpark mit mehreren Schwimmbecken, zwei Türmen (acht und zehn Meter hoch), Rutschen und einigem mehr. Preise je nach Tag und Dauer ab 2 Ls für Erwachsene, Tageskarte 4,50 Ls, Kinder ermäßigt, unter sechs Jahren Eintritt frei.

Feste und Veranstaltungen

Besonders im großen **Strandpark** herrscht in der Sommersaison kultureller Hochbetrieb – fast jedes Wochenende und auch an Werktagen kann man mit Konzerten, Feiern und Spektakeln rechnen.

Schöne Gelegenheiten für einen Ventspils-Besuch sind unter anderem: Die „Nacht der Museen" im Mai, das Ritterturnier „Maifest" rund um die Ordensburg, ein Strandfest Anfang Juni, ein Rockmusik-Festival im Juni im Stadtzentrum, Kinonächte auf dem Hof der Ordensburg im Juli und das große Stadtfest Anfang August im ganzen Ort. Die genauen Termine für das jeweilige Jahr und Informationen über viele weitere Veranstaltungen unter freiem Himmel sind bei der Touristeninformation erhältlich.

099le Foto: mk

Die orthodoxe Kirche am Hafen von Ventspils

Verkehrsverbindungen

- **Auto:** Die Anreise aus Riga erfolgt auf der großteils sehr gut ausgebauten A10 (knapp 200 km), sodass man mit drei Stunden Fahrzeit entspannt auskommt – natürlich ohne Besichtigungen, die sich unterwegs durchaus anbieten (Ķemeri-Nationalpark, Tukums, Usma-See). Ein reizvoller Umweg führt von Riga auf der A10, bis hinter Tukums die P130 nach Kandava abzweigt. Die Strecke führt dann über die schönen Orte Kandava, Sabile und Kuldīga. Von Kuldīga wiederum verläuft die 58 km lange P108 direkt nach Ventspils.

Wer aus Litauen anreist, fährt über Klaipėda und dann an der Ostseeküste entlang auf der A11 nach Liepāja und dann auf der P111 bis Ventspils. Entfernung von Liepāja: gut 120 km.

- **Fähre:** zur Fährverbindung nach Rostock siehe Kapitel „Reisetipps A–Z: Anreise".
- **Flug:** Der kleine Flughafen von Ventspils (Ventspils lidosta, Ganību iela 103, Tel. 3624262, www.airport.ventspils.lv) verbindet die Stadt seit 2008 wieder mit Riga. Die lettische Fluglinie Air Baltic (www.airbaltic.lv) bietet auch Strecken nach Hamburg, Berlin, Düsseldorf, München, Zürich und Wien mit Umsteigen in Riga als Gesamtpaket an, teils zu recht niedrigen Preisen, meist irgendwo im Bereich zwischen traditioneller und Billigfluglinie.

Es verkehren Airport-Busse der Linie 2L viermal täglich, entsprechend den Ankunfts- und Abflugzeigen der Flugzeuge (Abfahrt aus dem Stadtzentrum und vom Hotel Vilnis), Fahrzeit wenige Minuten. Günstig ist auch eine Taxifahrt. Der Flughafen liegt nur wenige Kilometer südlich von Ventspils an der Ganību iela, die im Zentrum beginnt.

- **Bahn:** Der Bahnhof liegt in der Dzelzceļnieku 1, gegenüber der Innenstadt auf der anderen Seite der Venta gleich hinter der Brücke. Er bietet allerdings praktisch keine für Touristen interessanten Verbindungen.

099le Foto: mk

Der Leuchtturm von Užava

- **Bus:** Der Busbahnhof (Autoosta, Kuldīgas iela 5, Tel. 3622789) liegt weit näher am Zentrum als der Bahnhof und bietet eine Vielzahl von Verbindungen in alle Himmelsrichtungen wie etwa nach Kuldīga und Liepāja, bis zu 30-mal am Tag auch nach Riga. Man sollte allerdings vorher die Fahrzeit klären, denn einige Busse steuern die lettische Hauptstadt mit Umwegen an und brauchen daher länger als die drei Stunden, die man normalerweise einplanen muss. Der Preis für eine Einzelfahrt beträgt je nach Strecke rund 4 Ls pro Person. Fahrpläne unter www.autoosta.lv.

Umgebung von Ventspils

Užava

↗ II/A3

Um an der Küste weiter nach Süden zu gelangen, fährt man aus Ventspils zunächst auf der P108 in Richtung Kuldīga und Liepāja und biegt dann rechts ab auf die P111 in Richtung Liepāja. Am Anfang verläuft die Trasse ein Stückchen an der Venta entlang und dann in einem Bogen zum Meer. Im Dorf Užava ist die Küste wieder beinahe erreicht. Sie zeigt sich an dieser Stelle sehr **steil und malerisch.**

Am schönsten kann man sie am **Leuchtturm Užavas bāka** bewundern, der allerdings nicht ganz einfach zu erreichen ist. Von Ventspils aus gesehen weist direkt hinter der Überquerung des Flüsschens Užava ein Schild den Weg zum Leuchtturm. Die Entfernung wird mit 4,1 Kilometern angegeben. Die letzten 1,5 Kilometer muss man sich auf einem schlechten, aber befahrbaren Waldweg (grünes Schild „Bāka") zum Leuchtturm mühen. Doch der 19 Meter hohe, weiße Turm von 1924, direkt vor dem kleinen Abhang am Steilufer gelegen, ist einer der schönsten in Lettland. Eine Wirtin wohnt hier das ganze Jahr über.

Dort, wo der schlechte Waldweg auf den größeren Weg trifft, kann man auch statt nach Užava zurückzukehren, in die andere Richtung fahren. Man landet dann im Dorf Silmalas, drei Kilometer weiter südlich auf der P111.

Užava ist in ganz Kurzeme für sein Bier bekannt. Es wird in vielen Gasthäusern von Ventspils ausgeschenkt. Die **Brauerei von Užava** kann nach Voranmeldung (Tel. 29277011) besichtigt werden.

Die P111 führt weiter zur 20 Meter hohen Steilküste beim Dorf Jūrkalne (Beschreibung weiter vorn in diesem Kapitel).

Usma-See

↗ II/B3

Auf der gut ausgebauten Straße A10 von Ventspils in Richtung Riga gelangt man sehr schnell zum großen Usma-See (Usmas ezers). Knapp 40 Kilometer hinter Ventspils geht auf der Höhe einer Tankstelle rechts ein kleiner Weg in das Dorf Usma ab. Die drei, vier Kilometer bis Usma sind asphaltiert – kein Wunder, denn der Usma-See ist ein höchst beliebter Platz für sportliche Aktivitäten wie **Segeln und Angeln** – hauptsächlich für die Einheimischen aus Ventspils und anderen Bezirken, aber auch immer mehr für Urlauber. Obwohl mit 3892 Hektar bei weitem nicht der größte See des Landes, besitzt Usma den einzigen lettischen **Jachthafen** für Binnenschifffahrt. Immerhin ist eine der sieben

Inseln im See die größte ihrer Art in Lettland (die Insel Viskuzu sala). Die Insel Moricsala ist ein einziges, großes **Naturschutzgebiet** und daher nicht zugänglich.

Die Küste nördlich von Ventspils

↗ II/A-B2

Von Ventspils aus bietet sich eine **Fahrt entlang der Küste** nach Nordosten an bis zur Landspitze in Kolka und dann nach Südosten entlang der Küste der Rigaer Bucht – möglicherweise bis Jūrmala und Riga.

Los geht es in Ventspils zunächst auf der A10 in Richtung Riga und dann kurz außerhalb der Stadt nach links auf die Küstenstraße P124. Es gibt auch eine kleinere Zubringerstraße, die aus dem Zentrum von Ventspils direkt nach Norden zur P124 führt. Nach einem größeren Ort kann man sich nicht richten, denn die Strecke endet in keiner Stadt, sondern nur im kleinen Kolka, das vor nicht allzu langer Zeit für Besucher noch kaum zugänglich war. Bevor der Zubringer die große Straße erreicht, lockt links ein kleiner Abzweig nach **Staldzene** mit seiner schönen **Steilküste.**

Landspitze Ovišrags

↗ II/A2

Die ziemlich löchrige und zur Vorsicht zwingende, einsame Hauptstraße verläuft eine Weile lang nah (aber nicht direkt) am Wasser entlang durch endlos scheinende **Kiefernwälder.** Einige Male zweigen links kleine Feldwege zum **Strand** ab. Der erste nennenswerte dieser Wege geht in das Dörfchen **Oviši** mit der kleinen Landspitze Ovišrags. Diese ist allerdings kaum ausgeschildert. Nachdem man die 2,5 Kilometer nach Oviši zurückgelegt hat, geht es im Dorf noch einmal 300 Meter links, diesmal mit Hinweisschild. Vor Ort ist neben einer fabelhaften Aussicht auf das Meer auch der älteste, äußerlich seit dem Baujahr 1814 nie veränderte **Leuchtturm** Lettlands zu finden (Tel. (6)3682505, 10–18 Uhr). Eigenartig scheint, dass innerhalb des Turms ein weiterer Turm gebaut wurde. Offenbar war das Objekt weniger für die Steuerung der Schifffahrt, sondern vielmehr als getarnte militärische Anlage geplant worden.

Riesenteleskope in Irbene

↗ II/B2

In Irbene wartet die nächste Attraktion, aber diesmal ganz anderer Art: das **Internationale Zentrum für Radioastronomie** von Ventspils. Zwei riesige, weiße parabolische Radioteleskope richten sich gen Himmel. Das größere der beiden ist mit 32 Metern Durchmesser das größte Nordeuropas und das achtgrößte der Welt. Heute haben die „Schüsseln“ ganz harmlose wissenschaftliche Zwecke. Spannend wird es erst mit dem Wissen um ihre Geschichte: Die **Sowjets** erbauten die Station zu **Spionagezwecken** in gigantischen Ausmaßen. Es war eine der wichtigsten in der Sowjetunion überhaupt. Noch gespenstischer wird die Atmosphäre, wenn man das **Geisterdorf Irbene** sieht: Die von den Sowjets einst erbauten Wohnblöcke sind verlassen, es herrscht Stille. Damals hatten hier Hunderte von geheim arbeitenden Technikern und Wissenschaftlern alle Hände voll zu tun, heute arbeitet nur noch eine Hand voll Forscher in dem Objekt.

Man kann die Zufahrt leicht verpassen. Die richtige Straße zweigt ohne Schild rechts ab. Es geht auf Betonplatten vorbei an den leeren Wohnblöcken ohne Fenster und ohne Balkons, bis rechts ein größeres Tor auftaucht. Einige Hundert Meter dahinter fallen die Teleskope auf der rechten Seite ins Auge. Man kann relativ nah herangehen. Die Universität Ventspils verwaltet zurzeit die Station. Nach Voranmeldung sind hier **Führungen** möglich (http://virac.venta.lv).

Leuchtturm Miķeļbāka ↗ II/B2

Hinter Irbene endet die Asphaltstraße und die komplette weitere Strecke bis Kolka muss auf einigermaßen stabiler Schotterpiste zurückgelegt werden. Es gibt von hier keine andere Möglichkeit, dorthin zu gelangen (allerdings werden in Lettland laufend Straßen asphaltiert, das kann sich also schnell ändern). Wenige Kilometer hinter dem Ende des Asphalts führt eine kleine Straße nach links zum Meer, das die ganze Zeit etwa zwei Kilometer entfernt liegt. Hier steht der Miķeļbāka, wieder ein Leuchtturm mit einem Superlativ – diesmal handelt es sich um den mit 62 Metern über dem Meeresspiegel **höchsten Leuchtturm des Baltikums.** Das gegenwärtige Gebäude stammt von 1957, die Rote Armee hatte den Vorgänger an der selben Stelle in die Luft gesprengt.

Camping

- **Camping Miķeļbāka,** Mobiltel. 27884438, www.mikelbaka.lv. In direkter Nähe zum Leuchtturm Miķeļbāka wurde ein sehr schöner, sympathischer Campingplatz eingerichtet, der eine Übernachtung lohnt. Die zehn hübschen Holzhütten für bis zu fünf Personen mit soliden Doppelbetten kosten 25 Ls. Wer keine Hütte mehr bekommt, kann für 3 Ls pro Person ein Zelt aufschlagen. Die nette Belegschaft serviert Bier vom Fass, und zum Traumstrand sind es ganze 200 Meter Fußweg. Kinderspielplatz, Grillplätze, Lagerfeuer mit Brennholz, Volleyball, Tischtennis.

Slītere-Nationalpark ↗ III/C1

Auf der immer einsamer wirkenden Schotterstraße nach Kolka folgt einige Zeit gar nichts, bis die kleinen Dörfer sich plötzlich wieder häufen. Es ist das Gebiet des Nationalparks Slītere, eines der **unberührtesten und natürlichsten** Flecken im ganzen Land. Seine Pflanzen- und Tierwelt ist einzigartig und unglaublich vielfältig. Es wurden einige **Naturpfade** mit Beschreibungen eingerichtet. Viele Wege sind nur mit Führung zu betreten, wo dann Dachshöhlen und Biberdämme entdeckt werden können (www.slitere.gov.lv, nur auf Lettisch).

Das **Dorf Slītere** ist über die Asphaltstraße P125 zu erreichen, die südlich nach Talsi führt. Zum **Leuchtturm** von Slītere (Slīteres bāka) muss man noch 1,4 Kilometer auf einem

Schotterweg zurücklegen. Er steht sehr weit vom Meer entfernt: 5,3 Kilometer Luftlinie. Der Leuchtturm ist von innen zu besichtigen und zeigt eine kleine **Ausstellung** oben im Turm (täglich 10–18 Uhr, Eintritt 0,50 Ls). Man sieht weit über den großen Naturpark hinweg auf die Ostsee und bei gutem Wetter sogar die etwa 35 Kilometer entfernte estnische Insel Saareema.

Hinter dem Leuchtturm führt ein kleiner Pfad steil abwärts in eine **Schlucht** hinein. Dies war einst die natürliche Grenze in den Lebensräumen der finno-ugrischen und der lettischen Völker. Auch dieser Naturpfad ist nur mit Führer zu erkunden. Eine Art Urwald erwartet hier den Wanderer (Führungen an Wochenenden, 9 Ls pro Person, vorher telefonisch bestellen, Tel. (6)3291066 oder www.slitere.gov.lv).

Livisches Dorf Košrags

Während der Hauptteil des Naturparks rechts der P124 liegt, reicht er links davon bis ans Wasser heran. Eines der originellsten Dörfer direkt am Meer ist Košrags mit einem ganzen **Ensemble von alten Holzhäusern** im Stil der Liven. Jedes Haus, obwohl bewohnt, ist wie ein Ausstellungsstück, daher steht am Ortseingang eine Infotafel, auf der die Gebäude einzeln mit Namen und Lage versehen sind.

Ein weiteres Schild am Wasser verkündet ganz unbescheiden, man befinde sich am **„längsten Strand Europas"**. Damit ist der gesamte Abschnitt an der lettischen Westküste gemeint.

Hörnersammlung

Eine lokale Berühmtheit ist der Sammler *Ivars Hausmanis*. Sein Vater begann vor 35 Jahren mit der Kollektion und so kamen im Laufe der Jahre über **600 Hörner von Wildtieren** zusammen. Einen guten Teil davon präsentiert Hausmanis samt **ausgestopften Adlern** und **Fellen** nun stolz in seinem Haus. Er denkt sogar über eine Erweitung nach. Die „ragu kolekcija" ist von Košrags ausgeschildert.

- **Haus „Purzviedi"**, Tel. 3200179, Mobiltel. 29395624.

Camping

- Neben seiner Hörner-Ausstellung bietet Ivars Hausmanis einen Zeltplatz und eine lettische Sauna zur Benutzung an: **Camping Pītagi**, Košrags, Gästezimmer (DZ 25 Ls), drei Wohnmobil-Stellplätze im Dorf Košrags, 800 Meter vom Meer. Gemeinschaftsdusche und WC.

Vaide

Bei Vaide, dem letzten Dorf an der Route zum Kap, verläuft die Straße nah am Wasser: Nur einen Kilometer muss man zurücklegen, um zum breiten, einwandfreien **Sandstrand** zu gelangen.

101le Foto: mk

Dundaga

↗ III/C2

Von Slītere lohnt sich ein kurzer Abstecher auf dem Asphaltweg ins etwa 15 Kilometer südlich gelegene Dundaga. Dies ist der Heimatort keines Geringeren als von **Crocodile Dundee,** des Mannes, der nach Australien auswanderte und als Vorbild für den Helden des australischen Abenteuerfilms diente. Das **Denkmal eines Krokodils** im Zentrum erinnert an den Sohn dieses kleinen Ortes. Besonders Kinder haben einen Riesenspaß, auf dem Reptil herumzuklettern oder mit ihm für Fotos zu posieren.

Einen Besuch sollte man in Dundaga auch der **mittelalterlichen Burg** abstatten, die heute kulturell genutzt wird. Sie macht einen leicht heruntergekommenen Eindruck, ist aber landschaftlich äußerst schön an einem **See** gelegen und kann auch von innen besichtigt werden.

- **Dundagas pils,** Mo–Fr 9–17 Uhr, Sa, So 11–17 Uhr, Reservierung einer deutschsprachigen Führung Tel. (6)3232293 oder 29444395. Auf dem Gelände hat die Touristeninformation von Dundaga ihr Büro (www.dundaga.lv).

Im Ort betreibt eine 24-Stunden-Tankstelle ihr Geschäft.

Burg Dundaga

Crocodile Dundee – eine australische Legende aus Lettland?

Viele kennen den Filmhelden „Crocodile Dundee" – das Sinnbild des abenteuerlustigen und **unerschütterlichen Australiers.** Doch wer weiß schon, dass es „Crocodile Dundee" wirklich gegeben hat? Und auch noch, dass er ausgerechnet aus Lettland stammte? Mehr noch: Der so australisch klingende Name „Dundee" ist nichts weiter als eine Ableitung von **Dundaga** in der Region Kurzeme, der Heimat eines gewissen *Arvids von Blumenfelds.*

Die **Krokodil-Skulptur** im Zentrum dieses kleinen Ortes erinnert an den berühmt gewordenen Sohn der Stadt, der nach dem Zweiten Weltkrieg nach Australien übergesiedelt sein und sich als **Jäger von Krokodilen** einen Namen gemacht haben soll. Absolute Sicherheit gibt es in dieser Sache jedoch nicht, so wird in vielen offiziellen Berichten über den 1986 gedrehten Film ein gewisser *Rodney Ansell* als Vorbild für den von *Paul Hogan* gespielten Filmhelden angegeben. Ansell war 1977 zwei Monate lang im endlosen australischen Busch nahe der nördlichen Stadt Darwin verschollen gewesen und hatte mit seiner abenteuerlichen Überlebensgeschichte später Aufsehen erregt. Ansell starb 1999 bei einem Schusswechsel mit der Polizei. Der Name Dundee gibt der Interpretation rund um von Blumenfelds aber auch eine gewisse Glaubwürdigkeit. Über den Letten ist allerdings weit weniger bekannt.

Die geheimnisvolle Geschichte erhielt vor wenigen Jahren eine neue Wendung, als der „Sydney Morning Herald" berichtete, dass von Blumenfelds sich offenbar nach seiner Karriere als „Crocodile Shooter" im zentralaustralischen Opal-Abbau-Städtchen Coober Pedy niedergelassen und sich den Namen *Harry von Blumantels* gegeben habe. Er sei in Coober Pedy ein recht auffälliger und eigenartiger Charakter gewesen, der an Feiertagen schon mal laut auf Deutsch singend durch die Straßen lief. Es tut sich also ein neues Rätsel auf: War „Crocodile Harry" womöglich sogar ein Deutscher oder jedenfalls von direkter deutscher Abstammung? Nimmt man die lettischen Endungen weg, so bleibt mit *Arvid von Blumenfeld* ein deutscher Name. Er soll laut „Sydney Morning Herald" im Krieg auf Seite der Deutschen gekämpft haben (allerdings haben dies auch freiwillig und unfreiwillig viele Letten getan).

Viel mehr ist nicht bekannt über diesen Mann. Nur noch, dass die Krokodils-Skulptur von Dundaga ein Geschenk des lettischen Konsulats in Chicago aus dem Jahre 1995 ist. Das gespannte Warten auf neue Enthüllungen geht weiter.

102le Foto: mk

Landspitze Kolkasrags ⇗ III/C1

Das Dorf Vaide ist bereits die letzte ruhige Station vor dem Menschenauflauf (jedenfalls für lettische Verhältnisse) in Kolka. Die Landspitze Kolkasrags ist nicht zu verfehlen, es geht einfach immer geradeaus, bis der Weg endet. Man fragt sich, wo plötzlich die ganzen Leute herkommen, denn auf dem Parkplatz (0,50 Ls pro Stunde, Bezahlung bei der Ausfahrt) versammeln sich im Sommer nur einige Autos. Ein kurzer Fußweg leitet die Besucher zum Strand, wo man dann geradewegs auf die Landspitze zuläuft. Als wollte die Natur den Übergangspunkt ganz besonders verdeutlichen, kann man buchstäblich sehen, wie die Wellen des offenen Meeres und der Rigaer Bucht sich in einem Punkt treffen. In diesem speziellen Abschnitt ist die Ostsee sogar gefährlich, **Baden ist bei Kolkasrags verboten.**

Zwischen den Bäumen, direkt am Strand, steht im Sommer eine **mobile Sauna** *(pirts),* die kurzerhand in einem alten Kastenwagen-Transporter untergebracht wurde.

Die Küste von Kolka bis Roja ⇗ III/C1-2

Kolka ⇗ III/C1

Das Dorf Kolka, dem das Kap Kolkasrags den Namen verdankt, liegt gleich südlich davon an der Rigaer Bucht. Hier ist die Küstenstraße, die die Nummer P131 trägt und zum Fernziel Riga führt, asphaltiert. Kolka selbst ist nicht besonders attraktiv – zu Sowjetzeiten war die gesamte Region ein streng abgeschirmtes **Militärgebiet,** auch wenn es hier schon immer Bewohner gab, wovon die älteren, nicht recht zur Gegend passenden Wohnblöcke zeugen.

Eine Touristeninformation existiert nicht (Kolka gehört zum Kreis Talsi, in dem ein Informationsbüro ist). Es riecht appetitanregend nach **Räucherfisch** und an der Hauptstraße steht den auf der langen, einsamen Strecke ausgehungerten Reisenden der kleine **Supermarkt Top** zur Verfügung (geöffnet 8–22 Uhr). Eine evangelische und eine orthodoxe Kirche ergänzen das Ortsbild.

Uši ⇗ III/C1

Im nächsten Dorf Uši folgt eine rund um die Uhr geöffnete **Tankstelle.** In Uši besteht erstmals nach Kolkasrags wieder Zugang zum Wasser mit einer schönen **Steilküste** (im Dorf links abbiegen und das letzte Stück zu Fuß zum Meer).

Pūrciems ⇗ III/C2

Das kleine Dorf Pūrciems liegt gut 20 Kilometer südlich von Kolka direkt am Meer, kurz vor dem nächsten Ort Ģipka. Hier tun sich **gewaltige Sanddünen** auf (Pūrciema Baltā kāpa). Vom ausgeschilderten Parkplatz an der Hauptstraße gelangt man schnell auf den 900 Meter langen Rundweg. Die Verantwortlichen haben sich die größte Mühe gemacht, mit Hilfe end-

103le Foto: mk

loser Holzstege und -treppen den Besuchern die Besichtigung dieser Naturerscheinung leicht zu machen. Die Dünen liegen nicht etwa direkt am Strand, sondern einige Hundert Meter vom Wasser entfernt im Wald. Von der Holzbrücke aus schaut man in einen erstaunlich tiefen Abgrund aus hellem Sand. Archäologische Untersuchungen dieser faszinierenden Stätte haben gezeigt, dass bereits in der Steinzeit Fischer rund um die Dünen siedelten. Schilder informieren unterwegs über die geologische Entstehung der Dünen.

Kap Kolkasrags – rechts die Rigaer Bucht, links die offene Ostsee

Camping

- **Camping Plaucaki,** Pūrciems, Tel. (6)3267138. Der Campingplatz liegt nah an der großen Straße, aber weit genug entfernt, um ruhig zu sein. Die Rezeption besteht aus einem Kiosk, wo auch Snacks, Getränke und heißes Wasser erstanden werden können. Duschen mit warmem Wasser kosten extra. Von hier erreicht man in wenigen Minuten den Strand und das Meer sowie in einer guten halben Stunde Fußweg die riesigen Sanddünen.

Roja ↗ III/C2

Die Küstenstraße verläuft nun nah am Wasser, aber meist ohne Seeblick, bis in das Hafenstädtchen Roja. Dort dreht sich alles um das Thema Fisch. Besucher können mit einem **Fischerboot auf Ausflugstour** gehen und in einem kleinen, unauffälligen, aber netten **Fischereimuseum** die Geschichte des in dieser Gegend so wichtigen Berufes erkunden. Im Museum wird das typische Wohnzimmer eines Fischers ausgestellt. Außerdem kann man lernen, Fischernetze und Seemannsknoten zu knüpfen.

- **Fischereimuseum,** Selgas iela 33, Tel. 3269594, 10–18 Uhr, Eintritt 0,40 Ls.

Information

- **Touristeninformation Roja,** im Fischereimuseum, www.roja.lv, 10–18 Uhr. Ganztägiger Ausflug zu einer Robbeninsel oder kürzere Tour in die Rigaer Bucht, Tel. 26178372 oder Touristeninformation.

Unterkunft, Essen und Trinken

- **Hotel Roja,** Jūras iela 6, Tel. 3232226. Anständiges, kleines Hotel, DZ ab 30 Ls. In einem echten Fischerhof lassen sich in schöner Atmosphäre geräucherte Meerestiere aller Art und Fischsuppe zum Bier verspeisen.

Talsi

↗ III/C3

Von Roja bietet sich ein weiterer kleiner Ausflug ins Inland an, und zwar auf der P126 in das etwa 40 Kilometer entfernte Städtchen Talsi. Nach der Hälfte der Strecke taucht der Ort **Valdemārpils** auf, der zu Ehren des Urahnen der lettischen Seefahrt, *Krisjanis Valdemars,* benannt wurde. Hier steht die angeblich größte Linde des Baltikums, die **Götzenlinde.** Aus Roja kommend führt noch vor der Ortseinfahrt eine Lindenallee mit Kopfsteinpflaster links zu dem gewaltigen Baum, der am Ende des Weges gegenüber einem Bauernhof thront.

Talsi selbst bietet nach langer Zeit in der „Wildnis“ wieder einmal die Ansicht einer richtigen Stadt, auch wenn der Rahmen mit knapp 13.000 Einwohnern relativ klein bleibt. Der Ort, der keine Sehenswürdigkeiten besitzt, ist schön in die Landschaft mit zwei Seen und sanften Erhebungen eingebettet („Die Stadt der neun Hügel“). Es dominiert die grüne Farbe der Natur. Straßen mit Kopfsteinpflaster und Parks mit Apfel- und Kirschbäumen machen einen freundlichen Eindruck.

Von Talsi aus gelangt man in südlicher Richtung schnell zu den Weinbergen von Sabile und weiter nach Kuldīga. Auf der A10 kommt man, vorbei an Kandava, auf dem schnellsten Weg nach Tukums und dann weiter in Richtung Riga. Dies ist insofern kein großer Verlust, als die **Küstenstraße** P131 zwar sehr nah an der Rigaer Bucht verläuft, aber selten wirklich den Blick durch die Bäume auf das Wasser frei gibt. Es bestehen allerdings immer wieder Möglichkeiten, an den **Strand** heranzukommen und außerdem wartet mit dem gewaltigen, küstennahen Engure-See noch ein Höhepunkt auf der Strecke.

Rund um den Engure-See

↗ VI/B1-2

Von Talsi führt die P127 zurück zur Rigaer Bucht, wo man beim Dorf Upesgrīva auf die Küstenstraße P131 trifft. Im nahen **Mērsrags** ragt, wie der Name bereits verrät, eine weitere kleine **Landspitze** ins Wasser. Von der Hauptstraße führt ein 2,5 Kilometer langer Weg zum **Leuchtturm** ganz am Ende dieses kleinen Kaps mit einer prächtigen Sicht aufs Meer. Das erste Signal sandte er 1875 aufs Meer.

Der sehr große Engure-See (Engures ezers) ist von einem nach ihm benannten **Naturpark** (Engures ezers dabas parks) umgeben und ein weiterer Ort beeindruckender Vielfalt in der Tier- und Pflanzenwelt. Besonders Ornithologen kommen hier auf ihre Kosten: **186 Vogelarten** wurden im Naturpark gezählt. Auch Angler finden schöne Plätze. Ein 3,5 Kilometer langer Pfad erlaubt einen Blick auf einige der 22 im Park wachsenden **Orchideenarten.** Auch **Wildpferde** und **blaue Wildkühe** können mit etwas Glück erspäht werden.

Obwohl der See nah an der P131 liegt, ist er per Auto recht schwer zu erreichen. Am besten fährt man von Mērsrags zum Dorf **Ķipati** oder weiter im Süden kurz vor dem Dorf **Bērzciems** über einen allerdings sehr holprigen Zufahrtsweg an den See heran (www.eedp.lv, schöne Internetseite, auch auf Englisch).

104le Foto: mk

Wassermühle von Rideļi

↗ VI/B2

Ein kleiner Abstecher führt von der P131 kurz vor der Ortschaft Engure nach rechts in das einige Kilometer entfernte Dorf Rideļi (kurz vor Rideļi geht eine Straße nach Talsi rechts ab – diese nicht nehmen, sondern weiterfahren). Hier ist eine Mühle mit riesigem Wasserrad nicht zu übersehen. Sie kann besichtigt werden (Eintritt 0,50 Ls). Wenn gerade niemand da ist, muss man im schräg gegenüber liegenden **Restaurant** nachfragen. Das Lokal ist auf verschiedene Arten von Pfannkuchen spezialisiert, deren Mehl aus der Mühle stammt. Es werden aber auch viele andere Speisen angeboten. Innen ist es gemütlich eingerichtet, doch die extrem idyllische Lage des Gartens und der dortigen Terrasse an einem kleinen Flüsschen mit **Bootsverleih** lohnt unbedingt einen Besuch. Im Haus werden auch einige **Gästezimmer** vermietet (DZ ab 22 Ls).

Von Rideļi kann man direkt weiter nach Tukums gelangen, ohne die selbe Strecke zurückfahren zu müssen.

Unterkunft, Essen und Trinken

• **Hotel Villa Anna,** Apšuciems, Tel. 26122679, www.villaanna.lv. Im Dorf Apšuciems südlich von Engure an der Rigaer Bucht. Auch gut zu erreichen von Tukums (15 km). Sehr stilvoll eingerichtete, äußerst großzügige Zimmer (Blumen-Malereien an den Wänden), einige mit Meerblick. Mit Restaurant inklusive schöner Sommerterrasse, Sauna und kabellosem Internetzugang. DZ ab 50 Ls. Es gibt auch Familienzimmer und Suiten mit Panoramafenstern.

Im Pfannkuchen-Restaurant in Rideļi

Tukums

↗ VI/B3

Die P131 verläuft bis zum Ort Engure noch an der Küste entlang, entfernt sich dann aber von ihr und erreicht knapp 30 Kilometer weiter die Stadt Tukums, die sich selbst gern als „Tor von Kurzeme" bezeichnet, denn sie ist nur 50 Kilometer von Riga und 25 Kilometer von Jūrmala entfernt. Ein Zwischenstopp in Tukums ist empfehlenswert.

Von der **Livländischen Ordensburg** ist hauptsächlich der Turm übrig geblieben. Hier residiert heute das **Stadtmuseum,** das die Geschichte des Ortes vom 12. Jh. bis zur heutigen Zeit rekonstruiert (www.tukumamuzejs.lv).

Schloss Durbe

Sehenswert sind auch die kleine Altstadt rund um die Harmonija iela und das Schloss Durbe, ein älteres Gebäude mit erster dokumentarischer Erwähnung im Jahre 1644, das im 19. Jh. nach **klassizistischer Art** umgebaut wurde (das weiße Säulenportal ist das markanteste Zeichen dafür). 1920 gelangte das Schlösschen in staatliche Hände und dann an den berühmten Dichter *Jānis Rainis,* der es zu einem Erholungs- und Versammlungsort für Lehrer machte. Die **Innenausstattung** ist teilweise rekonstruiert. Kurz darauf wurde ein Museum zu Ehren des Poeten eingerichtet, das aber bald nach Riga umzog. Durbe wurde zum Sanatorium, dann kurz zu einem Krankenhaus und wieder zu einem Sanatorium. So ging es noch weitere Male hin und her, bis das Museum von Tukums 1991 die Kontrolle übernahm und langsam mit der Restaurierung begann. Jeden Samstag demonstrieren Frauen in der **typischen Kleidung des 19. Jh.** den Alltag und die Lebensgewohnheiten der damals hier lebenden Menschen.

Die Bäume im Park stammen aus Deutschland und Sibirien - sie wurden importiert und hier eingepflanzt.

- **Durbes pils,** M. Parka iela 7, Tel. 22633, Besichtigung der Innenräume und ethnografische Ausstellung, geöffnet Di–Sa 9–17 Uhr, So 11–16 Uhr, Eintritt 0,60 Ls, Führungen für Gruppen auch auf Deutsch oder Englisch.

Information

- **Touristeninformation,** Pils iela 3, Tel. 3124451, www.tukums.lv/turisms.

Umgebung von Tukums

Šlokenbekas muiža ↗ VI/B3

Fünf Kilometer östlich von Tukums, im Dorf **Milzkalne,** steht ein weiteres Schlösschen oder Herrenhaus: Šlokenbekas muiža. Das oben beschriebene Durbe war eine Art Ergänzung zu Šlokenbekas, das zwei Jahrhunderte mehr an Geschichte vorweisen kann: Bereits 1484 wurde es erstmals offiziell erwähnt. Es war als **Schutzburg für Tukums** errichtet worden und über die Jahrhunderte wohnten einige der für die gesamte Region wichtigsten Familien in den Gemäuern. Noch heute sind die Schießscharten der Burg deutlich zu sehen.

Auch Šlokenbekas geriet 1920 in staatlichen Besitz. Nach dem Zweiten Weltkrieg nutzten es die Sowjets ganz profan als Station für die Reparatur und Instandhaltung von Straßenbaugeräten und -maschinen. Ganz im Sinne dieser für eine Burg eigenartigen Tradition ist heute in Šlokenbekas das **Lettische Straßenmuseum** untergebracht. Schon draußen auf dem Hof stehen einige historische Straßenschilder, einige davon zweisprachig in Lettisch und Russisch, so wie es zu Sowjetzeiten üblich war. Innen werden anhand von Schautafeln, aber vor allem mit Hilfe echter Maschinen und Geräte die Geschichte und die Technik des Straßenbaus in Lettland erläutert. Man erfährt sogar die Philosophie der verschiedenen Typen des Straßenbelags. Stolz der Exposition ist die britische **Dampfwalze** vom Typ Marshall, ein echter Veteran des Straßenbaus von vor dem Zweiten Weltkrieg. Nur noch ein weiteres Gefährt dieser Art soll existieren.

- **Šlokenbekas muiža,** Tel. 3144331, Mai bis Oktober Di–Fr 9–16 Uhr, Sa, So 10–15 Uhr, November bis April Mo–Fr 9–16 Uhr, Eintritt 0,40 Ls.

Im **Hotel** der Burg stehen 10 Doppelzimmer und ein Mehrbettzimmer zur Verfügung (Tel. 3144319). Einfache Ausstattung, aber garantiert außergewöhnliche Atmosphäre. Räume mit Satelliten-TV und Bad, DZ ab 20 Ls. Außerdem: **Restaurant-Café** (auch für Nicht-Hotelgäste), Sauna, Picknickplätze, Zeltplätze.

Jagdschloss Jaunmoku

Die leicht hügelige Gegend von Milzkalne wird im Winter zu einem **Skigebiet** mit breitem Angebot für Aktivitäten aller Art.

Jaunmoku pils ↗ VI/B3

Kaum weiter als Šlokenbekas liegt Jaunmoku pils von Tukums entfernt. Dieser kleine Palast ist auf jeden Fall den Abstecher wert, zumal man nur einige Kilometer die gut ausgebaute A10 in Richtung Ventspils fahren muss. Von der Hauptstraße aus liegt das Jagdschloss noch einen halben Kilometer nach rechts.

Der halb von Pflanzen zugewachsene **Teich mit Tretbooten** und die grüne, ländliche Umgebung passen hervorragend zu dem leicht verwunschenen Eindruck, den das ganz aus roten Ziegelsteinen geschaffene Gebäude macht. Gleich im Eingangsbereich versetzt ein riesiger, blauer **Kachelofen** mit Motiven aus Riga und Jūrmala die Besucher ins Staunen. Im Vergleich zu anderen Schlössern ist Jaunmoku mit knapp über einem Jahrhundert noch recht jung. Den Auftrag zum Bau gab der damalige Bürgermeister von Riga – Jaunmoku sollte die offizielle **Jagd- und Sommerresidenz** der Hauptstadt sein. Im Zweiten Weltkrieg diente das Bauwerk als Krankenhaus, später als Verwaltungsgebäude für eine Maschinen- und Traktorenfabrik sowie teilweise als Wohnraum für die Arbeiter des Werks.

Heute kann man das Innere besichtigen. Neben der Geschichte des Schlosses und seiner Besitzer und dem

105le Foto: mk

Blick auf das Interieur werden einige weitere Ausstellungen gezeigt, darunter über Wildtiere und alte Jagdwaffen sowie Malerei.

Sehr lohnend ist auch der Aufstieg auf den **Schlossturm** mit einer fabelhaften Sicht über die waldreiche und sanft hügelige Umgebung. Im **Schlosspark** lässt es sich nicht nur elegant spazieren gehen, sondern man kann auch Schach mit riesigen Figuren spielen (0,40 Ls, Informationen an der Rezeption).

- **Jaunmoku pils,** Tel. 3107126, www.jaunmokupils.lv, geöffnet Mo 12–18 Uhr, Di–Fr 9–18 Uhr, Sa, So 10–18 Uhr, Eintritt 0,70 Ls, Führung auf Deutsch 5 Ls. Sieben **Zimmer** im Schloss selbst, fünf im Gästehaus, zwei im Haus am Teich und 20 Zimmer im Stall. DZ ab 25 Ls. **Restaurant-Café,** Sauna, Picknickplätze, Zeltplätze, Bootsverleih, Kutschfahrten. Gäste haben freien Eintritt zu den Ausstellungen im Schloss.

Festungsmuseum von Zante ↗ VI/A3

Ein leider recht schwer zu erreichender Höhepunkt einer Rundreise durch die Region Kurzeme ist das Festungsmuseum in Zante. Dieses sehr originell gestaltete, 1996 gegründete Privatmuseum scheint auf einem Sandweg am Ende der Welt zu liegen. Doch die ein wenig beschwerliche Anreise lohnt sich auf jeden Fall, denn hier werden Tausende von faszinierenden **militärischen Ausstellungsstücken** aus dem Zweiten Weltkrieg präsentiert.

Im Dorf Zante ist das Museum nahe der Hauptstraße leicht zu finden, doch Zante ist nicht über Asphaltstraßen zu erreichen. Bei sehr vorsichtiger Fahrweise und mit genug Zeit im Gepäck kann man sich aber ohne Schaden auf die Schotterpisten wagen. Von Tukums aus geht es am schnellsten auf der P121. Wenn der Asphalt nach zwölf Kilometern aufhört, ist es ungefähr noch einmal so weit auf der unbefestigten, aber befahrbaren Straße. Kürzer ist die Anreise von Saldus. Hier muss man nur ungefähr sechs Kilometer auf nicht asphaltierten Wegen hinter sich bringen.

Der Rundgang beginnt draußen. Es geht vorbei an einer Sammlung von alten Uniformjacken (Wehrmacht und Rote Armee), an einem Munitionslager und einem **US-amerikanischen Geländewagen** zu einem **sowjetischen Panzer.** Die Besucher können in das Gefährt hineinrobben und wie ein Panzerfahrer von innen durch den Sehschlitz schauen. Gleich daneben steht ein **Propellerflugzeug** der Russen und anschließend wird man in einen kleinen Bunker geführt, in dem man heute sogar übernachten kann. Der Besitzer und die sehr sympathischen Mitarbeiter geben sich größte Mühe, westlichen Touristen alles auf Englisch zu erklären, besser geht es natürlich auf Russisch.

Wem dies alles ein zu spielerischer Umgang mit dem schrecklichen Thema des Krieges ist, der wird die Ausstellung der Innenräume zu schätzen wissen, wo die Ereignisse, besonders von 1944 und 1945, dargestellt und aus kurländischer Sicht rekapituliert werden. Man erfährt von den Opfern, den lettischen Soldaten, die in die Wehrmacht eingezogen wurden und den Ereignissen an der Front bis zum Kriegsende. Alte Original-Utensilien von lettischen Soldaten in der Wehrmacht ergänzen die Exposition.

- **Kurzemes cietokšņa muzejs,** Skolas iela 8a, Tel. 3156692, geöffnet im Sommerhalbjahr Mi–So 10–17 Uhr, Eintritt 1,50. Übernachtung im Bunker (Auskunft im Museum), es stehen auch normale Gästezimmer zur Verfügung, Preis 6 Ls pro Person.

Man kann von Zante über kleine Straßen zum Schloss Jaunpils gelangen, ohne den Umweg über Tukums oder Saldus zu nehmen. Es ist eine deutliche Abkürzung, verlangt aber 20 Kilometer Fahrt auf der Schotterpiste.

Schloss Jaunpils

↗ X/A-B1

Das vierte Objekt im Bunde der Schlösser und Burgen in der Region Tukums ist gleichzeitig das älteste und das am weitesten von der Stadt entfernte, nämlich 26 Kilometer südlich an der P104.

Die weiße Burg mit dem roten Dach und dem charakteristischen dicken, runden Turm entstand bereits 1301 auf Geheiß des livländischen Ordensmeisters. In dem bei der wechselhaften Geschichte erstaunlich langen Zeitraum von 1576 bis 1920 gehörte das Bauwerk der Familie *von der Reke.* Eine der Töchter dieser Familie erreichte weltweite – und bis zum heutigen Tag andauernde – Berühmtheit durch **Ludwig van Beethovens Stück „Für Elise“,** das eben jener Frau gewidmet war. Ein Porträt *Elises* hängt noch heute in der Burg.

Im 18. Jh. wurde das mittelalterliche Bollwerk mit einigen Barockelementen versehen. Bei der Revolution von 1905 beschädigte ein Feuer Jaunpils schwer, doch obwohl ein Großteil der Innenausstattung verloren ging, sieht das Äußere nach einer grundlegenden Restaurierung sehr gut und authentisch aus. Im 20. Jh. diente das Gebäude lange Zeit für die Zucht verschiedener Tiere, seit den 1970er Jahren wurden Wohnungen für Arbeiter eingerichtet. Heute gehört die Burg der Stadt und es sind ein **Kulturzentrum** und ein **Museum** hier untergebracht. Neben den Innenräumen sind Ritterrüstungen, Waffennachbildungen und Miniaturen der Burgen von Jaunpils und Dobele zu besichtigen. Zum Ensemble gehört auch eine Kirche direkt gegenüber und eine **Wassermühle.**

Eigenartig ist der Name dieses Ortes, denn das Dorf, in dessen Gemeinde die Burg liegt, heißt Jaunpils. Das lettische Wort für „Schloss“ oder „Burg“ ist *pils.* Daher heißt dieses Bauwerk offiziell „Jaunpils pils“.

- **Jaunpils pils,** Tel. 3107081, www.jaunpilspils.lv, tägl. 10–17 Uhr, Eintritt in Burg, Mühle und Kirche 1,30 Ls, nur Burg 0,80 Ls. Mit **Hotel,** Tel. 9447859, vier Doppel- und fünf Mehrbettzimmer, schön und angenehm eingerichtet, allerdings Bad auf dem Flur. Dafür ist es sehr günstig: DZ mit getrennten Betten ab 12 Ls, mit Doppelbett ab 20 Ls. Frühstück auf Bestellung. Rustikales **Lokal Krogs,** geöffnet 10–20 Uhr.

108le Foto: mk

Zemgale – der Süden

117le Foto: mk

Das bekannteste Schloss Lettlands: Pilsrundāle

Die Daugava bei Jēkabpils

Überblick

Zemgale (deutsch **Semgallen**) ist die kleinste der lettischen Regionen – und was die Bevölkerung angeht sogar kleiner als die Hauptstadt mit ihrer Umgebung. Auch wenn es historisch als eigenständiges Gebiet verankert ist, so ist Zemgale in der Geschichte doch immer wieder mit Kurland (Kurzeme) zusammengefasst und damit „vereinnahmt" worden. Selbst im lettischen Wappen oder beispielsweise auf dem Kopf der Freiheitsstatue von Riga sind nur drei Sterne als Symbol für die Regionen des Landes zu sehen: Kurland, Livland und Lettgallen. Auch wenn Zemgale also manchmal unter den Tisch fällt, so fungiert es geografisch wie ein Bindeglied zwischen den großen Regionen, denn es dehnt sich stark in die Breite aus.

Dies hat auch Folgen für Besucher: Kaum ein Tourist wird wahrscheinlich eine gezielte Zemgale-Rundreise machen – während sich für Vidzeme, Kurzeme und Latgale solche Routen durchaus anbieten. Der Westteil mit Jelgava, Dobele und Bauska bietet sich in Verbindung mit einer Kurzeme-Reise oder einem Riga-Besuch an. Der Mittelteil an der Daugava mit Jaunjelgava und Koknese lässt sich ebenfalls gut mit Riga oder auch mit Vidzeme verknüpfen. Im östlichen Abschnitt der Region folgt man am besten dem Fluss nach Daugavpils, der Hauptstadt von Latgale.

Dennoch ist Zemgale eine eigenständige Region, nicht nur historisch, sondern auch in der gegenwärtigen administrativen Aufteilung Lettlands. Sie hat zwar keine Meeresküste zu bieten, dafür aber einige der wichtigsten **Schlösser und Burgen** des Landes sowie die einmalige Route entlang der **Daugava.**

Jelgava

↗ XI/C1

Fast könnte Jelgava noch zu Riga und Umgebung gezählt werden, doch sowohl historisch als auch heute ist die Stadt viel zu eigenständig, um von der nur 42 Kilometer nördlich gelegenen Hauptstadt vereinnahmt zu werden – auch wenn viele Bewohner Jelgavas täglich zur Arbeit nach Riga pendeln. Jelgava, das früher unter dem deutschen Namen **Mitau** und später als russisches Mitawa lange Zeit der politisch zweitwichtigste Ort Lettlands war, schmückt sich mit dem Titel „Hauptstadt Zemgales".

Berühmt sind das gewaltige und gerade frisch herausgeputzte Schloss im Zentrum an der Lielupe sowie die Academia Petrina. Einige schöne Kirchen aller drei großen christlichen Konfessionen runden das Bild ab. Das war es dann aber auch schon – weitere touristische Höhepunkte sucht der Reisende hier vergebens. Das Büro der Touristeninformation – anders als an den meisten Orten des sehr besucherfreundlichen Lettlands – ist am Wochenende gar nicht geöffnet und

Das Barockschloss von Jelgava diente Napoleons Truppen als Lazarett

107le Foto: mk

selbst an Werktagen bleibt es mittags geschlossen.

Die Bedeutung des etwa 66.000 Einwohner zählenden Jelgava zusammengefasst: Man sollte es wegen des Schlosses und der Akademie gesehen haben, aber länger als drei Stunden wird kaum jemand im Ort verbringen. Diejenigen, die sich doch etwas mehr Zeit nehmen, erleben eine lebendige, russisch dominierte lettische Stadt im Umbruch.

Stadtgeschichte

Im 13. Jh. erkor der deutsche Schwertbrüderorden das Gebiet des heutigen Jelgava zum Stützpunkt aus, um die Region Semgallen zu erobern, die bis dahin noch von den einheimischen Stämmen kontrolliert worden war. Sie nannten den neuen Ort **Mithow** (manchmal taucht in den Quellen auch „Mitau" auf). Die Liven wählten später jedoch einen anderen Namen: **Jelgab.** Dies hieß soviel wie „Stadt in niedriger und feuchter Lage".

Vom 16. bis zum Ende des 18. Jh. gehörte Jelgava zum Herzogtum Kurland-Semgallen, 1573 erhielt es die Stadtrechte und fünf Jahre später war es bereits die **Hauptstadt des Herzogtums.** Diese Rolle wurde unterbrochen von der Teilung des Herzogtums 1596. Der Herzog Semgallens, *Friedrich Kettler,* war nun der Herrscher des Gebietes ohne Kurland. Doch 1617 vereinigten sich die Herzogtümer erneut und Jelgava erhielt seine Hauptstadtfunktion zurück. Als die Union aus Polen und Litauen im 17. Jh. das Zepter in der Region übernahm, hieß der Ort „Mitawa“. In den polnisch-schwedischen Kriegen litt Jelgava wiederholt unter kräftezehrenden **Belagerungen.** Letztlich waren es weder Schweden noch Polen und Litauer, die in Semgallen an der Macht blieben. Vielmehr geriet die Region unter russische Kontrolle. Die Gräfin *Anna Iwanowna,* die hier von 1711 bis 1730 regierte, wurde später zur Zarin *Anna I.* des Russischen Reiches.

Doch es war auf Erlass von **Graf Ernst Johann von Biron,** dass die beiden Einrichtungen gebaut wurden, für die Jelgava noch heute berühmt ist: Das Schloss und die **Academia Petrina.** Von Biron war ein Deutschbalte, der sich geschickt die Gunst der Gräfin gesichert und großen Einfluss auf sie ausgeübt hatte. Seine erstaunliche und kuriose Lebensgeschichte ist ein eigenes Buch wert.

Jelgava, das ein kleines Nest in der Provinz irgendwo zwischen West- und Osteuropa hätte bleiben können, wurde zu einem wichtigen **Zentrum für Handel und Diplomatie** im 18. und 19. Jh. 1775 wurde die Academia Petrina gegründet, an der zahlreiche in- und ausländische Elitestudenten ihre Ausbildung genossen. Die Akademie existiert heute nicht mehr, doch das Gebäude ist eine Besichtigung wert.

Mitte des 19. Jh., nach 73 Jahren Zugehörigkeit zum Zarenreich, erhielt Jelgava eine **Eisenbahnverbindung** und die **Industrie** in der Stadt blühte

auf. Immer mehr Arbeiter und Handwerker bevölkerten den Ort, der 1914 bereits 45.000 Einwohner zählte. Im Ersten Weltkrieg besetzten deutsche Truppen die Stadt. 1919 war Jelgava Schauplatz schwerer Auseinandersetzungen zwischen Sowjets, deutschen Freischärlern und lettischen Freiheitskämpfern. In der Zwischenkriegszeit hatte Jelgava den Rang einer der wichtigsten Städte des freien Lettland. Im **Zweiten Weltkrieg** wurde es zu 90 %

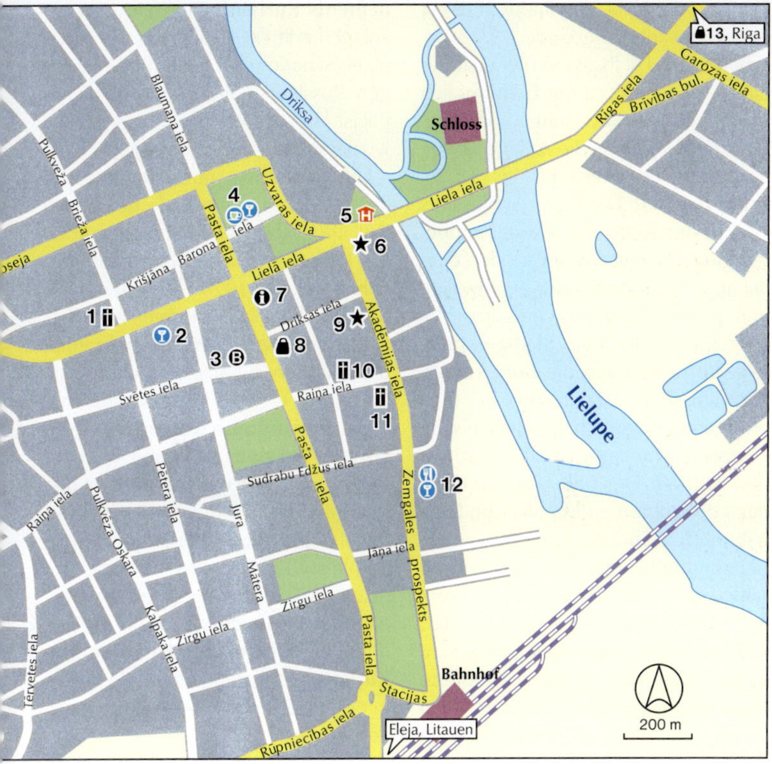

zerstört und das historische Zentrum war praktisch verschwunden. Nach dem Krieg wurde die Stadt ganz im Sowjetstil wieder aufgebaut.

Sehenswertes

Öffentliche Verkehrsmittel innerhalb der Stadt sind für Besucher normalerweise nicht notwendig, denn die Sehenswürdigkeiten liegen sehr dicht beisammen. Straßenbahnen und Stadtbusse verbinden aber alle Teil Jelgavas miteinander.

Schloss

Hauptattraktion ist unzweifelhaft das Schloss von Jelgava, in dem heute die **Lettische Landwirtschaftliche Universität** ihren Sitz hat. Der Palast ist aus dem Zentrum nach wenigen Schritten erreicht. Man geht zum Fluss Lielupe, von dort führt eine Fußgängerunterführung unter der breiten

Hauptstraße Lielā iela hindurch direkt zum imposanten Gebäude.

Bereits im 14. Jh. stand hier erstmals eine klassische Burg mit Ecktürmchen und Ringmauer. Zu Zeiten von *Gotthard Kettler* wurde die Anlage um eine Kirche erweitert. Bis ins 18. Jh. stand das mittelalterliche Schloss. Es war weder Krieg noch Katastrophe, was dem massiven Bauwerk den Garaus machte, sondern der eigenwillige und machtbesessene Graf *Ernst Johann von Biron* (siehe „Stadtgeschichte"). Von Biron ließ die Burg kurzerhand abreißen und den Bau eines neuen Palastes beginnen. Der italienische Architekt *Francesco Rastrelli* erhielt den Auftrag. Der Bau begann, doch nach drei Jahren – die politische Lage hatte sich geändert – mussten die Arbeiten abgebrochen werden. Erst 23 Jahre später konnte Rastrelli sein Werk fortsetzen, um acht Jahre später, 1771, sein **barockes Meisterstück** zu vollenden. Graf von Biron residierte noch kurz in dem Gebäude, nachdem er jahrzehntelang in der politischen Bedeutungslosigkeit verschwunden und beinahe sogar zum Tode verurteilt worden war.

Der Palast ist in Hufeisenform gestaltet und hat als Grundfarbe ein dunkles, bräunliches Rot, das passenderweise an den Farbton der erst viel später entstandenen lettischen Flagge erinnert. Die vielen Fenster sind weiß umrahmt und verziert. 1788 richtete ein Großbrand erheblichen Schaden an, der Palast wurde aber wieder hergerichtet. In der russischen Zeit wurde das Gebäude zum **Sitz des Gouvernements Kurland.** Die Befestigungsanlagen erlitten Anfang des 19. Jh. einigen Schaden. Bei seinem Vormarsch gen Russland richtete **Napoleon** im Palast ein Lazarett ein, bevor Jelgava wieder in russische Hände fiel.

Die deutsche Armee brannte auf ihrem Rückzug zum Ende des Ersten Weltkriegs das Gebäude nieder, doch die lettische Landwirtschaftskammer nahm sich ab 1920 des Wiederaufbaus an. Die unheilvolle Serie ging aber weiter: Im Zweiten Weltkrieg brannte der Palast erneut aus, die Rekonstruktion wurde erst 1961 abgeschlossen.

Die **Innenräume** waren einst reich geschmückt und gefüllt mit Rokoko-Ausstattung. Das wenige, das von diesem Interieur im Erdgeschoss übrig ist, bleibt heute den Studenten der Hochschule vorbehalten: Eine Tour für Touristen wird von der Stadt Jelgava nicht angeboten. Besichtigen kann man jedoch die **Grüfte der Herzöge von Kurland.** Der geheimnisvolle Keller mit den reich verzierten Särgen ist einen Abstieg wert.

Im Park zwischen den Flüssen Lielupe und Driksa sind noch einige Teile der ehemaligen **Befestigungsanlage** ausgestellt.

- **Jalgavas pils,** Lielā iela 2, Tel. (6)3005617 muzejs@llu.lv. Die **Grüfte** sind täglich 10–16 Uhr geöffnet, Nov. bis April nur werktags, Tel. 3025329, Kartenverkauf bei der Touristeninfo. Der Eingang ist an der zur Stadt weisenden Vorderseite des Schlosses.

In der Altstadt

Der Weg vom Palast zurück ins Zentrum führt wieder unter der Lielā iela hindurch und dann mit dem Fluss im

Rücken geradeaus. Die zweite Straße links ist die Akadēmijas iela. Direkt an der Straßenmündung steht ein **Denkmal von Janis Čakste** (1859–1927), dem ersten Präsidenten der Republik Lettland. Dieser historische Staatsmann ist ein Sohn Jelgavas. Er wurde in Lielsesava südlich von Jelgava an der litauischen Grenze geboren. In der Akadēmijas iela 36 lebte er während seiner Schulzeit, nebenan in der Katoļu iela 23 dann von 1908 bis 1915, bevor er die Stadt verließ. Vorher war er bereits in St. Petersburg offizieller Abgeordneter für seine Region im zaristischen Parlament gewesen.

Im Hintergrund, ganz am Anfang der Straße, steht der **Glockenturm** der evangelischen **St. Trinitatiskirche** von 1688 (Akadēmijas iela 1), der großteils im Originalzustand erhalten ist – ohne zugehörige Kirche. Damit ist er eines der ältesten Gebäude der durch Kriegszerstörungen um so viele historische Objekte beraubten Stadt. An der selben Stelle war im Jahre 1522 die älteste Kirche Jelgavas erbaut worden.

Die Akadēmijas iela selbst ist die interessanteste Straße Jelgavas, denn hier sind neben den unten erwähnten Sehenswürdigkeiten einige schöne **Jugendstilhäuser** zu entdecken – auch wenn sie zum Teil recht verfallen und abgebröckelt aussehen und nur langsam restauriert werden.

Academia Petrina

Mehr Informationen und Ausstellungsstücke zum Schloss von Jelgava und vieles mehr erwarten den Besucher im **Geschichts- und Kunstmuseum,** das im kürzlich wieder hergestellten **barocken Gebäude** der Academia Petrina untergebracht ist. Das Bauwerk wurde 1775 fertiggestellt, auch hierfür hatte Graf Ernst Johann von Biron die Verantwortung. Kein Wunder also, dass die Akademie im Erscheinungsbild stark an das Schloss von Jelgava erinnert: das gleiche erdige Rot als Grundfarbe, Weiß für die Umrahmung der Fenster und ähnliche Verzierungen. Nachdem er aus dem Abseits an die Macht zurückgekehrt war, ließ von Biron die Akadamie dort erbauen, wo Gräfin *Anna Iwanowna* – die spätere Zarin von Russland – residiert hatte. Doch es war sein Sohn *Peter,* der die Einrichtung als **Universität** mit vier Fakultäten vollendete.

Im 35 Meter hohen **Turm,** der zentral auf dem Gebäude ruht, war bis 1919 das erste astronomische Observatorium Lettlands untergebracht. Wie die meisten Bauwerke Jelgavas blieb auch die Akademie im Ersten wie im Zweiten Weltkrieg nicht von schweren Zerstörungen verschont. Sie wurde nach Ende der Kriegshandlungen jeweils wieder aufgebaut. Doch nach der Sowjetzeit hatte das Gebäude erneut an Glanz verloren und der Putz begann zu bröckeln. Daher wurden 50 Jahre nach der letzten Rekonstruktion wieder Erneuerungsarbeiten in Angriff genommen, die 2008 abgeschlossen werden konnten.

Im Museum wird sowohl die Geschichte der Herzogtümer Kurland und Semgallen von 1561 bis 1795 als auch die Historie der Stadt Jelgava von der Gründung bis in die heutige

Zeit sehr anschaulich dargestellt. So sitzt eine Figur des Grafen in voller Pracht am Tisch, die **Ausstattungen der Räume** sind authentisch nachempfunden und an den Wänden hängen historische Landkarten.

Sehenswert ist auch die Ausstellung von Werken des berühmten lettischen **Malers Ģederts Eliass,** dessen Denkmal vor dem Gebäude platziert wurde – zusammen mit vier großen Kanonen aus der Zeit des Herzogtums Kurland. Hinzu kommen wechselnde, teilweise sehr sehenswerte **Kunstausstellungen.**

- **Academia Petrina,** Akadēmijas iela 10, Tel. 63023383, www.jvmm.lv, geöffnet Mo–Fr 10–17 Uhr.

Russisch-orthodoxe Kathedrale

Nicht zu verpassen ist die russisch-orthodoxe Kathedrale (Raiņa iela 5), nur wenige Schritte hinter der Academia an der Kreuzung von Akadēmijas iela und Raiņa iela. Es scheint, als hätte der Architekt *Francesco Rastrelli* im 18. Jh. jedes wichtige Gebäude der Stadt entworfen, denn neben dem Palast und der Akademie war Rastrelli auch für den Bau dieser Kirche verantwortlich – auf Befehl der **Zarin Katharina der Großen.** Es war die erste in der Region Kurland und Semgallen. Allerdings ist es nicht sein Werk, das heute hier zu bewundern ist: Ende des 19. Jh. wurde eine neue Kirche mit fünf Türmen an Stelle von Rastrellis Objekt im **russisch-byzantinischen Stil** errichtet.

Die nach den orthodoxen Heiligen Simeon und Anna benannte Kirche mit ihren schneeweiß getünchten Mauern und den großen und kleinen, blau-golden strahlenden Zwiebeltürmen zieht die Aufmerksamkeit auf sich. Im russisch dominierten Jelgava, wo Lettischsprachige die Minderheit bilden, kann man dieses Gotteshaus als **Hauptkirche der Stadt** bezeichnen. Ein Blick ins reich geschmückte Innere lohnt sich – besonders, wenn gerade ein Gottesdienst abgehalten wird. Wer eine Messe miterleben möchte, sollte sich sehr unauffällig und respektvoll im Hintergrund halten.

Der **Glockenturm** der Kathedrale kann besichtigt werden (Anfragen in der Kirche selbst oder in der Touristeninformation).

Katholische Kathedrale

Nur eine Kreuzung entfernt an der Katoļu iela 11 („Katholische Straße") liegt die **Georg- und Marienkirche,** die katholische Kathedrale der Stadt. Das rote Backstein-Bauwerk mit dem hohen, spitzen Turm ist ebenfalls ein weithin sichtbares Wahrzeichen Jelgavas. Mit dem Baujahr 1906 ist sie erst ein gutes Jahrhundert alt. Ihr Inneres ist eher schlicht gehalten und die Kirche strahlt durch ihre beachtlichen Ausmaße Erhabenheit und Ruhe aus. Schön gestaltet und verziert präsentiert sich das Eingangsportal.

St. Annenkirche

Ein großes **evangelisches Gotteshaus** zieht an der Ecke Lielā iela und Brieza iela die Aufmerksamkeit auf sich: Die St. Annenkirche von 1638. Ein kleiner Umweg lohnt sich allein schon wegen der mächtigen **Martin-**

Luther-Eiche, die 1883 im Gedenken an den 400. Geburtstag des Reformators vor der Kirche gepflanzt wurde.

Praktische Tipps

Information

- **Touristeninformation,** Pasta iela 37, Tel. 3022751, geöffnet Mo–Do 8–17 Uhr, Fr 8–15.30 Uhr, Sa, So geschlossen, www.jrp.lv und www.jelgava.lv (Website nur auf Lettisch und Russisch). Hilft bei Reservierungen, der Buchung von Ausflügen und der Suche von Unterkünften.

Behinderte

Die Bedingungen für Behinderte haben sich in den letzten Jahren auch in Jelgava verbessert, doch Rollstuhlfahrer werden immer noch vielen unüberwindlichen Hindernissen ausgesetzt. Der Weg zum Schloss aus dem Zentrum ist ohne Stufen zu bewältigen.

Notfälle und nützliche Adressen

- **Apotheken:** Jelgava Pils aptieka, Akadēmijas iela 2, Tel. 3023966; Jelgavas aptieka, Lielā iela 5, Tel. 3020216; Jelgava Lielā aptieka („Die große Apotheke"), Uzvaras iela 3, Tel. 3024230.
- **Post:** Pasta Centrs Jelgava, Katoļu iela 2b, Tel. (6)3012445, geöffnet Mo–Fr 7–19 Uhr, Sa 7–16 Uhr; weiteres Postamt: Driksas iela 4 (im Einkaufszentrum Pilsētas pasāža), Tel. (6)3022857, täglich 10–21 Uhr.
- **Internet:** im Einkaufszentrum Pilsētas pasāža, Driksas iela 4, Ecke Pasta iela; Silva, Driksas iela 7.
- **Hotspots:** Kabelloser Internetzugang in den drei Statoil-Tankstellen in und um Jelgava: Satiksmes iela 29, Brīvības bulvāris 1, Akadēmijas iela 20.

Geld

Banken, Wechselstuben und Geldautomaten sind in Jelgava ausreichend vorhanden. In den größeren Hotels und Restaurants sowie in modernen Geschäften werden Visa und Mastercard meist akzeptiert. In kleineren Cafés und Läden oder bei Gästezimmern und Pensionen kann es damit allerdings Probleme geben.

Unterkunft

- **Hotel Jelgava,** Lielā iela 6, Tel. 3026193, www.hoteljelgava.lv (auch auf Deutsch). Touristen wählen oft diese Unterkunft. Das Hotel liegt sehr zentral, hat einen guten Dreisterne-Standard, eine gemütliche Einrichtung und ein breites Service-Angebot mit Sauna, türkischer Sauna, Kosmetiksalon, Café, kabellosem Internetzugang über einen Hotspot, Autovermietung und Vermittlung von Ausflügen. Das Personal ist auf fremdsprachige Gäste eingestellt. Große, angenehme Zimmer bis zu 25 m². DZ 31 Ls, Luxuszimmer 45 Ls, Frühstück mit Büffet 3,50 Ls.

Essen und Trinken

- **Tris Pingvini,** Driksas iela 4, Tel. 29621580. Pizzeria-Restaurant mit dem sympathischen Namen „Die Drei Pinguine". Ordentliches Standardessen, sehr günstig. Im Einkaufszentrum Pilsētas pasāža.
- **Stolovaja Nr. 5,** Driksas iela 4, Tel. 29621580. Russisches (slawisches) Restaurant, ebenfalls im Einkaufszentrum Pilsētas pasāža. Russische Küche nach Hausmannsart mit Pelmeni, Borschtsch und anderen sehr günstigen Leckerbissen – im russisch dominierten Jelgava auf jeden Fall authentisch.
- **Silva,** Driksas iela 7/9, Tel. (6)3084899, Café geöffnet 8–20 Uhr, So 9–20 Uhr, Restaurant 12–24 Uhr, So geschlossen. Behindertengerecht, Internetzugang. Neben dem Einkaufszentrum.
- **Crash,** Akadēmijas iela 21, geöffnet So–Di 11–24 Uhr, Mi, Do 11–1 Uhr, Fr, Sa 11–2 Uhr, Tel. (6)3010000, www.crash.lv. Modern gestaltetes Restaurant im Stil eines amerikanischen Diners, mit Bowlingbahn. Wegen der langen Öffnungszeiten beliebter Treffpunkt.
- **Chocolate & Pepper,** Kr. Barona iela 6, Tel. (6)3024925. Preiswertes Café und Bar im Gebäude des Kulturhauses der Stadt Jelgava.

Am Abend

- **Jelgavas baltie krekli,** Lielā iela 19a, Tel. 3022259. Bar, Nachtklub, mit Konzerten und Kabarettvorstellungen.

Einkaufen

- **Pilsētas pasāža,** dieses übersichtliche, aber moderne, 2004 eröffnete Einkaufszentrum bietet auf zwei Etagen eine Vielzahl an Cafés, Imbissen, Restaurants und Geschäften aller Art, mit Bekleidung und Schuhen bis hin zu lettischer Seife und Schokolade. Der große **Supermarkt Maxima** im Inneren ist täglich bis Mitternacht geöffnet (Alkohol darf aber wie überall in Lettland nur bis 22 Uhr verkauft werden).
- **Latvijas keramika A,** Rīgas iela 67, Tel. 3022868, www.keramika.lv. Souvenirs, besonders einige schöne Keramikprodukte im Stil der Region. Etwas außerhalb in Richtung Riga.

Verkehrsverbindungen

- **Auto:** Die A8 führt von Riga direkt nach Jelgava. Einige Kilometer vor der Ortseinfahrt geht die Trasse in eine kleinere Landstraße über. Die Fahrzeit beträgt unter einer Stunde.

  Autofahren innerhalb Jelgavas stellt kein Problem dar. Am Straßenrand oder auf Parkplätzen stehen genug Parkmöglichkeiten zur Verfügung.
- **Bahn:** Die Fahrzeit beträgt von Riga zwar nur gut 40 Minuten, doch es verkehren nur gerade einmal zwei Diesel-Züge täglich nach Jelgava. Es gibt aber auch die Vorortbahn, die den ganzen Tag über mindestens einmal pro Stunde verkehrt (ca. 1 Ls pro Ticket). Abgesehen von Riga lohnt sich die Anreise mit der Bahn nicht. Aus dem westlettischen Liepāja fährt nur ein Zug am Tag.

  Wer am Bahnhof (Dzelzceļs, Stacijas laukums) ankommt, ist nicht weit vom Zentrum entfernt. Wenn man den Zemgales prospekts einige Hundert Meter geradeaus läuft, geht die Straße in die sehenswerte Akadēmijas iela über.
- **Bus:** Wesentlich größer ist das Angebot an Linienbussen und Minibussen, die den sehr zentral gelegenen Busbahnhof (Jelgavas Autoosta, Pasta iela 26, wenige Schritte von der Touristeninformation, 6–23 Uhr, Fahrpläne unter www.autoosta.lv) von allen Richtungen des Landes ansteuern. Busse verkehren täglich unter anderem nach Tērvete, Dobele, Bauska, Riga und Ventspils. Viele Rigaer bevorzugen die Minibusse, die noch häufiger und flexibler verkehren und bei denen man jederzeit ein- und aussteigen kann.

Dobele

↗ X/B1-2

Dobele liegt gut 30 Kilometer von Jelgava entfernt. Man erreicht es auf der einfachen, aber ordentlichen P97 in westlicher Richtung. In dem Ort mit gut 11.000 Einwohnern sollte man auf jeden Fall einen Stopp machen, um die Ruinen der **Livländischen Ordensburg** zu bestaunen, die am Fluss Bērze über dem Städtchen thronen.

Vor über 750 Jahren tauchte Dobele erstmals in historischen Quellen auf (die Bewohner feierten das Jubiläum im Jahr 2004), doch es bestand zunächst nur aus einer kleinen Siedlung von Holzhütten. In den Livländischen Kriegen Ende des 16. Jh. wurde das Dorf dem Erdboden gleich gemacht und an seiner Stelle entstand die Ordensburg, in deren Umkreis der Ort Doblen, wie er auf Deutsch hieß, zu wachsen begann.

Vom Parkplatz schlängelt sich ein schmaler Weg hinauf zur Burg. Der offizielle Aufstieg ist einige Schritte weiter an der Hauptstraße gelegen. Heute sind nur noch Reste der massiven Grundmauern übrig geblieben, zwischen denen man auf einer grünen Rasenfläche umherwandern und schö-

109le Foto: mk

ne Motive zum Fotografieren suchen kann. Einige kommen auch einfach her, um sich auf den Rasen zu setzen, ihren Proviant auszupacken und in stilvoller Umgebung eine Imbiss-Pause einzulegen.

Die Burg soll restauriert werden. Unklar ist noch, wie weit dieser Wiederaufbau gehen soll.

Die schneeweiße **evangelisch-lutherische Kirche** im Zentrum von Dobele (Baznīcas iela 1) ist bereits ein halbes Jahrtausend alt. Sie wurde 1495 auf Anweisung des legendären livländischen Ordensmeisters *Wolter von Plettenberg* errichtet. Inzwischen wurde sie mehrmals umgebaut, sodass vom ursprünglichen Gebäude kaum etwas übrig ist.

Hübsch ist in Dobele der kleine **Marktplatz** (Tirgus laukums). In den 1960er Jahren hieß er „Sowjetplatz", ein Name, dessen sich die Letten nach der Wiedergewinnung der Unabhängigkeit schnell entledigten.

Information

- **Touristeninformation,** Brīvības iela 15, Tel. (6)3707255, Mobiltel. 26136682, turisms@dobelesrp.lv.

Romantisches Plätzchen: die Ruinen von Dobele

Nützliche Adressen

- **Post:** Uzvaras iela 3, Tel. (6)3781324, geöffnet Mo–Fr 7–19 Uhr, Sa 8–16 Uhr.
- **Internet:** Regionalbibliothek, Brīvības iela 3, Tel. 3722013.

Unterkunft

- **Hotel Dobele,** Uzvaras iela 2, Tel. (6)3721229, hoteldobele@ilva.lv. Ordentlich geführtes Hotel, sehr zentral, mit 28 geräumigen Zimmern und breiten Doppelbetten. Internetzugang, Hotspot in den Zimmern und im Restaurant. Parkplatz und Garage (kostet extra). DZ ab ca. 20 Ls.

Essen und Trinken

- **Martinroze,** Tirgus laukums 3, Tel. 3722962. Typisch lettische Kafejnīca, diese einmalige Mischung aus Bistro, Café und Restaurant. Günstiges und leckeres Essen direkt am Marktplatz.
- **Miltinkrogs,** Miltiņi, Tel. 29179707. Rustikaler und gemütlicher Gasthof mit lettischer Küche nahe Dobele an der Straße Richtung Jelgava.

Tērvete

↗ X/B2

Der kleine Ort Tērvete ist im ganzen Land vor allem wegen seines beliebten Bieres bekannt. Doch die kleine **Brauerei Tērvetes,** die gar nicht im Dorf selbst liegt, ist keineswegs die einzige Attraktion. Ein **großer See und ein Naturpark** mit hervorragenden Wanderwegen machen Tērvete zu einem Muss für jeden Reisenden, der sich dieser Region auch nur nähert. Von Dobele kommend, fährt man knappe 20 Kilometer auf der P103. Einige Kilometer vor Tērvete liegt auf der linken Straßenseite die kleine Brauerei. Von Jelgava aus führt die P95 direkt nach Tērvete – Fahrstrecke knapp über 20 Kilometer.

Tērvete ist so klein, dass es nur ein Geschäft hat und eine kleine Tankstelle, die abends zum Dorfladen mutiert. Besonders kurios erscheint, dass es hier kein Tērvetes-Bier zu kaufen gibt, sondern nur andere Sorten.

Naturpark

Für den großen und schönen Naturpark von Tērvete sollte man mindestens einige Stunden einplanen. Egal, aus welcher Richtung man anreist: Tērvete ist so übersichtlich, dass der Eingang zum Park nicht zu übersehen ist. Das Auto bleibt draußen, Wertsachen muss man also mitnehmen (auch wenn selten etwas passiert).

Im Park fällt als erstes auf, wie hügelig, ja bergig, er ist. Das **Flüsschen Tērvete** schlängelt sich in seinem Tal durch kleine, malerische Schluchten. Die Wanderung im Naturpark ist also durchaus anstrengend. Ganz große oder spektakuläre Attraktionen sollte man nicht erwarten. Es geht eher darum, die natürliche Atmosphäre zu genießen. Doch auch Kinder müssen sich nicht langweilen: Neben einem großen Spielplatz finden sie einen langen **Märchenpfad** mit plastischen Darstellungen berühmter und weniger bekannter Geschichten – Figuren, Baumhäuser, Hochstände und vieles zum Anfassen, Klettern und Herumtoben. Neben dem Märchenpfad wurden auch ein **Hexenwald** und ein **Zwergenwald** mit Miniatur-Häuschen eingerichtet. Ein **hölzerner Turm** erlaubt eine schöne Aussicht.

Klosterberg und Schlossberg haben heute zwar weder Kloster noch Schloss zu bieten, die **Ruine der Ordensburg** steht aber noch. Die Festung wurde im 14. Jh. errichtet. 1701 erneuerten die Polen die Burg, im Krieg mit Schweden wurde sie endgültig zerstört.

Verbunden ist der Naturpark Tērvete vor allem mit dem Namen der in Lettland legendären **Schriftstellerin Anna Brigadere** (1861–1933). Ihre Trilogie „Gott. Natur. Arbeit", in der Tērvete eine wichtige Rolle spielt, hat zur Prägung des lettischen Nationalbewusstseins beigetragen. Brigadere verbrachte ihre Kindheit in Tērvete und kehrte später regelmäßig zurück. Ihre letzten elf Sommerferien verlebte sie im **Hof Sprīdīši,** der heute innerhalb des Naturparks steht (nah am Haupteingang). Neben dem sehr gemütlichen **Restaurant-Café** und dem kleinen **Hotel** (www.spridisi.lv) ist in dem Gebäude ein **Museum** zu Ehren der Schriftstellerin untergebracht.

Der Naturpark entstand, als in den 1950er Jahren ein Forstwirt die ersten Wanderwege einrichtete. Inzwischen umfasst das Terrain ca. 1200 Hektar mit dem Flüsschen Tērvete in der Mitte, das in Schlangenlinien zum Tērvete-See führt.

Über die Geschichte Tērvetes, wo sich schon im 12. Jh. dramatische Kämpfe zwischen semgallischen Stämmen und den deutschen Kreuzrittern zugetragen haben, informiert das **Historische Museum** gegenüber dem Haupteingang zum Park. Das Museum ist nicht groß, fasst die Historie von Tērvete und Umgebung aber anschaulich zusammen. Es ist nicht zu verfehlen, denn gleich nebenan steht ein weiterer großer **Aussichtsturm,** den man erklimmen kann, um eine fantastische Sicht über den Ort, den Naturpark und den Schwanensee zu genießen.

- **Tērvetes dabas parks,** Tel. 3726212, www.lvm.lv, 10–17 Uhr, Eintritt 1,50 Ls.

Tērvete-See

Den Tērvete-See (auch **Gulbju-See,** „Schwanensee", genannt) erreicht man über die Straße in Richtung Jelgava. Noch vor der Ortsausfahrt ist nach links ein Sanatorium ausgeschildert. Nach wenigen Metern in dieser Richtung gabelt sich die Strecke und es zweigt rechts ein Feldweg ab, der direkt zum See führt. Die Qualität des Feldwegs ist für Autos nicht gut, aber erträglich. Die Strecke beträgt einige Hundert Meter. Die Alternative: Auf der Straße in Richtung Jelgava nicht zum Sanatorium abbiegen, sondern aus dem Ort hinausfahren und nach gut einem halben Kilometer links in einen für Autos befahrbaren Weg einbiegen, dann nach ein paar Hundert Metern noch kurz links. Auf diese Weise fährt man länger auf Asphalt und etwas kürzer auf unbefestigten Wegen. In beiden Fällen landet man am See an einem Parkplatz.

Das Gewässer ist so idyllisch, wie ein See nur sein kann. Es lässt sich wunderbar an seinem Ufer entlangspazieren. Die künstlich angelegte, 70 Hektar große Wasserfläche mit drei Inseln entstand erst 1980. Es gibt einen **Wanderweg** durch den oben beschriebenen Naturpark zum See und dann in gut sechs Kilometern um das Gewässer herum. Auf einer Insel in der Mitte des Sees (Bootsverleih siehe unten) steht ein Häuschen, von dem aus man seltene Vögel wie **Graureiher oder Rohrdommeln** beobachten kann. Mit etwas Glück sind sie aber auch vom Ufer aus zu erspähen.

Unterkunft, Essen und Trinken

- **Laivu baze,** Tel. 3763384, mobil 26135333. Sechs Holzhütten, äußerst idyllisch am See gelegen. Mit eigenem Wasserzugang, Grillplatz, Zelten möglich. Nur Trockentoiletten, keine Duschen. Kleiner Strand, **Bootsverleih.**
- **Gasthaus Laima,** Tel. 9495041. Modern gestaltetes Restaurant mit ordentlichen, günstigen Gästezimmern, gelegen an der Hauptstraße zwischen dem Eingang zum Naturpark und dem Zentrum von Tērvete. Bewachter Parkplatz, Fahrradverleih, Verkauf von Honig aus eigener Imkerei.

Umgebung von Tērvete

Augstkalne ↗ X/B2

Eine schöne Ausflugsmöglichkeit von Tērvete (mit dem Auto eine Viertelstunde pro Richtung, auch nett für eine Fahrradtour) bietet das kleine Dorf Augstkalne nahe der litauischen Grenze. Hier steht eine der in Lettland so zahlreichen faszinierenden „Muižas“, ein Landgutshaus, Herrenhaus oder Landschlösschen. **Mezmuiža** heißt das rote Ziegelstein-Gebäude in Augstkalne – nicht vergleichbar mit einem richtigen Schloss, aber doch sehr

110le Foto: mk

malerisch. Es wurde Mitte des 19. Jh. im neogotischen Stil erbaut und beherbergt heute eine Schule. Wer zielstrebig zum Eingang geht, wird wahrscheinlich nicht aufgehalten und kann einen Blick ins Innere werfen, das im Stil des Neo-Rokoko gehalten ist und kürzlich restauriert wurde. Der große und kleine Saal werden außerhalb der Schulzeiten für Veranstaltungen genutzt.

Blankenfelde

X/B3

Von Tērvete führt die P103 zum nächsten interessanten Ziel: Eleja. Doch einige Kilometer vor der Ortseinfahrt geht eine schmale Straße rechts ab nach Blankenfelde, das ebenfalls unmittelbar an der Grenze liegt. Von Jelgava erreicht man Blankenfelde über die gut ausgebaute E77 nach Eleja, dann rechts in Richtung Tērvete/Dobele und anschließend einige Kilometer weiter links nach Blankenfelde.

In alten Zeiten hatten alle Orte in Kurland und Semgallen deutsch klingende Namen, doch im 21. Jh. ist eine deutsche Bezeichnung wie bei Blankenfelde kaum anzutreffen. Wer neugierig genug ist, den Abstecher in Kauf zu nehmen, erfährt den Hintergrund: Blankenfelde ist gar kein Dorf, es besteht eigentlich nur aus einem alten, viele Jahre lang **deutsch geführten Herrenhaus** und der Ruine eines Nebengebäudes. Der Hof selbst ist von außen nicht in bestem Zustand, eine Renovierung der Fassade stünde an. Die Lage am Ende einer kleinen Nebenstraße im **Niemandsland unweit der litauischen Grenze** verstärkt noch die eigenartige Atmosphäre des Bauwerks.

Umso größer ist die Überraschung, wenn auf einem leicht verrosteten Schild verkündet wird, es handele sich um ein **Hotel.** Es stellt sich heraus, dass Zimmer für 10 Ls pro Person zur Verfügung stehen. Eine Übernachtung ist aber vor allem etwas für Abenteurer, die herausfinden wollen, ob in Blankenfelde um Mitternacht wirklich die **Geister** umherschwirren, wie einige aus der Gegend glauben. Vielleicht handelt es sich beim Quietschen aber auch nur um die altersschwachen Federn der Betten oder die knarrenden Balken.

Für 1 Ls kann man das sehenswerte Innere des Gebäudes besichtigen. Es wurde 1743 als Landgut im Barockstil errichtet. Hausherren waren verschiedene deutschstämmige Gutsbesitzer, bis der letzte von ihnen, *Wilhelm von Hahn,* im Rahmen der Agrarreform das Gebäude abgeben musste. Heute verwaltet ein Privateigentümer die Immobilie. Innen ist eine **historisch wertvolle Einrichtung** zu finden: Parkett, Decken, Türen und Wandbemalung im Stil des Barock und Klassizismus. Wer den Umweg macht, wird das scheinbar gottverlassene, deutsch geprägte Blankenfelde als kuriose, fast unwirkliche Erscheinung im Gedächtnis behalten.

Abenddämmerung am Tērvete-See

Von Eleja nach Jelgava ↗XI/C2

Eleja an der A8 südlich von Jelgava hat die Ruinen eines großen Herrenhauses in einem schönen Park zu bieten, was einen kleinen Zwischenstopp mit Spaziergang lohnt. Nur 200 Meter entfernt steht eine sehr imposante alte Eiche.

Entlang der Straße von Eleja nach Jelgava gibt es ein weiteres Herrenhaus und eine schöne Mühle zu entdecken. Letztere liegt in **Platone,** im vorletzten Dorf vor Jelgava, von Eleja aus gesehen. Auf der rechten Straßenseite, einige Hundert Meter entfernt, zeichnet sich die Windmühle aus roten Backsteinen bereits am Horizont ab. Sie macht die perfekte Landidylle noch malerischer.

Hinter dem Jelgava am nächsten gelegenen Dorf Lapas führt eine kleine Straße nach rechts ins drei Kilometer entfernte Dorf **Vircava** (auch Kronvircava genannt). Auch dort steht ein kleines Herrenhaus. Immer wieder führt der Weg durch **dichte Alleen,** die teilweise richtige Tunnel aus mächtigen Linden bilden.

Bauska ↗XI/D2

Die kleine Stadt Bauska mit knapp 12.000 Einwohnern wird von fast jedem Touristen zumindest durchfahren, denn sie liegt an der **Via Baltica,** nur 66 Kilometer von Riga entfernt. Sie wäre nicht besonders hervorzuheben, hätte sie nicht eine große, schöne **Burg** im Zentrum zu bieten. In der Umgebung liegen ein Palast (Mežotne) und das wohl berühmteste Schloss Lettlands (Pilsrundāle). Daher kommt Bauska als Basis für mindestens einen Tag in Frage, um all diese architektonischen Highlights in Ruhe zu besichtigen. Der Ort ist außerdem für alle, die mit dem eigenen Fahrzeug unterwegs sind, auf der Rückreise der letzte Stopp vor der nahen litauischen Grenze, um in einem der Supermärkte Mitbringsel aus Lettland oder Verpflegung für die Reise einzukaufen.

Auch wenn Bauska wie eine verschlafene Kleinstadt wirkt, hat es sein Gesicht durch die Öffnung der Grenzen und den Tourismus verändert. Die Supermärkte profitieren vom gewaltigen Durchgangsverkehr (es gibt keine Umgehungsstraße) und die Schlösser und Burgen in der Nähe ziehen immer mehr Besucher an.

Stadtgeschichte

Im Jahr 2009 feiert Bauska offiziell sein **400-jähriges Bestehen.** Damit ist das Städtchen nicht ganz so alt wie einige andere Orte in Lettland. Wie so oft war es auch hier der Schwertbrüderorden, der mit dem Bau einer mächtigen

Burg den Grundstein für ein Dorf legte. Im 16. und 17. Jh. begann ein rasantes Wachstum. 1609 hatte die Stadt schon größere Bedeutung, was Handwerk und Handel anging. Doch die glücklichen Zeiten währten nicht lange, denn mehrere Kriege machten ab Ende des 17. Jh. viele der Fortschritte zunichte. Eine schwere Pestepedemie 1710 tat ein Übriges, um die Zahl der Bewohner, aber auch ihren Wohlstand zu dezimieren.

Im 19. Jh. kam ein großer Umschwung: Der Handel blühte wieder auf, die Industrialisierung setzte langsam ein. Die Händler waren großteils eingewanderte Juden, die schließlich fast die Hälfte der Stadtbevölkerung stellten. Die Stadt gehörte zum russischen Zarenreich, doch die hier lebenden Deutschstämmigen behielten viele ihrer Privilegien.

Nach dem Ersten Weltkrieg war Bauska wie der Rest des Landes Teil des freien lettischen Staates. In der Zwischenkriegszeit wurde es zu einem regionalen Zentrum und die Letten stellten nun drei Viertel der Bewohner. Dennoch spielten deutsche und jüdische Händler weiter eine wichtige Rolle. Dies endete mit dem Ausbruch des Zweiten Weltkriegs, der Auswanderung der meisten Deutschen und 1940 mit der Zwangseingliederung in die Sowjetunion. Drei Jahre lang okkupierten die deutschen Truppen Bauska: von 1941 bis 1944. In dieser Zeit wurden die meisten jüdischen Bewohner umgebracht, wenn es ihnen nicht gelungen war, vorher zu fliehen.

Als kleine Stadt in der riesigen Sowjetunion veränderte sich Bauska gewaltig, denn Tausende von Menschen aus anderen Sowjetstaaten wurden angesiedelt, sodass die Letten lange Zeit in der Minderheit waren. Anders als im nahen Jelgava ist Russisch hier heute aber nicht mehr die dominierende Sprache, auch wenn immer noch viele lettische Russen im Ort leben.

Kreuzritterburg

Die größte Touristenattraktion der Stadt ist die mittelalterliche Kreuzritterburg, die dem Zentrum sehr nah liegt und nicht zu verfehlen ist. Etwas jünger als andere Burgen ihrer Art, entstand sie Mitte des 15. Jh. in der strategisch günstigen, leicht erhöhten Lage zwischen den beiden Flüssen Mēmele und Mūsa, die sich kurz hinter der Festung zur Lielupe vereinigen.

Die alte Burg bildete ein unregelmäßiges Rechteck, hatte fünf Türme, die mit beinahe **vier Meter dicken Mauern** verbunden waren und ein Garnisonsgebäude. Weitere Türme wurden im Laufe der Zeit hinzugefügt – teilweise mit unterirdischen Verbindungswegen von einem zum anderen. Die Kellerräume dienten den Ordensherrschern als Gefängnis.

Heute sind von dieser ursprünglichen Anlage nur noch einzelne Elemente übrig geblieben, denn der Herzog von Kurland ließ um 1670 einen guten Teil der Festung abtragen und ordnete den Bau einer neuen Burg an. Besucher erhalten bis zum heutigen Tag aber einen Eindruck von der ursprünglichen Burg, denn die alten Befestigungsmauern, die Türme und das Portal wurden in den Neubau integriert. Drei Gebäude mit zwei Etagen bildeten von nun an einen hufeisenförmigen, relativ kleinen Innenhof.

Doch lange hatte keiner etwas von der Burg. Nachdem bereits Schweden, Polen und die Kurländer selbst um das Bauwerk gekämpft und es teilweise beschädigt hatten, war es schließlich der Krieg zwischen Schweden und Russland, der Anfang des 18. Jh. der Burg den Garaus machte: Zar *Peter der Große* gab 1706 die Order, die Festungen in Jelgava und Bauska dem Erdboden gleich zu machen. Der Befehl wurde nur teilweise ausgeführt, doch fast dreihundert Jahre lang nahm sich niemand mehr dem Wiederaufbau der Burg an und so verfiel sie zu einer malerischen Ruine. Die Menschen stahlen Steine und gusseiserne Elemente und verwendeten sie für ihre eigenen Häuser.

Zu Sowjetzeiten, im Jahre 1973, begann der langwierige und mühsame Prozess des Wiederaufbaus. 1990, kurz vor der Wiedererlangung der Unabhängigkeit, wurde das **Museum** eröffnet. Inzwischen ist viel Erneuerungsarbeit geleistet worden, einige Mauern stehen schon wieder, die Deckengewölbe im Inneren wurden wieder hergestellt und der **Turm** ist zur Besteigung frei gegeben. Es lohnt sich, die schmalen Steintreppen zu erklimmen und die Festungsanlage, die beiden Flüsse und das Städtchen mit seiner malerischen Umgebung zu überblicken.

Rundgang

In der Besichtigung inbegriffen ist ein Rundgang durch einige der ehemals **herzöglichen Säle,** etwa das Empfangs- und das Wohnzimmer des Fürsten oder der „Landtag", wo sich die kurländischen Abgeordneten zu Versammlungen einfanden. Diese Säle sind größtenteils recht leer und noch nicht wieder originalgetreu eingerichtet. Dafür wurden Informationstafeln und zahlreiche Ausstellungsstücke in den Räumen platziert, etwa **Rüstungen und Waffen,** eine massive, mit Eisen beschlagene Holztruhe oder der nachempfundene Versammlungstisch der Landtagsabgeordneten.

Am interessantesten ist es allerdings, die geschichtsträchtigen Räume, die ohne Flur ineinander übergehen, einmal abzuschreiten und durch die schmalen Fenster nach draußen zu blicken. Fast fragt man sich, ob es tatsächlich dem Ort zum Vorteil gereichen wird, wenn die Burg wie geplant erneuert werden soll. Jedenfalls hat der jetzige, nicht perfekte Zustand seinen Charme.

Sehr schön ist auch ein Spaziergang rund um den **Burghügel** und zum Ende der Insel Ķirbaksala, wo die beiden Flüsse sich vereinigen – ein idealer Ort für ein gemütliches Picknick.

- **Bauskas pils,** geöffnet Mai bis Oktober tägl. 9–18 Uhr, Eintritt 0,80 Ls.

Feste

Das Gelände der Festung wird in der ersten Juliwoche jeden Jahres besonders lebendig, wenn das **Internationale Festival der Alten Musik** Teil-

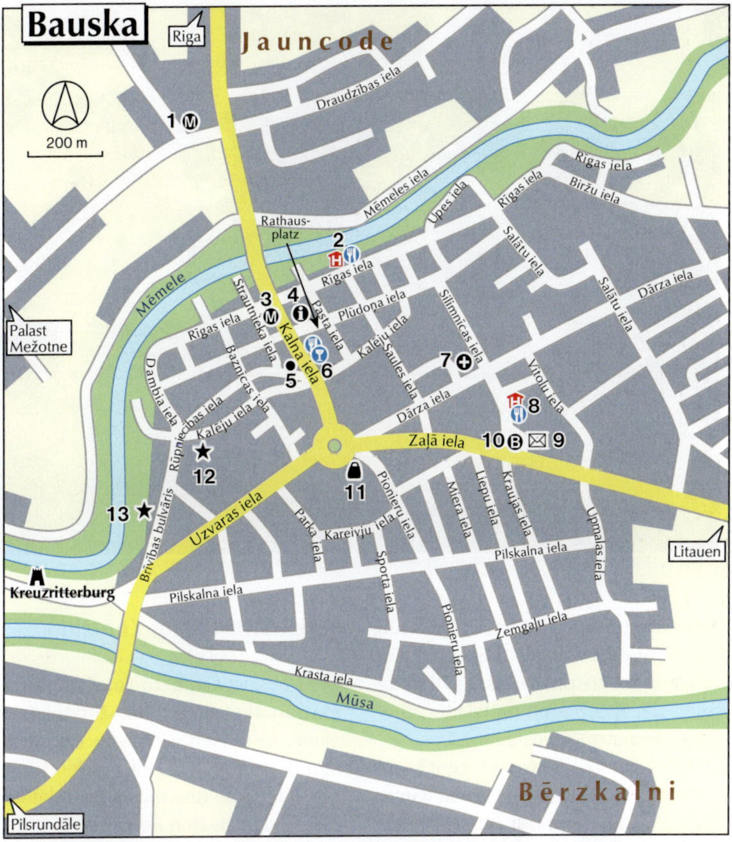

1 Maschinenmuseum
2 Kungu ligzda
3 Museum für Regionalstudien und Kunst
4 Touristeninformation
5 Kulturhaus, Bibliothek
6 Restaurant-Kneipe Pie Rātslaukuma
7 Krankenhaus
8 Day & Night Hotel, Restaurant Orangery
9 Post
10 Busbahnhof
11 Supermarkt Rimi
12 Stein Peters des Großen
13 Freiheitsdenkmal

111le Foto: mk

nehmer und Besucher aus allen Himmelsrichtungen anlockt. Es gibt keine bessere Atmosphäre als die Umgebung der mächtigen mittelalterlichen Burg für diese Veranstaltung.

In der zweiten Juliwoche geht es mit einem **Countrymusik-Festival** weiter, allerdings nicht an der Burg, sondern auf der Freilichtbühne der Stadt.

In der ersten Septemberwoche ist das **Stadtfest** einen Besuch wert. Bauska verwandelt sich dann in eine Parade aus mittelalterlich, herzöglich oder auch modern gekleideten Menschen mit viel Musik und ausgelassener Stimmung.

Burg Bauska

Sehenswertes im Zentrum

Die gut ausgestattete **Touristeninformation** liegt direkt am Marktplatz in einem historisch wichtigen Gebäude: dem **Rathaus,** das Anfang des 17. Jh. gebaut wurde und mit seiner relativen Größe damals den Reichtum und den wachsenden Wohlstand Bauskas widerspiegelte.

In den Straßen rund um den Marktplatz, besonders in der Rīgas iela und der Plūdoņa iela, stehen noch einige **Holz- und Steinhäuser,** die einen kleinen Blick in das Bauska der Vergangenheit frei geben – auch wenn die meisten von außen nicht im besten Zustand sind und ein wenig verfallen wirken.

Stein Peters des Großen

Zwischen Zentrum und Burg sind noch zwei steinerne Zeugen der Geschichte erwähenswert: An der Ecke Kalēju iela und Rūpniecības iela ruht der große Stein Peters des Großen. Hier soll der russische Zar *Peter I.* mit dem polnischen König *August dem Starken* gemeinsam gegessen haben. Später haben die beiden angeblich ihre Silberlöffel unter dem Stein versteckt.

Freiheitsdenkmal

Ein Stückchen näher zur Burg, am Brīvības bulvāris, steht das Denkmal der Freiheitskämpfer von 1929. Die Bronzestatue eines semgallischen Kämpfers auf einem hohen, grauen Sockel soll an die Helden der ersten lettischen Unabhängigkeit erinnern.

Museum für Regionalstudien und Kunst

Kurios ist das Museum für Regionalstudien und Kunst. In dem Gebäude eines ehemaligen noblen Hotels wird neben der interessanten Geschichte der früher in Bauska lebenden Minderheiten wie Deutschen und Juden und der Entwicklung Bauskas im 20. Jh. eine Sammlung von **Spielzeug und Puppen** einer einheimischen Künstlerin gezeigt. Als wäre das noch nicht Kontrast genug, wurde auch ein **Friseursalon** aus den Zwanziger und Dreißiger Jahren des 20. Jh. nachgebaut.

- **Bauskas novadpētniecības un mākslas muzejs,** Kalna iela 6, Tel. 63960509, www.bauskasmuzejs.lv, Mai bis Oktober Di–Fr 10–18 Uhr, Sa, So 10–16 Uhr, November bis April Di–Fr 10–17 Uhr, Sa, So 10–16 Uhr, Eintritt 0,50 Ls.

Maschinenmuseum

Für Technikfreunde bietet sich das Maschinenmuseum an, eine Außenstelle des faszinierenden Rigaer Automuseums. Schwerpunkte der Ausstellung sind die **Entwicklung des Automobils** in Lettland mit einigen schönen und kuriosen Oldtimern sowie Nutzfahrzeuge wie **Traktoren und Feuerwehrautos,** darunter ein imposanter Traktor der Marke Lanz Bulldog aus den 1930er Jahren.

- **Mašīnu muzeja izstāde,** Pie Bauskas, Tel. 29484384, geöffnet Mai bis Oktober Di–So 10–17 Uhr, Eintritt 1 Ls, mit Führung 2 Ls.

Praktische Tipps

Information

- **Touristeninformation,** Rātslaukums 1, Tel. (6)3923797, www.tourism.bauska.lv (Seite auch auf Deutsch), Mai bis September Mo–Fr 9–18 Uhr, Sa, So 10.30–15.30 Uhr, Oktober bis April Mo–Fr 9–17 Uhr. Freundliches, englischsprachiges Personal, viele kostenlose Prospekte über Stadt und Region (auch Pilsrundāle), dazu Material über Lettland und die anderen baltischen Staaten. Verleih von Fahrrädern, Verkauf von Souvenirs, Postkarten, Landkarten und Bustickets. Hier kann man auch Sonderaktionen buchen wie etwa einen romantischen Abend an der Burg.

Internet

- **Bibliothek,** im Kulturhaus, Kalna iela 18, Tel. 63960579, www.bauskasrcb.lv, Mo–Fr 11–18 Uhr, Sa 10–16 Uhr.
- **Bitite** (Schild „Internets"), Kalna iela 26, Tel. 63923090, 0,50 Ls/halbe Stunde.

• **Hotspot:** Kabelloser Internetzugang an der Statoil-Tankstelle, Zala iela 10.

Behinderte

Die Besichtigung der Burg gestaltet sich ohne Hilfe leider schwierig bis unmöglich, denn es sind Hügel und Treppen zu überwinden. Ein Spaziergang auf der Burginsel ist dagegen gut möglich.

Notfälle und nützliche Adressen

• **Krankenhaus:** Darza iela 7/1, Tel. (6)3923158.
• **Apotheken:** Ratsnama aptieka, Ratslaukuma iela 4, Tel. (6)3927031; Bauskas aptieka, Darza iela 7/3, Tel. (6)3960503.
• **Post:** Pasta Centrs Bauska, Slimnīcas iela 9a, Tel. (6)3922268, Mo–Fr 7–19 Uhr, Sa 7–16 Uhr; weiteres Postamt: Pionieru iela 2 (im Supermarkt Rimi), Tel. (6)3920098, täglich 9–20 Uhr.

Geld

Banken und Geldautomaten sind in Bauska ausreichend vorhanden. Kreditkarten werden in den größeren Hotels und Restaurants sowie in den Supermärkten akzeptiert, jedoch nicht unbedingt in jedem Café oder Geschäft.

Unterkunft

• **Day & Night Hotel,** Slimnīcas iela 7, Tel. (6)7847411, www.hoteldayandnight.lv (auch auf Deutsch). Neues, freundliches und modernes Dreisternehotel im Ortskern. Das Haus bietet so etwas wie eine Rundumversorgung für Touristen: Souvenirladen, Informationsbüro, Bank, Internetzugang auf dem Zimmer, Hotspot im ganzen Haus, Büroservice mit Drucker, Kopierer, bewachter Parkplatz, Transferservice. Restaurant mit Blick aufs Stadtzentrum. DZ ab 50 Ls inkl. Frühstück, Kinder bis 5 Jahre frei.
• **Hotel Kungu ligzda,** Rīgas iela 41, Tel. (6)392400, www.kunguligzda.viss.lv. Dreisternehotel im Zentrum in einem renovierten Gebäude aus dem 18. Jh. am Flüsschen Mēmele. Organisation von Besichtigungen der Bierbrauerei von Bauska mit Verköstigung. Doppelzimmer mit Frühstück ab 35 Ls.

Camping

• **Araji,** Mežotnes pagasts, Tel. 29475007, andrris@navigator.lv. Fünf Kilometer von Bauska entfernt auf dem Weg zum Palast in Mežotne (beim Dorf Jumprava dem Hinweisschild folgen), schön ruhig im Grünen, mit 6 Wohnmobil-Stellplätzen (7 Ls), schönen Holzhütten für zwei Personen mit breiten Doppelbetten (12 Ls pro Person) und zahlreichen Zeltplätzen (Zelt 2 Ls, pro Person 0,50 Ls). Dusche, Küche, lettische Sauna, Grill- und Feuerstelle, Fahrradvermietung. Geöffnet Mai bis Oktober. Der Besitzer spricht Englisch.
• **Labirinti,** Tel. 26320336, www.labirinti.lv. Gut ausgestatteter Campingplatz 18 km nördlich von Bauska nahe der Via Baltica (in Richtung Riga, bei Iecava), für Wohnmobile und zum Zelten; Küche, Waschmaschinen, Grill, Spielplatz und Bootsfahrten. Ganzjährig geöffnet.

Essen und Trinken

• **Kungu ligzda,** Rīgas iela 41, Tel. (6)392400, www.kunguligzda.viss.lv. Restaurant des gleichnamigen Hotels mit sehr schöner Sommerterrasse direkt am Fluss Mēmele. Lettische und internationale Küche.
• **Orangery,** Slimnīcas iela 7, Tel. (6)7847411, www.hoteldayandnight.lv (auch auf Deutsch), geöffnet 12–23 Uhr (Frühstück bis 10 Uhr). Restaurant und Bar im Hotel Day & Night. Helle, gepflegte Atmosphäre mit bezahlbaren Gerichten der internationalen Küche.
• **Pie Rātslaukuma,** Plūdoņa iela 38, Tel. (6)3923233, geöffnet 8–20 Uhr. Klassische lettische Kafejnīca direkt am Rathausplatz. Sehr günstige einheimische Speisen und Getränke in einfacher Atmosphäre.

Weitere Kafejnīca-Lokale im Zentrum laden zu sehr günstigem, typisch lettischem Essen ein, etwa dem Klassiker *karbonade* (Schweineschnitzel).

Einkaufen

- **Rimi,** Pionieru iela 2. Großer Supermarkt an der Durchfahrtsstraße.

Verkehrsverbindungen

- **Auto:** Bauska liegt direkt an der Via Baltica (A7), 66 km südlich der lettischen Hauptstadt.
- **Bus:** Zahlreiche Busse täglich nach Riga und in andere Städte Lettlands. Auch der nahe gelegene Palast von Mežotne wird mehrmals täglich angefahren, das berühmte Schloss Pilsrundāle fast jede Stunde bis zum frühen Abend. Ein aktueller Busfahrplan ist im Internet unter www.tourism.bauska.lv zu finden. Der Busbahnhof (Bauskas Autoosta, Slimnīcas iela 11, Tel. 63922477) liegt im Zentrum.

Schloss Pilsrundāle ↗ XI/C2

Das Schloss von Rundāle ist der **bekannteste Palast Lettlands.** Man erreicht ihn von Bauska nach gut zwölf Kilometern auf der P103 nach Westen in Richtung Dobele (Busse verkehren etwa stündlich). Der Parkplatz ist ein wenig provisorisch organisiert, sodass viele Ortskundige einfach an der Landstraße halten. Dennoch empfiehlt es sich, den Wegweisern zum offiziellen Parkplatz zu folgen.

Das riesige, prächtig verzierte und überreich ausgestattete **Barockschloss** mit Rokoko-Elementen ist nach Riga das Reiseziel Nummer eins für Touristen aus dem In- und Ausland. Wer an einem Wochenende im Sommer kommt, wird sich vor dem **Ansturm an Besuchern** manchmal kaum retten können. Die Menge erinnert mehr als irgendwo anders in Lettland an die klassischen, überlaufenen Touristenattraktionen in Paris, Rom oder London. Wenn man gerade eine Tour durch die schöne lettische Provinz hinter sich hat, kann es in Pilsrundāle zu einem kleinen Zivilisationsschock kommen. Die Schönheit der Architektur und der Ausstattung steht jedoch außer Frage.

An Samstagen fahren oft lange, weiße Lincoln-Stretchlimousinen vor, in denen frisch vermählte Brautpaare zum Schloss kutschiert werden, um dort auf dem Hof oder sogar in den Gemächern standesgemäße Fotoshootings zu absolvieren. Hochzeitspaare in Limousinen sind interessanterweise fast immer Russen oder russischsprachige Letten.

Im Vergleich zu manch anderem lettischen Palast ist Pilsrundāle relativ jung, denn es entstand in kürzester Zeit zwischen 1736 und 1740. Bauherr war der Herzog von Kurland, *Ernst Johann von Biron,* der auch in Jelgava für die Errichtung des Palastes und der Academia Petrina verantwortlich war. Von Biron genoss das Vertrauen und die Unterstützung der russischen Zarin *Anna Iwanowna* und konnte sich daher ein Prestigeobjekt wie Pilsrundāle erlauben, das er als Sommerresidenz für sich selbst vorgesehen hatte.

Der italienische **Architekt Francesco Rastrelli** war, wie in Jelgava auch, für den Entwurf des Anwesens zuständig. Es war 1740 noch nicht fertig errichtet, als die Zarin starb und Herzog von Biron in Ungnade fiel. Erst als *Katharina II. („die Große")* in St. Peters-

112le Foto: mk

113le Foto: mk

burg das Zepter übernahm, konnte von Biron zurückkehren und sein Werk vollenden - fast 25 Jahre später. Zu dieser Zeit entstand der Großteil der Inneneinrichtung. Für die **Malereien** an Wänden und Decken waren die Italiener *Francesco Martini* und *Carlo Zucchi* verantwortlich.

Als Kurland und Semgallen vollständig ans Zarenreich fielen, geriet das Schloss in den Besitz mächtiger russischer Familien. Erst 1920 enteignete der junge lettische Staat die Hausherren und nahm den Palast an sich. 1933 wurde das staatliche Geschichtsmuseum in den edlen Gemäuern von Pilsrundāle untergebracht. Dem Objekt blieb wie durch ein Wunder im Zweiten Weltkrieg das Schicksal der meisten anderen Paläste und Burgen erspart, die schwer beschädigt oder zerstört wurden. Einzig der Zahn der Zeit nagte an dem Gebäudekomplex. 1972 wurden das **Rundāle-Palastmuseum** eröffnet und Restaurierungsarbeiten aufgenommen. Sie dauern bis heute an, auch wenn die meisten Gebäudeteile schon wieder in altem Glanz erstrahlen.

Barocke Pracht im Inneren von Pilsrundāle

Die rechteckige Schlossanlage liegt malerisch in der grünen, spärlich besiedelten Landschaft von Zemgale. Ein von zwei **Löwenfiguren** bewachtes Portal durchbricht die Fassade, führt in den großen Innenhof und direkt auf den Haupteingang zu (die Kassen lie-

gen hinter dem Portal rechts). Die gelbe Fassade mit der weißen Fenster-Umrahmung von Pilsrundāle erinnert deutlich an das Aussehen des Palastes im nahen Jelgava.

Noch nicht alle Flügel des Schlosses sind zur Besichtigung frei gegeben. Dennoch lohnt sich der Besuch, denn vom **Arbeitszimmer** des Herzogs bis zum **Schlafzimmer** der Herzogin, vom repräsentativen Empfangssaal, dem **goldenen Saal** mit Deckenmalereien und dem Treppenhaus mit reicher **Stuckverzierung** bis zu glitzernden Kronleuchtern und prächtigen **Kachelöfen** gibt es vieles zu bewundern.

Gegen Aufpreis können wechselnde **Kunstausstellungen** in einigen Sälen besichtigt werden. Man sollte sich auch Zeit für einen Spaziergang durch den **französischen Schlossgarten** nehmen, der noch nicht ganz fertig gestaltet ist, jedoch mit jedem Jahr schöner aussieht.

● **Pilsrundāle,** Tel. 3962274, www.rundale.net, täglich geöffnet, Mai, September, Oktober 10–18 Uhr, Juni bis August 10–19 Uhr, November bis April 10–17 Uhr, Eintritt 2,50 Ls, Park (15. Mai bis 15. Oktober) 1 Ls, Kombiticket (Palastbesichtigung, temporäre Kunstausstellungen, Schlossgarten) 5 Ls, Erlaubnis zum Fotografieren 1 Ls, Filmen 3 Ls, deutschsprachige Führungen.

Palast Mežotne

↗ XI/C-D2

Ein besonders schönes **Landschlösschen** ist in Mežotne zu finden, gut zehn Kilometer nordwestlich von Bauska (eine kleine asphaltierte Nebenstraße führt aus dem Ortskern dorthin). Der in schönster Umgebung gelegene weiß-gelbe Palast mit den häufig auf dem Rasen vor dem Gebäude grasenden Schafen als Markenzeichen ist unbedingt einen Abstecher wert.

Ende des 18. Jh., als Kurland und Semgallen bereits zum russischen Reich gehörten, übertrug die Zarin *Katharina II.* Mežotne (deutsch: Mesothen) an *Charlotte von Liven,* die Lehrerin der Zarenenkel. Charlotte begann den Bau des Palastes, der 1802 abgeschlossen wurde. Die Liven-Familie blieb bis ins 20. Jh. hinein im Besitz der Immobilie.

Doch 1919 war die schöne Zeit vorbei: Der Palast erlitt bei Kampfhandlungen erheblichen Schaden. Gleich danach wurde die Landwirtschaftsschule hier untergebracht. 1944 feuerte die Rote Armee auf das Gebäude und zerstörte es fast vollständig. Erst 1958 wurden erste Restaurierungsarbeiten in Angriff genommen. Doch es dauerte bis 1996, als die lettische Immobilienverwaltung sich des Objekts annahm und eine grundlegende Wiederherstellung durchführte. Im zweiten Obergeschoss richtete man ein **Hotel** ein.

Mežotne bietet neben dem schönen Palast einen **faszinierenden Landschaftspark** am Fluss Lielupe. Ein ausführlicher Spaziergang sollte eingeplant werden. Auch die Besichtigung der Innenräume ist die Zeit und das Geld wert. Die eleganten Treppen, Säle, Kronleuchter und klassizistischen Säulen und Figuren, die schön geschmückten Wände und Decken sowie das Parkett beeindrucken. Der kunsthistorische Wert mag nicht groß sein, weil die Arbeiten allesamt aus jüngerer Zeit stammen, doch ästhetisch wurde hier einiges richtig gemacht.

Für Romantiker mit ein wenig Erspartem in der Tasche ist eine Übernachtung sicher ein bleibendes Erlebnis. Für 10 Ls kann man auf dem Parkgelände ein Lagerfeuer entzünden, außerdem lassen sich Boote mieten. Am Strand des Flusses ist Baden möglich.

● **Mežotnes pils,** Tel. 3960711, www.mezotnespils.lv, Besichtigung des Palastes: Mai bis Oktober 9–17 Uhr, November bis April 9–16 Uhr, Eintritt 1,40 Ls, Fotografieren 2 Ls.

Hotel: Die sehr geschmackvoll und individuell im Stil des 19. Jh. eingerichteten Zimmer (jeder Raum hat seinen eigenen, romantischen Namen wie „Schwarzwald", „Rosenzimmer" oder „Schubert") sind in der Hauptsaison ab 70 Ls pro Doppelzimmer mit Bad erhältlich, inklusive Frühstück und Besichtigung. Nicht stilecht, aber praktisch: Telefon und Fernseher in jedem Zimmer. Auch drei Einzelzimmer und einige Familienapartments sind vorhanden. Gegen Aufpreis steht eine Sauna zur Verfügung.

Das Aufstellen eines **Zeltes** im Park kostet stolze 10 Ls, macht sich aber wegen der traumhaften Umgebung bezahlt.

An der mittleren Daugava

↗ XVI-XVII/B-C3

Die Strecke an der Daugava entlang von Riga nach Daugavpils führt durch drei der vier lettischen Regionen: Vidzeme, Zemgale und Latgale. Doch die interessanteste (und längste) Teilstrecke des Flusses gehört zu Zemgale. Jede der drei Städte **Jaunjelgava, Aizkraukle** und **Jēkabpils** ist für sich allein recht sehenswert, aber erst der Besuch aller drei Städte lohnt sich wirklich. Die gesamte Daugava-Strecke, an der die Orte liegen – mit einigen interessanten Zwischenstopps – sollte man nicht missen.

Jaunjelgava ist ein wenig schwer zu erreichen, denn es liegt auf der „falschen", der südlichen Seite des Flusses. In der direkten Umgebung steht keine Daugava-Brücke zur Verfügung. Deswegen empfiehlt es sich, von Riga kommend schon in Kegums den Strom zu überqueren und dann die kleinere P85 in Richtung Jaunjelgava zu nehmen. Aus Osten kommend, kann man in Aizkraukle die Brücke benutzen und so den Ort erreichen.

Daugava-Fähre

Eine dritte Möglichkeit ist für sich genommen schon eine Attraktion: Die Überquerung der Daugava bei Jaunjelgava per Fähre. Das kleine, motorisierte Boot nimmt **keine Autos** auf, sondern nur Fahrräder und Passagiere. Im Sommerhalbjahr verkehrt es einmal pro Stunde zwischen 6 und 21 Uhr. Die Fahrt dauert nur wenige Minuten und kostet 0,70 Ls.

Aus Richtung Riga auf der großen A6 fahrend, liegt zehn Kilometer vor Aizkraukle der Ort Skriveri. Noch bevor Skriveri beginnt, taucht auf der rechten Straßenseite ein Rastplatz auf. Dort kann man sein Auto parken und muss einem kleinen Trampelpfad ans Flussufer folgen. Gegenüber ist bereits die Altstadt von Jaunjelgava sichtbar. Da die genauen Fahrzeiten schwanken, muss etwas Wartezeit eingeplant werden. Der „Kapitän" sitzt in einem Haus direkt über dem Fähranleger in Jaunjelgava.

Jaunjelgava ↗ XVI/B3

Ob mit Auto oder Fähre – die 2500 Seelen zählende Kleinstadt Jaunjelgava hat keine spektakulären Sehenswürdigkeiten zu bieten. Dafür verfügt dieser ruhige Ort aber über ein sonst kaum zu findendes **Ensemble alter Häuser,** viele davon aus **Holz.** Wären nicht die vereinzelt durch das Städtchen fahrenden Autos, könnte man sich in einigen Straßen ins 18. oder 19. Jh. zurückversetzt fühlen, als viele der Gebäude entstanden.

Bemerkenswert ist auch, dass in diesem kleinen Ort gleich **vier Kirchen** stehen: eine evangelische, eine katholische, eine orthodoxe und eine Kirche der **Altgläubigen,** einer Religionsgemeinschaft, die mit der orthodoxen verwandt ist, aber eine strengere und archaische Tradition pflegt. Ein Rundgang durch Jaunjelgava dauert nicht länger als eine Stunde.

Aizkraukle ↗ XVII/C3

Die nächste Stadt an der Route ist Aizkraukle mit knapp 9000 Einwohnern. Im Gegensatz zu vielen lettischen Orten blickt Aizkraukle auf eine kurze Geschichte zurück: 1960 wurde ein Dorf für die Arbeiter eingerichtet, den **Staudamm von Pļavinas** an der Daugava bauten. Immer mehr Menschen siedelten sich an und 1967 stieg Aizkraukle zur Stadt auf. Technikfans können sich das riesige **Wasserkraftwerk** (Pļavinu hidroelektrostacija, Tilta iela 1, Tel. 5110309) genauer anschauen. Neben der Besichtigung einer Ausstellungshalle werden auch Exkursionen ins Innere des Ungetüms angeboten.

Historische Spuren gibt es in Aizkraukle dennoch, was die Ruinen der mittelalterlichen **Kreuzritterburg** (Aizkraukles pilsdrupas) beweisen. Aus historischen Quellen ist bekannt, dass der Ort damals auf Deutsch Ascheraden hieß. Die Ruine ist ausgeschildert und liegt sehr malerisch an der Daugava. Man muss nicht auf der schlechten Straße ganz heranfahren, sondern kann die Reste der im 13. Jh. gegen einfallende Litauer errichteten Burg von oben betrachten. Die Zufahrt beginnt bereits deutlich vor Aizkraule direkt hinter Skriveri. Hier geht es nach rechts, vorbei an einer Kirche und dann noch ein Stückchen der Nebenstraße folgend. Der Blick auf die Ruinen und vor allem auf die Daugava entschädigt für den Abstecher. Am Ufer wurde ein **Naturschutzgebiet mit Wanderwegen** eingerichtet.

Koknese

↗ XVII/C3

Burg

Die **Ruinen** der Burg von Koknese (Zufahrt von Koknese Zentrum ausgeschildert), elf Kilometer hinter Aizkraukle, sind ein weiteres Highlight der Daugava-Tour. Wie ein **Wasserschloss** stehen sie im äußerst malerischen Daugava-Bogen, während ihre Mauern in den Himmel ragen.

Die Burg von Koknese gehört zu den interessantesten Ruinen des Landes, wegen der romantischen Lage, aber auch was die Bedeutung für Lettland angeht. Die Burg ist der Schauplatz von einigen Szenen der mittelalterlichen Heldensage „Lāčplēsis", einem wichtigen Stück Literatur für die nationale Identität des jungen Staates.

Bischof *Albert* von Riga befahl 1209, die alte Burg lettischer Stämme durch eine neue Festung zu ersetzen. Damals hieß Koknese auf Deutsch **Kokenhusen.** In den Nordischen Kriegen Anfang des 18. Jh. wurde das Bauwerk schwer beschädigt und seitdem nie wieder aufgebaut. Umso erstaunlicher ist, dass nach drei Jahrhunderten überhaupt noch etwas von dem Bollwerk übrig blieb. Ein wenig verwirrend ist seine Lage im Wasser. Schließlich hätten die Kreuzritter niemals eine Festung in den Fluss hinein gebaut. Die Lösung ist einfach: Das Bauwerk stand auf einem Hügel, doch das Gelände darum herum wurde nach dem Bau des **Staudamms** von Aizkraukle **geflutet** und ließ nur die Ruinen aus dem Wasser herausragen.

116le Foto: mk

Die Ruinen von Koknese an der Daugava

Ein Parkplatz steht in der Nähe des Eingangs zur Verfügung. Von dort führt ein Fußweg durch einen Park zu den Ruinen. Besucher können dazwischen umherwandern, Kinder spielen gern Verstecken. Allerdings ist Vorsicht angeraten, denn das Labyrinth der Mauern endet direkt am Wasser. Im Zusammenspiel von Sonne, Wasser und Mauern tun sich je nach Perspektive immer neue, faszinierende Motive auf.

Direkt am Parkplatz führt im Ensemble des alten Landgutshofes von Koknese die **Touristeninformation** viel Material über Koknese und die Region. Man erfährt, wo man beispielsweise lokale Werkstätten besuchen und handgefertigte Erzeugnisse direkt beim Produzenten erwerben kann.

- **Kokneses pilsdrupas,** 8–19 Uhr, Eintritt 0,50 Ls, Tel. 65161296, www.koknese.lv.

Park

Wanderwege laden zum Spaziergang im 18 Hektar großen **Park** (Kokneses parks) ein, der außer zu den Burgruinen auch zu einer elf Meter hohen Holzskulptur, einem schönen Brunnen, einem Soldatenfriedhof und zu mächtigen, alten Kanonen führt. Der beste Startpunkt ist die Touristeninformation.

Burgmodell im Rathaus

Ein Modell der Burg, wie sie vor der Zerstörung einmal in ihrer ganzen Pracht ausgesehen haben soll, wird im Rathaus der Stadt ausgestellt (Melioratoru iela 1, Tel. 5161296).

115le Foto: mk

Information

- **Touristeninformation,** Blaumaņa iela 3, Tel. 5161296, www.koknese.lv.

Nützliche Adressen

- **Apotheke:** Blaumaņa iela 5.
- **Post:** 1905. gada iela 7.

Unterkunft, Essen und Trinken

- **Hotel-Restaurant Vino Rosso,** Bilstiņi, Tel. 29212909, www.vinorosso.lv. Hübsches Hotel in einem Landhaus im Dorf Bilstiņi bei Koknese. Blick vom Balkon auf die Burgruinen. Das Restaurant hat eine große Weinauswahl. DZ ab 45 Ls.
- **Motelis Kokneses DUS,** 1905. gada iela 14a, Tel. 65161994. An der Tankstelle, bescheiden, aber zwei ordentliche Doppelzimmer ab 25 Ls. Auto-Reparaturservice.
- **Gaststätte und Café Rudolf,** Blaumaņa iela. Typische, einfache Gerichte, am Parkplatz der Burgruine, im selben Hofkomplex wie die Touristeninformation. Sehr günstig.

Umgebung von Koknese

Hinter Koknese führt die A6 für einige Kilometer direkt an der Daugava entlang. Mehrere Gasthöfe und Hotels nutzen diese verkehrsgünstige und gleichzeitig malerische Lage, um ihre Dienste anzubieten. Kurz vor dem Ort Pļavinas, in **Stukmaņi,** ist für Freunde lettischer Gutshäuser ein weiteres dieser Gebäude zu finden (Stukmanu muiža). Gegenüber von Stukmaņi, auf der anderen Flussseite, ragen die **Burgruinen von Selpils** auf einem Hügel ins Wasser. Es ist recht schwer, zu dieser Stelle auf dem gegenüber liegenden Ufer zu gelangen, doch es lohnt sich ein genauerer Blick übers Wasser, vielleicht mit Hilfe von Fernglas oder Zoomobjektiv.

Jēkabpils

↗ XXI/D1

In Pļavinas macht sowohl die Daugava als auch die parallel zu ihr verlaufende A6 einen scharfen Rechtsbogen und man gelangt nach gut 20 Kilometern zur **Doppelstadt** Jēkabpils/Krustpils.

Schloss Krustpils

Die Hauptstraße führt mitten durch das am nördlichen Ufer der Daugava gelegene Krustpils. Der Name verspricht ein weiteres Schloss und tatsächlich existiert es auch. Der im 13. Jh. vom Rigaer Erzbischof als **Kreuzburg** erbaute Komplex wurde 1577 gesprengt, kurze Zeit später aber wieder aufgebaut. Je nach politischer Lage residierten hier schwedische, polnische und russische Eroberer. Im 19. Jh. – das Gebiet gehörte längst zum Zarenreich – war die Innenausstattung des Schlosses sehr prachtvoll und von großem Wert. Im 20. Jh. benutzten die sowjetische und die lettische Armee das Gebäude, das sich mit seinen großzügigen Räumen, der stolzen Geschichte und dem großen Innenhof ideal für militärische Zwecke eignete. Doch im Laufe der letzten gut 100 Jahre litt der Zustand der Burg. Von außen wurde sie nicht besonders gepflegt und innen wurden viele der vorhandenen Reichtümer mehr oder weniger legal entwendet.

118le Foto: mk

Das Gelände ist heute wesentlich weniger spektakulär, als man es von einer Burg oder einem Schloss erwarten könnte. Restaurationsarbeiten sind aber im Gange, um der Kreuzburg einiges ihres alten Glanzes zurückzugeben. Einstweilen steht in einem Teil des Gebäudes ein **Museum** für Besichtigungen offen.

- **Jēkabpils vestures muzejs,** Rīgas iela 216b, Tel. 5221042, www.muzeji.lv, geöffnet Mo–Fr 9–17 Uhr, Sa, So 10–16 Uhr, November bis Mai So geschlossen, Eintritt 0,80 Ls, Turmbesichtigung 0,60 Ls, beides zusammen 1,20 Ls.

Die Kirche des orthodoxen Klosters in Jēkabpils

Zentrum von Jēkabpils

Mit dem Schlosskomplex ist bereits die einzige echte Sehenswürdigkeit von Krustpils genannt. Doch direkt gegenüber, auf der anderen Seite der Daugava, gibt es noch einiges zu entdecken. Die einzige Brücke führt über den Fluss in einen Ortsteil, der sich als eigenes Städtchen herausstellt, auf der in Fließrichtung linken Daugava-Seite heißt es nicht mehr Krustpils, sondern Jēkabpils. Vorbei an einem großen Einkaufszentrum geht es ins sehr interessante Zentrum des Ortes, das einen ausgiebigen Spaziergang verdient hat.

Den Ortskern durchmisst die Brīvības iela, die hinter der Brücke von der Hauptstraße rechts abzweigt und zum hinter hohen Mauern liegenden orthodoxen Kloster führt. Die Kleinstadt hat ihren Charme – ein wenig verschlafen, ein wenig altmodisch, mit engen Straßen, kleinen Häuschen, teilweise noch aus Holz. All das ergibt ein interessantes Bild, auch wenn hier nichts blitzt und strahlt. Vor dem Kloster verläuft die Brīvības iela parallel zur Daugava, wenige Meter von ihr entfernt.

Orthodoxes Kloster

Die russisch-orthodoxe Kirche mit zugehörigem Kloster (Brīvības iela 200, Tel. 5233822, Besichtigung nur

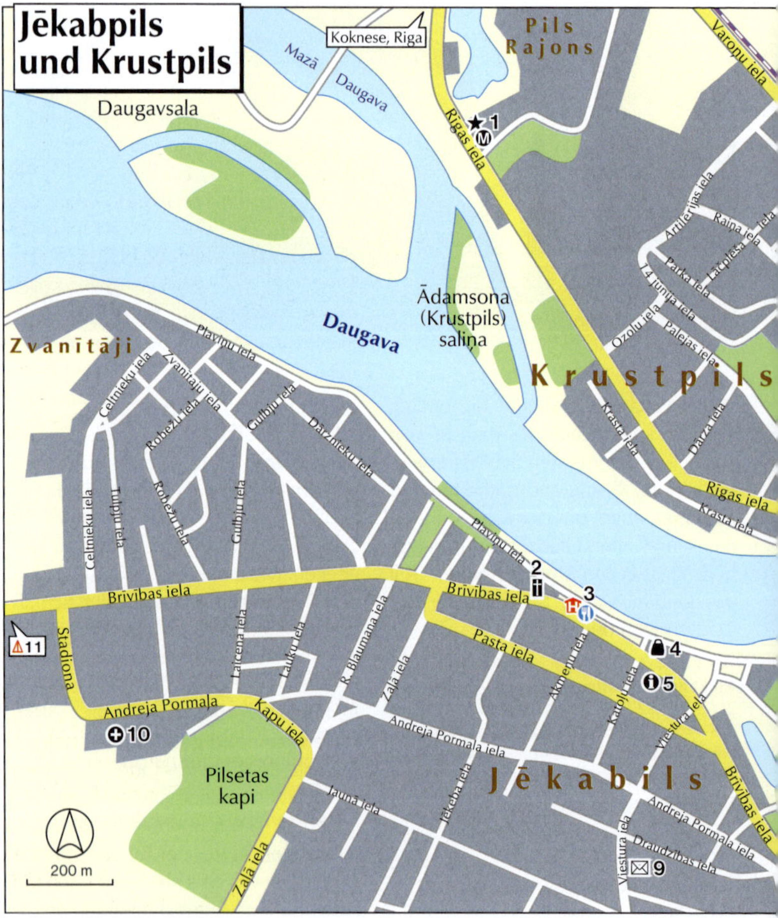

nach vorheriger Verabredung und gegen eine Spende) ist so hinter Mauern und Bäumen versteckt, dass nur die schönen **Zwiebeltürme** von außen auszumachen sind, so sehr man den Hals auch recken mag. Mit etwas Glück erwischt man gerade die Zeit, wenn die Mönche im Gotteshaus ihre Gesänge anstimmen. Die tiefen Klänge dringen bis ans Ufer des Flusses, wo ein kleiner Deich das Zentrum vor Überflutungen schützen soll. Auf dem mit Gras bewachsenen Damm lässt es sich entlangspazieren, mit Blick auf die Kreuzburg im gegenüber liegenden Krustpils.

Freilichtmuseum

Eine versteckte Attraktion, die man auf keinen Fall verpassen sollte, ist das Freilichtmuseum von Jēkabpils in einer Parallelstraße zur Brīvības iela. Zu der sympathischen, kleinen Sammlung gehören Wohnhäuser, Unterkünfte der Bediensteten, Kornspeicher, eine Schmiede und sogar eine Sauna – alles aus dem 19. oder vom Anfang des 20. Jh. In alle Gebäude kann man den Kopf hineinstecken oder sogar hineingehen und die schön und **authentisch ausgestatteten Innenräume** unter die Lupe nehmen.

Besonders reizvoll sind die wechselnden Aktionen, die das Museum zusammen mit Bewohnern der Stadt durchführt. So wurde einmal eine **traditionelle Hochzeit** nachgestellt, wie sie in der Region vor 100 Jahren hätte gefeiert werden können – inklusive Brautpaar, Pfarrer und einer riesigen Gruppe von Gratulanten. Solche Aktionen werden über den Sommer verteilt organisiert, immer mit einem klaren Bezug zu den Bräuchen und Traditionen von Jēkabpils und Umgebung.

- **Sēlu sēta,** Filozofu iela 6, Tel. 5232501, geöffnet Mai bis Oktober Mo–Fr 9–16 Uhr, Sa, So 10–16 Uhr, Eintritt 0,60 Ls.

Information

•Touristeninformation, Brīvības iela 140–142, Tel. 5233822, www.Jekabpils.lv.

Unterkunft, Essen und Trinken

•Hercogs Jēkabs, Brīvības iela 182, Tel. 5233433, www.jnami.lv. Dieses Gästehaus ist neu, modern, nicht zu groß und hat die unnachahmliche Lage auf dem schmalen Streifen zwischen Brīvības iela und der Daugava zu bieten. Gepflegte, ordentliche Zimmer, einige ohne Bad, teils mit Blick auf den Fluss, freundliche Angestellte sowie ein gemütliches, rustikales Restaurant mit schöner Außenterrasse machen das Hercogs Jēkabs zu einem guten Ort, um für eine oder zwei Nächte Halt zu machen. DZ ab 25 Ls.

•Trīs pingvīni, Vienības iela 7. Günstiges, traditionelles Lokal mit warmen Speisen sowie Kaffee und Süßwaren.

Camping

•Camping Radži, Zīriņu iela 1, Tel. 29471447, www.radzi.demvar.lv. Am See Radžu ūdenskrātuve am südlichen Stadtrand, mit einem großen Sauna-Haus, fünf wunderschön am Ufer gelegenen, sehr günstigen Holzhütten (unter 10 Ls), zwei großen Holzhütten mit jeweils drei bzw. fünf Zimmern sowie Zeltplätzen. Wann man den Verwalter nicht antrifft, muss man ihn anrufen und evtl. auf ihn warten. Es stehen nur Trockentoiletten zur Verfügung und ein Hahn mit Leitungswasser unter freiem Himmel. Trotzdem ist eine Übernachtung in den Hütten ein romantisches Erlebnis. Ein Bad im See direkt vor der Tür entschädigt für den sparsamen Komfort. Sogar ein kleiner Fleck Sandstrand ist vorhanden, außerdem: **Angelmöglichkeit,** günstiger Verleih von **Booten, Fahrrädern** und Tauchequipment.

Einkaufen

•Galerija mans's, Brīvības iela 154, Souvenirs und Kunstgalerie.

Sport und Erholung

•Plosts Jēkabs, Tel. 29558438, www.daugavasplosts.lv. Organisation von großen **Floßfahrten** auf der Daugava für bis zu 150 Personen. Mehr in der Touristeninformation.

Von Jēkabpils nach Daugavpils

Līvāni

↗ XXI/D1

Wer von Jēkabpils weiter die Daugava flussaufwärts fährt, gelangt zum bereits in Latgale gelegenen Ort Līvāni, 50 Kilometer nördlich von Daugavpils an der A6. Hier lohnt der Besuch des 2003 eröffneten **Zentrums für Lettgallisches Kunsthandwerk** (Latgales Amatniecības centrs, Domes iela 1, Tel. 5381855, Mai bis Oktober 9–18 Uhr, Sa 10–16 Uhr, November bis April Di–Fr 9–17 Uhr, Sa 10–16 Uhr, Eintritt 0,50 Ls). In dem modernen Gebäude kann man sich einen schönen Eindruck verschaffen von den vielen Facetten der Handwerkstradition, die in dieser Region besonders stark ausgeprägt ist. So wird beispielsweise die **Bearbeitung von Leinenstoffen** erklärt. Zu sehen ist eine 1930 patentierte Lochkarte, die beim Sticken geholfen hat, Muster perfekt zu erarbeiten. Schmuckvolle Kleider, Hemden, Handtücher und Schürzen wurden so hergestellt und später mit Rinde von Lindenbäumen gefärbt. Die Rinde wurde getrocknet und dann eingeweicht. Auch Holzarbeiten, etwa schöne Truhen, und die Herstellung von für die Gegend typischen bestickten Schuhen aus Stoff werden dem Besucher nähergebracht.

An der Kasse kann man eine Vielzahl von **Kunsthandwerksprodukten** aus der Region erstehen - darunter schöne Töpferwaren, Bernstein, Lederprodukte und weiteren Schmuck.

Ebenfalls in Līvāni liegt die in ganz Lettland bekannte **Glasfabrik Latglass,** in der ein Glasmuseum untergebracht ist. Die Fabrik macht allerdings einen etwas heruntergekommenen und noch sehr sowjetischen Eindruck (Tel. 5307162, www.livani.lv).

Jersika

↗ XXI/D2

Eine sehr seltsame, aber doch spannende Erscheinung unterwegs ist die **orthodoxe Kirche** von Jersika (Jersikas pareizticīgo baznīca), die 1866 entstand. Das Spezielle an dem kleinen Gotteshaus: Es ist komplett aus Eisen gebaut und kann auf- und wieder abgebaut werden. Wahrscheinlich kann man das Gebäude als die einzige mobile Kirche Lettlands bezeichnen. Jersika liegt hinter Līvāni direkt an der A6.

119je Foto: mk

Verstecktes Kruzifix beim Dorf Vabole

Weg der Kreuze

Nah an der großen A6 versteckt sich ein Ensemble der ganz besonderen Art: Eine **Ansammlung von Kruzifixen** in Gärten, am Straßenrand, auf einem freien Feld und auf Höfen. Gut 20 Kilometer vor Daugavpils, dort wo die Straße schon fast zu einer Art Autobahn geworden ist, biegt links ein kleiner Weg ins Dorf **Vabole** ab. Hier beginnt der „Kreuzweg". Das Aufstellen von Kruzifixen ist eine Tradition, die vor langer Zeit in dieser katholischen Gegend ihren Anfang genommen hat.

Die Kreuze sind gar nicht so leicht zu finden, daher lohnt es sich, gleich am Abzweig von der Autobahn nach Vabole zu halten und sich das große **Schild** mit einer schematischen Übersicht anzuschauen. Die Kreuze liegen nicht auf einem Rundweg, sondern an verschiedenen Stellen in Vabole und Umgebung. Sie sind nicht gekennzeichnet (man muss sie einfach suchen) und liegen teilweise an nicht asphaltierten Straßen. Dennoch lohnt sich ein kleiner Abstecher, um zumindest einige dieser ganz verschiedenen und teilweise sehr schmuckvollen Kruzifixe zu entdecken und zu fotografieren, die Haus, Hof und Wege der Einheimischen beschützen sollen.

120le Foto: mk

Latgale – der Osten

126le Foto: mk

Altes Holzhaus in Slutišķi, einem ehemaligen Dorf der Altgläubigen, das heute als Freilichtmuseum fungiert

Das Portal der katholischen Kathedrale im Wallfahrtsort Aglona

Überblick

Das östliche Lettland ist ein **selten von Touristen besuchter Teil** des Landes, obwohl er gerade für westliche Besucher eine Vielzahl von Attraktionen zu bieten hat. Zwar ist keine Meeresküste vorhanden und auch die Menge der Burgen und Schlösser mag etwas kleiner sein als in den anderen Regionen (auch wenn in Latgale einige schöne zu finden sind). Dafür kann man hier ein deutlich **anderes Lettland** entdecken. So anders, dass selbst Letten aus der Mitte oder dem Westen des Landes oft staunen, wenn es sie in die Gegend verschlägt. Es ist für sie ein wenig **wie eine Reise nach Russland** – mit einer noch nicht so weit entwickelten Wirtschaft, einfacheren Häusern, Dörfern und Städten, der Allgegenwart russisch-orthodoxer Kirchen und der starken Verbreitung der russischen Sprache auf der Straße. Zusätzlich gibt es in Latgale eine starke Präsenz **polnischstämmiger Menschen,** manifestiert durch die vielen katholischen Kirchen im sonst protestantisch dominierten Lettland.

Am stärksten wird der Unterschied im Winter deutlich, wenn der **Frost** oft strenger ist und der **Schnee** deutlich länger liegen bleibt als im Rest des Landes. Denn schon die ein- bis zweihundert Kilometer Entfernung vom Meer bringen Latgale dem russischen **Kontinentalklima** mit kalten Wintern ein merkliches Stück näher, während die Ostseeregionen von der milderen Meeresluft profitieren.

Die für den Osten des Landes typische schwarze Keramik

Diese Beschreibung mag angesichts der kleinen Ausmaße Lettlands etwas überzeichnet klingen, denn schließlich sind es von der Regionalhauptstadt Daugavpils nur drei Autostunden nach Riga. Auch leben in Latgale viele nichtrussischsprachige Letten und selbstverständlich ist die offizielle Sprache in Ämtern, auf Plakaten und auf Straßenschildern Lettisch. Dennoch wirkt Latgale anders, was allein schon zu einer Entdeckungsreise ermutigen sollte.

Hinzu kommen aber auch viele **landschaftliche Reize,** die stark verwurzelte **Volkskunst** mit dem Schwerpunkt auf schönen Keramikprodukten, **Sehenswürdigkeiten** wie die mächtige katholische Kirche im Pilgerort Aglona, die Stadt Daugavpils, die Grenze zu Russland mit den schier endlosen Schlangen von Lastwagen und einiges mehr.

Latgale ist nach dem Volk der **Lettgallen** benannt, die schon in antiker Zeit die Region bewohnten und mit den alten Römern, den Byzantinern und den Arabern Handel trieben. Ende des 12. Jh. stießen die Kreuzritter des deutschen Schwertbrüderordens auch nach Latgale vor und besetzten es. Das Terrain gehörte von diesem Zeitpunkt an zu Livland. Der Orden baute Burgen und Festungen und zementierte seine Machtstellung, die mehrere Jahrhunderte andauerte. Im 16. Jh. wanderte die Reformationsbewegung ein und setzte sich langsam durch, auch wenn die Landbevölkerung nur teilweise konvertierte. Doch im Gegensatz zu den anderen Regionen war die Entwicklung nicht von Dauer, denn bereits 1561 geriet Latgale an das katholische **Polnisch-Litauische Königreich.** Es verging nicht allzu viel Zeit, bis die zuvor Macht habenden deutschen Adelsfamilien sich ins polnisch-litauische System eingliederten und sich ihm anpassten.

Gleich zu Anfang des 17. Jh. erschütterte der Polnisch-Schwedische Krieg die Region, doch Latgale blieb in polnischer Hand. Die Polen kennen das Gebiet bis zum heutigen Tag unter dem Namen Inflanty. Eine relativ stabile Phase, was die herrschende Macht angeht, währte bis zum Jahre 1772, als Latgale vom **russischen Zarenreich** übernommen wurde, kurz bevor Polen bis zum Ersten Weltkrieg ganz von der Landkarte verschwand. Doch Russland griff zunächst kaum in die Verwaltungsstrukturen ein. Erst nach einem Aufstand der Polen 1831 wandte die zaristische Regierung harte Methoden an, entfernte alle polnischen Einflüsse und **bekämpfte den Katholizismus.** Russische Beamte wurden nach Latgale entsandt, Russisch wurde zur offiziellen Sprache. Erst gegen Ende des Ersten Weltkriegs tat sich für Latgale die Möglichkeit auf, zum freien Lettland zu gehören. Beim Kongress von Rēzekne 1917 stimmte die Mehrheit dafür. Es dauerte aber noch bis 1920, dass Latgale eine der vier Provinzen des erstmals souveränen Staates wurde.

121le Foto: mk

Während des Zweiten Weltkriegs und danach hatte Latgale ein ähnliches Schicksal zu tragen wie der Rest des Landes: Sowjet-Okkupation, Nazi-Besatzung, Zugehörigkeit zur Sowjetunion bis 1991. Seit der Wiedergewinnung der lettischen Freiheit hat es Latgale vielleicht am schwersten von allen Regionen, denn hier leben die meisten **Russischsprachigen,** die sich am wenigsten mit dem neuen, eigenständigen Lettland identifizieren können und daher wenig begeistert nach vorn schauen.

Schwierig ist auch die Lage mit der langen, durch den Schengen-Beitritt Lettlands noch undurchlässiger gewordenen **Ostgrenze zu Russland und Weißrussland.** Auf der anderen Seite ist Russland (Weißrussland weniger) immer noch ein wichtiger Handelspartner, und Latgale fällt hierbei die Rolle einer Brücke zwischen beiden Ländern zu. Das sehr von **Handwerkskunst und Landwirtschaft** geprägte Latgale entdeckt auch gerade erst sein durchaus vorhandenes **touristisches Potenzial.**

Für alle, die sich bei der Erkundung Lettlands ein wenig Zeit nehmen, bietet sich Latgale auch als Anfangs- oder Endpunkt einer Lettland-Rundreise an, denn für die Fahrt mit dem eigenen Fahrzeug über Polen und Litauen stehen drei große Routen nach Lettland zur Verfügung: zentral auf der Via Baltica in Richtung Riga, über das litauische Klaipėda an die Westküste oder eben östlich direkt aus Litauen ins grenznahe Daugavpils.

Daugavpils

↗ XXII/A2-3

Daugavpils ist nicht nur die Kapitale, sondern schlicht die alles dominierende Stadt von Latgale, obwohl es im äußersten Süden dieser Region liegt. Mit knapp über 100.000 Einwohnern darf es sich **zweitgrößte Stadt Lettlands** nennen.

Auf den Straßen dominiert die **russische Sprache,** auch wenn die Werbetafeln, Schilder und Beschriftungen an den Geschäften fast alle auf Lettisch sind. Wer in den Laden geht und mit „labdien" freundlich einen guten Tag wünscht, wird wahrscheinlich eher Staunen auslösen, auch wenn die meisten Menschen natürlich Lettisch können, besonders die jüngeren Russen, die es seit 1991 in der Schule lernen. Ältere Russen tun sich da schon schwerer. Sie mussten bis in die Neunziger Jahre hinein nie Lettisch sprechen, weil Russisch als offizielle Amtssprache fungierte. Bis heute können sie in Daugavpils mit fast jedem auf Russisch kommunizieren. Es ist interessant zu beobachten, wie die Menschen hier in diesem Zwiespalt leben mit dem allgegenwärtigen Lettisch als offizieller und Russisch als Umgangssprache. Gut zwei Drittel der Stadtbewohner waren bei der letzten Zählung Russen, Weißrussen oder Ukrainer. Gut 15 % identifizierten sich als Polen, die zwar katholisch sind, aber auch eher Russisch als Lettisch sprechen. Nur 17 % gaben sich als Letten aus.

Daugavpils macht bisweilen einen leicht verschlafenen Eindruck. Dies kann jedoch darüber hinwegtäuschen, dass sich auch in dieser Regionalmetropole zurzeit vieles tut: Schöne, alte Häuser werden restauriert, moderne Gebäude entstehen und die Stadt erwacht zu neuem Leben. Eine gewisse Dynamik ist zu spüren, ein Drang, nicht länger ein Schattendasein zu fristen. Einige Attraktionen gibt es schließlich auch: Die riesige Zarenfestung und die vier nebeneinander liegenden Kirchen verschiedener Konfessionen sollte man auf keinen Fall verpassen.

Stadtgeschichte

Daugavpils taucht in historischen Quellen erstmals im Jahr 1275 auf, als der livländische Schwertbrüderorden eine Steinburg mit den Namen **Dinaburga** errichten ließ. Die historische Burg lag gut 20 Kilometer vom heutigen Daugavpils entfernt. Ihre Ruinen sind heute noch in malerischer Lage zu besichtigen (siehe „Umgebung von Daugavpils"). Um die Burg herum entstand eine Stadt mit Kirche, Rathaus und zunächst einer Hand voll Wohngebäuden, deren Anzahl dann immer größer wurde. Die Burg wurde in den verschiedenen Kriegen mehrmals zerstört und wieder aufgebaut.

Auf dem jetzigen Gebiet der Stadt entstanden erst in der zweiten Hälfte des 16. Jh. erste Häuser und Befestigungen, 1582 erhielt Daugavpils seine Stadtrechte. Abwechselnd stand der Ort unter polnischer, russischer und schwedischer Herrschaft. Auch damals schon war es die Hauptstadt von Latgale. Anfang des 17. Jh. siedelten sich **katholische Jesuiten** an, missionierten die Bevölkerung und gründeten geistliche und kulturelle Einrichtungen, darunter des erste Theater von Latgale.

Ab 1772 gehörte die Region zum **russischen Zarenreich.** Die Russen begannen 1811 mit dem Bau einer Festung, die bereits ein Jahr später von Napoleons Truppen angegriffen wurde. Um die Festung herum entstanden „Vorstädte", darunter das gegenwärtige Stadtzentrum. Richtiger Schwung kam aber erst im zweiten Teil des 19. Jh. in die Entwicklung: Daugavpils wurde zu einer immer wichtigeren Station auf dem **Handelsweg nach Russland:** Per Eisenbahn war die Stadt mit Warschau, St. Petersburg und Riga verbunden. Die wichtige Straße von St. Petersburg in die polnische Hauptstadt führte durch Daugavpils. Über die Daugava wurde die russische Witebsk erreicht – ebenfalls eine wichtige Handelsroute. Gleichzeitig siedelten sich immer mehr **Fabriken** an.

Während des Ersten Weltkriegs wurde Daugavpils stark zerstört. Als die Letten zum ersten Mal ihre Unabhängigkeit errangen, war die Regionalhauptstadt Schauplatz von Kämpfen. In den kurzen Zwischenkriegsjahren entwickelte sich die **lettische Wirtschaft und Kultur** zum dominierenden Faktor in der Region, auch wenn eine russisch-orthodoxe, eine russisch-altgläubige, eine polnische und eine jüdische Minderheit weiterhin anwesend waren.

Mit der Einverleibung in die Sowjetunion in den 1940er Jahren war es nicht nur mit der Unabhängigkeit, son-

- 1 Darugs, Hotel Rebir
- 2 Gubernators
- 3 Universität
- 4 Alexander-Nevsky-Kirche
- 5 Touristeninformation
- 6 Hotels Latgola und Verina
- 7 St. Petrikirche
- 8 Vesma
- 9 Post
- 10 Eissporthalle (Ledus halle)
- 11 Busbahnhof
- 12 City Center
- 13 Viertel der vier Kirchen, Hotel Dinaburg

dern auch mit der lettischen Dominanz schnell vorbei: Von den zahlreichen Russen, die in Lettland angesiedelt wurden, kamen viele in die Region Latgale. Seit der Wende 1990/1991 ist die offizielle Sprache auch hier wieder Lettisch.

Sehenswertes

Wer mit dem Auto unterwegs ist, wird über die Daugava-Brücke von Süden in Richtung Innenstadt fahren. Es empfiehlt sich, den Wagen in einer der schachbrettartig angeordneten Seitenstraßen stehen zu lassen und diese zu Fuß zu erkunden (K. Valdemāra iela, Imantas iela, Lāčplēša iela). Hier stehen einige sehenswerte **Wohnhäuser,** viele davon um 100 Jahre alt, einige mit schönen **Jugendstil-Elementen.**

Rīgas iela

Einen besonderen Rang nimmt die Rīgas iela ein, die vom Fluss bis zum Haupteingang des Bahnhofs verläuft. Die größtenteils als **Fußgängerzone** gestaltete Straße ist mit ihren Betonplatten zwar noch nicht gerade in elegantem Zustand, doch mit den Baumreihen auf beiden Seiten und den schönen, teils **restaurierten Hausfassaden** kann sie sich durchaus sehen lassen. In Cafés kann man bei gutem Wetter draußen sitzen und während des Mittagessens oder der Kaffeepause das Leben der Stadt an sich vorbeiziehen lassen. Oder man kauft sich an einem mobilen Verkaufsstand den russischen Getränke-Klassiker Kwas zur Erfrischung.

An der Rīgas iela liegt die schöne, weiß gestrichene **katholische St. Petrikirche** mit einem gewaltigen, breiten Säulenportal (Sv. Pētera ķēdēs draudzes baznīca, Rīgas iela 39). Am Ende der Straße thront das mächtige, braune Gebäude des **Hauptbahnhofs.**

Viertel der vier Kirchen

Vom Bahnhof führt die wenig schmuckvolle Stacijas iela zur großen Brücke der 18. novembra iela über zahllose Bahngleise. Die Brücke ist per Treppe zu erklimmen. Auf der anderen Seite ist bereits ein neuer, durch die Bahnlinie vom Zentrum getrennter Stadtteil erreicht. Hier warten vier hochinteressante Kirchen auf ihre Besichtigung.

Gleich hinter der Brücke, rechts der Hauptstraße, ragt die aus Backstein gebaute, hohe **Martin-Luther-Kirche** (Martina Lutera baznīca, 18. novembra iela 68) in den Himmel. Sie beeindruckt eher durch ihre stolze Schlichtheit, die auch im Inneren vorherrscht. Die evangelischen Letten von Daugavpils treffen sich hier.

Die in direkter Nachbarschaft gelegene **katholische Marienkirche** (Dievmātes Marijas baznīca, A. Pumpura iela 11a) dient vor allem der polnischen Gemeinde und so werden hier häufig Gottesdienste in polnischer Sprache abgehalten. Wie so viele andere katholische Kirchen in Latgale ist auch dieses frisch restaurierte Bauwerk von einer schneeweiß gestrichenen Fassade und zwei parallel aufstrebenden, hohen Türmen geprägt. Der hohe Bogen des zentralen Kirchenschiffs und

122le Foto: mk

In der Rīgas iela

der breite Gang zum Altar geben einen erhabenen Eindruck.

Am schmuckvollsten ist die **Boris-und-Gleb-Kathedrale** (Sv. Borisa un Gļeba pareizticīgo katedrāle, Tautas iela 2), eine der größten russisch-orthodoxen Kirchen Lettlands. Sie steht auf der anderen Seite der Hauptstraße, ebenfalls direkt hinter der Brücke, aber ein wenig im Hintergrund. Ihre hellblau-weiße Fassade und die nach oben hin goldenen Zwiebeltürme mit den orthodoxen Kreuzen sind weithin sichtbar, obwohl die Kirche von Bäumen und Grün umgeben ist. Der mit viel Gold und unzähligen Ikonen prächtig geschmückte Innenraum ist sehr groß – ein Eindruck, der sich durch die orthodoxe Tradition noch verstärkt, keine Sitzbänke aufzustellen. Die Gläubigen stehen oder knien während der oft langen Messen.

Alle drei oben beschriebenen Kirchen sind Anfang des 20. Jh. geweiht worden.

Kirche der Altgläubigen

Die am wenigsten auffällige, aber ungewöhnlichste Kirche ist die der Altgläubigen, die sich ein Stückchen weiter oben in der Tautas iela (zwischen A. Pumpura iela und Kaunas iela) versteckt. Schon außen an der rosafarbenen Fassade sind Bilder mit **Darstellungen von Heiligen,** von Christus und der Jungfrau Maria zu finden. Der **Zwiebelturm** erinnert an orthodoxe Kirchen, doch das kürzlich renovierte Äußere wirkt bescheidener. Man betritt zunächst eine Art Vorraum, dann einen weiteren, bevor man den Kern des Heiligtums erreicht.

Die Altgläubigen, die sich im 17. Jh. von den Orthodoxen abgespalten haben, folgen wesentlich strengeren Ritualen und Regeln. Bei einem Besuch der Kirche ist **höchster Respekt** geboten. Frauen erhalten beim Eintritt ein Kopftuch, wenn sie keines mitgebracht haben. Mit etwas Glück erhält man die Erlaubnis, den Altarraum in Augenschein zu nehmen. Man sollte sich aber immer an die Anweisungen halten und auf keinen Fall Fotos machen, auch nicht ohne Blitz.

Ein großer Kronleuchter hängt in der Mitte. Die Altarwand und die Seitenwände sind mit einer schier unglaublichen Zahl an **Ikonen** geschmückt, um die 300 sollen es sein. Die Tradition der Altgläubigen will es, dass die Jüngeren ein Heiligenbild in die Kirche bringen, wenn ein älterer Mensch stirbt. Ein schwerer Geruch von **Weihrauch und Kerzen** liegt in der Luft. Sei es beim Gottesdienst, bei einer Beerdigung oder Taufe: Endlos scheinende, monotone und mystische **Gesänge** erfüllen die Räume. So in sich gekehrt und zurückhaltend die Altgläubigen auch sind, so freundlich begegnen sie respektvollen Besuchern. Täglich um 8 und um 18 Uhr sind feste Gebetszeiten.

Universität und Saules iela

Zurück ins Stadtzentrum muss man nicht wieder am Bahnhof vorbeilaufen, sondern kann nach dem Abstieg von der Brücke durch die Alejas iela und eine schöne Grünfläche die moderne **Eissporthalle** (Ledus halle) passieren. Schon ist der Ortskern wieder erreicht.

An der Vienības iela 13 liegt das monumentale Gebäude der **Universität** von Daugavpils (www.du.lv) hinter einem von Blumenbeeten und Grünflächen gesäumten Platz, der das Gebäude fast schon in den Rang eines kleinen Palastes erhebt.

Schmuckvoll ist auch die kleine russisch-orthodoxe **Alexander-Nevsky-Kirche** in der Saules iela 20 (geöffnet 9–18 Uhr), die in ihrer heutigen Form im Jahr 2004 entstanden ist. In dieser Straße stehen auch einige **Jugendstil-Gebäude** (noch nicht alle restauriert), die einen Blick wert sind.

Zarenfestung

Schließlich gilt es das einmalige Gelände der Festung aus dem frühen 19. Jh. zu erkunden. Die Strecke dorthin führt auf der Daugavas iela am Fluss entlang und dann einige Hundert Meter nach rechts (ausgeschildert). Die Zarenfestung ist zu Fuß sehr gut erreichbar, man geht eine gute Viertelstunde vom Zentrum, vom Bahnhof 5 bis 10 Minuten länger.

Auf dem Gelände stand ab dem 17. Jh. eine Steinkirche und ein dazu gehöriges Kloster. Mit dem Anschluss der Region Latgale an Russland 1772 ersetzten die Russen Kloster und Kir-

Altgläubige – eine geheimnisvolle Religion aus einer anderen Zeit

Besonders im Osten Lettlands sind sie allgegenwärtig: die Altgläubigen. Diese Religionsgemeinschaft, die für den westlichen Besucher vielleicht wie eine leichte Abwandlung der russisch-orthodoxen Kirche scheint, ist das Ergebnis einer tiefen, schon Jahrhunderte währenden Spaltung. In den Jahren 1652 bis 1658 verordneten die Orthodoxen einige weitgehende Erneuerungen. Doch eine große Gruppe innerhalb der Kirche wehrte sich vehement gegen die Modernisierer und lehnte jegliche Reform ab. Nach dem Scheitern des Widerstands beharrte diese Gruppe auf der Erhaltung der Traditionen und nannte sich fortan Altgläubige oder auch **Altorthodoxe.**

Diese Dissidenten, deren Zahl noch für das 17. Jh. im Millionenbereich veranschlagt wird, mussten Verfolgungen und sogar die Ermordung einiger ihrer Führungsfiguren durchstehen. Es dauerte drei Jahrhunderte, bis 1971 die Russisch-Orthodoxe Kirche die alten Riten als legitim anerkannte und die Altgläubigen damit rehabilitierte.

123le Foto: mk

Die Altgläubigenkirche in Daugavpils

Unter dem Druck der **Verfolgung** entstanden über die Jahre verschiedene Abspaltungen. Doch die meisten Lehren blieben allen Altgläubigen gemein: Nicht nur andere Religionen, sondern auch eine neue Auslegung der orthodoxen Rituale galten ihnen als unrein. Streng genommen dürfen Altgläubige auch heute noch beispielsweise nicht aus einem Becher mit Andersgläubigen trinken und auch nicht mit ihnen zusammen beten. Strenge, vegetarische Fastenzeiten ohne jegliche Zerstreuung und Unterhaltung werden besonders vor den wichtigen Festtagen wie Weihnachten, Ostern sowie Peter und Paul eingehalten. Altgläubige lehnen Zigaretten und starken Alkohol ab. Während die Männer ihr Haar kurz tragen und ihre Bärte nicht rasieren, lassen die Frauen die Haare meist sehr lang wachsen. Nach der Hochzeit verstecken die weiblichen Mitglieder der Glaubensgemeinschaft ihre Haarpracht gebunden unter einem Kopftuch.

Die **kirchlichen Feiertage** werden von den Altgläubigen sehr ernst genommen und ausführlich zelebriert, oft schon Tage vor und auch nach dem eigentlichen Ereignis. Der Kalender wird von diesen jährlich wiederkehrenden religiösen Terminen bestimmt.

Wie in Lettland zu sehen, spiegeln auch die Wohnhäuser mit ihrer **asketischen Bescheidenheit** die Philosophie der Gemeinschaft wieder, in der ganz auf Demut und Gottesfürchtigkeit gesetzt wird. Die Altgläubigen sind aber gleichzeitig von einem starken Verantwortungsgefühl für einander geprägt, pflegen soziale Kontakte und helfen ihren Glaubensbrüdern, wo sie können. Zu Fremden halten sie dagegen eine gewisse Distanz, sind aber auch ihnen gegenüber ausgesprochen höflich. Besucher, die in einer **Altgläubigenkirche** ein wenig hinter die Kulissen schauen möchten, sollten große Rücksicht auf Gebräuche und Regeln nehmen und keine unachtsamen Schritte tun, die als Ausnutzung der Gastfreundschaft verstanden werden könnten. So müssen Frauen in der Kirche selbstverständlich nackte Haut bedecken und ein Kopftuch tragen. Die monotonen Gesänge, etwa bei einer Kindstaufe, versetzen die Gläubigen fast in eine Art Meditation. Wer die Gelegenheit hat, solch einer Zeremonie beizuwohnen, sollte sie sich nicht entgehen lassen.

Gesprochen und gesungen wird eine Jahrhunderte alte Form der **russischen Kirchensprache.** So gut wie alle Altgläubigen in Lettland gehören der russischen (sowie ukrainischen und weißrussischen) ethnischen Minderheit an, ihre Umgangssprache im Alltag ist Russisch.

Natürlich gibt es auch unter den Altgläubigen Menschen, die sich nicht mehr allzu streng an die Vorschriften der Kirche halten oder sich sogar ganz von dieser Religionsgemeinschaft lösen. Der Zusammenhalt scheint aber stärker zu sein als in anderen Gruppen. Genaue Statistiken über die Entwicklung liegen nicht vor, doch es wird angenommen, dass etwa 100.000 Menschen und damit etwa **vier Prozent der lettischen Bevölkerung** Altgläubige sind, mit einer leicht abnehmenden Tendenz.

che gegen eine orthodoxe Kathedrale. Gleichzeitig begannen die Planungen für die Festung, doch es dauerte bis 1810, dass die Bauarbeiten schließlich aufgenommen wurden. 1000 Männer arbeiteten an dem Objekt. Rund um die **elf Meter hohe Festungsmauer** wurde ein bis zu neun Meter tiefer **Graben** ausgehoben. Der Vormarsch von *Napoleon* mit seiner Armee unterbrach die Bauarbeiten, die Russen mussten die Festung zwischenzeitlich räumen, kehrten aber zurück und stellten sie 1833 fertig.

Zu der Anlage gehören eine **Zitadelle,** acht fünfeckige **Bastionen,** der äußere **Schutzwall** und ein unbebautes Gebiet zur Daugava hin. Auf dem Gelände stehen lange Reihen von Kasernen, Wohnblöcken, militärischen Verwaltungsgebäuden, ehemaligen Waffenlagern und Pulverkellern sowie Häusern für die Offiziere und sonstigen Höhergestellten. Durch leere Straßen und baumbestandene Alleen, über weite Appellplätze, vorbei am Offizierskasino und an Denkmälern führt der Weg. Der Besuch dauert nicht länger als eine gute Stunde.

Die Bauten sind zwar nicht mehr im besten Zustand, aber diese **militärische Geisterstadt,** einst Stolz der zaristischen Armee, übt eine große Faszination aus. So entstanden auch allerlei Legenden und Geschichten. Es soll beispielsweise einmal einen geheimen Tunnel vom Festungsgelände bis zur Daugava und unter dem Fluss hindurch auf die andere Seite gegeben haben. Hierfür konnten ebenso wenig Beweise gefunden werden wie für die

Behauptung eines russischen Schriftstellers, das sagenumwobene deutsche Bernsteinzimmer sei aus St. Petersburg in eben jene Festung von Daugavpils gebracht worden.

- **Cietoksnis,** die Festung ist immer geöffnet, man kann draußen parken und zu Fuß das Gelände erkunden oder auch mit dem Auto hineinfahren. Der Eintritt ist davon unabhängig: 0,20 Ls pro Person.

Praktische Tipps

Information

- **Touristeninformation,** Saules iela 23a, Tel. (6)5422818, tourinfo@daugavpils.apollo.lv, Mo–Fr 8–17 Uhr. Als einzige Touristeninfo einer größeren Stadt verfügt Daugavpils über keine eigene Internetseite, ein Zeichen für die noch unterentwickelte Einstellung auf Touristen in dieser Stadt. Auf der offiziellen Website www.daugava.lv existieren zwar ins Englische übersetzte Seiten, doch wenige konkrete Hilfen für Besucher aus dem Ausland. In der Touristeninfo ist aber einiges an nützlichem Material erhältlich.

Internet

- **Zentralbibliothek,** Saules iela 23a, Tel. 5426422, geöffnet 11–20 Uhr. Im selben Gebäude wie die Touristeninfo.
- **Alpari,** Valkas iela 5, Tel. 9521778, geöffnet 9–6 Uhr (also die ganze Nacht).
- **Digitalia,** Vienības iela 4–8, Tel. 5420480, geöffnet 9–23 Uhr.

Behinderte

Daugavpils ist an vielen Stellen nicht wirklich gut auf Behinderte eingestellt. Symbolisch für die Probleme steht der Bahnhof, zu dem eine breite, Eindruck schindende Treppe hinaufführt – ohne Fahrstuhl oder Rampe. Rollstuhlfahrer werden sich auch auf den sehr unebenen Betonplatten der Fußgänger-

124le Foto: mk

zöne in der Rīgas iela schwer tun, ebenso auf dem Gelände der Zarenfestung.

Notfälle und nützliche Adressen

- **Apotheke:** Saules Aptieka, Viesturu iela 60, Tel. (6)5407388.
- **Krankenhaus:** Daugavpils Reģionālā Slimnīca, Vasarnicu iela 20, Tel. (6)5405282.
- **Polizei:** Vaļņu iela 27, Tel. (6)5403302.
- **Post:** Rīgas iela 9, Tel. (6)5457038, täglich 8–11.30 Uhr und 12–19.30 Uhr.

Geld

Geld kann werktags in allen Bankfilialen gewechselt werden. Außerdem gibt es eine ganze Reihe von Wechselstuben, die auch am Wochenende geöffnet sind. Auch in Daugavpils findet man ausreichend Geldautomaten. Die größeren Hotels und Restaurants akzeptieren Kreditkarten, kleinere Lokale und Läden aber nicht immer.

Unterkunft

- **Hotel Rebir,** Vienības iela 17, Tel. (6)5421857. Sehr kleines Hotel an der Ecke zur Fußgängerzone der Rīgas iela. DZ ab 30 Ls.
- **Park Hotel Latgola,** Ģimnāzijas iela 46, Tel. (6)5404900, www.hotellatgola.lv. Zu Sowjetzeiten der zentrale Hotelkomplex, inzwischen modernisiert mit schicker Lobby, bunter Designer-Bar und Zimmern der gehobenen Klasse. Mit Restaurant, Casino, Sauna und Touristeninformation, Organisation von Stadtführungen. DZ ab 50 Ls.
- **Hotel Dinaburg,** Dobeles iela 39, Tel. (6)5453010, www.hoteldinaburg.lv. Hübsches, neues Haus im Stadtteil auf der anderen Seite der Bahngleise nahe den vier großen Kirchen. Zentrum zu Fuß in 20 Minuten oder per Straßenbahn zu erreichen. Gemütliche Zimmer, Restaurant, Bankettsaal, Sauna, Swimmingpool, kostenloser Parkplatz, DZ ab 30 Ls.

Zahlreiche Legenden kursieren um die Zarenfestung

- **Hotelis Verina,** Ģimnāzijas iela 46, Tel. (6)5422190. Kleines Hotel mit gemütlichen Zimmern, teils mit Balkon, sehr zentral direkt neben dem großen Hotel Latgola, DZ ab 30 Ls.

Camping

- **Virognas atputas baze,** Dorf Spogi, Gemeinde Višķi, Mobiltel. 29532939. Nahe der A13 von Daugavpils nach Rēzekne, etwa 25 km von Daugavpils. Campingplatz mit sechs Holzhütten, Zeltplätzen und Stellplätzen für Wohnmobile mit Stromanschluss. Bademöglichkeit und Bootsverleih am See. Im Park von Višķi gibt es 75 exotische Baum- und Buscharten zu bestaunen.

Essen und Trinken

- **Vesma,** Rīgas iela 49, Tel. (6)5444363. Mischung aus Bistro, Café und Bar in der Fußgängerzone der Rīgas iela. Originell dekoriert mit riesigen Aquarien voller exotischer Fische und Kaninchen in Käfigen. Schöne Sitzplätze auf der Terrasse zur Straße hin. Einfache Gerichte von der Theke, Kaffee und Süßwaren.
- **Darugs,** Vienības iela 17, geöffnet 10–24 Uhr. Einfaches Lokal direkt neben dem Hotel Rebir an der Ecke zur Rīgas iela, mit Selbstbedienung, traditionellen Speisen und sehr niedrigen Preisen.
- **Gubernators,** Lāčplēša iela 10, Tel. 5422455. Restaurant der gehobenen Klasse, aber bezahlbar, mit vorwiegend lettischer Küche.
- **City Center,** Viestura iela 8, Tel. 5454540, www.citycenter.lv. Großer Unterhaltungskomplex mit Restaurant Eiropa, Billard, Bowlingbahn (jeweils 12–24 Uhr), Nachtklub Banzai (22–5 Uhr), Espressobar Arabika (11–23 Uhr, am Wochenende bis 5 Uhr) und Konferenzsaal auf drei Etagen.

Sport und Erholung

- **Ledus halle,** Stacijas 45, Tel. 5425318. In der Eissporthalle, in der regelmäßig Eishockeyspiele ausgetragen werden, kann man sich auch selbst auf die Bahn wagen.

Einkaufen

- **Mākslas salons Māra,** Rīgas iela 8, Tel. 5421201. Traditionelle Handwerkskunst, Keramik, Leinenstoffe, Bernstein u.a.
- **Deko Art,** Vienibas iela 11–34, Tel. 5423777. Kunsthandwerk und Schmuck, u.a. mit Jugendstil-Anklängen.

Verkehrsverbindungen

- **Auto:** Bei der Anreise durch Polen und Litauen sind es vom litauischen Kaunas rund 200 Kilometer auf der relativ gut ausgebauten A6, die in Lettland A13 heißt. Daugavpils liegt nur 26 Kilometer von der Grenze entfernt. Man erreicht die Stadt, überquert die Daugava-Brücke und ist bereits im Zentrum.
- **Bahn:** Der Bahnhof (Stacija Daugavpils, Stacijas iela 44, www.ldz.lv) liegt zentral am Ende der Fußgängerzone Rīgas iela. Täglich vier Verbindungen nach Riga. Interessant sind auch die täglichen Züge in die litauische Hauptstadt Vilnius und ins russische St. Petersburg (ein Visum muss vorab beantragt werden!).
- **Bus:** Der Busbahnhof (Autoosta, Viestura iela 10, www.autoosta.lv) ist mitten im Stadtzentrum zu finden. Täglich stehen über 30 Verbindungen von und nach Riga zur Verfügung, teilweise in Bussen, die von Daugavpils weiter ins weißrussische Minsk oder ins ukrainische Kiew verkehren. Der Fahrpreis für einen Erwachsenen beträgt meist 4–5 Ls. Auch in die Provinz von Latgale verkehren regelmäßig Busse, zum Beispiel dreimal täglich in den katholischen Wallfahrtsort Aglona.

Umgebung von Daugavpils

Naujene

⇗ XXII/A-B2

Entlang der **Daugava** geht es auf der A6 weiter in Richtung Krāslava. Eines der ersten Dörfer hinter Daugavpils ist Naujene, wo im Heimatmuseum ein Modell der **Unterwasserwelt** der Daugava präsentiert wird.

- **Naujenes Novadpētniecības muzejs,** geöffnet Mo–Sa 8–12 und 13–17 Uhr, www.naujene.lv.

Dinaburga

⇗ XXII/B2

In Naujene beginnt ein Abstecher von der A6 mit einer Reihe sehr sehenswerter Stationen. Eine kleine Asphaltstraße führt rechts zum Burgberg von Dinaburga mit den Ruinen der mittelalterlichen Ordensburg aus dem 13. Jh., die ein ganzes Stück außerhalb des heutigen Daugavpils liegen. Der Eintritt kostet 0,40 Ls pro Person, die Parkgebühr beträgt 0,50 Ls. Ein Fußweg führt in der hügeligen Gegend zunächst zu einem schönen, kleinen, aber sehr detailliert gearbeiteten **Modell der Burg.**

Hinter dem Modell fällt die Landschaft steil ab und unten tut sich das wunderbare **Panorama des Daugava-Tals** auf. Der Fluss schlängelt sich in diesem Gebiet in einigen großen, S-förmigen Bögen durch die Natur. Der Weg führt vom Burgmodell hinab, es geht auf **Holzbrücken** über kleine Schluchten bis zu den wenigen erhaltenen Überbleibseln der Festung.

Daugava-Bögen

⇗ XXII/B2-3

Man kehrt nun per Auto nicht bis zur A6 zurück, sondern biegt rechts in eine Schotterstraße ab. Die braunen

Das Modell der Dinaburga – von der echten Festung sind nur noch Ruinen erhalten

Sehenswürdigkeiten-Schilder weisen den Weg. Dieser ist nicht gerade autofreundlich, aber bei langsamem Tempo gut befahrbar. Nach etwa drei Kilometern taucht rechts am Straßenrand ein hoher **Aussichtsturm** auf (Vasargelisku skatu tornis). An dieser Stelle verläuft einer der Daugava-Bögen ganz in der Nähe des Weges. So eröffnet sich nach Überwindung der 65 Stufen bei meist steifem Wind und leichtem Schaukeln des Turms ein fantastischer Ausblick auf den Fluss und seine Windungen. Die Daugava-Bögen (Daugavas loki) standen Pate für die Gründung eines eigenen **Naturparks** mit schönen Wanderpfaden. Unterwegs kommt man an der Strecke an einigen landschaftlich sehr reizvoll gelegenen **Zeltplätzen** vorbei.

Altgläubigen-Dorf

Nochmals etwa drei Kilometer weiter ist rechts das Dorf **Slutišķi** ausgeschildert. Es handelt sich um eine alte Siedlung der Altgläubigen, die heute als „ethnografisches Dorf" wie ein **Freilichtmuseum** präsentiert wird. Bereits im 5. Jh. existierten an diesem Ort Siedlungen. In neuerer Zeit erbauten die Altgläubigen hier ein Dorf von 30 Holzhäusern, von denen heute noch zehn Gebäude stehen. Sie waren in Gefahr, als beim Bau eines Staudamms während der Sowjetzeit das Dorf geflutet werden sollte. Doch die Überschwemmung wurde verhindert.

Stattdessen können Besucher heute, allein oder mit Führung, einen Blick in das Dorf werfen und in einem Haus das **original ausgestattete Innere** in

125le Foto: mk

Latgale – der Osten

Die Daugava – der Fluss der Vorsehung

Die Daugava (deutsch Düna) ist die Ader, die sich über 357 Kilometer durch das Land zieht. Sie gilt als *der* lettische Fluss, obwohl sie in einem längeren Abschnitt durch Weißrussland fließt als durch Lettland. Insgesamt kommt sie auf 1005 Kilometer. Sie dominiert mit Riga und Daugavpils die beiden größten Städte des Landes und war über die Jahrhunderte von Bedeutung für Lettlands Rang als Handelsmacht.

Es ist daher kein Zufall, dass auch in der Mythologie viele Legenden mit der Daugava verbunden sind. Laut der berühmtesten Sage residierte die mächtige Göttin Staburadze in einem prächtigen Kristallpalast tief in den Fluten des Flusses. Sie rettete einen jungen Mann vor dem Ertrinken und ließ ihn bei sich leben. Sie behauptete, er würde zu Stein erstarren, sollte er je wieder die Wasseroberfläche erreichen. Doch der Donnergott bestand darauf, dass der Jüngling gesegnet werde und dass ihm Ruhm und Ehre in seinem Leben bestimmt seien. So tauchte er aus dem Wasser auf, besiegte einen gefährlichen Bären und wurde zum heldenhaften Lāčplēsis, der nach endlosen Abenteuern schließlich sein Leben für die Freiheit seines Volkes ließ – und dies auf keine andere Weise als durch einen tödlichen Sturz während eines Schwertduells in den dunklen Strom der Daugava.

Der mythische Palast Staburags, der nach der dort wohnenden Göttin benannt wurde, erhielt bald den Beinamen „lettisches Atlantis". Genau wie bei dem geheimnisvollen, angeblich versunkenen Kontinent wurden nie wissenschaftliche Beweise für die Existenz von Staburags gefunden. Was die sagenhaften Geschichten von Staburags unterstreichen, ist die fast schon spirituelle Verbindung der Letten mit der Daugava. Sie ist für sie mehr als nur ein großer Fluss. Es ist auffällig, dass der sprichwörtliche Palast nicht etwa auf dem Grund der Ostsee liegt, die wirtschaftlich und historisch gesehen für Lettland eine noch größere Bedeutung als die Daugava hatte.

So wollen die Legenden über die Daugava gar kein Ende nehmen: Seitdem die Russen Ende des 19. Jh. ihre Zarenfestung am Stadtrand von Daugavpils bauten, reißen die Gerüchte nicht ab, es gebe einen geheimen Tunnel vom Festungsgelände unter der nah gelegenen Daugava hindurch auf die andere Seite. Dieser Fluss hat offensichtlich eine inspirierende Wirkung. Die Bewohner Rigas sollen ihn über die Jahrhunderte den „Fluss der Vorsehung" oder einfach „Mutter" genannt haben.

126le Foto: mk

Augenschein nehmen. Über den Fenstern besaß jedes Gebäude eine Verzierung, die wie ein Wappen die jeweilige Familie repräsentierte. Die Eingänge zu den außen reich mit Blumen geschmückten Häusern haben eine hohe Schwelle und sind nach oben hin niedrig. So verneigt man sich automatisch beim Eintritt. Die Altgläubigen bekreuzigten sich jedes Mal beim Überschreiten ihrer Türschwelle. In jedem Wohnzimmer stand ein kleiner Altar mit Ikonen. Mit den Heiligenbildern liefen die streng religiösen Menschen um ihr Haus herum, um es vor Feuer zu schützen. Sie versorgten sich selbst, backten Brot, betrieben Ackerbau und fertigten Handarbeiten an, etwa kunstvolle Stickereien.

Ein schöner Spazierweg führt durch den Wald, vorbei an einem großen **Stein,** der jedem, der ihn berührt, besondere **Energie und Kraft** verleihen soll. Ende Mai wird auf der Lichtung im Wald ein Fest gefeiert. Am Eingang zu dem Gelände gibt es einen kleinen **Strand mit Bademöglichkeit.**

Hinter dem Altgläubigendorf endet die Schotterpiste recht bald wieder an der A6, auf der man in wenigen Minuten die Kleinstadt Krāslava erreicht.

●**Slutišķu sadzas,** Tel. 5475598, geöffnet Mo–Fr 9–17 Uhr, Eintritt 0,40 Ls, Parkplatz 0,50 Ls.

Krāslava

↗ XXII/B2-3

Krāslava hat sich selbst den Namenszusatz „Wo Lettland beginnt" gegeben – wegen seiner Lage nur wenige Kilometer von der **weißrussischen Grenze.** Der knapp über 10.000 Einwohner zählende Ort begann erst im 18. Jh. eine nennenswerte Entwicklung und erhielt 1923 die Stadtrechte. Er wird von **Holzhäusern** dominiert. Hervorstechendes Gebäude ist die katholische **Ludwigskirche im Barockstil** (Bāznicas iela) mit ihrer weißen, breiten Fassade ohne Turm. Sie ist von einer schönen Grünfläche umgeben.

Als die deutschstämmigen Adeligen in Lettgallen noch etwas zu sagen hatten, war der Graf *von Plater* in dieser Region eine wichtige Figur. Sein **Barockpalast** vom Ende des 18. Jh. (die Bauzeit dauerte 40 Jahre) ist leider völlig heruntergekommen und wartet dringend auf eine grundlegende Restaurierung. Nur das Wappen sieht aus wie neu. Den erhöht gelegenen Palast erreicht man zu Fuß vom zentralen Platz des Ortes durch einen kleinen Park und dann über Treppen. Man kann auch mit dem Auto fahren und einen Bogen bis hinter das Gebäude machen (Pils iela). Der nicht allzu große Aufstieg lohnt sich vor allem wegen der Sicht von einer kleinen **Aussichtsplattform** auf Krāslava und das etwas entfernte Tal der Daugava.

An der Straße unterwegs zum Herrenhaus erinnert ein **Denkmal** an den deutschen General *Otto Lancelle,* der 1941 in Krāslava ums Leben kam. Auf dem Stein wird schlicht „den Opfern" des Krieges gedacht - eine schöne Geste, bei der Nationalität keine Rolle spielt.

Ein weiteres interessantes Merkmal von Krāslava ist der ausgeschilderte **Schokoladenberg** (Šokolādes kalns, 141 Meter hoch), der allerdings außer seinem putzigen Namen - wegen der dunklen, lehmigen Erde - wenig mehr bietet als einen schönen Picknickplatz im Grünen.

Information

- **Touristeninformation,** Brīvības iela 13, Tel. 5622201, tic@Krāslava.lv.

Einkaufen

- **Valdis Pauliņš,** Dūmu iela 8, Tel. 29128695. Verkauf der in dieser Region so vielfältigen wie berühmten Keramik beim Töpfer höchstpersönlich.

Umgebung von Krāslava

Sauleskalns ↗ XXII-XXIII/B-C2

Die asphaltierte P62 verläuft nördlich in Richtung Aglona und Preiļi. Nach etwa zehn Kilometern ist das Dorf **Kombuļi** erreicht, kurz dahinter geht rechts ein asphaltierter Weg nach Sauleskalns ab. Ganz unerwartet findet man sich plötzlich in einem kleinen **Erholungsort** wieder - mit Hotels, Restaurants, **Badestrand** am See und sogar **Skiliften** an einem recht steilen Abhang. Der eigentliche Hügel Sauleskalns (Sonnenberg) liegt vor dem Ort links, wo eine sehr schlechte Straße steil bergauf führt, an einer verlassenen Jugendherberge vorbei. Auf dem Hügel ist außer der schönen Aussicht über die wellige, von zahllosen kleinen und großen Seen bedeckte Landschaft nicht viel zu sehen. In längst vergangenen Zeiten war der Ort wegen seiner erhöhten Lage eine wichtige **Kultstätte der lettgallischen Völker.**

Aglona ↗ XXII/B2

Das kleine Aglona ist das „Lourdes der lettischen Katholiken", ein **Wallfahrtsort,** zu dem jedes Jahr Zehntausende pilgern. Rund um den 15. August, zu **Mariä Himmelfahrt,** kommen sie aus der Region Latgale, aber auch aus anderen Teilen Lettlands, wo die Katholiken eine kleine Minderheit bilden. Es reisen außerdem ausländische Pilger an, besonders aus Polen.

Unübersehbar dominiert die weiße **Kathedrale** mit ihren zwei rechteckigen, 60 Meter hohen Türmen das Ortsbild. Gegenüber dem Gebäude verrät ein riesiger Parkplatz, wieviele Menschen zur Pilgerzeit hierher strömen. An der Straße, wo das Kirchengelände beginnt, durchschreitet man ein mächtiges, weißes **Portal.** Auf der großen Grünfläche zwischen Portal und Kirche stehen während der Pilgertage neben Kapellen kleine mobile Häuschen aufgereiht, in denen die Pilger ihre Beichte ablegen können. Auf einem Hügel im Hintergrund links sind drei große, weiße Kreuze sichtbar.

Der Eingang des im **Barockstil** erbauten Gotteshauses aus dem 19. Jh. wird über eine Art Balkon erreicht, auf

128le Foto: mk

Im Inneren der Kathedrale von Aglona

dem bei Freiluftgottesdiensten der Altar eingerichtet wird. Papst *Johannes Paul II.* feierte hier schon eine Messe.

Das Innere präsentiert sich reich geschmückt, besonders der im Rokoko-Stil goldverzierte **Altarraum,** der im oberen Bereich blau beleuchtet wird, und die Kreuzgewölbe. Die über 200 Jahre alte Orgel fällt dagegen überraschend klein aus. Man kann über Treppen die Rückseite des sehr hohen Altars besichtigen. Einige Ölgemälde aus dem 18. und 19. Jh. zieren die Seitenschiffe. Unter dem Haupteingang führt ein Zugang in die **Krypta.** Unter dem Gotteshaus liegt ein altes **Grabgewölbe,** das ebenfalls zur Besichtigung frei gegeben ist.

Seitlich im Kirchgarten am See sprudelt eine **Quelle,** von der sich die Menschen heilende Kräfte erhoffen. Sie füllen sich das kühle Nass literweise in mitgebrachten Plastikflaschen ab.

In einem Nebengebäude wird ein Laden mit Andenken, Postkarten und Devotionalien betrieben. Direkt daneben steht Pilgern eine begrenzte Anzahl von recht günstigen **Gästezimmern** zur Verfügung. Während der Pilgerzeit campen viele wild außerhalb des Kirchengeländes am See.

Information

- **Touristeninformation,** Somersētas iela 34, Tel. 5322100, www.aglona.lv.

Camping

- Es gibt in Aglona mehrere offizielle Zelt- und Campingplätze. Einer davon ist der große, vom Zentrum gut ausgeschilderte, zwei Kilometer entfernte **Aglonas Alpi,** Mobiltel. 29194362, www.aglonasalpi.viss.lv. 12 Holzhütten am See, 30 Wohnmobil-Stellplätze, Raum für 500 Zelte, einige Zimmer, Bademöglichkeit, Bootsverleih und Sauna, geöffnet April bis November. Das nette Besitzerpaar *Juris* und *Mihalīna* spricht ein wenig Deutsch.

Umgebung von Aglona

Berzgale

Östlich von Aglona geht es in Richtung des 35 Kilometer entfernten Dagda durch eine liebliche Landschaft, teilweise vorbei an schönen **Seen,** mit denen diese Region wahrhaft gesegnet ist. Wer möchte, kann beim Dorf **Kapiņi** einen kurzen Abstecher von zwei Kilometern am See entlang nach links machen, wo in Berzgale eine der ältesten **Holzkirchen** von Latgale steht (Berzgales katoļu baznīca, Baujahr 1744).

Hof Jasmuiža ↗ XXII/B1

Liebhaber von **Keramik** werden in ganz Latgale auf ihre Kosten kommen. Eine gute Möglichkeit zur Besichtigung dieser Handwerkskunst besteht bei dem Hof Jasmuiža im Dorf **Aizkalne** – zu erreichen von Aglona über die P62 in Richtung Preiļi, über die Kreuzung mit der großen A13 geradeaus hinweg und kurz dahinter links in einen Schotterweg.

Jasmuiža besteht aus zwei mit Wein bewachsenen Gebäuden und einem schönen Garten. Der 1865 geborene lettische Dichter *Jānis Rainis* verbrachte hier seine Jugend. In dem nach ihm benannten Haus werden kunstvolle Töpferwaren ausgestellt und verkauft. Besucher können auch selbst ihr Glück beim **Töpfern** versuchen. Besonders am Wochenende ist sehr viel los.

- **Jasmuiža,** Tel. 53546777, solemia@inbox.lv, geöffnet 15. Mai bis Oktober 10–17 Uhr, Mo geschlossen.

Preiļi ↗ XXII/A1

Über die P82 ist die angenehme Kleinstadt Preiļi schnell erreicht, die einen charmanten Landschaftspark aus dem 19. Jh. beherbergt. Neben einer weißen, restaurierten katholischen Kapelle mit stolzem Säulenportal steht hier das ehemalige **Schloss des Grafen von Borth,** das bisher nicht renoviert wurde und an dem der Zahn der Zeit schon mächtig genagt hat. Dennoch sind die Außenmauern samt Zinnenturm noch fast vollständig erhalten und geben einen Eindruck von der einstigen Pracht.

Information

- **Touristeninformation,** Raiņa bulvāris 24, Tel. 5322766, www.preili.lv, geöffnet Mo–Fr 8.30–12 und 12.30–17 Uhr.

Einkaufen

- **P. Čerņavska keramikas māja,** Talsu iela 21, Tel. 29429630. Ausstellung und Verkauf von Keramikkunst aus der Region. Mit Werkstatt des Besitzers *Polikarp Čerņavski.*

Dagda

↗ XXIII/C2

In Dagda, ganz im Osten von Latgale, glänzt vor allem die weiße, **katholische Kirche** von 1741. Auffällig ist auch das hohe, nach oben spitz zulaufende Denkmal für die Soldaten der Roten Armee – eine in Lettland nicht mehr allzu häufige Ansicht. Ende Juli wird das verträumte Dagda lebendig, wenn das Anna-Fest gefeiert wird.

In Dagda ist der **Hügel Lielāis liepu kalns** (289 m) ausgeschildert. Die 3,9 Kilometer lange Strecke verläuft allerdings auf einer schlechten Straße, die man nur mit einem geländegängigen Wagen befahren sollte. Ganz am Ende wird es sehr steil, die letzten Schritte geht man am besten zu Fuß. Wer dies auf sich nimmt, wird mit einem weiten Blick von der Hügelspitze auf die wunderbare, wald- und seenreiche Landschaft belohnt.

Umgebung von Dagda

Razna-See

↗ XXIII/C1

Von Dagda nach Rēzekne passiert die P55 den großen Razna-See (Raznas ezers) und verläuft für einige Kilometer fast direkt an seinem Ufer entlang. Picknickplätze, **Badestrände** und Möglichkeiten zur **Bootsausleihe** finden sich hier. Ein großer Erholungskomplex mit Sauna und Konferenzräumen am Wasser lockt Touristen an (www.razna.lv).

Rēzekne

↗ XIX/C2

Rēzekne ist die größte Stadt in der weiteren Umgebung und nach Daugavpils der zweitgrößte Ort in Latgale. Auch wenn das geschäftige Treiben dieses **Provinzzentrums** nicht unsympathisch ist, machen sich reizvolle Plätze doch rar. Noch nicht einmal eine Touristeninformation, die es sonst fast überall gibt, ist hier zu finden.

Die wenigen erhaltenen **Ruinen der alten Burg** auf einem Hügel sind einen Blick wert. Wer schon einmal da ist, kann auch die hübsche **russisch-orthodoxe Kirche** besichtigen, die täglich von 9–18 Uhr geöffnet ist. Das große, nicht zu verfehlende patriotische Denkmal mit der Aufschrift „Vienoti Latvijaj" („Vereint für Lettland") mitten im Stadtzentrum wurde 1920 anlässlich des Beitritts Latgales zum freien Staat Lettland aufgestellt, denn hier in Rēzekne vollzogen die Latgaler damals feierlich jenen Beitritt.

Ludza

↗ XIX/C-D2

Auf der A12 dauern die 28 Kilometer von Rēzekne nach Ludza eine knappe halbe Stunde. Unterwegs sollte man die Augen offen halten und vielleicht bei einer der in dieser Region so zahlreichen **Töpferwerkstätten** mit Verkauf anhalten. Hier sind durchaus einige kleine Schätze zu finden. Berühmt ist Latgale besonders für die schwarze Keramik.

Das kleine Ludza macht trotz der nahen **russischen Grenze** und der Tau-

129le Foto: mk

senden von Lastwagen, die täglich durch den Ort fahren, einen ruhigen und geordneten Eindruck. Das Städtchen schöpft diese Ruhe vielleicht aus ihrer langen Geschichte: Mit dem offiziell anerkannten Gründungsjahr 1177 handelt es sich nämlich um nichts Geringeres als die **älteste Stadt Lettlands.** Schön sind eine Reihe von alten **Holzhäusern** im Zentrum des Städtchens.

Die mittelalterlichen **Burgruinen** (Pilsdrupas) auf einem Hügel sind über eine Treppe zu erreichen. Von oben schweift der Blick über die Stadt mit ihren Kirchen und die umliegenden Seen in der grünen Landschaft. Direkt gegenüber auf einem Hügel, durch eine Schlucht getrennt, steht die an Aglona erinnernde **katholische Kirche** mit einer gewaltigen Marienfigur unter freiem Himmel.

Heimatmuseum

In einem **Holzhaus aus dem 14. Jh.** ist eine Ausstellung über die Geschichte der Stadt untergebracht, mit vielfältigen Exponaten, darunter Ausgrabungsstücke und alter Schmuck. Auf dem Hof sind noch ein weiteres altes Gebäude und eine **Mühle** zu besichtigen.

- **Ludzas novadpētniecības muzejs,** Kulneva iela 2, Tel. 5723931, Mo–Fr 9–17 Uhr, Sa 10–17 Uhr.

Von der Burg in Ludza ist nicht viel erhalten

Information

- **Touristeninformation,** Bāznicas iela 42/11, Tel. 9467925, www.ludzaspils.lv. Die Touristeninformation ist gut ausgestattet, die freundlichen Mitarbeiter geben auch Auskunft über Ziele in der weiteren Umgebung, etwa an der russischen Grenze. Ludza verfügt über eine bessere Internetseite für Touristen als Daugavpils. Organisation von siebenstündigen Ausflügen zum Dreiländereck von Lettland, Russland und Weißrussland.

Camping

- **Dzerkaļi,** Gemeinde Cirmas, Tel. 26324735, www.dzerkali.lv (Seite auch auf Deutsch). Großer, gepflegter Campingplatz kurz vor Ludza (von Rēzekne aus gesehen) direkt am Cirmas-See, mit einigen großen Holzhäusern inklusive Küche und Bad (35 Ls), Zeltplätzen mit Duschgelegenheit, einer Bar mit Imbissen wie russischen Pelmeni und lettischem Bier sowie einer schönen Seepromenade. Ausgeschildert von der nicht weit entfernten A12.

Essen und Trinken

- **Kafejnīca Kristine,** Bāznicas iela 25, Tel. (6)5781326. Direkt im Zentrum, einfache, aber neue und gepflegte Gaststube mit soliden, günstigen lettischen Speisen und Getränken, auch Kaffee und Kuchen.

Einkaufen

- **Ludzas Amatnieku Centrs,** Tālavijas iela 27a, Tel. 5707203, www.ludzasamatnieki.lv. Laden mit einer großen Anzahl von Erzeugnissen traditionell lettischer Handwerkskunst, von schön gestickten Volkstrachten über Schuhe bis hin zu ausgezeichneten Töpferwaren. Auch kleinere Souvenirs können hier erworben werden. Direkt im Anschluss an das Geschäft liegt die Werkstatt. Besonders originell: kleine Teufelsfiguren aus Keramik. Die Besitzerin erklärt, heute hätten Teufel ein schlechtes Image, während sie früher für die Menschen zum täglichen Leben gehörten. Zu kaufen sind auch antike Haushaltsgegenstände wie etwa alte Bügeleisen.

Umgebung von Ludza

Zur russischen Grenze ↗XIX/D2-3

Die letzten 40 Kilometer auf der A12 vor dem Ende des lettischen Staatsgebietes können sehr abenteuerlich werden. Gewöhnlich bilden die **Lastwagen** mit dem Ziel Russland einen **gigantischen Rückstau** und müssen oft stunden- oder sogar tagelang warten, bis sie weiterfahren können. Meist ziehen sie ein wenig zur rechten Straßenseite, um vorbeifahrenden Autos Platz zu lassen. Die Realität sieht aber dennoch so aus, dass man gezwungen ist, sich endlos lange halb auf der Gegenfahrbahn an den Brummis vorbeizuquetschen, deren Fahrer aus Russland, Litauen, Lettland, Estland, Polen, Deutschland und vielen anderen Ländern sich derweil am Straßenrand bei einem Schwätzchen oder Sonnenbad, schlafend oder an einem Campingkocher sitzend die Zeit vertreiben. Sie geben ein außergewöhnliches Bild ab. Die Situation wird sich auch in den nächsten Jahren kaum ändern, denn seit dem Beitritt Lettlands zum Schengener Abkommen hat hier das grenzfreie Europa ein Ende.

Opuļi ↗XIX/D3

Kurz vor dem letzten lettischen Städtchen Zilupe macht die A12 einen großen Rechtsbogen. Hier kann man die Gelegenheit nutzen und geradeaus zum etwa drei Kilometer entfernten Dörfchen Opuļi weiterfahren. Ein relativ solider Feldweg führt zu einem eigenartigen **Brunnen** (Beschriftung auf Hinweisschild: „Opoļu Svētavots

1,2 km"). Umrandet von Birken und Tannen auf freier Strecke, steht über dem Brunnen eine **kleine blaue Kapelle** mit Zwiebeltürmchen und einigen orthodoxen Ikonen. Über einem Loch im Boden hängt an der Kette ein Eimer.

Zilupe ↗ XIX/D3

Zilupe liegt nicht direkt an der A12 und ist ruhig und klein – man mag kaum glauben, dass es sich „Stadt" nennt. Holzhäuser und sozialistische Wohnblöcke wechseln sich ab. Hier verlief vor 100 Jahren die wichtige Eisenbahnlinie nach Moskau. Den Bahnhof gibt es noch.

Pasiene ↗ XIX/D3

Eine letzte sehenswerte Station nahe der russischen Grenze ist das Dorf Pasiene, zwölf Kilometer südlich von Zilupe an der P52, mit einer erstaunlich mächtigen **katholischen Kirche** (Pasienes katoļu baznīca) von 1761, die mit ihrem weißen Äußeren und den beiden hohen Türmen wiederum an die Kathedrale von Aglona erinnert. Das Innere mit seiner sehr reichen und schmuckvollen Ausstattung wurde gerade grundlegend renoviert. Sonntags um 12 Uhr wird die Messe gelesen. Erstaunlich ist, dass Pasiene noch im 17. Jh. ein wichtiger Kreuzungspunkt der Handelswege war.

Dreiländereck ↗ XXIII/D1

Kurz hinter Pasiene hört die Asphaltstraße auf und es geht auf einer Schotterpiste 15 Kilometer weiter nach Süden bis zum Dreiländereck von **Lettland, Russland und Weißrussland.** Besichtigen kann man den dortigen **Aussichtspunkt** auf einem Hügel zwischen den Seen aber nur mit einer Genehmigung, die man mit etwas Glück sofort und kostenlos im Haus mit der lettischen Fahne neben der Kirche von Pasiene erhält. Die Touristeninformation von Ludza hilft ebenfalls.

Rund um den Lubāns-See ↗ XVIII/B1-2

Von Rēzekne kann man in nördlicher Richtung über Balvi in den schönen Nordosten der Region Vidzeme nach Alūksne weiterfahren. Wer dies tut, sollte den Lubāns nicht verpassen, den mit 82 km² **größten See Lettlands.** Leider ist er nur über eine ziemlich schlechte Sandpiste zu erreichen. Wer ein solides Auto hat, kann den Weg aber auf sich nehmen. Acht Kilometer lang ist allein die Zufahrt auf Sand. Hinter dem Dorf Pudinova geht es von der P36 links ab und dann nach vier Kilometern kurz hinter Gaigalava wieder links. Dann verläuft die Strecke sehr schön am Ufer des mächtigen Gewässers entlang. Es taucht ein kleiner **Sandstrand** mit Badestelle auf, dazu gibt es **Wanderwege** und einen Beobachtungsturm. Der See ist umgeben von großen **Sumpf- und Feuchtgebieten.** Der schönste Teil der Stre-

Pasiene – einst an einer wichtigen Handelsroute gelegen, heute ein Dorf im Niemandsland nahe der russischen Grenze

cke führt auf einer Art Damm über den See - zu beiden Seiten sieht man Wasser.

Bērzpils

An der weiteren Strecke nach Balvi liegt in Bērzpils an der Hauptstraße der Hof Keramikas darbnīca mit der privaten **Töpferwerkstatt** von *Jolanta* und *Valdis Dunenieki,* in der man beim Töpfern zuschauen und auch selbst Hand anlegen sowie Waren kaufen kann.

Balvi

↗XV/C3

In der kleinen Stadt Balvi im Norden der Region Latgale mit einem lang gestreckten **See,** der sich durch den Ort zieht, steht ein altes **Herrenhaus** am Wasser, umgeben von einem hübschen Park. Heute ist hier eine Schule untergebracht. Im **Museum** der Stadt (Di–Fr 10–17 Uhr, Sa 11–16 Uhr) lernt man die Geschichte der Region kennen.

130le Foto: mk

131le Foto: mk

Anhang

132le Foto: mk

133le Foto: mk

Am Kap Kolkasrags

Leuchtturm bei Slītere

Eine Schmalspurbahn verkehrt von Alūksne nach Gulbene

Literaturtipps

- *Werner Bergengruen,* **Baltische Geschichten,** Nymphenburger 2000. Der 1892 in Riga geborene baltendeutsche Schriftsteller zog als Schulkind nach Lübeck um, doch er beschäftigte sich viel mit der Heimat seiner Familie. Als Dichter und Romanautor gehörte er von den 1930er bis in die 1950er Jahre zu den bekanntesten deutschen Erzählern. Die „Baltischen Geschichten" präsentieren interessante Charaktere, Landschaften und Erinnerungen an das Lettland seiner Kindheit und seiner Vorfahren, als die Deutschen noch die herrschende Schicht bildeten.
- *Gottfried August Bürger,* **Wunderbare Reisen zu Wasser und Lande, Feldzüge und lustige Abenteuer des Freiherrn von Münchhausen,** Reclam 2004. Seit dem 18. Jh. wurden viele Versionen von Münchhausens Lügengeschichten verfasst, doch diese ist gewissermaßen das Original - wobei sich Bürger zu Lebzeiten nicht zu seinem Werk bekannte, wohl um dem echten Baron Münchhausen nicht zu nahe zu treten. Jedenfalls lernte Münchhausen seine Braut in Lettland kennen und in der Dorfschänke der dortigen Ortschaft Dunte soll er, so heißt es, viele seiner Märchen zum besten gegeben haben. Schön geschrieben in längst veralteter, ausdrucksreicher und ausgeschmückter Sprache.
- *Jānis Jaunsudrabiņš,* **Ich erzähle meiner Frau. Von der Flucht aus Lettland und dem Exil in Westfalen,** Waxmann-Verlag 2006. Jaunsudrabiņš, geboren 1877, war einer der bekanntesten lettischen Schriftsteller, als er sich zum Ende des Zweiten Weltkriegs gezwungen sah, ins Exil zu gehen. Im Buch schildert er seine abenteuerliche Flucht ins deutsche Westfalen, wo der Autor 1962 starb. Trotz des dramatischen Themas bricht Jaunsudrabiņš immer wieder mit augenzwinkerndem Humor und vielen spannenden Erzählungen das Eis.
- *Sandra Kalniete,* **Mit Ballschuhen im sibirischen Schnee,** Herbig 2005. Als Dissidentin kämpfte die Autorin für die Unabhängigkeit ihrer Heimat von der Sowjetunion, als Außenministerin gestaltete sie für Lettland den Weg in die EU. Geboren wurde sie 1952 in Sibirien, wohin ihre Familie zehn Jahre zuvor zwangsweise deportiert worden war. Die persönlichen Erinnerungen und heutigen Ansichten einer führenden Politikerin.
- *Erich Kästner,* **Münchhausen,** Dressler 2008, auch erhältlich in anderen Verlagen. Kästners Version der Münchhausen-Geschichten ist sicher berühmter als das „Original" von Gottfried August Bürger - und liest sich ein wenig zeitgemäßer und leichter. Daher ist es für Kinder ab acht Jahren geeignet. Die Abenteuer des Lügenbarons sind in acht Geschichten zusammengefasst und schön illustriert von Walter Trier auf nur 75 Seiten.
- *Klemens Ludwig,* **Lettland,** C.H. Beck 2000. Bringt dem Leser Lettland in seiner Gesamtheit nahe. Zwar seit dem Jahr 2000 nicht mehr aktualisiert, aber dennoch voll wertvoller Informationen aus allen Gebieten, von der Geschichte bis zur Kultur.
- *Henning Mankell,* **Hunde von Riga,** Dtv 2000. Einer der spannenden Mankell-Krimis mit dem schwedischen Kommissar Mankell, den die Ermittlungen in einem besonders mysteriösen wie brutalen Mordfall in die lettische Hauptstadt führen. Der Roman wurde 1992 geschrieben und beschreibt ein geheimnisvolles, düsteres Riga, noch ganz geprägt von der sowjetischen Vergangenheit.
- *Garlieb Merkel,* **Die Letten, vorzüglich in Liefland am Ende des philosophischen Jahrhunderts,** H. v. Hirschheydt 1998, Reihe „Beiträge zur baltischen Geschichte", Bd. 17. Getreu dem Original vom Ende des 18. Jh. Merkel war ein Baltendeutscher in Livland (damals Liefland), der sich stark für die lettische Volkskultur und Eigenständigkeit einsetzte und die deutsche Oberschicht kritisierte. Seine Abhandlung über das lettische Volk gilt heute als Klassiker der Lettland-Forschung. Das Buch ist auch in anderen Verlagen erschienen, aber schwer erhältlich.
- *Reiner Sahm,* **Baltikum,** Nzvp Visitor Publications 2008. Ein monumentaler Bildband, nicht gerade billig: Panoramafotos, viele davon aus Lettland, lassen Urlaubsstimmung aufkommen bzw. eine vergangene Reise wieder lebendig werden.
- *Ralph Tuchtenhagen,* **Geschichte der baltischen Länder,** Beck 2008. Sehr übersichtliche, kompakte, aber dennoch detaillierte

und gewissenhafte Zusammenfassung der baltischen Geschichte. Ein wissenschaftlich sauberes, kurzes und gut verständliches Buch. Die baltischen Länder haben eine sehr unterschiedliche, aber ineinander verwobene Geschichte. Mit Literaturhinweisen für weiterführende Studien.

Sprache

- *Bernard Christophe,* **Lettisch – Wort für Wort,** Kauderwelsch Band 82, Reise Know-How Verlag, Bielefeld. Sehr nützlich ist der praktische und kompakte Sprechführer der Kauderwelsch-Reihe, der ein umfangreiches Wörterverzeichnis enthält, Grundlagen der Grammatik auf einfache Weise erläutert und vielfältige praktische Konversationsbeispiele zu allen Bereichen des touristischen Alltags anbietet. Als begleitendes Tonmaterial ist der **AusspracheTrainer** auf Audio-CD erhältlich. Außerdem erscheint das Buch als **Kauderwelsch digital** auf CD-ROM.

Landkarten

Sehr empfehlenswert ist die Karte **Lettland** aus dem world mapping project des Reise Know-How Verlages im Maßstab 1:325.000. Sie besteht aus reiß- und wasserfestem Papier und zeigt GPS-Koordinaten und Höhenschichten. Außerdem sind die wichtigsten Sehenswürdigkeiten markiert, ein Register verzeichnet alle Orte. In der gleichen Reihe ist die Karte **Baltikum** im Maßstab 1:600.000 erschienen, die auch Litauen und Estland mit abdeckt. Der Kartenatlas im Anhang dieses Buches zeigt Ausschnitte aus dieser Karte (in der vorderen Umschlagklappe findet sich ein Ausschnitt aus der Lettland-Karte).

HILFE!

Dieses Reisehandbuch ist gespickt mit unzähligen Adressen, Preisen, Tipps und Infos. Nur vor Ort kann überprüft werden, was noch stimmt, was sich verändert hat, ob Preise gestiegen oder gefallen sind, ob ein Hotel, ein Restaurant immer noch empfehlenswert ist oder nicht mehr, ob ein Ziel noch oder jetzt erreichbar ist, ob es eine lohnende Alternative gibt usw.

Unsere Autoren sind zwar stetig unterwegs und versuchen, alle zwei Jahre eine komplette Aktualisierung zu erstellen, aber auf die Mithilfe von Reisenden können sie nicht verzichten.

Darum: Schreiben Sie uns, was sich geändert hat, was besser sein könnte, was gestrichen bzw. ergänzt werden soll. Nur so bleibt dieses Buch immer aktuell und zuverlässig. Wenn sich die Infos direkt auf das Buch beziehen, würde die Seitenangabe uns die Arbeit sehr erleichtern. Gut verwertbare Informationen belohnt der Verlag mit einem Sprechführer Ihrer Wahl aus der über 200 Bände umfassenden Reihe „Kauderwelsch“ (siehe unten).

Bitte schreiben Sie an:

Reise Know-How Verlag Peter Rump GmbH, Postfach 140666, D-33626 Bielefeld, oder per E-Mail an: info@reise-know-how.de

Danke!

Kauderwelsch

Lettisch – Wort für Wort

Russisch – Wort für Wort

Estnisch – Wort für Wort

Die Sprechführer der Kauderwelsch-Reihe orientieren sich am typischen Reisealltag und vermitteln auf anregende Weise das nötige Rüstzeug, um ohne lästige Büffelei schnell mit dem Sprechen beginnen zu können. Besonders hilfreich ist hierbei die Wort-für-Wort-Übersetzung, die es ermöglicht, mit einem Blick die Struktur und „Denkweise“ der jeweiligen Sprache zu durchschauen. Begleitendes Tonmaterial ist auf **Audio-CD** erhältlich.

Reise Know-How Verlag, Bielefeld

Reisen mit Zukunft

- umweltfreundlich
- sozialverträglich
- außergewöhnlich

Besuchen Sie uns unter
www.forumandersreisen.de
oder fordern Sie den kostenlosen
Katalog „Reiseperlen" an:

forum anders reisen e.V.
Unternehmensverband für
Nachhaltigen Tourismus
Postfach 50 02 06
D-79028 Freiburg
Fon: 0049(0)761/13 77 68 88
Fax: 0049(0)761/13 77 68 89
info@forumandersreisen.de
www.forumandersreisen.de

forumandersreisen

Städtetouren
Individualreisen
Gruppenreisen
Kur- und Wellness
Geschäftsreisen
Autorundreisen
Rad- und Wanderreisen
Vogelbeobachtungsreisen
Incentivereisen
Aktiv- und Winterreisen
Hotels, Pensionen, Ferienhäuser, Fähren und Flüge

Auf nach Lettland!

Wir erstellen Ihr persönliches Angebot
für Einzelreisende - oder für Gruppen.
Kataloge kostenlos.

Mare Baltikum Reisen
Estland Lettland Litauen Finnland

Ihr besonderer Spezialist seit über 14 Jahren!
Vainumäe - Salten GbR · Eichenstr. 27 · 20259 Hamburg
Tel. 040 / 49 41 11 · Fax 040 / 490 59 77
info@mare-baltikum-reisen.de · www.mare-baltikum-reisen.de

Die Reiseführer von Reise

Reisehandbücher
Urlaubshandbücher
Reisesachbücher
Wohnmobil-Tourguides
Edition RKH, Praxis

Algarve, Lissabon
Amrum
Amsterdam
Andalusien
Apulien
Auvergne, Cévennen

Barcelona
Berlin, exotisch
Berlin, Potsdam
Borkum
Bretagne
Budapest

City-Trips mit Billigfliegern, noch mehr
Cornwall
Costa Blanca
Costa Brava
Costa de la Luz
Costa del Sol
Costa Dorada
Côte d'Azur, Seealpen, Hochprovence

Dalmatien Nord
Dalmatien Süd
Dänemarks Nordseeküste
Disneyland Resort Paris
Dresden

Eifel
Elba
El Hierro
Elsass, Vogesen
EM 2008 Fußballstädte
England, der Süden
Erste Hilfe unterwegs
Estland
Europa BikeBuch

Fahrrad-Weltführer
Fehmarn
Föhr
Formentera
Friaul, Venetien
Fuerteventura

Gardasee, Trentino
Georgien
Golf von Neapel, Kampanien
Gomera
Gotland
Gran Canaria
Großbritannien

Hamburg
Helgoland
Hollands Nordseeinseln
Hollands Westküste

Ibiza, Formentera
Irland
Island, Faröer
Istanbul
Istrien

Juist

Kalabrien, Basilikata
Katalonien
Köln
Kopenhagen
Korfu, Ionische Inseln
Korsika
Krakau, Tschenstochow
Kreta
Krim, Lemberg, Kiew
Kroatien

Landgang an der Ostsee
Langeoog
La Palma
Lanzarote
Latium mit Rom
Leipzig
Ligurien, Cinque Terre
Litauen
London

Madeira
Madrid
Mallorca
Mallorca, Leben/Arbeiten
Mallorca, Wandern
Malta, Gozo, Comino
Mecklenb./Brandenb.: Wasserwandern
Menorca
Montenegro
Moskau
Motorradreisen
München

Norderney
Nordseeinseln, Dt.
Nordseeküste Niedersachsens
Nordseeküste Schleswig-Holstein
Nordspanien, Jakobsweg
Nordzypern
Normandie
Norwegen

Ostseeküste Mecklenburg-Vorp.
Ostseeküste Kreuzfahrthäfen
Ostseeküste Schleswig-Holstein
Outdoor-Praxis

Paris
Piemont, Aostatal
Polen Ostseeküste
Polens Norden
Polens Süden
Provence
Provence, Templer
Pyrenäen

Rhodos
Rom
Rügen, Hiddensee
Ruhrgebiet
Rumänien, Rep. Moldau

Sächsische Schweiz
Salzburg, Salzkammergut
Sardinien
Schottland
Schwarzwald, südl.
Schweden, Astrid Lindgrens
Schweiz, Liechtenstein
Sizilien, Liparische Inseln
Skandinavien, der Norden
Slowakei
Slowenien, Triest
Spiekeroog
Stockholm, Mälarsee
St. Petersburg
St. Tropez und Umgebung
Südnorwegen
Südwestfrankreich
Sylt

Teneriffa
Tessin, Lago Maggiore
Thüringer Wald
Toscana

Know-How auf einen Blick

Tschechien
Türkei, Hotelführer
Türkei, Mittelmeerküste

Ukraine, der Westen
Umbrien
Usedom

Venedig

Wales
Wangerooge
Warschau
Wien

Zypern, der Norden
Zypern, der Süden

Wohnmobil-Tourguides

Dänemark
Kroatien
Provence
Sardinien
Sizilien
Südnorwegen
Südschweden

Edition RKH

Durchgedreht – Sieben Jahre im Sattel
Eine Finca auf Mallorca
Geschichten aus dem anderen Mallorca
Mallorca für Leib und Seele
Rad ab!

Praxis

All inclusive?
Bordbuch Südeuropa
Canyoning
Clever buchen, besser fliegen
Clever kuren
Drogen in Reiseländern
Expeditionsmobil
Feste Europas
Fiestas Spanien
Fliegen ohne Angst
Frau allein unterwegs
Geolog. Erscheinungen
Gesundheitsurlaub in Dtl. Heilthermen
GPS f. Auto, Motorrad
GPS Outdoor-Navigation
Handy global
Höhlen erkunden
Inline Skating
Islam erleben
Kanu-Handbuch
Kartenlesen
Kreuzfahrt-Handbuch
Küstensegeln
Langzeitreisen
Marathon-Guide Deutschland
Mountainbiking
Orientierung mit Kompass und GPS
Paragliding-Handbuch
Pferdetrekking
Radreisen
Reisefotografie
Reisefotografie digital
Reisekochbuch
Reiserecht
Schutz vor Gewalt und Kriminalität
Schwanger reisen
Selbstdiagnose unterwegs
Sicherheit in Bärengebieten
Sicherheit Meer
Sonne, Wind, Reisewetter
Spaniens Fiestas
Sprachen lernen
Survival-Handbuch Naturkatastrophen
Tauchen Kaltwasser
Tauchen Warmwasser
Transsib
Trekking-Handbuch
Volunteering
Vulkane besteigen
Wann wohin reisen?
Wildnis-Ausrüstung
Wildnis-Backpacking
Wildnis-Küche
Winterwandern
Wohnmobil-Ausrüstung
Wohnmobil-Reisen
Wohnwagen Handbuch
Wracktauchen
Zahnersatz, Reiseziel

KulturSchock

Familienmanagement im Ausland
Finnland
Frankreich
Irland/Nordirland
Italien
Leben in fremden Kulturen
Polen
Rumänien
Russland
Schweiz
Spanien
Türkei
Ukraine
Ungarn

Europa

Wo man unsere Reiseliteratur bekommt:
Jede Buchhandlung Deutschlands, der Schweiz, Österreichs und der Benelux-Staaten kann unsere Bücher beziehen. Wer sie dort nicht findet, kann alle Bücher über unsere **Internet-Shops** bestellen.
Auf den Homepages gibt es **Informationen** zu allen Titeln:

www.reise-know-how.de oder **www.reisebuch.de**

Register

Der Autor

134le Foto: mk

Mirko Kaupat, Jahrgang 1975, wuchs im niedersächsischen Oldenburg auf. Als Absolvent der Berliner Journalistenschule führte ihn sein beruflicher und privater Weg nach Warschau, wo er seit 2002 lebt und als Autor, Journalist sowie Übersetzer arbeitet. Sein Vater verbrachte die Kindheit mit russischer Mutter und deutschem Vater im Baltikum und vermittelte ihm schon früh den Reiz und die schwierige Realität dieser Region, als sie noch zur Sowjetunion gehörte und die meisten Westeuropäer kaum etwas damit anzufangen wussten. Die erste eigene Reise ins Baltikum machte Kaupat mit seiner späteren Ehefrau per Fahrrad von der polnisch-litauischen Grenze bis nach Tallinn – mit zahlreichen Stationen in Lettland. Es folgten viele weitere Touren in das mit Meeresküste, Seen, imponierenden Naturparks und schönen Städten so reich gesegnete Land, sei es für intensive Erkundungsfahrten oder auch nur für ein langes Wochenende anlässlich der „weißen Nächte" im Hochsommer.

Danksagung

Mein Dank gilt den herzlichen und offenen Letten, die stets bereit waren, alle nur denkbaren Fragen zu beantworten und viele Wissenslücken zu füllen: dem sehr professionellen Personal in den Touristeninformationen, aber auch den vielen hilfsbereiten Privatleuten im ganzen Land. Als Beispiel sei die Dame genannt, auf deren Grundstück ein Aussichtsturm liegt. Der Turm war schon geschlossen, doch die Frau verließ die Gäste ihrer Gartenparty, um uns aufsteigen zu lassen, und bewirtete uns nachher sogar noch mit einem Glas Likör, während wir über Lettland plauderten.

Dieses Buch wäre nicht entstanden ohne die Hilfe meiner Frau Adriana, die mich auf all meinen Reisen nach Lettland begleitete und dabei intensiv an der Recherche mitwirkte.

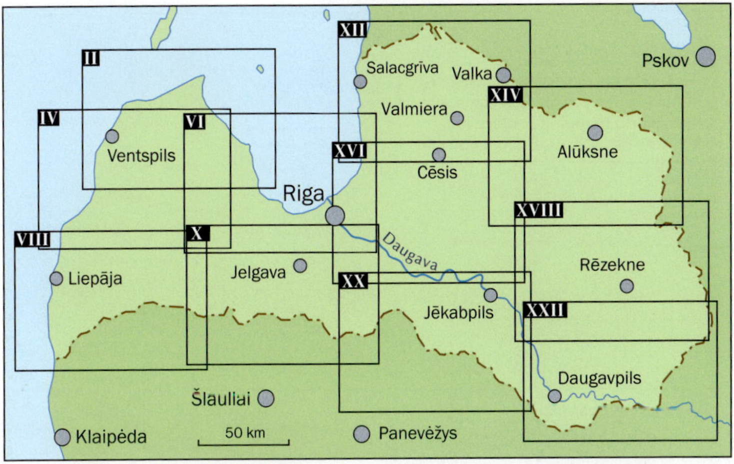

E 77 — Europastraßennummer / European road number

A 8, A 12, 3, P 98 — Straßennummern / Road numbers

Schnellstraße / Dual carriageway

Fernstraße / Major road

Hauptstraße / Schotterstraße / Main road / gravel road

Nebenstraße / Schotterstraße / Secondary road / gravel road

Sonstige Straße / im Ort / Other road / in town

Fahrweg / Fußweg / Track / path

23, 57 — Entfernung in Kilometern / Distance in kilometres

Grenzübergang / Zoll / Border crossing / customs

Nationalpark / National park

Naturreservat / Nature reserve

Sehenswürdigkeit: Natur / Place of interest: nature

Berg (Höhe in m) / Mountain (height in m) — Oškalns 67

Höhenpunkt (Höhe in m) / Spot elevation (height in m) — 51

Besuch empfohlen von REISE KNOW-HOW / Recommended by REISE KNOW-HOW — Jelgava

Sonstige Sehenwürdigkeit / Other point of interest

Campingplatz / Campsite

UNESCO-Weltkulturerbe / UNESCO world heritage site

0 km 5 10 15 20 25 km

100 — Höhenlinie (Höhe in m) / Contour (heights in m)

Tiefenschichtzahl (Tiefe in m) / Bathymetric tints number (depths in m) — 50

Die Karten auf den folgenden Seiten sind Ausschnitte aus der Baltikum-Karte des **world mapping project** von Reise Know-How im Maßstab 1:600.000
A
B
1
2
3
Kura kurk
Irbes
Travemünde - Rīga 39 h
Travemünde - Rīga 39 h
Mazirbe
Šīkrags
parks
Šlītere
Lielirbe
Miķeļtornis
Jaunmuiža
Neveja
Lūžņa
Irbene
Oviši
Ovišrags
Jaunupe
P 124
Radio-teleskops
Irbe
Stende
Trumpe
Lonaste
Ostupe
Rinda
Ance
Vēde
Liepene
Akmeņdziras
Muižarāji
Jorniņi
Lonaste
Pāce
Virpe
STALDZENE
Būšnieku ez.
Klāņezers
Ventspils
LATVI
Liepniekvalka alas
Gibzde
Pope
St. Ventspils II
Jaunmuiža
Nīcnieki
A 10
E22
Krievlauki
Elkšķenes st.
Cirpstene
Dokupe
Dandzītes
Puze
Amele
Rakupe
Tārgale
Elkšķene
Puzes ez.
Kurzeme
Venta
Kamārce
Puzenieki
Stende
Vārve
P 122
Ventspils
Puzesmuiža
Stikli
Liezde
P 108
Ūdrande
Engure
Stiklu dižpurvs
Leči
Gārzde
Zūru mežniecība
Zūras
rajons
Ugāle
Užava
P 111
Landze
Usmas st.
Iliņi
Ventava
Piltene
Dzirnavas
Māteri
Usma
Spāres ezeri
Spāre
A 10
Ziras
P 123
Laidzes ciems
Moricsalas rezervāts
Užava
P 108
Venta
Amjūdze
Mordanga
Sise
Cirkale
Usmas ez.
Sārnate
Tiezumi
Tērande
Zlēkas
Abava
Ezeri
IV

C
D
EESTI
Rīgas Jūras Līcis
šaurums
Kolkas bāka
Ruhnu
Ruhnu
(Roņu s.)
1
2
3
Kolkasrags
Kolka
Vaide
Saunags
Pitrags
Košrags
Slīteres
Bažu
purvs
nacionālais
Slīteres
Zilie kalni
Uši
Aizklāņi
Melnsils
P 124
P 131
P 125
P 126
P 127
P 128
P 120
E 22
Vīdale
Muņi
Kalķi
Pūrciems
Gipka
Pilsupe
Fuiškalns
Žocene
Jaundundaga
Kārļmuiža
Roja
Roja
Dundaga
Kurbe
Talsu rajons
Rude
Tiņģere
Kaltene
Plintiņi
Anuži
Īve
Valpene
Dumciems
Lubezere
Valgalciems
Jaunciems
Cīruļi
Kronmuiža
Laukmuiža
Upesgrīva
Pobuži
Valdemārpils
Nogale
Dārte
Grīva
Ugunciems
(Uguņi)
Mērsrags
Mērsrags
Pūnas
Sasmakas
ez.
Vandzenes
dižakmens
Vandzenes
vidusskola
Ķipatciems
(Ķipati)
Gambija
Laidzes ez.
Vandzene
Laidze
Īģene
Valdgale
Lādzere
Oktes
pienotava
Krievragciems
Ķūļciems
(Ķipati)
Roceži
Sārcene
Carlene
Engures
ezers
Talsciems
Šķēde
Talsi
Pļavas
Kraujas
Lauciene
Pļavmuiža
Dzedrupe
Bērzciems
Pastende
Stūriši
Ģibuļi
Odre
Fridrikmuiža
Mundigciems
Kamparkalns
175
Dursupe
Abragciems
Aizupes
Līči
Dižstende
Dursupe
Lībagi
Ezermuiža
Vidusupe
Kāķiši
Balgale
Engure
Stende
Lēdas
Zentene
Strazde
Oksle
Jaunpagasts
Vecciems
Rindzele
Rideļi
VI

A
B
1
2
3
BALTIJOS
JŪRA
Travemünde - Rīga 39 h
50
20
Jaunupe
28
P 124
Liepene
Muižarāji
Akmeņdziras
STALDZENE
Būšnieku ez.
Ventspils
7
St. Ventspils II
13
A 10
Krievlauki
Elkškenes st.
Cirpstene
32
Dokupe
14
Tārgale
Elkškene
Kurzeme
Kamārce
Venta
22
Vārve
P 122
Liezde
P 108
Ūdrande
Gārzde
Leči
Zūras
Zūru mežniecība
Užava
P 111
Ventava
Landze
17
Piltene
Ventspils rajons
Ziras
23
Užava
Sise
P 108
Zlēkas
Sārnate
18
Tērande
Nabes ezeri
P 108
22
Mātras
Jūrkalne
P 119
Ēdole
Ķimale
Reģi
22
Ivande
20
Almāle
P 119
Alsunga
Vanka
P 111
Bērzkalni
Ulmale
21
Riva
Užava
Kukšu ez.
Alejas
Pāvilosta
Rīva
Kuldīgas rajons
Saka
Birži
Jātele
Gudenieki
Vilgāles ez.
Ludženieki
Basi
Vilgāle
Akmeņrags
10
Saka
Liepājas rajons
Grīnu rezervāts
Durbe
Tebra
Rīva
Turlava
16
P 112
Apriķi
Ķikuri
Grantiņi
Vanga
19
Ziemupe
Dzērvenieki
Alokste
Cildi
Štakldanga
Padure
Cīrava

⇩ VIII

Kartenatlas

III
A
B
Roja
Rīgas
Talsu rajons
Kurbe
Rude
Tiņģere
Kaltene
23
Anuži
Īve
Lubezere
18
17
Dumciems
Valgalciems
1
Ciruļi
Jaunciems
Kronmuiža
Laukmuiža
Upesgrīva
63
Nogale
Pobuži
Valdemārpils
Grīva
Ugunciems (Uguņi)
Mērsrags
Pūņas
16
P 126
Dārte
P 127
8
P 131
Sasmakas ez.
Vandzenes dižakmens
Vandzenes vidusskola
Ķipatciems (Ķipati)
Gambija
Mērsrags
P 125
15
19
Roja
Laidzes ez.
Vandzene
Īģene
Laidze
Valdgale
Lādzere
Oktes pienotava
Krievragciems
Sārcene
Ķuļciems (Ķipati)
Roceži
15
Engures ezers
Talsciems
Carlene
Šķēde
Talsi
Pļavas
Dzedrupe
Bērzciems
Pastende
Stūrīši
Lauciene
Pļavmuiža
6
Odre
21
Fridriķmuiža
21
20
Mundigciems
Kamparkalns 175
P 128
Dursupe
Abragciems
Dižstende
Dursupe
Libagi
Ezermuiža
P 120
22
Balgale
22
Kāķīši
Engure
14
Lēdas
Zentene
2
Stende
Strazde
Oksle
Rindzele
Rideļi
7
Jaunpagasts
Vecciems
10
45
Cēre
Dzirciems
Ķesterciems
Vegi
Lielverbi
79
20
Līgciems
Bebrupe
Lamiņi
Kaives dižozols
P 130
Brizule
Pļienciems
Abavas rumba
Griepciems
Valgale
Rūmene
Pūres st.
Dzintars
Apšuciems
P 130
Rinkule
Kaive
Sēme
P 131
Sabile
Kandava
Abava
Pūre
5
12
Klapkalnciems
24
A10
24
Lāčupīte
17
P 128
11
Višļi
Velna akmens
Cērkste
Kalnmuiža
E 22
Rauda
Ragaciems
Vecmokas
Milzukalns 114
Buses pilsk.
Valdeķi
Aizdzire
Jaunmoku pils
Slocene
Ķanieris
Kukšas
Milzkalne
Antinciems
Matkule
14
Ķemeru nacionālais parks
Pūces
Abavnieki
19
Imula
13
P 109
5
Tukums
P 121
Sauti
Ķiši
Tukuma rajons
Smārde
Vāne
Aizupe
Tume
KEMERI
Vecsāti
22
P 121
6
Ozolnieki
Ozolpils
V
Zemīte
Vēdzele
Sārcene
Amula
Vaslēja
P 98
21
64
10
Sāti
Degole
Vienība
Jaundziras
Grenči
Lielais Ķemeru tīrelis
Varieba
Praviņas
20
Irlava
P 104
Smiltiņkalns 155
3
Jaunvarieba
Slampe
Slampe
20
Rāvi
Zante
Snapji
Vaski
Spirgus
Lielsatiķi
Pētertāle
Lancenieki
Satiķi
Viesatas
Viesata
Džūkste
Vecgaiķi
Gaiķi
Abava
Blāzma
Grauzde
P 109
Struteles muiža
Džūkste
Saule
Apšupe
24
Stūrīši
15
Lestene
12
Remte
Brandavas
15
A9
6
X

XII
XVI
C
D
1
2
3
Jūras Līcis
Travemünde - 39 h
Kurmrags
Melbārži
Mežciems
Tūja
P 11
Tūjasmuiža
Jelgavkrast
Prinkas
Lembuži
Liepupe
Duntes sk.
Stiene
Mustkalni
Dunte
Vārzas
Skultes muiža
A 1
E 67
Lauču akmens
Mandagas
Skulte
Zvejniekciems
Gāršmuiža
Saulkrasti
Pēterupe
P 6
Pabaži
Baltā kāpa
Bādciems
Lilaste
Lilastes ez.
Gauja
Carnikava
Dūņezers
Siguļi
Garupe
Garciems
Kadaga
Vangaži
Ādaži
Ilkene
E 77
VECĀKI
Kalngale
JAUNCIEMS
M.Baltezers
Garkalne
Alderi
Baltezers
DAUGAVGRĪVA
P 1
L.Baltezers
RĪGA
BOLDERĀJA
Ķīšezers
Bukulti
A 2
P 3
Lapmežciems
Bigauņciems
JAUNĶEMERI
Jūrmala
Langstiņi
Skuķīši
Upesciems
JUGLA
Berģi
Juglas ez.
Babīte
Silakrogs
SLOKA
A 4
Zakumuiža
P 2
Līči
E 22
Piņķi
A 10
Mucenieki
P 4
Babītes ez.
Dzilnas
Ulbroka
Upeslejas
Spunciems (Sala)
Klīves
Acone
Gātciems
Cielavas
Skulte
Mārupe
Saurieši
Bunči
A 5
Salaspils memor.
Trenči
A 9
Tīraine
Valdlauči
Stopiņi
P 101
Peles
P 132
E 77
Salaspils
P 5
Jaunmārupe
Gaismas
Baloži
Pļavniekkalns
Lielupe
Cenas tīrelis
Bērzpils
Saulkalne
P 10
Tīreļi
Dolesmuiža
Rīgas ūdenskrātuve
A 6
Ikšķile
Kalnciema skola
Kalnciema masīvs
Ķekava
E 22
Kalķis
A 5
E 77
Olaine
Daugmales pilsk.
Daugmale
Birznieki
P 85
Rīgas rajons
Jaunolaine
Kalnciems
Misa
Ķekava
A 7
Pulkarne
P 99
A 8
P 89
Mencendarbe
Pēternieki
Plakanciems
E 67
LATVIJA

IV
A
B
1
2
3
BALTIJOS
JŪRA
Liepāja
Grīņu rezervāts
Ziemupe
Dzērvenieki
Apriķi
Padure
Cīrava
Štakldanga
Aizpute
Vērgales stacija
52
Marijas
Akmene
Rokasbirzs
Vērgale
Ploce
Dunalka
Durbe
Saraiķi
P 111
Medzes muiža
P 112
L A
Aistere
Rava
Vecpils
Durbes ez.
Tāšu ez.
Līguti
Tosmares ez.
Kapsēde
Tāši
Mazilmāja
Kapsēdes dižakmens
Gužas
Ālande
Durbe
Rolava
P 110
Lieģi
Krusāta
Grobiņa
A9
Iļģi
Rīgas zoodārza filiāle
Cimdenieki
Kradzes
Tadaiķi
Krote
Gavieze
Dubeņi
Vārtāja
P 106
Bunka
Kniveri
Liepājas ez.
Susta
Virga
Paplaka
Priekule
Cenkone
A 11
Otaņki
Liepājas
Pērkone
Otanke
Tilti
P 114
Bārta
Ķīburi
Purmsāti
Bernāti
Rude
P 113
Krūte
Mazgramzda
rajons
Klampji
Nīca
Bārta
Gramzda
Beitiņciems
Kalēti
Jūrmalciems
Slamsti
Vārtāja
Sīkle
Ozoli
Narvydžai
Dunika
Ječi
D. Rūšupiai
Sikšņi
53
Skuodas
Lukņes skābaržu audze
M. Rūšupiai
Kalniški
Luknės
Puodkaliai
Apuolė
Papes ez.
Līgupe
218
Kernai
169
Ersla
Papes dabas parks
Ķāķiške
Ethógrafinės sodybos
Krakės
Lenkimai
Daukšiai
Rukai
Pape
Rucava
Šventoji
Respublikinis unikalių akmenų muziejus
Mosėdis
Žemytė
N. Įpiltis
Šatraminiai
Naujukai
Sventāja
Senoji Įpiltis
Plokščiai
Šauklia
Nida
apskritis
Akmuo "Kūlių bobelė"
Erlėnai
BŪTINGĖ (BŪTŅCIEMS)
Juodupėnai
Laiviai
A 13
Laukžemė
Nausėdai
Grūšlaukė
Salantai
Tūzai
ŠVENTOJI (SVENTĀJA)
Kumpikai
Leliūnai
Žvainiai
Orvydų sodyba
Darbėnai
226
Erla
10
20
50

VI
X
C
D
1
2
3
Kikuri
P 112
Vanga
Grantiņi
Cildi
Kazdanga
Rokaiži
Sermīte
P 117
120
Valāta
Valtaiķi
Sieksāte
Laidi
Līdumnieki
(Skrunda-2)
Ēnava
Raņķi
P 116
Venta
Savenieki
Videnieki
Ponakste
Ošenieki
93
Bulļupe
Lielsatiķi
Satiķi
Vecgaiķi
Gaiķi
Stūrīši
P 108
Lutriņi
144
Namiķi
Druva
Kaulači
P 109
Brocēni
Oškalni
Saldus
Saldus st.
A 9
Butnāri
Sesile
Draudzība
Lielciecere
(Imantas)
Cieceres ez.
Airītes
Ciecere
Lašupe
Zirņi
Bukupe
Ābari
Viškernieki
Pumpuri
Skrunda
Kušaini
Bojas
Pērbone
Kalvenes st.
P 115
Kalvene
Vārtāja
Rudbārži
Marijas muiža
Koja
Lēnas
Jaunāmuiža
Bračas
Dzelda
P 107
Auniņi
Strazdi
Striķi
Ēvarži
Saldus
rajons
Pampāļi
Kārklupe
P 105
Druve
Zeidaki
Dinsdurbe
Embūte
Asīte
190
Krievukalns
Vibiņi
Meldzere
Alši
Nīkrāce
Lukas
Zaņa
Franči
Kursīši
Nīgrande
P 106
Kareļi
Kalni
Lētīža
Bātasmuiža
Bruzilas
Bruzila
Mauri
Līkupe
Līkupēni
Ropmuiža
Atvari
Vaiņode
Vainodes
muiža
Auguste
Grieze
Grīvaiši
Ezere
P 96
Losis
Lūšis
Pikeliai
Ritinė
MAŽEIKIŲ
NAFTA
Buknaičiai
Mālkalne
142
Apšė
Dāma
Aizvīki
Dilbikiai
Leckava
163
Auksūdys
Laižuva
Ruba
Vadakstis
219
Tulnikiai
Venta
Reivyčiai
Ašva
100
Židikai
Vižančiai
Girdeniai
Gėsalai
Aleksandrija
Ruzgai
Kurmaičiai
Urvikiai
Mažeikiai
Jučiai
Ukrinai
170
Bugeniai
Žiogaičiai
Purvėnai
Kamanų
rez.
Žemaičių
botanikos parkas
Ylakiai
Račaliai
Varduva
Šerkšnė
Geidžiai
204
Krakiai
Pakalipis
Klaipėdos
Tirkšliai
Lėtenai
155
Kaukolikai
Raudonai
Pašilė
Vadagiai
Žemalė
Nausėdai
Šerkšnėnai
164
Renavas
Užlieknė
Viekšniai
Palnosai
106
Žibikai
Vaičaičiai
Grūstė
Skuodiškiai
Užventė
Gyvoliai
Vabaliai
Puokės
akmuo
207
Pievys
Virvyčia
Šata
Puokė
Balėnos
Venta
Barstyčiai
Dagiai
Seda
Viešetė
Žerkščiai
Šatės
LIETUVA
Pievėnai
Tučiai I
Kalnijos
Rubikai
Kantenai
Kapėnai
Vindeikiai
Šarnelė
Pagardė
Plinkšės
Telšių
Šiaudinė
Sliktinė
Notėnai
Dovainiai
Gegrėnai
Žemaičių
Kalvarija
Plinkšių ež.
Mitkaičiai
Kairiškiai
Nevarėnai
Juozapavas
161
194
Žemaitijos
Virkšai
164
Rotinėnai
Gedrimai
Nerimdaičiai
Plateliai
Platelių ež.
nac. parkas
Sruoja
Pataušalė
apskritis
Tryškiai
Gintališkė
150

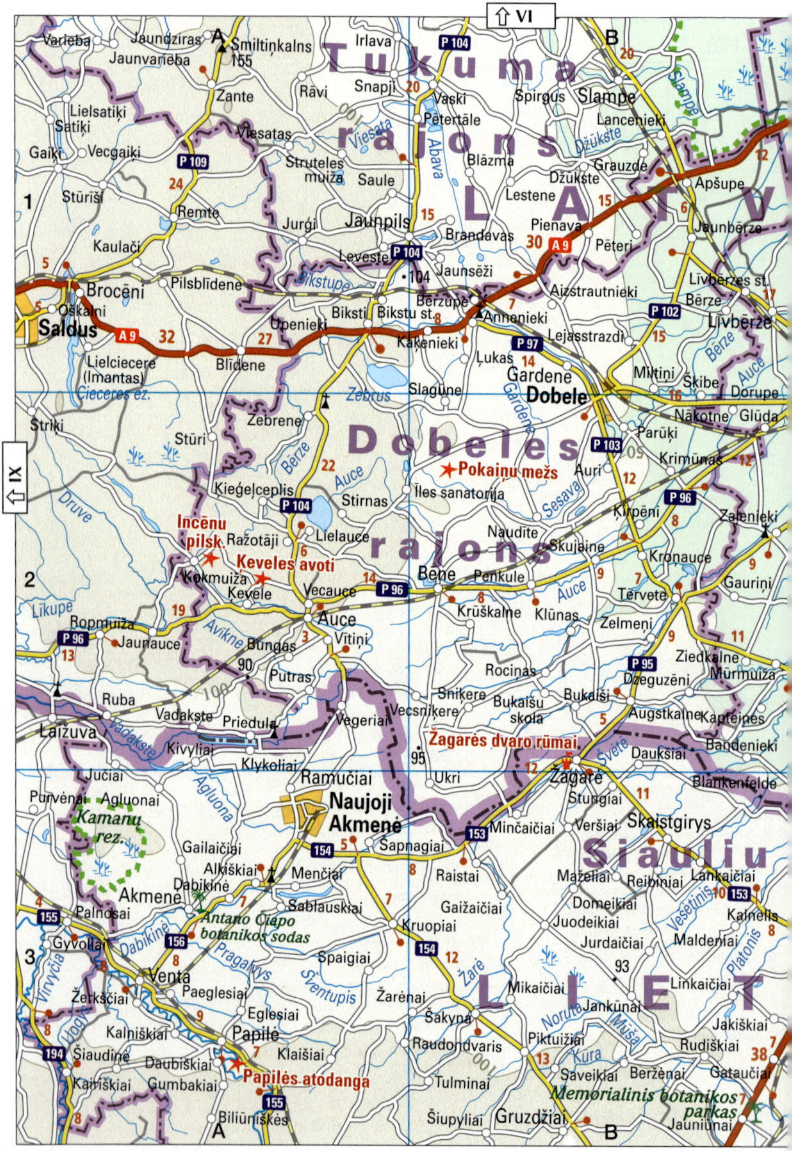

VI
IX
Tukuma rajons
Dobeles rajons
LATV
Šiauliu
LIET
Varleba
Jaundziras
Jaunvarieba
Smiltinkalns
155
Irlava
P 104
Zante
Rāvi
Snapji
Vaski
Spirgus
Slampe
Lielsatiķi
Satiķi
Pētertāle
Lancenieki
Gaiķi
Vecgaiķi
Viesatas
Viesata
Abava
Džūkste
Struteles muiža
Blāzma
Grauzde
P 109
Saule
Apšupe
Stūriši
Lestene
Remte
Jurģi
Jaunpils
Brandavas
Pienava
Jaunbērze
Kaulači
Leveste
Pēteri
A 9
Pilsblīdene
Jaunsēži
Broceņi
Bikstupe
Ajzstrautnieki
Līvbērzes st.
Oškalni
Bērzupe
Saldus
Biksti
Bikstu st.
Annenieki
Bērze
Līvbērze
Upenieki
P 102
Kaķenieki
Lejasstrazdi
Lielciecere (Imantas)
Blīdene
Ļukas
P 97
Ciecers ez.
Gardene
Miltiņi
Šķibe
Slagūne
Zebrus
Dobele
Dorupe
Strīķi
Zebrene
Nākotne
Glūda
Parūķi
Stūri
Dobeles
P 103
Krimūnas
Bērze
Auce
Pokaiņu mežs
Auri
Kieģelceplis
Druve
Īles sanatorija
Sesava
P 104
Stirnas
P 96
Ķirpēni
Zaļenieki
Incēnu pilsk.
Naudīte
Lielauce
Ražotāji
Skujaine
Kronauce
Keveles avoti
Kokmuiža
Bēne
Penkule
Gauriņi
Kevele
Vecauce
P 96
Tērvete
Līkupe
Krūškalne
Klūnas
Auce
Zelmeņi
Ropmuiža
Auce
Vītiņi
P 96
Jaunauce
Bungas
Avīkne
Ziedkalne
P 95
Mūrmuiža
Putras
Rociņas
Dzeguzēni
Ruba
Snikere
Bukaiši
Vecsnikere
Bukaišu skola
Augstkalne
Kapteines
Laižuva
Vadakste
Priedula
Vegeriai
Vadakste
Žagarės dvaro rūmai
Bandenieki
Kivyliai
Klykoliai
Daukšiai
Švėtė
Jučiai
Ramučiai
Ukri
Žagarė
Blankenfelde
Purvėnai
Agluonai
Agluona
Stungiai
Naujoji Akmenė
Kamanu rez.
Minčaičiai
Veršiai
Skaistgirys
153
Gailaičiai
154
Šapnagiai
Alkiškiai
Menčiai
Raistai
Maželiai
Reibiniai
Lankaičiai
Dabikinė
Akmenė
Sablauskiai
Domeikiai
153
Vesetinis
Kalnelis
155
Palnosai
Gaižaičiai
Antano Ciapo botanikos sodas
Juodeikiai
Kruopiai
Gyvoliai
Dabikinė
156
Jurdaičiai
Maldeniai
154
Platonis
Virvyčia
Pragalvys
Spaigiai
Venta
Mikaičiai
Linkaičiai
Žarė
Šventupis
Paeglesiai
Žarėnai
Jankūnai
Žerkščiai
Norutė
Mūša
Eglesiai
Šakyna
Jakiškiai
Papilė
Piktuižiai
Kalniškiai
Klaišiai
Raudondvaris
Kūra
Rudiškiai
Šiaudinė
194
Daubiškiai
Saveikiai
Beržėnai
Gataučiai
Kairiškiai
Gumbakiai
Papilės atodanga
Tulminai
Memorialinis botanikos parkas
155
Biliūniškės
Šiupyliai
Gruzdžiai
Jauniūnai

Kartenatlas

A
B
1
2
3
Arumetsa
Krundiküla
Jaagupi
Kabli
Urissaare
Massiaru
Nigula looduskaitseala
Tuuliku
Tali
Veelikse
Jäärja
Sookuninga looduskaitseala
Lanksaare
Ipiķu skola
Ipiķi
Ramata
Saprasa
Vērsis
Vilpulka
Ramatas Lielezers
Sokas ez.
Saklauru purvs
Rīgas
Jūras
Līcis
Treimani
Metsapoole
Ikla
Ainaži
Mērnieki
Rozēni
Glāžupe
Valmieras
Blankas
Idus
Ska aiskalns
Mazsalaca
Skaņkalne
Sēļi
Vīķi
Salaca
Sarkanās klintis
Staicele
Karogi
Kuiviži
Vecsalaca
Salacgrīva
Zonepe
Korģene
Jogla
Ungurpils
Aloja
Stābeģi
Vecate
Koškele (Austrumi)
Braslava
Bauņi
Smilgas
Urga
Vilzēni
Matīši
Kuiķule
Svētciems
Libiešu upuralas
Lauvas
Svētupe
Pāle
L
A
T
V
Puikule
Līmbažu
rajons
Kirbiži
Rūkas
Ārciems
Puikules st.
Buiva
Ozolmuiža
Ozoli
Vākšēni
Jaunburtnieki
Dikļi
Vitrupe
Brīdaga
Dzeņi
Vilķene
Šķirstiņi
Āstere
Kudinupe
Tiegaži
Pociems
Bērzaine
Zilaiskalns
Rustūži
Priedes
Melbārži
Katvari
Kurmrags
Ežergu klintis
Mežciems
Ozolaine
Augstrozes Lielezers
Dauguļi
Limbaži
Umurga
Oliņi
Mazbrenguļi
Tūja
Jelgavkrast
Tūjasmuiža
Limbažu Lielezers
Rotenbergi
Augstrozes muiža
Lembuži
Prinkas
Jumpravmuiža
Brasla
Vainiži
Liepupe
Lāde
Kalnmuiža
Daibe
Duntes sk.
Stiene
Mustkalni
Lādes ez.
Kaijciems
Lādezers
Rozula
Dunte
Inte
Lenči
Vārzas
Skultes muiža
Āģe
Pemmas purvs
Aijaži
Kūdums
Īgates pils
Aijažu ez.
Stalbe
Unguri
Lauču akmens
Mandagas
Vidriži
Straupe
Plācis
Ungura ez.
Auciems
Kišupe
Gravas
Juglas
Gaujas nacionālais parks
Zvejniekciems
Skulte
Lēdurga
Lēdurgas dendroparks
Lielstraupe
Raiskums
A 1
E 67
A 3
4
P 15
P 12
P 13
P 14
P 16
P 21
P 11
P 9
35
76
77
93
127

⇩ XVI

C
D
Ärikula
Penuja
Arakste
Laatre
Lode
Rutu m.
144
Ohne
Pori
Rubina looduskaitseala
Leebiku
Purtsi
Puka
Otepää looduspark
Ruhijärv
Ala
Linna
Helme
Tõrva
Soontaga
Adu
Lilli
Taagepera
Patküla
Kalme
Priipalu
Unguriņi
Tündre looduskaitseala
EESTI
Keeni
Doles
Holdre
Atamõisa
Lota
92
Ķoņi
Rūja
Koorküla
Jeti
Unikūla
Õru
Virķēni
Ēriņi
Kalnakrogs
Hummuli
Õruste
Lossiküla
V. Emajõgi
Rūjiena
Piksāri
Jeri
Naukšēni
Acupīte
Omuļi
Staļi
Piiri
Tsirguliina
Laatre
Sooru
Tõlliste
ndzele
Rikanda
Pedel
Iigaste
Nurmi
Kārķi
Ērģerne
Pedele
Veckārķi
Valka
Valga
Kaagjärve
Oleri
Seda
Ķemere
Vēveri
Lugaži
Lüllemäe
rajons
Burtnieks
Rencēnmuiža
Daksti
Turna
Rencēni
Dūras
JA
Sēļi
Saule
Zīle
Koikküla
Burtnieki
Lizdēni
Jērcēni
Ēvele
Valkas
Koiva
Penči
Sauļi
Seda
Laanemetsa
Pidriķis
Buka
Strenči
Šalkas
Gauja
Ķeiži
Sipi
Udriņas
rajons
Vijciems
Tožas
Valmiermuiža
Rūpnieki
Jaunklidzis
Bāci
Salainis
Zaķi
Putras
Trikāta
Višķi
Plāņi
Stepi (Kalnaine)
Dūķeri
Brenguļi
Jēņu k.
Loberģi
Kocēni
Valmiera
Kačori
Aumeistari
Cempi
Dutka
Bilska
Kauguri
Bikseja
Abuls
Nigra
Pubuļupe
Grundzāles muiža
Jaunvāle
Grundzāle
Rubene
Līči
Mūrmuiža
Brutuļi
Mēri muiža
Mēri
Zeltiņi
Vizla
Sietiņiezis
Lisa
Kalnamuiža
Vaidava
Blome
Smiltene
Silva
Vija
Rauza
Starti
Mārsnēni
Vidzeme
Rauza
Palsmane
Sarkaņi
Gauja
Sikuļi
Miglači
Rozes
Lembis
Mežmuiža
Kalēja ala
Liepa
Nigra
Rauna
Palsa
Vizla
Vidaga
Ērsģeļu klintis
Cimza
Šepka
Pieškalni
Branti
Rauziņa
Kempes
Jāņmuiža
Jaunraunas muiža
Dukuri
Priekuļi
Rauna
Launkalne
Ķeņģi
V ariņi
Cēsis
XIV
P 17
P 16
P 20
P 22
P 23
P 24
P 25
P 18
P 27
P 28
P 29
P 30
A 3
A 2
E 77
54
69
72
67
73
3
6
1
2
3

Valkas rajons
EESTI
LATVIA
Gulbenes rajons
Karula rahvuspark
Koikküla
Aheru järv
Laanemetsa
Taheva
Hargla
Tsirgumäe
Vana-Roosa
Varstu
Saarlasõ
Pärlijõgi
Pähni
Saru
Mõniste
Krabi
Korneti
Paganamaa
Druskas
Tiitsa
Vastse-Roosa
Peetri
Ape
Karisöödi
Zvārtava
Gaujiena
Gaujiena muiža
Dārzciems
Jaunlaicene
Jaunā muiža
Vaidava
Karva
Lizespasts
Melnupe
Rezaka
Alsviķi
Trapene
Ādams
Silaktis
Vijciems
Gauja
Salainis
Zaķi
Putras
Stepi (Kalnaine)
Bāci
Loberģi
Aumeistari
Bilska
Pubuļupe
Grundzāles muiža
Mēri muiža
Grundzāle
Vireši
Brutuļi
Zeltiņi
Mēri
Kalnamuiža
Smiltene
Silva
Vija
Rauza
Mežmuiža
Vizla
Palsmane
Vidaga
Sikšņi
Jaunzemi
Ilzene
Šepka
Palsa
Vizla
Ķempes
Vidaga
Niedrupe
Rauziņa
Zeltiņi
Kalncempji
Ķenģi
Variņi
Dūre
Sudala ezers
Artes dzirnavas
Pilsskola (Pilskalns)
Gauja
Tirzīņa
Mālumuiža
Jānūži
Lejasciems
Auguliena
Kalniena
Lūdza ezers
Mīlakšas
Gauja
Velēna
Sinole
Tirza
Beļava
Naglene
Stāmeriena
Vecstāmeriena
Stāmerienas pils
Rēveļi
Palsa
Gaujasrēveļi
Ranka
Uriekste
Gatarta
Dukuļi
Lizums
Ozolkalns (Blome)
Svelbergis
Jaunpiebalga
Gulbene
Galgauska
Margas
Melnupe
Zosēni
Abrupe
Viņķi
Tirza
Rimstavas
Šķieneri
Stradi
Troškas
Krustalīce
Azanda
Saltupes
Druviena
Krapa
Stāķi
Agrumi
Lejasstradi
Alsupes
Vecaduliena
Aduliena
Gulbītis
Daukstes
Klētskalns 269
Tirza
Virāne
Jaunbakāni
Jaungulbene
Jaungulbenes pils
Kalnakrogs
Liezēre
Kārkli
Dzeņumuiža
Kuja
Tūjāni
Ušurs
Audile
Aiviekste
Līgo
Dzelzava
Mēdzūla
Krauķļi
Kārzdaba
Gulbēre
Ozoli
Ogre
Lubeja
Vējava
Līderis
Cesvaine
284 Nesaules k.
Lautere
Biksēre
Ziediņi
Aizpurve
Aizkuja
Mandauga
Piekalnes
Liede
Indrāni
Ērgala
A
B
1
2
3
XIII
XVII
XVIII

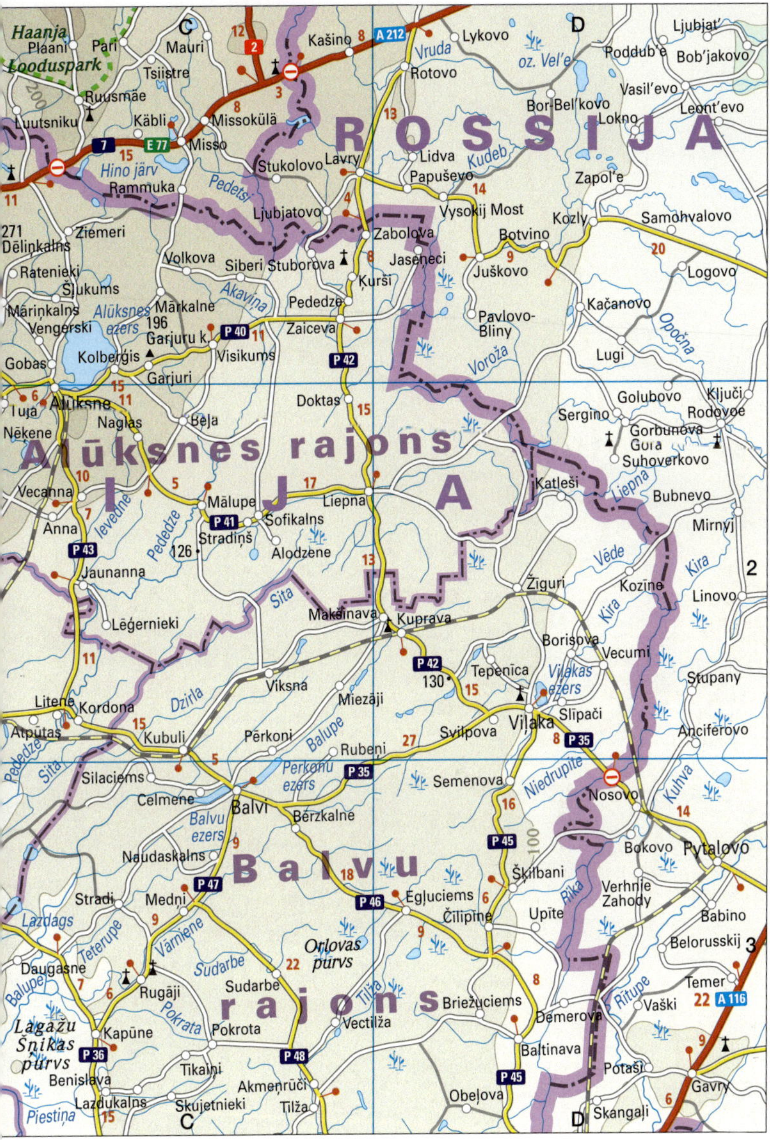

ROSSIJA
Alūksnes rajons
LIJA
Balvu rajons
Haanja Looduspark
Plaani
Pari
Mauri
Tsiistre
Ruusmäe
Luutsniku
Käbli
Missokülä
Misso
Hino järv
Rammuka
Kašino
Lykovo
Ljubjat'
Poddub'e
Bob'jakovo
oz. Vel'e
Vruda
Rotovo
Vasil'evo
Bor-Bel'kovo
Lokno
Leont'evo
Lidva
Kudeb
Papuševo
Zapol'e
Stukolovo
Lavry
Pedetsi
Ljubjatovo
Vysokij Most
Kozly
Samohvalovo
Zabolova
Botvino
Jaseneci
Juškovo
Logovo
271
Dēlinkalns
Ziemeri
Volkova
Siberi
Stuborova
Kurši
Ratenieki
Šlukums
Akaviņa
Pededze
Kačanovo
Māriņkalns
Alūksnes ezers
Mārkalne
196
Pavlovo-Bliny
Opočna
Vengerski
Garjuru k.
Zaiceva
Kolberģis
Visikums
Lugi
Gobas
Garjuri
Voroža
Alūksne
Doktas
Golubovo
Ključi
Iuja
Naglas
Beja
Sergino
Rodovoe
Nēkene
Gorbunova
Gora
Suhoverkovo
Vecanna
Liepna
Katleši
Bubnevo
Mālupe
Mirnyj
Anna
Sofikalns
Ievedne
Stradiņš
126
Alodzene
Vēde
Jaunanna
Kozīne
Kira
Linovo
Sita
Žiguri
Lēģernieki
Makšinava
Kuprava
Borisova
Vecumi
Tepenīca
Viksna
Miezāji
130
Viļakas ezers
Stupany
Litene
Kordona
Dzirla
Slīpači
Atpūtas
Kubuli
Pērkoni
Balupe
Svilpova
Viļaka
Anciferovo
Rubeņi
Silaciems
Perkoņu ezers
Semenova
Niedrupīte
Nosovo
Kuhva
Celmene
Balvi
Bērzkalne
Balvu ezers
Bokovo
Pytalovo
Naudaskalns
Šķilbani
Verhnie Zahody
Stradi
Medņi
Egļuciems
Čilipīne
Upīte
Rika
Babino
Lazdags
Teterupe
Vārniene
Orlovas purvs
Belorusskij
Daugasne
Sudarbe
Rugāji
Ritupe
Temer
Vaški
Balupe
Pokrata
Briežuciems
Demerova
Lagažu Šņikas purvs
Kapūne
Pokrota
Vectilža
Tilža
Baltinava
Potaši
Benislava
Tikaiņi
Akmeņrūči
Gavry
Lazdukalns
Skujetnieki
Tilža
Obeļova
Skangaļi
Piestiņa
A 212
E 77
P 40
P 42
P 41
P 43
P 35
P 45
P 47
P 46
P 36
P 48
A 116
C
D
2
3

⇧ XII

Rīgas
Jūras
Līcis
Lauču akmens
Zvejniekciems
Saulkrasti
Pabaži
Baltā kāpa
Bādciems
Lilaste
Lilastes ez.
Gauja
Carnikava
Garupe
Garciems
Siguļi
Dūnezers
Rampas purvs
Kadaga
Vangaži
Ilkene
Ādaži
Kalngale
JAUNCIEMS
M. Baltezers
Baltezers
Alderi
Garkalne
Ķīšezers
Bukulti
RĪGA
Langstiņi
Upesciems
JUGLA
Berģi
Juglas ez.
Silakrogs
Līči
Mucenieki
Ulbroka
Acone
Upeslejas
Saurieši
Salaspils memor.
Stopiņi
Salaspils
Valdlauči
Baloži
Plavnieķkalns
Dolesmuiža
Rīgas ūdenskrātuve
Kekava
Daugmales pilsk.
Daugmale
Pulkarne
Plakanciems
Mencendarbe
Mežvidi
Baldone
Avoti
Dzērumcelmi
Morisona k.
Vārpas
Stūri
"Dobuļi"
Ziemeļi
Dimzukalns
Dzelzāmurs
Piebalgas
Misa
Zvirgzde
Iecava
Tecavas st.
Vecumnieki
Beibeži
Bāliņi
Mandagas
Skulte
Gāršmuiža
Pēterupe
Pabaži
Sēja
Puska
Vidriži
Kišupe
Gravas
Laugas purvs
Biriņi
Ragana
Suniši
Loja
Krustiņi
Murjāņi
Ledurga
Lēdurgas dendroparks
Vanagi
Lode
Inciems
Eikaži
Turaida
Sigulda
Gauja
Inčukalns
Vangažu st.
Krievupe
Tupšupe
Skuķīši
Podkājas
Rīgas rajons
Zakumuiža
Villasmuiža
Kākciems
Bunči
Ceplīši
Tīnūži
Saulkalne
Ikšķile
Ogre
Ropaži
Lielkangari
Lielie Kangari
Kranciems
Turkalne
Vāverkrogs
Mazā Jugla
Tumšupe
Lielā Jugla
Bekuciems
Ciemupe
Tome
Tomes zivjaudzētava
Ogresgals
Ķegums
Silavas
Ķeguma ūd-krāt.
Dzintari
Pumpuri
Birzgale
Talķe
Straupe
Plācis
Unguri
Ungura ez.
Juglas
Gaujas nacionālais parks
Auciems
Lielstraupe
Raiskums
Brasla
Ķūķu iezis
Skalupes
Līgatnes MAP
Zvārtes iezis
Ratnieki
Līgatne
Nurmiži
Vildoga
Ķempji
Augšlīgatne (Līgatne)
Kipari
Peltes
Sudas-Zviedru-purvs
Kalnabeites
Saltavots
Jūdaži
Kārtūži
Eglupe
Stīveri
Eglaine
Akenstaka
Allaži
Suda
More
Allažmuiža
Bukas
Upmalas
Mergupe
Mālpils
Sidgunda
Vite
Augšciems
Ķiegelceplis
Upespils
Vatrāne
Suntaži
Jugla
Viršnukalns
Abza
Glāznieki
Laubere
Ogres
Cēsītes
Krodzinieki
Zādzene
Glāžšķūnis
Bekas
Aviekstes dzirnavas
Tropmači
Ledmane
Veckrape
Rembate
Lielvārde
Linde
Kaibala
Brasla
Jumprava
Dzelmes
Līči
Skrīveri
Zemkopības instituts
Daugava
Jaunjelgava

⇩ XX

⇦ VII

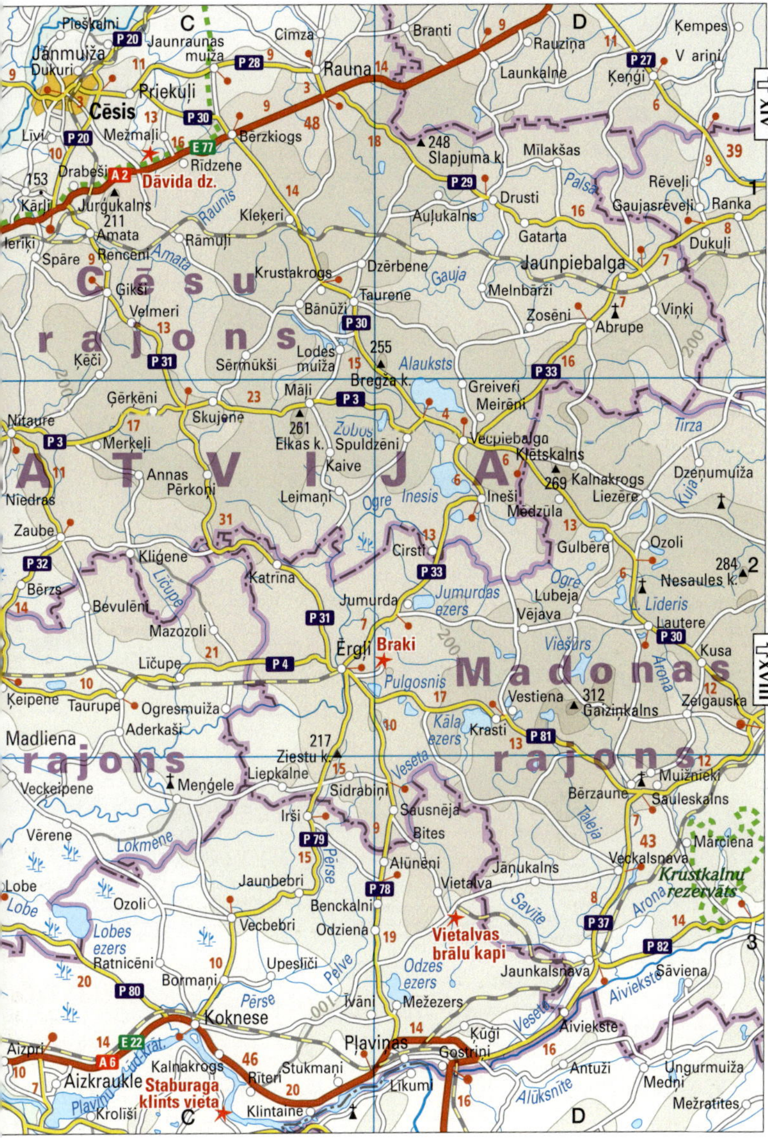
XIV
XVIII
C
D
1
2
3
Pleškalni
Jaunraunas muiža
Cimza
Branti
Rauziņa
Ķempes
V ariņi
Jānmuiža
Dukuri
Priekuļi
Rauna
Launkalne
Ķeņģi
Cēsis
Mežmaļi
Līvi
Bērzkiogs
248
Slapjuma k.
Mīlakšas
Drabeši
Rīdzene
Dāvida dz.
Palsa
Rēveļi
153
Jurģukalns
Drusti
Gaujasrēveļi
Ranka
Kārļi
211
Amata
Raunis
Kleķeri
Auļukalns
Gatarta
Dukuļi
Spāre
Rāmuļi
Renceni
Amata
Dzērbene
Jaunpiebalga
Krustakrogs
Gauja
Melnbārži
Ģikši
Taurene
Bānūži
Zosēni
Abrupe
Viņķi
Velmeri
Lodes muiža
255
Alauksts
Ķēči
Sērmūkši
Bregža k.
Greiveri
Ģērķēni
Māli
Meirēni
Skujene
261
Elkas k.
Zobus
Spuldzēni
Vecpiebalga
Klētskalns
Tirza
Nītaure
Merķeļi
Kaive
269
Kalnakrogs
Dzeņumuiža
Annas
Pērkoņi
Inesis
Ineši
Liezēre
Kuja
Niedras
Leimaņi
Ogre
Medzūla
Zaube
Gulbere
Ozoli
Kliģene
Cirstī
284
Nesaules k.
Bērzs
Līčupe
Katrīna
Ogre
Lubeja
Līderis
Bevulēni
Jumurda
Jumurdas ezers
Vējava
Lautere
Mazozoli
Ērgļi
Braki
Viešūrs
Kusa
Līčupe
Arona
Pulgosnis
Ķeipene
Taurupe
Ogresmuiža
Vestiena
312
Gaiziņkalns
Zelgauska
Aderkaši
Kāla ezers
Krasti
Madliena
217
Ziestu k.
Veseta
Liepkalne
Muižnieki
Vecķeipene
Meņģele
Sidrabiņi
Bērzaune
Sauleskalns
Irši
Sausnēja
Vērene
Lokmene
Bites
Taleja
Mārciena
Pērse
Alūnēni
Jāņukalns
Veckalsnava
Lobe
Jaunbebri
Vietalva
Krustkalnu rezervāts
Ozoli
Savīte
Lobe
Benckalni
Arona
Vecbebri
Lobes ezers
Odziena
Vietalvas brāļu kapi
Ratniceni
Upesliči
Pelve
Odzes ezers
Jaunkalsnava
Šāviena
Bormaņi
Aiviekste
Pērse
Īvāni
Mežezers
Koknese
Veseta
Aiviekste
Aizpri
Pļaviņas
Ķūģi
Gostriņi
Kalnakrogs
Stukmaņi
Antuži
Ungurmuiža
Aizkraukle
Staburaga klints vieta
Rīteri
Līkumi
Alūksnīte
Medņi
Pļaviņu ūd.-krāt.
Krolīši
Klintaine
Mežrātītes
Cēsu rajons
LATVIJA
Madonas rajons
rajons
P 20
P 28
P 30
P 27
P 29
E 77
A 2
P 31
P 3
P 33
P 32
P 4
P 30
P 81
P 79
P 78
P 37
P 82
P 80
E 22
A 6

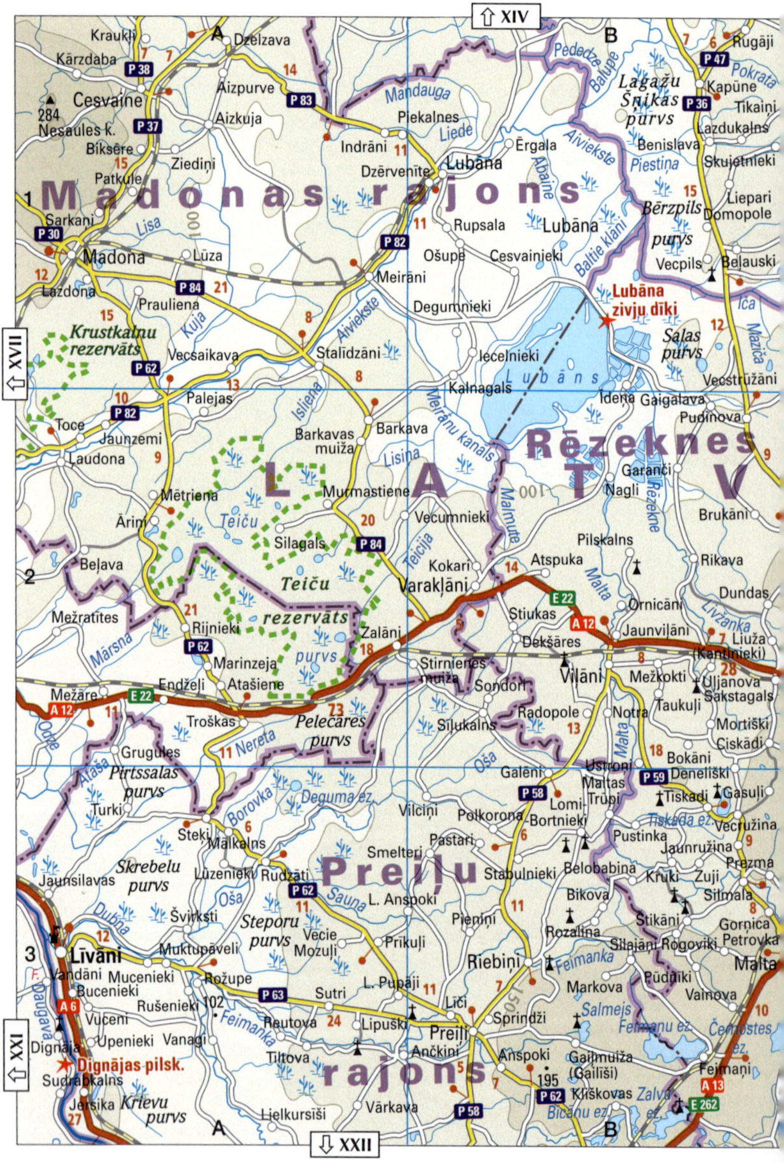
XIV
XVII
XXI
XXII
A
B
1
2
3
Madonas rajons
Rēzeknes
LATV
Preiļu
rajons
Kraukļi
Kārzdaba
Dzelzava
Cesvaine
284
Nesaules k.
Aizpurve
Aizkuja
Bikšēre
Ziediņi
Patkule
Sarkani
Madona
Lazdona
Lūza
Prauliena
Mandauga
Piekalnes
Liede
Indrāni
Dzērvenīte
Lubāna
Ērgala
Aiviekste
Abaine
Rupsala
Ošupe
Cesvainieki
Meirāni
Degumnieki
Baltie klāni
Pededze
Balupe
Lagažu Šņikās purvs
Kapūne
Tikaiņi
Lazdukalns
Benislava
Piestiņa
Skujetnieki
Liepari
Bērzpils purvs
Domopole
Vecpils
Belauski
Lubāna zivju dīki
Ica
Salas purvs
Mazīča
Rugāji
Pokrata
Krustkalnu rezervāts
Kuja
Lisa
Vecsaikava
Stalīdzāni
Islīena
Iecelnieki
Kalnagals
Lubāns
Idena
Gaigalava
Vecstrūžāni
Pudinova
Toce
Palejas
Jaunzemi
Laudona
Barkavas muiža
Barkava
Lisiņa
Meirānu kanāls
Garanči
Nagli
Rēzekne
Mētriena
Murmastiene
Āriņi
Teiču
Silagals
Vecumnieki
Malmute
Brukāni
Pilskalns
Teicija
Kokari
Atspuka
Malta
Rikava
Beļava
Teiču rezervāts
Varakļāni
Dundas
Mežratites
Rijnieki
Zalāni
Stiukas
Deksāres
Ornicāni
Jaunviļāni
Lživanka
Liuža (Kantinieki)
Mārsna
Marinzeja
purvs
Stirnienes muiža
Sondori
Viļāni
Mežkokti
Uljanova
Sakstagals
Taukuli
Mežāre
Endzeļi
Atašiene
Radopole
Notra
Mortiški
Ciskādi
Troškas
Pelečāres purvs
Siļukalns
Odze
Gruguļes
Nereta
Oša
Bokāni
Deneliški
Ustroņi
Maltas Trūpi
Galēni
Tiskadi
Gasuļi
Atašа
Pirtssalas purvs
Turki
Borovka
Deguma ez.
Vilciņi
Polkorona
Lomi-Bortnieki
Tiskada ez.
Vecružina
Steki
Mālkalns
Pastari
Pustinka
Jaunružina
Smelteri
Prezma
Jaunsilavas
Skrebeļu purvs
Lūzenieki
Rudzāti
Stabulnieki
Belobabina
Kruki
Zuji
Silmala
Sauna
L. Anspoki
Bikova
Švirksti
Steporu purvs
Vecie Mozuļi
Pieniņi
Rozalīna
Štikāni
Gorņica
Dubna
Prikuļi
Silajāni
Rogoviki
Petrovka
Līvāni
Muktupāveli
Riebiņi
Feimanka
Malta
Vandāni
Mucenieki
Rožupe
Markova
Pūdņiki
Bucenieki
L. Pupāji
Valnova
Daugava
Rušenieki
102
Sutri
Līči
Salmejs
Vuceni
Reutova
Lipuški
Preiļi
Sprindži
Feimaņu ez.
Čērmostes ez.
Dignāja
Upenieki
Vanagi
Tiltova
Ančkini
Anspoki
Gailmuiža (Gailīši)
Feimaņi
Dignājas pilsk.
195
Sudrabkalns
Kļškovas
Zalve ez.
Jersika
Krievu purvs
Lielkursīši
Vārkava
Bicānu ez.
P 38
P 37
P 83
P 30
P 84
P 82
P 62
P 47
P 36
P 63
P 58
P 59
A 12
E 22
A 6
A 13
E 262
100
150

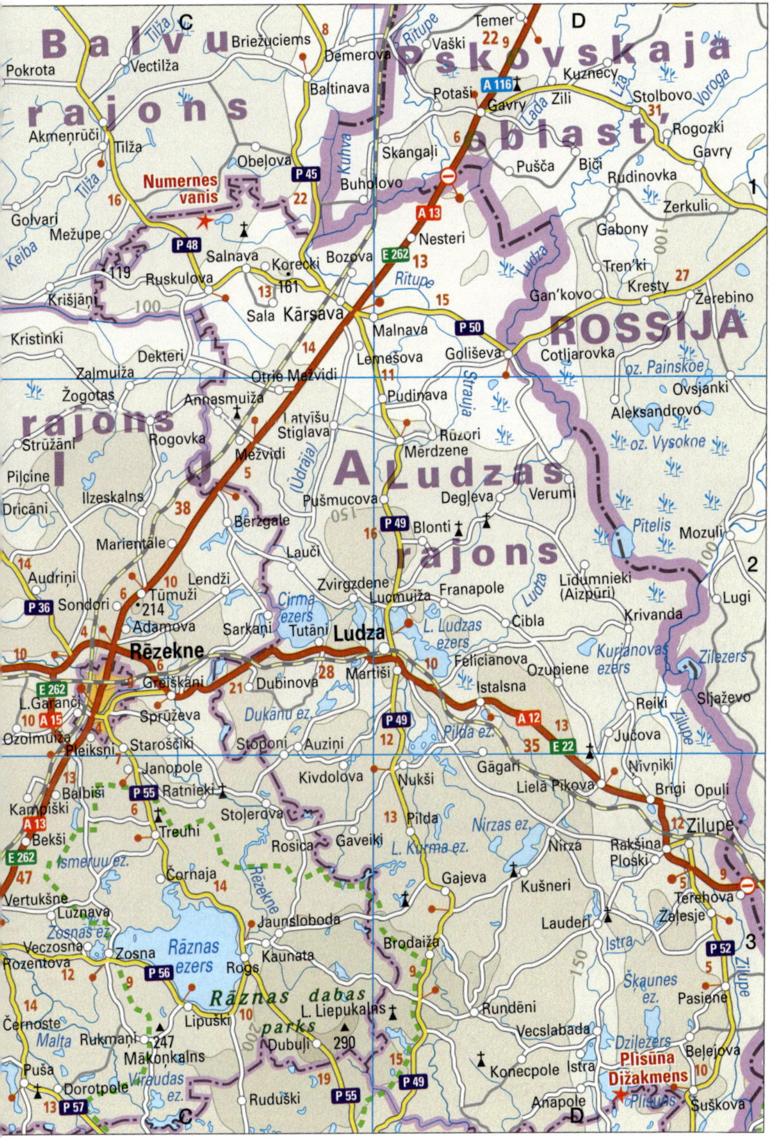

C
D
Balvu rajons
Pskovskaja oblast'
ROSSIJA
Ludzas rajons
Rēzekne
Ludza
Kārsava
Zilupe
Pokrota
Vectilža
Briežuciems
Demerova
Baltinava
Temer
Vaški
Kuznecy
Potaši
Gavry
Zili
Stolbovo
Rogozki
Akmeņrūči
Tilža
Obeļova
Skangaļi
Pušča
Biči
Rudinovka
Numernes vanis
Buholovo
Zerkuli
Golvari
Mežupe
Nesteri
Gabony
Salnava
Korecki
Bozova
Tren'ki
Ruskulova
Krišjāņi
Sala
Malnava
Gan'kovo
Kresty
Žerebino
Kristinki
Lemešova
Goliševa
Cotljarovka
Dekteri
Zaļmuiža
Otrie Mežvidi
oz. Painskoe
Ovsjanki
Žogotas
Annasmuiža
Pudinava
Aleksandrovo
Latvīšu Stiglava
Rūzori
Merdzene
Strūžāni
Rogovka
Mežvidi
oz. Vysokne
Pilcine
Ilzeskalns
Pušmucova
Degļeva
Verumi
Dricāni
Bērzgale
Blonti
Pitelis
Mozuli
Marientāle
Lauči
Audriņi
Lendži
Tūmuži
Zvirgzdene
Lucmuiža
Franapole
Lidumnieki (Aizpūri)
Lugi
Sondori
Adamova
Sarkaņi
Cirma ezers
Tutāni
L. Ludzas ezers
Cibla
Krivanda
Kurjanovas ezers
Zilezers
Felicianova
Ozupiene
Greiškāni
Dubinova
Martiši
Istalsna
Reiki
Sljaževo
L. Garanči
Sprūževa
Dukaņu ez.
Pilda ez.
Jučova
Ozolmuiža
Pleikšni
Staroščiki
Stoponi
Auziņi
Gāgari
Nivņiki
Janopole
Kivdolova
Nukši
Liela Pīkova
Brigi
Opuli
Balbiši
Ratnieki
Kampiški
Stoļerova
Pilda
Nirzas ez.
Bekši
Treuhi
Rosica
Gaveiki
L. Kurma ez.
Nirza
Rakšina
Ploski
Ismeru ez.
Čornaja
Rēzekne
Gajeva
Kušneri
Terehova
Vertukšne
Lužnava
Jaunsloboda
Lauderi
Zaļesje
Zosnas ez.
Brodaiža
Istra
Veczosna
Zosna
Rāznas ezers
Kaunata
Rozentova
Rogs
Škaunes ez.
Pasiene
Zilupe
Rāznas dabas parks
L. Liepukalns
Rundēni
Černoste
Lipuški
Vecslabada
Malta
Rukmaņi
247
Dubuļi
290
Dzilezers
Belejova
Mākoņkalns
Plisūna Dižakmens
Puša
Viraudas ez.
Konecpole
Istra
Dorotpole
Ruduški
Anapole
Plisuns
Šuškova
Tilža
Keiba
Kuhva
Rītupe
Ludza
Lada
Liža
Voroga
Straujа
Ūdrāja
A 116
A 13
A 12
A 15
E 262
E 22
P 45
P 48
P 50
P 49
P 36
P 55
P 56
P 57
P 52
119
161
214
100
150
200
1
2
3

XVI
XI

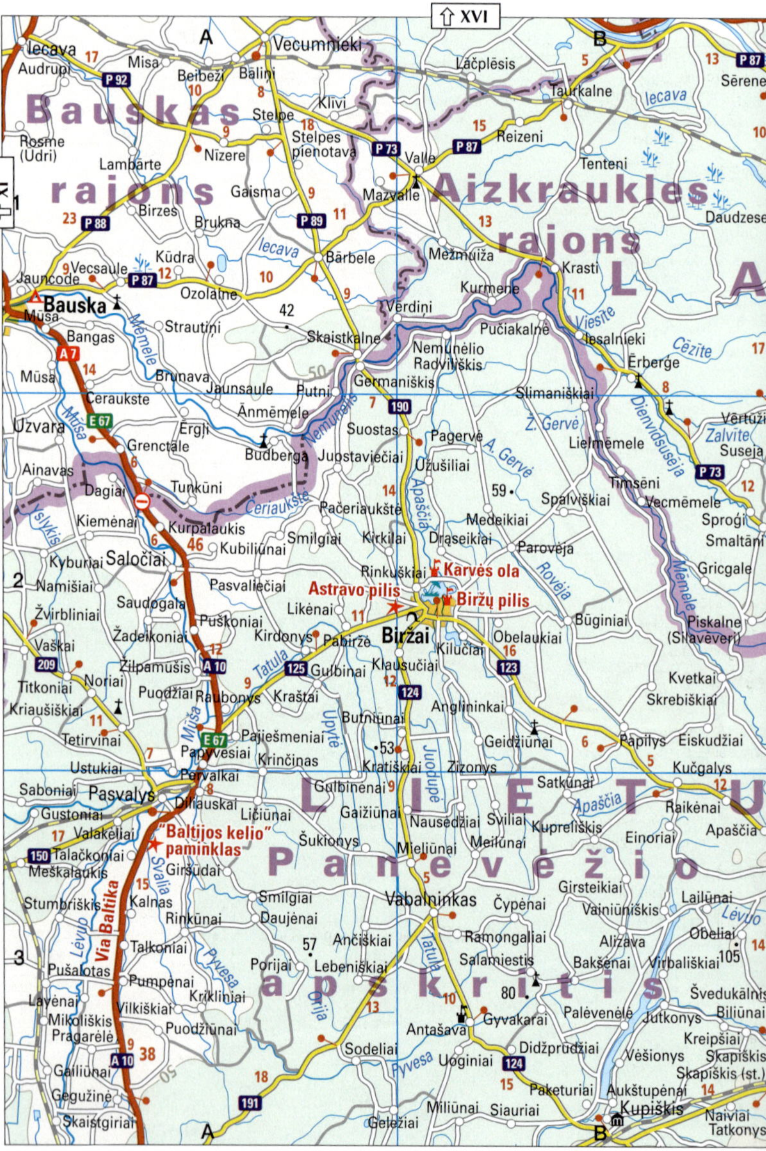
A
B
1
2
3
Iecava
Audrupi
Misa
Beibeži
Baliņi
Vecumnieki
Lāčplēsis
Taurkalne
Sērene
P 87
P 92
Bauskas
rajons
Rosme (Udri)
Lambārte
Nīzere
Stelpe
Klīvi
Stelpes pienotava
P 73
Valle
P 87
Reizeni
Tenteni
Iecava
Mazvalle
Aizkraukles
rajons
Gaisma
Birzes
Brukna
P 89
P 88
Daudzese
Kūdra
Vecsaule
Jaunciode
P 87
Iecava
Bārbele
Mežmuiža
Krasti
Kurmene
L
A
Bauska
Ozolaine
42
Verdiņi
Mūsa
Bangas
Strautiņi
Skaistkalne
Pučiakalne
Viesīte
Iesalnieki
Cēzīte
Ērberģe
A 7
Mēmele
Mūsa
Brunava
Jaunsaule
Putni
Germaniškis
Nemunėlio Radviliškis
Slimaniškiai
Ceraukste
Ānmēmele
Nemunėlis
Uzvara
Mūša
E 67
Ērgļi
190
Suostas
Pagervė
Ž. Gervė
Lielmēmele
Dienvidsuseja
Vērtūži
Zalvīte
Suseja
Grenctāle
Budberga
Juostaviečiai
Užušiliai
A. Gervė
Ainavas
Dagiai
Tunkūni
Timsēni
P 73
Apaščia
59
Spalviškiai
Vecmēmele
Sproģi
Ceriaukste
Pačeriaukštė
Medeikiai
Kiemėnai
Kurpalaukis
Smilgiai
Kirkilai
Drąseikiai
Paroveja
Smaltāni
Ylsykis
Kyburiai
Saločiai
Kubiliūnai
Rinkuškiai
Karvės ola
Roveja
Gricgale
Namišiai
Pasvaliečiai
Astravo pilis
Biržų pilis
Saudogala
Likėnai
Mēmele
Piskalne (Slavēveri)
Žvirbliniai
Puškoniai
Būginiai
Vaškai
Žadeikoniai
Kirdonys
Pabiržė
Biržai
Obelaukiai
Kilučiai
209
Žilpamušis
A 10
Tatula
125
Gulbinai
Klausučiai
123
Titkoniai
Noriai
Kvetkai
Kriaušiškiai
Puodžiai
Raubonys
Kraštai
124
Skrebiškiai
Upytė
Anglininkai
Tetirvinai
Butniūnai
Mūša
E 67
Pajiešmeniai
Geidžiūnai
Papilys
Eiskudžiai
Papyvesiai
53
Ustukiai
Krinčinas
Kratiškiai
Juodupė
Zizonys
Kučgalys
Pervalkai
Saboniai
Pasvalys
Gulbinėnai
Satkūnai
Dilfauskai
L
I
E
T
U
Gustoniai
Ličiūnai
Gaižiūnai
Apaščia
Raikėnai
Nausėdžiai
Svilių
Kupreliškis
Valakėliai
"Baltijos kelio" paminklas
Apaščia
Šukionys
Einoriai
150
Talačkoniai
Meilūnai
Mieliūnai
Meškalaukis
Svalia
Giršūdai
Panevėžio
Girsteikiai
Stumbriškis
Kalnas
Smilgiai
Vabalninkas
Čypėnai
Vainiūniškis
Lailūnai
Lėvuo
Via Baltika
Lėvuo
Rinkūnai
Daujėnai
Ramongaliai
Obeliai
Talkoniai
57
Ančiškiai
Alizava
Pyvesa
Porijai
Salamiestis
Bakšėnai
Virbališkiai
105
Pušalotas
Lebeniškiai
Tatula
apskritis
Pumpėnai
80
Švedukalnis
Lavėnai
Krikliniai
Palėvenėlė
Jutkonys
Biliūnai
Mikoliškis
Vilkiškiai
Orija
Antašava
Gyvakarai
Kreipšiai
Pragarėlė
Puodžiūnai
Sodeliai
Didžprūdžiai
Vėšionys
Skapiškis
Skapiškis (st.)
A 10
38
Pyvesa
Uoginiai
124
Galiliūnai
191
Paketuriai
Aukštupėnai
Gegužinė
Miliūnai
Siauriai
Kupiškis
Naiviai
Skaistgiriai
Geležiai
Tatkonys
50

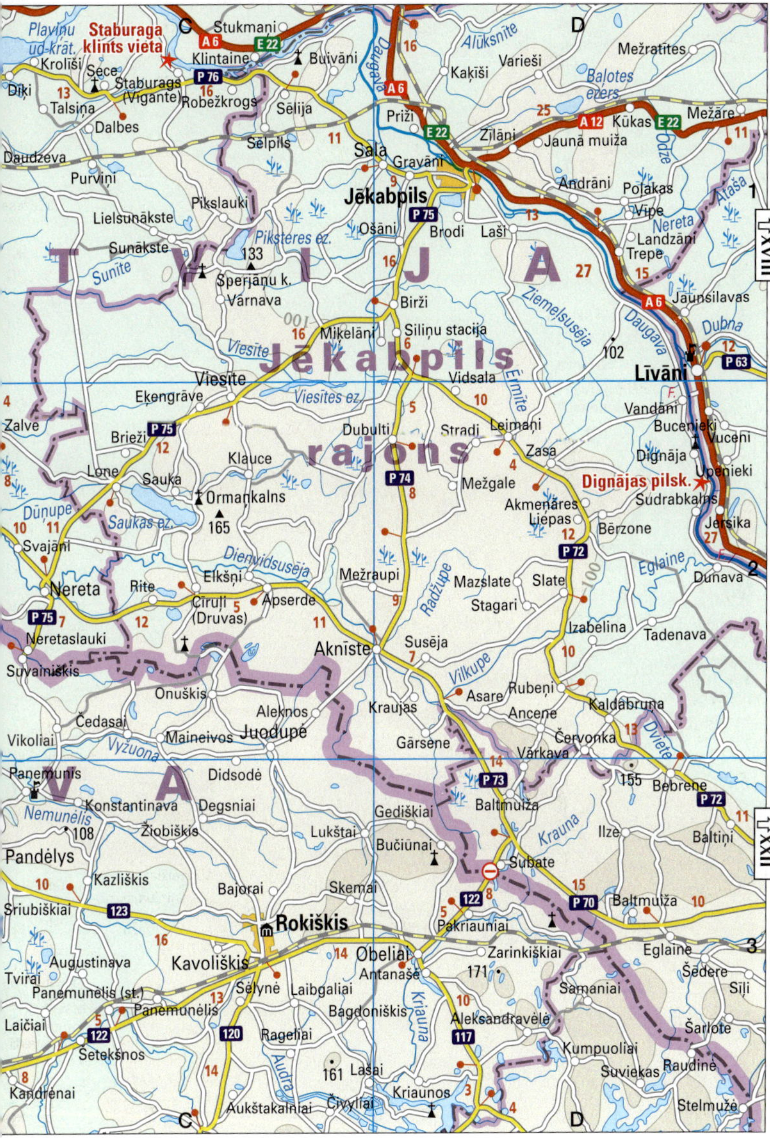
Pļaviņu ūd-krāt.
Staburaga klints vieta
C
Stukmaņi
A 6
E 22
Klintaine
Buivāni
Krolīši
Sece
Staburags (Vīgante)
P 76
Diķi
13
Talsiņa
16
Robežkrogs
Sēlija
Dalbes
Sēlpils
11
Daudzeva
Purviņi
Pikslauki
Lielsunākste
Sunākste
Piksteres ez.
133
Sunīte
Sperjāņu k.
Vārnava
T
V
I
J
A
Jēkabpils
rajons
Viesīte
Viesītes ez.
Ekengrāve
P 75
Zalve
Brieži
Lone
Sauka
Klauce
Ormaņkalns
165
Saukas ez.
Dūņupe
Svajāni
Nereta
Rite
Elkšņi
Dienvidsusēja
Ciruļi (Druvas)
Apserde
Neretaslauki
Suvainiškis
Onuškis
Aleknos
Juodupė
Čedasai
Vikoliai
Maineivos
Vyžuona
Panemunis
Didsodė
Konstantinava
Degsniai
Nemunėlis
108
Žiobiškis
Pandėlys
Kazliškis
Bajorai
Sriubiškiai
123
Rokiškis
Kavoliškis
Augustinava
Tvirai
Panemunėlis (st.)
Sėlynė
Panemunėlis
Laičiai
122
Šetekšnos
120
Rageliai
Kandrėnai
Aukštakalniai
Daugava
16
Alūksnīte
D
Kaķīši
Varieši
Mežratites
Balotes ezers
Priži
A 12
Kūkas
E 22
Mežāre
Zīlāni
Jaunā muiža
Odze
Sala
Gravāni
Jēkabpils
Andrāni
Poļakas
Vīpe
Ošāni
Brodi
Laši
Nereta
Landzāni
Trepe
Ziemeļsusēja
27
Jaunsilavas
Birži
Miķelāni
Siliņu stacija
102
Dubna
Līvāni
P 63
Vidsala
Ērmīte
Vandāni
Dubulti
Stradi
Leimaņi
Bucenieki
Vuceņi
Zasa
Dignāja
P 74
Upenieki
Mežgale
Dignājas pilsk.
Akmenāres
Sudrabkalns
Liepas
Bērzone
Jersika
P 72
Eglaine
Dunava
Mežraupi
Radžupe
Mazslate
Slate
Stagari
Izabelīna
Tadenava
Aknīste
Sušēja
Vilkupe
Asare
Rubeņi
Kaldabruņa
Kraujas
Ancene
Gārsene
Červonka
Dviete
Vārkava
155
Bebrene
P 73
Baltmuiža
Gediškiai
Krauna
Ilze
Baltiņi
Lukštai
Bučiūnai
Subate
Skemai
122
P 70
Baltmuiža
Pakriauniai
Obeliai
Zarinkiškiai
Eglaine
Antanašė
171
Šėdere
Laibgaliai
Samaniai
Sili
Kriauna
Bagdoniškis
Aleksandravėlė
Šarlote
117
Audra
Kumpuoliai
161
Lašai
Suviekas
Raudinė
Kriaunos
Čivyliai
Stelmužė
XVIII
XXII

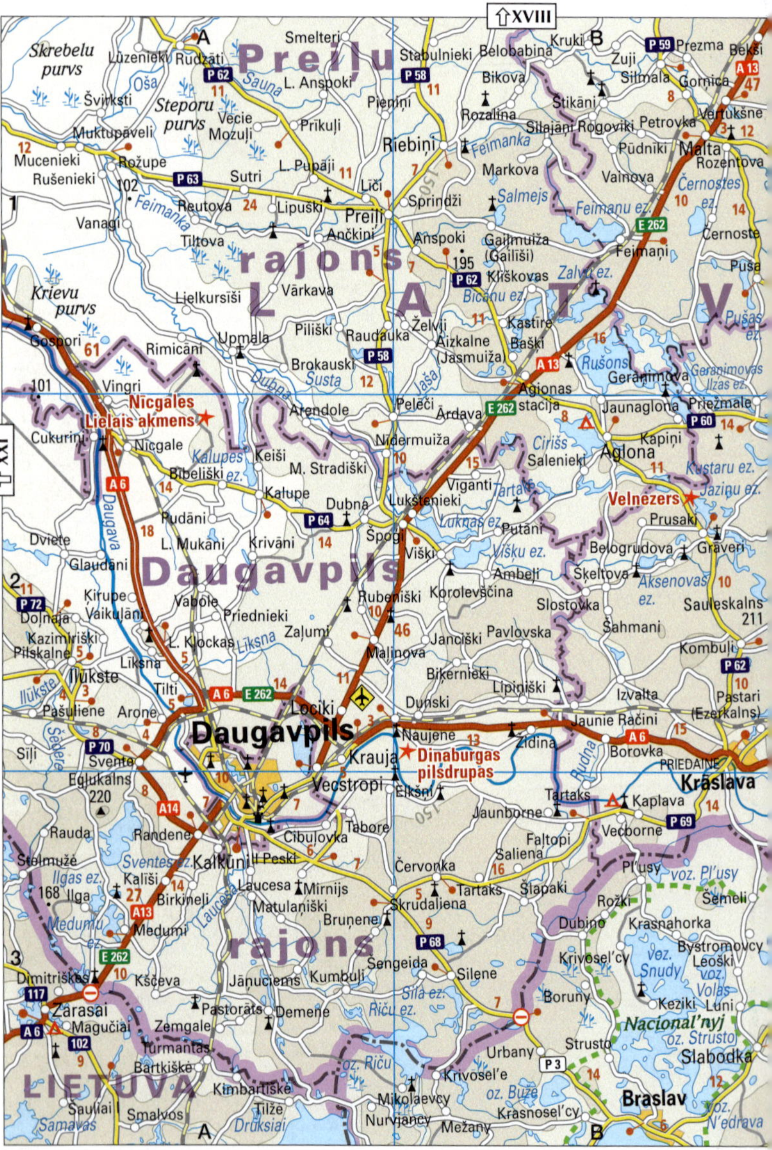
XVIII
XXI
A
B
1
2
3
Preiļu
rajons
LATVIA
Daugavpils
rajons
LIETUVA
Skrebelu purvs
Steporu purvs
Krievu purvs
Lūzenieki
Rudzāti
Smelteri
Stabulnieki
Belobabina
Kruki
Prezma
Bekši
Šviksti
Oša
Sauna
L. Anspoki
Bikova
Zuji
Silmala
Gornica
Muktupāveli
Vecie Mozuļi
Prikuļi
Pieniņi
Rozalina
Stikāni
Vertukšne
Mucenieki
Rušenieki
Rožupe
Sutri
L. Pupāji
Riebiņi
Feimanka
Silajāņi
Rogoviki
Petrovka
Pūdņiki
Malta
Rozentova
Markova
Vainova
Černostes ez.
Reutova
Lipuški
Līči
Preiļi
Sprindži
Salmejs
Feimaņu ez.
Vanagi
Tiltova
Anckini
Anspoki
Gailmuiža (Gailiši)
Feimaņi
Černoste
Puša
Vārkava
Klišķovas
Zalvu ez.
Bicānu ez.
Lielkursiši
Želvji
Kastīre
Pušas ez.
Gospori
Upmala
Pilišķi
Raudauka
Aizkalne (Jasmuiža)
Baški
Rimicāni
Brokauski
Susta
Dubna
Jaša
Rušons
Geraņimova
Geraņimovas Ilzas ez.
Vingri
Agionas stacija
Nīcgales Lielais akmens
Arendole
Peleči
Ārdava
Jaunaglona
Priežmale
Cukuriņi
Nīcgale
Kalupes
Keiši
Nīdermuiža
Ciriss
Salenieki
Aglona
Kapiņi
Bībeliški ez.
M. Stradiški
Viganti
Tartaks
Kustaru ez.
Kalupe
Dubna
Lukštenieki
Velnezers
Jaziņu ez.
Pudāni
Spogi
Luknas ez.
Putāni
Prusaki
Dviete
L. Mukāni
Krivāni
Viški
Višku ez.
Belogrudova
Grāveri
Glaudāni
Ambeļi
Šķeltova
Aksenovas ez.
Kirupe
Vaikulāni
Vabole
Rubeniški
Koroļevščina
Slostovka
Sauleskalns
Dolnaja
Priednieki
Šahmani
Kazimiriški
Pilskalne
L. Klockas
Līksna
Zaļumi
Janciški
Pavlovska
Kombuli
Līksna
Malinova
Ilūkste
Biķernieki
Lipiniški
Tilti
Izvalta
Pastari (Ezerkalns)
Pašuliene
Arone
Lociki
Dunski
Jaunie Račini
Daugavpils
Naujene
Zīdina
Borovka
Sīļi
Svente
Krauja
Dinaburgas pilsdrupas
Priedaine
Krāslava
Eglukalns
Vecstropi
Elkšņi
Rudņa
Tartaks
Kaplava
Jaunborne
Vecborne
Rauda
Randene
Tabore
Cibulovka
Faltopi
Stelmuže
Sventes ez.
Kalkūni
Peski
Červonka
Saliena
Pļusy
voz. Pļusy
Ilgas ez.
Kalīši
Laucesa
Mirnijs
Tartaks
Šlapaki
Rožki
Šemeli
Ilga
Birkineli
Matulaniški
Skrudaliena
Dubino
Krasnahorka
Medumu ez.
Medumi
Bruņene
Krivosel'cy
voz. Snudy
Bystromovcy
Leoški
Sengeida
Silene
Volas
Dimitriškes
Kšceva
Jānuciems
Kumbuli
Sila ez.
Boruny
Keziki
Luni
Zarasai
Pastorāts
Demene
Riču ez.
Magučiai
Zemgale
Nacional'nyj
oz. Strusto
Turmantas
Urbany
Strusto
Slabodka
Bartkiške
oz. Riču
Krivosel'e
Kimbartiške
Mikolaevcy
oz. Buže
Braslav
Sauliai
Smalvos
Tilže
Nurvjancy
Krasnosel'cy
voz. N'edrava
Samavas
Drūksiai
Mežany
P 59
P 62
P 58
P 63
P 60
P 64
P 72
P 70
P 69
P 68
P 3
A 6
A 13
A 14
E 262
102
117

Zilupe
Ploski
Gajeva
Kušneri
Lauderi
Terehova
Zalesje
Zasitino
Tolstjaki
L. Kurma ez.
Nirzas ez.
Ismeruu ez.
Čornaja
Lūznava
Veczosna
Zosna
Rāznas ezers
Rogs
Kaunata
Jaunsloboda
Rēzekne
Brodaiža
Rāznas dabas parks
L. Liepukalns
Lipuški
Dubuļi
Rukmaņi
247
290
Mākoņkalns
Dorotpole
Viraudas ez.
Ruduški
Salajs
Andrupene
Balda
Bižas ez.
Olovecas ez.
Ežezers
Andzeļi
Ezernieki (Bukmuiža)
Mariampole
Rundēni
Vecslabada
Konecpole
Istra
Anapole
Eglova
Muižnieki
Landskorona
Škaune
Istra
Škaunes ez.
Pasiene
Dzilezers
Plisūns
Plisūna Dižakmens
Beļejova
Šuškova
Selivanovo
Grišina
Dedino
173
Ljahovo
Sebežskij nacional'nyj park
ROSSIJA
Issa
Zilupe
Jaunokra
Biža
Vecokra
Astašova
Kazimirova
Dagda
Strodi
Dzeguze
Aleksandrova
Ozoliņi
Vecdome
Dagdas ez.
Novomisļi
Svarinci
Punduri
Kromaniški
Porečje
Caušica
Sarjanka
Tepljuki
Sin'ucha
Sukoli
Kostrovo
Osveica
Ostrov
voz. Asv'ejskaje
Krāslavas rajons
Auleja
Aulejas ez.
Konstantinova
Asūne
Neikšāni
Lukšova
Apaļi
Sīvers
Dridzs
Indrs
Račeva
Kančany
Sen'kovo
Osveja
Mukvjatica
Svjatica
Vidoki
Beljany
Velikoe Selo
Dubrovy
Budy
Skaista (Geibi)
Veterovka
Augulova
Naujani
Robežnieki
Asunica
Gusena ez.
Lipovka
Voznovo
Strelki
Vyšnarovo
Pleiki
Skuki
Krivosel'cy
Rubany
Stirns
Andžāni
Vorzovo
Rosica
Sar'ja
Gorovatki
Morozy
Zapasiški
Malye Plejki
Kohanoviči
Lielindrica
Kalnieši
Indra
176
Opytnaja
Bol'šie Plejki
Kozlovščina
Vaivodi
Vaiculeva
Kovalevščina
Užica
Daugava
Indrica
Bigosovo
Ust'e
Pervomajckaja
Polykovščina
Jul'janovo
Satrovo
Borovka
Svol'na
Varnaviči
Piedruja
Lupandi
Čurilovo
Leonpol'
Berhnedvinsk
Martinovo
Druja
Demskie
Žovnino
Želtovščina
Tabolki
Bolotino
Suromščina
Barsuki
Uzmeny
Žiguli
Drissa
Svol'no
Urbanovo
Dolginovo
Antonovo
Volyncy
Idolta
Viata
Merica
Mal'cy
Brižinki
132
Tjasty
Drujsk
Drujka
Mal'ki
Kazakovo
Milošovo
Povjat'e
Karandaši
Zapadnaja Dvina
Nesteri
168
Popki
Leščilovo
BELARUS
Volta
Prudinki
Opliso
Dedino
Kričevo
Bosjahye
Novye Krjuki
Driguči
Mihajlovo
Filippovo
Sutorovščina
155
Gir'jaty
Kozulino
Zaharni
Blaški
Timoškovo
Vodva
Nivniki
oz. Nobisto
Čeresy
Bol'šaja Kovalevščina
Turkovo
LATVIJA
P 55
P 56
P 57
P 49
P 52
P 61
P 18
P 20
P 23
P 14
P 132
A 12
A 6
E 22
M 9
C
D
1
2
3

Lettland
SCHWEDEN
NORWEGEN
FINNLAND
RUSSLAND
DK
D
POLEN
BY
CZ
UKRAINE
99 Ortsbeschreibung auf Seite 99
0 30 km
OSTSEE
RIGAER
Irbestraße
Saaremaa
Jämaja
Sääre
297 Slīteres NP
301 Kolkasrags
Rhunu
Mazirbe
Uši
296 Ovišrags
Lūžņas
299 Dundaga
302 Roja
Virpe
Rinda
284 Ventspils (Windau)
Pope
A10
E22
Ugāle
Valdemārpils
Mērsrags
303 Talsi
Engures ezers
304 Engure
Piltene
Moricsalas Reservāts
Usmas ezers
Stende
Sārnate
Venta
281 Kandava
Sabile
269 Kuldīga
267 Alsunga
305 Tukums
265 Pāvilosta
Vāne
LETTLAND
Akmeņsrags
Grīnu Reservāts
Smiltiņu kalns 153
Ķemeru NP
Snēpele
Jaunlutriņi
279 Aizpute
309 Jaunpils
Ziemupe
279 Skrunda
Kumbri
A9
Brocēni
Saldus
250 Liepāja (Libau)
Grobiņa
Lēnas
Dobele
Krievukalns 182
Nīgrande
Kursīši
Bēne
322 Tērvete
Priekule
Auce
Vecmiķeļi
Vaiņode
Nīca
Bārta
Mažeikiai
Kamanų res.
A11
Sukodas
Tirkšliai
Akmenė
Naujoji Akmenė
262 Papes NP
Kāķišķe
Viekšniai
Barstyčiai
Seda
Venta
Papilė
Gruzdžiai
Salantai
Darbėnai
Plateliai
Žemaitijos NP
Tryškiai
LITAUEN
E272
Palanga
Kartena
Telšiai
Kuršėnai
A13
Kretinga
Plungė
Šatrijos kalns 229
Šiauliai
Kuliai
Žarėnai
Klaipėda (Memel)
Vėžaičiai
Rietavas
Varniai
Užventis
Pakapė
Gargždai
A12
E77
A1
E85
Kaunas, Vilnius (Wilna)
21°
22°
23°
56°
57°
58°